清华大学车辆与运载学院系列教材

汽车驱动电机 原理与控制

主编　高大威
参编　张卓然　田光宇　樊　英

清华大学出版社
北京

内 容 简 介

本书系统介绍了汽车驱动电机系统的构成、原理、特性与控制技术。主要内容包括：汽车驱动电机系统的构成、发展历程、性能要求和发展趋势；汽车驱动电机机电能量转换原理；汽车驱动电机数字化控制基础；直流电机原理与控制；无刷直流电机原理与控制；永磁同步电机原理与控制；交流感应电机原理与控制；开关磁阻电机原理与控制；汽车新型驱动电机原理与控制；汽车电机驱动系统构型与集成技术；汽车驱动电机设计的基本方法；汽车驱动电机系统的测试与评价。

本书可作为高等院校车辆工程、机械工程、电气工程、交通运输等专业本科生和研究生的教材或参考书，也可作为相关科研机构和汽车行业技术人员的参考书。

版权所有，侵权必究。举报：010-62782989，beiqinquan@tup.tsinghua.edu.cn。

图书在版编目(CIP)数据

汽车驱动电机原理与控制/高大威主编. —北京：清华大学出版社，2022.5（2024.12重印）
清华大学车辆与运载学院系列教材
ISBN 978-7-302-60412-9

Ⅰ.①汽⋯ Ⅱ.①高⋯ Ⅲ.①汽车—驱动机构—高等学校—教材 Ⅳ.①U463.218

中国版本图书馆 CIP 数据核字(2022)第 047938 号

责任编辑：许 龙
封面设计：高大威
责任校对：赵丽敏
责任印制：沈 露

出版发行：清华大学出版社
网 址：https://www.tup.com.cn,https://www.wqxuetang.com
地 址：北京清华大学学研大厦 A 座　　邮 编：100084
社 总 机：010-83470000　　邮 购：010-62786544
投稿与读者服务：010-62776969, c-service@tup.tsinghua.edu.cn
质量反馈：010-62772015, zhiliang@tup.tsinghua.edu.cn
印 装 者：三河市龙大印装有限公司
经 销：全国新华书店
开 本：185mm×260mm　　印 张：31.25　　字 数：756 千字
版 次：2022 年 5 月第 1 版　　印 次：2024 年 12 月第 3 次印刷
定 价：88.00 元

产品编号：086452-01

前　　言

动力系统电动化是汽车技术发展的必然趋势,是提高汽车能量转换效率、降低排放的重要途径。驱动电机系统是实现动力系统电动化的物质基础,驱动电机系统的存在是电动汽车区别于传统内燃机汽车的重要标志。

作为电动汽车的核心部件,驱动电机系统的性能对整车的动力性、经济性、可靠性、安全性、稳定性、舒适性等产生直接而重要的影响,驱动电机系统相关技术是现代汽车领域的核心技术。

尽管经过多年的快速发展,汽车驱动电机系统相关技术仍是国内外广大学者和科技人员关注的热点。随着整车对驱动电机系统的工作效率、功率密度、控制精度、环境适应性等提出更高的要求,许多新技术、新理论、新材料不断地在驱动电机系统中得到应用。汽车驱动电机与控制已经成为集电机学、现代电力电子学、计算机科学、电工学、电子学、汽车构造与原理、控制理论等于一体的新兴学科。

为便于高等院校相关专业本科生和研究生及时了解和掌握汽车驱动电机相关技术的发展状况和最新研究成果,同时也为科研院所、汽车企业研发机构的相关技术人员提供参考,作者借助多年教学经验和科研工作的积累,在充分吸收近年来国内外汽车驱动电机及其控制技术最新成果的基础上,根据自己对相关知识的理解和体会,编写了本书。

作者在编写过程中力求体现内容体系的完整性,聚焦知识的交叉性与前沿性,注重理论的实践性。全书共分12章。第1章为绪论,介绍汽车驱动电机系统的构成、发展历程、驱动形式、性能要求和发展趋势;第2章介绍汽车驱动电机工作原理基础知识;第3章介绍汽车驱动电机数字化控制基础知识;第4章介绍直流电机原理与控制;第5章介绍无刷直流电机原理与控制;第6章介绍永磁同步电机原理与控制;第7章介绍交流感应电机原理与控制;第8章介绍开关磁阻电机原理与控制;第9章介绍汽车新型驱动电机原理与控制;第10章介绍汽车电机驱动系统的构型与集成技术;第11章介绍汽车驱动电机的基本设计方法;第12章介绍汽车驱动电机系统的测试与评价方法。各章均选编了思考题,以便于读者对相关内容加深理解。

全书由清华大学高大威负责审定、修改、补充和定稿,同时负责编写第1~8章、第12章内容;南京航空航天大学张卓然负责编写第9章内容;清华大学田光宇负责编写第10章主要内容;东南大学樊英负责编写第11章内容并参与编写了第10章部分内容。

本书在编写过程中得到了清华大学车辆与运载学院众多老师及欧阳明高院士率领的新能源汽车研究团队的大力支持,作者所在清华大学汽车电力电子与电机驱动课题组的研究生参与了本书部分文字和图形的校对工作,在此向他们表示衷心的感谢。

本书所用参考文献及其贡献均在文中标注,在此对所有参考文献的作者表示诚挚的谢意。

本书可作为高等院校车辆工程、机械工程、电气工程、交通运输等专业本科生和研究生的教材或参考书,也可作为相关科研机构和汽车行业技术人员的参考书。

由于编写时间较短、相关资料不足和编者水平有限,本书难免存在许多不足之处,恳请广大读者批评指正,并将意见和建议反馈,以便进一步修订和完善。

高大威

2021 年 9 月于清华园

主要符号表

a	a 相；并联支路数	G	门极；栅极
A	面积；电负荷；A 相	$G(s)$	传递函数
b	b 相	g_m	跨导
B	磁通密度；黏滞摩擦系数；B 相	H	磁场强度
B_{av}	气隙平均磁通密度	h	高度；厚度；谐波次数
BH	磁能积	H_c	铁心磁场强度；矫顽力
b_M	永磁体宽度	h_M	永磁体长度
B_m	最大磁通密度	h_{tr}	转子齿高
B_r	剩磁	h_{ts}	定子齿高
B_δ	气隙磁通密度；磁负荷	H_δ	气隙磁场强度
c	c 相	i	电流瞬时值
C	电容器；电容；集电极；C 相	i_A	A 相绕组电流；二极管阳极电流
C_{DS}	漏极-源极电容	i_a	a 相绕组电流
C_{GD}	栅极-漏极电容	i_B	B 相绕组电流
C_{GS}	栅极-源极电容	i_b	b 相绕组电流
C_{iss}	输入电容	i_C	C 相绕组电流
C_{oss}	输出电容	i_c	c 相绕组电流
$\cos\varphi$	功率因数	i_d	电流矢量的 d 轴分量
C_{rss}	反向输入电容	i_D	漏极-源极电流（瞬时值）
D	功率二极管；直径；漏极	I_D	漏极-源极电流
d	长度；直轴	i_f	励磁绕组电流
D_{ro}	转子外径	i_q	电流矢量的 q 轴分量
D_{sh}	电机轴径	i_s	定子绕组电流（瞬时值）
D_{si}	定子内径	I_{smax}	最大允许运行电流
D_{so}	定子外径	i_α	电流矢量的 α 轴分量
e	电动势	i_β	电流矢量的 β 轴分量
E	反电动势有效值；发射极	J	转动惯量
F	磁动势；力	J_a	电流密度
f	频率；滚动摩擦系数	k_c	卡特系数
$f(\theta)$	转矩分配函数	k_{d1}	基波分布因数；基波分布系数
f_1	基波频率	k_{s1}	基波斜槽因数；基波斜槽系数
f_{ijk}	（电磁屏蔽室）谐振频率	K_E	电动势常数
f_s	开关频率	k_{Fe}	铁心叠压系数

k_i	（PI 调节器）积分系数	$P_{Fe,s}$	定子铁损
k_p	（PI 调节器）比例系数	P_{Hy}	磁滞损耗
k_{p1}	基波节距因数；基波节距系数	P_{in}	输入功率
K_{sf}	槽满率；填充系数	P_{Loss}	损耗
K_T	转矩常数	P_{loss_cond}	通态损耗
k_{w1}	基波绕组因数；基波绕组系数	P_{loss_SW}	开关损耗
K_Φ	励磁常数	P_{max}	电机最大功率
l	导体长度	P_N	额定功率
L	电感器；电感量；电感	$P_{p,bearing}$	轴承摩擦损耗
L_d	直轴电感；d 轴电感	P_r	持续功率
L_q	交轴电感；q 轴电感	P_ρ	风摩损耗
L_m	励磁电感	Q_{rr}	反向恢复电荷
L_r	转子绕组等效电感	R	电阻；热阻
L_s	定子绕组等效电感	r	转子；半径
L_σ	漏感	R_G	栅极电阻；门极电阻
m	电机相数；质量	R_h	高效区占比
M	互感	R_m	磁阻
N	线圈匝数；导体数；N 极；阴极	R_{on}	导通电阻；通态电阻
n	转速	R_r	转子绕组等效电阻
n_b	基速	R_s	定子绕组等效电阻
n_m	机械转速	R_T	转矩脉动
n_{max}	电机最高转速	S	S 极；源极
N_r	转子极数	s	转差率
N_s	定子极数	T	时间；转矩；温度
n_s	同步转速	t	时间；转矩；温度
P	功率；损耗；极对数；阳极	T^*	目标转矩；参考转矩
p	微分算子	T_c	居里温度
P_{AG}	气隙功率	t_e	电机转矩（瞬时值）
P_{Bd}	电刷损耗	t_{fr}	正向恢复时间
P_{ci}	电机控制器输入功率	T_L	负载转矩
P_{co}	电机控制器输出功率	T_{max}	电机最大转矩
P_{Cu}	铜损	t_{me}	机械转矩
$P_{Cu,a}$	电枢绕组铜损	t_{off}	关断时间
$P_{Cu,f}$	励磁绕组铜损	t_{on}	开通时间
P_{Ed}	涡流损耗	T_r	持续转矩
P_{Fe}	铁损	t_{rr}	反向恢复时间
$P_{Fe,r}$	转子铁损	T_s	周期（时间）；开关周期

符号	含义	符号	含义
U	电压;磁压降	Ψ	磁链
U_{CE}	集电极-发射极电压	α	占空比;槽距角;α 轴
u_d	电压矢量的 d 轴分量	β	β 轴;扩大恒功率区系数
u_{dc}	电机控制器直流侧电压	β_r	转子的极弧角
U_{DS}	漏极-源极电压	β_s	定子极弧角
U_F	(二极管)正向导通压降	δ	转矩角;气隙长度
U_{FRM}	正向恢复峰值电压	ε	误差
U_{GE}	栅极(门极)-发射极电压	η	效率
U_{GP}	密勒平台电压	η_c	电机控制器效率
U_{GS}	栅极-源极电压	η_{DCm}	直流电机效率
$U_{GS(th)}$	栅极-源极阈值电压	η_{ctr}	(交流)电机控制器效率
u_q	电压矢量的 q 轴分量	η_{em}	驱动电机效率
U_{smax}	最大允许运行电压	η_m	驱动电机效率
u_α	电压矢量的 α 轴分量	η_s	驱动电机系统效率
u_β	电压矢量的 β 轴分量	η_T	传动系统效率
v	空间矢量;线速度;谐波次数	λ	电机长径比
V	体积;全控型电力电子器件	λ_m	直流电压利用率
$\mathbf{V}$	系统噪声	λ_{mmax}	最大直流电压利用率
$\boldsymbol{v}_A$	空间矢量 $\boldsymbol{v}$ 的 A 轴分量	μ	磁导率
$\boldsymbol{v}_B$	空间矢量 $\boldsymbol{v}$ 的 B 轴分量	μ_c	铁心磁导率
$\boldsymbol{v}_C$	空间矢量 $\boldsymbol{v}$ 的 C 轴分量	μ_{Fe}	铁磁介质的磁导率
$\boldsymbol{v}_d$	空间矢量 $\boldsymbol{v}$ 的 d 轴分量	μ_r	相对磁导率
$\boldsymbol{v}_q$	空间矢量 $\boldsymbol{v}$ 的 q 轴分量	μ_0	真空磁导率
$\boldsymbol{v}_\alpha$	空间矢量 $\boldsymbol{v}$ 的 α 轴分量	θ	角度;夹角
$\boldsymbol{v}_\beta$	空间矢量 $\boldsymbol{v}$ 的 β 轴分量	θ_e	电角度
$\mathbf{W}$	测量噪声	θ_m	机械角度
W	能(量);功	θ_{off}	关断角
W'_m	磁功能	θ_{on}	开通角
W_m	磁能	θ_{sk}	斜槽角
w_m	磁能密度	θ_0	初始角度
W_{ME}	机械能	θ_ψ	磁链角
$w_{m\delta}$	气隙磁能密度	ρ	电阻率;凸极率
X	电抗	σ	漏磁系数
y	节距	τ	厚度;极距;时间常数
Z	(铁心)槽数;阻抗	τ_a	绕组电气时间常数
Φ	磁通量	τ_m	机电时间常数
Λ_m	磁导	τ_r	转子时间常数;转子极距

ω	旋转角速度	ω_s	同步旋转角速度
ω_b	基速(角速度)	ω_{sl}	转差角速度
ω_c	滤波器截止频率	ψ_d	d 轴磁链
ω_m	机械旋转角速度	ψ_f	永磁体磁链
ω_{max}	电机最高转速(角速度)	ψ_q	q 轴磁链
ω_r	转子旋转角速度		

目 录

第1章 绪论 … 1
1.1 概述 … 1
1.1.1 汽车驱动电机系统的构成 … 1
1.1.2 汽车驱动电机系统的发展历程 … 6
1.1.3 汽车驱动电机系统的驱动形式 … 8
1.2 车辆对驱动电机系统的性能要求 … 10
1.3 汽车驱动电机系统的发展趋势 … 13
思考题 … 15
参考文献 … 15

第2章 汽车驱动电机原理基础 … 16
2.1 磁路与铁磁材料 … 16
2.1.1 磁路的相关术语 … 16
2.1.2 铁磁材料及其特性 … 20
2.1.3 电机的铁心损耗 … 24
2.2 机电能量转换过程的能量关系 … 27
2.2.1 机电能量转换路径 … 27
2.2.2 耦合场中的能量 … 28
2.3 旋转电机的转矩 … 36
2.3.1 单相磁阻电机的转矩 … 36
2.3.2 双绕组电机的转矩 … 37
2.4 本章小结 … 39
思考题 … 39
参考文献 … 40

第3章 汽车驱动电机数字化控制基础 … 41
3.1 汽车驱动电机数字化控制概述 … 41
3.2 汽车驱动电机控制器的硬件基础 … 45
3.2.1 电力电子器件的原理与特性 … 45
3.2.2 电力电子器件的驱动与保护 … 67
3.2.3 驱动电机控制器中的直流侧电容器 … 76
3.2.4 驱动电机控制器中的微处理器 … 77
3.2.5 信号检测与传感器 … 80

3.3 电压型逆变电路与脉宽调制技术 ………………………………………… 89
    3.3.1 电压型逆变器主电路结构 ……………………………………… 89
    3.3.2 三相电压型逆变电路的正弦脉宽调制 ………………………… 91
    3.3.3 三相电压型逆变电路的空间矢量脉宽调制 …………………… 94
3.4 驱动电机绕组电流控制方法 ……………………………………………… 99
    3.4.1 电机绕组电流滞环跟踪 PWM 控制 …………………………… 100
    3.4.2 电机绕组电流的 PI 控制 ………………………………………… 101
3.5 数字化驱动电机控制器的集成 …………………………………………… 103
    3.5.1 驱动电机控制器的结构 ………………………………………… 103
    3.5.2 驱动电机控制器的热管理 ……………………………………… 105
    3.5.3 驱动电机控制器的电磁兼容 …………………………………… 110
3.6 本章小结 …………………………………………………………………… 114
思考题 ……………………………………………………………………………… 115
参考文献 …………………………………………………………………………… 115

第 4 章 直流电机原理与控制 …………………………………………………… 117
4.1 直流电机概述 ……………………………………………………………… 117
4.2 直流电机结构 ……………………………………………………………… 119
    4.2.1 直流电机的基本结构 …………………………………………… 119
    4.2.2 直流电机的直轴与交轴 ………………………………………… 120
    4.2.3 直流电机的励磁方式 …………………………………………… 120
    4.2.4 直流电机的转子绕组 …………………………………………… 121
4.3 直流电机基本工作原理 …………………………………………………… 123
4.4 直流电机基本关系式与数学模型 ………………………………………… 124
    4.4.1 电枢绕组的感应电动势 ………………………………………… 124
    4.4.2 直流电机的电磁转矩 …………………………………………… 125
    4.4.3 直流电机的数学模型 …………………………………………… 126
4.5 直流电机控制 ……………………………………………………………… 127
    4.5.1 直流电机的稳态分析 …………………………………………… 128
    4.5.2 直流电机的暂态分析 …………………………………………… 129
    4.5.3 直流电机控制器主电路拓扑结构 ……………………………… 131
    4.5.4 直流电机的机械特性 …………………………………………… 133
4.6 直流电机系统损耗与效率 ………………………………………………… 137
4.7 本章小结 …………………………………………………………………… 139
思考题 ……………………………………………………………………………… 139
参考文献 …………………………………………………………………………… 140

第5章 无刷直流电机原理与控制 ... 141
5.1 无刷直流电机概述 ... 141
5.2 无刷直流电机结构 ... 143
5.2.1 无刷直流电机的基本结构 ... 143
5.2.2 无刷直流电机的分数槽集中绕组 ... 144
5.2.3 无刷直流电机永磁体的布置与磁化 ... 147
5.3 无刷直流电机基本工作原理 ... 148
5.4 无刷直流电机基本关系式与数学模型 ... 152
5.4.1 定子绕组的感应电动势 ... 152
5.4.2 无刷直流电机的转矩 ... 153
5.4.3 无刷直流电机的等效电路和数学模型 ... 154
5.5 无刷直流电机控制 ... 155
5.5.1 无刷直流电机控制器的主电路拓扑结构 ... 156
5.5.2 无刷直流电机的稳态和暂态分析 ... 159
5.5.3 无刷直流电机的转矩控制 ... 161
5.5.4 无刷直流电机的机械特性 ... 169
5.6 无刷直流电机转矩脉动 ... 171
5.6.1 无刷直流电机的齿槽转矩 ... 171
5.6.2 换相过程中的转矩脉动 ... 174
5.7 无刷直流电机损耗 ... 177
5.8 本章小结 ... 177
思考题 ... 178
参考文献 ... 178

第6章 永磁同步电机原理与控制 ... 181
6.1 永磁同步电机概述 ... 181
6.2 永磁同步电机结构 ... 182
6.2.1 永磁同步电机的基本结构 ... 182
6.2.2 永磁同步电机的定子绕组 ... 185
6.2.3 永磁同步电机的转子结构 ... 188
6.3 永磁同步电机基本工作原理 ... 192
6.3.1 三相定子绕组的反电动势 ... 192
6.3.2 三相定子绕组电流产生的旋转磁场 ... 197
6.3.3 永磁同步电机的转矩 ... 202
6.4 永磁同步电机基本关系式与数学模型 ... 202
6.4.1 空间矢量 ... 202
6.4.2 永磁同步电机的数学模型 ... 210

6.5 永磁同步电机矢量控制 218
　　6.5.1 永磁同步电机矢量控制步骤 219
　　6.5.2 永磁同步电机机械特性分析 220
　　6.5.3 永磁同步电机控制策略 223
6.6 永磁同步电机损耗 230
6.7 永磁同步电机转子位置和转速的估计 231
　　6.7.1 转子位置和转速的开环估计 232
　　6.7.2 基于扩展反电动势的估计 233
　　6.7.3 基于扩展卡尔曼滤波器的估计 235
　　6.7.4 基于模型参考自适应系统的估计 239
　　6.7.5 基于高频信号注入的估计 243
6.8 永磁同步电机转子直接转矩控制 249
　　6.8.1 永磁同步电机直接转矩控制基本原理 249
　　6.8.2 永磁同步电机磁链和转矩的估算和观测 250
　　6.8.3 永磁同步电机直接转矩控制系统 251
6.9 本章小结 252
思考题 253
参考文献 254

第7章 交流感应电机原理与控制 257

7.1 交流感应电机概述 257
7.2 交流感应电机结构 258
7.3 交流感应电机基本工作原理 260
　　7.3.1 笼型交流感应电机的转子绕组相数 260
　　7.3.2 交流感应电机的同步转速与转差率 261
　　7.3.3 交流感应电机的电磁关系 262
　　7.3.4 交流感应电机的运行特性 268
7.4 交流感应电机数学模型 272
　　7.4.1 ABC 参考坐标系下的交流感应电机数学模型 272
　　7.4.2 $\alpha\beta$ 参考坐标系下的交流感应电机数学模型 277
　　7.4.3 dq 参考坐标系下的交流感应电机数学模型 280
7.5 交流感应电机矢量控制 283
　　7.5.1 交流感应电机的转子磁场定向矢量控制 284
　　7.5.2 交流感应电机的定子磁场定向矢量控制 286
　　7.5.3 交流感应电机的气隙磁场定向矢量控制 288
7.6 交流感应电机机械特性分析 290
　　7.6.1 交流感应电机工作过程中的电气约束 290

7.6.2 交流感应电机的运行区域 ································· 291
7.7 交流感应电机弱磁区控制 ································· 294
  7.7.1 交流感应电机的 $1/\omega_r$ 控制策略 ···················· 294
  7.7.2 交流感应电机基于 u_s^* 控制的控制策略 ················ 295
7.8 交流感应电机转速和转子位置估计 ······················· 296
  7.8.1 电机转速和转子位置的开环估计 ······················ 296
  7.8.2 基于扩展卡尔曼滤波器的估计 ························ 299
  7.8.3 基于模型参考自适应系统的估计 ······················ 302
  7.8.4 基于高频信号注入的估计 ···························· 304
7.9 交流感应电机直接转矩控制 ································ 307
  7.9.1 交流感应电机直接转矩控制的基本原理 ················ 307
  7.9.2 交流感应电机磁链和转矩的估算和观测 ················ 307
  7.9.3 交流感应电机的直接转矩控制系统 ···················· 308
7.10 本章小结 ·· 310
思考题 ·· 310
参考文献 ··· 311

第8章 开关磁阻电机原理与控制 ································ 313
8.1 开关磁阻电机概述 ·· 313
8.2 开关磁阻电机结构 ·· 314
  8.2.1 开关磁阻电机的基本结构 ···························· 314
  8.2.2 开关磁阻电机的派生结构 ···························· 315
8.3 开关磁阻电机原理 ·· 317
  8.3.1 开关磁阻电机的基本工作原理 ························ 317
  8.3.2 开关磁阻电机的转矩 ································ 319
8.4 开关磁阻电机数学模型 ···································· 325
8.5 开关磁阻电机控制 ·· 327
  8.5.1 开关磁阻电机的绕组磁链与电流 ······················ 328
  8.5.2 开关磁阻电机控制器的主电路拓扑结构 ················ 331
  8.5.3 开关磁阻电机控制器的控制方式与机械特性 ············ 336
8.6 本章小结 ··· 346
思考题 ·· 347
参考文献 ··· 347

第9章 汽车新型驱动电机原理与控制 ···························· 350
9.1 新型驱动电机概述 ·· 350
9.2 定子励磁型电机原理与控制 ································ 350

    9.2.1 双凸极电机……351
    9.2.2 磁通切换电机……355
    9.2.3 磁通反向电机……357
    9.2.4 定子励磁型电机的控制……358
  9.3 混合励磁电机原理与控制……360
    9.3.1 混合励磁电机基本原理……360
    9.3.2 串联磁路式混合励磁电机……361
    9.3.3 并联磁路式混合励磁电机……362
    9.3.4 并列磁路式混合励磁电机……364
    9.3.5 混合励磁电机的控制……366
  9.4 记忆电机原理与控制……368
    9.4.1 记忆电机基本原理……368
    9.4.2 直流脉冲调磁型记忆电机……369
    9.4.3 交流脉冲调磁型记忆电机……370
    9.4.4 记忆电机的控制技术……371
  9.5 轴向磁场永磁电机原理与控制……373
    9.5.1 基本原理及典型拓扑……373
    9.5.2 轴向磁场定子无铁心永磁电机……375
    9.5.3 轴向磁场永磁电机的控制……376
  9.6 开绕组电机系统原理与控制……378
    9.6.1 开绕组电机系统的典型拓扑结构……378
    9.6.2 开绕组电机系统的控制技术……380
  9.7 本章小结……380
  思考题……381
  参考文献……382

第10章 汽车电机驱动系统构型与集成技术……385
  10.1 汽车电机驱动系统概述……385
  10.2 集中式驱动系统……388
    10.2.1 电机变速驱动系统构成……388
    10.2.2 电机变速驱动系统参数匹配……389
    10.2.3 电机变速驱动系统换挡规律……391
    10.2.4 电机变速驱动系统同步过程控制……392
    10.2.5 电机变速驱动系统换挡过程控制……395
  10.3 分布式驱动系统……399
    10.3.1 轮边电机驱动系统构成……399
    10.3.2 轮毂电机驱动系统构成……400

10.3.3　分布式驱动系统设计需求 …………………………………………… 401
　　　10.3.4　分布式驱动系统动力学控制 ………………………………………… 403
　　　10.3.5　分布式驱动系统其他存在问题及解决方案 ………………………… 406
　10.4　本章小结 ……………………………………………………………………… 407
　思考题 ………………………………………………………………………………… 407
　参考文献 ……………………………………………………………………………… 408

第11章　汽车驱动电机的基本设计方法 …………………………………………… 409
　11.1　汽车驱动电机设计概述 ……………………………………………………… 409
　11.2　驱动电机设计中的参数计算与分析方法 …………………………………… 410
　　　11.2.1　驱动电机设计中的参数计算 ………………………………………… 410
　　　11.2.2　驱动电机设计中的分析方法 ………………………………………… 414
　11.3　直流电机的基本设计方法 …………………………………………………… 415
　11.4　无刷直流电机的基本设计方法 ……………………………………………… 417
　11.5　永磁同步电机的基本设计方法 ……………………………………………… 419
　11.6　交流感应电机的基本设计方法 ……………………………………………… 423
　11.7　开关磁阻电机的基本设计方法 ……………………………………………… 424
　11.8　汽车驱动电机设计示例 ……………………………………………………… 426
　　　11.8.1　电机设计参数 ………………………………………………………… 426
　　　11.8.2　有限元仿真分析 ……………………………………………………… 427
　11.9　本章小结 ……………………………………………………………………… 430
　思考题 ………………………………………………………………………………… 430
　参考文献 ……………………………………………………………………………… 430

第12章　汽车驱动电机系统的测试与评价 ………………………………………… 432
　12.1　驱动电机系统测试与评价概述 ……………………………………………… 432
　12.2　驱动电机系统测试标准与评价依据 ………………………………………… 433
　12.3　驱动电机系统测试设备与试验环境 ………………………………………… 434
　　　12.3.1　驱动电机系统的硬件在环测试环境 ………………………………… 434
　　　12.3.2　驱动电机系统基本性能试验台架 …………………………………… 439
　　　12.3.3　驱动电机系统电磁兼容性试验环境 ………………………………… 441
　　　12.3.4　驱动电机系统环境适应性试验环境 ………………………………… 446
　12.4　驱动电机系统的主要试验方法 ……………………………………………… 450
　　　12.4.1　驱动电机系统输入输出特性的台架试验方法 ……………………… 450
　　　12.4.2　驱动电机系统电磁兼容性试验方法 ………………………………… 456
　　　12.4.3　驱动电机系统环境适应性试验方法 ………………………………… 466
　　　12.4.4　驱动电机系统环境的电气安全性试验方法 ………………………… 470

12.4.5 驱动电机系统可靠性试验方法……………………………………………… 475
12.5 本章小结……………………………………………………………………… 478
思考题……………………………………………………………………………… 478
参考文献…………………………………………………………………………… 479

附录　主要术语索引……………………………………………………………… 481

第1章 绪　　论

1.1 概　　述

1.1.1 汽车驱动电机系统的构成

动力系统电动化是提高汽车能量转换效率、降低排放的重要途径,驱动电机系统(drive electric machine system)是实现动力系统电动化的物质基础,驱动电机系统的存在是电动汽车区别于传统内燃机汽车的重要标志。

图1-1所示为纯电动汽车中的动力系统。从图中可以看出驱动电机(drive electric machine)是车辆唯一的驱动动力来源,这种特征也反映在串联混合动力汽车以及燃料电池汽车上。在混联(串并联)或并联混合动力汽车中,驱动电机与发动机通过动力耦合机构共同驱动车辆。

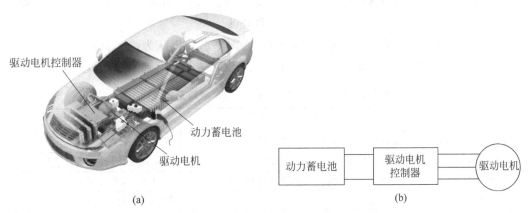

图1-1　纯电动汽车中的动力系统
(a) 动力系统在整车中的布置；(b) 动力系统的电气连接

驱动电机系统具有发动机无法实现的能量回馈功能,即在车辆制动时,驱动电机工作在发电状态,将机械能转换为电能并回馈到车载储能部件中。制动能量回馈是提高整车经济性的重要途径。

此外,在混合动力汽车中,驱动电机系统还可以转换发动机部分输出功率,具有提高发动机工作效率和改善排放的作用。

汽车驱动电机系统定义为用于驱动汽车行驶的驱动电机、驱动电机控制器(drive electric machine controller)及相关辅助装置的组合[1]。

1. 驱动电机

驱动电机是指基于"磁场相互作用"或"磁路磁阻变化"实现电能与机械能之间的转换,并可为车辆提供驱动力和制动力的电气装置。若电机的不同部分之间可以实现相对旋转运动,则这种电机称为旋转电机(rotating electric machine)。旋转电机中静止不动的部分称为定子(stator)，可以旋转运动的部分称为转子(rotor)。目前，电动汽车的驱动电机皆为旋转电机。

多数电动汽车的驱动电机既可以工作在电动(motoring)状态来驱动车辆，也可以工作在发电(generating)状态来回馈制动能量。图1-2为典型驱动电机的外形图。图中，驱动电机的高压电气接口(high voltage electrical interface)，又称动力电气接口(power interface)，用于通过高压线束和驱动电机控制器进行高压电气连接，从而实现电能的传输；驱动电机的低压电气接口，又称信号电气接口(signal interface)，用于通过低压线束和驱动电机控制器进行低压电气连接，为驱动电机控制器提供电机内部温度、转子位置、电机转速等信息；冷却接口(cooling interface)，即冷却液管路接口(cooling pipeline interface)，用于连接整车散热系统，驱动电机普遍采用液冷(如水冷或油冷)的冷却方式；机械输出轴与整车传动系统连接，用于传递驱动转矩或制动转矩；安装接口(mounting interface)用于固定或安装驱动电机。

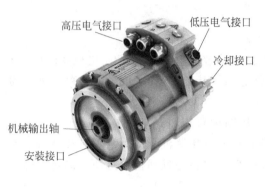

图1-2 典型驱动电机外形图

汽车驱动电机与普通工业电机具有相同的工作原理，可以认为汽车驱动电机是针对特殊用途和特殊场合的工业电机。表1-1给出了汽车驱动电机与普通工业电机的主要区别。

表1-1 汽车驱动电机与普通工业电机的主要区别

类　别	汽车驱动电机	普通工业电机
外形和各类接口	定制化，便于和传动系统集成	通用化
工作环境	环境温度变化较大，振动较大	环境温度比较稳定，振动较小
运行工况	较为复杂，负载变化剧烈，可四象限运行	相对单一，多运行于第一象限
防护等级	IP44或更高	根据应用场合确定
被控制参数	转矩(特殊情况下：转速)	转速、位置(特殊情况下：转矩)
功率密度	高	低
冷却方式	液冷(水冷或油冷)	多为强迫风冷或自然冷却
耐久性	高于整车耐久性	与应用环境相关
维护性	除直流电机外，应做到免维护	与应用环境相关

电机转矩的产生机理有两种：第一种是由于两个磁场相互作用而产生转矩。磁场可以由永磁材料产生或流过电流的导体产生，但两个磁场中至少有一个磁场应由载流导体产生，两个磁场相互作用也可以看作是磁场对电流产生安培力(Ampere's force)的结果，因此这种转矩又称为电磁转矩(electromagnetic torque)。电磁转矩的方向是使两个磁场趋于同向。第二种是当电机的定子铁心和转子铁心所在磁路的磁阻不断变化时，由于磁场的分布遵循"磁阻最小原理"(principle of variable reluctance)，即磁通总是沿着磁阻最小的路径闭合而产生的转矩，这种转矩称为磁阻转矩(reluctance torque)。

依据电机转矩的产生机理可以对电动汽车驱动电机进行分类，具体如图1-3所示。

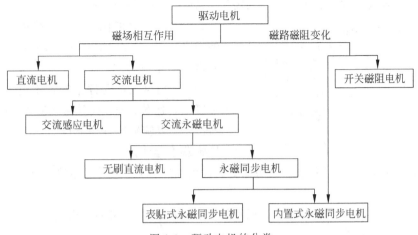

图 1-3 驱动电机的分类

从图中可看出,电动汽车的驱动电机主要有:直流电机(direct current motor,DCM)、无刷直流电机(brushless direct current motor,BLDCM)、永磁同步电机(permanent magnet synchronous motor,PMSM)、交流感应电机(AC induction motor,ACIM)、开关磁阻电机(switched reluctance motor,SRM)等[2]。由于无刷直流电机的结构和控制方法与有刷直流电机相差较大[3],多数文献并不把其归于直流电机,因此本书后面所涉及直流电机特指有刷直流电机。各类驱动电机的特点及在电动汽车上的应用情况归纳如表1-2所示。

表 1-2 各类驱动电机的特点与应用

电机类型	优 点	缺 点	电动汽车应用情况
直流电机	控制性能好、控制器结构简单、成本较低	电机转速低、维护周期短、耐久性差、过载能力差、功率密度小、工作效率较低	应用较早,已被其他类型电机取代
无刷直流电机	起动转矩大、过载能力强、功率密度高、控制算法简单	转矩纹波大、工作噪声高	应用一般
永磁同步电机	工作效率较高、功率密度高	控制算法复杂、电机控制器成本高、永磁材料性能能易受温度和振动影响	应用较广泛
交流感应电机	转速高、耐久性好、驱动电机成本较低、可靠性好	功率密度一般、电机控制器成本高、工作效率一般	应用较广泛
开关磁阻电机	结构简单、控制结构和控制算法简单、成本低	转矩纹波较大、工作噪声高	应用较少

根据国家标准GB/T 18488.1—2015的规定[1],汽车驱动电机型号由驱动电机类型代号、尺寸规格代号、信号反馈元件代号、冷却方式代号、预留代号五部分组成,如图1-4所示。具体规定为:

(1) 驱动电机类型代号:KC代表开关磁阻电机;TF代表方波控制型永磁同步电机(无刷直流电机);TZ代表正弦控制型永磁同步电机;YR代表绕线交流感应电机;YS代表笼型交流感应电机;ZL代表直流电机;其他类型驱动电机的类型代号由制造商参照旋

转电机产品型号编制方法的国家标准 GB/T 4831—2016[4]进行规定。

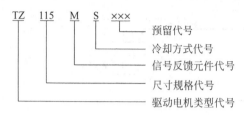

图 1-4 驱动电机的型号规定

（2）尺寸规格代号：一般采用定子铁心的外径来表示，对于外转子电机，采用外转子铁心外径表示，单位为 mm。

（3）信号反馈元件指安置于电机上的转子位置或转速传感器，其代号：M 代表光电编码器；X 代表旋转变压器；H 代表霍尔元件；无传感器不标注。

（4）冷却方式代号：S 代表水冷方式；Y 代表油冷方式；F 代表强迫风冷方式；自然冷却不标注。

（5）预留代号：用英文大写字母或阿拉伯数字组合，其含义由制造商自行确定。

2. 驱动电机控制器

驱动电机控制器是指将车载电源（如蓄电池、超级电容、燃料电池等）输出的电能转换为驱动电机所需电能的电力电子装置[5]。驱动电机控制器可以基于上层控制器（如动力系统控制器或整车控制器）的指令控制驱动电机的转速或转矩。

图 1-5 为典型驱动电机控制器的外形图。驱动电机控制器的高压输入电气接口通过高压线束与车载电源进行电气连接，高压输出电气接口通过高压线束与驱动电机进行电气连接；驱动电机控制器的低压电气接口通过低压线束与驱动电机、整车通信网络、整车低压电气系统以及车辆其他部件进行低压电气连接；冷却接口用于连接整车散热系统，同驱动电机类似，驱动电机控制器通常采用液冷（如水冷或油冷）的冷却方式；安装接口用于固定或安装驱动电机控制器。

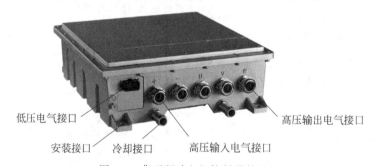

图 1-5 典型驱动电机控制器外形图

汽车驱动电机控制器属于汽车电力电子部件，它与普通工业电机控制器（或驱动器）的工作原理比较类似，但也存在明显差异，表 1-3 给出了二者的主要区别。

表 1-3 汽车驱动电机控制器与普通工业电机控制器的主要区别

类别	汽车驱动电机控制器	普通工业电机控制器
外形和各类接口	定制化，便于车辆安装	通用化
工作环境	环境温度变化较大，振动较大	环境温度比较稳定，振动较小
运行工况	较为复杂，负载变化剧烈并具有一定的随机性	相对单一

续表

类别	汽车驱动电机控制器	普通工业电机控制器
防护等级	IP44 或更高	根据应用场合确定
输入电源	车载电源(直流)	公用电网(交流,频率50Hz)
电能转换形式	直流电机：直流-直流 交流电机：直流-交流	直流电机：交流-直流-直流 交流电机：交流-直流-交流
电力电子器件与电子元器件	汽车级	工业级
功率密度	高	低
冷却方式	液冷(水冷或油冷)	多为强迫风冷或自然冷却
耐久性	高于整车耐久性	与应用环境相关
维护性	免维护	与应用环境相关

如图 1-6 所示,典型的汽车驱动电机控制器内部主要包括主电路和控制电路两大部分。主电路主要由电力电子器件构成,用来完成不同形式电能的转换,如从直流变换为直流或从直流逆变为交流等。控制电路由数字信号控制器(digital signal controller,DSC)、驱动电路(driving circuit)、保护电路(protection circuit)、数据采集电路(DAQ circuit)等构成。

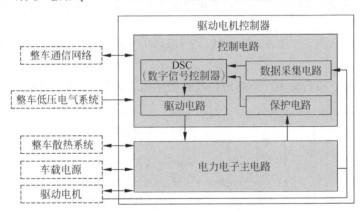

图 1-6　汽车驱动电机控制器内部构成

对汽车驱动电机实施控制可以理解为：驱动电机控制器中的 DSC 按照从整车通信网络得到的电机目标转矩或转速,根据数据采集电路得到的电机运行状态(如转速或转子位置、绕组电流、电机内部温度等)、动力系统工作状态(如直流母线电压、车载电源运行状态等)以及保护电路对驱动电机和驱动电机控制器的故障诊断结果,按一定的控制算法或控制策略,通过驱动电路对驱动电机控制器主电路中电力电子器件的通断进行控制,使驱动电机的输出转矩或转速跟踪目标转矩或转速的过程。换言之,在驱动电机控制器中,大功率电能的转换是通过对主电路中电力电子器件通断状态的控制来实现的；而控制电路的功能是让电力电子器件按正确的工作时序通断。

驱动电机控制技术是电动汽车的关键技术,对整车性能会产生直接影响。由于不同类型驱动电机的工作原理、结构有所区别,所以针对不同类型驱动电机的控制技术也有所不同。例如对于直流电机,由于励磁绕组电流和电枢绕组电流可以做到完全解耦,所以只要对二者分别进行控制就可以达到控制电机转矩的目的；而对于交流感应电机和永磁同步电机则需要采用矢量控制技术或直接转矩控制技术对电机转矩进行控制。对所有类型驱动电机的控制问题都可以归结为对电机绕组电流的控制问题。由于驱动电机系统具有多参数、非线性、强耦合的特征,因此很难对工作过程进行准确的数学描述。将现代控制理论的控制方法(如自适应控制、模糊控制、神经网络控制等)与经典控制理论的控制方法(如PID控制)相结合,可以更好地满足驱动电机控制的工程化需要。

根据国家标准GB/T 18488.1—2015的规定,汽车驱动电机控制器型号由驱动电机控制器类型代号、工作电压规格代号、信号反馈元件代号、工作电流规格代号、冷却方式代号、预留代号六部分组成,如图1-7所示。具体规定为:

(1) 控制器类型代号:用电机类型代号前加英文大写字母"K"来表示。

(2) 工作电压规格代号:用驱动电机控制器的标称直流电压除以"10"再圆整后的数值来表示。最少以两位数值表示,不足两位的,在十位上冠以0。若为交流供电,电压值均需折算成直流电压值。输入电压的单位为伏特(V)。

(3) 信号反馈元件代号:M代表光电编码器;X代表旋转变压器;H代表霍尔元件;无传感器不标注。

(4) 工作电流规格代号:用驱动电机控制器最大工作电流的有效值除以"10"再圆整后的数值来表示。最少以两位数值表示,不足两位的,在十位上冠以0。输出电流的单位为安培(A)。

(5) 冷却方式代号:S代表水冷方式;Y代表油冷方式;F代表强迫风冷方式;自然冷却不标注。

(6) 预留代号:用英文大写字母或阿拉伯数字组合,其含义由制造商自行确定。

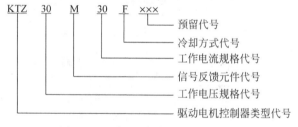

图1-7 驱动电机控制器的型号规定

3. 相关辅助装置

相关辅助装置是指保证驱动电机和驱动电机控制器正常工作的附件,如电气开关、冷却装置、高压线束或线缆及连接器、低压线束及连接器、保护用的熔断器、用于状态监测或信息反馈的各类传感器等。这些"相关辅助装置"具有质量和体积小、易于安装和维护、使用寿命长、成本低等特点。

1.1.2 汽车驱动电机系统的发展历程

促使汽车驱动电机系统的发展有内、外两个因素。外因是随着电动汽车的发展、推广与应用,驱动电机系统需要持续不断升级自身的品质以满足不断提高的整车需求;内因是电机设计与制造技术以及电机控制技术的进步,促使汽车驱动电机系统相关技术不断提高和发展。汽车驱动电机系统的发展历程如图1-8所示。

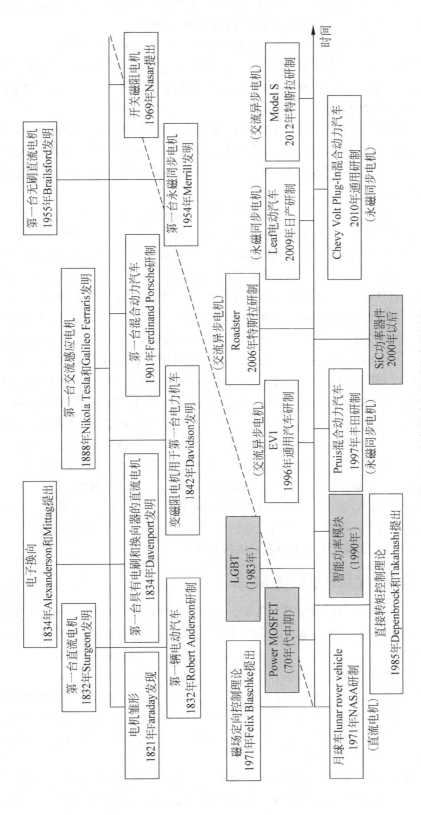

图 1-8 汽车驱动电机系统发展历程

19世纪20—30年代,电机一经出现,人们就想到将它应用于交通工具,用于改善人们的出行条件。因此,电动汽车的出现与电机的发明密不可分。

19世纪30年代后期至80年代中期,随着各类电机的涌现,电动汽车进入了快速发展的第一个"黄金时期"。人们不断尝试制造较大功率的电机来驱动车辆,车辆的性能不断改进。这个"黄金时期"在一定程度上促进了许多车辆技术的启蒙和发展。电动汽车的发展伴随着第二次工业革命的开始。

进入20世纪后,随着内燃机汽车的兴起,电动汽车的发展进入"低潮期"。但与此同时,电机的设计、制造与控制技术却取得较大进步,大功率发电机、工业电气传动系统等与电机及其控制技术密切相关的产品出现,使人类迈进了"电气时代",这也是第二次工业革命的重要标志和最为显著的成果。

20世纪90年代开始,电动汽车出现了"复兴"并进入了第二个"黄金时期"。促进这一变化的直接原因是人们认识到解决环境和能源问题的急迫性和重要性。但从另外一方面,在此前10～15年期间,电机及其控制技术所取得的突破性进展也是导致电动汽车"复兴"的重要原因。这些突破性进展主要体现在三个方面:一是20世纪80年代初,高性能永磁材料钕铁硼(NdFeB)的出现,使驱动电机的功率密度和转矩密度大幅提高且驱动电机优异的机械特性可以简化车辆传动系统结构;二是20世纪70年代中后期到80年代中后期,功率金属-氧化物-半导体场效应晶体管(power metal-oxide-semiconductor field effect transistor,power MOSFET)、绝缘栅双极晶体管(insulated gate bipolar transistor,IGBT)等电力电子器件的出现,使制造高效大功率汽车驱动电机控制器成为可能;三是一些先进电机控制技术(如交流电机的磁场定向控制、直接转矩控制以及一些智能化控制技术)的出现及工业领域的经验积累,可以实现驱动电机的精确控制,满足车辆的需求。此外,DSC性能的提高,也为驱动电机先进控制技术的实施提供了较好的支撑。

在国内,"八五"期间开始开展电动汽车关键技术的研究;"九五"期间,开展了电动概念车、改装车、试验车的研发以及一些标准法规的研究;"十五"开始,将"驱动电机及其控制系统"作为一项核心技术,投入了大量的人力和财力对电机设计与制造、电机控制器硬件、电机控制算法等关键技术开展攻关并取得显著的科研成果。目前,中国是电动汽车驱动电机的主要制造国,并基本掌握了驱动电机控制的核心技术。

1.1.3 汽车驱动电机系统的驱动形式

按照车辆上驱动电机的数量可以将驱动电机系统的驱动形式分为单电机驱动和多电机驱动;按照车辆所有驱动轮的驱动力来源可以将驱动电机系统的驱动形式分为集中式驱动和分布式驱动。

1. 单电机驱动和多电机驱动

所谓单电机驱动是指车辆驱动力来自同一个电机。单电机驱动车辆的驱动结构和整车布置与传统内燃机汽车十分相似,即通过离合器、变速器/减速器和差速器等机械传动装置,将电机输出转矩传递到车轮驱动汽车行驶。这种驱动形式在技术上较为成熟、安全可靠,但存在灵活性差、效率不高等缺点。

多电机驱动是指车辆驱动力来自多个电机。多电机驱动的具体形式比较多,有双轴或多轴独立驱动、轮边驱动、轮毂驱动等。与单电机驱动相比,多电机驱动具有整车布置和结构设计更为灵活、简化机械传动系统、提高能量转换效率以及提高车辆行驶稳定性等优点。

图1-9给出了一些常见的纯电动汽车的驱动形式。为清晰起见，图中没有画出离合器、变速器/减速器和差速器等机械传动部件。图1-9(a)所示是单电机驱动形式，图1-9(b)~图1-9(f)所示为多电机驱动形式。

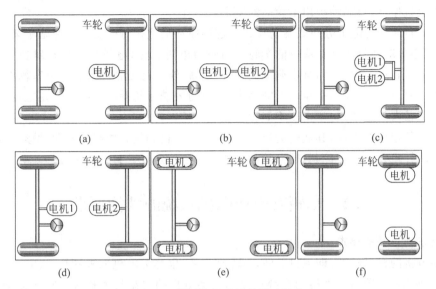

图1-9 驱动电机系统的驱动形式

(a)单电机集中式驱动；(b)同轴双电机集中式驱动；(c)不同轴双电机集中式驱动；
(d)双轴独立电机分布式驱动；(e)轮毂电机分布式驱动；(f)轮边电机分布式驱动

2. 集中式驱动和分布式驱动

所谓集中式驱动是指车辆所有驱动轮的驱动力来自同一个电机或者来自相互之间具有机械耦合机构的多个电机，图1-9(a)~图1-9(c)为集中式驱动形式。图1-9(b)和图1-9(c)中虽然采用两个电机，但这两个电机输出的机械能通过同轴连接或不同轴机械耦合机构汇到同一机械轴上，可以等同于图1-9(a)的单电机驱动形式。有时会把集中式驱动与单电机驱动等效起来，不再做明显区分。因此，集中式驱动可理解为车辆所有驱动轮的驱动力来自同一个电机的驱动形式。

与图1-9(a)相比，图1-9(b)和图1-9(c)的优点是同等功率需求下，双电机驱动时各电机功率可以减小，电机的选择具有灵活性；同时，两个电机的功率和转矩可以根据整车需求进行分配，有利于提高驱动系统效率。图1-9(b)和图1-9(c)的区别在于电机分别为纵向布置和横向布置，且图1-9(c)需要动力机械耦合机构。

分布式驱动是指车辆所有驱动轮的驱动力来自不同电机的驱动形式。图1-9(d)~图1-9(f)属于分布式驱动形式。

图1-9(d)为双驱动轴独立驱动形式。其特点是车辆的前轴和后轴分别采用一个驱动电机系统驱动，两个系统独立，不存在直接动力耦合装置。这种驱动形式的优点是可以根据汽车行驶特性，对两个电机的系统参数进行合理配置；可以实现四轮驱动模式，增强汽车的动力性和通过性；基于车辆行驶工况可以对两个电机的输出转矩进行分配，容易实现能量传输效率的优化。这种驱动形式也可以推广到多驱动轴的重型汽车上。

图 1-9(e)为轮毂电机分布式驱动形式。这种驱动形式将电机与车轮集成在一起,直接驱动车辆,最大限度地缩短了电机到驱动轮的机械能传输路径,提高了能量的传输效率。若电机采用高速电机,则电机与车轮之间需要齿轮减速机构。这种驱动形式有两方面的不足:一是由于车辆非簧载质量增加,比较适合质量小或速度低以及经常行驶于良好路面的车辆;二是对电机抗振性、可靠性提出了较高的要求。

图 1-9(f)为轮边电机分布式驱动形式。这种驱动形式是将电机固定在副车架上的驱动轮旁边,可通过减速器驱动对应侧的车轮。与轮毂电机相比,电机与车轮相对独立,电机参数的选择受车轮的约束较小,维修调试更为方便;此外,非簧载质量减小,使车辆在加速、制动时更加平顺,提高了在不平路面上的稳定性,可有效减小轮胎的磨损。不足之处是电机的布置占据了较大的空间,功率密度不如轮毂电机。

在行驶稳定性方面,与其他驱动形式相比,轮毂电机和轮边电机两种驱动形式可以对每个驱动轮的转矩独立进行控制,拥有较高的整车操纵稳定性及行驶安全性。

1.2 车辆对驱动电机系统的性能要求

1. 整车动力性的要求

驱动电机的机械特性,即电机的转矩-转速关系,也称为电机的外特性。图 1-10 所示为通过单一速比减速器与车辆传动系统连接的驱动电机的典型机械特性。在转速-转矩坐标平面上,电机的机械特性按象限可以分为四个区域,分别为正向驱动区、反向制动区、反向驱动区和正向制动区。图 1-10 同时给出了驱动电机的转速-功率曲线。图中,T_m 为电机的最大转矩(或称峰值转矩);T_r 为电机的持续转矩(或称额定转矩);n_m 为电机的正向最高转速,简称电机的最高转速;n_{rm} 为电机的反向最高转速;P_m 为电机的最大功率(或称峰值功率);P_r 为电机的持续功率(或称额定功率);在第一、四象限,电机的机械特性又分两个区域:恒转矩区和恒功率区,两个区域之间的转速边界即为电机的基速(base speed)n_b,通常也是电机设计时选取的额定转速(rated speed)。

驱动电机系统对外体现的机械特性与驱动电机本身的机械特性有所区别,在动力系统直流母线电压较低、电机控制器或驱动电机温度过高等情况下,可通过电机控制器的控制,使电机输出功率减小或输出转矩下降,此时图 1-10 中的恒转矩区以及恒功率区可能变小。因此,图 1-10 可视为驱动电机系统的理想机械特性。

在实际运行时,电动汽车驱动电机系统的机械特性应能同时满足整车的最高车速、最大爬坡度、加速时间等动力性能指标的要求。

2. 整车经济性的要求

驱动电机系统的效率对电动汽车整车经济性会产生很大影响,从而影响车辆的续驶里程。驱动电机既可能工作在电动状态也可能工作在发电状态。相应地,驱动电机系统的效率包括电动状态效率和发电状态效率。图 1-11 为某电动汽车交流感应电机系统在额定直流电压下的效率。图中的上半部分(即转矩大于零的部分)为电动状态效率,下半部分(即转矩小于零的部分)为发电状态效率。

驱动电机系统的效率在数值上等于电机控制器效率与驱动电机效率的乘积,即

$$\eta_s = \eta_{inv} \eta_{em} \tag{1-1}$$

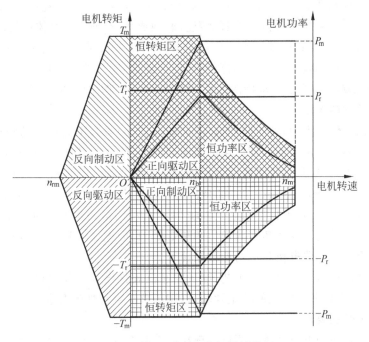

图 1-10 驱动电机的机械特性

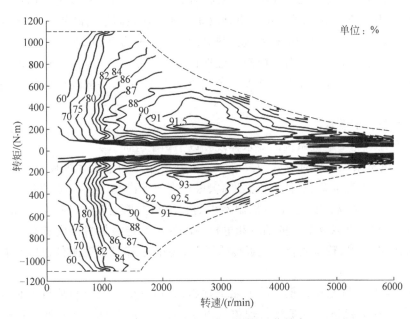

图 1-11 交流感应电机系统的工作效率

式中，η_s 为驱动电机系统的效率；η_{inv} 为电机控制器的效率；η_{em} 为驱动电机的效率。

电机控制器的损耗包括主电路的损耗和控制电路的损耗两部分，其中，主电路的损耗占较大的比重。主电路的损耗包括电力电子器件的损耗以及电容器的损耗，这其中又以电力电子器件的损耗为主。因此，电机控制器的主要损耗是电力电子器件的开关损耗（switching loss）和通态损耗（on-state loss）。

驱动电机的损耗由铜损(copper loss)、铁损(core loss)、机械损耗(mechanical loss)以及杂散损耗(stray loss)构成。这些损耗大部分转换成热量,使电机整体或局部温度升高。

在实际道路工况下,驱动电机的工作点会分布在图1-11中较大的一个范围。因此,基于整车经济性的要求,驱动电机系统需要具有较大的高效区,例如,可要求驱动电机系统效率高于80%的区域大于整个机械特性区域(恒转矩区+恒功率区)的70%。

3. 整车舒适性的要求

驱动电机在工作过程中,转矩脉动(torque pulsation)以及由此产生的噪声会对整车舒适性产生影响。驱动电机转矩脉动产生的原因有两大类:一是由电机自身结构和工作机理而产生,如:永磁同步电机和交流感应电机的齿槽转矩(cogging torque)、开关磁阻电机换相产生的转矩纹波(torque ripple)等;二是在对电机转矩进行控制的过程中产生,如:电机控制器中电力电子器件的"死区"效应产生的转矩纹波、因电力电子器件开关过程或PWM调制方法使电机定子电流发生畸变而产生的转矩脉动、因电流闭环控制器或其他闭环控制器控制参数不合理而导致电机转矩的低频振荡等。

因此,需从电机设计、电机加工工艺、电机控制器硬件设计以及电机控制算法等多方面采取措施,尽可能降低驱动电机的转矩脉动,以满足整车舒适性的要求。

4. 整车安全性的要求

整车安全性对驱动电机系统的要求体现在以下两个方面。

(1) 电气安全。驱动电机系统应具有较高的电气绝缘性能。驱动电机内部的绝缘材料与环境温度、使用年限密切相关。由于电动汽车可能工作在高温高湿环境,因此对驱动电机内部绝缘材料的性能以及驱动电机系统的热管理提出了非常高的要求。

(2) 控制系统的安全性。电机控制器应保证在任何情况下,驱动电机系统不会对整车安全性产生不利影响。如:对于多电机分布式驱动系统,要求各驱动电机的控制器协同工作等。

5. 整车可靠性的要求

整车可靠性对驱动电机系统的要求体现在以下两个方面。

(1) 驱动电机系统应具有较低的故障率。电动汽车驱动电机系统具有功率密度高、工作环境恶劣、运行工况复杂、器件工作温度高、振动剧烈等特点,这些特点容易造成驱动电机系统局部或整体的失效。因此,电机控制器中的直流侧支撑电容器(DC-link capacitor)、电力电子器件、控制电路以及电机的轴承和电机内部的电气绝缘材料都应具有非常高的可靠性;此外,线缆连接器、转速或转子位置传感器、电气开关、熔断器等附件也应具有极高的可靠性。

(2) 驱动电机系统是整车重要的电磁干扰源,驱动电机系统应满足整车对电磁兼容性的要求,避免驱动电机系统对车辆其他电气电子系统产生过大的干扰而导致整车可靠性降低。

6. 整车环境适应性的要求

整车环境适应性对驱动电机系统的要求体现在以下三个方面。

(1) 驱动电机系统应具有高转矩密度和高功率密度。由于车辆安装空间有限,驱动电机系统应在较小体积和较小质量的前提下,具有较大的转矩和较大的功率。

(2) 驱动电机系统应能适应车辆高温、高湿、高寒、高海拔、剧烈振动的恶劣环境以及复杂的电磁环境。

（3）驱动电机系统对电力电子器件的选择及系统的热管理具有严格要求。由于汽车驱动电机系统的工况较为复杂，其载荷经常发生剧烈变化，相应地，电机控制器输出的电流、电压也随之发生剧烈的波动。以纯电动汽车为例，驱动车辆所需的能量几乎全部经过电机控制器，车辆自身质量的变化、驾驶员的操作习惯、实际道路条件等都会对电机的输出功率产生较大的影响。频繁的变载对汽车驱动电机系统电力电子器件及系统热管理提出了严格的要求。

7. 整车耐久性的要求

整车耐久性的要求体现在驱动电机系统的使用寿命应高于整车使用寿命。

1.3 汽车驱动电机系统的发展趋势

汽车驱动电机系统技术的发展与电动汽车自身特点以及动力系统需求密切相关，同时离不开新型电力电子器件和铁磁材料的应用以及现代电力电子技术和控制理论的发展。汽车驱动电机系统的发展趋势主要体现在以下几个方面。

1. 高密度

具有较高转矩密度和功率密度驱动的电机除因体积小有利于整车集成外，还可以减轻整车整备质量，从而提高整车经济性。

通过优化电机定子、转子结构以及壳体采用轻量化材料等方法可以减轻电机质量。永磁同步电机和交流感应电机的定子绕组采用扁线（rectangular wire），即电机采用 hair-pin 或 I-pin 绕组，可以提高电机的槽满率（slot fill factor）[6]、降低绕组端部尺寸、有利于散热，从而可以较好地提高电机的功率密度。

通常，永磁同步电机的转矩密度和功率密度高于交流感应电机。我国丰富的稀土资源对永磁同步电机的发展具有较好的促进作用，永磁同步电机在电动汽车上，尤其是乘用车领域具有较好的应用前景。但在推广永磁同步电机的过程中，应避免永磁材料开采、提炼加工过程中对环境产生不良影响；同时，也需关注永磁同步电机达到使用寿命后，永磁材料的回收循环再利用问题。

此外，随着交流感应电机设计水平、制造工艺的提高，其转矩密度和功率密度也在不断提高，同时，交流感应电机还具有使用寿命较长和成本较低的优势，因此在电动汽车尤其是商用车领域，交流感应电机是较好的选择。

电机控制器功率密度对电力电子元器件具有较强的依赖性。采用高频工作的 SiC 宽禁带半导体电力电子器件以及薄膜电容器（film capacitor）可以降低直流侧支撑电容器的容量，进而可减少直流侧支撑电容器的质量和体积；SiC 宽禁带半导体电力电子器件工作损耗较低，有利于提高电机控制器效率且可以降低散热需求、简化散热系统结构，便于电机控制器结构优化并提高其功率密度。

2. 高度集成化

驱动电机系统中的驱动电机和电机控制器可以合二为一，集成为一个部件出现在车辆动力系统中。除减小总体积、方便安装外，驱动电机和电机控制器的集成还会使二者之间可以直接采用母排进行高压电气连接而减少对外的电磁干扰，有利于提高整车的电磁兼容性

(electromagnetic compatibility,EMC)。

另外,驱动电机也可以和其他机械类部件集成于一体,如驱动电机、电机控制器与减速器合三为一;电机控制器也可以与其他电力电子部件,如直流-直流变换器(DC to DC converter)、车载充电设备等集成在一起。

电动汽车部件的集成不仅指通过防护壳体、机械轴、对外接口等共享而达到的物理性集成,而且指可能带来自身功能扩展的功能性集成,如利用电机控制器以及电机定子绕组实现动力蓄电池的车载充电、低温加热等。

多部件集成在一起有利于提高动力系统功率密度、简化动力系统结构、提高动力系统效率、降低整车制造成本。

3. 安全可靠

驱动电机系统是电动汽车动力系统中关键的部件,其安全性和可靠性是整车安全性和可靠性的重要组成部分。依照现有国家或行业标准法规,采用新技术、新材料、新器件和新工艺,保证驱动电机系统的安全可靠运行,是驱动电机系统相关研究的重要内容。驱动电机系统中有关安全性的技术或措施与系统的功能安全(functional safety)密切相关。越来越多的整车企业对部件的功能安全提出了明确的汽车安全完整性等级(automotive safety integrity level,ASIL)要求,并将功能安全覆盖到从概念、设计、生产直到达到使用寿命的整个生命周期[7]。这些工作对提高电机驱动系统的可靠性和安全性非常有益。

影响驱动电机安全可靠运行的因素有永磁材料的高温稳定性及抗振动能力、高速电机轴承的耐久性、转子位置传感器的准确性和稳定性、定子绕组的电气绝缘性等,在这些方面需要不断提高,才能满足日益增长的整车性能和技术需求。

驱动电机控制器的主电路需采用经过严格筛选的汽车级电力电子器件(automotive qualified power electronic devices)。SiC宽禁带半导体电力电子器件由于具有开关损耗小、耐压高等特点,将逐渐成为主电路的首选器件。金属化聚丙烯薄膜电容器(metallized polypropylene film capacitor,MPPF-Cap)具有较好的温度和频率特性,同时还具有耐压高、寄生电感较低、使用寿命长等优点,在电动汽车上有取代铝电解电容器(aluminum electrolytic capacitor,Al-Cap)的趋势。驱动电机控制器主电路结构和布线需不断进行优化,以满足整车电磁兼容性的要求。严格依据相关标准或法规(如汽车开放系统架构(automotive open system architecture,AUTOSAR))制定驱动电机控制器控制软件架构并开发相关控制软件也是驱动电机控制器研发的一个趋势。

在驱动电机控制算法方面,基于现代控制理论的电机参数辨识、无传感器控制、冗余控制等技术的发展有利于提高驱动电机系统的可靠性和安全性。

4. 分布式驱动

分布式驱动形式将整车的驱动力分散在各驱动轮上,并可将动力、传动和制动集成在一起或与轮毂加以整合,简化了机械传动结构,易于提高传动效率,释放了更多的车载空间。由于每个驱动轮可独立控制,因此分布式驱动形式的动力学控制方法更加灵活,有利于提高整车的行驶性能。

分布式驱动形式具有传统内燃机汽车所不具有的优势,发展空间非常大。

5. 新型驱动电机、先进控制理论和控制方法的应用

以定子励磁电机、混合励磁电机、记忆电机、轴向磁场电机和开绕组电机[8]为代表的新

型电机,由于具有较好的机械性能和独特的控制特性,被认为在电动汽车上具有极大的应用潜力。

驱动电机系统是一种非线性、变结构、电压电流易突变的离散系统,具有分布参数复杂以及多变量、强耦合的特征。经典的电路理论和控制方法有时无法直接处理这类系统的控制问题,也不能满足汽车对电机驱动系统的安全、可靠、动态响应快等方面的要求。高性能DSC在驱动电机控制领域得到了普遍应用,为一些复杂的控制算法(如无传感器电机控制、电机冗余控制等)提供了较好的数字化实现手段。现代控制理论与控制方法由于具有自适应、自学习等特点,在驱动电机控制领域具有较好的发展前景。

除以上几个方面外,高转速、高效率、长寿命、低成本也是驱动电机系统发展的主要趋势。

思 考 题

1.1 什么是汽车驱动电机系统?
1.2 汽车驱动电机与普通工业电机有哪些区别?
1.3 汽车驱动电机控制器与普通工业电机控制器有哪些区别?
1.4 常见的汽车驱动电机有哪些类型?各有什么特点?
1.5 集中式驱动形式有哪些优势和不足?
1.6 分布式驱动形式有哪些优势和不足?
1.7 车辆对驱动电机系统有哪些性能要求?
1.8 汽车驱动电机系统的发展趋势是什么?

参 考 文 献

[1] 全国汽车标准化技术委员会. GB/T 18488.1—2015 电动汽车用驱动电机系统 第1部分:技术条件[S]. 北京:中国标准出版社,2015.
[2] Patil M S,Dhamal S S. A Detailed Motor Selection for Electric Vehicle Traction System[C]//2019 Third International conference on IoT in Social,Mobile,Analytics and Cloud,2019:679-684.
[3] Yildirim M,Polat M,Kürüm H. A Survey on Comparison of Electric Motor Types and Drives Used for Electric Vehicles[C]//2014 16th International Power Electronics and Motion Control Conference and Exposition,2014:218-223.
[4] 全国旋转电机标准化技术委员会. GB/T 4831—2016 旋转电机产品型号编制方法[S]. 北京:中国标准出版社,2016.
[5] 高大威. 汽车电力电子学[M]. 北京:清华大学出版社,2018.
[6] Steinacker A,Bergemann N,Braghero P,et al. Hair Pin Motors:Possible Impregnation and Encapsulation Techniques,Materials and Variables to Be Considered[C]//2020 AEIT International Conference of Electrical and Electronic Technologies for Automotive,2020:1-6.
[7] 全国汽车标准化技术委员会. GB/T 34590—2017 道路车辆 功能安全[S]. 北京:中国标准出版社,2017.
[8] Chau K T. Electric Vehicle Machines and Drives:Design,Analysis and Application[M]. Chichester:John Wiley & Sons,Inc.,2015.

第 2 章 汽车驱动电机原理基础

2.1 磁路与铁磁材料

2.1.1 磁路的相关术语

1. 磁路

磁通所通过的路径称为磁路(magnetic circuit)。如图 2-1 所示,将线圈 S 缠绕在铁心上,当 S 中流过电流 i 时,S 周围的空间就会形成磁场。由于铁心的磁导率(magnetic permeability)远大于空气的磁导率,所以线圈 S 产生的绝大部分磁通将通过铁心,这部分磁通称为主磁通;另外,还会有少量磁通围绕在线圈 S 和铁心周围的部分空间,这部分磁通称为漏磁通。主磁通和漏磁通通过的路径分别称为主磁路和漏磁路。

通常将线圈 S 称为励磁线圈,电流 i 称为励磁电流(或激磁电流)。若励磁电流为直流,磁路中的磁通为恒定,即不随时间变化,这种磁路称为直流磁路;若励磁电流为交流,磁路中的磁通随时间而变化,这种磁路称为交流磁路。

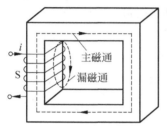

图 2-1 线圈产生的磁通及其路径

2. 磁阻与磁动势

根据安培环路定律,磁场强度 H 的切线分量沿着任一闭合回线 L 的线积分 $\oint_L H \mathrm{d}l$ 等于通过该闭合回路所包围的总电流的代数和 $\sum i$,即有

$$\oint_L \boldsymbol{H} \mathrm{d}\boldsymbol{l} = \sum i \tag{2-1}$$

式中,若电流 i 的正方向与闭合回线 L 的环行方向符合右手螺旋关系,则 i 取正号,否则 i 取负号。如图 2-2 中,存在

$$\oint_L \boldsymbol{H} \mathrm{d}\boldsymbol{l} = i_1 - i_2 + i_3 \tag{2-2}$$

若沿着长度为 l 的闭合回线,磁场强度 H 处处相等,且闭合回路所包围的总电流是由通有电流 i 的 N 匝线圈或导体产生的,那么由式(2-1),有

$$Hl = Ni \tag{2-3}$$

对于图 2-1 所示磁路,做如下假设:忽略漏磁通,即认为所有磁通都通过铁心;磁路所经铁心截面积处处相等且为 A;铁心各截面的磁场均匀分布,磁场强度的方向总是沿着磁路的切线方向,且大小处处相等;若磁路的长度为 l,则存在

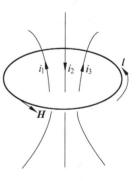

图 2-2 安培环路定律

$$\oint_L \boldsymbol{H} \mathrm{d}\boldsymbol{l} = Hl = Ni \tag{2-4}$$

由于各截面内的磁通密度 B 为均匀分布,因而磁通量 Φ 可以表示为

$$\Phi = BA \tag{2-5}$$

且存在

$$B = \mu H \tag{2-6}$$

式中,μ 为铁心材料的磁导率。若铁心材料的相对磁导率为 μ_r,则有

$$\mu = \mu_r \mu_0 \tag{2-7}$$

式中,$\mu_0 = 4\pi \times 10^{-7} \mathrm{H/m}$,为真空磁导率。

将式(2-5)、式(2-6)代入式(2-4),得

$$Ni = \Phi \frac{l}{\mu A} \tag{2-8}$$

令

$$F = Ni \tag{2-9}$$

以及

$$R_m = \frac{l}{\mu A} \tag{2-10}$$

则式(2-8)可以改写为

$$F = \Phi R_m \tag{2-11}$$

式(2-11)被称为磁路的欧姆定律。式中,F 为作用于铁心磁路的安匝数,称为磁路的磁动势(magnetic motive force,MMF);R_m 称为磁路的磁阻(reluctance),单位为 A/Wb。磁阻的倒数称为磁导(permeance),用 Λ_m 表示,即

$$\Lambda_m = \frac{1}{R_m} \tag{2-12}$$

Λ_m 的单位为 Wb/A 或 H。

应该注意的是,由于铁心材料的磁导率 μ 并非恒定不变,因此磁路的磁阻 R_m 是变化的。所以,磁路的磁通量 Φ 与磁动势 F 之间不是线性关系,这时称磁路为非线性磁路。

将图 2-1 重画为图 2-3(a),可以得到其等效磁路图如图 2-3(b)所示。

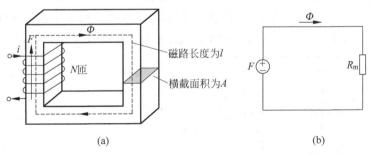

图 2-3 铁心形成的磁路及其等效磁路图
(a) 铁心磁路;(b) 等效磁路图

根据磁场的高斯定律可知,通过任一闭合曲面的总磁通量等于零,即进入任一闭合曲面的磁通量恒等于穿出该闭合曲面的磁通量,数学表达式为

$$\oint_A \boldsymbol{B} \mathrm{d}a = 0 \tag{2-13}$$

式中，$\mathrm{d}a$ 的方向规定为闭合曲面的外法线方向。因此对于如图 2-4 所示的具有并联结构的磁路，基于闭合曲面 S，存在

$$\sum \Phi = 0 \tag{2-14}$$

即

$$\Phi_1 - \Phi_2 - \Phi_3 = 0 \tag{2-15}$$

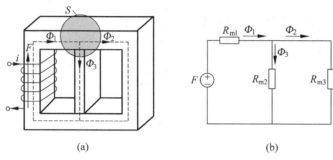

图 2-4 具有并联结构的磁路及其等效磁路图
(a) 铁心磁路；(b) 等效磁路图

对于如图 2-5 所示的具有串联结构的磁路，铁心存在长度为 δ 的空气间隙(以下简称气隙)。若铁心截面积处处相等且为 A，忽略气隙处的边缘效应(fringing effect)，则有

$$Ni = H_c(l - \delta) + H_\delta \delta = \Phi R_{mc} + \Phi R_{m\delta} \tag{2-16}$$

式中，H_c 为铁心段的磁场强度；H_δ 为气隙段的磁场强度；R_{mc} 为铁心段的磁阻；$R_{m\delta}$ 为气隙段的磁阻。考虑到空气的磁导率与真空磁导率 μ_0 近似相等，若铁心磁导率为 μ_c，则存在

$$\begin{cases} R_{mc} = \dfrac{l - \delta}{\mu_c A} \\ R_{m\delta} = \dfrac{l}{\mu_0 A} \end{cases} \tag{2-17}$$

通常，在磁通 Φ 穿过图 2-5(a)中的气隙时，磁通所经过路径如图 2-6 所示，磁路的有效横截面积会增加，这种现象称为铁心与气隙之间的边缘效应。当边缘效应较明显时，需要对式(2-16)、式(2-17)进行修正。为便于分析问题，本书对磁路进行分析时，皆忽略边缘效应

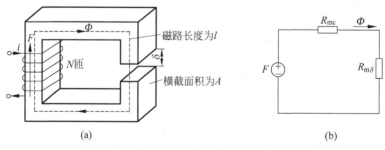

图 2-5 具有串联结构的磁路及其等效磁路图
(a) 铁心磁路；(b) 等效磁路图

的影响。

3. 磁链

若线圈的匝数为 N，穿过线圈的时变磁通为 Φ，定义磁链(flux linkage) ψ 为

$$\psi = N\Phi \tag{2-18}$$

ψ 的单位为 Wb。

根据上述定义和法拉第电磁感应定律，当磁通 Φ 随时间变化时，在线圈中产生的感应电动势 e 为

$$e = N\frac{d\Phi}{dt} = \frac{d\psi}{dt} \tag{2-19}$$

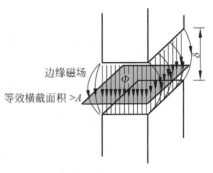

图 2-6 铁心与气隙之间的边缘效应

4. 电感

对于如图 2-3(a)、图 2-5(a)所示的磁路，定义磁链 ψ 与线圈电流 i 的比值为电感 L，即

$$L = \frac{\psi}{i} \tag{2-20}$$

这里的电感是指电感的数值，即把线圈缠绕在铁心上而形成的电感器的电感量，其单位为 H。

对于如图 2-3(a)所示的磁路，根据式(2-8)、式(2-10)、式(2-18)和式(2-20)，可以得到线圈的电感为

$$L = \frac{N^2}{R_m} = \frac{N^2 \mu A}{l} \tag{2-21}$$

通常情况下，铁心材料的磁导率 μ 不是常数，因此线圈电感呈现出明显的非线性特征。

对于如图 2-5(a)所示的磁路，根据式(2-16)、式(2-18)和式(2-20)可以得到线圈的电感为

$$L = \frac{N^2}{R_{mc} + R_{m\delta}} \tag{2-22}$$

若图 2-5(a)中的气隙不是非常小时，因 $\mu_c \gg \mu_0$，由式(2-17)可知

$$R_{m\delta} \gg R_{mc} \tag{2-23}$$

所以，由式(2-22)有

$$L \approx \frac{N^2}{R_{m\delta}} = \frac{N^2 \mu_0 A}{\delta} \tag{2-24}$$

由于空气磁导率接近于真空磁导率，可以近似认为是常数，因此，在线圈的匝数 N、气隙截面积 A、磁路中气隙长度 δ 不变的情况下，可以认为电感 L 为常数。

若与整个磁路相比，气隙足够小时，铁磁材料部分的磁阻不可以忽略，这时电感因铁心材料的磁导率变化而改变，呈现非线性特征。

对于如图 2-5 所示的单线圈磁路，若线圈的电感为 L，则该电感所存储的能量可以表示为

$$W = \frac{1}{2L}\psi^2 = \frac{1}{2}Li^2 \tag{2-25}$$

若线圈的磁链由 ψ_a 变为 ψ_b，则电感所存储的能量变化量为

$$\Delta W = \frac{1}{2L}(\psi_b^2 - \psi_a^2) \tag{2-26}$$

下面讨论两个线圈缠绕在一个铁心上的情况。如图 2-7 所示，对于该磁路，有

$$\begin{cases} \Phi_1 = \Phi_{l1} + \Phi_{m1} + \Phi_{m2} = \dfrac{N_1 i_1}{R_{l1}} + \dfrac{N_1 i_1}{R_m} + \dfrac{N_2 i_2}{R_m} \\ \Phi_2 = \Phi_{l2} + \Phi_{m1} + \Phi_{m2} = \dfrac{N_2 i_2}{R_{l2}} + \dfrac{N_1 i_1}{R_m} + \dfrac{N_2 i_2}{R_m} \end{cases} \tag{2-27}$$

式中，Φ_1 和 Φ_2 分别为与线圈 1 和线圈 2 交链的磁通；R_m、R_{l1} 和 R_{l2} 分别为主磁路磁阻、线圈 1 漏磁路磁阻和线圈 2 漏磁路磁阻。因此，可以计算线圈 1 和线圈 2 的磁链为

$$\begin{cases} \psi_1 = N_1 \Phi_1 = \dfrac{N_1^2 i_1}{R_{l1}} + \dfrac{N_1^2 i_1}{R_m} + \dfrac{N_1 N_2 i_2}{R_m} = L_{l1} i_1 + L_{m1} i_1 + L_{12} i_2 = L_{11} i_1 + L_{12} i_2 \\ \psi_2 = N_2 \Phi_2 = \dfrac{N_2^2 i_2}{R_{l2}} + \dfrac{N_1 N_2 i_1}{R_m} + \dfrac{N_2^2 i_2}{R_m} = L_{l2} i_2 + L_{21} i_1 + L_{m2} i_2 = L_{12} i_1 + L_{22} i_2 \end{cases}$$

(2-28)

式中，$L_{m1} = \dfrac{N_1^2}{R_m}$ 和 $L_{m2} = \dfrac{N_2^2}{R_m}$ 分别称为线圈 1 和线圈 2 的励磁电感（magnetizing inductance）；$L_{12} = L_{21} = \dfrac{N_1 N_2}{R_m}$ 称为线圈 1 和线圈 2 之间的互感（mutual-inductance）；$L_{l1} = \dfrac{N_1^2}{R_{l1}}$ 和 $L_{l2} = \dfrac{N_2^2}{R_{l2}}$ 分别称为线圈 1 和线圈 2 的漏感（leakage inductance）；$L_{11} = L_{m1} + L_{l1}$ 和 $L_{22} = L_{m2} + L_{l2}$ 分别称为线圈 1 和线圈 2 的自感（self-inductance）。

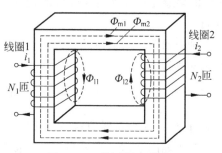

图 2-7 双线圈耦合磁路

2.1.2 铁磁材料及其特性

铁磁材料（ferromagnetic materials）一般由铁、镍、钴等金属以及它们的合金构成，具有较高的相对磁导率。由铁磁材料构成的磁路具有较低的磁阻，因此在较小磁动势下容易获得较大的磁通或磁通密度。铁磁材料是电机定子或转子铁心中广泛使用的材料。

1. 磁化曲线与磁滞回线

对于非铁磁材料，磁通密度 B 与磁场强度 H 之间呈线性关系，即 $B = \mu_0 H$，μ_0 为真空磁导率。而对于铁磁材料，磁通密度 B 与磁场强度 H 之间呈现出一定的非线性特征。当把未磁化的铁磁材料进行磁化时，随着磁场强度 H 的增加，磁通密度 B 随之增大，此时的磁通密度 B 与磁场强度 H 之间的关系曲线 $B = f(H)$ 称为铁磁材料的起始磁化曲线（initial magnetization curve），如图 2-8 所示。在磁化曲线 $B = f(H)$ 中，经过 k 点后，随着 H 的增加，B 增幅变缓，曲线开始发生明显"弯曲"，这种现象称为磁饱和（magnetic saturation），k 点被称为磁化曲线的膝点（knee point）。铁磁材料的磁化曲线的非线性特征反映出铁磁材料的磁导率 μ 并不是恒定不变的，磁导率 μ 会随着磁场强度 H 的变化而变

化,图 2-8 同时给出了磁导率 μ 随磁场强度 H 的变化曲线 $\mu=f(H)$。

若将铁磁材料进行周期性磁化,将出现磁通密度 B 的变化总是滞后于磁场强度 H 的变化的现象,即磁滞(magnetic hysteresis)。典型的磁通密度 B 与磁场强度 H 之间的关系曲线 $B=f(H)$ 如图 2-9 中闭合回线 $abcdefa$ 所示,该闭合回线的面积随着最大磁场强度 H_m 的大小而改变,H_m 越大,闭合回线的面积也就越大,当 H_m 达到或超过铁磁材料的饱和磁场强度 H_s 时,闭合回线的面积渐近地达到一个最大值,此时材料的磁性能最为稳定,面积最大的闭合回线被称为饱和磁滞回线(saturation magnetic hysteresis loop),简称铁磁材料的磁滞回线(magnetic hysteresis loop)。由图 2-9 可知,当磁场强度从 0 逐渐增大到 H_m 时,磁通密度相应地从 0 增大到 B_m;此时,若逐渐减小磁场强度,磁通密度将沿着曲线 ab 下降,当磁场强度为 0 时,磁通密度为 B_r,这种失去外磁场后,铁磁材料仍保留的磁通密度 B_r,称为剩余磁通密度,简称剩磁(remanence),单位为 T。如图 2-9 所示,要使磁通密度从 B_r 减小到 0,必须加上反向外磁场。当磁通密度减小到 0 时,反向外磁场的磁场强度称为矫顽力(coercive force),用 H_c 表示,单位为 A/m。剩磁和矫顽力是反映铁磁材料特性的重要参数,存在磁滞现象是铁磁材料的典型特征。

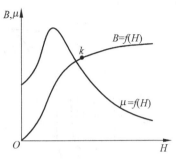

图 2-8　铁磁材料的起始磁化曲线与 $\mu=f(H)$ 曲线

图 2-9 中磁滞回线在第二象限的部分,称为铁磁材料的退磁曲线(demagnetization curve)。在不考虑磁场强度 H 的正负,即对 H 取绝对值的情况下,铁磁材料退磁曲线上任意一点所对应的磁通密度 B 与磁场强度 H 的乘积,称为磁能积(magnetic energy product),用符号 (BH) 表示,单位为 kJ/m^3。磁能积的最大值,即铁磁材料磁滞回线第二象限中磁通密度 B 与磁场强度 H 乘积

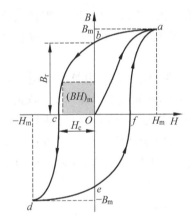

图 2-9　铁磁材料的磁滞回线

的最大值,称为最大磁能积(maximum magnetic energy product)$(BH)_m$。$(BH)_m$ 反映了铁磁材料单位体积储存的最大磁场能量。显然,$(BH)_m$ 不仅与剩磁 B_r 和矫顽力 H_c 有关,也与永磁材料的磁滞回线的形状密切相关。剩磁 B_r、矫顽力 H_c 和最大磁能积 $(BH)_m$ 是表征铁磁材料性能的重要物理量。

若选用不同的磁场强度对同一铁磁材料进行反复磁化,则可得到一系列形状类似但大小不同的磁滞回线,如图 2-10 所示。将图中各磁滞回线在第一象限的顶点连接,所得到的曲线称为基本磁化曲线(basic magnetization curve)。对于同一种铁磁材料,其基本磁化曲线和起始磁化曲线一般并不相同,但具有类似的形状。电机磁路设计和计算中所用的磁化曲线为基本磁化曲线。

2. 软磁材料与硬磁材料

如图 2-11 所示,按照磁滞回线的形状不同,铁磁材料可以分为软磁材料(soft magnetic material)和硬磁材料(hard magnetic material)。

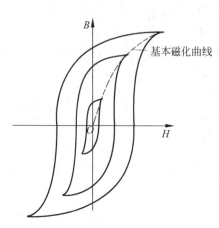
图 2-10　铁磁材料的基本磁化曲线

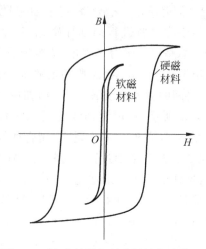
图 2-11　软磁材料和硬磁材料的磁滞回线

1) 软磁材料

软磁材料的磁滞回线较窄,剩磁 B_r 和矫顽力 H_c 都较小,并且具有较高的磁导率。常见的软磁材料有铁硅合金(又称硅钢,silicon steel)、锰锌铁氧体(Mn-Zn ferrite)、镍锌铁氧体(Ni-Zn ferrite)、层片状铁合金(laminated iron alloy)、铁粉(powder iron)、非晶体合金(amorphous alloy)、纳米晶体合金(nanocrystalline alloy)等。

硅钢是电机铁心常用的软磁材料,除用于电机外,还用于制造变压器、电抗器等电气设备的铁心,所以又称电工钢(electrical steel)。如图 2-12[1]所示,在铁基合金中,加入硅元素后,会使电阻率明显增加,可以大幅度降低硅钢的涡流损耗。但较高的硅含量会使材料变脆、硬度增加,给冲剪工艺带来困难。此外,如图 2-13[1]所示,由于硅原子并不具备铁原子的软磁特性,因此随着硅含量的增加,会导致硅钢饱和磁通密度下降。通常,硅钢中硅含量不超过 3.5%[1,2]。

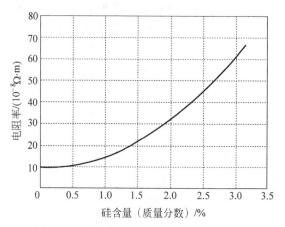
图 2-12　硅元素含量对硅钢电阻率的影响

硅钢按生产方式的不同可以分为热轧硅钢和冷轧硅钢。与热轧硅钢相比,冷轧硅钢具有许多优点:具有较大的磁导率和较低的铁损;厚度均匀、表面平整光洁;对于表面已涂好

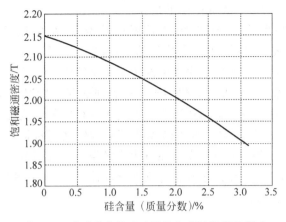

图 2-13 硅元素含量对硅钢饱和磁通密度的影响

绝缘层的冷轧硅钢片,可以免去片间绝缘处理工艺;冲剪性能好;容易带材成卷等[3]。因此,自 20 世纪 60 年代开始,许多国家已经陆续停止生产热轧硅钢[4]。成品硅钢具有由许多晶粒构成的多晶体结构。按晶粒取向的异同可以将硅钢分为取向硅钢和无取向硅钢。目前电动汽车驱动电机铁心普遍采用冷轧无取向硅钢。

硅钢的性能不仅直接关系到电机效率,还会对电机的体积、重量和成本等产生影响。在选取硅钢材料时应重点考虑的性能指标有铁心损耗、磁通密度(磁化能力)、冲片性(可用钢板反复弯曲次数或模具磨损情况评价)、钢板表面的光滑程度或平整度、绝缘薄膜性能、磁时效现象等[4,5]。

2) 硬磁材料

硬磁材料的磁滞回线较宽,具有较大的剩磁 B_r 和矫顽力 H_c。由于剩磁 B_r 较大,因而硬磁材料也被称为永磁材料(permanent magnet material)。常见的永磁材料有铝镍钴(AlNiCo)、钕铁硼(Nd-Fe-B)、钐钴(Sm-Co)、铁氧体永磁材料(如锶铁氧体、钡铁氧体等)、铂钴(Pt-Co)合金等。这些永磁材料出现的时间和最大磁能积如图 2-14 所示[6]。目前,电动汽车驱动电机普遍采用钕铁硼作为永磁材料。与软磁材料相比,永磁材料的磁导率较小,性能较好的永磁材料的相对磁导率近似为 1,如钕铁硼的相对磁导率通常为 1.04~1.05,可

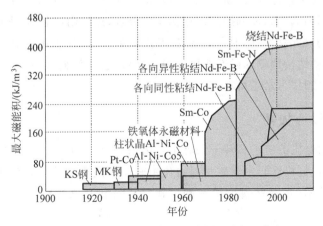

图 2-14 各类永磁材料出现的时间及最大磁能积

以认为永磁材料和真空(空气)磁导率接近相等。

永磁材料的磁性能会随所处环境温度的变化而发生改变。居里温度(Curie temperature)T_c也是表征永磁材料热稳定性的重要物理量。居里温度T_c定义为铁磁材料保持铁磁性的最高温度,是铁磁物质由铁磁性转变为顺磁性的临界点。居里温度T_c越高,铁磁材料的热稳定性越好。将经过磁化的永磁材料加热到居里温度T_c以上,可以使永磁材料回到磁中性状态,这个过程称为热退磁。即使永磁材料的温度低于居里温度T_c,永磁材料的特性也会受到温度的影响。图 2-15 给出了某种钕铁硼材料在不同温度下的退磁曲线[7]。从图中可以看出,该材料的剩磁和矫顽力有随温度升高而减小的趋势。鉴于钕铁硼材料对温度比较敏感,在对电动汽车永磁电机进行设计时,要充分考虑电机工况、电机所处工作环境以及电机散热情况。

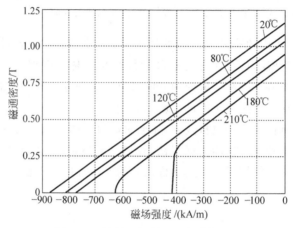

图 2-15 钕铁硼材料的温度特性曲线

此外,钕铁硼的化学稳定性比较弱,一般需要通过镀膜加工避免材料受潮湿空气或化学腐蚀性气体的影响。在机械性能方面,钕铁硼耐压能力强,但抗拉能力弱,因此钕铁硼不能用于制作经常受拉伸应力的机械结构部件。

制备钕铁硼最广泛采用的方法为烧结法和粘结法。烧结法是指利用粉末冶金的方法制造钕铁硼,工艺流程包括铸锭、制粉、压制成型、烧结和热处理等环节[8];粘结法是指将永磁材料粉末与粘结剂和其他添加剂按一定比例均匀混合,然后用压制、挤出或注射成型等方法制造钕铁硼[9]。与烧结法相比,粘结法具有工艺简单、原材料利用率高、尺寸精度高、机械强度大等优点,但粘结钕铁硼的磁性能要弱于烧结钕铁硼,因此,高性能的电动汽车驱动电机多选用烧结钕铁硼作为永磁材料。

2.1.3 电机的铁心损耗

电动汽车驱动电机的定子和转子铁心主要由铁磁材料构成。与软磁材料相比,永磁材料成本较高,因此在电机铁心中永磁材料占比重较小。用于制造电动汽车驱动电机铁心的典型软磁材料为硅钢,永磁材料为钕铁硼。软磁材料和永磁材料是电机磁路的重要组成部分。

电机铁心损耗(core loss,iron loss)简称铁损,主要包含两类:磁滞损耗(hysteresis

loss)和涡流损耗(eddy current loss)。

1. 铁心的磁滞损耗

磁滞损耗是指铁磁材料在交变磁场里反复磁化过程中因磁滞现象而消耗的能量。对于如图 2-16(a)所示的铁磁材料磁滞回线,当磁场强度由 0 逐渐增加到 H_m 时,磁通密度将按曲线 ea,从 $-B_r$ 逐渐增加到 B_m。在这个过程中,单位体积铁磁材料吸收的能量可以表示为

$$w_+ = \int_{-B_r}^{B_m} H \mathrm{d}B \tag{2-29}$$

显然,w_+ 从数值上等于曲线 $efagbe$ 围成的面积,如图 2-16(b)阴影部分所示。在图 2-16(a)中,当磁场强度由 H_m 逐渐减小到 0 时,磁通密度将按曲线 ab 从 B_m 逐渐减小到 B_r,在这个过程中,单位体积铁磁材料吸收的能量可以表示为

$$w_- = \int_{B_m}^{B_r} H \mathrm{d}B \tag{2-30}$$

显然,w_- 从数值上等于曲线 $agba$ 围成的面积,如图 2-16(c)阴影部分所示。所以,磁场强度从 0 增加到 H_m,再减小到 0,单位体积铁磁材料吸收的能量,即因磁滞而产生的能量消耗为

$$w_1 = |w_+| - |w_-| \tag{2-31}$$

w_1 从数值上等于曲线 $efabe$ 围成的面积,如图 2-16(d)阴影部分所示。

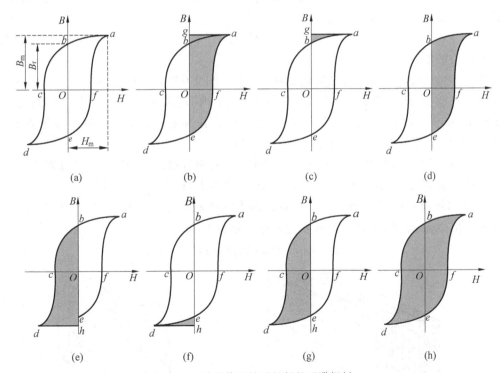

图 2-16 单位体积铁磁材料的磁滞损耗

(a) 磁滞回线;(b) H: 0→H_m 的能量;(c) H: H_m→0 的能量;(d) H: 0→H_m→0 的能量;
(e) H: 0→$-H_m$ 的能量;(f) H: $-H_m$→0 的能量;(g) H: 0→$-H_m$→0 的能量;(h) 一个交变磁场过程的能量

同理,当磁场强度由 0 变化到 $-H_m$ 时,单位体积铁磁材料吸收的能量数值上等于如图 2-16(e)所示阴影部分面积;当磁场强度由 $-H_m$ 变化到 0 时,单位体积铁磁材料吸收的能量数值上等于如图 2-16(f)所示阴影部分面积;当磁场强度由 $-H_m$ 变化到 0 再变化到 $-H_m$ 时,单位体积铁磁材料吸收的能量数值上等于如图 2-16(g)所示阴影部分面积。

可见,在一个磁场交变过程,即磁场强度经过 $-H_m \rightarrow H_m \rightarrow -H_m$ 的变化过程中,单位体积铁磁材料消耗的能量为

$$w_{Hy} = \oint_{abcdefa} H dB \tag{2-32}$$

式(2-32)表示单位体积铁磁材料消耗的能量等于铁磁材料磁滞回线围成的面积,如图 2-16(h)所示。

若铁磁材料的体积为 V,磁场交变频率为 f,则铁磁材料的磁滞损耗可以表示为

$$P_{Hy} = fVw_{Hy} = fV \oint_{abcdefa} H dB \tag{2-33}$$

式(2-33)表明,铁磁材料磁滞损耗与磁滞回线的面积成正比。作为软磁材料的硅钢,它的磁滞回线面积较小,所以电机铁心普遍采用硅钢片叠成。

计算铁磁材料磁滞损耗近似值的经验公式为

$$P_{Hy} = C_{Hy} fVB_m^n \tag{2-34}$$

式中,C_{Hy} 为经验常数;指数 n 与铁磁材料有关,取值范围一般为 1.5~2.5。因此,单位体积铁磁材料磁滞损耗可以表示为

$$p_{Hy} = C_{Hy} fB_m^n \tag{2-35}$$

2. 铁心的涡流损耗

当流经由铁磁材料构成的电机铁心的磁通随时间变化时,根据电磁感应定律,铁心中将产生感应电动势,并引起环路电流。这些电流在铁心内部围绕磁通呈涡流状流动,称为涡流(eddy current)。为降低涡流产生的损耗,电机铁心普遍采用较薄的硅钢片叠压制成,如图 2-17 所示,硅钢片的厚度 τ 通常为 0.35~0.5mm。

利用图 2-18 所示的涡流回路,可以推导出硅钢片涡流损耗的表达式。若硅钢片的外形尺寸如图 2-18 所示,假设存在一个厚度为 dx,高度为 h,长度为 d,与硅钢片垂直中心线的距离为 x 的涡流回路,穿过该回路的磁通的最大磁通密度为 B_m,磁通的交变频率为 f,硅钢片的电阻率为 ρ,则该回路产生的损耗可以表示为[10]

$$dP_{Ed} = \rho^{-1}(2\pi fB_m)^2 dh x^2 (dx) \tag{2-36}$$

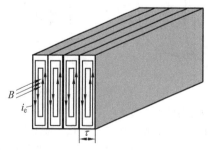

图 2-17 电机铁心的硅钢片叠压结构

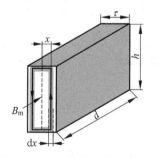

图 2-18 硅钢片涡流损耗的计算

所以，整个硅钢片的涡流损耗可以表示为

$$P_{Ed} = \int_0^{\frac{\tau}{2}} dP_{Ed} = \frac{dh\pi^2 f^2 \tau^3 B_m^2}{6\rho} = \frac{V\pi^2 f^2 \tau^2 B_m^2}{6\rho} \tag{2-37}$$

式中，$V = dh\tau$，为硅钢片的体积。因此，单位体积硅钢片的涡流损耗为

$$p_{Ed} = \frac{\pi^2 f^2 \tau^2 B_m^2}{6\rho} \tag{2-38}$$

式(2-38)可以改写为

$$p_{Ed} = C_{Ed} f^2 \tau^2 B_m^2 \tag{2-39}$$

式中，C_{Ed} 为与铁磁材料电阻率相关的系数。

根据式(2-35)和式(2-39)可知，单位体积电机铁心的损耗可以表示为

$$p_{Fe} = p_{Hy} + p_{Ed} = C_{Hy} f B_m^n + C_{Ed} f^2 \tau^2 B_m^2 \tag{2-40}$$

由上式可以得到如下结论：构成电机铁心的硅钢片的铁损与最大磁通密度、磁场变化频率、铁心的体积、构成铁心硅钢片的厚度以及硅钢片的电阻率等密切相关。需要指出的是，按照式(2-40)或其他经验公式计算得到的电机的铁损通常只是作为电机设计或电机效率分析的参考，实际应用中的测试数据和计算值会有一定的偏差。另外，电机实际运行中，还会存在其他因素影响电机的铁损，如对电动汽车驱动电机控制时，电机控制器的输出电压是脉冲宽度调制(pulse width modulation, PWM)波形，受PWM电流中高次谐波成分的影响，电机的铁损通常会增加。

除采用大量的硅钢类的软磁材料外，一些永磁电机的铁心还会包括永磁材料。理想的永磁材料中不存在磁滞。所以，实际工程应用中，驱动电机永磁材料的磁滞损耗可以被忽略，电机的铁损仅需计及永磁材料的涡流损耗即可[10]。

2.2 机电能量转换过程的能量关系

2.2.1 机电能量转换路径

电机可以实现电能与机械能之间的能量转换，被看作是典型的机电能量转换系统。

如图2-19所示，一个机电能量转换系统由电气子系统、机械子系统以及将两者耦合在一起的环节构成[11]，这个耦合环节称为耦合场(coupling field)[12]。

图2-19 机电能量转换系统的构成

若电气子系统总的输入电能为 W_E，存储于电气子系统中不参与转换的能量为 W_{eS}，在能量转换过程中电气子系统自身消耗的能量为 W_{eL}，则存在

$$W_E = W_e + W_{eS} + W_{eL} \tag{2-41}$$

式中，W_e 为电气子系统向耦合场输出的能量。

若机械子系统的总的输入机械能为 W_{ME}，存储于机械子系统中不参与转换的能量为 W_{meS}，在能量转换过程中机械子系统自身消耗的能量为 W_{meL}，则存在

$$W_{ME} = W_{me} + W_{meS} + W_{meL} \tag{2-42}$$

式中，W_{me} 为机械子系统向耦合场输出的能量。

若耦合场总的输入能量为 W_F，耦合场自身消耗的能量为 W_{fL}，存储于耦合场的能量为 W_f，则存在

$$W_F = W_f + W_{fL} \tag{2-43}$$

根据能量守恒原则（principle of conservation of energy），由式(2-41)、式(2-42)和式(2-43)，存在

$$W_F = W_f + W_{fL} = W_e + W_{me} = (W_E - W_{eS} - W_{eL}) + (W_{ME} - W_{meS} - W_{meL}) \tag{2-44}$$

对式(2-44)所示的能量关系，可以用如图 2-20 所示的形式进行更为清晰地表示。

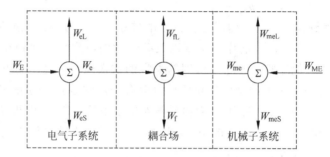

图 2-20　机电能量转换系统的能量关系

图 2-20 中的 W_{eL}、W_{meL} 和 W_{fL} 构成了整个机电能量转换过程的能量损耗，它们最终都将以热量形式散发。对于电机来说，在实现机电能量转换的过程中，能量损耗主要分为以下三部分：一是因定子和/或转子绕组等效串联电阻而消耗的能量，即铜损；二是交变磁场在铁磁铁心材料中产生的磁滞损耗和涡流损耗，即铁损；三是因机械转动中摩擦、风阻等产生的机械损耗。

若忽略耦合场的损耗，即 $W_{fL}=0$，则由式(2-44)可得

$$W_f = W_e + W_{me} \tag{2-45}$$

对于具有双电能输入端口、单机械能输入端口的机电能量转换系统，式(2-45)变为

$$W_f = W_{e1} + W_{e2} + W_{me} \tag{2-46}$$

式(2-45)和式(2-46)可以改写为微分形式，具体为

$$dW_f = dW_e + dW_{me} \tag{2-47}$$

和

$$dW_f = dW_{e1} + dW_{e2} + dW_{me} \tag{2-48}$$

式(2-47)和式(2-48)中，dW_f、dW_e、dW_{e1}、dW_{e2} 和 dW_{me} 分别表示在 dt 时间内，W_f、W_e、W_{e1}、W_{e2} 和 W_{me} 的增量。

2.2.2　耦合场中的能量

1. 磁路中气隙存储的能量

对于如图 2-21(a)所示的磁路，若磁通密度为 B，磁场强度为 H，则单位体积内的磁场能量，即磁场的磁能密度（density of energy of magnetic field）w_m 可以表示为

$$w_m = \frac{1}{2}BH = \frac{1}{2}\frac{B^2}{\mu_{Fe}} \tag{2-49}$$

上式表明，在一定磁通密度 B 下，铁磁介质的磁导率 μ_{Fe} 越大，磁场的磁能密度 w_m 越小。

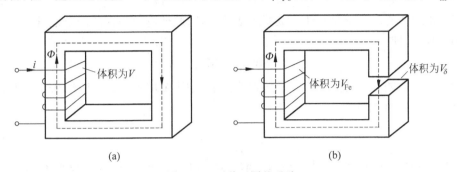

图 2-21 两种不同的磁路

(a) 由铁磁材料构成的磁路；(b) 包含气隙的磁路

若图 2-21(a)所示磁路中铁磁材料即铁心的体积为 V，则铁心的磁能为

$$W_m = \frac{1}{2}\frac{B^2}{\mu_{Fe}}V \tag{2-50}$$

对于如图 2-21(b)所示的包含气隙的磁路，若假设整个磁路横截面积不变，则铁磁材料构成的磁路部分的磁场磁能密度表示为

$$w_{mFe} = \frac{1}{2}\frac{B^2}{\mu_{Fe}} \tag{2-51}$$

气隙部分的磁场磁能密度表示为

$$w_{m\delta} = \frac{1}{2}\frac{B^2}{\mu_\delta} \tag{2-52}$$

由式(2-51)和式(2-52)可知，图 2-21(b)中整个磁路的磁场能量(energy of magnetic field)，即磁能为

$$W_m = \frac{B^2}{2}\left(\frac{V_{Fe}}{\mu_{Fe}} + \frac{V_\delta}{\mu_\delta}\right) \tag{2-53}$$

由于存在 $\mu_{Fe} \gg \mu_\delta$，所以有

$$W_m \approx \frac{B^2}{2}\frac{V_\delta}{\mu_\delta} \tag{2-54}$$

因此，与气隙相比，铁心磁路的磁能密度较低，铁心存储的磁能可以忽略不计；换句话说，对于包含气隙的磁路，磁路中的磁能几乎全部存储于气隙之中。磁路中的磁能与 B^2 成正比，当磁通密度减小时，磁路中的磁能随之减小，即磁能从气隙中得到释放。

若考虑图 2-21(b)中励磁线圈的串联等效电阻，那么可以得到如图 2-22 所示单线圈励磁系统。图 2-22 中，在由缠绕于铁心的线圈 A 以及与它相连接的外电源构成的电路中，存在

$$u_A = R_A i_A + e_A \tag{2-55}$$

且

$$e_A = \frac{d\psi_A}{dt} \tag{2-56}$$

式中,ψ_A 为线圈 A 的磁链;e_A 的方向如图 2-22 所示。因此,在时间 dt 内,由外电源输入到线圈 A 的净电能 dW_{eA} 可以表示为

$$dW_{eA} = u_A i_A dt - R_A i_A^2 dt = e_A i_A dt = i_A d\psi_A \tag{2-57}$$

由于图 2-22 所示系统没有任何机械运动部分,因此外电源输入的净电能 dW_{eA} 等于磁能的增量 dW_m,即

$$dW_{eA} = dW_m \tag{2-58}$$

当图 2-22 中铁心内的磁通从 0 增加到 ϕ_A 时,线圈 A 的磁链将相应地从 0 增加到 ψ_A,与此同时,磁能的增加量为

$$W_m = \int_0^{\psi_A} i_A d\psi \tag{2-59}$$

式(2-59)表示的磁能为包括了铁心和气隙的总的磁能。若磁路的磁链-电流曲线如图 2-23 所示,那么 W_m 的数值等于闭合曲线 $OabO$ 围成图形的面积,即图中阴影部分面积。

为便于分析问题,定义磁共能(co-energy of magnetic field)W'_m 为

$$W'_m = \int_0^{i_A} \psi_A di \tag{2-60}$$

在图 2-23 中,W'_m 的数值等于闭合曲线 $OacO$ 围成图形的面积。应该指出的是,"磁共能"这个术语没有任何物理意义,仅为便于分析机电能量转换中的数量关系。

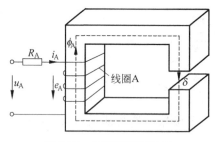

图 2-22 单线圈励磁系统

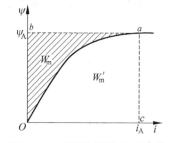

图 2-23 磁路的磁链-电流曲线

由式(2-59)和式(2-60)知,磁能和磁共能之和为

$$W_m + W'_m = i_A \psi_A \tag{2-61}$$

即为 $OcabO$ 围成的矩形图形的面积。

由于磁路具有非线性特征,显然存在

$$W_m < W'_m \tag{2-62}$$

随着图 2-22 中气隙间距 δ 不断增大,磁链-电流趋于平缓,磁能和磁共能差值越来越小。当 δ 增大到一定数值时,可以忽略磁路中铁心磁阻,即认为磁路为线性,那么图 2-23 中磁链-电流的曲线将是一条直线,所以存在

$$W_m = W'_m = \frac{1}{2} i_A \psi_A \tag{2-63}$$

即磁能 W_m 和磁共能 W'_m 相等。此时,磁能全部存储在磁路气隙中,式(2-63)可以改写为

$$W_m = W'_m = \frac{1}{2} L_A i_A^2 \tag{2-64}$$

式中,L_A 为线圈 A 的自感。

图 2-24 所示为双线圈缠绕于同一铁心,并具有气隙的磁路。在由缠绕于铁心的线圈 A 以及与它相连接的外电源构成的电路中,存在

$$u_A = R_A i_A + e_A \tag{2-65}$$

且

$$e_A = \frac{d\psi_A}{dt} \tag{2-66}$$

式中,ψ_A 为线圈 A 的磁链。因此,在时间 dt 内,外电源输入到线圈 A 的净电能可以表示为

$$dW_{eA} = u_A i_A dt - R_A i_A^2 dt = e_A i_A dt = i_A d\psi_A \tag{2-67}$$

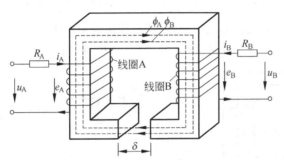

图 2-24 双线圈励磁系统

同理,在由缠绕于铁心的线圈 B 以及与它相连接的外电源构成的电路中,存在

$$u_B = R_B i_B + e_B \tag{2-68}$$

且

$$e_B = \frac{d\psi_B}{dt} \tag{2-69}$$

式中,ψ_B 为线圈 B 的磁链。因此,在时间 dt 内,外电源输入到线圈 B 的净电能可以表示为

$$dW_{eB} = u_B i_B dt - R_B i_B^2 dt = e_B i_B dt = i_B d\psi_B \tag{2-70}$$

那么,外电源总的输入到线圈的净电能为

$$dW_e = dW_{eA} + dW_{eB} = i_A d\psi_A + i_B d\psi_B \tag{2-71}$$

由于图 2-24 所示系统没有任何机械运动部分,因此外电源输入的净电能 dW_e 等于磁能的增量 dW_m,即

$$dW_e = dW_m \tag{2-72}$$

当图 2-24 中铁心中的磁通从 0 增加到 $\phi_A + \phi_B$ 时,线圈 A 的磁链将相应地从 0 增加到 ψ_A,线圈 B 的磁链将相应地从 0 增加到 ψ_B。此时,磁能的增加量为

$$W_m(\psi_A, \psi_B) = \int_0^{\psi_A} i_A d\psi + \int_0^{\psi_B} i_B d\psi \tag{2-73}$$

式(2-73)表明,磁能是 ψ_A 和 ψ_B 的函数。同时,磁共能可以表示为

$$W'_m(i_A, i_B) = \int_0^{i_A} \psi_A di + \int_0^{i_B} \psi_B di \tag{2-74}$$

由式(2-73)和式(2-74)可得磁能与磁共能之和为

$$W_m + W'_m = i_A \psi_A + i_B \psi_B \tag{2-75}$$

若磁路为线性,即忽略磁路中铁心部分的磁阻,那么存在

$$W_m = W'_m = \frac{1}{2}(i_A \psi_A + i_B \psi_B) \quad (2\text{-}76)$$

即磁能 W_m 和磁共能 W'_m 相等，这时，磁能全部存储在磁路气隙中。根据式(2-28)，有

$$\begin{cases} \psi_A = L_A i_A + L_{AB} i_B \\ \psi_B = L_{AB} i_A + L_B i_B \end{cases} \quad (2\text{-}77)$$

式中，L_A 为线圈 A 的自感；L_B 为线圈 B 的自感；L_{AB} 为线圈 A 与线圈 B 之间的互感。将式(2-77)代入式(2-76)，得

$$W_m = W'_m = \frac{1}{2} L_A i_A^2 + L_{AB} i_A i_B + \frac{1}{2} L_B i_B^2 \quad (2\text{-}78)$$

对于无刷直流电机、永磁同步电机，它们的内部磁通路径中含有永磁材料。图 2-25(a)所示为包含一段永磁体的单线圈励磁系统，图 2-25(b)和图 2-25(c)为该系统的等效磁路图。

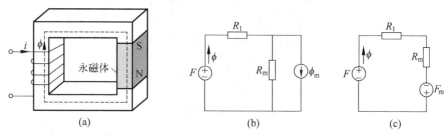

图 2-25 含有永磁体的单线圈励磁系统
(a) 系统结构；(b) 等效磁路图；(c) 简化后的磁路图

由图 2-25(b)可知

$$\phi = \frac{F}{R_1 + R_m} + \frac{R_m \phi_m}{R_1 + R_m} \quad (2\text{-}79)$$

式中，R_1 为磁路中铁心的磁阻；R_m 为磁路中永磁体的磁阻；ϕ_m 为永磁体产生与线圈交链的磁通。若有

$$\begin{cases} \phi_1 = \dfrac{F}{R_1 + R_m} \\ \phi_2 = \dfrac{R_m \phi_m}{R_1 + R_m} \end{cases} \quad (2\text{-}80)$$

那么，式(2-79)可以改写为

$$\phi = \phi_1 + \phi_2 \quad (2\text{-}81)$$

式(2-81)表明，磁通 ϕ 可以分为两部分：由线圈电流产生的磁通 ϕ_1；由永磁体产生的磁通 ϕ_2。

采用戴维南定理(Thevenin's theorem)对图 2-25(b)所示磁路做进一步等效处理，可以得到如图 2-25(c)所示磁路图，图中，磁动势 F 和 F_m 可以表示为

$$\begin{cases} F = Ni \\ F_m = R_m \phi_m = N_m i_m \end{cases} \quad (2\text{-}82)$$

因此，可以将永磁体看作匝数为 N_m、流过电流为 i_m 的线圈。此时，图 2-25(a)所示系统可以看作双线圈励磁系统，双线圈的电感分别为

$$\begin{cases} L = \dfrac{N^2}{R_1 + R_m} \\ L_m = \dfrac{N_m^2}{R_1 + R_m} \end{cases} \quad (2\text{-}83)$$

该系统的磁共能为[13]

$$W'_m = \frac{1}{2}Li^2 + Ni\phi_2 + \frac{1}{2}(R_1 + R_m)\phi_2^2 \quad (2\text{-}84)$$

式中,等号右边第一项为与线圈自感相关的磁共能；第二项为与线圈和永磁体磁通耦合相关的磁共能；第三项为与永磁体相关的磁共能。

2. 机电能量转换系统的耦合场能量

图 2-22 和图 2-24 所示的系统中没有机械能输入或输出装置,因此不能称为机电能量转换系统。

图 2-26 所示的系统中,铁心 1 固定不动,铁心 2 可以旋转运动或水平移动。对于图 2-26(a)所示系统,若忽略铁心 2 在旋转运动过程中产生的损耗,在 dt 时间内,铁心 2 在转矩 t_{mech} 作用下转过一个微小的角度 dθ_{mech},则因 t_{mech} 而做的机械功即机械能增量 dW_{mech} 为

$$dW_{mech} = t_{mech} d\theta_{mech} \quad (2\text{-}85)$$

依据式(2-47),有

$$dW_m = dW_e + dW_{mech} \quad (2\text{-}86)$$

式中,dW_m 为 dt 时间内磁能的增量；dW_e 为 dt 时间内线圈 A 的净输入电能。

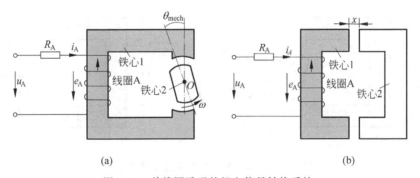

图 2-26 单线圈励磁的机电能量转换系统
(a) 铁心 2 旋转运动；(b) 铁心 2 水平移动

图 2-26(a)所示系统中,由于 θ_{mech} 的变化,系统的磁能将发生变化,磁能 W_m 是磁链 ψ_A 和转角 θ_{mech} 的函数,即

$$W_m = W_m(\psi_A, \theta_{mech}) \quad (2\text{-}87)$$

与 W_m 相对应的磁共能 W'_m 则可以表示为电流 i_A 和转角 θ_{mech} 的函数,即

$$W'_m = W'_m(i_A, \theta_{mech}) \quad (2\text{-}88)$$

由式(2-57)、式(2-58)以及式(2-87),有

$$dW_m = \frac{\partial W_m}{\partial \psi_A}d\psi_A + \frac{\partial W_m}{\partial \theta_{mech}}d\theta_{mech} = i_A d\psi_A + \frac{\partial W_m}{\partial \theta_{mech}}d\theta_{mech} \quad (2\text{-}89)$$

与式(2-57)相比,式(2-89)的等号右侧多了 $\frac{\partial W_m}{\partial \theta_{mech}}d\theta_{mech}$,它表示因转角 θ_{mech} 的变化引起的磁能的变化,即由于铁心 2 的角位移引起了气隙储能的变化。同理,在 dt 时间内,系统磁共能的变化量 dW'_m 可以表示为

$$dW'_m = \frac{\partial W'_m}{\partial i_A}di_A + \frac{\partial W'_m}{\partial \theta_{mech}}d\theta_{mech} = \psi_A di_A + \frac{\partial W'_m}{\partial \theta_{mech}}d\theta_{mech} \tag{2-90}$$

参见前面的分析可知,对于图 2-26(b)所示系统,在 dt 时间内,若铁心 2 在水平力 f 作用下水平移动了一个微小的距离 dx,系统磁能的变化量 dW_m 和磁共能变化量 dW'_m 分别如式(2-91)和式(2-92)所示。

$$dW_m = \frac{\partial W_m}{\partial \psi_A}d\psi_A + \frac{\partial W_m}{\partial x}dx = i_A d\psi_A + \frac{\partial W_m}{\partial x}dx \tag{2-91}$$

$$dW'_m = \frac{\partial W'_m}{\partial i_A}di_A + \frac{\partial W'_m}{\partial x}dx = \psi_A di_A + \frac{\partial W'_m}{\partial x}dx \tag{2-92}$$

同理,对于图 2-27(a)所示的双线圈励磁的机电能量转换系统,在 dt 时间内,若铁心 2 在转矩 t_{mech} 作用下转过一个微小的角度 $d\theta_{mech}$,则系统磁能的变化量 dW_m 和磁共能变化量 dW'_m 分别如式(2-93)和式(2-94)所示。

$$dW_m = i_A d\psi_A + i_B d\psi_B + \frac{\partial W_m}{\partial \theta_{mech}}d\theta_{mech} \tag{2-93}$$

$$dW'_m = \psi_A di_A + \psi_B di_B + \frac{\partial W'_m}{\partial \theta_{mech}}d\theta_{mech} \tag{2-94}$$

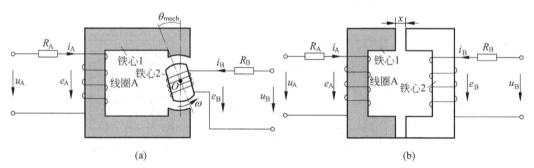

图 2-27 双线圈励磁的机电能量转换系统
(a) 铁心 2 旋转运动;(b) 铁心 2 水平移动

对于图 2-27(b)所示的双线圈励磁的机电能量转换系统,在 dt 时间内,若铁心 2 在水平力 f 作用下移动了一个微小的距离 dx,则系统磁能的变化量 dW_m 和磁共能变化量 dW'_m 分别如式(2-95)和式(2-96)所示。

$$dW_m = i_A d\psi_A + i_B d\psi_B + \frac{\partial W_m}{\partial x}dx \tag{2-95}$$

$$dW'_m = \psi_A di_A + \psi_B di_B + \frac{\partial W'_m}{\partial x}dx \tag{2-96}$$

图 2-27(a)所示的机电能量转换系统可以看作是一个旋转电机,其中,铁心 1 为定子铁心,铁心 2 为转子铁心。将式(2-71)、式(2-93)、式(2-85)和式(2-86)重新整理为

$$\begin{cases} dW_e = i_A d\psi_A + i_B d\psi_B \\ dW_m = i_A d\psi_A + i_B d\psi_B + \dfrac{\partial W_m}{\partial \theta_{mech}} d\theta_{mech} \\ dW_{mech} = t_{mech} d\theta_{mech} \\ dW_m = dW_e + dW_{mech} \end{cases} \quad (2\text{-}97)$$

若用下标"s"代表定子并替换式(2-97)中的"A",用下标"r"代表转子并替换式(2-97)中的"B",同时结构上将线圈A等效为一匝定子绕组,则可以得到如图2-28所示的旋转电机的机电能量转换过程示意图。

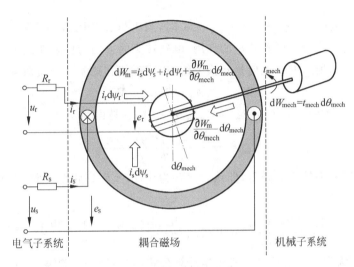

图 2-28 旋转电机的机电能量转换过程示意图

从图 2-28 可以看出,耦合磁场能量的增量 dW_m 包含三个部分,分别为定子绕组磁链变化引起的磁能增量 $i_s d\psi_s$、转子绕组磁链变化引起的磁能增量 $i_r d\psi_r$ 以及因转子角位移变化 $d\theta_{mech}$ 而引起的磁能增量 $\dfrac{\partial W_m}{\partial \theta_{mech}} d\theta_{mech}$。在 dt 时间内旋转电机的机电能量转换过程具有如下特征:

(1) 若定子绕组和转子绕组的磁链不变,即 $d\psi_s = d\psi_r = 0$,那么电气子系统不会向耦合磁场注入能量,随着 θ_{mech} 的变化,耦合磁场的能量与机械能实现转换;

(2) 若电机转子不动,即 $d\theta_{mech} = 0$,那么耦合磁场无机械能输入或输出,通过定子绕组和/或转子绕组的磁链变化,电气子系统的电能与耦合磁场的能量实现转换;

(3) 若定子绕组和(或)转子绕组的磁链变化,同时电机转子出现角位移,那么电机转子将出现转矩,耦合磁场的能量释放出来转换为机械能。同时,耦合磁场的能量从电气子系统得到补充,从而完成电能到机械能的转换;当然,因电机转子出现角位移也可使机械子系统的机械能注入到耦合磁场,转换为磁能,同时通过定子绕组和(或)转子绕组的磁链变化,耦合磁场的能量通过绕组的感应电动势转换为电能,从而完成机械能到电能的转换。由此,通过耦合磁场的作用,实现了电能和机械能之间的转换。

2.3 旋转电机的转矩

由式(2-97),得

$$t_{\text{mech}} = \frac{\partial W_{\text{m}}(\psi_{\text{A}}, \psi_{\text{B}}, \theta_{\text{mech}})}{\partial \theta_{\text{mech}}} \tag{2-98}$$

式中,考虑到电机的输出转矩 t_{me} 和 t_{mech} 的方向相反,所以存在

$$t_{\text{me}} = -\frac{\partial W_{\text{m}}(\psi_{\text{A}}, \psi_{\text{B}}, \theta_{\text{mech}})}{\partial \theta_{\text{mech}}} \tag{2-99}$$

式(2-99)表明,若磁链 ψ_{A} 和 ψ_{B} 与 θ_{mech} 无关时,当电机转子因微小的角位移 θ_{mech} 而使系统磁能增加时,转子将受到电磁转矩的作用,电磁转矩的方向为使磁能减小的方向。

对于图 2-27(a)所示的机电能量转换系统,根据磁能和磁共能的关系可知

$$W'_{\text{m}} = i_{\text{A}} \psi_{\text{A}} + i_{\text{B}} \psi_{\text{B}} - W_{\text{m}} \tag{2-100}$$

将式(2-100)代入式(2-99),当 i_{A}、i_{B} 与 θ_{mech} 无关时,容易得到

$$t_{\text{me}} = -\frac{\partial W'_{\text{m}}(i_{\text{A}}, i_{\text{B}}, \theta_{\text{mech}})}{\partial \theta_{\text{mech}}} \tag{2-101}$$

忽略图 2-27(a)中铁心的磁阻,即认为磁路为线性,不考虑转矩方向,则由式(2-78)代入式(2-99)可得

$$t_{\text{me}} = \frac{1}{2} i_{\text{A}}^2 \frac{\text{d}L_{\text{A}}(\theta_{\text{mech}})}{\text{d}\theta_{\text{mech}}} + i_{\text{A}} i_{\text{B}} \frac{\text{d}L_{\text{AB}}(\theta_{\text{mech}})}{\text{d}\theta_{\text{mech}}} + \frac{1}{2} i_{\text{B}}^2 \frac{\text{d}L_{\text{B}}(\theta_{\text{mech}})}{\text{d}\theta_{\text{mech}}} \tag{2-102}$$

上式即为 i_{A}、i_{B} 为常量时的旋转电机转矩计算公式,式中等号右侧第一、第三项称为磁阻转矩(reluctance torque),第二项称为电磁转矩(electromagnetic torque)。

2.3.1 单相磁阻电机的转矩

对于如图 2-26(a)所示的机电能量转换系统,可以将其变形为图 2-29 所示的结构,即等效为一个单相磁阻电机,其中,图 2-29(b)中将线圈 A 等效为一匝定子绕组。

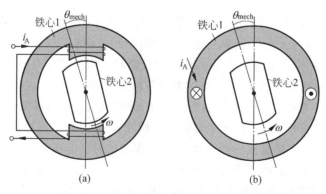

图 2-29 单相磁阻电机
(a) 凸极定子结构;(b) 隐极定子结构

基于图 2-29,容易得到电压方程

$$u_A = R_A i_A + \frac{d\psi_A}{dt} \tag{2-103}$$

式中,R_A 为定子绕组的等效电阻;ψ_A 为定子绕组的磁链,它可以表示为

$$\psi_A = L_A i_A \tag{2-104}$$

式中,L_A 为定子绕组的自感,它可以表示为[11,12]

$$L_A = L_1 + L_2 \cos(2\theta_{mech}) \tag{2-105}$$

式中,L_1 为定子绕组电感的平均值,包含了定子绕组的漏感;$L_2 \cos(2\theta_{mech})$ 为转子铁心(图 2-29 中的铁心 2)在转动过程中因定子绕组磁通所在回路磁阻的交变而引起的定子绕组自感的变化量。若电机的转动角速度为 ω_{mech},则式(2-105)中的 θ_{mech} 为

$$\theta_{mech} = \omega_{mech} t + \theta_{mech}(0) \tag{2-106}$$

$\theta_{mech}(0)$ 为 $t=0$ 时的 θ_{mech} 值,即转子初始位置角。

图 2-29 中,若磁路未饱和,即认为磁路为线性时,基于式(2-102)可知电机的输出转矩仅包含磁阻转矩,且为

$$t_{me} = \frac{1}{2} i_A^2 \frac{dL_A(\theta_{mech})}{d\theta_{mech}} = -L_2 i_A^2 \sin(2\theta_{mech}) \tag{2-107}$$

当定子绕组电流 i_A 是恒定直流电流时,若电机转动角速度 ω_{mech} 不为零,将式(2-106)代入式(2-107)后,可以看出单相电机的平均转矩为零,这样的电机在实际应用中没有应用价值。

若定子绕组电流 i_A 为正弦交流电流,即有

$$i_A = I_{Am} \cos[\omega_A t + \theta_A(0)] \tag{2-108}$$

式中,I_{Am} 为定子绕组电流的幅值;ω_A 为定子绕组电流的角频率;$\theta_A(0)$ 为 $t=0$ 时定子绕组电流的初始相位角。将式(2-108)代入式(2-107)中,则电机输出转矩表示为

$$\begin{aligned} t_{me} &= -L_2 I_{Am}^2 \cos^2[\omega_A t + \theta_A(0)] \sin[2\omega_{mech} t + 2\theta_{mech}(0)] \\ &= -\frac{1}{2} L_2 I_{Am}^2 \sin[2\omega_{mech} t + 2\theta_{mech}(0)] - \\ &\quad \frac{1}{4} L_2 I_{Am}^2 \sin[2(\omega_{mech} + \omega_A)t + 2\theta_{mech}(0) + 2\theta_A(0)] - \\ &\quad \frac{1}{4} L_2 I_{Am}^2 \sin[2(\omega_{mech} - \omega_A)t + 2\theta_{mech}(0) - 2\theta_A(0)] \end{aligned} \tag{2-109}$$

当电机转动时,对于式(2-109),当且仅当

$$|\omega_{mech}| = \omega_A \tag{2-110}$$

时,电机平均转矩不为零。将式(2-110)代入式(2-109)可知:电机转矩存在角频率为 $2\omega_A$ 和 $4\omega_A$ 的转矩脉动。

2.3.2 双绕组电机的转矩

1. 具有凸极定子和隐极转子的电机

将图 2-27(a)所示旋转电机结构改变为如图 2-30 所示,这种结构的电机中 L_A 为不依赖于 θ_{mech} 的常量,因此式(2-102)变为

$$t_{me} = i_A i_B \frac{dL_{AB}(\theta_{mech})}{d\theta_{mech}} + \frac{1}{2} i_B^2 \frac{dL_B(\theta_{mech})}{d\theta_{mech}} \tag{2-111}$$

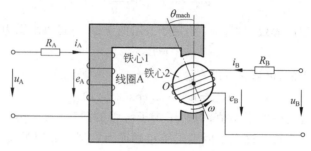

图 2-30　具有凸极定子和隐极转子的电机

2. 具有隐极定子和凸极转子的电机

若将图 2-27(a)所示电机结构改变为图 2-31 所示结构,这种结构的电机中 L_B 为不依赖于 θ_{mech} 的常量,因此式(2-102)变为

$$t_{me} = \frac{1}{2} i_A^2 \frac{dL_A(\theta_{mech})}{d\theta_{mech}} + i_A i_B \frac{dL_{AB}(\theta_{mech})}{d\theta_{mech}} \tag{2-112}$$

3. 具有隐极定子和隐极转子的电机

若将图 2-27(a)所示电机结构改变为图 2-32 所示结构,这种结构的电机中 L_A 和 L_B 为不依赖于 θ_{mech} 的常量,因此式(2-102)变为

$$t_{me} = i_A i_B \frac{dL_{AB}(\theta_{mech})}{d\theta_{mech}} \tag{2-113}$$

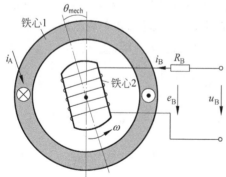
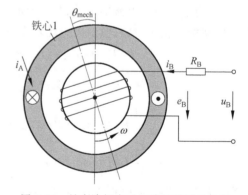

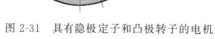

图 2-31　具有隐极定子和凸极转子的电机　　图 2-32　具有隐极定子和隐极转子的电机

对于图 2-32 所示的电机,若定子绕组和转子绕组的电流表示为

$$\begin{cases} i_A = I_{Am} \cos[\omega_A t + \theta_A(0)] \\ i_B = I_{Bm} \cos[\omega_B t + \theta_B(0)] \end{cases} \tag{2-114}$$

式中,I_{Am} 和 I_{Bm} 分别为定子绕组电流和转子绕组电流的幅值;ω_A 和 ω_B 分别为定子绕组电流和转子绕组电流的角频率;$\theta_A(0)$、$\theta_B(0)$分别为 $t=0$ 时定子绕组电流和转子绕组电流的初始相位角。若两个绕组之间的互感表示为

$$L_{AB} = M\cos\theta_{mech} = M\cos[\omega_{mech} t + \theta_{mech}(0)] \tag{2-115}$$

式中，M 为定子绕组和转子绕组之间互感的最大值；ω_{mech} 为转子机械角速度；$\theta_{\text{mech}}(0)$ 为 $t=0$ 时的转子初始位置角。将式(2-114)和式(2-115)代入式(2-113)，得

$$t_{\text{me}} = I_{\text{Am}} I_{\text{Bm}} M \cos[\omega_A t + \theta_A(0)] \cos[\omega_B t + \theta_B(0)] \sin[\omega_{\text{mech}} t + \theta_{\text{mech}}(0)]$$

$$= \frac{1}{4} I_{\text{Am}} I_{\text{Bm}} M \{\sin[(\omega_{\text{mech}} + \omega_A + \omega_B)t + \theta_{\text{mech}}(0) + \theta_A(0) + \theta_B(0)] +$$

$$\sin[(\omega_{\text{mech}} - \omega_A - \omega_B)t + \theta_{\text{mech}}(0) - \theta_A(0) - \theta_B(0)] +$$

$$\sin[(\omega_{\text{mech}} + \omega_A - \omega_B)t + \theta_{\text{mech}}(0) + \theta_A(0) - \theta_B(0)] +$$

$$\sin[(\omega_{\text{mech}} - \omega_A + \omega_B)t + \theta_{\text{mech}}(0) - \theta_A(0) + \theta_B(0)]\} \quad (2\text{-}116)$$

容易推导出：当且仅当

$$\omega_{\text{mech}} = \pm(\omega_A \pm \omega_B) \quad (2\text{-}117)$$

时，t_{me} 的平均值不为零。因此，有：

① 若 $\omega_A = \omega_B = 0$，即定子绕组和转子绕组的电流为直流，则满足式(2-117)时，$\omega_{\text{mech}} = 0$，即电机转子无法转动。所以，对于旋转电机，定子绕组和转子绕组的电流至少有一个为交流电流。

② 若 $\omega_B = 0$，即转子绕组的电流为直流，当 $\omega_{\text{mech}} = \omega_A$ 时，满足式(2-117)，这时的旋转电机为交流同步电机。

③ 若 $\omega_{\text{mech}} = \omega_A - \omega_B$ 时，满足式(2-117)，这时的旋转电机为交流感应电机。

2.4 本章小结

电机是典型的机电能量转换系统，用于实现电能与机械能之间的能量转换。若忽略能量转换过程中的能量损耗，基于能量守恒原则，可以建立机电能量转换系统输入能量、耦合场存储能量、输出能量之间的数量关系，进而得到电机的转矩公式。因此，机电能量转换理论的意义在于给出一种表示电机转矩的方法。

实际的机电能量转换过程伴随着能量的损耗。电机的铜损可以归算至电气子系统的损耗；电机的机械损耗可以归算至机械子系统的损耗；电机的铁损（包括杂散损耗）可以归算至耦合场的损耗，电机的铁损与电机铁心的铁磁材料性能以及所处的磁场环境密切相关。

电机内部的磁路经由铁磁材料（包括软磁材料和硬磁材料）和定子、转子之间的气隙，受铁磁材料磁化特性影响，磁路具有明显的非线性特征。在分析问题时，若磁路不饱和，可以近似认为线性磁路，从而使相关问题得到简化。

思 考 题

2.1 什么是电机的铁心损耗？如何计算电机的铁心损耗？
2.2 表征铁磁材料磁化特性的物理量有哪些？
2.3 软磁材料和硬磁材料的磁滞回线有何区别？
2.4 电机常用软磁材料有哪些？
2.5 电机常用硬磁材料有哪些？
2.6 电机运行环境温度对永磁电机会有什么影响？

2.7　如何理解机电能量转换过程的能量关系？
2.8　对于具有定子绕组和转子绕组的电机，如何计算内部磁场能量？
2.9　如何通过磁共能计算电机的转矩？

参 考 文 献

[1] 毛卫民,杨平.电工钢的材料学原理[M].北京：高等教育出版社,2013.
[2] Beckley P. Electrical Steels for Rotating Machines[M]. London：The Institution of Engineering and Technology,2002.
[3] 罗小丽.电机制造工艺及装配[M].北京：机械工业出版社,2015.
[4] 何忠治,赵宇,罗海文.电工钢[M].北京：冶金工业出版社,2012.
[5] 轧制技术及连轧自动化国家重点实验室.高品质电工钢的研究与开发[M].北京：冶金工业出版社,2014.
[6] Anderson I E. Permanent Magnet Development for Automotive Traction Motors[C]//2012 DOE Hydrogen and Fuel Cells Program and Vehicle Technologies Program Annual Merit Review and Peer Evaluation Meeting,2012.
[7] Umans S D. Fitzgerald & Kingsley's Electric Machinery[M]. 7th Ed. New York：The McGraw-Hill Companies,Inc. ,2013.
[8] 刘仲武.永磁材料：基本原理和先进技术[M].广州：华南理工大学出版社,2017.
[9] 唐任远.现代永磁电机理论与设计[M].北京：机械工业出版社,1997.
[10] Pyrhonen J,Jokinen T,Hrabovcova V. Design of Rotating Electrical Machines[M]. 2nd Ed. Chichester：John Wiley & Sons Ltd,2014.
[11] Krause P,Wasynczuk O,Pekarek S. Electromechanical Motion Devices[M]. 2nd Ed. Hoboken：Wiley&Sons,Inc. ,2012.
[12] 汤蕴璆.电机学——机电能量转换[M].2版.北京：机械工业出版社,1986.
[13] Hanselman D. Brushless Permanent Magnet Motor Design[M]. Lebanon：Magne Physics Publishing,2006.

第3章 汽车驱动电机数字化控制基础

3.1 汽车驱动电机数字化控制概述

在电动汽车动力系统中,驱动电机控制器通过整车通信总线(如 CAN 总线)接收上层控制器或其他部件的控制器(如整车控制器(vehicle control unit,VCU)、变速器控制器(transmission control unit,TCU)等)发出的指令,对驱动电机转矩或转速实施控制,同时将驱动电机的运行状态通过通信总线反馈给各控制器或动力系统其他部件。

以纯电动汽车为例,其动力系统如图 3-1 所示。驱动电机控制器除从 CAN 总线上获得信息外,还会通过通信线从驱动电机得到电机运行状态,并通过自身的传感器对相关的物理量进行数据采集。这些信息和数据是驱动电机控制器对驱动电机实施控制的基础,它们的准确性和有效性直接影响驱动电机的控制品质。在驱动电机控制器运行时,需要的主要相关信息及用途如表 3-1 所示。

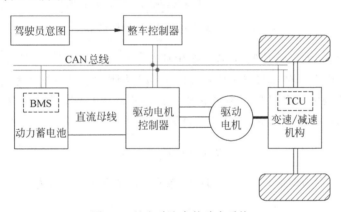

图 3-1 纯电动汽车的动力系统

表 3-1 驱动电机控制器工作过程中的主要相关信息

来源	信息类型	用途
CAN 总线	转速/转矩指令	控制目标
	直流母线电压	冗余控制或故障诊断
	动力蓄电池荷电状态(SOC)	电机输出功率约束
电机通信线	转子位置/电机转速	转矩控制重要依据,通过 CAN 总线传送到其他控制器
	电机温度	电机输出功率约束
控制器采集	直流母线电压	转矩控制重要依据,通过 CAN 总线传送到其他控制器
	直流输入电流	故障诊断
	绕组电流	转矩控制重要依据
	电力电子器件电流/导通压降	故障诊断
	电力电子器件内部温度	故障诊断,电机输出功率约束
	散热/冷却子系统温度	故障诊断,通过 CAN 总线传送到其他控制器

除一些特殊情况（如有些 AMT 换挡过程中需要电机调速）外，驱动电机获得的指令通常为转矩指令。此外，驱动电机的转速控制也是通过转矩控制来实现，因此本书中涉及的电机控制，一般指对电机转矩进行控制。

根据第 2 章的相关内容可知，驱动电机的转矩与驱动电机绕组的电流密切相关。所以，从本质上驱动电机的转矩控制问题可以看作是在满足一定约束（如车载电源电压、电机转速、电机温度、电机控制器温度等）下的驱动电机绕组电流的控制问题。驱动电机绕组电流是驱动电机绕组端电压激励的结果，车辆的驱动能量来自车载电源（如动力蓄电池、超级电容、燃料电池等），因此驱动电机转矩的控制过程可以看作是对车载电源电压进行调制并施加于驱动电机绕组上，使驱动电机绕组电流按预定值响应的过程。驱动电机控制的总体思路如图 3-2 所示。这里并没有区分电机"电动"（即"驱动"）和"发电"（即"制动"）状态，原因在于两种工作状态对电机控制的理论和方法没有实质性影响，只是电机的转矩方向发生改变或"正负"数值的区别。

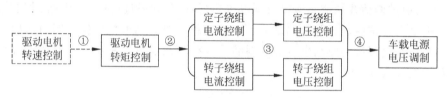

图 3-2 驱动电机控制的总体思路

当对驱动电机转速进行控制时（图 3-2 中环节①），可以采用"转速外环、转矩内环"的双闭环控制系统来实现，具体如图 3-3 所示。图中，n^* 为驱动电机目标参考转速；n 为驱动电机实际转速；T^* 为驱动电机目标参考转矩；T 为驱动电机实际转矩；T_m 为电机转矩限值。若转速环采用 PI 控制器，$G_n(s)$ 可以表示为

$$G_n(s) = k_{np} + \frac{k_{ni}}{s} \tag{3-1}$$

式中，k_{np} 和 k_{ni} 分别为转速环的比例和积分系数。$G_t(s)$ 可以表示为

$$G_t(s) = k_{tp} + \frac{k_{ti}}{s} \tag{3-2}$$

式中，k_{tp} 和 k_{ti} 分别为转矩环的比例和积分系数。对驱动电机转矩和转速实施有效控制的理基础和依据是"自动控制理论"。

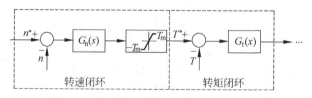

图 3-3 驱动电机的转速和转矩双闭环控制

图 3-2 中的环节②和③对电机的数学模型具有较强的依赖性，即需要基于驱动电机内部结构和工作机理，在获得必要的电机参数前提下，设法得到电机转矩与电机参数、绕组电流之间的数学关系以及绕组电流与绕组端电压之间的数学关系。驱动电机建模的理论依据是"电磁学"、"电工学"以及本书第 2 章中的"机电能量转换原理"。

图 3-2 中的环节④是指对车载电源(如动力蓄电池)的输出电压进行调制,使其按一定的预定规律施加于电机绕组上,从而使驱动电机按目标值产生转矩或转速。对于直流电机,这个过程是从直流电能到直流电能的转换,实现的物质基础是直流-直流变换电路;对于交流电机,这个过程是从直流电能到交流电能的变换,实现的物质基础是直流-交流变换电路(又称直流-交流逆变电路)。从不同形式的电能变换角度看,驱动电机控制器可以是大功率直流-直流变换器,也可以是大功率直流-交流变换器。当然,因电机运行方式的改变,电能可以从车载电源流向驱动电机,也可以从驱动电机流向车载电源。不同形式电能转换的理论基础是"电力电子学"。

综上,驱动电机的控制问题可以分为两大部分,即"控制算法"和"能量转换":前者是利用"控制理论"和"电机数学模型",解决如何控制的问题;后者是利用"电力电子器件"和"电力电子电路"解决控制的物理实现问题。

图 3-4 所示为纯电动汽车典型的电机控制器外部电气连接与内部构成。电机控制器内部可以分为控制系统与电力电子主电路两部分。作为连接低电压、信号级控制电路与高电压、功率级电力电子主电路的驱动电路,可以将之纳入控制系统。

为了保证驱动电机的控制精度、控制稳定性与可靠性,满足电动汽车动力系统的多层控制结构的要求,适应复杂的控制算法和恶劣的电磁环境,实现驱动电机系统的高效安全运行,电动汽车驱动电机的控制系统普遍采用数字化控制系统。数字化控制系统是基于自动控制理论,采用计算机以及必要的模拟和数字电路对受控对象实施开环或闭环控制的系统。

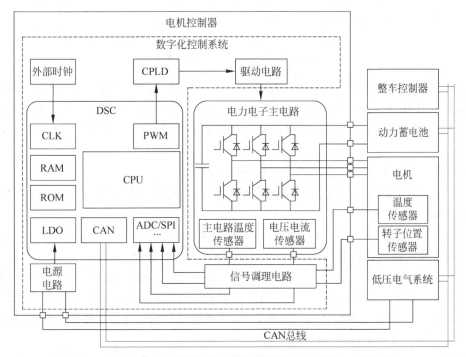

图 3-4 纯电动汽车典型的电机控制器外部电气连接与内部构成

若图 3-4 中驱动电机为三相交流电机(如永磁同步电机、交流感应电机等),可结合图 3-5 所示的数字化闭环控制原理图分析驱动电机系统工作过程。在纯电动汽车动力系统正常工作时,整车控制器根据各零部件工作状态、整车工作状态、驾驶员意图等通过 CAN 总线发出驱动电机目标参考转矩或转速指令;电机控制器数字化控制系统中的 DSC 通过内部 CAN 收发单元获得目标参考转矩或转速后,依据动力系统其他部件以及驱动电机系统自身的状态对目标值进行校验,并基于驱动电机数学模型和控制策略给出驱动电机定子绕组目标电流,以此作为闭环控制的参考电流 i_s^*;DSC 由内部 ADC 模块通过电机定子绕组的电流传感器对定子绕组的实际电流进行采样且处理后,得到实际定子绕组电流 i_s;DSC 采用控制算法或控制律构建控制器(图 3-5 中数字化校正环节),控制器的输出通过 DSC 的 PWM 模块形成 PWM 信号,PWM 信号作为驱动电路的输入信号控制电机控制器中主电路的电力电子器件的通断,使电机定子绕组的实际电流 i_{Oact} 能较好地跟随参考电流 i_{Oref},从而实现对电机转矩或转速的控制。换言之,在电机控制器中,大功率电能的转换是通过主电路中电力电子器件工作状态的改变来实现的;而如何让电力电子器件按正常工作时序通断,则是控制系统的功能。除具有控制系统和主电路外,电机控制器还有各类传感器、散热子系统、连接母排、辅助电源以及图 3-4 中没有画出的连接器、防护壳体等构件或子系统。

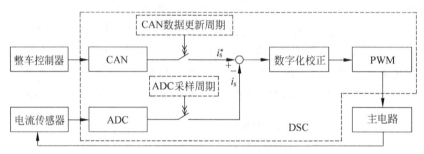

图 3-5　数字化闭环控制原理图

电机控制器的数字化控制系统普遍采用 PID 控制器,如传统 PID 控制器、自适应 PID 控制器、模糊 PID 控制器等,对电压或电流进行控制。因此,PID 控制器的参数以及 DSC 的 ADC 采样周期、控制周期、整车 CAN 网络的数据更新周期等都会对控制效果产生非常重要的影响。

电机控制器的数字化控制系统具有如下技术特征:

(1) 控制系统的硬件构成:以高性能 DSC 为核心,配置集成度较高的电源芯片、数字或模拟信号调理芯片、通信芯片。

(2) 控制系统的输入:电流传感器、电压传感器、温度传感器、电机转子位置传感器等输出信号以及其他车载部件通过通信网络(如 CAN 总线)传输的信息。

(3) 控制系统的输出:PWM 信号、普通数字输出信号、通信网络(如 CAN 总线)信号。PWM 信号用来通过驱动电路控制主电路电力电子器件工作;普通数字输出信号用来控制外电路电气开关、指示工作状态等;此外,控制系统会通过整车通信网络向上层控制器或其他车载部件传输驱动电机系统运行数据。

电动汽车要求驱动电机控制器的数字化控制系统具有控制精度高、动态响应快、可靠性高、容错性好等特点,同时,驱动电机控制器还需要满足体积小、重量轻、成本低、软硬件符合相关法规或标准的要求。

3.2 汽车驱动电机控制器的硬件基础

3.2.1 电力电子器件的原理与特性

电力电子器件是汽车驱动电机控制器中最基本和最重要的组成部分,是电能控制和转换的核心。汽车驱动电机控制器常用的电力电子器件有三种,分别是功率二极管(power diode)、功率金属-氧化物-半导体场效应晶体管(power metal-oxide-semiconductor field effect transistor,功率 MOSFET)和绝缘栅双极晶体管(insulated gate bipolar translator, IGBT)。其中,应用最广泛的是功率二极管,任何一个电机控制器都可以看到它的存在;功率 MOSFET 多应用于低电压(如低于 600V)和中小功率(如小于数十千瓦)的场合;而高电压(如高于 600V)和大功率(数十千瓦~数百千瓦)的驱动电机控制器普遍采用 IGBT 器件。近年来,由于碳化硅器件制造及应用技术的发展,在高电压、中功率场合,碳化硅功率 MOSFET 有取代硅 IGBT 的趋势。

汽车驱动电机控制器使用的电力电子器件与其他工业领域使用的电力电子器件在性能上是有一定区别的,主要原因是汽车上的应用环境更为恶劣,车辆有时会处于高温、高湿、强振动、负载变化剧烈、复杂电磁环境、甚至高海拔的场合,因而要求电力电子器件具有高结温、低通态损耗、长寿命、高可靠性等特点,同时要满足国内外相关汽车标准和规范的要求或通过相关认证。这就要求半导体厂商在材料选取、结构设计、制造工艺上都要给予特殊考虑。但驱动电机控制器的电力电子器件与普通电力电子器件在工作原理与基本电气特性上没有区别,即工作在开关状态,并和电路中其他器件(如:电感、电容等)配合,完成对电能的变换或控制。电力电子器件的工作过程与理想开关存在很大区别,具体如表 3-2 所示[1]。

表 3-2 "电力电子器件工作过程"与"理想开关"特征比较

类 别	电力电子器件开关	理 想 开 关
关断状态	阻断电压:有限	阻断电压:无穷大
	流过电流:微小	流过电流:0
开通状态	导通压降:数百毫伏至数伏	导通压降:0
	导通电流:有限	导通电流:无穷大
从断到通	所需时间:数纳秒至数微秒	所需时间:0
从通到断	所需时间:数纳秒至数微秒	所需时间:0
驱动与控制	需要复杂的驱动与控制电路,消耗一定的驱动功率或能量	简单的驱动与控制方法,需要的驱动与控制功率或能量为零

3.2.1.1 功率二极管

功率二极管通常是由一个 PN 结构成或由金属和半导体接触形成的结构简单的器件,功率二极管呈现单向导电性,典型的功率二极管的电路符号和实物外形如图 3-6 所示。

1. 功率二极管的分类

与用于低电压模拟电路或数字电路中的二极管相比,功率二极管具有高阻断电压、大导通电流的高功率特征,在结构上和普通的小功率二极管具有明显的差别。目前用来制造功率二极管的半导体材料主要是硅(Si)、砷化镓(GaAs)、氮化镓(GaN)和碳化硅(SiC)。从工

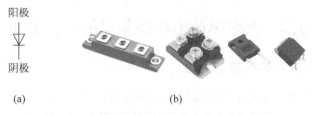

图 3-6 功率二极管的电路符号以及实物外形

(a) 电路符号；(b) 实物外形

作原理或结构上可以将功率二极管分为功率 PIN 二极管、功率肖特基势垒二极管（Schottky barrier diode, SBD）和功率混合 PIN-Schottky（merged-PIN-Schottky, MPS）二极管。

功率 PIN 二极管具有耐压高、正向导通电流大、导通压降低、反向漏电流小等优点，但存在较长的反向恢复过程和较大的反向恢复损耗，比较适合于低频大功率电路或系统。功率 SBD 的反向恢复特性较好，适合于高频整流或高频通断的场合。在功率 SBD 中，金属半导体结合层实现了功率 PIN 二极管中 PN 结的作用。从工作机理上，由于功率 PIN 二极管中导电的有两种载流子，即带负电的自由电子和带正电的空穴，所以功率 PIN 二极管为双极器件；而功率 SBD 中导电的只有一种载流子，所以功率 SBD 为单极器件。与功率 PIN 二极管相比，采用硅材料的功率 SBD 更容易受热击穿，其反向漏电流也较大，耐压一般在 200V 以下。采用碳化硅材料的功率 SBD 可以用于高温、高电压环境中，耐压超过了 1000V，更适合应用于高电压等级的新能源汽车动力系统。

功率 MPS 二极管是在功率 SBD 的基础上集成了功率 PIN 二极管而形成的器件。功率 MPS 二极管具有功率 PIN 二极管正向大电流导通时的电导调制作用下的低电阻、低导通压降以及反向偏置时的耐高压、低漏电流的优点，同时还具有功率 SBD 的反向恢复时间短、开关速度快的优点。

由于驱动电机控制器对所采用的功率二极管的反向恢复特性要求较高，目前多采用功率 SBD 和功率 MPS 二极管。尤其是采用碳化硅材料的功率 SBD 和功率 MPS 二极管，耐压和通流能力已经完全能够满足驱动电机控制器的需要。多数情况下，会将功率二极管和功率 MOSFET 或 IGBT 反并联使用，共同组成逆导型器件（reverse conducting device）。

2. 功率二极管的静态特性

功率二极管的静态特性也称伏安特性，该特性反映功率二极管阳极与阴极之间电压 u_{AK} 和阳极电流 i_A 变化比较缓慢时功率二极管的工作状态，所以又称稳态特性，典型的功率二极管伏安特性如图 3-7 所示。

图 3-7 中第一象限为功率二极管的正向特性区，表现出正向导通状态。当阳极和阴极之间的电压 u_{AK} 较小，即 $u_{AK}<U_{TH}$ 时，功率二极管只流过微小的正向电流 i_A。当 $u_{AK}>U_{TH}$ 时，正向电流 i_A 急剧增加，此时正向电流 i_A 的大小由外电路决定。U_{TH} 称为功率二极管正向导通阈值电压。

图 3-7 第三象限为功率二极管的反向特性区，表现出反向截止状态。当 $u_{AK}<0$ 时，开始只有微小的反向漏电

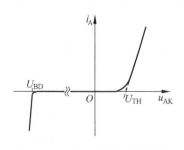

图 3-7 功率二极管的伏安特性

流 i_A；随着反向电压的增加，反向漏电流 i_A 逐渐加大；当 $|u_{AK}|>U_{BD}$ 时，功率二极管反向漏电流 i_A 将急剧增加。此时，必须对 u_{AK} 加以限制，否则功率二极管会反向击穿而损坏。U_{BD} 称为反向不重复峰值电压，有时也用符号 U_{rsm} 表示。

3. 功率二极管的开关特性

功率二极管的开关特性也称为动态特性，该特性反映功率二极管在导通和关断过程中阳极与阴极之间电压 u_{AK} 和阳极电流 i_A 的关系。图 3-8 是功率二极管由反向截止到正向导通，然后再到反向截止的电压、电流波形。

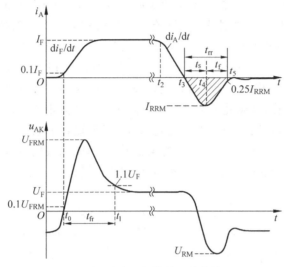

图 3-8　功率二极管的开关特性

（1）功率二极管的开通过程

功率二极管由反向截止到正向导通的过程中，流过功率二极管的电流的上升率 di_A/dt 与外电路参数有关，随 i_A 的上升，功率二极管的正向压降会达到峰值 U_{FRM}，然后才趋向于接近稳态导通压降 U_F。在功率二极管导通过程中，从 $0.1U_{FRM}$（图 3-8 中 t_0）经峰值 U_{FRM} 再降到 $1.1U_F$（图 3-8 中 t_1）这段时间，即图 3-8 中 t_{fr}，被称为功率二极管的正向恢复时间（forward recovery time）。

图 3-8 中上冲电压 U_{FRM} 被称为正向恢复峰值电压（forward recovery maximum voltage）。正向导通电压会严重影响二极管开通过程中产生的损耗。在电机控制器主电路中，功率二极管常用于续流而与 IGBT 等开关器件并联，此时过高的 U_{FRM} 可能会造成 IGBT 的反向击穿而损坏。

（2）功率二极管的关断过程

当功率二极管由正向导通到反向截止的过程中，并不能马上关断，而是需要经过一段时间后才能恢复反向阻断能力，这个过程称为反向恢复（reverse recovery）。图 3-8 中，在 t_2 时刻，功率二极管外加电压由正向变为反向，流过功率二极管的正向电流开始下降，下降的速率 di_A/dt 由外电路决定，但由于电导调制效应，功率二极管导通压降变化不大。在 t_3 时刻，电流降为零，但此时由于功率二极管的 PN 结两侧存在大量少数载流子而无法恢复反向截止能力，在功率二极管外部反向电压的作用下，少数载流子移出空间电荷区，这时功率二极管流过反向电流,反向电流的大小和变化率与外电路参数有关。再经过时间 t_s,即在 t_4 时刻,反向电流达到最大值 I_{RRM}。此时,功率二极管恢复反向截止能力。在 t_4 时刻之后,反向电流逐步衰减至其漏电流值,电流轨迹完全由功率二极管内残余载流子的复合程度决定。由于线路中存在电感,随着反向电流的下降,在外电路电感的作用下,功率二极管两侧会形成较大的反向过冲电压 U_{RM}。在 t_5 时刻,反向电流降为 $0.25I_{RRM}$,此时电流的变化率已经很小,功率二极管两端承受的反向截止电压才和外加电压接近相等。

图 3-8 中,时间 $t_{rr}=t_s+t_f$ 定义为反向恢复时间(reverse recovery time),其中,t_s 被称为延迟时间(delay time),而 t_f 被称为电流下降时间(current fall time)。反向恢复时间表征功率二极管从导通状态恢复到具有阻断能力的快慢程度。对于高频工作的电机控制器,要求功率二极管的反向恢复时间尽可能短,这时需要选取快恢复功率二极管($t_{rr}\leqslant 5\mu s$)或超快恢复功率二极管($t_{rr}\leqslant 100ns$)。图 3-8 中阴影部分的面积,也就是 t_{rr} 时间内反向电流的积分 $Q_{rr}\approx I_{RRM}t_{rr}/2$,称为反向恢复电荷(reverse recovery charge)。

碳化硅功率二极管,如碳化硅功率 SBD,反向恢复电荷很少,反向恢复时间可以低于 15ns,且反向恢复时间随温度的改变而变化很小,开关损耗非常低,具有非常好的反向恢复特性。图 3-9 给出了具有快恢复特性的某硅功率 PIN 二极管和与它耐压、耐流能力相同的某碳化硅功率 SBD 的反向恢复过程对比测试结果[2],二者的反向测试电压均为 400V。

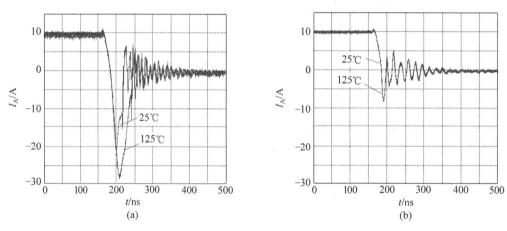

图 3-9　不同温度下快恢复硅功率 PIN 二极管与碳化硅功率 SBD 反向恢复特性
(a) 快恢复硅 PIN 二极管；(b) 碳化硅功率 SBD

此外,碳化硅功率 SBD 还有许多其他的优点,如较小的反向电流、较高的阻断电压、较高的结温(可高于 200℃)、适合于并联使用等,因此具有非常好的应用前景。

3.2.1.2　功率金属-氧化物-半导体场效应晶体管

功率金属-氧化物-半导体场效应晶体管即功率 MOSFET,因具有工作频率高、驱动功率小、安全工作区(safe operating area,SOA)宽、易并联使用、应用成本低等优点,成为电动汽车上应用最广泛的电力电子器件。

可以采用硅或碳化硅、氮化镓等半导体材料制作功率 MOSFET。硅功率 MOSFET 存在耐压低、导通电流小的弱点,用它研制的电机控制器多用于直流电压在 600V 以下的动力系统,且需要采用多器件并联结构。而碳化硅功率 MOSFET 则可以用于高电压动力系统中的电机控制器主电路中,并有取代 IGBT 的趋势。

1. 功率 MOSFET 的结构与工作原理

功率 MOSFET 有许多类型,电机控制器中多采用 N 沟道增强型功率 MOSFET 作为功率开关器件,因此主要对它进行介绍。

功率 MOSFET 是一个三端器件,三端分别是栅极(又称门极,G)、漏极(D)和源极(S)。功率 MOSFET 的"MOS"是指器件栅极处为顶层金属-中间层氧化物-底层半导体形成的结构。功率 MOSFET 栅极顶层多采用重掺杂的多晶硅或金属多晶硅合金(也称硅化物);中间层的氧化物一般为二氧化硅(SiO_2),也可以为其他绝缘材料;底层的半导体材料普遍采用硅,也可以采用 GaAs、GaN、SiC 等。这种"MOS"结构形成了一个"电容器",电容器的两极分别为金属层和半导体层,而两层之间的氧化物相当于电容器的电解质。

功率 MOSFET 具有多元集成结构,一个器件由许多个小的 MOSFET 元胞并联组成,这样可以增加电流容量,降低通态电阻。一些小功率集成芯片形式的功率 MOSFET 采用横向双扩散导电结构,这种功率 MOSFET 简称 LD-MOSFET。而对于较大功率的功率 MOSFET 则普遍具有垂直导电结构,最具有典型性以及应用比较多的是垂直双扩散 MOSFET(vertical double-diffused MOSFET,VDMOSFET)。

图 3-10 为 N 沟道增强型功率 MOSFET 的内部结构和电路符号。在半导体器件的结构原理图上,往往用 N^-、P^-、N、P、N^+ 及 P^+ 来表示掺杂浓度的不同,代表的含义如下:N^-、P^- 代表的掺杂浓度为 $10^{12} \sim 10^{14} cm^{-3}$;N、P 代表的掺杂浓度为 $10^{15} \sim 10^{18} cm^{-3}$;$N^+$、$P^+$ 代表的掺杂浓度为 $10^{19} \sim 10^{21} cm^{-3}$[3,4]。从图中可以看出,功率 MOSFET 具有 $N^+P^+N^-N^+$ 四层半导体结构。当功率 MOSFET 导通时,漏极电流 I_D 从 D 和 S 之间流过,G 和 S 之间的电压 U_{GS} 可以控制功率 MOSFET 的导通与关断。

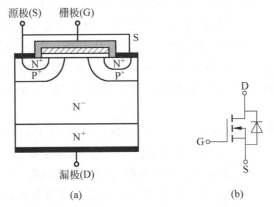

图 3-10 N 沟道增强型功率 MOSFET 的内部结构和电路符号
(a) 内部结构;(b) 电路符号

2. 功率 MOSFET 的工作原理

图 3-11 中,若漏极与源极之间施加一个正向电压 U_{DS}(电压方向:从漏极到源极),而栅极和源极间电压 U_{GS} 为零时,N^- 区和 P^+ 区之间的 PN 结 J_1 反偏,因此漏源极之间无电流流过。当 U_{DS} 大于 J_1 结的反向击穿电压时,功率 MOSFET 的漏源极之间发生击穿,漏极电流急剧增大。

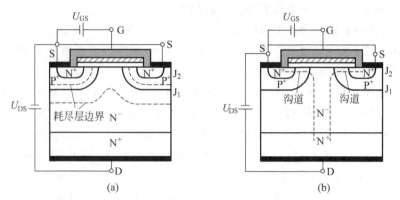

图 3-11 功率 MOSFET 的工作原理
(a) 阻断情况；(b) 导通情况

如果在栅极和源极之间施加反向电压，即 $U_{GS}<0$，MOS 电容电场方向从半导体指向金属层，半导体内的多数载流子（即空穴）在电场的作用下汇集到半导体内氧化物一侧，导致在氧化物一侧的半导体表面多数载流子的浓度高于平衡时（即 $U_{GS}=0$ 时）多数载流子的浓度，进而在半导体表面形成了一个具有一定厚度的空间电荷区，称为累积区或增强层。累积区随着外加反向电压的增大而扩大。

如果在栅极和源极之间施加正向电压，即 $U_{GS}>0$，MOS 电容电场方向为从金属层指向半导体，半导体内的多数载流子（即空穴）在电场的作用下远离半导体内氧化物一侧，导致在氧化物一侧的半导体表面多数载流子的浓度低于平衡时（即 $U_{GS}=0$ 时）多数载流子的浓度，进而在半导体表面形成了一个耗尽层。

如果在栅极和源极之间施加的正向电压 U_{GS} 达到某一数值，在电场的作用下，不仅会把半导体表面的空穴推向半导体深处，而且会把半导体内的电子吸引到半导体表面，这样靠近 SiO_2 下 P^+ 区表面的电子浓度将超过空穴浓度，从而使 P 型半导体反型而变成 N 型半导体，形成反型层。该反型层形成 N 沟道而使 PN 结消失，如果在漏极和源极之间施加正向电压，即 $U_{DS}>0$，则有电流流过漏极和源极，器件导通，因此这种器件称为 N 沟道 MOSFET。

当反型层开始形成时，电子浓度大于空穴浓度，但仍低于平衡状态下的空穴浓度，这种情况称为弱反型。随着 U_{GS} 的增大，电子浓度越来越大，等于甚至大于平衡状态下的空穴浓度，这种情况称为强反型。满足强反型的栅极与源极间的临界电压 $U_{GS(th)}$ 称为栅极阈值电压或栅极开启电压。功率 MOSFET 中半导体表面出现强反型，称为功率 MOSFET 的开通。

功率 MOSFET 导电沟道是在电场的作用下形成的，因此功率 MOSFET 是一种电压型场控器件。绝缘栅极的输入阻抗比较高，由于可以等效为一个电容，所以对于栅极和源极之间的正向电压 U_{GS} 需要一定的幅值。但栅极和源极不需要很大的控制电流，因此功率 MOSFET 栅极需要的驱动功率很小。

尽管在功率 MOSFET 中存在 P^+ 区和 N^-、N^+ 区，但导电是以电子漂移运动形式体现的。换言之，功率 MOSFET 是以单一载流子导电的器件，属于单极型器件。

从功率 MOSFET 的结构可以看出，器件的内部存在寄生器件，如图 3-12(a) 所示，这些寄生器件有双极性晶体管(BJT)、结型场效应晶体管(JFET)、二极管、电容器等,功率 MOSFET 内部结构的等效电路如图 3-12(b)所示。

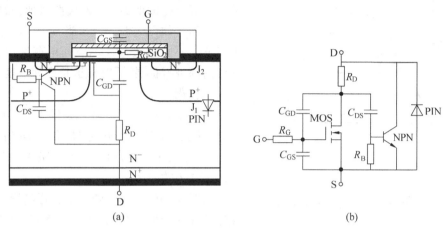

图 3-12 功率 MOSFET 的寄生器件与等效电路
(a) 内部寄生器件; (b) 等效电路

从图 3-12(a)所示的功率 MOSFET 结构可知,在功率 MOSFET 漏极和源极之间的 $P^+N^-N^+$ 半导体结构会形成一个与之反向并联的 PIN 体二极管,它与功率 MOSFET 构成了不可分割的整体,使得在漏、源极间施加反向电压时器件导通。因此,在电力电子电路中,当需要功率 MOSFET 正向可控导通、反向自然导通(如续流)时,有时不必在功率 MOSFET 外面反向并联功率二极管。当然,如果反向电流较大或对二极管反向恢复要求较高时,通常还需要并联一个容量较大的快速二极管。

对于垂直导电结构的功率 MOSFET,通常可以通过增加漂移区垂直方向宽度和降低掺杂浓度来提高其阻断电压,但这样会明显增加功率 MOSFET 的导通电阻,进而增加通态损耗。超级结采用了一种新的结构来解决高阻断电压与导通电阻之间的矛盾。如图 3-13 所示,超级结功率 MOSFET 提高了 N^- 漂移区的掺杂浓度,降低了导通电阻。同时,在 N^- 漂移区旁边加入 P 型柱,在阻断时 N^- 区与 P 型柱产生的 PN 结边缘的空间电荷区不断扩散,形成耗尽层,提高了器件的阻断电压。

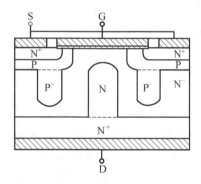

图 3-13 超级结功率 MOSFET 的结构

P 型柱的载流子对传输电流没有贡献,但改善了阻断电压。超级结功率 MOSFET 的缺点是制作工艺复杂,同时可能因为结构的变化导致器件体内反向并联二极管的恢复特性变差。

3. 功率 MOSFET 的静态特性

1) 功率 MOSFET 的输出特性

功率 MOSFET 的输出特性也称为功率 MOSFET 的漏极伏安特性,如图 3-14 所示。从图中可以看到,功率 MOSFET 的输出特性有截止区、线性区、准饱和区、饱和区和击穿区。当功率 MOSFET 工作在开关状态时,相当于在截止区和线性区之间转换。

功率 MOSFET 开通时,随着栅极与源极间电压 u_{GS} 增大,沟道电阻 R_{CH} 减小,导电能

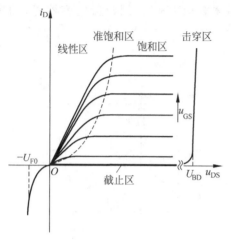

图 3-14 功率 MOSFET 的输出特性

力增强,漏极电流 i_D 增大。但流过器件的 i_D 不仅与 u_{GS} 有关,还与漏源极之间的电压 u_{DS} 有关。随着 u_{DS} 的增加,i_D 先线性增加,然后逐渐达到饱和。如图 3-15 所示,当 $u_{GS} > U_{GS(th)}$ 时,随着 u_{DS} 不断增大,PN 结空间电荷区逐渐向半导体内部进行扩展,同时沟道长度和宽度也在不断发生变化。

如图 3-15(a)所示,当 u_{DS} 较小,并且 $u_{DS} \ll u_{GS} - U_{GS(th)}$ 时,沟道宽度比较均匀,功率 MOSFET 工作在线性区。功率 MOSFET 的线性区也称为欧姆区。

如图 3-15(b)所示,随着 u_{DS} 逐渐增大,沟道靠近漂移区一侧电位逐渐升高,MOS 电容上的电压减小,P 区反型程度降低,沟道宽度不再均匀,从源极到漏极逐渐变窄。当 $u_{DS} = u_{GS} - U_{GS(th)}$ 时,导电沟道出现夹断,此时漏源极电压称为漏源饱和电压 $U_{DS(sat)}$,功率 MOSFET 处于准饱和区。功率 MOSFET 的准饱和区是指线性区与饱和区之间的过渡区域,可用一条抛物线来描述,如图 3-14 所示。

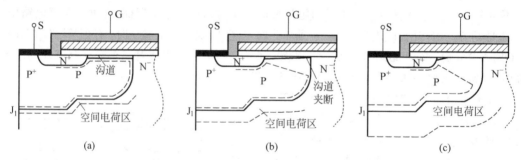

图 3-15 不同漏源极电压下沟道的变化
(a)沟道均匀;(b)沟道夹断;(c)沟道缩短

如图 3-15(c)所示,当 u_{DS} 继续增大且 $u_{DS} > U_{DS(sat)}$ 时,沟道夹断点向源极移动,有效沟道长度缩短。当 u_{DS} 非常大时,在沟道横向电场作用下,沟道电子的漂移速度达到饱和漂移速度,i_D 达到饱和,不再随 u_{DS} 而变化,功率 MOSFET 进入饱和区。功率 MOSFET 的饱和区也称为夹断区。

如果 u_{DS} 足够大时,J_1 结会发生雪崩击穿,功率 MOSFET 进入击穿区,i_D 急剧增大。

若 $u_{DS} < 0$,功率 MOSFET 输出特性曲线位于第三象限,如图 3-14 所示,若功率 MOSFET 体二极管的正向导通压降为 U_{F0}:

(1) 如果 $|u_{DS}| > U_{F0}$,且 $u_{GS} \leq 0$。功率 MOSFET 体二极管导通,功率 MOSFET 导电沟道关闭,其电流主要由通过体二极管的电子和空穴电流组成;

(2) 如果 $|u_{DS}| < U_{F0}$,且 $u_{GS} > U_{GS(th)}$,功率 MOSFET 导电沟道开通,体二极管不导通,器件导通电流由通过沟道的电子电流构成;

(3) 如果 $|u_{DS}| > U_{F0}$,且 $u_{GS} > U_{GS(th)}$,功率 MOSFET 导电沟道开通,体二极管导通,

器件导通电流由通过沟道的电子电流、二极管的电子与空穴电流共同构成。

2) 功率 MOSFET 的转移特性

功率 MOSFET 的转移特性表示功率 MOSFET 的漏极电流 i_D 与栅源极电压 u_{GS} 之间的关系,如图 3-16 所示。

功率 MOSFET 是一种电压控制器件,可以用跨导来表示栅源极电压 u_{GS} 对漏极电流 i_D 的控制能力。跨导定义为在一定漏源极电压 U_{DS} 下,栅源极电压 u_{GS} 变化引起的漏极电流 i_D 的变化,可以用下式表示:

$$g_m = \frac{di_D}{du_{GS}}\Big|_{u_{DS}=\text{const}} \quad (3-3)$$

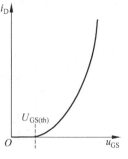

图 3-16 转移特性曲线

通过增加元胞的并联数量、减小栅极氧化层厚度以及提高导电沟道的宽长比可以增加功率 MOSFET 的跨导。此外,功率 MOSFET 的跨导还会受结温的影响,图 3-17 为某 SiC 功率 MOSFET 的转移特性曲线随温度变化的情况。

转移特性曲线与横坐标轴的交点即为阈值电压 $U_{GS(th)}$,它表示导电沟道形成栅源极所需的最低电压。在室温(300K)下,功率 MOSFET 的 $U_{GS(th)}$ 的典型值为 3V 左右。$U_{GS(th)}$ 与沟道的掺杂浓度、栅极氧化层电容等参数有关。

3) 功率 MOSFET 的导通电阻

功率 MOSFET 的导通电阻 R_{on} 是指功率 MOSFET 导通状态下,漏极有电流流过且器件工作在线性区时漏极和源极之间的电阻。导通电阻决定了功率 MOSFET 的最大电流传导能力,同时也是体现功率 MOSFET 导通损耗和温升的一个重要参数。

如图 3-18 所示,基于功率 MOSFET 的结构以及漏极电流 I_D 流经的路径,导通电阻 R_{on} 可以表示为

$$R_{on} = R_P + R_{CS} + R_{N^+} + R_{CH} + R_A + R_{JFET} + R_D + R_{SUB} + R_{CD} \quad (3-4)$$

式中,R_P 为器件封装所产生的电阻;R_{CS} 为源极金属引线以及金属与半导体欧姆接触形成的电阻;R_{N^+} 为 N^+ 区电阻;R_{CH} 为沟道电阻;R_A 为累积区电阻;R_{JFET} 为 JFET 区电阻;R_D 为漏区电阻;R_{SUB} 为衬底电阻;R_{CD} 为漏极金属引线以及金属与半导体欧姆接触形成

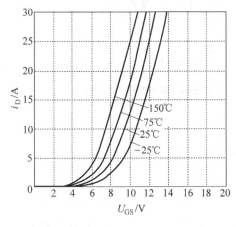

图 3-17 温度对功率 MOSFET 跨导的影响

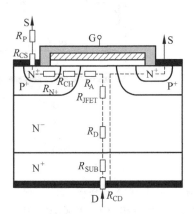

图 3-18 导通电阻的组成

的电阻。对于不同耐压的器件,以上各项电阻的贡献各不相同,图 3-19 给出了 50V、100V 和 500V 的 Si 功率 MOSFET 各部分电阻所占的比重。从图中可以看出,对于高压器件,R_D 和 R_{JFET} 占的比重较大;而对于低压器件,R_{CH} 和 R_A 对导通电阻具有更大的贡献。

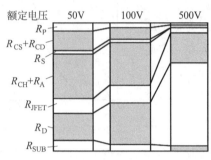

图 3-19 不同电压的功率 MOSFET 导通电阻的构成

在汽车领域应用的功率 MOSFET,多用作高频开关,即功率 MOSFET 经常工作在通、断状态。功率 MOSFET 导通时,应在线性区工作,避免在饱和区工作,否则过大的通态压降会增加器件的通态损耗。这时通态电阻 R_{on} 可以基于器件的输出特性通过计算线性区曲线的斜率得到。

根据功率 MOSFET 的导通电阻 R_{on},可以计算功率 MOSFET 的通态损耗,若漏极电流为 I_D,则单位时间内功率 MOSFET 的通态损耗为

$$P_{\text{loss\_cond}} = I_D^2 R_{on} \tag{3-5}$$

若功率 MOSFET 按一定占空比 d 工作,则单位时间内功率 MOSFET 的通态损耗为

$$P_{\text{loss\_cond}} = d I_D^2 R_{on} \tag{3-6}$$

由于 SiC 属于宽禁带半导体材料,所以 SiC 功率 MOSFET 的体二极管的正向导通压降比较大。若体二极管长时间导通,导通损耗会比较大。这个问题的解决办法是在栅源极之间施加一个正向电压 u_{GS},使功率 MOSFET 反向导通,让电流主要流经源极和漏极之间的导电沟道而非体二极管,从而减小电流流经路径的等效内阻,降低器件功率损耗,具体如图 3-20 所示。这种利用功率 MOSFET 反向可控导通特性的典型应用是同步整流电路。对于电机控制器,主电路负载为感性负载,很难在漏源极反向电压下准确施加栅源极驱动电压,这时可以考虑在 SiC 功率 MOSFET 漏源极之间并联 SiC 功率 SBD 来降低器件的反向通态损耗。

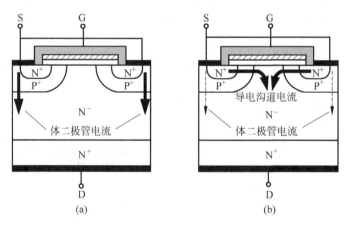

图 3-20 SiC 功率 MOSFET 的反向电流
(a) $u_{GS} \leqslant 0$;(b) $u_{GS} > 0$

基于 Si 半导体材料制造的功率 MOSFET 在 600V 以下车辆动力系统或电气系统获得了非常广泛的应用,但若提高阻断电压,势必需要加厚器件的漂移区,从而增加了器件的导通电阻。使用 SiC 半导体材料制造的功率 MOSFET,其漂移区可以很薄,并且掺杂浓度较

高,可以兼顾提高阻断电压和降低通态电阻。图 3-21 给出 Si 功率 MOSFET、超级结功率 MOSFET 以及 SiC 功率 MOSFET 的比通态电阻与阻断电压的关系。从图中可以看出,SiC 功率 MOSFET 随着阻断电压的升高,其通态电阻变化不明显,因而具有较小的通态损耗。

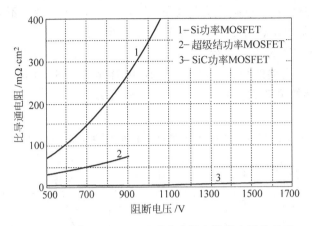

图 3-21　功率 MOSFET 比通态电阻与阻断电压的关系

4. 功率 MOSFET 的开关特性

1) 功率 MOSFET 的极间电容

功率 MOSFET 内部的寄生电容对开关过程具有重要影响,垂直双扩散结构的功率 MOSFET 内部寄生的电容如图 3-22 所示。

（1）栅极-源极电容 C_{GS}

栅极-源极电容 C_{GS} 可以认为由两部分组成:一是沟道区域的氧化物形成的电容,记为 C_{CH},这部分电容因氧化物厚度很薄,因此较大;二是因器件表面栅极与源极平行布置而形成的电容 C_{SM}。因此有

$$C_{GS} = C_{CH} + C_{SM} \quad (3-7)$$

如果栅极覆盖到 N^+ 区域, C_{GS} 还应包括由此产生的电容 C_{N^+}。

（2）栅极-漏极电容 C_{GD}

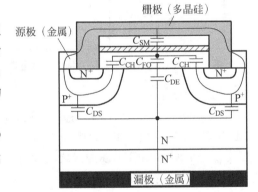

图 3-22　功率 MOSFET 内部寄生电容

栅极-漏极电容 C_{GD} 又被称为反向传输电容 C_{rss},也由两部分组成,即氧化层静电电容 C_{FO} 和 MOS 分界面耗散层电容 C_{DE},二者串联构成 C_{GD}。因此有

$$\frac{1}{C_{GD}} = \frac{1}{C_{FO}} + \frac{1}{C_{DE}} \quad (3-8)$$

由于耗散层电容 C_{DE} 随着漏源极之间电压 u_{DS} 的增大而迅速下降,所以在线性区,当 u_{DS} 很小时,可以认为 $C_{GD} \approx C_{FO}$;而在饱和区或截止区,当 u_{DS} 较大时,可以认为 $C_{GD} \approx C_{DE}$。

（3）漏极-源极电容 C_{DS}

漏极-源极电容 C_{DS} 主要指漏源极 PN 结的耗散电容。在线性区 u_{DS} 较小时, C_{DS} 具有

较大的数值；而随着 u_{DS} 的增大，C_{DS} 会减小。

2) 功率 MOSFET 的开关过程

当用于电机控制器主电路时，功率 MOSFET 所控制的负载为感性负载，可以用图 3-23 所示电路来观察功率 MOSFET 的开通和关断过程。在图 3-23 所示电路中，器件自身的电阻和载流子的沟道渡越时间对器件动态过程的影响非常小，可以忽略不计。功率 MOSFET 的开关过程主要受器件外电路参数以及极间电容的影响。

(1) 功率 MOSFET 的开通过程

假设图 3-23 所示电路的初始状态为开关 S_2 闭合而开关 S_1 打开，功率 MOSFET 处于关断状态。同时，感性负载 R_L 中电流经续流二极管 D_F 续流。此时有 $u_{GS}=0$，$i_D=0$ 及 $u_{DS}=U_{DC}$。

如图 3-24 所示，功率 MOSFET 的开通过程按时间分为四个阶段。

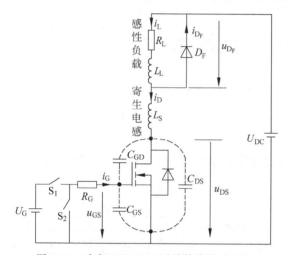

图 3-23 功率 MOSFET 开关特性测试电路

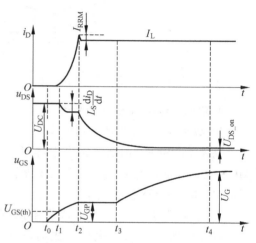

图 3-24 功率 MOSFET 开通波形

① $t_0 \sim t_1$：

当 $t=t_0$ 时，S_1 闭合，S_2 打开。栅极驱动电源 U_G 经栅极等效电阻 R_G（为外部驱动电阻与内部寄生电阻之和）为极间电容 C_{GS} 和 C_{GD} 充电。在 $t<t_1$ 时，u_{GS} 小于阈值电压 $U_{GS(th)}$，功率 MOSFET 漏源极之间没有电流流过，漏源极之间的电压保持 $u_{DS}=U_{DC}$ 不变。

这个阶段持续的时间 $t_{d\_on}=t_1-t_0$ 称为开通延迟时间。当 $t=t_1$ 时，$u_{GS}(t_1)=U_{GS(th)}$。

② $t_1 \sim t_2$：

当 $t=t_1$ 时，$u_{GS}(t_1)=U_{GS(th)}$，漏极电流开始形成，续流二极管 D_F 中电流开始减小，此时有 $i_{D_F}=i_L-i_D$。i_D 很小时，D_F 还处于导通状态。由于 L_S 较小，漏源极电压 u_{DS} 不会出现明显下降。由于此时 u_{DS} 较大，极间电容 C_{GD} 受耗散层影响数值较小，远小于 C_{GS}。此时功率 MOSFET 工作在饱和区。

当 $t=t_2$ 时，电感电流全部流经功率 MOSFET 时，即 $i_L=i_D$，D_F 由导通变为截止，此时由于 D_F 的反向恢复电流影响，i_D 会出现一个小的尖峰（图 3-24 中 I_{RRM}）。根据功率 MOSFET 输出特性、外电路参数以及栅极结构参数，可以准确求解 $t_{ri}=t_2-t_1$，t_{ri} 定义为功率 MOSFET 的电流上升时间。

③ $t_2 \sim t_3$：

当 $t=t_2$ 时，D_F 由导通变为截止，此时功率 MOSFET 的 u_{DS} 开始下降。因 u_{DS} 的下降，由栅极电源通过 R_G 对极间电容 C_{GD} 进行反向充电，而不再有充电电流流向 C_{GS}。因此，u_{GS} 保持不变，等于 U_{GP}。

这个阶段持续的时间 $t_{fv}=t_3-t_2$ 称为电压下降时间。

由于在 $t_2 \sim t_3$，功率 MOSFET 栅源极之间的电压保持不变，因此这个阶段称为功率 MOSFET 开通过程中的密勒平台(Miller plateau)。密勒平台的产生与极间电容 C_{GD} 或栅漏极之间的等效电容密切相关，这个电容被称为密勒电容(Miller capacitor)。产生密勒平台的现象称为功率 MOSFET 的密勒效应(Miller effect)。密勒效应增加了功率 MOSFET 的开通时间，会对器件的高频工作产生不利的影响。

④ $t_3 \sim t_4$：

当 $t=t_3$ 时，u_{DS} 降到功率 MOSFET 不再饱和水平，功率 MOSFET 从饱和区进入线性区，密勒平台结束。此后，u_{GS} 继续按指数曲线上升直到 $t=t_4$ 时和外部驱动电压 U_G 近似相等。随着 u_{GS} 的增大，功率 MOSFET 的导通电阻会降低，u_{DS} 会随之有小幅下降，当 $t=t_4$ 时，功率 MOSFET 完全导通。

在以上四个阶段中，$t_0 \sim t_3$ 所占比重较大，该时间长度被称为功率 MOSFET 的开通时间 t_{on}，可以按下式计算

$$t_{on}=t_{d\_on}+t_{ri}+t_{fv} \tag{3-9}$$

另外，在 $t_1 \sim t_3$，由于功率 MOSFET 漏极和源极之间的电压和电流都比较大，会产生很大的开通功率损耗。

(2) 功率 MOSFET 的关断过程

仍以图 3-23 所示电路为例，假设电路的初始状态为开关 S_1 闭合而开关 S_2 打开，功率 MOSFET 处于导通状态。同时，感性负载电流流经功率 MOSFET，电流为 I_L。此时有 $u_{GS}=U_G$，$i_D=I_L$ 以及 $u_{DS}=U_{DS\_on}$。

如图 3-25 所示，功率 MOSFET 的关断过程按时间可以分为四个阶段。

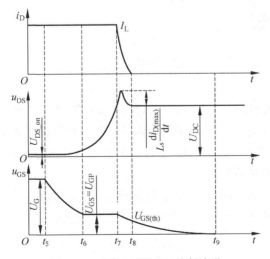

图 3-25 功率 MOSFET 关断波形

① $t_5 \sim t_6$：

当 $t=t_5$ 时，将开关 S_2 闭合而 S_1 打开。这时输入电容 C_{iss} 通过栅极电阻 R_G 放电，u_{GS} 按指数关系下降。随着 u_{GS} 的下降，导电沟道的载流子浓度下降，沟道电阻上升，导致 u_{DS} 开始缓慢上升。功率 MOSFET 的工作点由线性区移向饱和区，并在 $t=t_6$ 时，进入饱和区。

这个阶段持续的时间 $t_{d\_off}=t_6-t_5$ 称为关断延迟时间。

② $t_6 \sim t_7$：

当 $t=t_6$ 时，功率 MOSFET 进入饱和区，这时 $i_D(t)=I_L$。u_{GS} 保持等于 U_{GP} 不变，C_{GD} 通过 R_G 放电，u_{DS} 开始上升，功率 MOSFET 关断进入密勒平台。功率 MOSFET 关断过程中的电压上升时间定义为 $t_{rv}=t_7-t_6$。

③ $t_7 \sim t_8$：

当 $t=t_7$ 时，D_F 开始导通，在 D_F 导通过程中，由于线路中杂散电感的影响以及二极管导通过程中的导通峰值电压的影响，u_{DS} 会产生一个小的电压尖峰。同时，密勒平台结束，C_{GS} 通过 R_G 放电，u_{GS} 开始下降。由于 u_{GS} 的下降，i_D 开始减小。随着 D_F 的导通，负载电流经 D_F 续流。

当 $t=t_8$ 时，u_{GS} 下降为阈值电压 $U_{GS(th)}$，功率 MOSFET 关断，$i_D(t_8) \approx 0$。此阶段的持续时间 $t_{fi}=t_8-t_7$，称为电流下降时间。

④ $t_8 \sim t_9$：

在此阶段，u_{GS} 继续下降，当 $t=t_9$ 时，u_{GS} 降为 0。此时，$u_{DS}=U_{DC}$，$i_D=0$。

在以上四个阶段中，$t_5 \sim t_8$ 所占比重较大，该时间长度称为功率 MOSFET 的关断时间 t_{off}，可以表示为

$$t_{off}=t_{d\_off}+t_{rv}+t_{fi} \tag{3-10}$$

另外，在 $t_5 \sim t_8$，功率 MOSFET 漏极和源极之间的电压和电流都比较大，会因此产生很大的关断功率损耗。

通常，功率 MOSFET 的参数说明书会提供输入电容 C_{iss}、反向输入电容 C_{rss} 和输出电容 C_{oss}，这三个电容与极间电容的关系为

$$\begin{cases} C_{iss}=C_{GS}+C_{GD} \\ C_{rss}=C_{GD} \\ C_{oss}=C_{DS}+C_{GD} \end{cases} \tag{3-11}$$

功率 MOSFET 的开通时间 t_{on} 和关断时间 t_{off} 对器件的最高工作频率会产生重要影响。此外，跨导 g_m、输入电容 C_{iss} 和栅极电阻 R_G 等也会影响器件的最高工作频率。功率 MOSFET 的最高工作频率可达 1MHz，是目前工作频率最高的电力电子器件。

5. 功率 MOSFET 的开关损耗

当功率 MOSFET 在电路中作为功率开关使用时，在开通和关断过程中都会产生能量的损耗。根据图 3-24 和图 3-25，一个开通过程产生的能量损耗为

$$E_{loss\_on}=\int_{t_0}^{t_4} u_{DS}(t)i_D(t)dt \tag{3-12}$$

一个关断过程产生的能量损耗为

$$E_{\text{loss\_off}} = \int_{t_5}^{t_9} u_{DS}(t) i_D(t) dt \tag{3-13}$$

若功率 MOSFET 的工作频率为 f，则器件总的开关功率损耗为

$$P_{\text{loss\_SW}} = f(E_{\text{loss\_on}} + E_{\text{loss\_off}}) \tag{3-14}$$

由于内部存在体二极管，功率 MOSFET 具有逆导特性。体二极管的反向恢复特性对功率 MOSFET 的开关特性以及开关损耗会产生非常大的影响。图 3-26 给出某 Si 功率 MOSFET 和某 SiC 功率 MOSFET 体二极管反向恢复电压和电流波形[2]。与 SiC 功率 MOSFET 相比，Si 功率 MOSFET 因反向恢复时间较长而产生较大的恢复损耗，图 3-26(a) 所示硅功率 MOSFET 的体二极管恢复过程可以产生 41μJ 的损耗；而对于图 3-26(b) 所示的 SiC 功率 MOSFET 的体二极管恢复过程，损耗只有 0.3μJ。

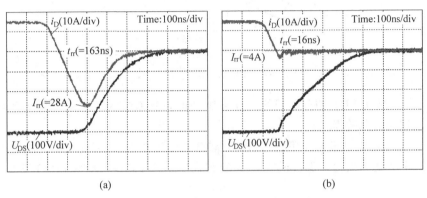

图 3-26 Si 和 SiC 功率 MOSFET 体二极管反向恢复波形
(a) Si 功率 MOSFET；(b) SiC 功率 MOSFET

图 3-27 为某 SiC 功率 MOSFET 的开通和关断波形。从图中可知，在功率 MOSFET 开通过程中，若同时考虑因外电路感性负载引起的较小的体二极管反向恢复产生的损耗，则开通损耗为 331μJ，而关断过程中产生的关断损耗为 109μJ[2]。

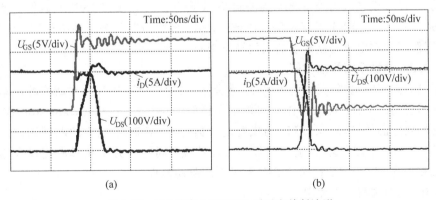

图 3-27 SiC 功率 MOSFET 开通和关断波形
(a) 开通过程；(b) 关断过程

SiC 功率 MOSFET 的开关损耗具有随漏极电流的增加而增加的趋势，同时随着温度的变化，这种增加的趋势会发生变化。图 3-28 给出了某 SiC 功率 MOSFET 在不同温度下的开关损耗与漏极电流的关系[2]。从图中可以看出，随着温度的升高，相同漏极电流下开通

损耗会明显减小,而关断损耗会稍有增加。

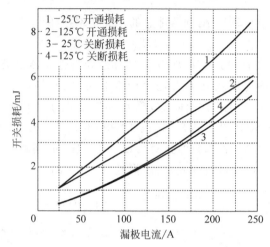

图 3-28 不同温度下的 SiC 功率 MOSFET 开关损耗与漏极电流的关系

此外,功率 MOSFET 的开关损耗与栅极驱动电阻具有较大的关系。较大的栅极驱动电阻会带来较大的开关损耗。

功率 MOSFET 在关断状态下,流过源极-漏极的电流非常小,因此可不计功率 MOSFET 在关断状态下的功率损耗。那么根据式(3-6)和式(3-14)可以得到功率 MOSFET 总的功率损耗为

$$P_{\text{loss\_MOSFET}} = P_{\text{loss\_cond}} + P_{\text{loss\_SW}} = dR_{\text{on}} I_D^2 + f(E_{\text{loss\_on}} + E_{\text{loss\_off}}) \quad (3-15)$$

功率 MOSFET 的损耗都会以热量形式体现出来,这是设计驱动电机控制器散热系统的重要依据。此外,根据实际散热环境、最高允许结温等条件可以得到功率 MOSFET 的最大允许损耗,基于式(3-15)计算的功率 MOSFET 的损耗应低于最大允许损耗,否则器件会因热击穿而损坏。

目前,已经有很多可用于1200V 及更高电压下的 SiC 功率 MOSFET 器件供使用者选择。但 SiC 功率 MOSFET 的最大漏极电流还偏小,多数情况下需要并联使用;此外,因成本较高,限制了它在电机控制器上的大规模应用。

3.2.1.3 绝缘栅双极晶体管

由于具有高阻断电压、大电流等优点,绝缘栅双极晶体管(IGBT)在新能源汽车领域得到了广泛的应用。IGBT 可以看作是双极型晶体管(bipolar junction transistor,BJT)和金属氧化物场效应晶体管(MOSFET)构成的复合器件。IGBT 将 BJT 的电导调制效应引入到 MOSFET 的高阻漂移区,改善了器件的导通特性;同时,IGBT 仍具有栅极高输入阻抗的特性。和功率 MOSFET 相同,IGBT 属于电压驱动器件。

1. IGBT 的结构与工作原理

1) IGBT 的结构

若想提高功率 MOSFET 的阻断电压,VDMOSFET 的 N⁻ 外延层需要增厚,但这样会使漂移区电阻增加,使导通电阻随着器件阻断电压的提高而急剧增加。为了降低导通电阻,可以在 VDMOSFET 的漏极增加一个 PN 结,引入空穴注入,使得器件在导通过程中产生电导调制效应,以此形成的器件就是 IGBT。

和功率 MOSFET 类似,IGBT 也是具有多元结构的三端器件,具有栅极(或门极,G)、集电极(C)和发射极(E)。N 沟道增强型 IGBT 的内部结构如图 3-29 所示。

从图 3-29 可以看出,IGBT 结构比 VDMOSFET 多一层 P^+ 注入层,因而形成 P^+N^+ 结 J_1。图中,N^- 层为漂移区,N^+ 层为缓冲层。与发射极相连的 P 区、N^- 漂移区、N^+ 缓冲层以及 P^+ 注入层形成了 PNP 型晶体管结构。根据图 3-29 的结构,可以得到如图 3-30(a)所示的简化等效电路。可以将 IGBT 视为双极型晶体管与 MOSFET 组成的复合结构,相当于一个由 MOSFET 驱动的 PNP 晶体管。图中 R_N 为晶体管基区内的调制电阻。因此,IGBT 是一种场控器件,其驱动原理与功率 MOSFET 基本相同。IGBT 的电路符号如图 3-30(b)所示。

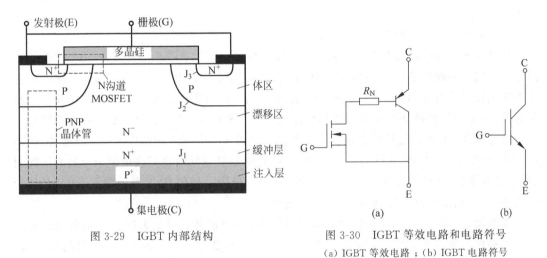

图 3-29　IGBT 内部结构

图 3-30　IGBT 等效电路和电路符号
(a) IGBT 等效电路；(b) IGBT 电路符号

为提高 IGBT 的电流密度、阻断电压和工作结温,降低开关损耗、通态损耗和制造成本,随着设计与制作工艺的改进和提高,陆续出现了穿通(punch through,PT)型、非穿通(non punch through,NPT)型、场终止(field stop,FS)型等多种类型的 IGBT。

在电机控制器主电路中,IGBT 需要反向并联一个续流二极管为负载电流提供续流回路,集成了续流二极管的 IGBT 也称为逆导(reverse conducting,RC)型 IGBT。电机控制器常采用的高电压、大电流 IGBT 单体或模块,多为逆导型 IGBT。但一些小功率场合使用的 IGBT 还需要额外并联反向续流二极管。

2) IGBT 的工作原理

(1) IGBT 的阻断原理

参照图 3-29,当 IGBT 的集电极相对发射极之间施加负电压时,PN 结 J_1 反向偏置,无论 IGBT 栅极区域导电沟道能否形成,都只有可以忽略不计的微小电流流过集电极和发射极,因此 IGBT 具有反向阻断的能力,反向阻断电压取决于 J_1 结的雪崩击穿电压。

当 IGBT 集电极相对发射极之间施加正电压时,IGBT 的开通和关断是由栅极和发射极之间电压 u_{GE} 决定的,若 u_{GE} 低于阈值(开启)电压 $U_{GE(th)}$,或者为零、甚至为负电压时,靠近发射极的 PN^- 结(J_2 结)反向偏置,IGBT 处于正向阻断状态,正向阻断电压取决于 J_2 结的雪崩击穿电压。需注意的是,由 J_1 结和 J_2 结反向偏置时,空间电荷区都会在 N^- 漂移区展开,因此 IGBT 的正向和反向阻断电压大致相等,称为集电极-发射极击穿电压。

(2) IGBT 的导通原理

若 IGBT 处于正向阻断，当 u_{GE} 为正且大于阈值电压 $U_{GE(th)}$ 时，IGBT 内 P 区表面形成导电沟道，电子载流子由发射极 N^+ 区通过导电沟道注入 N^- 漂移区，即为 PNP 晶体管的基极提供基极电流，从而使 PNP 晶体管导通，在外部电压作用下，形成从集电极到发射极的电流，即 IGBT 导通。在导通时，由 P^+ 注入区向 N^- 漂移区注入空穴，从而对 N^- 漂移区进行电导调制，使得因漂移区较厚而具有高阻断电压的 IGBT 具有较低的导通电阻，此时相当于图 3-31 所示寄生的 PIN 二极管导通，因此 IGBT 具有很强的通流能力。若 u_{GE} 低于阈值电压 $U_{GE(th)}$，或者为零、甚至为负的电压时，P 区导电沟道消失，PNP 晶体管基极电流被切断，IGBT 关断。IGBT 导通过程中，电子与空穴同时参与导电行为，因而 IGBT 是双极型电力电子器件。

(3) IGBT 的擎住效应

从图 3-32 可以看出，在 IGBT 集电极与发射极之间寄生有一个 $P^+N^-P^-N^+$ 结构的晶闸管。当这个晶闸管在一定条件下导通时，会使电流旁路 IGBT 中的 MOSFET 导电沟道不能再用栅极来控制器件工作，这种现象称为 IGBT 的擎住或闩锁[5]。IGBT 一旦出现擎住现象，可能会导致破坏性失效。根据擎住现象产生的原因，可以分静态擎住和动态擎住。

静态擎住：IGBT 在开通或导通过程中，N^+ 发射区的电子经沟道进入 N^- 漂移区，驱动 PNP 晶体管导通。PNP 晶体管导通后，空穴电流流经 P 基区时在横向电阻 R_B 上的压降超过 J_3 结的导通电压（约为 0.7V），导致 NPN 晶体管导通。如果 PNP 晶体管和 NPN 晶体管形成正反馈，则寄生晶闸管导通，出现擎住现象。

动态擎住：IGBT 在关断时，因导电沟道消失，PNP 晶体管开始关断。J_2 结电容放电产生的位移电流流经 R_B 时产生的压降若大于 J_3 结的导通电压，则会导致寄生晶闸管导通，出现擎住现象。

在 IGBT 设计、制造和应用中应尽量避免可能产生的擎住现象。诱发 IGBT 产生擎住现象的因素有很多，如较大的 R_B、较高的工作温度、较大的集电极电流以及关断时过高的集电极-发射极的电压上升率 du_{CE}/dt 等。

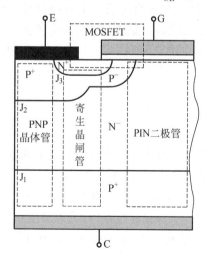

图 3-31 IGBT 内的寄生元件

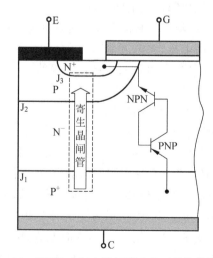

图 3-32 IGBT 内寄生晶闸管及其双晶体管模型

2. IGBT 的静态特性

1) IGBT 的输出特性

IGBT 的输出特性也称为 IGBT 的伏安特性,如图 3-33 所示。从图中可以看到,IGBT 的输出特性可以分为反向击穿区、反向阻断区、截止(正向阻断)区、正向击穿区、有源区和饱和区。当 IGBT 工作在开关状态时,相当于在截止区与饱和区之间切换。

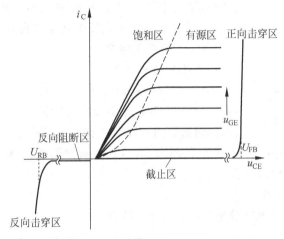

图 3-33 IGBT 的输出特性

当集电极-发射极之间电压 $u_{CE}<0$ 且该电压幅值不超过 IGBT 反向阻断电压时,PN 结 J_1 使 IGBT 具有反向阻断的能力,此时 IGBT 处于反向阻断区,集电极和发射极间有微小的反向漏电流(一般为微安级别)流过。

当集电极-发射极之间反向电压 u_{CE} 的幅值超过 IGBT 反向阻断电压时,J_1 结会发生雪崩击穿,集电极反向电流会快速增加,IGBT 处于反向击穿区。由于 IGBT 很少工作在很高的反向电压下,所以在 IGBT 设计时,往往为追求低导通电阻以及低开关损耗而牺牲很大的反向阻断能力。

当集电极-发射极之间电压 $u_{CE}>0$ 时,若栅极和发射极之间的电压 u_{GE} 低于阈值(开启)电压 $U_{GE(th)}$,IGBT 处于截止区,此时 PN 结 J_2 承担外加正向电压。如果外加电压 u_{CE} 比较高,超过 J_2 结的雪崩击穿电压时,IGBT 进入正向击穿区。IGBT 不允许工作在正向击穿区或反向击穿区。

当集电极-发射极之间电压 $u_{CE}>0$,u_{GE} 等于或仅略高于 $U_{GE(th)}$ 时,形成的反型层较弱,流入漂移区的电子数相对较少,导电沟道进入夹断状态,导致 PNP 晶体管的基极驱动电流受到限制,IGBT 的集电极电流 i_C 变得饱和,IGBT 导通压降增大。此时,IGBT 工作在有源区,IGBT 的 i_C 受栅极-发射极之间电压 u_{GE} 控制。如果此时,u_{GE} 逐渐加大至 $u_{GE}>u_{CE}$ 时,会形成完整的连接 N^+ 型发射区和 N^- 型基区的反型导电沟道,PNP 晶体管导通,IGBT 在很大的集电极电流下具有较低的导通压降,IGBT 的特性和 PIN 二极管类似,此时 IGBT 工作在饱和区。IGBT 在饱和区的导通压降可以认为是 PIN 二极管的压降与导电沟道两端的电压的和。IGBT 的饱和压降较小,因此 IGBT 在饱和区具有较小的导通电阻与通态损耗。

2) IGBT 的转移特性

IGBT 的转移特性表示 IGBT 的集电极电流 i_C 与栅极-发射极之间电压 u_{GE} 之间的关系,如图 3-34 所示。IGBT 的转移特性与功率 MOSFET 很类似,只有在 $u_{GE} > U_{GE(th)}$ 时,才出现一定数值的集电极电流。当 $u_{GE} < U_{GE(th)}$ 时,集电极电流越小,越有利于 IGBT 的可靠关断。转移特性的斜率称为 IGBT 的跨导 g_{fs},用于表征栅极控制能力的大小。

3. IGBT 的开关特性

1) IGBT 的极间电容

IGBT 结构的复杂性决定了内部有很多寄生电容,这些电容可以等效为栅极、集电极和发射极之间的极间电容。其中,栅极与发射极之间的极间电容 C_{GE} 又称为输入电容 C_{ies},栅极与集电极之间的极间电容 C_{GC} 又称为反向传输电容 C_{res} 或密勒电容,集电极与发射极之间的极间电容 C_{CE} 又称为输出电容 C_{oes}。

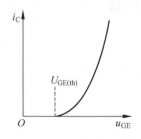

图 3-34 IGBT 的转移特性

2) IGBT 的开关过程

可以用图 3-35 所示电路分析 IGBT 的开关特性。

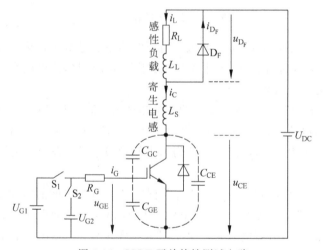

图 3-35 IGBT 开关特性测试电路

图 3-35 中的 C_{GE}、C_{GC} 和 C_{CE} 表示 IGBT 的等效极间电容;L_S 为线路中的寄生等效电感(这里忽略线路等效电阻);S_1 闭合且 S_2 断开时,电源 U_{G1} 为 IGBT 提供正的栅极电压,即 $U_{G1} > 0$;S_2 闭合且 S_1 断开时,电源 U_{G2} 给 IGBT 提供负的栅极电压,即 $U_{G2} < 0$;图中栅极电阻 R_G 表示 IGBT 栅极驱动回路的等效电阻。图 3-36 和图 3-37 分别为 IGBT 开通和关断过程的电流、电压波形。由于 IGBT 和功率 MOSFET 具有类似的栅极结构,因此二者的开关特性也很类似。

(1) IGBT 的开通过程

假设图 3-35 所示电路的初始条件为 S_1 断开,S_2 闭合。这时 IGBT 没有开通,感性负载电流流过负载和续流二极管 D_F 构成的回路;若忽略 IGBT 正向阻断状态下微弱的漏电流,此时 $i_C = 0$;此外,$u_{GE} = U_{G2}$,$u_{CE} = U_{DC}$。

如图 3-36 所示，IGBT 的开通过程按时间分为如下六个阶段。

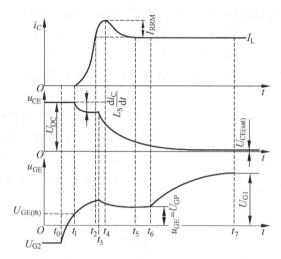

图 3-36　IGBT 开通过程的电流、电压波形

① $t_0 \sim t_1$：

在 $t = t_0$ 时，开关 S_1 闭合，S_2 打开。在 IGBT 栅极与发射极之间的电压 u_{GE} 未达到阈值电压 $U_{GE(th)}$ 时，IGBT 内部 PNP 晶体管不会导通，$i_C = 0$，IGBT 处于截止区，$u_{CE} = U_{DC}$。电源 U_{G1} 通过栅极电阻 R_G 向电容 C_{GE} 和 C_{GC} 充电。

② $t_1 \sim t_2$：

在 $t = t_1$ 时，$u_{GE} = U_{GE(th)}$，电子电流通过导电沟道注入到 PNP 晶体管的 N^- 基区，PNP 晶体管开始导通，开始出现集电极电流。在 i_C 上升到负载电流 I_L 之前，续流二极管 D_F 还保持导通状态。在集电极电流 i_C 的上升过程中，由于 L_S 较小，IGBT 两端电压不会出现明显下降。

③ $t_2 \sim t_3$：

随着集电极电流 i_C 的增大，在 $t = t_2$ 时，满足 $i_C = I_L$，D_F 开始关断，由于 D_F 反向恢复电流的影响，i_C 将超过 I_L 继续增加。在这个阶段，由于 i_C 的变化率基本保持不变，所以 u_{CE} 维持不变，u_{GE} 增加。

④ $t_3 \sim t_4$：

从 $t = t_3$ 开始，D_F 两端的电压开始上升，IGBT 两端电压 u_{CE} 开始下降，C_{GC} 开始放电。此时 u_{GE} 开始有小幅下降。

⑤ $t_4 \sim t_6$：

当 $t = t_4$ 时，反向恢复电流达到最大值。随着 u_{CE} 的不断减小，u_{GE} 进入密勒平台阶段。当 $t = t_5$ 时，D_F 反向恢复结束；在此阶段，栅极电流全部流入 C_{GC}，直到 $t = t_6$ 时，密勒平台结束。

⑥ $t_6 \sim t_7$：

从 $t = t_6$ 时刻开始，u_{GE} 继续上升，栅极电流对 IGBT 的极间电容 C_{GE} 和 C_{GC} 充电，u_{CE} 继续下降，直到 $t = t_7$ 时，u_{CE} 为 IGBT 的饱和通态压降 $U_{CE(sat)}$，而 u_{GE} 也达到 IGBT 导通时的稳态栅极电压，近似为 U_{G1}，IGBT 开通过程结束。

(2) IGBT 的关断过程

如图 3-35 所示电路，假设电路的初始状态为开关 S_1 闭合且开关 S_2 打开，IGBT 处于导通状态。此时，感性负载电流流经 IGBT，即 $i_C = I_L$；同时有 $u_{GE} = U_{G1}$。为使 IGBT 关断，在 $t = t_8$ 时，将开关 S_2 闭合且开关 S_1 打开。

如图 3-37 所示，IGBT 的关断过程按时间分为如下四个阶段。

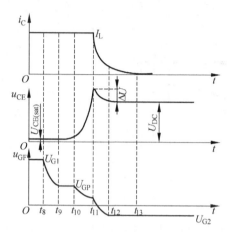

图 3-37 IGBT 关断过程的电流、电压波形

① $t_8 \sim t_9$：

当 $t = t_8$ 时，IGBT 的极间电容 C_{GE} 和 C_{GC} 开始通过栅极等效电阻 R_G 放电，u_{GE} 开始下降。

在此阶段，感性负载电流 I_L 基本保持不变，导致 i_C 基本保持不变。IGBT 两端电压 u_{CE} 没有出现明显上升。

② $t_9 \sim t_{11}$：

随着 u_{GE} 的下降，在 $t = t_9$ 时，由于密勒效应，u_{GE} 进入密勒平台，保持 $u_{GE} = U_{GP}$ 直到 $t = t_{10}$。在此期间，u_{CE} 没有明显的上升，IGBT 还处于导通状态，集电流 i_C 和负载电流 I_L 相等。

当 $t = t_{10}$ 时，密勒平台结束，u_{GE} 继续下降，u_{CE} 开始明显上升。

③ $t_{11} \sim t_{12}$：

当 $t = t_{11}$ 时，u_{GE} 减小到阈值电压 $U_{GE(th)}$，导电沟道关断，D_F 导通，u_{CE} 和电源电压 U_{DC} 相等，集电极电流 i_C 开始快速下降，由于 i_C 的变化，IGBT 承受杂散电感 L_S 上产生的压降以及电源电压 U_{DC}、D_F 的正向恢复峰值电压，使 u_{CE} 有个明显的尖峰 ΔU。

当 $t = t_{12}$ 时，u_{GE} 降为 U_{G2}，u_{CE} 等于电源电压 U_{DC}，感性负载通过 D_F 续流。

④ $t_{12} \sim t_{13}$：

在此期间，IGBT 内 PNP 晶体管关断，产生拖尾电流。当 $t = t_{13}$ 时，IGBT 完全关断，此时 $i_C = 0$、$u_{GE} = U_{G2}$ 以及 $u_{CE} = U_{DC}$。

图 3-38 所示为 IGBT 与功率 MOSFET 关断时流过器件的电流以及器件两端电压的波

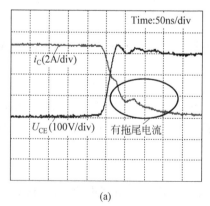
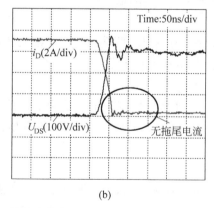

(a) (b)

图 3-38 IGBT 和功率 MOSFET 关断过程的电流、电压波形
(a) IGBT；(b) 功率 MOSFET

形。从图中可以看出,与功率 MOSFET 的关断过程相比,IGBT 因拖尾电流的存在而具有较长的关断时间。

根据图 3-36 和图 3-37,可以定义 IGBT 的开通时间 t_{on} 和关断时间 t_{off} 分别为

$$t_{on} = t_7 - t_0 \tag{3-16}$$

$$t_{off} = t_{13} - t_8 \tag{3-17}$$

除按式(3-16)、式(3-17)分别计算 t_{on}、t_{off} 外,也可以根据器件厂商给出的定义来确定 t_{on} 和 t_{off} 的大小。

IGBT 的开通关断时间要大于同电压、同电流级别的功率 MOSFET。因此,IGBT 最高工作频率也明显低于功率 MOSFET。在电机控制器主电路中,IGBT 工作频率普遍为 10~30kHz。

3.2.2 电力电子器件的驱动与保护

3.2.2.1 电力电子器件的驱动

1. 驱动电路的作用

对于功率 MOSFET 和 IGBT,可以通过具有 DSC 的控制电路产生数字信号来控制它们的导通或关断。但基于以下几个原因,该数字信号需要通过驱动电路与主回路中电力电子器件的门极或栅极进行电气连接。

1) 控制电路与主回路之间应存在电气隔离

主回路是电能变换的核心环节,往往与高压电源相连接。以驱动电机控制器为例,主回路器件上的工作电压最高可达几百伏。控制电路通常是由车载 12V 或 24V 系统供电,工作电压较低。高低压电源之间不能具有电气上的直接连接或耦合,否则会对整车电气安全带来不利影响。

2) 控制电路输出控制信号需要整形

控制电路输出的控制信号往往因整车复杂的电磁环境而带有一些"毛刺"或"凹陷",控制信号的"上升沿"或"下降沿"有时过缓,若将这些信号直接驱动电力电子器件容易导致器件"误导通"或"误关断",并可能增加器件的开关损耗。因此在将这些信号加在电力电子器件门极或栅极前,需要对信号进行整形。

3) 多数情况下,控制电路的输出电压幅值和输出功率不足以让电力电子器件可靠工作

控制电路输出的控制信号电压幅值多为 3.3V 或 5V,输出电流多为毫安级。此类控制信号不能直接用于驱动电力电子器件,必须经过"电平转换"或"功率放大"。

4) 电力电子器件保护的需要

控制电路因故障或软件问题可能会使控制逻辑或控制时序出现错误,从而可导致电力电子器件因过压或过流而损坏;同时,在外电路短路或过流时,控制电路可能无法及时输出关断或保护信号,这也会导致电力电子器件的损坏。因此,可在控制电路与电力电子器件之间加入控制信号的校核环节,加强对电力电子器件的保护。

由于上述原因,需要在控制电路和主电路之间加入一个"接口"电路,即驱动电路。驱动电路的功能是将控制电路传来的控制信号按照其控制目的的要求,转换为满足主电路电力电子器件门极或栅极驱动要求的驱动信号。按照不同的设计要求,驱动信号和控制信号的数字逻辑可以相同,也可以相反。

对于功率 MOSFET 或 IGBT，驱动信号既要保证器件的可靠导通，又要保证器件的可靠关断。许多功率 MOSFET 或 IGBT 的驱动电路可以集成器件的保护功能，如果发现器件非正常工作，驱动电路可以直接关断器件，而不再基于从控制电路来的控制信号的时序驱动主电路中的功率 MOSFET 或 IGBT。

2. 功率 MOSFET 和 IGBT 驱动电路的基本要求

由于功率 MOSFET 和 IGBT 都是电压控制型器件且栅极具有类似的结构，所以对驱动电路的要求基本相同。

（1）驱动电路可以为功率 MOSFET 或 IGBT 提供一定幅值的正反向栅极-源极（发射极）电压。通常情况下，为避免因栅极-源极（发射极）电压幅值较高而击穿栅极氧化层，栅极-源极（发射极）电压 $u_{GS(E)}$ 需满足

$$|u_{GS(E)}| \leqslant 20(V) \quad (3-18)$$

负的栅极电压可以更好地保证功率 MOSFET 或 IGBT 可靠地关断。

（2）驱动回路中一般串有栅极电阻 R_G，用来控制 $u_{GS(E)}$ 的上升沿或下降沿的陡度。过大的 R_G 会导致器件开、关时间增加，增加器件的开关损耗，降低开关的工作频率；过小的 R_G 会使器件的 di/dt 和 du/dt 增高。

（3）驱动电路的输出驱动信号与控制电路的控制信号之间要具有电气隔离。同时，要求在驱动电路内部，信号的传输无延时或延时较短。

（4）在功率 MOSFET 或 IGBT 需要关断时，可以输出负的驱动信号，保证可靠地关断功率 MOSFET 或 IGBT。

（5）电路应具有过压或过流保护功能。

3. 控制信号和驱动信号之间的电气隔离

图 3-39 是一个简化的汽车驱动电机控制器内部电路结构示意图，图中的驱动电路要实现控制信号和驱动信号之间的电气隔离，同时又要保证二者具有逻辑上的一致性。

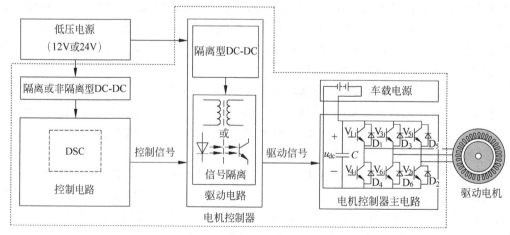

图 3-39　汽车驱动电机控制器内部电路结构示意图

1）采用光电耦合器件的电气隔离

光电耦合器件是将发光装置与光敏器件集成在一起，可以实现信号的传输，并保证具有较好的电气隔离性能。但光电耦合器件只能传递开关量信息，不能为驱动主电路电力电子

器件提供充足的能量。因此，还需要外界提供一个隔离型电源(图 3-39 中隔离型 DC-DC)为光电耦合器件高压侧以及驱动电路提供能量。

对于光电耦合器件，信号从输入到输出存在着延迟，传输延迟时间通常为几百纳秒。传输延迟时间会对电机控制器内具有桥式拓扑结构主电路的驱动信号死区时间的设置产生影响。

若驱动电路具有过流保护作用，保护信号需要回送到控制电路，供控制电路中的 DSC 封锁电力电子器件控制信号并采取其他保护措施，这时需要另一个光电耦合器件实现对保护信号的电气隔离，具体驱动电路可参考图 3-40。

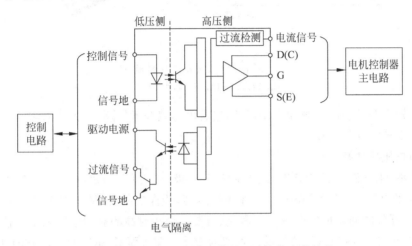

图 3-40 集成光电耦合器件的驱动电路内部结构

2) 采用高频脉冲变压器的电气隔离

变压器具有电气隔离功能，不但可以实现信号的传递，还可以实现电能的传递。图 3-41 所示的驱动电路中，高频脉冲变压器负责传递信号，而功率变压器负责传递能量，将驱动信号与驱动能量分离的优点是可以抑制干扰并具有很好的灵活性。

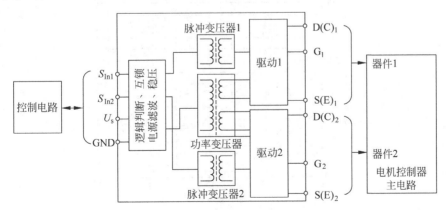

图 3-41 基于变压器隔离的单相桥臂驱动电路

与光电耦合器件相比，高频脉冲变压器传输延迟时间较短，更容易驱动并联或串联的电力电子器件。

目前，一些半导体企业开发出了具有"无磁芯变压器"的集成驱动芯片，如图3-42所示，这类芯片通常体积较小，功耗较低，比较适合安装于空间小、高温的环境。

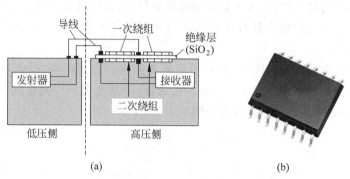

图 3-42　无磁芯变压器驱动芯片原理与外形
(a) 结构和原理；(b) 芯片外形

除光电耦合器件和高频脉冲变压器外，还有电容耦合器件隔离、光纤隔离等电气隔离方式用于电力电子器件的驱动。

4. 驱动电压的选择

对于功率 MOSFET 或 IGBT，如果在栅极-源极（或发射极）之间施加一个高于阈值电压 $U_{GS(E)\_th}$ 的电压，器件就会导通。这个电压越高，器件的漏极-源极（或集电极-发射极）饱和压降越低，器件的通态损耗会越小。因此，需要一个相对高的驱动电压来获得较低的通态损耗，多数基于 Si 材料制造的器件的推荐值为 10~15V。而对 SiC 功率 MOSFET 来讲，其漂移层阻抗通常会比 Si 功率 MOSFET 低，但 SiC 功率 MOSFET 的沟道阻抗比 Si 功率 MOSFET 的高。较高的栅源极电压可以获得较低的导通电阻，图 3-43 给出某 SiC 功率 MOSFET 在不同温度下导通电阻与栅源极电压的关系[2]。SiC 功率 MOSFET 的驱动电压推荐值一般为 18V，且不能低于 13V，以防止出现过大的功率损耗。

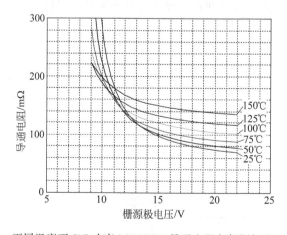

图 3-43　不同温度下 SiC 功率 MOSFET 导通电阻与栅源极电压的关系

虽然理论上对器件施加的栅极电压为零或低于阈值电压 $U_{GS(E)\_th}$，器件就会关断，但在实际应用中，为保证器件可靠关断，会对器件施加 -10~-5V 电压。栅极-源极（或发射极）

电压需要驱动电路来提供,同时驱动电路正常工作时,其中的芯片或器件也需要电源,这个电源和控制电路之间也需要电气隔离。

图 3-44 所示为三相永磁同步电机或交流感应电机控制器主电路,图中每个 IGBT 驱动信号的"地"和该 IGBT 的发射极相连,这就要求对于任一个半桥中的两个 IGBT 驱动电路电源要相互电气隔离;由于位于下桥臂的 $IGBT_4$、$IGBT_6$、$IGBT_2$ 发射极与负直流母线(DC−)是等电位的,因此这三个 IGBT 驱动电路可以共用一个隔离电源,而 $IGBT_1$、$IGBT_3$、$IGBT_5$ 驱动电路则各需要一个隔离电源[4]。

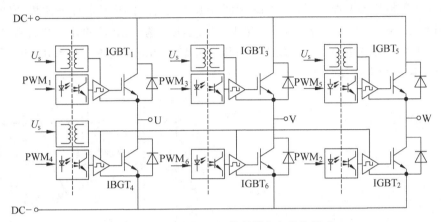

图 3-44 三相交流电机控制器主电路的驱动

在一些低成本、小功率电机控制器中,可以采用"自举"方式为半桥中的两个电力电子器件的驱动电路提供所需电源。图 3-45 为一个典型的"自举"供电方式,其中,电源 U_s 为 $IGBT_2$ 驱动电路提供能量,而 $IGBT_1$ 驱动电路的能量则由电容 C_1 来提供。图中所示电路的工作原理为,由于半桥式主电路中两个电力电子器件 $IGBT_1$ 和 $IGBT_2$ 是交替工作的,当 $IGBT_2$ 导通时,电源 U_s 可以通过电阻 R_s、二极管 D_s 和导通的 $IGBT_2$ 为 C_1 充电,C_1 在 $IGBT_2$ 截止时应具有 $IGBT_1$ 导通所需要的驱动能量。"自举"供电方式对电容 C_1 的容量、二极管 D_s 的工作频率和耐压都提出了较高的要求。

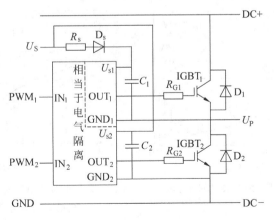

图 3-45 "自举"式供电方式

5. 栅极电阻的选择

功率 MOSFET 和 IGBT 的驱动电路输出普遍采用互补式射极跟随器电路结构，如图 3-46 所示。射极跟随器的输出通过一个电阻和电力电子器件的栅极直接相连，这个电阻称为栅极电阻 R_G。栅极电阻 R_G 对功率 MOSFET 和 IGBT 的开通会产生重要影响。图 3-47 为某 SiC 功率 MOSFET 在 25℃ 以及感性负载下开关损耗与栅极电阻的关系。图 3-48 和图 3-49 分别为在 25℃ 以及感性负载下该器件漏源极之间承受的电压上升率 du/dt 和电流上升率 di/dt 与栅极电阻的关系[2]。由图 3-47 可见，R_G 越大，器件的开通和关断过程越缓慢，开通和关断损耗会增加，但从图 3-48 和图 3-49 可以看出，此时器件漏源极之间承受的电压上升率 du/dt 和电流上升率 di/dt 越小。反之，R_G 越小，器件的开通和关断延迟过程也会缩短，但会由此在电路中产生较大的电压上升率 du/dt 和电流上升率 di/dt。因此，要根据实际电路参数来选择合适的 R_G。

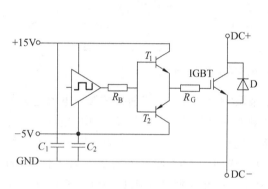

图 3-46 驱动电路输出端电路结构

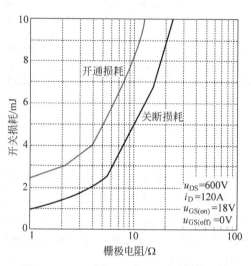

图 3-47 SiC 功率 MOSFET 开关损耗与栅极电阻的关系

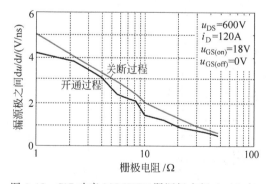

图 3-48 SiC 功率 MOSFET 漏源极之间 du/dt 与栅极电阻的关系

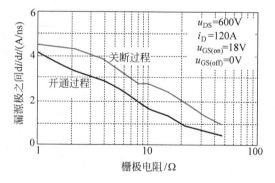

图 3-49 SiC 功率 MOSFET 漏源极之间 di/dt 与栅极电阻的关系

在多数情况下，功率 MOSFET 和 IGBT 导通时需要的栅极电阻 R_{G_on} 与功率 MOSFET 和 IGBT 关断时需要的栅极电阻 R_{G_off} 并不一定相同，可以采用不同电路结构来

对栅极电阻 R_G 进行灵活配置,图 3-50 给出了几种配置方式。

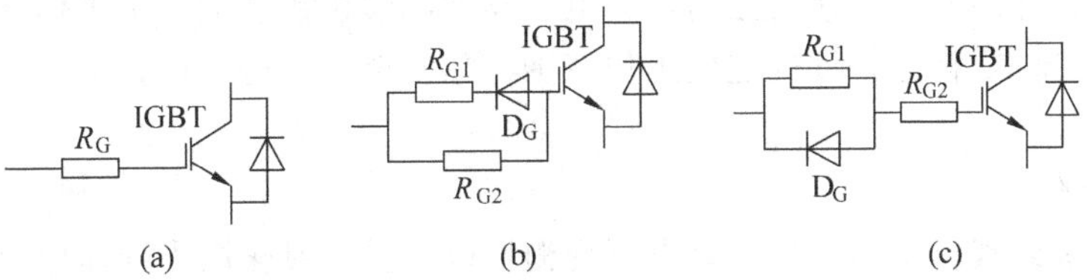

图 3-50 栅极电阻的配置

(a) $R_{G\_on}=R_{G\_off}=R_G$;(b) $R_{G\_on}=R_{G2}$,$R_{G\_off}=R_{G1}//R_{G2}$;(c) $R_{G\_on}=R_{G1}+R_{G2}$,$R_{G\_off}=R_{G2}$

3.2.2.2 电力电子器件的保护

1. 电力电子器件的失效

功率二极管、功率 MOSFET 以及 IGBT 会因以下原因而失效或损坏。

1) 过热(或过温)失效

过热(或过温)失效是指电力电子器件在工作时产生的功耗因没有及时散发而引起结温升高,超过了器件所允许的最高结温 T_{jM},导致器件发生热击穿而失效。

较高的通态电流、较高的开关频率产生的开关损耗都会产生大量的热量。如果器件产生的热量不能及时散发,会导致结温升高。

电力电子器件抵抗过热(或过温)失效的能力与所处的环境温度和散热条件密切相关,应该保证电力电子器件功耗低于由器件封装以及散热系统所决定的最大功耗。

此外,即使电力电子器件处于正常工作,但器件安装过程中,由于导热硅脂涂覆不均匀、器件底板或散热器平整度差等原因也会导致接触热阻较大,使器件正常工作产生的热量无法散出,从而导致结温升高。

2) 过流失效

过流失效是指流经器件的电流超过所允许的最大电流而导致的失效。产生过电流的因素主要有器件参数选取不合理、负载短路、驱动逻辑错误、电路中电源工作异常等。过长时间的过电流(如较大的平均电流)会在器件上产生较大面积的熔区,甚至会使键合线脱落;而较短时间的过电流(如浪涌电流)导致的熔区面积较小。过流失效是电力电子器件最常见的一种失效方式。

除以上失效原因外,因材料和工艺均匀性问题导致器件电流密度不均匀时,会出现在很小面积内流过较大电流的现象,也会引起失效。

3) 过压失效

过压失效是指加在电力电子器件两个电极之间的电压超过所允许的最高电压而导致的失效。引起器件过压失效的原因有很多,如外电路中存在电感而导致器件关断过程中出现过电压、驱动电路设计不合理导致栅极电压异常等。

4) 过高的电流变化率(di/dt)

在功率 MOSFET 和 IGBT 关断时,外电路电感引起的漏极-源极或集电极-发射极电压出现尖峰可导致器件击穿而失效。

5) 过高的电压变化率(du/dt)

在功率 MOSFET 和 IGBT 关断过程中,漏极-源极或集电极-发射极电压上升较快时,会使器件发生擎住效应或超出安全工作区导致器件损坏。

电力电子器件的安全工作区是指电力电子器件能够按照预期正常工作并且不会造成损坏时的电压、电流、功耗等条件确定的工作范围。超安全工作区工作是电力电子器件失效或损坏的主要原因。

6) 静电损伤

因人为因素或其他原因产生的静电可使栅极(或门极)氧化层击穿而导致器件失效。

7) 电离辐射或宇宙射线引起的失效

在一些特殊场合和条件下(如高海拔地区或强电磁环境中),功率 MOSFET 和 IGBT 受到电离辐射或受到宇宙射线中高能粒子的辐射后,可能产生高浓度等离子体,这些等离子体在器件工作时,会引发不需要的感应电流,从而在器件中产生多余的损耗甚至损坏器件。宇宙射线会使电力电子器件的使用寿命缩短,进而降低电机控制器的耐久性。

8) 过机械应力失效

过机械应力失效是指电力电子器件(或模块)承受的机械应力超过了其最大允许值而导致器件损坏。产生过机械应力失效的形式主要有:不正确的安装方式使器件(或模块)内部或壳体出现断裂;散热器或导电母排变形导致器件(模块)破损;电极与导线(或母排)接触不良而出现电极连接处局部烧蚀;装配或应用过程中在较强外力作用下导致器件破裂等。

2. 电力电子器件的保护方法

1) 功率 MOSFET、IGBT 的栅极电压保护

加在栅极-源极(发射极)之间的电压的幅值稳定性对功率 MOSFET 或 IGBT 的正常工作会产生重要的影响。过高幅值的栅极-源极(发射极)电压可击穿栅极氧化层而使电力电子器件损坏;不稳定的(如出现剧烈振荡)的驱动电压会使电力电子器件不按预定时序或逻辑工作,严重时会使器件失效。

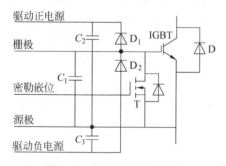

图 3-51 栅极驱动保护电路

在实际应用中,应尽量避免栅极的电压不稳定或超限而使电力电子器件工作不正常甚至失效。图 3-51 为常用的栅极驱动保护电路,为尽量减小栅极回路杂散电感的影响,该电路应尽可能靠近器件的栅极。此外,采用合理的栅极电阻 R_G,优化主电路结构和连接方式,可以降低发生寄生开通的可能性。

2) 电力电子器件的过压保护

过压是电力电子器件主要的失效原因之一,过压的产生原因有两类:第一类是电源电压异常引起的过压,如电动汽车在充电时,由于充电设备出现异常而导致过高的电压施加在电机控制器高压直流输入端,这时电机控制器内部主电路的电力电子器件可能会因过压而损坏;第二类是电力电子器件工作在由导通到关断时,流过器件的电流迅速下降,较大 di/dt 会在主电路分布电感上产生较高的感应电压,此时器件承受的电压应力可能超过其最大允许值。

对于第一类过压,可以通过在器件选型时考虑一定的耐压冗余、提高汽车车载部件或配

套部件的技术要求等方法来得以限制；而对于第二类过压，多采用母排连接、电力电子器件模块化以及电机控制器主电路结构优化等方法尽可能减小主电路分布电感，若还不足以将器件开关过程的过压完全抑制在器件可接受的水平，可采用缓冲电路来抑制器件开关过程的过压[1]。

3) 电力电子器件的过流保护

通常，电力电子器件普遍具有一定的过流能力，当发生过流时，如果能迅速采取措施，使器件关断或使流过的电流下降到正常水平，器件就不会损坏。但如果发生过流的时间较长，器件会产生很大的通态损耗，并会因热量无法及时散发而烧损。

对电力电子器件的过流状态进行及时准确的检测，是实施过流保护的重要依据和前提，常用的过流检测方法有两种。

(1) 检测器件的导通压降

当器件导通时，随着流过器件电流的增大，导通压降也会随之上升。在器件导通后，通过检测导通压降，并将它与正常值进行比较，可以判断出器件是否存在过流或负载是否短路。以 IGBT 为例，图 3-52(a) 为通过检测 $U_{CE(sat)}$ 来判断是否有过流发生，若出现过流，可以封锁或关闭 IGBT 的驱动信号，达到保护 IGBT 的作用。这种方法普遍用于功率 MOSFET 或 IGBT 专业集成驱动电路或模块化产品中。

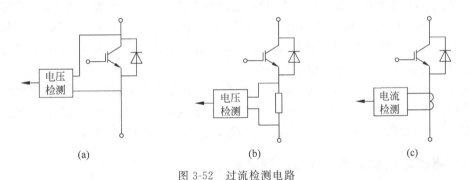

图 3-52 过流检测电路

(a) 检测器件导通压降；(b) 采用电阻来检测器件电流；(c) 采用电流传感器来检测器件电流

(2) 检测流过器件的电流

可以用较小阻值电阻或电流传感器直接检测流过器件的电流，来判断器件是否过流。以 IGBT 为例，采用电阻和电流传感器的检测电路分别如图 3-52(b)、(c) 所示。采用电阻对电流进行检测的方法，成本较低，多用于小电流、小功率的电机控制器主电路中。当采用电流传感器进行电流检测时，要尽量缩短因传感器或信号处理电路产生的延迟。对于 IGBT，允许的过流时间一般为几微秒到几十微秒不等，必须在这个时间内完成检测并关断 IGBT。

对于拓扑结构比较复杂的汽车电力电子部件，主电路往往有多个电力电子器件。造成电力电子器件过流的因素有很多，对过流的检测往往将上述两种方法结合使用。一方面采用检测器件导通压降的方法利用具有过流保护功能的驱动电路对电力电子器件进行保护；另一方面采用分布在电路中的电流传感器对关键支路电流进行采集，控制电路和驱动电路根据实际电流对电力电子器件进行保护。图 3-53 为典型的三相永磁同步电机或交流感应电机控制器主电路，可以在图中的 Ⅰ～Ⅳ 位置安装电流传感器对桥臂直通、负载短路等引起的过流进行检测。由于Ⅰ和Ⅳ处的电流信息也是电机控制算法和整车控制所需要的,所以为过流保护而增加的只是Ⅱ和Ⅲ处的电流传感器。具体电流传感器的数量和安装位置的设置可以根据过流保护的需要以及负载连接方式进行灵活选择。

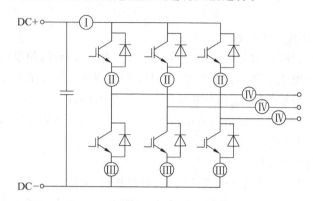

图3-53 三相交流电机控制器主电路过流检测电路

4) 电力电子器件的过热保护

当电力电子器件的损耗较大时,若不能及时将热量散发掉,器件的结温可能会超过最大允许值 T_{j_max},导致器件失效。换言之,导致电力电子器件过热的因素有两个:一是器件损耗过大;二是散热能力不够。驱动逻辑不正确、驱动信号波形畸变、器件过流、开关频率过高等均会使器件的损耗大、产生的热量多;而环境温度高、散热系统故障、散热系统冗余度小或设计不合理等都会导致散热能力受限。

对于汽车电力电子器件,普遍采用在散热器上安装温度传感器以及利用集成在电力电子器件模块内部的温度传感器对器件的产热和散热情况进行监测。当检测到温度超过预定温度时,可以采取降功率或直接停止器件工作等措施来保护电力电子器件。

3.2.3 驱动电机控制器中的直流侧电容器

电容器属于动态能量存储元件。在电机控制器中,主电路的直流侧需要大容量的电容器来平衡主电路输入端和输出端的动态功率,以此来减小直流电压的波动。直流侧电容器(DC-link capacitor)又被称为直流支撑电容器。

电机控制器直流侧电容器的选择依据容量、耐压值、最高工作温度、频率特性、外形尺寸、成本等众多因素,常见的可以用作直流侧电容器的有铝电解电容器(aluminum electrolytic capacitor,Al-Cap)和金属化聚丙烯薄膜电容器(metallized polypropylene film capacitor,MPPF-Cap)。铝电解电容器具有容积比大、成本低的优点;金属化聚丙烯薄膜电容器相比铝电解电容器具有更好的温度和频率特性,同时还具有耐压高、寄生电感较低、使用寿命长等优点,在电动汽车上有取代铝电解电容器的趋势。

电容器的等效电路如图3-54所示。图中,C_R 为理想电容器;L_s 为等效串联电感(equivalent series inductance,ESI);R_s 为等效串联电阻(equivalent series resistance,ESR)。L_s 和 R_s 与电容器的出线方式、封装、结构密切相关,在工作频率较低时,可以忽略 L_s 对电容器的影响。此外,图中,R_i 为电容器的泄漏电阻(leakage resistor),也称作绝缘电阻(insulation resistance),其数值与电容器介质绝缘性能或电容器漏电流大小相关;R_d 表征因介电吸收(dielectric absorption)和分子极化(molecular polarization)产生的介质损耗(dielectric loss)；C_d 表征电容器的介电吸收[6]。在多数情况下，可以忽略 R_i、R_d 和 C_d 对电容器特性的影响，那么电容器可以用 L_s、R_s、C_R 串联电路等效，如图 3-55 所示。

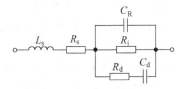

图 3-54 电容器的等效电路

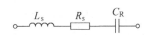

图 3-55 电容器的简化等效电路

基于图 3-55 所示等效电路，可以得到电容器等效阻抗 Z_c 为

$$Z_c = R_s + j\left(2\pi f L_s - \frac{1}{2\pi f C_R}\right) \tag{3-19}$$

式中，f 为流过电容器正弦电流的频率。显然，对于不同 f，L_s、R_s、C_R 在阻抗 Z_c 中占的比重是不同的。图 3-56 为电容器等效阻抗的频率特性。

对于图 3-55 所示等效电路，由于 R_s 的存在，电容器在工作过程中会产生一定的损耗。若忽略 L_s 的影响，可以用介质损耗角正切 $\tan\delta$，即损耗因数(dissipation factor)来表示电容器损耗的大小，$\tan\delta$ 表示为

$$\tan\delta = 2\pi f C_R R_s \tag{3-20}$$

显然，R_s 越大，f 越高，$\tan\delta$ 越大，电容器损耗越大。

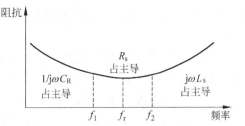

图 3-56 电容器等效阻抗的频率特性

电机控制器直流侧电容器通常的失效原因有：

(1) 过电压失效

当电容器承受的电压超过其最大允许电压，电容器内部绝缘介质或材料会被击穿，导致电容器失效。

(2) 过温(过热)失效

当环境温度过高时，电容器产生的热量不能及时散发，电容器内部温度会上升，当超过其允许工作温度的时候，可导致电容器失效。

(3) 过流失效

电容器高频充放电电流过大时，电容器损耗增加，最后发展为过热失效。

此外，经过长时间使用的电容器，其性能会出现退化，主要表现为电容值出现漂移、ESR 增大、漏电流增加等，致使电容器不能满足电路的运行要求，这种情况属于器件老化的渐变式失效。

3.2.4 驱动电机控制器中的微处理器

微处理器(microprocessor)是电动汽车驱动电机控制器数字化控制系统的核心，它对驱动电机系统的性能产生直接的影响。适用于驱动电机控制器数字化控制系统的微处理器有很多，性能和内部结构也千差万别。通常，可以将微处理器分成两大类：微控制器(micro controller unit,MCU)和数字信号处理器(digital signal processor,DSP)。

MCU,又称单片微型计算机(Single Chip Microcomputer),简称单片机,是在一片芯片上集成了中央处理单元(器)(central processing unit,CPU)、只读存储器(read-only memory,ROM)、随机存储器(random-access memory,RAM)、模数转换器(analog-to-digital converter,ADC)、数字量输入-输出接口(digital I/O,DI/DO)、可编程定时器/计数器等的器件。

DSP 是指运算功能强大、擅长大量数据运算和实时数字信号处理功能的微处理器。DSP 具有较高的集成度、较快的运算速度、较大容量的存储器以及较多的模数转换通道和数字输入-输出通道。

从 MCU 和 DSP 出现到发展的过程看,是有严格区别的,它们的用途也不同。MCU 体现的是通用性和控制性能,而 DSP 更擅长专业化的复杂算法和实时数字信号处理。但随着大规模集成电路技术的发展,一些 DSP 具有了较好的控制性能;同时,许多高性能 MCU 也可以完成复杂数字信号的处理并具有较快的运算速度。因此,在很多情况下,MCU 和 DSP 的区别不是非常明显。当用于电机控制器时,MCU 和 DSP 都属于数字信号控制器(digital signal controller,DSC),即具有较好数字信号处理能力和快速中断响应与控制能力的控制器芯片。

随着整车对驱动电机系统性能的要求越来越高以及电机控制技术的发展,驱动电机控制器对 DSC 性能的要求也在不断提高,单核 DSC 已经很难满足整车或驱动电机控制器的需求。为此,众多微处理器厂商陆续推出了多核 DSC,这种多核芯片将两个或多个 DSC 集成在一个芯片上,用户通过合理科学的手段将控制代码分配到不同核的 DSC,使代码可以在不同核内形成并行运算,大大提高了 DSC 的运算能力和控制性能。

对于驱动电机控制器主电路,面向功能安全等方面的要求,采用多核数字核心是数字化控制系统的发展趋势。对于双核或多核架构的 DSC,在使用过程中要注意两个问题:第一,内部不同 CPU 的负荷尽量均衡,并合理分工,若 CPU 之间能对控制算法做到相互校核、互为冗余,则可以大大提高控制系统的可靠性;第二,CPU 共享数据要保证完整性、实时性、可靠性和安全性。

图 3-57 是常见的双核 DSC 功能结构图。基于该图所示结构,在电机控制器中双核 DSC 中各模块的功能或用途描述如表 3-3 所示。以永磁同步电机驱动电机控制器为例,当选用旋转变压器作为电机转子位置传感器时,可以采用硬件解码芯片(如 AD2S1210),通过 SPI 模块对电机转子位置或转速进行读取;同时,也可以采用软解码方式,用 PWM 模块输出旋转变压器的激励信号,用 ADC 模块读取旋转变压器的响应信号,通过软件算法来得到电机转子位置或转速。这样就实现了旋转变压器的双解码,两种解码方法获得的数据可以相互校正、互为冗余。此外,在对电机控制的过程中,可以采用无传感器控制算法对转子位置进行辨识,并以此实现有传感器控制算法和无传感器算法的互为冗余,从而大大提高系统的可靠性和安全性。在两个 CPU 任务分工中,可以采用一个 CPU 负责电流闭环控制算法,而另外一个 CPU 负责 ADC 数据采集、异常状态下的处理、CAN 通信等任务;当然,在运算能力范围内,也可以让两个 CPU 执行相同的任务,并互为冗余,提高系统可靠性。

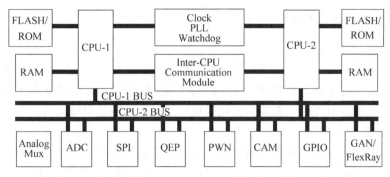

图 3-57 用于数字化控制系统的双核 MCU 或 DSP 结构

表 3-3 DSC 中各模块的功能或用途描述

模　块	功能/用途描述
ADC	电压、电流和温度传感器的数据采集、旋转变压器的软件解码
SPI	与外部 EEPROM、旋转变压器硬件解码芯片、电源芯片进行通信
QEP	获取旋转编码器信号
PWM	产生电力电子器件驱动信号、旋转变压器激励信号
CAP	获取各类保护信号(数字输入信号)
GPIO	获取各类保护信号(数字输入信号)、输出电气开关控制信号(数字输出信号)
CAN/FlexRay	与上层控制器或动力系统其他部件的控制器进行通信

基于数字化控制系统在电力电子部件中的重要作用,应优先选择针对功能安全而开发的多核 DSC,且在系统级层面上应满足相关标准或法规对汽车安全完整性等级(automotive safety integrity level,ASIL)的要求。

驱动电机控制器 DSC 芯片能否正常发挥其性能与数字化控制系统的电源芯片密切相关。这里的电源芯片是指为数字化控制系统中控制核心的 DSC 以及关键元器件或芯片供电的电路或芯片。除对 DSC 的工作产生至关重要的影响外,电源电路或芯片对整个控制系统的功能安全也起着关键作用。

基于功能安全方面的考虑,电源电路或芯片除具备较宽的输入电压范围、较大的输出功率、多路输出、较高的效率外,还应具备如下的功能:①要有自检功能以及在线诊断功能;②能对输入/输出电压和电流进行实时检测;③具有与 DSC 进行实时通信的能力。

以乘用车为例,考虑到低压电气系统中蓄电池极端状态以及负载突降引起的电压上升,电源电路或芯片应保证输入电压为 3~40V 时,电源电路或芯片可以正常工作。

DSC 供电电源一般为 3.3V 或 5V,DSC 的 ADC 模块参考电压通常为 2.5V 或 5V;ADC 模块调理电路中运算放大电路的供电电压通常为 5V;电流、电压或温度传感器的通电电压通常为 5V 或 12V。因此,电源电路或芯片应具有 3.3V、5V、12V 等多路输出能力,且输出功率能满足负载的要求。

针对以上要求,有些半导体厂商研发出一些专用电源芯片(如 TLF35584 等)供用户选择。这些芯片因集成度较高、功能完善,比较适合应用于数字化控制系统。

3.2.5 信号检测与传感器

1. 电流检测

在对驱动电机进行控制时,DSC 需要对电机控制器输入的车载电源电流以及电机控制器输出的电机绕组电流进行实时检测。这两类电流,尤其是绕组电流通常具有丰富的谐波成分。与电机控制器相关的电流检测可以采用电阻采样法或霍尔电流传感器。

1) 电阻采样法

电阻采样法是指在目标电流所属支路中串联电阻,通过对电阻上的电压进行采样而得到目标电流值的方法。这种方法电路结构简单、信号无延迟、安装方便,但存在采样精度易受温度影响、大电流下采样电阻容易发热、高低压电气系统不隔离等缺点,因此通常用于低压小电流场合。采样电阻一般采用低阻值(毫欧级)、低温度系数的电阻,这类电阻称作电流传感电阻器(current sense resistor),其外形如图 3-58(a)所示。

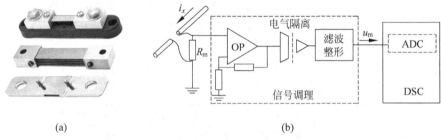

图 3-58 电流传感电阻器外形及电流检测原理
(a) 电流传感电阻器外形; (b) 电流检测原理

基于电气安全考虑,需要对高低压系统进行隔离。因此采用电阻采样法的信号调理电路需要有电气隔离环节。可以采用线性光电隔离电路或者模拟电压隔离集成芯片实现电气隔离,如图 3-58(b)所示。图中,R_m 为电流传感电阻器;i_x 为被测电流;OP 为运算放大器;u_m 为通过信号放大、滤波、整形和隔离等信号调理环节后输入到 DSC 中 ADC 模块的信号。在信号调理电路线性度比较好的情况下,u_m 与 i_x 成正比关系。

2) 采用霍尔电流传感器检测电流

如图 3-59 所示,霍尔电流传感器分为两种类型:直测式电压输出型和磁平衡式电流输出型,二者的外形和安装方式没有区别,具体如图 3-59(a)所示。

直测式电压输出型霍尔电流传感器是将霍尔元件(或器件)直接放置于被测电流所产生的磁场中,由于该磁场的磁场强度与被测电流大小成正比,且磁场方向与电流方向具有对应关系,则通过霍尔元件的输出电压可以得到被测电流的大小和方向。采用直测式电压输出型霍尔电流传感器的电流检测原理如图 3-59(b)所示。直测式霍尔电流传感器的优点是可以直接获得与被测量电流成正比的电压信号、成本相对较低;其缺点是精度和线性度较差、响应时间较长、温度漂移较大。

磁平衡式电流输出型霍尔电流传感器是通过外加线圈的电流 i_m 产生一个磁场,该磁场与目标电流产生的磁场在霍尔元件所在位置互相抵消,即在测量过程中,始终使霍尔元件所处位置的磁场强度为零。这样 i_m 与被测电流 i_x 在数值上存在正比关系,在方向上也具有对应关系。由于传感器输出为电流信号,所以在进入 DSC 的 ADC 模块或信号调理电路

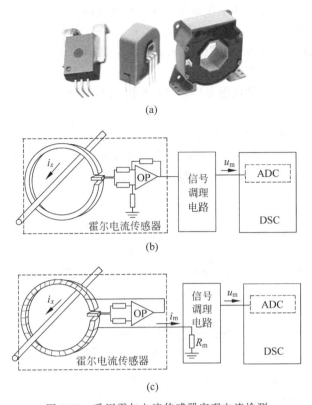

图 3-59 采用霍尔电流传感器实现电流检测
(a) 传感器外形；(b) 直测式电压输出型检测原理；(c) 磁平衡式电流输出型检测原理

之前需要通过测量电阻将电流信号转变为电压信号。与直测式电压输出型霍尔电流传感器相比，磁平衡式电流输出型霍尔电流传感器不存在磁芯饱和的问题，测试精度较高。

霍尔电流传感器的安装形式主要有两种：第一种是通过焊接将传感器焊接在印刷电路板(printed circuit board，PCB)上，安装方便，节约空间。这类焊接于 PCB 上的电流传感器体积较小、检测电流范围较小（通常在 200A 以下），通常为直测式电压输出型霍尔电流传感器。因流过较大的电流，PCB 需要有较厚的铜膜或在被测电流流经路径附加导体或导线。此外，被测电流需要引入 PCB，这对 PCB 在电机控制器内的安装带来许多不便。第二种为机械安装，即通过螺栓将电流传感器固定在被测电流所在线缆或金属导体的支路上，传感器输出信号端通过导线连接到 DSC 所在的 PCB 上。由于传感器与 PCB 直接的连线为低压小电流信号线，所以传感器的安装位置对电机控制器内 PCB 的布置和安装几乎没有影响。

电流传感器在电机控制器内占有重要位置，一方面是 DSC 在执行电机控制算法过程中需要绕组电流或直流侧输入电流的反馈，电流传感器的性能对电机转矩或转速控制效果会产生直接的影响；另一方面，电流传感器存在体积大、与大电流支路或线缆存在耦合等特点，不利于在电机控制器内的布置和集成。电流传感器的安装位置是否合理对电机控制器的功率密度会产生重要影响。

2. 电压检测

在原理上，电机控制器内电力电子器件主电路的电压检测与电流检测比较类似。电压检测方法分为电阻分压采样法和采用霍尔电压传感器检测。

1）电阻分压采样法

电阻分压采样法是通过多个电阻器分压的方式，将高电压转换为 DSC 以及信号调理电路可以接受的低电压从而实现电压检测。

电阻分压采样法所使用的电阻器要求具有较高的精度、较低的温度系数，并且要有较好的散热性能。

在分压电阻器焊接在 PCB 上的情况下，应注意电阻器之间的电气间隙（electric clearance）和爬电距离（creepage distance）需满足相关电气安全标准或法规的要求。此外，为将电机控制器内部的低压系统和高压系统完全隔离，采用电阻分压采样法对电压进行检测时，需要在信号调理电路中加入电气隔离环节，具体如图 3-60 所示。

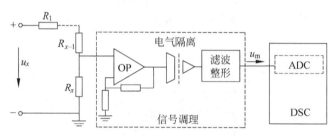

图 3-60　电阻分压采样法检测电压

2）采用霍尔电压传感器检测电压

如图 3-61 所示，霍尔电压传感器的工作原理与霍尔电流传感器的工作原理相同，它在工作时需要在被检测电压 u_x 下添加一个大功率检测电阻 R_x，通过对检测电阻支路电流 i_x 的检测实现对电压 u_x 的检测。

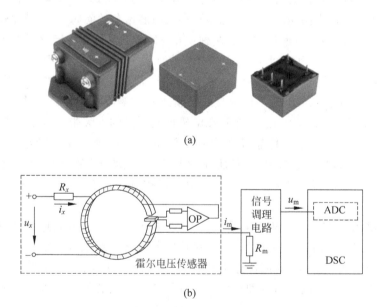

图 3-61　霍尔电压传感器及电压检测原理

(a) 霍尔电压传感器外形；(b) 电压检测原理

3. 温度检测

1) 采用热电阻温度传感器检测温度

热电阻(thermistor)具有电阻值随温度变化而变化的特点,可以用于制成温度传感器。制作热电阻的材料可以为金属材料(如铂、铜等),也可以是非金属材料(如半导体材料)。根据电阻值随温度变化的情况,热电阻可以分为正温度系数(positive temperature coefficient, PTC)热电阻和负温度系数(negative temperature coefficient, NTC)热电阻,前者的电阻值随温度的升高而增加,后者的电阻值随温度的升高而下降。热电阻温度传感器的外形如图 3-62(a)所示。

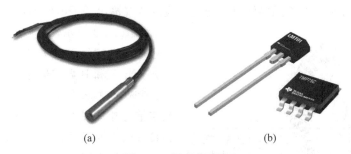

图 3-62 温度传感器
(a) 热电阻温度传感器外形;(b) 数字温度传感器外形

由于电动汽车上的驱动电机不易维护,且常工作在温度和湿度变化大、振动较剧烈的环境中,所以通常采用稳定性较高的金属或陶瓷与金属复合材料制成的热电阻作为温度传感器。热电阻温度传感器在电机中通常采用独立嵌入定子铁心或与定子绕组共同镶嵌在定子槽中的安装方式,从而可使测试结果尽可能接近电机内部最高温度。

电机控制器中,热电阻温度传感器一般安装在液冷板表面并尽量靠近电力电子器件或模块的安装位置。由此得到的温度可以反映出电机控制器主电路的电力电子器件散热情况。目前,许多半导体厂商将热电阻温度传感器集成到电力电子器件或模块内部,这样可以使温度检测结果更真实地反映电力电子器件内部温度的变化,并且有利于电机控制器的集成。由此带来的缺点是,在电机控制器工作时,温度传感器引线易受到高电压、大电流的电磁干扰,因此需要对温度传感器电源和信号调理电路采用电磁干扰抑制措施。

热电阻温度传感器具有成本低、应用方便、易于安装等优点,同时也存在阻值与温度呈非线性、传感器一致性差等不足。此外,应用热电阻温度传感器对温度进行检测时,通常需要复杂的信号调理电路并且需要通过软件对所采集的数据进行处理或修正。在实际使用中,需根据测试范围、应用环境选取热电阻温度传感器,同时需合理设计信号调理电路,以满足温度检测的需要。

2) 采用数字温度传感器检测温度

数字温度传感器是通过温度敏感元件和相应电路,将被测温度转换成为计算机或智能化数据采集设备可以直接读取的数字量的传感器,其外形如图 3-62(b)所示。

采用数字温度传感器检测温度,具有外围电路简单、易于实现电气隔离、检测精度高等优点。由于数字温度传感器多具有类似电子芯片或器件封装,安装方式单一,且因多采用串行总线与 DSC 进行数据传输,所以其安装地点应尽量靠近 DSC。此外,数字温度传感器易受电磁信号影响,稳定性不如热电阻温度传感器。

4. 转速与转子位置检测

1) 采用旋转编码器对转速与转子位置进行检测

旋转编码器(encoder)是一种将机械转动轴上的机械旋转角位移量转换成电脉冲信号或数字量的传感器。可以分为增量型旋转编码器和绝对值型旋转编码器。电机机械轴每转动一定角位移,增量型旋转编码器可以提供一定数量的电脉冲信号,而绝对值型旋转编码器可以提供与转子位置一一对应的编码信息。

通常用于交流感应电机控制系统中的旋转编码器多为增量型光电编码器,由光栅码盘和光电检测装置组成。光栅码盘安装在电机机械转轴上,电机旋转时,光栅码盘与电机同速旋转,经发光以及光敏电子元器件组成的光电检测装置输出若干电脉冲信号。

图 3-63 光电旋转编码器原理

如图 3-63 所示,为判断旋转方向,编码器一般可提供相位相差 90°的 A、B 电脉冲信号,例如:当 A 和 B 数字信号组合依次为 10、11、01、00 时,电机旋转方向为顺时针;当 A 和 B 数字信号组合依次为 00、01、11、10 时,电机旋转方向为逆时针。

有些编码器每一圈可以提供一个零位置信号的脉冲 Z,用于清除累计误差。光电编码器的分辨率和精度都很高,可以满足电机控制器对转子位置识别或转速检测的要求。光电编码器中的电子器件对振动、温度等环境条件比较敏感,在具有较大机械冲击或环境温度范围变化较大的情况下其性能会受到影响。

通过接收光电旋转编码器输出的电脉冲信号来检测电机转速的方法有三种[7]:

(1) M 法,又称为频率测量法(frequency-measurement method)。

如图 3-64(a)所示,在一定时间 T_s 内,对光电旋转编码器输出的电脉冲信号进行计数,从而得到与电机转速成正比的电脉冲数 m。则电机的转速为

$$n = \frac{60m}{pT_s} \quad (3\text{-}21)$$

式中,p 为电机带动编码器转动一圈,编码器输出的电脉冲数;电机转速 n 的单位为 r/min。

采用 M 法检测电机转速的分辨率为

$$\Delta n = \frac{60}{pT_s} \quad (3\text{-}22)$$

因此,采用 M 法检测电机转速的相对误差为

$$\varepsilon_m = \frac{60}{npT_s} \quad (3\text{-}23)$$

显然,随着电机转速 n 的提高,相对误差 ε_m 会越来越小。因此,M 法比较适合检测高转速,转速越高,检测精度越高。

(2) T 法,又称为周期测量法(period-measurement method)。

如图 3-64(b)所示,T 法是通过测量编码器发出的电脉冲周期来计算电机转速。脉冲周期是基于 DSC 设置的某个时钟频率或周期确定的时钟脉冲间接获得的。若时钟脉冲的

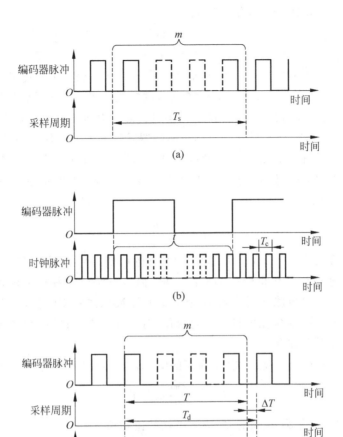

图 3-64 利用编码器电脉冲信号检测电机转速原理
(a) M 法;(b) T 法;(c) M/T 法

周期为 T_c,一个被测编码器电脉冲周期内测得的时钟脉冲数为 t,则可以得到电机的转速为

$$n = \frac{60}{tpT_c} \tag{3-24}$$

式中,电机转速 n 的单位为 r/min。

采用 T 法检测电机转速的分辨率为

$$\Delta n = \frac{60}{tpT_c} - \frac{60}{(t+1)pT_c} = \frac{60}{t(t+1)pT_c} \tag{3-25}$$

因此,采用 T 法检测电机转速的相对误差为

$$\varepsilon_t = \frac{\Delta n}{n} \approx \frac{1}{t} = \frac{npT_c}{60} \tag{3-26}$$

显然,随着电机转速 n 的提高,相对误差 ε_t 会越来越大。因此,T 法比较适合检测低转速,转速越低,检测精度越高。

由式(3-23)和式(3-26)可知,存在转速 n_0 为

$$n_0 = \frac{60}{p\sqrt{T_c T_s}} \qquad (3-27)$$

此时,$\varepsilon_m = \varepsilon_t$。因此,当电机实际转速 $n < n_0$ 时,采用 T 法检测电机转速可以获得更高的检测精度;当电机实际转速 $n > n_0$ 时,采用 M 法检测电机转速可以获得更高的检测精度。

(3) M/T 法,是一种结合了 M 法和 T 法各自特点的电机转速测试方法。

如图 3-64(c)所示,DSC 采样开始时刻与编码器脉冲的上升沿保持一致,对于确定的采样周期 T,得到编码器电脉冲数 m。与此同时,DSC 的计数器对时钟脉冲进行计数,直到采样周期 T 结束后编码器电脉冲的下一个上升沿,才停止计数,此时可以得到时钟脉冲数 t。由此,可以得到电机的转速为

$$n = \frac{60m}{tpT_c} \qquad (3-28)$$

式中,电机转速 n 的单位为 r/min;T_c 为时钟脉冲的周期。M/T 法具有 M 法和 T 法的优点,在高速段和低速段均可获得较高的检测精度,但该方法所需硬件和软件相对复杂;另外,在低转速时,M/T 法可能会因检测 m 个电脉冲导致采样周期较长,进而导致检测实时性较差。在实际应用中,应根据电机转速的变化,对采样周期、时钟脉冲周期等参数进行优化,才能得到满意的检测结果。

根据式(3-21)、式(3-24)或式(3-28)得到的电机转速,可以计算电机转子位置为

$$\theta = \int_0^t \frac{2\pi n}{60} dt + \theta_0 \qquad (3-29)$$

式中,n 为电机转速,单位为 r/min;θ_0 为转子初始位置角。

除光电编码器外,磁电编码器也可以用于电动汽车驱动电机控制系统。磁电编码器主要由永磁装置和磁敏电子元器件构成,永磁装置固定在电机转子机械轴上,磁敏电子元器件可以通过霍尔效应或磁阻效应来检测永磁装置旋转产生的空间磁场变化,且能将这一磁场变化转化为电信号输出,以此达到对电机转子位置或转速进行检测的目的。磁电编码器具有结构简单、耐高温、抗冲击、体积小、成本低等优点,在恶劣环境条件下具有独特优势。

2) 采用旋转变压器对转速与转子位置进行检测

旋转变压器(resolver)是一种输出电压信号随着转子转角变化的角位移传感器,具有环境适应性较好、抗电磁干扰能力强、适合高速运行等优点。由于它可输出转子的绝对位置,所以被永磁同步电机控制系统广泛采用。与其他转速或转子位置传感器相比,旋转变压器的成本略高。

旋转变压器有多种类型,用于电动汽车永磁同步电机的通常为磁阻式旋转变压器(variable reluctance resolver)。磁阻式旋转变压器的结构如图 3-65 所示,主要由定子和转子两部分构成,定

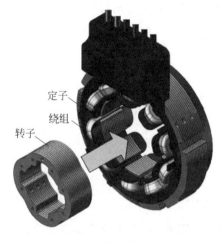

图 3-65 磁阻式旋转变压器结构

子铁心和转子铁心普遍用硅钢片叠压而成。如图3-66(a)所示,定子绕组包括一路(相)励磁绕组和两路(相)输出绕组,采用集中式绕组结构嵌放在定子铁心槽中。转子铁心具有凸极结构。旋转变压器通常安装在驱动电机端盖内侧,旋转变压器的定子部分固定在被测电机定子上,旋转变压器的转子铁心固定在被测电机的机械输出轴上。

如图3-66(b)所示,若旋转变压器的励磁绕组 $R_1 - R_2$ 两端施加交流电压

$$u_r = U_p \sin(2\pi f t) \tag{3-30}$$

在实际工程应用中,励磁绕组两端电压的频率 f 通常为 2~20kHz。

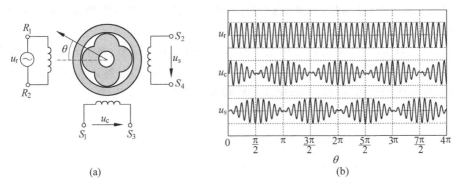

图 3-66 磁阻式旋转变压器工作原理与电压波形
(a) 工作原理;(b) 电压波形

通过电磁耦合感应,输出绕组 $S_1 - S_3$ 两端电压为

$$u_c = kU_p \sin(2\pi f t) \cos\theta \tag{3-31}$$

输出绕组 $S_2 - S_4$ 两端电压为

$$u_s = kU_p \sin(2\pi f t) \sin\theta \tag{3-32}$$

式(3-31)、式(3-32)中 k 的大小与旋转变压器绕组的匝数相关。由式(3-31)和式(3-32),有

$$\theta = \arctan\left(\frac{u_s}{u_c}\right) \tag{3-33}$$

进而,电机的转速为

$$n = \frac{60}{2\pi} \cdot \frac{d\theta}{dt} \tag{3-34}$$

根据式(3-31)和式(3-32)所示的磁阻式旋转变压器的输出电压,获得 DSC 能接收的数字信号的过程,称为旋转变压器到数字信号转换(resolver to digital,R2D)。一些半导体厂商陆续推出了许多 R2D 转换芯片作为旋转变压器与 DSC 之间的接口芯片,如 AD2S1205、AD2S1210、AU6803、PGA411-Q1 等。这些芯片可以产生旋转变压器工作所必需的励磁绕组电压,由旋转变压器输出绕组电压得到转子位置 θ 以及转速 n 等信息,并通过串行或并行接口将这些信息实时地传送给 DSC。R2D 转换芯片具有使用方便、缩短系统开发时间、简化软件流程等优点。对于汽车级 R2D 转换芯片,其环境适应性和可靠性可以满足车辆需求,但芯片成本较高。

除采用 R2D 转换芯片外,电机控制器控制电路的 DSC 可以通过 ADC 模块直接读取旋转变压器的输出绕组电压,再通过软件计算得到转子位置 θ 和转速 n 等,即软件 R2D 转换,其理论基础是式(3-33)和式(3-34)。采用软件计算时,由于涉及三角函数的计算,不论是采

用查表法还是利用数值方法迭代,都会占用 DSC 的大量资源,对 DSC 的性能提出了非常高的要求。

为了提高电机控制器的可靠性,现在的技术趋势是在电机控制过程中同时采用"硬件 R2D 转换"与"软件 R2D 转换",二者互为校验和备份。

3) 采用霍尔传感器对转速与转子位置进行检测

用于电机转速或转子位置检测的霍尔传感器属于开关型霍尔传感器。这类传感器基于霍尔效应原理,并被封装为集成电路或芯片;传感器内部集成了对磁场比较敏感的半导体材料制成的霍尔元件(或器件)以及必要的外围电路。开关型霍尔传感器具有体积小、安装方便、功耗小、成本低等优点。

如图 3-67(a)所示,常见的开关型霍尔传感器由电压调节环节、霍尔元件、运算放大器电路、施密特触发器电路、输出(级)电路构成。传感器的输出(级)电路通常采用集电极开路形式,即图中的虚线和电阻 R 不连接,比较容易和各类电路或芯片连接。

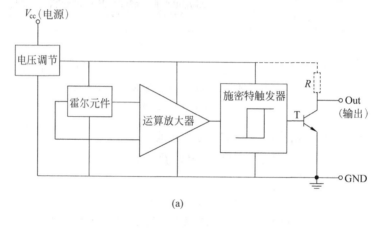

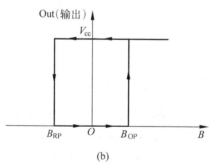

图 3-67 开关型霍尔传感器结构与检测原理
(a) 工作原理;(b) 输出电压滞环

若传感器连接有上拉电阻 R,则当传感器所在位置磁场的磁通密度增大到 B_{OP}(动作点,operate point)时,传感器内部施密特触发器翻转,传感器输出为低电平信号,如图 3-67(b)所示;当传感器所在位置磁场的磁通密度减小到 B_{RP}(释放点,release point)时,传感器内部施密特触发器再次翻转,传感器输出为高电平信号。

图 3-67(b)中,不同型号传感器的磁通密度的方向和定义会有所区别,以便于应用于不同的磁场环境。若 $B_{OP} = -B_{RP}$ 时,即当传感器输出低电平信号后,即使磁通密度为 0,施

密特触发器也不会发生反转,直到磁通密度小于 0 且直到为 B_{RP} 时,传感器输出才变为高电平,这类传感器又被称为锁存型霍尔传感器(latch type Hall sensor),锁存型霍尔传感器常用于对无刷直流电机转子磁极位置的识别。

在无刷直流电机中,可以将霍尔传感器安装于定子铁心槽口或齿顶开槽[8]等定子铁心的气隙边缘,传感器检测面面向转子磁极方向,便于对转子磁极产生的磁场进行检测;此外,霍尔传感器也可以安装在电机端盖内侧,在电机机械轴上安装配套的多磁极磁环,通过检测磁环磁极的位置对转子位置进行检测。对于电动汽车常见的三相无刷直流电机,通常需要三个在空间呈 120°电角度分布的霍尔传感器对转子磁极位置进行检测。

基于被检测电机转子的磁极数以及霍尔传感器输出的脉冲波形,可以容易地获得电机的转速。

在采用霍尔传感器对转速与转子位置进行检测时,要注意传感器存在的反应延迟时间以及安装误差对检测结果的影响,通常可以通过软件对这些影响进行修正。

4) 采用磁阻传感器对转速与转子位置进行检测

磁阻传感器和霍尔传感器都属于磁敏类传感器。

物质的电阻率随所处磁场强度的变化而变化的现象称为磁阻效应(magnetoresistance effect,MR)。注意这里的磁阻与第 2 章中磁路的磁阻(reluctance)具有不同的含义。根据不同材料的磁阻效应可以制成各向异性磁阻(anisotropic magnetoresistance,AMR)传感器、巨磁阻(giant magnetoresistance,GMR)传感器、隧道磁阻(tunnel magnetoresistance,TMR)传感器[9]等。

一些半导体厂商将磁阻元件与惠斯通电桥结合,并与外围电路集成制成的磁阻传感器芯片或器件可以方便地用于永磁同步电机、无刷直流电机的转子磁极位置检测。此外,将这类传感器配以多磁极磁环时,可以用于直流电机、交流感应电机以及开关磁阻电机的转子位置或转速的检测。

上述各类传感器的输出信号进入 DSC 之前一般需要经过信号调理环节,信号调理的作用是将传感器的输出信号变换为 DSC 可以接受的并能正确反映被检测量数值的信号。信号调理电路的功能包括信号整形、信号幅值调整、信号滤波、电气隔离等。

此外,各类传感器正常工作需要有电源供电,传感器电源除要求输出电压、输出功率满足传感器要求外,还应保持电源输出电压的稳定,必要时需对电源输出电压进行滤波处理。大量实践经验表明,传感器电源是信号检测电路的重要电磁干扰源之一。

3.3 电压型逆变电路与脉宽调制技术

3.3.1 电压型逆变器主电路结构

电动汽车普遍采用的三相交流电机(如三相永磁同步电机、三相交流感应电机等)控制器主电路如图 3-68 所示,由于三相逆变电路直流侧电源是电压源,所以该电路称为三相电压型逆变电路(voltage source inverter,VSI)。三相电压型逆变电路还可以用于三相无刷直流电机的控制,因此该电路在电动汽车电机控制领域占有非常重要的地位。

图 3-68 所示电路中,为便于分析,可以将直流侧的电容等效为两个相同容量的电容 C_1

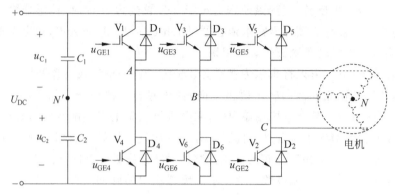

图 3-68 三相交流电机控制器主电路

和 C_2 的串联结构,两个电容之间连接点为 N'。那么,有

$$u_{c_1} = u_{c_2} = \frac{1}{2}U_{dc} \qquad (3\text{-}35)$$

图 3-68 所示电路中,每相半桥由两个全控型电力电子器件及反并联的二极管构成,三相半桥的全控型电力电子器件分别为 V_1 和 V_4、V_3 和 V_6 与 V_5 和 V_2。通常,小功率电机控制器中,电力电子全控器件 $V_1 \sim V_6$ 可采用 Si 功率 MOSFET,而中大功率电机控制器中则多采用 IGBT 或 SiC 功率 MOSFET。每相半桥的两个电力电子器件的中间连接点 A、B、C 与驱动电机中的三相定子绕组相连。图中三相交流电机定子绕组采用了"Y 型"连接,其中性点为 N。

如图 3-69(a)所示,在一个开关周期内,位于同一半桥的上、下桥臂两个电力电子器件 V_1 和 V_4 交替导通,为防止 V_1 和 V_4 同时导通而导致半桥直通短路,在 V_1 和 V_4 导通切换时,会插入死区时间 t_d,如图 3-69(b)所示。t_d 的存在使逆变电路实际输出电压与期望值之间会形成偏差,如图 3-70 所示,电压 $u_{AN'}$ 的基波因 t_d 而叠加 Δu。在电流 $i_a > 0$ 时,实际电压小于理想电压;在电流 $i_a < 0$ 时,实际电压大于理想电压;由此可导致电压或电流发生畸变,进而增加谐波损耗,并产生转矩脉动,这种现象称为死区效应(dead-time effect)[10]。死区效应可以通过补偿方法加以抑制,与硬件补偿相比,采用软件补偿更为方便[11]。

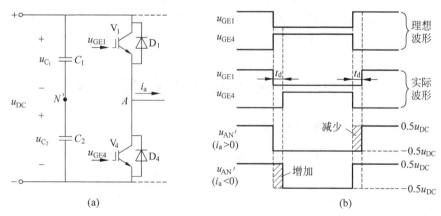

图 3-69 电压型逆变电路中的死区时间
(a) A 相半桥电路;(b) 驱动信号与电压波形

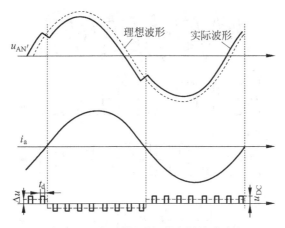

图 3-70 死区时间引起的电压波形畸变

3.3.2 三相电压型逆变电路的正弦脉宽调制

1. 正弦脉宽调制的工作原理

利用电力电子器件的通断把直流电压变成宽窄不同的矩形波序列,且矩形波的面积近似按正弦规律变化的方法,称为正弦脉宽调制(sinusoidal pulse width modulation, SPWM)。

对于图 3-68 所示的三相电压型逆变电路,当将三相对称的 SPWM 信号用于控制 $V_1 \sim V_6$ 的通断时,对于逆变电路的感性负载——电机的定子绕组,其效果近似于施加三相对称交流正弦电压。因此,通过对 SPWM 信号进行调节,可以控制三相交流电机的运行状态。

SPWM 可以采用模拟电路或数字化方式实现。采用模拟电路实现时,由波形发生电路分别产生正弦波和三角波,二者作为电压比较器的输入,通过比较器的输出来确定某相半桥的电力电子器件的开通和关断。用模拟电路实现 SPWM 的成本较低,但精度、可靠性都很难满足车用要求,因此电动汽车驱动电机控制系统中皆采用数字化方式实现 SPWM,数字化方式是指通过微处理器的采样、计算得到三相电压型逆变电路中电力电子器件的通断信号。

将图 3-68 所示的三相电压型逆变电路希望输出的正弦波形作为调制信号,等腰三角形作为载波信号,将二者做比较,在两个波形的交点时刻对电路中的电力电子器件通断进行控制,就可以得到宽度正比于正弦波幅值的脉冲,即获得 SPWM 信号。如图 3-71 所示,三相调制信号为 u_{mA}、u_{mB} 和 u_{mC},三个信号依次相差 $120°$,载波信号为 u_{cr}。以 A 相为例,当 $u_{mA} > u_{cr}$ 时,对 V_1 施加导通信号,V_4 施加关断信号;而当 $u_{mA} < u_{cr}$ 时,对 V_1 施加关断信号,V_4 施加导通信号。显然,电力电子器件的开关频率 f_s 等于载波信号的频率 f_{cr}。若三相逆变电路的负载为阻性负载,则 V_1 或 V_4 会导通或关断;若负载为感性负载,则 VD_1 或 VD_4 会导通或关断。因此,可以得到 $u_{AN'}$ 的波形如图 3-71 所示。与此类似,可以得到 $u_{BN'}$ 和 $u_{CN'}$ 的电压波形。同时,根据式(3-36)和式(3-37)可以得到 u_{AB} 和 u_{AN} 的波形。

$$u_{AB} = u_{AN'} - u_{BN'} \tag{3-36}$$

$$u_{AN} = u_{AN'} - \frac{u_{AN'} + u_{BN'} + u_{CN'}}{3} \tag{3-37}$$

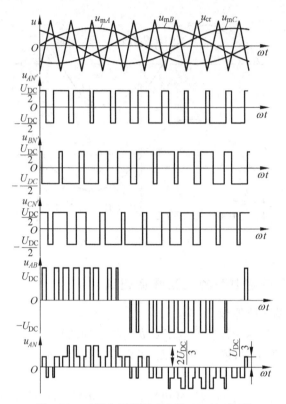

图 3-71 三相电压型逆变电路 SPWM 波形

图 3-71 中，$u_{AN'}$ 可以表示为

$$u_{AN'} = 0.5 m_a U_{DC} \sin(\omega t) + f_h(\omega, \omega_c) \tag{3-38}$$

式中，U_{DC} 为逆变电路直流侧电压稳态值；ω 为调制波 u_{mA} 的角频率；ω_c 为载波 u_{cr} 的角频率；$f_h(\omega, \omega_c)$ 为 $u_{AN'}$ 中的高频成分；m_a 为幅值调制比 (amplitude modulation index)，它可以表示为

$$m_a = \frac{V_m}{V_{cr}} \tag{3-39}$$

式中，V_m 为调制波 u_{mA} 的幅值；V_{cr} 为载波的 u_{cr} 的幅值。正常情况下，存在

$$0 \leqslant m_a \leqslant 1 \tag{3-40}$$

若 $m_a > 1$，称为过调制 (overmodulation)。

根据式 (3-38)，当 $m_a = 1$ 时，$u_{AN'}$ 中的基波成分为

$$u_{AN'1} = 0.5 U_{DC} \sin(\omega t) \tag{3-41}$$

容易得到三相电压型逆变电路输出线电压 u_{AB} 中基波的幅值为

$$U_{AB1m} = \frac{\sqrt{3}}{2} m_a U_{DC} \tag{3-42}$$

定义三相电压型逆变电路的直流电压利用率 (DC bus voltage utilization factor) λ_m 为

$$\lambda_m = \frac{U_{AB1m}}{U_{DC}} \times 100\% \tag{3-43}$$

对于 SPWM，当调制比 m_a 为 1 时，λ_m 为最大值 λ_{mmax}，且

$$\lambda_{mmax} = 86.6\% \tag{3-44}$$

式(3-38)中的高频成分 $f_h(\omega,\omega_c)$ 的角频率可以表示为 $M\omega_c \pm N\omega$,并且满足 $M+N$ 为奇数。例如当 $\omega_c = 15\omega$ 的情况下,$f_h(\omega,\omega_c)$ 的角频率为:15ω、$15\omega \pm 2\omega$、$15\omega \pm 4\omega$、…、$30\omega \pm \omega$、$30\omega \pm 3\omega$、$30\omega \pm 5\omega$、…。

根据式(3-36),三相电压型逆变电路输出线电压 u_{AB} 将不会含有 $f_h(\omega,\omega_c)$ 中的 3 的倍数次谐波成分,但谐波成分仍然比较丰富。这些谐波电压会产生相应的谐波电流,使电机谐波损耗增加,并因此可能产生对外噪声,影响整车舒适性。在实际应用过程中,可以通过提高载波频率 ω_c 的办法,使绝大多数高次谐波引起的噪声频率高于人耳感知的范围。

图 3-71 是通过调制信号与载波信号比较而得到 SPWM 波形,这种方法称为调制法。此外,也可以根据三相电压型逆变电路输出电压的频率、幅值以及电力电子器件的开关频率,通过计算得到各电力电子器件的通断时刻,即得到所需的 SPWM 波形,这种方法称为计算法。与调制法相比,计算法具有计算量大的缺点,但对器件的通断时刻计算准确,并可以根据实际需要,实现预先设计的 SPWM 波形,使某次或某些次谐波消除掉。这种通过计算法消除一些选定的谐波的方法,称为特定谐波消除法(selected harmonic elimination PWM,SHEPWM)。

2. 三次谐波注入法

由图 3-71 和式(3-39)可知,调制波的幅值 V_m 不能大于载波的幅值 V_{cr},否则会出现过调制现象。可以通过注入三次谐波的办法,在提高三相调制信号中基波幅值的同时,使 $V_m \leqslant V_{cr}$。

若调制信号为 u_{mA}、u_{mB} 和 u_{mC},且分别表示为

$$\begin{cases} u_{mA} = U_{m1m}\sin(\omega t) + K_m \sin(3\omega t) \\ u_{mB} = U_{m1m}\sin\left(\omega t - \dfrac{2\pi}{3}\right) + K_m \sin(3\omega t) \\ u_{mC} = U_{m1m}\sin\left(\omega t + \dfrac{2\pi}{3}\right) + K_m \sin(3\omega t) \end{cases} \tag{3-45}$$

即,u_{mA}、u_{mB} 和 u_{mC} 中除包含需要调制的基波外,还包含三次谐波 $K_m\sin(3\omega t)$。可以证明[12],若满足

$$\begin{cases} K_m = \dfrac{1}{6}U_{mA1m} \\ \omega t = \dfrac{\pi}{3} \end{cases} \tag{3-46}$$

那么,u_{mA} 达到最大值,即

$$u_{mA} = U_{mAm} = \dfrac{\sqrt{3}}{2}U_{m1m} \tag{3-47}$$

图 3-72 给出了 u_{mA} 的波形。图中,u_{mA1} 表示 u_{mA} 中的基波成分,即 $u_{mA1} = U_{m1m}\sin(\omega t)$;$u_{mA3}$ 表示 u_{mA} 中的三次谐波成分,即 $u_{mA3} = \dfrac{U_{m1m}}{6}\sin(3\omega t)$。

为保证不会发生过调制,需使

$$\dfrac{\sqrt{3}}{2}U_{m1m} \leqslant V_{cr} \tag{3-48}$$

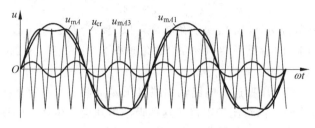

图 3-72 叠加三次谐波的调制信号

即

$$U_{m1m} \leqslant \frac{2}{\sqrt{3}} V_{cr} \tag{3-49}$$

因此,当调制比 m_a 为 1 时,$U_{m1m} = \frac{2}{\sqrt{3}} V_{cr}$。此时,若忽略 $u_{AN'}$、$u_{BN'}$ 和 $u_{CN'}$ 中三次以上谐波成分,则有

$$\begin{cases} u_{AN'} = \dfrac{U_{DC}}{2} \cdot \dfrac{2}{\sqrt{3}} \sin(\omega t) + \dfrac{U_{DC}}{2} \cdot \dfrac{2}{\sqrt{3}} \cdot \dfrac{1}{6} \sin(3\omega t) \\ u_{BN'} = \dfrac{U_{DC}}{2} \cdot \dfrac{2}{\sqrt{3}} \sin\left(\omega t - \dfrac{2\pi}{3}\right) + \dfrac{U_{DC}}{2} \cdot \dfrac{2}{\sqrt{3}} \cdot \dfrac{1}{6} \sin(3\omega t) \\ u_{CN'} = \dfrac{U_{DC}}{2} \cdot \dfrac{2}{\sqrt{3}} \sin\left(\omega t + \dfrac{2\pi}{3}\right) + \dfrac{U_{DC}}{2} \cdot \dfrac{2}{\sqrt{3}} \cdot \dfrac{1}{6} \sin(3\omega t) \end{cases} \tag{3-50}$$

由上式可知,三相电压型逆变电路输出线电压 u_{AB} 不含三次谐波,且其基波的幅值为

$$U_{AB1m} = U_{DC} \tag{3-51}$$

因此,三相电压型逆变电路的最大直流电压利用率 λ_{mmax} 为

$$\lambda_{mmax} = \frac{U_{AB1m}}{U_{DC}} \times 100\% = 100\% \tag{3-52}$$

从式(3-52)和式(3-44)可以看出,当调制波中注入幅值为基波幅值的六分之一的三次谐波后,最大直流电压利用率为 SPWM 的 1.155 倍。

通过以上分析可知,将相位和幅值完全相同的三次谐波叠加到各相调制波形中,降低了各相调制信号的峰值。对于基波信号来说,相当于提高了基波的最大调制比,进而提高了最大电流电压利用率。在负载为采用"Y 型"连接的三相对称电机定子绕组时,三次谐波不会影响绕组之间的线电压。同时,根据式(3-37)、式(3-50)可知,三次谐波不会影响定子绕组相电压 u_{AN},且同理可知,三次谐波也不会影响定子绕组相电压 u_{BN} 和 u_{CN}。即采用三次谐波注入法进行调制时,不会因三次谐波的注入引起电机定子绕组相电压或线电压的畸变。

3.3.3 三相电压型逆变电路的空间矢量脉宽调制

空间矢量脉宽调制(space vector pulse width modulation,SVPWM)是电动汽车永磁同步电机以及交流感应电机矢量控制系统广泛使用的 PWM 技术,具有直流电压利用率高、适合数字化控制系统等优点。

对于定子绕组采用"Y 型"连接的三相交流电机,定子绕组相电压存在

$$u_{AN} + u_{BN} + u_{CN} = 0 \tag{3-53}$$

将 ABC 坐标系下的电压 u_{AN}、u_{BN} 和 u_{CN} 通过坐标变换,变换为 $\alpha\beta$ 坐标系下的 u_α 和 u_β,具体为

$$\begin{bmatrix} u_\alpha \\ u_\beta \end{bmatrix} = \boldsymbol{M}_C \begin{bmatrix} u_{AN} \\ u_{BN} \\ u_{CN} \end{bmatrix} \tag{3-54}$$

式中,$\boldsymbol{M}_C$ 为克拉克变换矩阵,它可以表示为

$$\boldsymbol{M}_C = \sqrt{\frac{2}{3}} \begin{bmatrix} 1 & -\frac{1}{2} & -\frac{1}{2} \\ 0 & \frac{\sqrt{3}}{2} & -\frac{\sqrt{3}}{2} \end{bmatrix} \tag{3-55}$$

定义电压空间矢量 $\boldsymbol{U}$ 为

$$\boldsymbol{U} = u_\alpha + \mathrm{j} u_\beta \tag{3-56}$$

将式(3-54)代入式(3-56),有

$$\boldsymbol{U} = \sqrt{\frac{2}{3}} (u_{AN} \mathrm{e}^{\mathrm{j}0} + u_{BN} \mathrm{e}^{\mathrm{j}2\pi/3} + u_{CN} \mathrm{e}^{\mathrm{j}4\pi/3}) \tag{3-57}$$

式中,

$$\mathrm{e}^{\mathrm{j}\theta} = \cos\theta + \mathrm{j}\sin\theta \tag{3-58}$$

对于图 3-68 所示三相电压型逆变电路,可用 S_A、S_B 和 S_C 分别表示 A 相、B 相和 C 相半桥电力电子器件通断状态,定义

$$\begin{cases} S_A = \begin{cases} 1, & V_1: \text{on}; \ V_4: \text{off} \\ 0, & V_4: \text{on}; \ V_1: \text{off} \end{cases} \\ S_B = \begin{cases} 1, & V_3: \text{on}; \ V_6: \text{off} \\ 0, & V_6: \text{on}; \ V_3: \text{off} \end{cases} \\ S_C = \begin{cases} 1, & V_5: \text{on}; \ V_2: \text{off} \\ 0, & V_2: \text{on}; \ V_5: \text{off} \end{cases} \end{cases} \tag{3-59}$$

那么,存在 8 种器件开关状态组合 $[S_A S_B S_C]$,分别为[111]、[000]、[100]、[110]、[010]、[011]、[001]和[101]。在开关状态组合为[100]时,器件 V_1、V_6 和 V_2 导通,而 V_4、V_3 和 V_5 关断,因此有

$$\begin{cases} u_{AN} = \frac{2}{3} U_{DC} \\ u_{BN} = -\frac{1}{3} U_{DC} \\ u_{CN} = -\frac{1}{3} U_{DC} \end{cases} \tag{3-60}$$

将上式代入式(3-57),有

$$\boldsymbol{U} = \sqrt{\frac{2}{3}} U_{DC} \mathrm{e}^{\mathrm{j}0} \tag{3-61}$$

式(3-61)即为在开关状态组合为[100]时,所对应的定子绕组电压空间矢量,将其记为 U_1。以此类推,可以得到其他 7 种开关状态组合对应的定子绕组电压空间矢量,统一整理如表 3-4 所示。

表 3-4 开关状态与电压空间矢量对应关系

开关状态组合 $[S_A S_B S_C]$	导通的器件	关断的器件	电压空间矢量
[000]	V_4, V_6, V_2	V_1, V_3, V_5	$U_0 = 0$
[100]	V_1, V_6, V_2	V_4, V_3, V_5	$U_1 = \sqrt{\dfrac{2}{3}} U_{DC} e^{j0}$
[110]	V_1, V_3, V_2	V_4, V_6, V_5	$U_2 = \sqrt{\dfrac{2}{3}} U_{DC} e^{j\frac{\pi}{3}}$
[010]	V_4, V_3, V_2	V_1, V_6, V_5	$U_3 = \sqrt{\dfrac{2}{3}} U_{DC} e^{j\frac{2\pi}{3}}$
[011]	V_4, V_3, V_5	V_1, V_6, V_2	$U_4 = \sqrt{\dfrac{2}{3}} U_{DC} e^{j\pi}$
[001]	V_4, V_6, V_5	V_1, V_3, V_2	$U_5 = \sqrt{\dfrac{2}{3}} U_{DC} e^{j\frac{4\pi}{3}}$
[101]	V_1, V_6, V_5	V_4, V_3, V_2	$U_6 = \sqrt{\dfrac{2}{3}} U_{DC} e^{j\frac{5\pi}{3}}$
[111]	V_1, V_3, V_5	V_4, V_6, V_2	$U_7 = 0$

在 8 种器件开关状态组合中,包括 6 个非零矢量(active vector) $U_1[100]$、$U_2[110]$、$U_3[010]$、$U_4[011]$、$U_5[001]$、$U_6[101]$ 以及 2 个零矢量(zero vector) $U_0[000]$、$U_7[111]$。将上述 8 个电压空间矢量画于 $\alpha\beta$ 坐标系中,如图 3-73 所示,它们把坐标平面分成了 6 个区域,这些区域称为扇区(sector)。

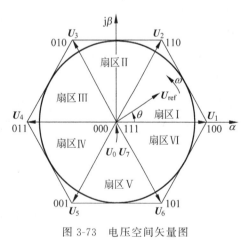

图 3-73 电压空间矢量图

若三相电压型逆变电路输出电压对应的电压空间矢量为 U_{ref},则 U_{ref} 将在 $\alpha\beta$ 坐标系平面上以原点为中心,以 ω 为角速度旋转,ω 可以表示为

$$\omega = 2\pi f_1 \quad (3-62)$$

式中,f_1 为三相电压型逆变电路输出电压基波频率。U_{ref} 可以表示为

$$U_{ref} = u_{\alpha ref} + j u_{\beta ref} \quad (3-63)$$

U_{ref} 与 α 轴的夹角为 θ,θ 可以表示为

$$\theta = \omega t + \theta_0 \quad (3-64)$$

式中,θ_0 为当 $t=0$ 时,U_{ref} 与 α 轴的初始夹角。若不考虑 $\theta = \dfrac{k\pi}{3} (k=0,1,2,3,4,5)$ 的特殊情况,在任一时刻 t,U_{ref} 将位于扇区 Ⅰ~Ⅵ中的某一个扇区。如图 3-74 所示,假设 U_{ref} 位于扇区 Ⅰ。如果开关周期 T_s 足够小,可以近似认为在 T_s 时间内 U_{ref} 保持不变,那么基于伏秒平衡的原则,U_{ref} 在一个开关周期 T_s 作用的结果可以等效为所在扇区(图 3-74 中为扇区 Ⅰ)

两个相邻非零矢量(图中 U_1 和 U_2)以及零矢量(U_0 和 U_7)分别按一定时间组合作用的结果。或者说在 $\alpha\beta$ 坐标平面上任一个旋转的空间矢量在任一时刻都可以看作是相邻两个静止的空间矢量以及零矢量的合成。因此,可以得到

$$\begin{cases} T_s U_{ref} = T_1 U_1 + T_2 U_2 + T_0 U_0 + T_7 U_7 \\ T_s = T_1 + T_2 + T_0 + T_7 \end{cases} \quad (3\text{-}65)$$

式中,T_0、T_1、T_2、T_7 分别为 U_0、U_1、U_2、U_7 的作用时间(dwell time)。基于表 3-4,对式(3-65)求解,可得

$$\begin{cases} T_1 = \dfrac{\sqrt{2}\, T_s |U_{ref}|}{U_{DC}} \sin\left(\dfrac{\pi}{3} - \theta\right) \\ T_2 = \dfrac{\sqrt{2}\, T_s |U_{ref}|}{U_{DC}} \sin\theta \\ T_0 + T_7 = T_s - T_1 - T_2 \end{cases}, \quad 0 \leqslant \theta \leqslant \pi/3$$

(3-66)

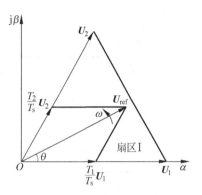

图 3-74 电压空间矢量的合成

因为 U_0 和 U_7 同为零矢量,所以只需保证这两个零矢量作用时间的和满足式(3-66)即可实现对 U_{ref} 的调制。通常,选择 $T_0 = T_7$。

类似地,当 U_{ref} 位于扇区Ⅱ~Ⅵ时,U_{ref} 在一个开关周期 T_s 作用的结果可以等效为所在扇区两个相邻非零矢量以及零矢量分别按一定时间组合作用的结果,并可以得到非零矢量和零矢量的作用时间。

根据得到的非零矢量和零矢量的作用时间,有很多方法可以获得与 U_{ref} 位置对应的如图 3-68 所示三相电压型逆变电路中 $V_1 \sim V_6$ 的占空比[13],并由此产生不同的矢量作用顺序。比较常用的是"七段式"(seven segments)矢量作用顺序,这种组合产生的电压波形中谐波含量比较低,被广泛用于三相永磁同步电机和交流感应电机的控制。U_{ref} 位于不同扇区的"七段式"矢量作用顺序如图 3-75 所示。图中,在每次开关状态转换时,只改变 A、B、C 其中一相的开关状态;同时,对零矢量在时间上进行了平均分配,从而使产生的 PWM 电压波形对称,可以有效地降低电压波形中的高次谐波含量。

除"七段式"矢量作用顺序外,还有"五段式"(five segments)矢量作用顺序。"五段式"矢量作用顺序具有开关次数少、开关损耗小等优点,但电压波形中谐波含量较高。

当具有一定幅值的 U_{ref} 在如图 3-73 所示平面上绕原点匀速旋转时,其位置将从扇区 Ⅰ→Ⅱ→Ⅲ→Ⅳ→Ⅴ→Ⅵ→Ⅰ→…连续移动,与此对应的三相交流电压 $u_{AN'}$、$u_{BN'}$ 和 $u_{CN'}$ 的电压波形为"马鞍波",具体如图 3-76 所示。同时,根据式(3-36)可以得到线电压 u_{AB} 的波形。图中,同时给出了 $u_{AN'}$、$u_{BN'}$ 和 $u_{CN'}$ 中的零序电压分量 u_{30} 的波形,该电压波形近似为三角波。

图 3-74 中,U_{ref} 位于扇区Ⅰ,即 $0 \leqslant \theta \leqslant \pi/3$,在满足 $T_0 + T_7 \geqslant 0$ 时,由式(3-66)可以求得

$$|U_{ref}|_{max} \geqslant \dfrac{U_{DC}}{\sqrt{2}} \quad (3\text{-}67)$$

式中,$|U_{ref}|_{max}$ 为 U_{ref} 幅值的最大值。在稳态情况下,U_{ref} 应为幅值不变的旋转矢量,因此,存在

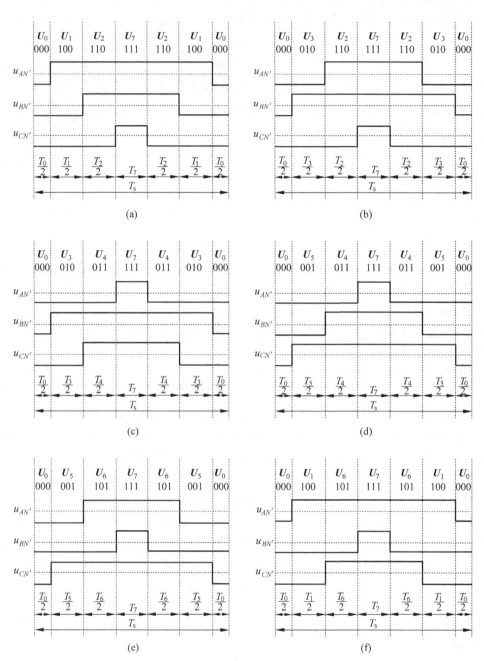

图 3-75 不同扇区的"七段式"矢量作用顺序

(a) 扇区Ⅰ；(b) 扇区Ⅱ；(c) 扇区Ⅲ；(d) 扇区Ⅳ；(e) 扇区Ⅴ；(f) 扇区Ⅵ

第 3 章　汽车驱动电机数字化控制基础

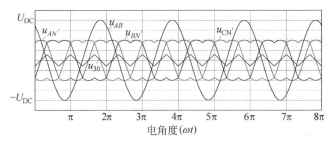

图 3-76　SVPWM 的电压波形

$$|U_{\text{ref}}|_{\max}=\frac{U_{\text{DC}}}{\sqrt{2}} \qquad (3\text{-}68)$$

即，U_{ref} 在旋转过程中，其幅值不应超过图 3-73 所示的 6 个非零矢量顶点连成的六边形的内切圆。

定义 SVPWM 的幅值调制比 m_a 为

$$m_a=\frac{\sqrt{2}\,|U_{\text{ref}}|}{U_{\text{DC}}} \qquad (3\text{-}69)$$

正常情况下，$0 \leqslant m_a \leqslant 1$。若 $m_a > 1$，则为过调制状态。当 U_{ref} 的幅值为 $|U_{\text{ref}}|_{\max}$ 时，显然 m_a 为 1。

式(3-68)对应的 ABC 坐标系下的线电压的幅值为

$$U_{AB1m}=U_{\text{DC}} \qquad (3\text{-}70)$$

因此，SVPWM 的最大直流电压利用率 λ_{mmax} 为

$$\lambda_{\text{mmax}}=\frac{U_{AB1m}}{U_{\text{DC}}} \times 100\% = 100\% \qquad (3\text{-}71)$$

从式(3-71)和式(3-44)可以看出，SVPWM 的最大直流电压率为 SPWM 的 1.155 倍。

在永磁同步电机和交流感应电机矢量控制中，电流环输出的 dq 参考坐标系下电压目标值 u_d^* 和 u_q^* 经过派克逆变换后可以得到 $\alpha\beta$ 参考坐标系下电压目标值 u_α^* 和 u_β^*。那么有目标电压空间矢量

$$U_s^* = u_\alpha^* + ju_\beta^* \qquad (3\text{-}72)$$

因此，在任一时刻，通过判断 U_s^* 所在扇区以及计算非零矢量和零矢量作用的时间，就可以得到三相电压型逆变电路中各电力电子器件的通断状态或占空比，从而对定子绕组相电流进行跟踪，实现对电机转矩的控制。因此，SVPWM 非常适用于交流电机的矢量控制。

3.4　驱动电机绕组电流控制方法

电机控制器根据上层控制器发出的指令或者加速踏板和制动踏板的位置，对驱动电机的转矩进行控制。电机的转矩控制是通过对电机绕组电流的控制实现的，所以对电机绕组电流实施闭环控制是电机控制算法的核心。

电流控制方法、电流环控制参数、反馈电流的精度与实时性等对驱动电机系统性能会产

生非常大的影响。

3.4.1 电机绕组电流滞环跟踪 PWM 控制

电流滞环跟踪 PWM(current hysteresis band PWM, CHBPWM)控制具有控制器结构简单、响应速度快、参数鲁棒性好等优点,在电力电子电路电流控制中得到广泛应用。可以结合图 3-77 说明其基本原理。图 3-77(a)为电机控制器中常见的部分主电路,电机绕组在图中用 R_a、L_a 串联电路表示,图 3-77(b)给出了绕组电流 i_a 的波形。

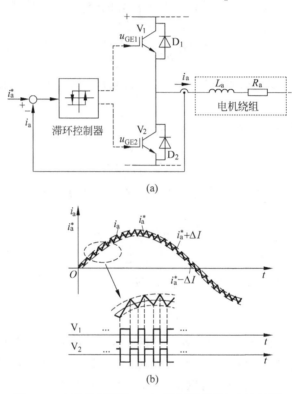

图 3-77 电流滞环跟踪 PWM 控制原理图与电流波形
(a) 控制原理图;(b) 目标电流和实际电流波形

在图 3-77(a)中,当电力电子器件 V_1 导通、V_2 关断时,绕组两端的电压 $u_a>0$,绕组电流 i_a 增大;而当 V_2 导通、V_1 关断时,绕组两端的电压 $u_a<0$,绕组电流 i_a 减小。可以将绕组的目标电流 i_a^* 和实际电流 i_a 的差值 $i_a^* - i_a$ 作为滞环控制器的输入来判断哪一个器件导通,哪一个关断。

假设绕组的实际电流 i_a 与目标电流 i_a^* 的最大允许偏差为 $\pm\Delta I$。从图 3-77 可以看出,当 $i_a^* - i_a > \Delta I$ 时,即意味着实际的绕组电流 i_a 低于允许误差带的下边界,此时使 V_1 导通,V_2 关断,绕组两端的电压 $u_a>0$,使 i_a 增加而回到误差带之内;反之,若 $i_a^* - i_a < -\Delta I$ 时,即意味着实际的负载电流 i_a 高于允许误差带的上边界,此时使 V_1 关断,V_2 开通,绕组两端的电压 $u_a<0$,使 i_a 减小而回到误差带之内。通过环宽为 $2\Delta I$ 的滞环控制,i_a 就在 $i_a^* + \Delta I$ 和 $i_a^* - \Delta I$ 的范围内,呈现锯齿状的跟踪指令电流 i_a^*。这样,也就得到了如图 3-77(b)器件

V_1、V_2 的 PWM 驱动控制信号。

显然,环宽对器件 V_1、V_2 的开关频率影响很大,若环宽较小,则开关频率较高,跟踪精度提高;若环宽较大,则开关频率较低,跟踪精度较差。此外,图 3-77 中,绕组电感 L_a 较大时,i_a 变化率较小,跟踪变化程度变慢,电力电子器件 V_1、V_2 的开关频率也降低;若绕组电感 L_a 较小时,i_a 变化率较大,跟踪变化程度变快,电力电子器件 V_1、V_2 的开关频率也增加。

电流滞环跟踪 PWM 控制的缺点是电力电子器件开关频率不固定,使得绕组电流的谐波成分比较丰富。此外,任何器件的开关频率都有上限,在电流跟踪过程中,跟踪效果还会受到器件最大允许开关频率的限制。如果误差环带设计较小,会使器件的开关频率过高,增大器件的开关损耗。

3.4.2 电机绕组电流的 PI 控制

通常,电机绕组电流闭环控制中多采用 PI 调节器对绕组电流进行控制。若忽略因转子旋转而在电机绕组中产生的感应电动势的影响,那么典型的电机控制电流环结构如图 3-78 所示。

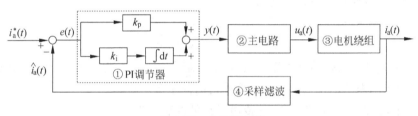

图 3-78 电流环结构

图 3-78 中,①为 PI 调节器,其传递函数可以写为

$$G_{PI}(s) = k_p + \frac{k_i}{s} \tag{3-73}$$

式中,k_p 和 k_i 分别为 PI 调节器的比例系数和积分系数。可令

$$k_i = \frac{k_p}{\tau_i} \tag{3-74}$$

式中,τ_i 为积分时间常数。当采用数字化 PI 调节器时,对式(3-73)进行离散化,可得

$$y(nT_s) = k_p \left\{ e(nT_s) + \frac{T_s}{\tau_i} \sum_{j=0}^{n} e(jT_s) \right\} = k_p e(nT_s) + k_i' \sum_{j=0}^{n} e(jT_s) \tag{3-75}$$

式中,T_s 为采样周期,若采样频率为 f_s,则有 $f_s = 1/T_s$;k_i' 为数字化 PI 调节器的积分系数。

PI 调节器中积分环节饱和会造成电流环的闭环响应变差的情况,即 Windup 现象。积分环节饱和使电机输出转矩不能较好地跟踪目标转矩的变化,严重情况下,可使电机控制器主电路中的电力电子器件出现过流现象而导致器件损坏或失效。

在对电流环进行设计时,通常会采用 Anti-windup 结构的 PI 调节器,即抑制积分饱和 PI 调节器。有很多种具有 Anti-windup 结构的 PI 调节器可以用于电机绕组电流的控制,它们的原理皆为判断 PI 调节器输出是否满足限幅条件而限制或停止积分环节的作用[14,15]。

图 3-79 为一种变结构 PI 调节器，该调节器输出有限值环节。当满足

$$\begin{cases} e(t)y_1(t) > 0 \\ y_1(t) \neq y_2(t) \end{cases} \quad (3-76)$$

时，该调节器积分环节的输入为 0，否则为 $e(t)$。

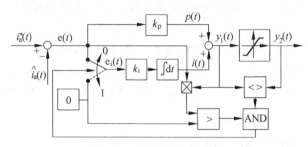

图 3-79 变结构 PI 调节器

图 3-78 中，②为电机控制器主电路环节，其输入为 PI 调节器的输出 $y(t)$，可以认为 $y(t)$ 为 PWM 信号，输出为绕组电压 $u_a(t)$。对于电机控制器中常采用的 PWM 变换器或逆变器主电路，其传递函数可以表达为[16,17]

$$G_{PWM}(s) = \frac{H_{PWM}}{T_{PWM}s + 1} \quad (3-77)$$

式中，H_{PWM} 为 PWM 变换器或逆变器的等效增益[18]；T_{PWM} 为 PWM 变换器或逆变器的等效延迟时间或称为 PWM 变换器或逆变器的时间常数。

图 3-78 中，③为电机绕组环节，其传递函数可以表达为

$$G_a(s) = \frac{1}{L_a s + R_a} = \frac{\frac{1}{R_a}}{\tau_a s + 1} \quad (3-78)$$

式中，R_a 和 L_a 分别为电机绕组的等效电阻和等效电感；τ_a 为电机绕组的时间常数。

图 3-78 中，④为低通滤波环节，若滤波器增益为 1，其传递函数可以表达为

$$G_f(s) = \frac{1}{T_f s + 1} \quad (3-79)$$

式中，T_f 为采样和滤波的延时时间或称为滤波环节的时间常数。若对实际电流 i_a 的采样时间为一个采样周期 T_s，那么有

$$G_f(s) = \frac{1}{T_s s + 1} \quad (3-80)$$

在电机控制器中，DSC 通过通信总线（如 CAN 总线）获取目标电流 i_a^*，因此可以认为 i_a^* 也需要一个采样周期 T_s 延迟时间。

综上，图 3-78 可以等效为如图 3-80 所示的电流环结构。因此，可以得到电流环的传递函数为

$$G_{loop}(s) = G_f(s)G_{PI}(s)G_{PWM}(s)G_a(s) \quad (3-81)$$

通常，式(3-77)、式(3-79)和式(3-80)中的 T_{PWM}、T_f 以及 T_s 都要比式(3-78)中的 τ_a 小得多。可以据此对电流环传递函数 $G_{loop}(s)$ 进行假设和简化为典型Ⅰ型或Ⅱ型系统，采

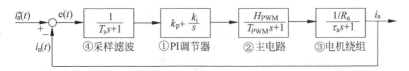

图 3-80 电流环的等效结构

用自动控制系统的工程设计方法[19]对 PI 调节器的参数进行整定。

PI 调节器的参数对电机绕组电流的控制效果会产生直接影响,不合适的 PI 调节器参数会导致电机转矩出现高频纹波、低频振荡等不良现象,严重时,会导致电机控制器的电力电子器件出现过流,使电机控制器失效或损坏。

电机控制系统在实际运行过程中不可预知的干扰很多,同时电机的运行工况也会不断变化,电机参数也可能因磁路饱和、温升等发生改变。若只有一组固定的 PI 调节器参数,很难适应各类复杂多变的情况,也不易满足车辆对驱动电机系统性能的要求。基于此,可以设置多组不同的 PI 调节器参数与各类工况相适应,以取得较好的控制效果。但在工程实践过程中,应注意不同组参数在不同运行点的平滑过渡。

电流环 PI 调节器的参数整定是一项繁琐而费时的工作,在电机控制器研发过程中占有重要的位置。随着控制理论的不断发展,一些新的 PI 调节器技术,如模糊 PI 控制、自适应 PI 控制、预测 PI 控制、PI 调节器自整定技术等,被不断用于电机控制领域并取得了较好的控制效果。

3.5 数字化驱动电机控制器的集成

3.5.1 驱动电机控制器的结构

驱动电机控制器可以独立为一个部件,也可以与其他部件集成为一体,常见的集成方案有"电机控制器+电机""电机控制器+电机+变速器""电机控制器+低压直流-直流变换器""电机控制器+低压直流-直流变换器+车载充电设备"等。

驱动电机控制器作为一个独立部件时,其内部结构如图 3-81 所示。

基于整车布置要求,驱动电机控制器普遍具有非规则外形,其防护壳体通常采用铝合金材料,通过压铸工艺等制成,具有质量小、强度高的优点。由于驱动电机控制器具有较高防护等级的要求,因此要求控制器壳体具有较好的密封性能。除了要求控制器壳体上的电气连接器具有较好的密封性外,连接器应便于和线缆的屏蔽层与壳体的电气搭接。控制器壳体上应具有明显的"接地点"和接地标记。高压接口之间、高压接口与低压接口之间应留有足够的电气间距,以满足电气安全的要求。

典型的汽车驱动电机控制器内部主要包括主电路和控制电路两大部分,也可以分别看作为高压部分和低压部分。主电路主要由电力电子器件(模块)、直流侧电容器以及电感器(如需要)构成。主电路元器件的选型通常依据直流侧母线电压变化范围及允许的纹波电压、电机最大功率、最大绕组电流、电机控制器允许温度范围、电机控制器内部尺寸等参数,并考虑留有一定的裕度。主电路的电力电子器件以及电感器(如需要)安装在液冷板上,应保证元器件的冷却面与液冷板紧密可靠接触。电容器(图 3-82 中 C)可以采用支架固定等

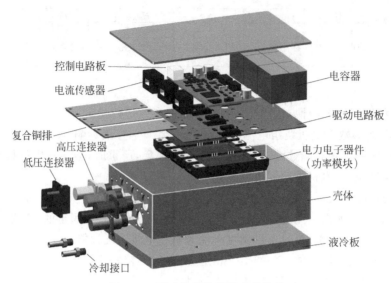

图 3-81 驱动电机控制器内部结构

方式进行安装,但距电力电子器件的距离应尽可能小。

主电路中由采用铜材料和绝缘材料的具有复合结构的复合母排(composite busbar)实现电气连接。主电路与对外电气接口之间通常设有电气开关、熔断器、泄放电阻、预充电电阻等附件。图 3-82 是一种典型的三相交流电机控制器主电路的电气连接图。

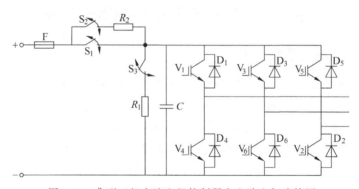

图 3-82 典型三相交流电机控制器主电路电气连接图

图 3-82 中,预充电电阻 R_2、电气开关 S_1 和电气开关 S_2 构成预充电电路,可以用来限制动力系统高压上电过程因电容 C 产生较大的充电电流;R_1 为泄放电阻,可以在高压下电后,通过开关 S_3 快速释放电容 C 中的能量,以保证电气安全;F 为高压熔断器,用来防止因电机控制器内部高压短路故障而对整车电气系统产生不利影响。

驱动电机控制器的控制电路由 DSC、驱动电路、保护电路、数据采集电路等构成,具体如图 3-83 所示。控制电路中的绝大部分元器件焊接在一块或多块印刷电路板上。电流传感器等与高压线缆或母排具有耦合关系的附件可以根据电机控制器的布置需要通过支架固定等方式进行安装。传感器与印刷电路板之间、不同印刷电路板之间通过低压连接器和导线进行电气连接。

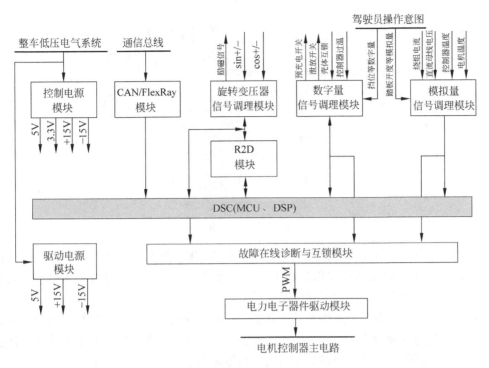

图 3-83 电机控制器控制电路结构

3.5.2 驱动电机控制器的热管理

3.5.2.1 驱动电机系统的产热和散热

在能量传输和转换过程中,驱动电机及电机控制器会产生一定量的能量损耗,能量损耗将以热量形式体现出来。这部分热量若得不到及时散发,电机和电机控制器的内部温度会明显上升。对于电机,较高的工作温度会破坏电机绕组的电气绝缘,使永磁材料性能衰退,降低电机的耐久性。对于电机控制器,若电力电子器件以及电子器件所处环境温度高于最大允许结温,将会发生热击穿而导致器件永久性失效;此外,过高的环境温度会导致电容器、电阻器、电感器等无源元件的绝缘受到破坏、参数出现明显变化,从而对驱动电机系统的性能产生不良影响。

驱动电机和电机控制器的散热系统可以相互独立也可以相互耦合。图 3-84 所示为常见的电动汽车驱动电机及电机控制器的散热系统结构,电机和电机控制器共用一套散热系统。由于电机控制器的允许工作温度普遍低于电机的允许工作温度,所以在散热系统中,低温冷却液先对电机控制器进行冷却后再对电机进行冷却。

在电机控制器中,产生能量损耗的主要是电力电子器件主电路。与它相比,控制电路(包括传感器、驱动电路等)的损耗可以忽略不计。尽管如此,在对电机控制器设计时,仍要考虑控制电路中局部易发热电路(如电源模块、采样电阻等)产生的热量对 DSC、采样电路、传感器、主电路中的电容器等产生的不利影响,尽量使热源靠近电机控制器金属壳体或与壳体紧密接触,通过热传递或热辐射及时地将热量散发出去。

电机控制器热管理问题的焦点是主电路中的电力电子器件、电感器和电容器的产热、传

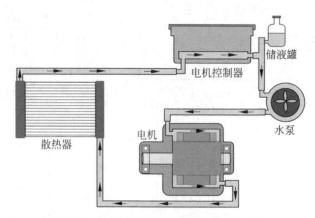

图 3-84　驱动电机及其控制器的散热系统

热和散热。电力电子器件,如功率二极管、功率 MOSFET 和 IGBT,主要的能量损耗包括通态损耗和开关损耗,断态损耗可以忽略不计;电感器产生的损耗主要包括铜损和铁损;电容器的损耗主要为介质损耗和等效电阻损耗。

电机控制器主电路中的发热元器件通常安装在液冷板上,绝大部分热量经热传导(heat conduction)传递到液冷板后,通过液冷板中流道内的冷却液将热量散发出去;小部分热量通过电机控制器壳体对外热辐射或与电机控制器周围空气的对流得到散发。

由于水等液体的强制对流换热系数很高,采用液体冷却方式具有较高的散热效率。为保证低温时车上液冷系统能正常工作,冷却液体普遍采用"乙二醇+水"的混合物,同时为了防腐蚀,有时还会添加少量磷酸盐等防腐蚀添加剂。如果需要提高整车电气绝缘性,冷却液需使用去离子水或在冷却管路中加入去离子环节。

在电机控制器中,发热的功率模块通过基板将热量以热传导方式传递给液冷板,再由液冷板内的冷却液通过强制对流将热量带走,冷却液通过外部散热器散热后再次回到液冷板,循环往复达到散热目的。液冷板一般由铝质或铜质材料制成,但目前越来越多的液冷板通过液体直接冷却功率模块,也就是将功率模块的基板作为液冷板的一部分,进行散热。如图 3-85 所示,直接冷却功率模块往往采用具有针翅(pin fin)结构的镀镍铜基板,液冷板可以采用金属或塑料材质。为保证密封性,液冷板上需具有 O 形密封槽。

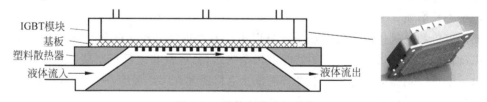

图 3-85　液体直接冷却系统

3.5.2.2　电力电子器件的散热特点

对一些小功率驱动电机控制系统,多采用分立式封装或塑膜封装的电力电子器件,并将它们与低压控制电路(包括驱动电路)等集成在 PCB 上。通过部件内部合理的结构设计,将电力电子器件的散热底座和液冷板固定在一起,方便散热;有时也将电机控制器金属外壳作为散热体,将电力电子器件底座固定在电机控制器金属外壳上。

对于中大功率的驱动电机控制系统,则普遍采用模块化封装的电力电子器件,即功率模块。根据部件主电路的拓扑结构,可以选用单一器件模块,也可以选用多器件集成的模块。

当选用单一器件模块时,需要用铜质母排实现各模块之间的电气连接。单一器件模块构成的主电路具有如下特点:①主电路布局灵活,可以根据实际需求实现模块之间的搭配;②器件选择余地大,对于一些标准器件,不同厂商器件可以互换;③维修成本低,出现损坏时,只需对损坏的器件进行更换;④装配时,需对器件进行参数筛选和匹配;⑤电机控制器体积大、重量大,功率密度低;⑥驱动电路、热管理等辅助电路或系统的设计难度大;⑦线路杂散电感较大,整个系统控制难度大;⑧电机控制器制造成本高。

对于多器件集成的模块,器件厂商已经根据常见的电力电子电路拓扑结构在模块内部完成了器件之间的电气连接。在使用过程中,具有如下特点:①主电路结构简单,易于安装,部件制造成本低;②电机控制器具有较高的功率密度;③线路杂散电感小;④便于为减小寄生参数,而将驱动PCB集成在功率模块上;⑤发热源单一,热管理系统设计更为容易;⑥模块内部器件单体之间一致性较好;⑦维护成本高,即使确定为某一器件损坏,也要对整个模块进行更新;⑧器件选择余地小,不同厂商器件接口标准可能不一致。

对于电动汽车,由于动力系统中电力电子部件较多,电力电子部件之间具有电气上的耦合,例如:电力电子部件采用级联方式连接或具有共同的直流输入端。汽车整车以及部件厂商希望电力电子功率模块不仅能满足一个汽车部件的需要,而且能满足数个电力电子部件集成在一起组成一个电力电子系统的需求,这种需求促使集成了十几个、甚至几十个电力电子器件的大规模功率模块(large scale power module)的出现。如图3-86(a)所示为一个混合动力乘用车用功率模块,其内部等效电路如图3-86(b)所示,模块内部包含22只IGBT、22只功率二极管,可供电动汽车动力系统中一个双向DC/DC变换器和两个电机控制器使用。

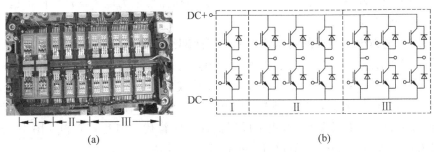

图3-86 车用大规模功率模块
(a) 外形;(b) 等效电路
Ⅰ—直流-直流变换器用器件;Ⅱ—电机1控制器用器件;Ⅲ—电机2控制器用器件

车用大规模功率模块的出现,推动了电力电子部件集成和整车集成技术(如:硬件系统结构设计与优化技术、协调控制技术、热管理技术等)的发展,对电力电子技术(如:驱动电路设计、保护电路设计、器件可靠性、器件热管理等)提出了更高的要求,同时也对电力电子器件模块化封装技术提出了新的挑战。以热管理为例,当采用大规模功率模块时,由于发热点较为集中,从整车角度看,热管理系统得到了简化。同时,由于大规模功率模块内器件的工况往往存在着一定的差异或互补性,从而比较容易对热管理系统进行优化。但另一方面,由于模块内电力电子器件较多,产热过于集中,尽快将器件产生的热量散发掉,使器件工作在最高允许结温之下,是保证电力电子器件可靠性和使用寿命的前提。针对这一点,一些电力电子器件厂商和汽车企业合作推出了双散热面模块化封装器件,如图3-87所示。这种功率模块和单散热面模块相比,散热面积增加大,更容易与外界实现热交换。双散热面功率模块已经在国外的电动汽车电机控制器中得到了应用。此外,一些电力电子器件厂商面向电动汽车研发了集成直接液冷系统的电力电子器件,如图3-88所示。采用这种器件可缩短电力电子部件的研发周期,提高部件的功率密度。同时,由于液冷系统与器件紧密结合,可以取得较好的散热效果。

图 3-87 双散热面模块化封装器件

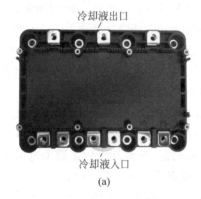 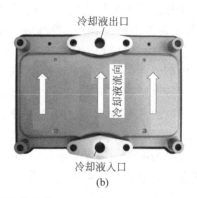

(a)   (b)

图 3-88 采用直接液冷结构的器件

(a) 器件正面;(b) 器件背面

应该指出,由于不同汽车厂商、不同的动力系统对大规模功率模块的需求存在很大的差异,因此车用大规模功率模块往往具有定制化的特点,需要电力电子器件厂商根据整车需求和整车、部件企业共同研发。

3.5.2.3 电力电子器件的基本传热方式与热网络模型

如图3-89所示为一个电力电子功率模块固定在一个液冷板上。图中,TIM为导热界面材料(thermal interface material),用于功率模块或电力电子器件和散热器(或冷却介质)的热黏合,即填充模块或器件与散热器(或冷却介质)之间的间隙。常用的TIM为导热硅脂,即硅油和氧化锌颗粒的复合物,也可以用银或铝颗粒代替氧化锌颗粒。图中,电力电子功率模块采用直接敷铜(direct bonded copper,DCB)衬底。

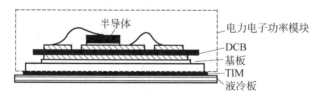

图 3-89 固定在散热器上的电力电子器件

对照图3-89所示的结构,可以建立如图3-90所示的一维等效热模型[1,4],该模型基于"热路"与"电路"的类比和对应关系,可以用电路方程和求解方法来分析热量的传递过程。在一维等效热模型中,单位时间内热源产生的热量,即功率消耗,用电流源表示;热模型中的热阻用电阻来表示,反映热路中各环节的温升 ΔT 与功耗 P_{th} 的关系；热容则用电容来表示,反映对热量的吸收或存储；图中的"地电位"相当于环境温度。

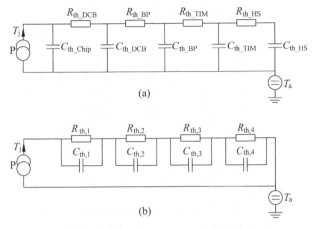

图 3-90　电力电子器件散热系统热网络模型
(a) 考尔模型；(b) 福斯特模型

图 3-90(a)为连续网络模型(continued fraction circuit)或考尔模型(Cauer model),图中,BP 表示基板,HS 表示散热器,Chip 表示芯片。考尔模型是根据功率模块内部实际物理层以及散热材料建立的模型,反映了真实的热量传导过程,功率模块中每一层以及模块外部的散热材料都可以用相应独立的 RC 单元表示,只要图 3-90(a)中各元件参数已知,就可以求解出每层材料的内部温度。

图 3-90(b)为局部网络模型(partial fraction circuit),也称为福斯特模型(Foster model),是另一种一维等效热模型,其每个 RC 单元中,热容和热阻是并联的。福斯特模型中各网络节点没有实际物理意义,不能反映出实际的物理结构。在福斯特模型中 RC 单元的数量只取决于测量点数量。因此,对同一散热系统所建立的考尔模型和福斯特模型,它们的 RC 单元数量不一定相同,两个模型中热阻和热容数值上也不存在一一对应关系。福斯特模型的优势在于根据模型可以方便地求解出系统随时间变化的瞬态热阻抗为

$$Z_{th}(t) = \sum_{i=1}^{n} R_i (1 - e^{-\frac{t}{\tau_i}}) \tag{3-82}$$

式中,τ_i 可表示为

$$\tau_i = R_i C_i \tag{3-83}$$

R_i 和 τ_i 的值通常会被列在厂商提供的功率模块数据手册中。

图 3-91 所示为汽车用某 IGBT 功率模块数据手册给出的芯片到基板的瞬态热阻抗曲线,图中给出了福斯特模型的相关数据。根据式(3-82),可以很方便地得到图中的瞬态热阻抗。这时,如果已知功率损耗 $P(t)$ 并得到基板的温度 $T_{case}(t)$,那么可以按下式计算结温

$$T_j(t) = T_{case}(t) + P(t) Z_{th}(t) \tag{3-84}$$

由于福斯特模型更多地使用器件数据手册中的数据计算瞬态热阻抗,模型中各 RC 单元互换不会对计算结果产生任何影响；但对于考尔模型则不同,RC 单元的互换意味着物理层之间的交换,显然会改变系统热的瞬态响应。另外,如果系统物理结构层数增加,建立新的考尔模型比较方便,只需将增加前的模型和所增加层的模型级联即可,但福斯特模型由于

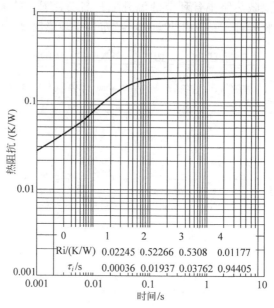

图 3-91　IGBT 功率模块的瞬态热阻抗曲线

各环节不具有实际的物理意义,不能简单级联。也可以说,考尔模型可以分解,但福斯特模型不可以分解。

在实际应用中,功率模块的基板通过 TIM 与液冷板相连,模块基板与 TIM、TIM 与液冷板之间的热交换无疑会对模块基板温度 $T_{case}(t)$ 产生很大的影响。若基板和液冷板之间的距离 d 以及 TIM 材料的导热系数 λ 已知,就可以计算基板与液冷板之间的热阻 R_{thCH} 为

$$R_{thCH} = \frac{d}{\lambda A} \tag{3-85}$$

式中,A 为导热介质的横截面积,单位 m^2。功率模块数据手册中一般会给出 d 在 $50 \sim 100 \mu m$、λ 为某一固定数值下的 R_{thCH},供使用者参考。

一维等效热模型只是对功率模块内部物理层以及外部散热材料的散热过程近似,不能反映出同一层产生的横向热扩散情况。若需要精确描述系统的热扩散过程,需要将一维等效热模型拓展为三维等效热模型。和一维等效热模型相比,三维等效热模型中节点数目会大幅度增加,求解过程也较为复杂,可以使用一些专业软件进行仿真和求解。

此外,也可以通过有限元法(finite element method,FEM)进行功率模块内部以及功率模块基板和液冷板的传热过程分析。

3.5.3　驱动电机控制器的电磁兼容

3.5.3.1　驱动电机控制器产生的电磁噪声

电磁兼容(electromagnetic compatibility,EMC)是指设备或系统在其电磁环境中能正常工作,且不对该环境中的任何事物构成不能承受的电磁骚扰的能力。汽车的电磁兼容是指在同一电磁环境中,整车、周围以及车载设备可以共存而不会引起降级,从而达到一种相容的状态。

高频开通和关断是电力电子器件的典型工作特点,在器件开关过程中产生非常高的

di/dt 和 du/dt，会引起传导型的电磁干扰。功率 MOSFET 和 IGBT 开关速度非常快，开关频率非常高，因此功率 MOSFET 和 IGBT 开关过程产生的电磁噪声的频谱较宽。图 3-92 为一功率 MOSFET 开关过程中漏极电流的波形，在功率 MOSFET 导通和关断过程中，电流出现了高频振荡过程，高频振荡会产生严重的电磁噪声，并通过传导或辐射向外传播。

大功率驱动电机控制器是车辆产生电磁噪声的重要来源。图 3-93 为电动汽车电机控制器内部结构及其外围部件示意图。电机控制器包含大量电力电子器件，对其他车载部件是一个电磁噪声源。它们产生的电磁噪声会通过低压供电电源导线、CAN 通信导线、高压直流导线、高压交流导线传导到其他系统或部件，对这些系统或部件产生影响；同时，其他系统或部件产生的电磁噪声

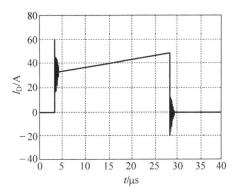

图 3-92 功率 MOSFET 开关过程中漏极电流波形

也会通过导线传导给电机控制器。除通过导线传导电磁噪声外，还可以通过电磁辐射的方式使电机控制器与这些系统或部件之间互相影响。图 3-93 中，电机控制器电路可以分成两个部分：高压主电路和低压控制（驱动）电路。这两部分虽然在电气上是隔离的，但仍然可以通过对壳体的电容耦合或辐射形成相互的电磁骚扰。

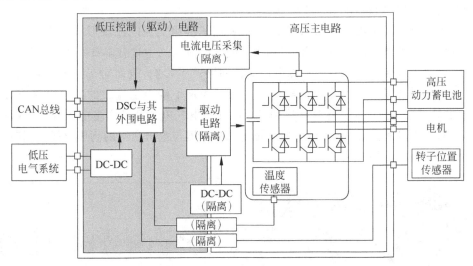

图 3-93 电机控制器内部结构及其关联部件示意图

图 3-94 为考虑部分分布参数的驱动电机系统三相全桥主电路。图中，C_1 和 C_2 分别为车载电源（如蓄电池、燃料电池等）正极和负极对地（车身或底盘）的分布电容；C_{INV} 为电机控制器等效对地电容；C_{EM} 为电机中性点等效的对地电容；L_s 为电源侧线路等效电感；L_C 和 R_C 分别为直流侧电容 C 的等效寄生电感和电阻；L_{A1}、L_{A2}、L_{B1}、L_{B2}、L_{C1} 和 L_{C2} 分别为每相上、下桥臂的等效电感。

图 3-94 中，当 $V_1 \sim V_6$ 分别导通时，IGBT 所在回路中因存在寄生电感和寄生电容，会出现高频振荡；当 $V_1 \sim V_6$ 通、断转换时，由于 L_s、L_{A1}、L_{B1}、L_{B2}、L_{C1} 和 L_{C2} 的存在，

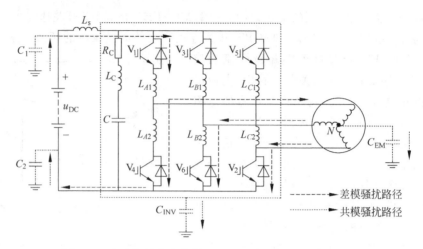

图 3-94 考虑部分分布参数的驱动电机系统三相全桥主电路

会在直流电源侧以及每相桥臂支路产生一定的电压尖峰；当与各 IGBT 反并联的功率二极管关断时,由于反向恢复,会出现较大的 di/dt；由于 C_1、C_2、C_{INV} 和 C_{EM} 的存在,会产生漏电流并为共模噪声提供传导途径；在逆变电路工作过程中,因直流侧电容 C 的等效寄生电感和电阻的存在会导致 C 上出现高频纹波电压；在高频驱动信号作用下,$V_1 \sim V_6$ 的栅极回路会因寄生电感和结电容等产生高频振荡。以上各种暂态过程都会产生电磁噪声并经过传导或电磁辐射对敏感设备产生骚扰。

图 3-95 给出了驱动电机系统工作时的三相定子绕组交流电流波形和电机定子绕组中性点对地漏电流的波形。可以看出,三相定子绕组交流电流中含有丰富的高次谐波,这些高次谐波会通过差模传导途径对直流侧电源所在回路产生影响,进而对车辆上连到该电源的其他电气电子系统或部件产生电磁骚扰。同时三相定子绕组电流中的共模电流成分会经图 3-94 中的 C_{EM} 流入"地",并对连接到"地"的其他电气电子部件产生电磁骚扰。因此,在整车部件布置设计和安装时,要尽可能缩短电机控制器与电机之间的高压导线。同时,所有高压导线应具有屏蔽层。

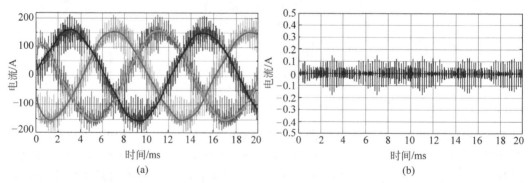

图 3-95 驱动电机系统定子绕组电流波形和漏电流波形
(a) 定子绕组电流波形；(b) 中性点对地漏电流波形

3.5.3.2 驱动电机控制器电磁噪声的抑制

电磁屏蔽(electromagnetic shield)是指通过对骚扰源和敏感设备所在的两个空间区域

进行金属隔离，以抑制电场、磁场或电磁场由一个空间区域对另外一个空间区域的感应和辐射。在具体实施中，可以将骚扰源用屏蔽体包围起来，防止骚扰电磁场对外辐射；也可以将敏感设备用屏蔽体包围，防止它受到外界电磁场的影响。

由于有抗机械冲击、抗振动、较高防护等级等要求，电机控制器普遍采用铝质金属材料制作防护壳体。电机控制器金属壳体无法做到完全密闭，壳体上会有很多孔缝，如连接器安装孔、不同部分的接合缝隙等。这些孔缝可导致壳体导电连续性变差，降低壳体的屏蔽效能，甚至使壳体失去屏蔽作用。

因安装连接器等的需要，在壳体上开孔后，会导致电磁场泄露，开孔面积越大，泄露磁场的强度也越高。因此，在对壳体的外形结构进行设计时，要充分考虑开孔对屏蔽效能的影响。同时，在选取和装配电气连接器或接插件时，要尽量选取开孔面积小、具有屏蔽配件的连接器。图 3-96 是电动汽车常用的高压电气连接器，该连接器一端与带有屏蔽层的电缆连接，另一端安装在部件壳体上。这种连接器可以实现电缆屏蔽层与壳体的 360°电气搭接，减轻了开孔对电磁屏蔽效能的影响。

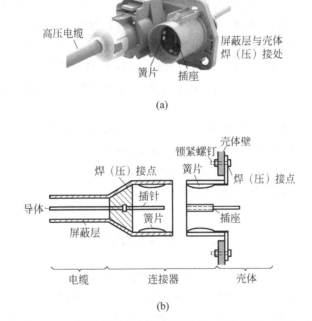

图 3-96 高压电气连接器的外形图与安装、连接方式
(a) 外形图；(b) 安装、连接方式

无论是高压电缆，还是低压电气导线或通信导线，都应具有屏蔽层，图 3-97 是电动汽车用高压电缆内部结构，当通过有屏蔽连接的连接器将有电气耦合的系统或部件连接起来后，

图 3-97 电动汽车用高压电缆结构

这些部件与整个电气系统形成了较完整的屏蔽体,非常有利于减少对外电磁辐射以及抑制外界对这些部件的电磁骚扰。

电机控制器不同部分结合处可能会在接触面产生缝隙,并造成电磁泄露。解决这个问题的较好方式是在缝隙处使用导电的密封衬垫,如电导率较高的金属-橡胶混合填充材料或弹性金属材料,可减少电磁泄露,同时使结合处具有较好的密封性。

此外,在壳体内、外壁覆盖一种或多种具有高电导率和高磁导率材料组成的屏蔽膜,也可以提高汽车电机控制器的屏蔽效能。这些屏蔽膜材料包括导电材料、吸波材料等。

总之,尽量保证屏蔽体的完整性和导电的连续性是获得电机控制器较高屏蔽效能的重要前提。

除屏蔽措施外,抑制驱动电机控制器电磁噪声的措施还有:

(1) 电机控制器的外壳要有明示的接地点,在安装时,接地点要通过有较大横截面积的缆线与车辆底盘指定的接地点可靠连接。

(2) 电机控制器内部控制电源电路的输入回路可以采用压敏电阻(voltage dependent resistor,VDR)或瞬变电压吸收二极管(transient voltage suppressor,TVS)对整车低压电气系统电压尖峰进行抑制,并通过滤波电路对差模噪声、共模噪声进行抑制。

(3) CAN 总线是电机控制器与外界之间重要的电磁噪声传导途径。强度较大的电磁噪声会影响部件之间的正常通信,严重时会损坏 CAN 总线的相关收发芯片,从而使整个系统或部件失效。此外,由于 CAN 总线分布较广,更易受到共模噪声和瞬态骚扰的影响。因此,在电机控制器与整车 CAN 总线连接处应加入滤波电路,对共模噪声和瞬态骚扰进行抑制。

(4) 电磁噪声通常通过导体传导方式影响汽车各电气电子部件的工作。通过隔离的方法可以有效切断传导路径,很大程度上抑制电磁噪声的传播。电机控制器内部控制(驱动)电路与主电路之间应采取可靠的电气隔离措施。除切断电磁传导途径外,可靠的电气隔离还有增加电气绝缘强度以及提高电气安全性的作用。

3.6 本章小结

驱动电机数字化控制系统的功能是利用经过传感器转换、硬件滤波和整形、软件采集与处理得到的信号(如电流、电压、温度等),在合理约束条件(如最大电流、最高电压、最高温度等)下,基于电机的核心控制算法,产生电力电子主电路功率器件的驱动信号,完成机械能-电能之间能量转换,使电机的转矩和转速满足整车需求。

随着电机控制理论的不断发展以及整车需求的不断提高,电机的控制算法和控制策略趋向于复杂化。一些先进的现代控制方法(如模糊控制、神经网络控制、滑模变结构控制、无传感器控制等)和传统电机控制理论相结合,可以使驱动电机的控制性能得到提升。采用高性能 DSC 及外围电路或元器件实现复杂的控制算法和控制策略,不仅使电机控制具有灵活性和准确性的特点,还会呈现自适应、自学习和智能化的特征。

驱动电机控制系统是一个非常复杂的系统,在设计驱动电机控制系统或驱动电机控制器时,要做到软硬件合理分工,以使电机控制系统性能达到最优。

思 考 题

3.1 驱动电机控制器由哪些部分构成？各具有哪些功能？
3.2 驱动电机控制器的数字化控制系统具有哪些技术特征？
3.3 电机控制器主电路由哪些电力电子器件构成？
3.4 什么是功率二极管的反向恢复？较大的反向恢复电荷对功率二极管性能有何影响？
3.5 SiC 功率肖特基二极管具有哪些技术特征？
3.6 功率 MOSFET 工作过程中，会产生哪些损耗？如何计算这些损耗？
3.7 功率 MOSFET 和 IGBT 的开通和关断过程有何异同？
3.8 SiC 功率 MOSFET 和 Si 功率 MOSFET 性能上有何差异？
3.9 什么是 IGBT 的擎住现象？
3.10 驱动电路的主要功能是什么？
3.11 电力电子器件的失效原因有哪些？如何避免电力电子器件失效？
3.12 驱动电机控制器主电路直流侧电容的作用是什么？
3.13 为什么说采用多核 DSC 是驱动电机数字化控制系统的发展趋势？
3.14 如何对驱动电机和驱动电机控制器内部温度进行数据采集？
3.15 用于驱动电机控制器的电流传感器和电压传感器有哪些类型？各自的工作原理是什么？
3.16 电动汽车驱动电机控制系统如何对电机转速或转子位置进行数据采集？
3.17 旋转变压器和旋转编码器的工作原理有何不同？二者应用场合有何差异？
3.18 什么是 PWM 的最大直流电压利用率，SVPWM 和 SPWM 的最大直流电压利用率分别是多少？
3.19 SVPWM 的工作原理是什么？
3.20 驱动电机控制器采用什么样的冷却方式？
3.21 什么是驱动电机控制器的电磁兼容性？如何提高驱动电机控制器的电磁兼容性？

参 考 文 献

[1] 高大威. 汽车电力电子学[M]. 北京：清华大学出版社，2018.
[2] Rohm-Semiconductor. SiC Power Devices and Modules Application Note[R]. Kyoto：ROHM Co., Ltd., 2014.
[3] Lutz J, Schlangenotto H, Scheuermann U, et al. Semiconductor Power Devices：Physics, Characteristics, Reliability[M]. Berlin：Springer, 2011.
[4] Volke A, Hornkamp M. IGBT Modules Technologies, Driver and Applications [M]. 2nd Ed. Neubiberg：Infineon Technologies AG, 2012.
[5] Mohan N, Undeland T M, Robbins W P. Power Electronics：Converters, Applications, and Design [M]. 3rd Ed. Hoboken：John Wiley & Sons Inc., 2003.

[6] Chung S H, Wang H, Blaabjerg F, et al. Reliability of Power Electronic Converter Systems[M]. London: The Institution of Engineering and Technology, 2015.

[7] Negrea C A, Incze I I, Imecs M, et al. An Improved Speed Identification Method Using Incremental Encoder in Electric Drives[C]//Proceedings of 2012 IEEE International Conference on Automation, Quality and Testing, Robotics, 2012: 536-540.

[8] 谭建成, 邵晓强. 永磁无刷直流电机技术[M]. 2版. 北京: 机械工业出版社, 2018.

[9] Shinjo T. Nanomagnetism and Spintronics[M]. 2nd Ed. Oxford: Elsevier, 2014.

[10] Quang N P, Dittrich J. Vector Control of Three-phase AC Machines: System Development in the Practice[M]. 2nd Ed. Berlin: Springer, 2015.

[11] Doncker R D, Pulle D W J, Veltman A. Advanced Electrical Drives: Analysis, Modeling, Control[M]. 2nd Ed. Dordrecht: Springer, 2011.

[12] Holmes D G, Lipo T A. Pulse Width Modulation for Power Converters: Principles and Practice[M]. Piscataway: Wiley-IEEE Press, 2003.

[13] Wu B. High-Power Converters and AC Drives[M]. Hoboken: John Wiley & Sons, Inc., 2006.

[14] Hodel A S, Hall C E. Variable-structure PID Control to Prevent Integrator Windup[J]. IEEE Transactions on Industrial Electronics, 2001, 48(2): 442-451.

[15] Bohn C, Atherton D P. An Analysis Package Comparing PID Anti-windup Strategies[J]. IEEE Control Systems Magazine, 1995, 15(2): 34-40.

[16] Krishnan R. Electric Motor Drives: Modeling, Analysis, and Control[M]. New Jersey: Prentice Hall, Inc, 2001.

[17] 张崇巍, 张兴. PWM整流器及其控制[M]. 北京: 机械工业出版社, 2012.

[18] 徐德鸿. 电力电子系统建模及控制[M]. 北京: 机械工业出版社, 2006.

[19] 陈伯时. 自动控制系统[M]. 北京: 机械工业出版社, 1981.

第4章 直流电机原理与控制

4.1 直流电机概述

直流电机(direct current machine,DCM)出现于19世纪20—40年代。1821年英国物理学家Faraday在实验室证实了磁场中的载流导体可以受到力的作用,并因受到转矩而转动,即将电能转换为使物体产生圆周运动的机械能;在此基础上,1832年英国科学家Sturgeon发明了世界上第一台具有换向器的直流电机;1834年美国发明家Davenport发明了具有电刷和换相器的直流电机,这被认为是现代直流电机的起源;1886年,美国人Sprague对直流电机进行了完善并将它用于驱动轨道交通车辆,取得巨大成功;1888年,美国发明家Van Depoele发明了碳刷,并用于直流电机,提高了直流电机的寿命和性能。从此,直流电机在工厂、矿山、电气行业、交通领域等得到了广泛的应用。

作为汽车驱动电机,直流电机在电动汽车早期发展过程中应用较为广泛。在20世纪90年代中期之前,许多电动汽车都采用直流电机作为驱动电机,如菲亚特公司的Panda Elettra(如图4-1(a)所示)、大众Volkswagen Jetta City Stromer,标致106,雪铁龙AX,SAXO和Berlingo[1,2],马自达Bango,本田EVPlus,斯巴鲁Minivan 200[3],通用GM512[4]和Conceptor G-Van[5,6],克莱斯勒Tevan[7]等。国内许多小型、微型电动汽车也广泛使用直流电机。由于成本低、控制方法简单,一些研发机构在进行非驱动电机系统相关技术研究时,也倾向于将直流电机用于动力系统或者试验样车。此外,一些用于特殊环境或有着特殊需求的车辆,如美国登月计划中阿波罗15号的月球车(lunar roving vehicle)(如图4-1(b)所示)也采用了直流电机作为驱动电机[6]。

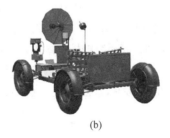

(a) (b)

图4-1 采用直流电机作为驱动电机的车辆

(a) 菲亚特Panda Elettra;(b) 阿波罗15号月球车

直流电机通过励磁绕组电流(或永磁体)与转子绕组产生的磁场相互作用产生电磁转矩,实现机电能量转换。作为电动汽车的驱动电机,与其他类型电机相比,直流电机具有如下优势:

(1) 电机技术成熟度高,设计、制造成本较低。

与其他类型电机相比,直流电机较早就被用作电动汽车驱动电机。在百余年的应用过程中,积累了丰富的设计、制造和应用经验。直流电机自身制造成本较低,有利于动力系统或整车成本的下降。

(2) 电机的控制性能好。

直流电机具有较好的机械特性,即转矩-转速特性,比较容易满足电动汽车的动力性需求。在电动状态和发电状态之间切换比较灵活、具有较快的转矩动态响应。

(3) 电机控制器主电路结构简单、控制器体积小、成本低、可靠性高。

直流电机的控制器普遍采用直流斩波电路作为主电路,与其他类型电机的控制器主电路相比,使用的电力电子器件数量较少,控制算法较为简单,易于维护。电机控制器的效率较高,发热量小,对热管理系统的需求较低。

直流电机作为电动汽车驱动电机时,存在以下不足:

(1) 耐久性差,需经常维护。

电机转子绕组通过电刷(brush)和换向器(commutator)与外电源相连,需要定期维护电刷和换向器或者更换电刷,使用成本较高,同时降低了电机的耐久性。

(2) 功率密度和转矩密度较低。

直流电机的体积和重量较大,由于电刷和换向器的存在,电机不宜在非常高的转速下运行。

(3) 电机运行效率偏低。

直流电机通常具有定子绕组(励磁绕组)和转子绕组,定子和转子同时存在铜损和铁损。此外,电刷和换向器之间的滑动接触会产生电压降以及机械损耗。这些都导致直流电机的运行效率偏低。

(4) 存在一定的电磁兼容问题。

在直流电机运行时,电刷和换向器之间极易产生电弧,由此对外产生的电磁干扰会对车辆的电子控制系统产生不良影响。

随着其他类型电机的设计、制造水平不断提高,控制方法不断完善,以及整车对驱动电机高功率密度、高效率和免维护等方面的要求日益提高,直流电机已经逐渐被其他类型电机所取代,目前国内外只有一些低成本的微型或小型电动汽车采用直流电机作为驱动电机。

直流电机按励磁方式分为永磁直流电机、电励磁(具有励磁绕组)直流电机和复合励磁直流电机。根据励磁绕组供电方式,电励磁直流电机又分为他励直流电机和自励直流电机。其中,自励直流电机又分为并励直流电机、串励直流电机和复励直流电机。图4-2所示为直流电机的类型。其中,永磁直流电机和并励直流电机在电动汽车上应用较少。

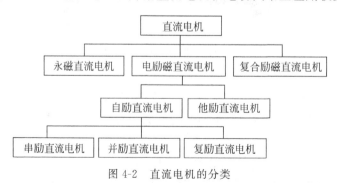

图 4-2　直流电机的分类

4.2 直流电机结构

4.2.1 直流电机的基本结构

如图 4-3(a)所示,直流电机的基本结构可以分为定子与转子两大部分。

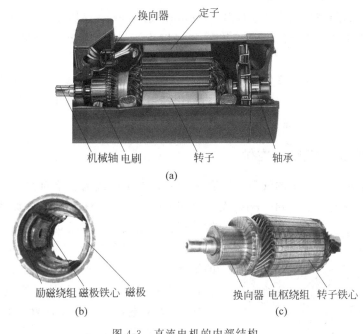

图 4-3 直流电机的内部结构
(a) 内部结构;(b) 定子结构;(c) 转子结构

1. 直流电机的定子

直流电机的定子由磁极、励磁绕组、端盖、电刷装置以及壳体等部件组成。

磁极的作用是建立主磁场。永磁直流电机的磁极由高性能永磁材料制造构成;电励磁直流电机的磁极由磁极铁心以及缠绕在铁心上的励磁绕组构成,如图 4-3(b)所示;复合励磁直流电机的磁极则由永磁体以及励磁绕组共同构成[8]。

直流电机前后两端装有端盖和轴承,用来支撑转子并保护定子、转子等组件。

电刷装置用来将外电源与电枢绕组(即转子绕组)相连接。电刷是由石墨或金属石墨构成的导电体,通过弹簧施加一定的压力,使电刷和转子上的换向器形成良好的滑动接触,外电源通过电刷和换向器为转子绕组供电。

壳体是电机的结构框架,用来固定磁极、端盖等部分。若壳体成为电路主磁路的一部分,那么作为磁通通路的部分称为磁轭。壳体会将直流电机运行过程中产生的热量散发出去,壳体是电机热管理系统的重要组成部件。

除以上结构外,对于大功率直流电机,通常还会在定子上设置换向极以及补偿绕组来改善电机的换向[9]。

2. 直流电机的转子

直流电机的转子由转子铁心、转子绕组、换向器、轴承、机械轴等构成,如图 4-3(c)所示。

转子铁心是主磁路的重要组成部分，也是嵌放转子绕组的部件，通常由硅钢材料的冲片叠压而成。转子铁心的冲片可以直接压装在机械轴上，也可以将冲片先压装在转子支架上，然后把支架固定在机械轴上。

转子绕组由若干转子线圈按一定的规律连接起来，镶嵌在转子铁心中，是产生感应电动势和电磁转矩以及进行机电能量转化的枢纽，因此也称为电枢绕组(armature winding)。转子线圈用圆形或扁平的绝缘铜导线绕制。

换向器由按圆周排列的多个换向片(commutator segment)构成，其作用是将电刷上所通过的直流电流转换为绕组内的交变电流，也可以将绕组内的交变电动势转换为电刷端上的直流电动势。

用于驱动车辆的较大功率的直流电机，采用斜槽的转子铁心结构。这种结构可以抑制因转子齿槽分布不均匀而对气隙磁场、电机输出转矩或机械性能产生不良影响。

除以上组成部分外，直流电机还有机械输出轴、轴承等构件。

4.2.2 直流电机的直轴与交轴

直流电机励磁绕组产生的气隙主磁通 Φ 以磁极的中心线为轴呈对称分布，这个中心线称为直流电机的磁场轴线(field axis)或直轴(direct axis)，又称为 d 轴。如图 4-4 所示，直轴的正方向定义为主磁通 Φ 的方向。

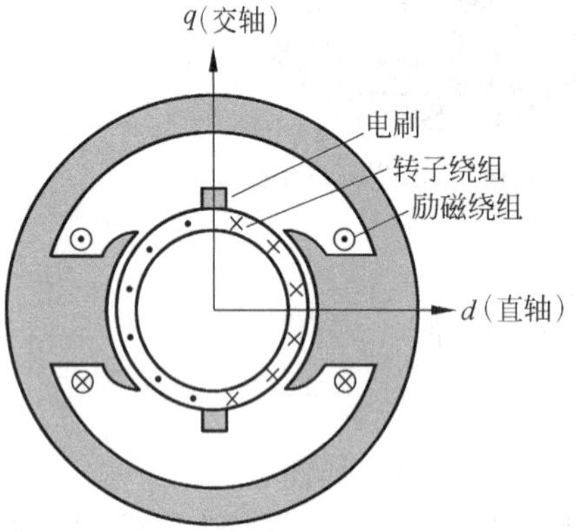

将与直轴夹角为 90°电角度(electrical degree)的轴线定义为直流电机的交轴(quadrature axis)或 q 轴。若图 4-4 所示的直流电机机械轴方向为从里向外，则规定电机转子按逆时针旋转为正方向，此时，q 轴逆时针超前于 d 轴，具体如图 4-4 所示。

对于极对数为 P 的电机，电角度 θ_e 与机械角度(mechanical degree) θ_m 的关系为

$$\theta_e = P\theta_m \quad (4-1)$$

由图 4-4 可知，直流电机的电刷被放置在电机的交轴上。

图 4-4 直流电机的直轴和交轴

4.2.3 直流电机的励磁方式

直流电机的励磁方式是指励磁绕组的供电方式。按照励磁方式，直流电机可以分为他励直流电机和自励直流电机两类。

他励直流电机的励磁绕组与电枢绕组在电气上没有耦合关系，励磁电流可以独立调节，不会影响到电枢绕组电流。他励直流电机的电气原理图如图 4-5(a)所示。

自励直流电机的励磁绕组与电枢绕组由相同外电源供电。根据励磁绕组与电枢绕组的电气连接形式，可以将自励直流电机分为串励直流电机、并励直流电机和复励直流电机三种类型。励磁绕组与电枢绕组串联的电机为串励直流电机；励磁绕组与电枢绕组并联的电机为并励直流电机；一部分励磁绕组与电枢绕组串联，而另外一部分励磁绕组与电枢绕组并联的电机为复励直流电机。自励直流电机的电气原理图如图 4-5(b)~图 4-5(e)所示。

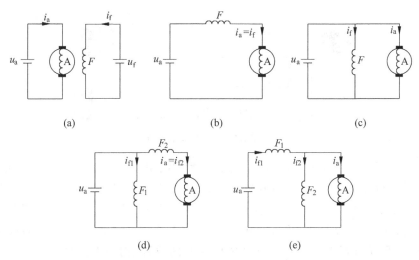

图 4-5 直流电机的电气原理图
(a) 他励直流电机；(b) 串励直流电机；(c) 并励直流电机；(d) 复励直流电机Ⅰ；(e) 复励直流电机Ⅱ

4.2.4 直流电机的转子绕组

与集中绕制在磁极铁心上的励磁绕组不同，直流电机镶嵌在转子铁心槽中的转子绕组（即电枢绕组）有多种绕制形式。其中，比较常见的是单叠绕组（simplex lap winding）和单波绕组（simplex wave winding）。

直流电机转子绕组通常是双层绕组。每个线圈单元的两个有效边总是一条边在上层，另外一条边在下层。

1. 单叠绕组

单叠绕组的线圈连接方式是：线圈单元（coil section）的两个出线端连接于相邻的两个换向片上；相邻元件依次串联，后一元件的首端与前一元件的尾端连在一起，并接到同一个换向片上，最后一个元件的尾端与第一个元件的首端连在一起，形成一个闭合回路。单叠绕组中，相串联的线圈元件的端接部分"叠"在一起，与同一个换向片相连接。

图 4-6 所示为极对数为 2、槽数为 20、换向片为 20 的直流电机单叠绕组展开图[10]。图中，每个槽中上层有效边用实线表示，下层有效边用虚线表示。由图 4-6 可以得到如图 4-7 所示的转子绕组回路等效电气连接图。单叠绕组等效电路中的并联支路数与电机定子的磁极数相等。

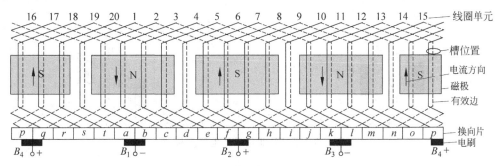

图 4-6 单叠绕组展开图

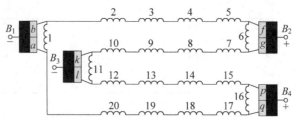

图 4-7 单叠绕组的等效电气连接图

转子旋转过程中,当电刷与相邻的两个换向片同时滑动接触时,将有线圈单元被电刷短路。为保证被短路的线圈单元回路不产生环流,需要在电机设计与制造过程中,保证被短路的线圈单元的有效边处于磁极几何中性线(即定子的交轴位置,也可以看作是相邻磁极 N 和磁极 S 的电气分界线,图 4-6 中线圈单元 1、6、11、16 的有效边所对应的定子位置)上,即该线圈单元的有效边处于磁通密度为 0 的位置,而使有效边的感应电动势均等于 0。这一点,通常被称为"电刷放置于磁极的几何中性线位置"[9]或"电刷位于定子的交轴上"[11]。

2. 单波绕组

单波绕组的线圈连接方式是:把相隔约为一对极距(pole pitch)的同极性磁场下的相应线圈单元串联起来。单波绕组中一个线圈单元的两个有效边所在槽的间距近似为一个极距[12]。

图 4-8 所示为极对数为 2、槽数为 19、换向片为 19 的直流电机单波绕组展开图[10]。由图 4-8 可以得到如图 4-9 所示的转子绕组回路等效电气连接图。单波绕组等效电路中的并联支路数为 2。

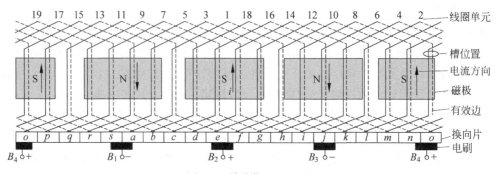

图 4-8 单波绕组展开图

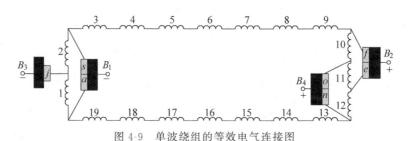

图 4-9 单波绕组的等效电气连接图

与单叠绕组类似,电刷应放置于磁极的几何中性线位置,以保证当电刷与相邻的两个换向片同时滑动接触时,被短路的线圈单元有效边处于磁通密度为 0 的位置,从而保证短路回路不产生环流。

若磁极对数 $P>1$,单叠绕组具有与磁极数相等的等效并联支路,比较适合于低电压、大电流的直流电机;而单波绕组只有两条并联支路,比较适合于高电压、小电流的直流电机。

4.3 直流电机基本工作原理

下面以图 4-10 所示最简单的两极直流电机为例分析直流电机的基本工作原理。图 4-10 中,直流电机定子具有一对由励磁绕组或/和永磁材料(永磁体)构成的主磁极 N 和 S;电机的转子上装有由 ab 和 cd 两根导体连接而成的电枢线圈,线圈的首末端 a 和 d 分别连接到换向片Ⅰ和Ⅱ,Ⅰ和Ⅱ之间相互绝缘;换向片与安装在定子上的电刷 A 和 B 产生滑动接触;电枢线圈旋转时,电枢线圈通过换向片和电枢与外直流电源 u_a 相连。

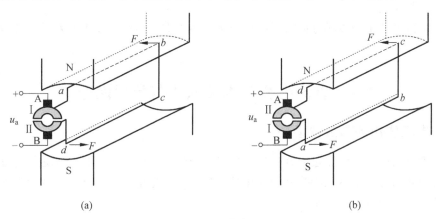

图 4-10 直流电机的基本工作原理
(a) 导体 ab 在上,cd 在下;(b) 导体 cd 在上,ab 在下

1. 电动状态下的直流电机工作原理

当将外部直流电源 u_a 通过电刷 A 和 B、换向片Ⅰ和Ⅱ接到电枢线圈时,会使电枢线圈导体 ab 和 cd 中有直流电流流过,在主磁极 N 和 S 产生的磁场中,电枢线圈导体 ab 和 cd 将受到电磁力的作用,电磁力在转子上产生转矩,使转子转动,从而驱动车辆。

如图 4-10(a)所示,直流电流从电刷 A 和换向片Ⅰ流入,经过线圈 $abcd$,从换向片Ⅱ和电刷 B 流出,导体 ab 和 cd 分别受到电磁力 F 的作用。在电磁力的作用下,直流电机产生电磁转矩,该转矩使得转子逆时针转动。

如果转子转到如图 4-10(b)所示的位置,电刷 A 和换向片Ⅱ接触,电刷 B 和换向片Ⅰ接触,直流电流从电刷 A 流入,从电刷 B 流出,在线圈中的流动方向是 $dcba$。此时导体 ab 和 cd 受到电磁力产生的电磁转矩仍然使得转子逆时针转动。

基于上述分析,直流电机输入的是直流电流,但由于电刷和换向片的作用,在线圈中流过的电流是交变的,使其产生的转矩的方向不变。因此,电刷和换向片(换向器)在电动状态下具有"逆变"的作用。

改变主磁极产生的磁场方向或者改变外部直流电源的电压方向都可以改变转子受到的

转矩方向。

2. 发电状态下的直流电机工作原理

若直流电机因外力(转矩)作用而逆时针旋转时,在主磁极 N 和 S 产生的磁场中,电枢线圈导体 ab 和 cd 将因运动而分别产生感应电动势 e_{ab} 和 e_{cd}。

在图 4-10(a)所示的位置,电动势 e_{ab} 的方向为 $b→a$,电动势 e_{cd} 的方向为 $d→c$,因此电枢线圈产生的总的感应电动势为 $e_{ab}+e_{cd}$ 且方向为 $d→a$,该电动势可以通过电刷 A 和换向片Ⅰ、换向片Ⅱ和电刷 B 向外电路提供电能。

在图 4-10(b)所示的位置,电动势 e_{ab} 的方向为 $a→b$,电动势 e_{cd} 的方向为 $c→d$,因此电枢线圈产生的总的感应电动势为 $e_{ab}+e_{cd}$ 且方向为 $a→d$,该电动势仍可以通过电刷 A 和换向片Ⅰ、换向片Ⅱ和电刷 B 向外电路提供电能。

在转子转动过程中,导体和线圈产生的是交流电动势。但由于电刷和换向片的"换向"作用,使得电刷 A 始终和主磁极 N 下的导体连接,电刷 B 始终和主磁极 S 下的导体连接,所以电刷 A 和 B 之间的电动势却是直流电动势。因此,电刷和换向片(换向器)在发电状态下具有"整流"的作用。

改变主磁极产生的磁场方向或者改变电机旋转方向都可以改变电机对外的感应电动势方向。

4.4 直流电机基本关系式与数学模型[①]

4.4.1 电枢绕组的感应电动势

当电枢绕组中有电流流过时,将产生电枢磁动势。因此,直流电机气隙磁场是励磁绕组产生的励磁磁动势和电枢磁动势共同作用的结果。通常把电枢磁动势对气隙磁场的影响称为电枢反应(armature reaction)。

图 4-11 给出了励磁绕组电流和电枢绕组电流在气隙中产生的磁通密度分布情况,图中同时给出了二者合成的气隙磁场的磁通密度分布。

电机转子旋转时,电枢导体(线圈有效边)在气隙磁场运动中产生感应电动势。电枢绕组的电动势 E_a 可以看作电枢绕组任一支路中各导体感应电动势的代数和。由图 4-11 可知,沿转子表面圆周分布的电枢绕组导体的气隙磁通密度互不相同。若转子表面气隙磁通密度的平均值为 B_{av},则 E_a 可以表示为

$$E_a = \frac{N}{a} B_{av} lv \tag{4-2}$$

式中,N 为电枢绕组总的导体数;l 为转子线圈有效边长度;a 为电枢绕组的并联支路数;v 为电枢绕组导体在磁场中运动的线速度。考虑到

$$\Phi = B_{av} l \tau \tag{4-3}$$

式中,Φ 表示每个磁极的总磁通量;τ 为极距,它可以表示为

$$\tau = \frac{\pi D}{2P} \tag{4-4}$$

[①] 在建立驱动电机基本关系式与数学模型时,本章及后续章节采用大写字母表示物理量(参数)的稳态值,小写字母表示物理量(参数)的暂态值。

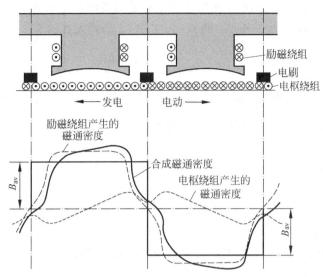

图 4-11 气隙磁通密度分布情况

式中,D 为转子外径；P 为电机的极对数。式(4-2)中,线速度 v 可以表示为

$$v = \omega_m \frac{D}{2} \tag{4-5}$$

式中,ω_m 为转子旋转角速度。将式(4-3)、式(4-4)、式(4-5)代入式(4-2),得

$$E_a = \frac{PN}{\pi a}\Phi\omega_m = K_E\Phi\omega_m \tag{4-6}$$

式中,$K_E = \frac{PN}{\pi a}$ 称为直流电机的电动势常数。

由于电机的转速 n 与角速度 ω_m 存在如下关系[①]

$$\omega_m = \frac{2\pi}{60}n \tag{4-7}$$

所以,式(4-6)可以进一步改写为

$$E_a = \frac{PN}{30a}\Phi n = K'_E\Phi n \tag{4-8}$$

式中,$K'_E = \frac{PN}{30a}$。式(4-8)表明,直流电机的感应电动势 E_a 与气隙磁通量 Φ 和转子旋转角速度 ω_m 或转速 n 成正比。

4.4.2 直流电机的电磁转矩

作用在直流电机整个转子的电磁转矩 T_e 可以表示为

$$T_e = NB_{av}l\frac{I_a}{a}\frac{D}{2} \tag{4-9}$$

---

① 本书中表示驱动电机转速的符号采用"n+下标字母",单位为 r/min；表示驱动电机旋转角速度的符号采用"ω+下标字母",单位为 rad/s。以上两个物理量都表示电机旋转速度,所以若不特殊指出,本书对二者不加以严格区别,但不同符号对应的单位不同。

式中,N 为电枢绕组总的导体数;l 为转子线圈有效边长度;I_a 为电枢绕组电流;a 为电枢绕组的并联支路数;D 为转子外径。将式(4-3)、式(4-4)代入式(4-9),得

$$T_e = \frac{PN}{\pi a}\Phi I_a = K_T \Phi I_a \tag{4-10}$$

式中,$K_T = \frac{PN}{\pi a}$ 称为直流电机的转矩常数。式(4-10)表明,直流电机的电磁转矩 T_e 与气隙磁通量 Φ、电枢绕组电流 I_a 成正比。显然,存在

$$K_E = K_T \tag{4-11}$$

由式(4-6)和式(4-10),不难看出,存在

$$E_a I_a = T_e \omega_m \tag{4-12}$$

若电机工作在电动状态,那么 $E_a I_a$ 为外电源注入到直流电机的电功率,$T_e \omega_m$ 为直流电机的输出功率,因能量守恒,二者相等;若电机工作在发电状态,那么 $E_a I_a$ 为直流电机输出的电功率,$T_e \omega_m$ 为直流电机从外机械系统得到的机械功率,因能量守恒,二者也相等。

4.4.3 直流电机的数学模型

若不计电枢反应或认为电枢反应被换向极以及补偿绕组完全抵消[13],可以得到直流电机电枢绕组回路电压方程为

$$u_a = R_a i_a + L_a \frac{d i_a}{dt} + u_b + e_a \tag{4-13}$$

式中,u_a 为外电源施加在电枢绕组两端的电压;R_a 为电枢绕组等效电阻;i_a 为电枢绕组回路电流;L_a 为电枢绕组等效电感;u_b 为电刷与换向器接触压降,其大小与转子转速和电刷磨损程度相关;e_a 为电枢绕组感应电动势,它表示为

$$e_a = K_E \phi \omega_m \tag{4-14}$$

若不计电刷与换向器接触压降,式(4-13)可以改写为

$$u_a = R_a i_a + L_a \frac{d i_a}{dt} + K_E \phi \omega_m \tag{4-15}$$

对于励磁绕组回路,可以列出回路电压方程为

$$u_f = R_f i_f + L_f \frac{d i_f}{dt} \tag{4-16}$$

式中,u_f 为外电源施加在励磁绕组两端的电压;R_f 为励磁绕组等效电阻;i_f 为励磁绕组回路电流;L_f 为励磁绕组等效电感。

由于在不计主磁通磁路饱和情况下,存在

$$\phi = K_\Phi i_f \tag{4-17}$$

式中,K_Φ 在这里称为励磁常数。将式(4-17)代入式(4-15),可得

$$u_a = R_a i_a + L_a \frac{d i_a}{dt} + K_E K_\Phi i_f \omega_m \tag{4-18}$$

直流电机的输出机械转矩可以写为

$$t_e = K_T \phi i_a \tag{4-19}$$

对于直流电机驱动系统,可以列出其机械运动方程为

$$t_e = J\frac{d\omega_m}{dt} + B\omega_m + t_L \qquad (4\text{-}20)$$

式中,t_e 为直流电机输出的机械转矩;J 为机械传动系统的转动惯量(moment of inertia);B 为黏滞摩擦系数(viscous damping coefficient);t_L 为负载转矩。

式(4-17)~式(4-20)构成了直流电机的数学模型。

4.5 直流电机控制

当将直流电机用于驱动车辆时,直流电机的控制问题就是直流电机转矩的控制问题。根据直流电机的数学模型以及直流电机工作原理,可知:直流电机的转矩与主磁通 Φ、电枢电流 I_a 成正比。对于电励磁直流电机,若磁路不饱和,则主磁通 Φ 与励磁电流 I_f 成正比。因此直流电机的控制问题可以变成电枢电流 I_a、励磁电流 I_f 的控制问题。

在稳态工况下,若电机的负载转矩低于最大转矩,即电机在部分负荷下运行,调节电枢电流 I_a 或励磁电流 I_f 或同时调节电枢电流 I_a 和励磁电流 I_f,都可以使电机的输出转矩与负载转矩进行匹配。较小的 I_f 可以使电机铁损减小,而较小的 I_a 可以使电机铜损降低,因此,基于高效控制策略,对于一个确定的电机转矩,存在最优的 I_a 和 I_f。但不论是励磁绕组回路还是电枢绕组回路,都存在电路的时间常数。同时,对 I_a 和 I_f 的调节是通过调节励磁绕组电压 u_f 以及电枢绕组电压 u_a 实现的,因此存在转矩控制的动态响应问题。

电动汽车要求驱动电机应可以在转矩(纵轴)-转速(横轴)平面四象限工作。改变 I_a 或 I_f 的方向都可以达到改变电机转矩方向的目的。若电机控制器既可以控制 I_a 的方向,也可以控制 I_f 的方向,就可以提高直流电机控制的灵活性,但这对电机控制器硬件提出了较高的要求。

在设计直流电机控制器以及制定控制策略过程中,应注意到一个问题:直流电机的励磁绕组回路的功率要远小于电枢绕组回路的功率。因此,与控制 I_a 相比,控制 I_f 可以更好地降低对外电源和电力电子主电路的要求并降低产生的损耗。

图 4-12 所示为直流电机控制系统结构。图中,T_e^* 为目标转矩;I_a^* 为电机电枢绕组参考电流,i_a 为电机电枢绕组实际电流;I_f^* 为电机励磁绕组参考电流,i_f 为电机励磁绕组实际电流;ω_m 为电机旋转角速度;u_{dc} 为车载电源(如车载动力蓄电池 U_s)的电压。

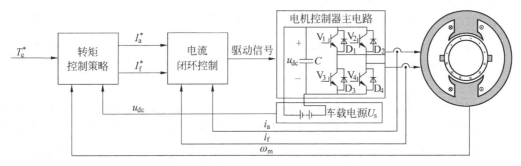

图 4-12 直流电机控制系统结构

4.5.1 直流电机的稳态分析

以下的分析不计磁路饱和,即假设磁路为线性情况。同时,认为电枢绕组和励磁绕组无电气耦合,即分析对象为他励直流电机。

在电机稳态运行时,由式(4-10)可以得到

$$T_e = \frac{K_T \Phi U_a}{R_a} - \frac{K_T K_E \Phi^2 \omega_m}{R_a} \tag{4-21}$$

对于他励直流电机,式中的 Φ 可独立调节。

对于式(4-21),若 Φ 不变,可以得到不同 U_a 下的转矩 T_e 与转速 ω_m 的关系曲线,如图 4-13 所示。图中同时给出了负载曲线 $T_L = f(\omega_m)$。由于图中 T_e-ω_m 曲线上的点满足

$$\frac{dT_e}{d\omega_m} < \frac{dT_L}{d\omega_m} \tag{4-22}$$

所以,直流电机上的工作点都是稳定工作点。随着电枢绕组外加电压 U_a 的增加,稳态时的工作点从 A 点移动到 B 点,再移动到 C 点。与此相对应,U_a 从 U_{a1} 增加到 U_{a2},再增加到 U_{a3}。工作点从 A 点移动到 B 点的轨迹有许多种,工作点移动轨迹的选择与移动的时间问题属于直流电机的控制问题。

对于式(4-21),若 U_a 不变,通过调节励磁电流 I_f,可以得到不同主磁通 Φ 下的转矩 T_e 与转速 ω_m 的关系曲线,如图 4-14 所示。随着主磁通 Φ 的减小以及电机转速的增加,稳态时的工作点可以从 A 点移动到 B 点,再移动到 C 点。与此相对应,Φ 从 Φ_1 减小到 Φ_2,再减小到 Φ_3。

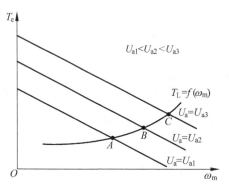

图 4-13 不同电枢绕组电压下的转矩-转速曲线

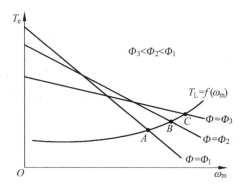

图 4-14 不同主磁通下的转矩-转速曲线

图 4-15 所示为典型的直流电机磁化曲线,即不计电枢反应时主磁通 Φ 与励磁磁动势 F_f 或励磁电流 I_f 的关系曲线。图中的虚线为气隙线(air-gap line),即电机的气隙磁化曲线。气隙线是通过坐标原点,且与磁化曲线直线部分重合的直线[14]。气隙线为忽略铁心铁磁材料磁阻,只考虑磁路气隙磁阻时的磁化曲线。

在电机转速 ω_m 比较低时,为了获得较大的转矩,通常主磁通 Φ 的选取为额定磁通 Φ_N,

即图 4-15 所示磁化虚线的 K 点,也是在磁化特性曲线开始进入饱和区的点,即磁化曲线的膝点(knee point)。此时,磁路会发生轻微的磁饱和[13]。因此,调节主磁通 Φ 意味着使它减小,即削弱磁场,简称弱磁(field weakening)。通过弱磁方法,可以提高电机工作点的转速。根据式(4-10)可知,为了达到弱磁前的机械转矩,必须提高电枢绕组电流 I_a。因绕组载流能力、电机散热能力、电机工作效率等方面的要求,电枢绕组电流 I_a 不能无限制增加,即存在电枢绕组电流最大值 I_{amax}。因此,采用弱磁控制时,随着转速的增加,电机最大输出机械转矩会下降。同时,随着主磁通 Φ 的减小,电枢反应会越趋于明显,这对电机的换相过程会产生不利影响。

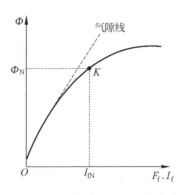

图 4-15 典型的直流电机磁化曲线

4.5.2 直流电机的暂态分析

若

$$K_B = K_E K_\Phi i_f \tag{4-23}$$

当直流电机主磁通 Φ 不变时,K_B 为常数。把式(4-23)代入式(4-18),得

$$u_a = R_a i_a + L_a \frac{d i_a}{d t} + K_B \omega_m \tag{4-24}$$

对式(4-24)等号两侧进行拉普拉斯变换(Laplace transformation),得到

$$u_a(s) = (R_a + L_a s) i_a(s) + K_B \omega_m(s) \tag{4-25}$$

式(4-25)可以改写为

$$u_a(s) = R_a(1 + \tau_a s) i_a(s) + K_B \omega_m(s) \tag{4-26}$$

式中,$t_a = L_a / R_a$,称为直流电机电枢绕组的电气时间常数(electrical time constant)。

对式(4-20)等号两侧进行拉普拉斯变换,得到

$$t_e(s) = (B + Js) \omega_m(s) + t_L(s) \tag{4-27}$$

式(4-27)可以改写为

$$t_e(s) = B(1 + \tau_r s) \omega_m(s) + t_L(s) \tag{4-28}$$

式中,$t_r = J/B$,称为直流电机机械传动系统的机械时间常数(mechanical time constant)。

若

$$K_M = K_T \phi \tag{4-29}$$

则式(4-19)可以改写为

$$t_e = K_M i_a \tag{4-30}$$

对式(4-30)等号两侧进行拉普拉斯变换,得到

$$t_e(s) = K_M i_a(s) \tag{4-31}$$

式(4-26)、式(4-28)和式(4-31)可以表示为图 4-16 所示系统结构框图。图 4-16 中,电枢绕组电阻 R_a 是电气部分的阻尼元件,黏滞摩擦系数 B 是机械部分的阻尼元件,虽然 R_a 和 B 会降低电机系统工作效率,但二者有助于增强系统稳定性。

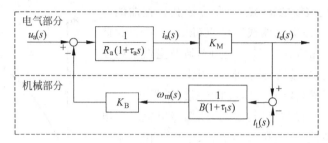

图 4-16 直流电机系统结构图

若励磁绕组电流 i_f 保持不变，由式(4-11)、式(4-23)和式(4-29)，可令

$$K_M = K_B = K \tag{4-32}$$

定义电机系统的机电时间常数(electromechanical time constant)为

$$\tau_m = \frac{JR_a}{K^2} \tag{4-33}$$

机电时间常数 t_m 的物理意义为，电机励磁电流为额定电流且电机处于空载条件下，对电枢绕组施加阶跃的额定电压后，转速从零升到 63.2% 的空载转速所需的时间。

若存在

$$\tau_m \gg \tau_a \tag{4-34}$$

即转子惯性 J 足够大，而电枢绕组电感 L_a 又足够小到可以忽略时，由图 4-16 可知，电机转矩 t_e 将随着电枢绕组电压 u_a 的增大而线性增长。因此，可以通过调节电枢绕组电压 u_a 对电机转矩 t_e 实施控制。

对于电动汽车实际的直流电机驱动系统，更多的是采用对电枢绕组电流 i_a 的控制来实现对直流电机转矩 t_e 的控制，控制系统结构如图 4-17 所示。图中，T_e^* 为目标转矩。

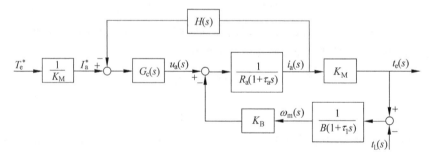

图 4-17 直流电机转矩控制系统结构图

由于电枢绕组电流 i_a 的波形具有一定的纹波，因此图 4-17 中电流反馈支部加入了低通滤波环节 $H(s)$，它可以表示为

$$H(s) = \frac{\omega_c}{s + \omega_c} \tag{4-35}$$

式中，ω_c 为低通滤波环节的截止频率。

图 4-17 中，电流环控制通常采用 PI 控制，即图中 $G_c(s)$ 可以表示为

$$G_c(s) = k_p + \frac{k_i}{s} \tag{4-36}$$

式中，k_p 和 k_i 分别为比例系数和积分系数。

4.5.3 直流电机控制器主电路拓扑结构

根据前文的分析可知，直流电机的电磁转矩与主磁通 Φ 以及电枢绕组电流 I_a 密切相关。而通过控制励磁电流 I_f，可以对主磁通 Φ 进行调节。因此，对于电枢绕组电流 I_a 与励磁电流 I_f 无耦合关系的他励直流电机，其控制器具有两个主电路，即电枢绕组电流 I_a 功率主电路和励磁绕组电流 I_f 功率主电路；而对于其他类型直流电机，电机控制器只有一个主电路。

按照电动车辆的普遍要求，直流电机控制器的主电路应满足如下要求：

(1) 在任何转速下，可以将车载电源（如车载动力蓄电池）的电压施加到电枢绕组和励磁绕组，并且可以改变电枢绕组电流 I_a 的方向。为简化控制器电路，只需要改变电枢绕组电流 I_a 的方向，就可以改变电磁转矩方向，而励磁绕组电流 I_f 的方向可以保持不变。即电枢绕组电流 I_a 是双极性的，而励磁绕组电流 I_f 是单极性的；

(2) 可以通过电力电子器件实现对电枢绕组电流 I_a 和励磁绕组电流 I_f 幅值独立、有效和快速的控制；

(3) 可以使电机在转矩(纵轴)-转速(横轴)平面中四个象限运行；

(4) 尽可能使用较少的电力电子器件，降低电机控制器成本。

通常采用直流-直流变换器用于直流电机的控制。直流-直流变换器主电路又称为直流电流斩波电路(DC current chopping circuit)或直流斩波器电路(DC chopper circuit)。常见的能用于直流电机控制的直流-直流变换器主电路共有五种，分别是单向降压型直流-直流变换器电路、单向升压型直流-直流变换器电路、双向直流-直流变换器电路、非对称桥式直流-直流变换器电路以及全桥直流-直流变换器电路[15]。

1. 单向降压型直流-直流变换器电路

单向降压型直流-直流变换器电路如图 4-18 所示。图中，外电源（如车载动力蓄电池）电压为 U_S；V 为全控型电力电子器件，图中所示为 IGBT；D 为功率二极管；与外电源并联的电容 C 用来可以抑制 U_S 的波动。该电路可以为电枢绕组或励磁绕组提供电能，并可以对绕组电流进行调节。电枢绕组或励磁绕组可以用 R_w、L_w 所在支路等效，其中，R_w、L_w 分别为绕组的等效电阻和电感。由于此电路中存在绕组两端电压 $U_w \geqslant 0$ 且绕组电流 $i_w \geqslant 0$，因此直流电机不能在转矩-转速平面中四个象限运行。

图 4-18 所示电路结构与 Buck 电路[16] 基本相同。当 V 导通时，D 关断，绕组上的电压为 U_S，电流 i_w 在 U_S 的作用下增大；当 V 关断时，D 导通，绕组上的电压为 0，电流 i_w 在 D、R_w 和 L_w 形成的回路中续流并逐渐减小。V 的门极驱动信号占空比 α 定义为

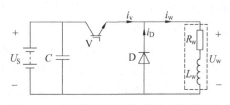

图 4-18 单向降压型直流-直流变换器电路

$$\alpha = \frac{t_{on}}{t_{on}+t_{off}} = \frac{t_{on}}{T_s} \tag{4-37}$$

式中，t_{on} 为器件 V 的导通时间；t_{off} 为器件 V 的关断时间；T_s 为器件 V 的 PWM 驱动信号的周期，即开关周期。器件 V 的开关频率 f_s 为

$$f_s = \frac{1}{T_s} \tag{4-38}$$

通过调节占空比 α，就可以调节绕组两端的平均电压 $\overline{U}_w$，进而可以调节绕组电流 i_w。显然，存在

$$\overline{U}_w = \frac{1}{\alpha}U_S \tag{4-39}$$

开关频率 f_s 越高，绕组电流 i_w 的波动越小，越有利于抑制电机的转矩纹波。

2. 单向升压型直流-直流变换器电路

单向升压型直流-直流变换器电路如图 4-19 所示，这种电路可用于电枢绕组电流的调节。由于电路中存在电枢绕组两端电压 $U_a \geqslant 0$ 且绕组电流 $i_a \leqslant 0$，所以该电路只能用于直流电机在发电状态下的转矩控制。

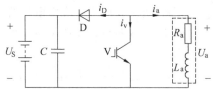

图 4-19 单向升压型直流-直流变换器电路

图 4-19 所示电路在结构上与 Boost 电路比较类似。若 V 的门极驱动信号占空比为 α，那么，在电枢绕组电流 i_a 连续的情况下，绕组电压与电源电压的关系为[17]

$$U_a = (1-\alpha)U_S \tag{4-40}$$

因此，通过调节占空比 α 可以实现对电枢绕组电流 i_a 的调节。

3. 双向直流-直流变换器电路

典型的双向直流-直流变换器电路如图 4-20 所示，该电路可以通过对电力电子器件 V_1 和 V_2 的门极驱动信号占空比的调节，实现对电枢绕组电流 i_a 的幅值与方向进行控制。

若图 4-20 中 V_1 的门极驱动信号占空比为 α_1、V_2 的门极驱动信号占空比为 α_2，那么将双向直流-直流变换器电路用于控制电机电枢电流 i_a 时：当 $i_a > 0$ 时，此时电机工作在电动状态，电能从外电源传输到电机并转换为机械能驱动车辆，调节 α_1 即可对 i_a 的幅值进行调节，从而调节电机转矩（转矩为正）；当 $i_a < 0$ 时，此时电机工作在发电状态，电机将车辆制动产生的机械能转换为电能并传输回外电源，调节 α_2 即可对 i_a 的幅值进行调节，进而调节电机的转矩（转矩为负）。由于施加到绕组的电压 U_a 的方向不能发生变化，因此电机不能实现四象限工作。

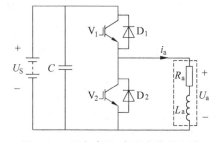

图 4-20 双向直流-直流变换器电路

当电机工作在驱动模式时，图 4-20 所示电路中的 V_2 可以始终处于关断状态；反之，当电机工作在发电状态时，图 4-20 所示电路中的 V_1 可以始终处于关断状态。因此，占空比 α_1、α_2 之间没有直接的关系。不同工作模式下，V_1 和 V_2 也可以选择不同的开关周期或频率。

当图 4-20 中的电力电子器件采用功率 MOSFET 时，为利用功率 MOSFET 反向导通通态压降小、损耗低的特性，可以在电机驱动和发电两种模式下采用相同的开关周期 T_S，且在一定 T_S 内，V_1 和 V_2 的门极驱动信号占空比 α_1 和 α_2 之间具有以下关系

$$\alpha_1 + \alpha_2 = 1 \tag{4-41}$$

按照上式，V_1 和 V_2 将具有互补的工作关系。在电机控制算法中，只需将 α_1 和 α_2 其中的一个作为被控量，另外一个满足式(4-41)即可，这样比较容易实现电机不同工作模式之间的平稳切换，有利于提高电机控制动态响应。实际应用中，电力电子器件 V_1 和 V_2 的门极驱动信号之间要加入"死区"，防止 V_1 和 V_2 出现"直通"现象。

4. 非对称桥式直流-直流变换器电路

非对称桥式直流-直流变换器电路(asymmetric bridge DC to DC converter main circuit)如图 4-21 所示，这种电路可用于电枢绕组电流的调节。当 V_1 和 V_2 导通时，D_1 和 D_2 关断，电枢绕组两端电压 $U_a \geqslant 0$ 且绕组电流 $i_a \geqslant 0$，此时电机工作在电动状态；当 V_1 和 V_2 关断时，若绕组电流 $i_a \geqslant 0$，那么 D_1 和 D_2 将导通，为 i_a 提供续流通路，此时电枢绕组两端电压 $U_a \leqslant 0$，电机工作在发电状态。由于电枢绕组电流 i_a 的方向不能发生变化，因此电机不能四象限工作。

5. 全桥直流-直流变换器电路

全桥直流-直流变换器电路(full bridge DC to DC converter main circuit)又称"H 桥"直流-直流变换器电路(H bridge DC to DC converter main circuit)，其电路结构如图 4-22 所示。图中电力电子器件 V_1 和 V_3 在一个桥臂上，V_2 和 V_4 在另外一个桥臂上，电枢绕组连接于两桥臂中点。

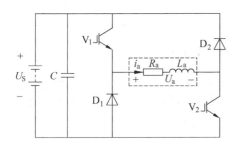

图 4-21 非对称桥式直流-直流变换器电路

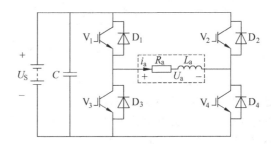

图 4-22 全桥直流-直流变换器电路

图 4-22 中，电力电子器件 $V_1 \sim V_4$ 可以分为两组：V_1 和 V_4 一组，V_2 和 V_3 一组。每组器件的门极驱动信号相同，不同组器件的门极驱动信号互补。两组器件门极驱动信号之间需要考虑"死区"问题，以保证每个桥臂都不能出现直通现象。

在一个 PWM 周期中，若 V_1 和 V_4 的门极驱动信号占空比为 α，则 V_2 和 V_3 的门极驱动信号占空比为 $1-\alpha$，电机电枢绕组两端平均电压 $\overline{U}_a$ 为

$$\overline{U}_a = \alpha U_S + (1-\alpha)(-U_S) = (2\alpha - 1)U_S \tag{4-42}$$

因此，通过调节 α 可以对电枢绕组电压进行调节，从而实现对电枢电流的控制，进而对电机转矩进行控制。

4.5.4 直流电机的机械特性

直流电机的机械特性又称为直流电机的外特性，用于表征电机输出转矩随电机转速的变化规律。在以转矩为纵轴、以转速为横轴的坐标平面中，直流电机机械特性为一条电机最大转矩随转速变化的曲线。因此，直流电机的机械特性也可以看作是直流电机的机械输出能力曲线(mechanical capability curve)，它对整车动力性产生直接的影响。

1. 电动状态下的直流电机机械特性

在电动模式下，典型的直流电机机械特性，即转矩-转速特性如图 4-23 中曲线 $t_e = f_t(\omega_m)$ 所示。电动模式下的直流电机的机械特性可以分为恒转矩区（constant torque region）和恒功率区（constant power region）两个区域。图中，曲线 $t_e' = f_{t'}(\omega_m)$ 为电机电枢绕组电压保持不变的前提下电机转矩随转速变化曲线；曲线 $p_m = f_p(\omega_m)$ 为电机输出最大功率随转速变化曲线；曲线 $u_a = f_u(\omega_m)$ 为电机电枢绕组电压随转速变化曲线；曲线 $i_f = f_f(\omega_m)$ 为电机励磁绕组电流随转速变化曲线；曲线 $i_a = f_i(\omega_m)$ 为电机电枢绕组电流随转速变化曲线，当电机沿外特性运行时，该曲线为幅值等于电枢绕组最大允许电流 I_{amax} 的一条水平直线。

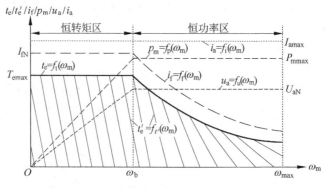

图 4-23 电动状态下的直流电机机械特性

直流电机的基速（base speed）ω_b 是指当电机的励磁绕组中流过额定励磁电流 I_{fN} 且在电机的电枢绕组两端施加额定的电枢电压 U_{aN} 时，在电机机械强度、散热能力允许的条件下电机能产生最大电磁转矩 T_{emax} 时的电机最高转速。基速是电机恒转矩区和恒功率区的分界，也是电机设计的额定转速。

基于直流电机的稳态数学模型，可知存在

$$\begin{cases} U_{aN} = R_a I_{aN} + K_E \Phi_N \omega_m \\ \Phi_N = K_\Phi I_{fN} \\ T_e = K_T \Phi_N I_{aN} \end{cases} \quad (4\text{-}43)$$

式中，Φ_N 为励磁电流 I_{fN} 产生的主磁通；I_{aN} 为电枢绕组额定电流。因此，有

$$\omega_m = \frac{U_{aN}}{K_E K_\Phi I_{fN}} - \frac{R_a T_e}{K_E K_T K_\Phi^2 I_{fN}^2} \quad (4\text{-}44)$$

当电机转矩 T_e 为最大值 T_{emax} 时，有

$$\omega_b = \frac{U_{aN}}{K_E K_\Phi I_{fN}} - \frac{R_a T_{emax}}{K_E K_T K_\Phi^2 I_{fN}^2} \quad (4\text{-}45)$$

1) 恒转矩区

当电机转速 ω_m 低于基速 ω_b，即 $\omega_m \leqslant \omega_b$ 时，电机运行在恒转矩区。

电机在恒转矩区运行时，因电机转速 ω_m 较低，由式（4-14）确定的电机感应电动势 e_a 较小。在恒转矩区需要采用 PWM 技术对电枢绕组电压 u_a 进行调节，实现对绕组电流 i_a 的限制，进而对电机转矩进行控制。当 $\omega_m = \omega_b$ 时，与电机最大转矩对应的电枢绕组电压即为

U_{aN}。由于在恒转矩区,对转矩的控制是通过对电枢绕组电压的调节实现,所以直流电机的恒转矩区又称为电枢电压控制区(armature voltage control region)[18]。

在恒转矩区的任何转速下,电机的转矩都可以达到最大值 T_{emax},与此对应的电枢电流即为 I_{amax}。

根据式(4-21),若电机电枢绕组电压保持不变且满足 $0 < u_a < U_{aN}$,电机的输出转矩会随转速 ω_m 线性下降,如图 4-23 中曲线 t'_e 所示。在恒转矩区,不同的 u_a 对应的曲线 t'_e 是一组平行的直线。

在恒转矩区,励磁绕组电流保持为额定电流 I_{fN} 不变,即电机主磁通 Φ 保持不变。

不考虑各种机械损耗情况下,电机输出的机械功率 p_m 可以表示为

$$p_m = t_e \omega_m \tag{4-46}$$

因此,恒转矩区的电机功率曲线 p_m 是一条以坐标原点为起点的直线。当 $\omega_m = \omega_b$ 时,p_m 达到最大值 P_{mmax}。

2) 恒功率区

若电机转速为 ω_m、电枢绕组的电压为额定电压 U_{aN}、励磁绕组电流为额定电流 I_{fN},因 I_{fN} 而产生的主磁通为 Φ_N,由式(4-21)得

$$T_e = \frac{K_T \Phi_N U_{aN}}{R_a} - \frac{K_T K_E \Phi_N^2 \omega_m}{R_a} \tag{4-47}$$

由式(4-45)可知,当 $\omega_m > \omega_b$ 时,有

$$T_e < T_{emax} \tag{4-48}$$

且电机转矩 T_e 将随着电机转速 ω_m 线性下降。当满足下式时,电枢绕组感应电动势 $e_a = U_{aN}$,电机转矩 $T_e = 0$。

$$\omega_m = \frac{U_{aN}}{K_E \Phi_N} \tag{4-49}$$

此时,电机转速无法继续增大,同时直流电机无机械能输出。为了提高电机转速,需要减小感应电动势 e_a。根据式(4-14),对于结构参数固定的直流电机,在一定转速下,减小 e_a 的唯一途径是降低主磁通 Φ。通过减弱主磁通 Φ 来提高电机转速 ω_m,即弱磁,与之相对应的控制方法称为弱磁控制(field weakening control)。

弱磁控制是直流电机在高速运行时常采用的控制方法。为了尽可能发挥直流电机的性能,在弱磁控制区域,控制目标通常为保持电机的输出功率不变。降低主磁通 Φ 是通过减小励磁绕组电流 i_f 实现的。因此,直流电机的恒功率区也称为弱磁控制区(field weakening control region)或励磁电流控制区(field current control region)。

将式(4-19)代入式(4-46),得

$$p_m = K_T \phi i_a \omega_m \tag{4-50}$$

在电枢绕组电流保持不变情况下,若要电机的输出功率不变,需要使

$$\phi \propto \frac{1}{\omega_m} \tag{4-51}$$

即主磁通随电机转速的增加呈反比例下降。根据式(4-17),需要满足

$$i_f \propto \frac{1}{\omega_m} \tag{4-52}$$

即励磁绕组电流 i_f 随 ω_m 的增加而反比例下降。同时,按照式(4-19),电机的转矩 t_e 也将随 ω_m 的增加而反比例下降,具体如图 4-23 所示。

基于式(4-16),可得励磁绕组电流 i_f 的控制系统结构如图 4-24 所示。图中,I_f^* 为目标励磁绕组电流,$\tau_f = L_f/R_f$ 为直流电机励磁绕组的电气时间常数。

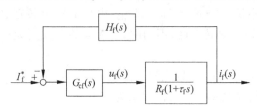

图 4-24 直流电机励磁绕组电流控制系统结构图

由于实际的励磁绕组电流 i_f 的波形具有一定的纹波,因此图 4-24 中电流反馈支路加入了低通滤波环节 $H_f(s)$,它可以表示为

$$H_f(s) = \frac{\omega_{cf}}{s + \omega_{cf}} \quad (4\text{-}53)$$

式中,ω_{cf} 为低通滤波环节的截止频率。

电流环控制通常采用 PI 控制,图 4-24 中 $G_{cf}(s)$ 可以表示为

$$G_{cf}(s) = k_{pf} + \frac{k_{if}}{s} \quad (4\text{-}54)$$

式中,k_{pf} 和 k_{if} 分别为比例系数和积分系数。

由图 4-23 可知,在电机的恒转矩区,励磁绕组电流 i_f 是不需要调节的,所以恒转矩区又称为恒励磁电流区(constant field current region);而在电机的恒功率区,电枢绕组电压 u_a 是不需要调节的,所以恒功率区又称为恒电枢电压区(constant armature voltage region)。

需要说明的是,以上控制方法以及图 4-23 中的 p_m、u_a、i_f、i_a 等曲线是基于直流电机的外特性给出的,换言之,是基于直流电机的最大能力给出来的。实际的直流电机驱动车辆时,不可能工作点都在图 4-23 中的外特性曲线 t_e 上。更多的实际工况是部分负荷工况,这个时候要根据电机的运行状态,结合运行效率等目标,对电枢绕组电压 u_a、励磁绕组电流 i_f(或励磁绕组电压 u_f)进行协调控制,才能取得较好的控制效果。

2. 直流电机的四象限运行

电动汽车要求驱动电机可以在转矩-转速平面的四象限运行。对于直流电机,不改变励磁绕组电流 i_f 的方向,而只通过改变施加在电枢绕组的电源电压 u_a 的方向,并控制电枢绕组电流 i_a 的方向,就可以使直流电机在四象限运行。具体如图 4-25(a)所示。

直流电机在较低转速下运行时,可以通过主电路器件的合理通断,利用电枢绕组电感的能量储存和释放,使电枢绕组的感生电动势和动生电动势相叠加,从而使绕组两端获得较高的感应电动势,实现车辆的制动能量回馈。相关内容,可以参见有关 Boost 直流-直流变换电路相关知识[17]。

直流电机在四个象限的外特性以及与之对应的励磁绕组电流、电枢绕组电压曲线如图 4-25(b)所示。由于直流电机外特性是在限定的电流、电压下得到的电机最大"机械能力"曲线,因此若忽略直流电机的各种损耗,图中各象限由恒转矩线、恒功率线以及两个坐标轴围成的图形是沿坐标轴对称的,即各象限图形的面积都相等。但若考虑直流电机工作中会产生各种损耗,则二、三象限(电机工作在发电状态)外特性与坐标轴围成的图形面积要大于一、四象限(电机工作在电动状态)外特性与坐标轴围成的面积[13]。

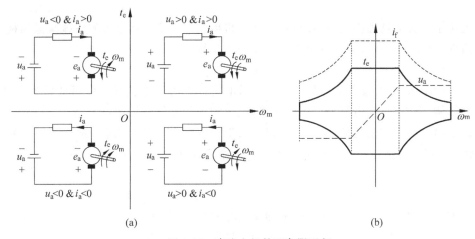

图 4-25 直流电机的四象限运行
（a）电枢绕组电压和电流方向；（b）转矩、励磁绕组电流和电枢绕组电压曲线

4.6 直流电机系统损耗与效率

直流电机系统在驱动/制动车辆过程中，会产生损耗。这些损耗可以分为两大部分：电机控制器产生的损耗和直流电机产生的损耗。

电机控制器的损耗 P_{Con} 主要是主电路电力电子器件产生的开关损耗和通态损耗。电机控制器内部控制电路、驱动电路以及其他控制器附件产生的损耗因较小可以忽略不计。电力电子器件工作过程产生的损耗可参考式(3-15)计算。

直流电机在工作过程中，会产生电枢绕组铜损、励磁绕组铜损、电刷损耗、定转子铁心铁损、机械损耗等。

在电枢绕组回路中，因等效电阻 R_a 的存在，在电机工作过程中会产生电枢绕组铜损 $P_{Cu,a}$，它可以表示为

$$P_{Cu,a} = I_a^2 R_a \tag{4-55}$$

式中，I_a 为电枢绕组电流。

在励磁绕组回路中，因等效电阻 R_f 的存在，在电机工作过程中会产生励磁绕组铜损 $P_{Cu,f}$，它可以表示为

$$P_{Cu,f} = I_f^2 R_f \tag{4-56}$$

式中，I_f 为励磁绕组电流。

在电枢绕组回路中，因电刷与换向器之间接触电阻形成电压降，会产生电刷损耗 P_{Bd}，可以按下式计算

$$P_{Bd} = U_{Bd} I_a \tag{4-57}$$

式中，U_{Bd} 为电刷与换向器之间的电压降。

直流电机定子铁心和转子铁心主要由铁磁材料构成，铁磁材料在电机工作状态下会产生铁损，电机的铁损由磁滞损耗和涡流损耗构成。若已知直流电机定子铁心和转子铁心的形状，可以计算出定子铁心铁损 $P_{Fe,s}$ 以及转子铁心的铁损 $P_{Fe,r}$，具体可参考式(2-40)

计算。

电机转子在转动过程中,会存在机械损耗。机械损耗主要包括电机的机械摩擦损耗、空气摩擦损耗(风摩损耗),机械损耗可以用 P_{Me} 表示,那么有

$$P_{Me} = P_{Fr} + P_{Wi} \tag{4-58}$$

式中,P_{Fr} 表示电机的机械摩擦损耗;P_{Wi} 表示电机的空气摩擦损耗。电机的机械损耗与电机内部结构、电机转速、电机所处工作环境、电机维护状态等密切相关。

除以上给出的各类损耗外,电机工作过程可能出现的其他损耗,统一称为杂散损耗,用 P_{St} 表示。也可将直流电机的电刷损耗 P_{Bd} 归入杂散损耗中,若此,则直流电机总的损耗表示为

$$P_{Loss} = P_{Cu,a} + P_{Cu,f} + P_{Fe,s} + P_{Fe,r} + P_{Me} + P_{St} \tag{4-59}$$

图 4-26 所示为直流电机系统在机电能量转换过程中的功率流图(power division flow diagram),图中比较清晰地描述了机电能量转换过程中的功率流向。

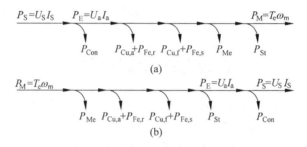

图 4-26　直流电机系统的功率流图
(a) 电动状态; (b) 发电状态

图 4-26 中,P_S 为外直流电源提供的电功率,可以表示为

$$P_S = U_S I_S \tag{4-60}$$

式中,U_S 表示外直流电源电压;I_S 为外直流电源电流。若不考虑励磁绕组的输入电功率,那么直流电机的输入电功率 P_E 可以表示为

$$P_E = U_a I_a \tag{4-61}$$

式中,U_a 为电机电枢绕组电压。直流电机输出机械功率 P_M 可以表示为

$$P_M = T_e \omega_m \tag{4-62}$$

若直流电机工作在电动状态,基于图 4-26(a)可得到直流电机控制器的效率 η_{Con} 为

$$\eta_{Con} = \frac{P_E}{P_S} \times 100\% \tag{4-63}$$

直流电机的工作效率 η_{DCM} 为

$$\eta_{DCM} = \frac{P_M}{P_E} \times 100\% \tag{4-64}$$

因此,直流电机系统效率 η_{Sys} 为

$$\eta_{Sys} = \eta_{Con} \eta_{DCM} = \frac{P_M}{P_S} \times 100\% \tag{4-65}$$

若直流电机工作在发电状态,基于图 4-26(b)可得到直流电机控制器的效率 η_{Con} 为

$$\eta_{\text{Con}} = \frac{P_{\text{S}}}{P_{\text{E}}} \times 100\% \tag{4-66}$$

直流电机的工作效率 η_{DCM} 为

$$\eta_{\text{DCM}} = \frac{P_{\text{E}}}{P_{\text{M}}} \times 100\% \tag{4-67}$$

因此,直流电机系统效率 η_{Sys} 为

$$\eta_{\text{Sys}} = \eta_{\text{Con}} \eta_{\text{DCM}} = \frac{P_{\text{S}}}{P_{\text{M}}} \times 100\% \tag{4-68}$$

4.7 本章小结

　　直流电机的转矩只包含电磁转矩而不包含磁阻转矩。直流电机的电磁转矩是由两个静止磁场相互作用产生的,其中一个静止磁场是由电机定子上的永磁体或励磁绕组产生(或二者共同产生);另外一个静止磁场是由转子上的电枢绕组电流产生。电枢和换向器使两个静止磁场始终处于正交位置,从而保证单位电枢电流产生最大的电磁转矩;但是,电枢和换向器的存在降低了直流电机的耐久性和工作效率。直流电机稳态工作时,励磁绕组电流、电枢绕组电流可以认为是直流电流,所以直流电机的转矩控制问题实质上是直流电流控制问题。这使得直流电机的控制算法非常直接和简单,弱磁控制等技术手段更易实现。这一点被永磁同步电机和交流感应电机的控制技术所借鉴,并发展成为第 6、7 章的"磁场定向控制"。

　　作为驱动电机,直流电机在电动汽车发展早期得到较为广泛的应用,并在电动汽车技术发展过程中发挥了重要作用。但是,直流电机系统在耐久性、效率、可维护性等多方面存在不足,随着永磁同步电机、交流感应电机等的设计、制造工艺以及控制技术的发展,现代电动汽车已很少采用直流电机作为驱动电机。但是,对直流电机的结构、原理与控制方法等相关内容的学习和理解仍然具有重要意义,对学习其他类型电机的知识具有重要的帮助。

思 考 题

4.1　直流电机具有什么样的结构?
4.2　随着电动汽车技术的发展,为什么直流电机会逐渐被其他类型驱动电机所取代?
4.3　直流电机的电刷和换向器具有什么作用?
4.4　直流电机转子的单叠绕组和单波绕组有何技术特点?二者主要差异是什么?
4.5　直流电机的数学模型包括哪些关系式?各关系式具有什么物理意义?
4.6　为什么控制直流电机转子绕组电流就可以实现对电机转矩的控制?
4.7　直流电机转子绕组控制主电路具有哪些拓扑结构?各具有什么特点?
4.8　直流电机的外特性包含哪几个区域?各具有什么样的特征?
4.9　什么是驱动电机的弱磁控制?为什么在驱动电机控制中需要弱磁控制?
4.10　直流电机在"电动"和"发电"状态下工作,会产生哪些损耗?如何计算这些损耗?

参 考 文 献

[1] Dancygier G, Dolhagaray J. Motor Control Law and Comfort Law in the Peugeot and Citroen Electric Vehicles Driven by a DC Commutator Motor[C]//1998 Seventh International Conference on Power Electronics and Variable Speed Drives, 1998: 370-374.

[2] Zeraoulia M, Benbouzid M E H, Diallo D. Electric Motor Drive Selection Issues for Hev Propulsion Systems: A Comparative Study[J]. IEEE Transactions on Vehicular Technology, 2006, 55(6): 1756-1764.

[3] Santiago J D, Bernhoff H, Ekergård B, et al. Electrical Motor Drivelines in Commercial All-Electric Vehicles: A Review[J]. IEEE Transactions on Vehicular Technology, 2012, 61(2): 475-484.

[4] Rajashekara K. History of Electric Vehicles in General Motors[J]. IEEE Transactions on Industry Applications, 1994, 30(4): 897-904.

[5] Xu W, Zhu J, Guo Y, et al. Survey on Electrical Machines in Electrical Vehicles[C]//2009 International Conference on Applied Superconductivity and Electromagnetic Devices, 2009: 167-170.

[6] Chau K T. Electric Vehicle Machines and Drives: Design, Analysis and Application[M]. Chichester: John Wiley and Sons, Inc., 2015.

[7] West J G W. DC, Induction, Reluctance and Pm Motors for Electric Vehicles[J]. Power Engineering Journal, 1994, 8(2): 77-88.

[8] 张承宁, 李红林, 孙逢春, 等. 电动公交大客车用新型电机驱动控制系统特性分析[J]. 中国电机工程学报, 2003(8): 111-115.

[9] 汤蕴璆. 电机学[M]. 5版. 北京: 机械工业出版社, 2014.

[10] Chapman S J. Electric Machinery Fundamentals[M]. 4th Ed. New York: The McGraw-Hill Companies, Inc., 2005.

[11] Pyrhonen J, Jokinen T, Hrabovcova V. Design of Rotating Electrical Machines[M]. 2nd Ed. Chichester: John Wiley & Sons Ltd, 2014.

[12] Sarma M S, Pathak M K. Electric Machines[M]. Singapore: Cengage Learning Asia Pte Ltd, 2010.

[13] Sul S K. Control of Electric Machine Drive Systems[M]. Hoboken: John Wiley & Sons, Inc., 2011.

[14] Umans S D. Fitzgerald & Kingsley's Electric Machinery[M]. 7th Ed. New York: The McGraw-Hill Companies, Inc., 2013.

[15] Boldea I, Nasar S A. Electric Drives[M]. 2nd Ed. Boca Raton: CRC Press, 2006.

[16] 刘刚, 王志强, 房建成. 永磁无刷直流电机控制技术与应用[M]. 北京: 机械工业出版社, 2009.

[17] 高大威. 汽车电力电子学[M]. 北京: 清华大学出版社, 2018.

[18] Novotny D W, Lipo T A, Jahns T M. Introduction to Electric Machines and Drives[M]. Madison: University of Wisconsin-Madison, 2009.

第5章 无刷直流电机原理与控制

5.1 无刷直流电机概述

无刷直流电机(brushless direct current machine,BLDCM)是在直流电机上发展起来的。

自20世纪初期开始,一些学者试图采用电子器件实现"电子换向"来取代直流电机的电刷和换向器的"机械换向",由此解决由于换向过程而导致的直流电机耐久性差、维护和运行成本高等问题。1934年,美国通用电气公司的Alexanderson和Mittag采用闸流管(thyratron)实现了直流电机的换向过程[1],但整个系统成本较高、所占空间较大、控制电路比较复杂[2]。1947年,美国贝尔实验室(Bell laboratories)的Shockley、Bardeen和Brattain发明了晶体管(transistor),1955年,美国人Brailsford提出了采用晶体管实现直流电机换向的设想[3],并称这种电机为无换向器直流电机(Commutatorless direct current motor),这种电机被认为是现代无刷直流电机的雏形[4,5]。但在此期间,受到当时电子技术发展水平的限制,很难找到合适的大功率器件用于直流电机的换向。因此,这些研究普遍停留在小功率验证阶段。1957年,晶闸管(thyristor,SCR)的问世可以看作是电力电子技术发展的起点[6],也为实现大功率电子换向带来了希望。同时,传感与测试技术的进步推动了无刷直流电机技术的发展。1962年,美国人Wilson和Trickey通过利用霍尔元件对电机转子位置的识别,研发了无刷直流电机实验样机,并采用晶闸管实现了电机的高速控制[7]。由于缺少全控型电力电子器件以及高性能永磁材料,在20世纪60年代到70年代中期,无刷直流电机相关技术的研究和应用发展较为缓慢,直到20世纪70年代中期以及80年代初,因以功率MOSFET和IGBT为代表的全控型电力电子器件的出现,同时伴随着钕铁硼(NdFeB)等高性能永磁材料的出现以及计算机技术、控制技术的发展,无刷直流电机逐渐开始大规模产业化应用;20世纪80年代末期,以美国POWERTEC Industrial公司为代表的企业陆续推出大功率无刷直流电机产品[8]。从20世纪90年代开始,随着钐钴(SmCo)、钕铁硼等永磁材料性能的不断提升以及高性能DSC应用技术的发展,无刷直流电机在工业领域的应用规模不断扩大,并有逐渐取代直流电机的趋势。

与工业领域类似,在电动汽车上,无刷直流电机也是作为直流电机替代者的角色出现的。在国外,以戴姆勒(Daimler)公司为代表的许多汽车厂商都曾采用无刷直流电机作为电动汽车的驱动电机。图5-1所示为Smart Fortwo Electric Drive电动汽车及其装配的无刷直流电机和电机控制器。在国内,吉利、奇瑞以及江淮等企业也都采用过无刷直流电机作为电动化产品的驱动电机。

与直流电机相比,由于不存在电刷和换向器,无刷直流电机具有很多优点,但对电机控制器主电路以及控制电路具有较高要求,表5-1给出了二者的特点对比。

(a) (b)

图 5-1 Smart Fortwo Electric Drive 及驱动电机系统

(a) 车辆外形；(b) 55kW 无刷直流电机及电机控制器

表 5-1 无刷直流电机与直流电机特点对比

项　　目	无刷直流电机	有刷直流电机
换向方式	电子换向	机械换向
维护性	由于无电刷,可免维护	需周期性维护
耐久性	长	短
环境适应性	对温度、振动比较敏感	好
效率	高	一般
功率密度	高	一般
转子转动惯量	较小	较大
转速范围	高	低
电磁噪声	低	高(因电弧产生严重 EMI)
制造成本	高	低
控制器与成本	主电路复杂,成本高	主电路简单,成本低
控制算法	复杂	简单

无刷直流电机和永磁同步电机具有类似的结构。此外,对于三相无刷直流电机和三相永磁同步电机的控制器都可以采用三相全桥主电路作为主回路,二者在对电机转矩实施控制时,都需要转子位置传感器。基于此,有些文献将二者统称为永磁无刷电机(permanent magnet brushless electric machine)[9,10]。但是无刷直流电机和永磁同步电机的特性、控制方法存在很大的差异,不能将二者混淆。有关无刷直流电机和永磁同步电机的对比详见第 6 章相关内容。

无刷直流电机通过转子永磁体产生的磁场与定子绕组电流产生的磁场相互作用产生电磁转矩,实现机电能量转换。作为电动汽车的驱动电机,与其他类型电机相比,无刷直流电机具有如下优势：

(1) 具有较好的机械特性,起动转矩大,过载能力强,易满足电动汽车的动力性需求；

(2) 转子转动惯量较小,具有较快的动态响应,并易实现高速或超高速运行；

(3) 具有较高的功率密度和转矩密度；

(4) 使用寿命长,可以满足电动汽车耐久性的要求,并可以做到免维护；

(5) 无转子绕组,具有较高的运行效率；

(6) 控制算法简单。

无刷直流电机作为电动汽车驱动电机时,存在以下不足：

(1) 电机转子上的永磁体材料性能易受温度、振动等影响,对运行环境具有较高要求；

(2) 电机在换相过程中,容易出现转矩脉动,从而产生一定的噪声和振动;

(3) 在对转矩控制的过程中,需要采用转子位置传感器对转子位置进行识别。

无刷直流电机在中小驱动功率需求的车辆中应用较多。此外,由于无刷直流电机易于设计和加工成盘式外转子结构,所以常作为轮毂电机或轮边电机用于分布式驱动系统。

5.2 无刷直流电机结构

5.2.1 无刷直流电机的基本结构

从结构上看,将永磁直流电机(电机主磁通由永磁体产生,无励磁绕组的直流电机)定子和转子倒置即形成无刷直流电机。虽然无刷直流电机有多种定子绕组形式和转子结构,但"集中绕组定子+表贴式永磁体转子"被广泛认为是无刷直流电机的典型结构特征,具体如图5-2所示。

按定子和转子的相互位置,无刷直流电机可以分为内转子无刷直流电机和外转子无刷直流电机,二者分别如图5-3(a)和图5-3(b)所示。内转子结构的电机转子转动惯量较小,定子铁心更容易与冷却壳体形成大面积接触,散热条件较好。外转子结构的电机容易获得较大的气隙直径,从而易于获得较大的电磁转矩,因此,外转子电机的转矩密度较高。此外,因定子铁心的齿向外开口,外转子电机的定子绕组更容易绕制。用于集中式驱动车辆的无刷直流电机都为内转子电机。

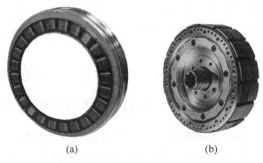

图 5-2 无刷直流电机的定子和转子
(a) 集中绕组定子;(b) 表贴式永磁体转子

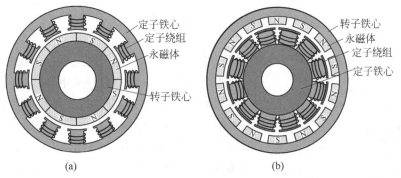

图 5-3 无刷直流电机结构
(a) 内转子无刷直流电机;(b) 外转子无刷直流电机

无刷直流电机的定子铁心和转子铁心采用硅钢片叠压而成。为减少涡流损耗,铁心冲片表面通常需涂绝缘漆。此外,由于车用电机的冷却方式皆为液冷,所以要求无刷直流电机定子铁心与具有冷却液流道的外壳紧密接触,将电机运行中产生的热量及时散发出去。

为抑制铁心的齿槽分布对气隙磁场以及电机转矩产生影响,大功率无刷直流电机多采用斜槽式结构的定子铁心。无刷直流电机定子铁心槽中嵌有定子绕组,根据定子绕组的电气连接形式可以分为单相绕组和多相绕组。多相绕组为一相绕组、两相绕组、三相绕组等。与此相对应,无刷直流电机可以分为单相无刷直流电机、两相无刷直流电机、三相无刷直流电机等。电动汽车驱动系统中最常见的无刷直流电机是三相无刷直流电机,三相无刷直流电机的三相定子绕组通常采用"Y型"连接(wye connection)。无刷直流电机定子绕组通常采用节距为1的集中绕组(concentrated winding)结构,采用这种绕组结构使每个磁极所面对的同相绕组的同电流方向的导体处于同一槽内,由于这些导体所处气隙磁通密度相同,通过叠加,容易得到波形较好的梯形波感应电动势。

电动汽车无刷直流电机中的永磁体普遍采用具有高矫顽力、高剩磁通密度的烧结钕铁硼制成。表贴式安装方式具有结构简单、制造成本低、易于形成近似梯形分布的气隙磁通密度等优势,因此被多数无刷直流电机所采用。

无刷直流电机内部通常需安装转子位置传感器,其作用是检测转子磁极相对于定子绕组的位置,以便控制相应定子绕组中的电流。霍尔位置传感器因体积小、成本低的特点被广泛用于无刷直流电机中的转子位置检测。此外,也可以根据电机工作过程中一些典型物理量(如电压、电流等)的变化规律,通过软件对转子磁极的位置进行辨识,相应的控制方法称为无传感器控制法。

除以上组成部分外,无刷直流电机还有机械输出轴、轴承等构件。

5.2.2 无刷直流电机的分数槽集中绕组

电机的绕组形式分为集中绕组和分布绕组(distributed winding)。与分布绕组相比,集中绕组具有绕组端部短且牢固、易于设计、工艺简单、制造成本低等优点,但线圈中导体集中在一起,也存在空间利用率低、不易散热等不足。无刷直流电机定子绕组普遍采用分数槽集中绕组(fractional slot concentrated winding)。

若定子铁心槽数为 Z,转子的永磁体极对数为 P,对于 m 相无刷直流电机,则每极每相槽数 q 为

$$q = \frac{Z}{2mP} \tag{5-1}$$

当 q 为整数时,定子绕组称为整数槽绕组;当 q 为分数时,定子绕组称为分数槽绕组。

图 5-4 所示为具有整数槽集中绕组的三相无刷直流电机结构,根据式(5-1),显然每极每相槽数 $q=1$。由于整数槽集中绕组各相绕组在齿上缠绕时会出现重叠现象,所以也称为叠式集中绕组(overlapping concentrated winding)[11]。与非叠式集中绕组相比,叠式集中绕组的绕组感应电动势和气隙磁场磁通密度分布更接近于正弦波,高次谐波含量较小。

同一个线圈两个有效边在转子表面所跨越的距离,称为线圈的节距,通常用 y 表示。节距的单位可以用槽表示。对于 $y=1$ 的分数槽绕组,即为分数槽集中绕组。分数槽集中绕组各相绕组之间没有重叠现象,所以也称为非叠式集中绕组(non-overlapping concentrated

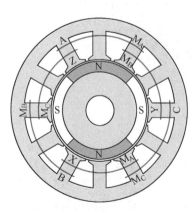

图 5-4 具有整数槽集中绕组的三相无刷直流电机结构

winding)。

采用分数槽集中绕组的无刷直流电机有如下优点：

(1) 每个线圈绕在一个齿上,易于提高槽满率(即同一槽内导线截面积与该槽有效面积的比率),线圈端部较短,减少了线圈周长和用铜量,降低了定子绕组铜损。

(2) 结构简单,容易加工。定子铁心可以采用分块结构,易实现自动化生产,从而降低成本,提高生产效率。

(3) 降低了电机的齿槽转矩(cogging torque),从一定程度上抑制了转矩纹波。

(4) 采用单层结构时,各相绕组电、热、磁都得到一定程度隔离,各相绕组之间互感较小,不易发生相间短路,电机具有较好的容错性能,电机可靠性较高。

采用分数槽集中绕组的电机的槽数与极数有严格的约束关系,每相绕组的自感较大。

分数槽集中绕组可以分为全齿绕制的绕组(all teeth winding)和隔齿绕制的绕组(alternate teeth winding),前者又称为双层绕组(double layer winding),后者又称为单层绕组(single layer winding)[12]。图 5-5 和图 5-6 分别为 12 槽 10 极三相无刷直流电机采用双层绕组和单绕组的绕组结构图和绕组展开图。由于单层绕组采用隔齿绕制,与双层绕组相比,互感较小,同时具有较高的自感,这对于电机容错运行非常有利[13]。此外,单层绕组的感应电动势更接近于梯形波,具有较大的磁动势谐波含量,单层绕组可以采用不等宽的定子齿结构[14]。但在同等运行条件下,与双层绕组相比,单层绕组的损耗要略高,齿槽转矩略大。同时,双层绕组比单层绕组有更多可能的极数和槽数组合供设计者选择。作为驱动电机,电动汽车无刷直流电机多采用双层绕组[15]。

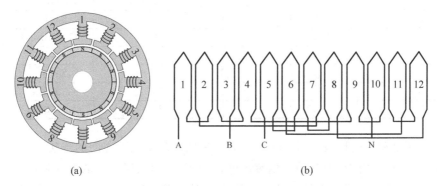

图 5-5 三相无刷直流电机双层绕组的结构图与绕组展开图
(a) 绕组结构图；(b) 绕组展开图

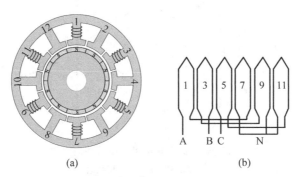

图 5-6 三相无刷直流电机单层绕组的结构图与绕组展开图
(a) 绕组结构图；(b) 绕组展开图

对于电动汽车常用的三相无刷直流电机,定子铁心槽数 Z 需满足

$$Z = 3n \tag{5-2}$$

式中,n 为整数。式(5-2)又称为三相分数槽定子绕组的对称条件[16]。在满足该条件的前提下,若 Z 为偶数,则定子绕组既可以采用单层绕组形式,也可以采用双层绕组形式;若 Z 为奇数,则定子绕组只能采用双层绕组形式。

对于采用分数槽集中绕组的无刷直流电机,定子铁心的槽数 Z 与转子永磁体极对数 P 需满足如下约束条件

$$Z = 2P \pm i, \quad i = 1, 2, 3, \cdots \tag{5-3}$$

基于式(5-2)和式(5-3),可以得到常用分数槽集中绕组的槽数和极对数的组合,如表 5-2 所示[17]。需要说明的是,实际可选的槽数和极对数的组合不限于表 5-2 所示[18]。槽数和极对数的组合的选择会对无刷直流电机的性能产生重要的影响,尤其对齿槽转矩、不平衡径向磁拉力(unbanlanced magnetic pull,UMP)、铁心涡流损耗等都会产生直接影响,因此在电机设计过程中要结合众多因素做合理的槽数和极对数的搭配。

表 5-2　三相直流无刷电机常用分数槽集中绕组槽数和极对数的组合[17]

极对数(P)	可选槽数(Z)	极对数(P)	可选槽数(Z)
1	3	11	21,24,33
2	3,6	12	18,27,36
3	9	13	24,27,39
4	6,9,12	14	24,27,30,42
5	9,12,15	15	27,36,45
6	9,18	16	24,30,33,36,48
7	12,15,21	17	33,36,51
8	12,15,18,24	18	27,54
9	27	19	36,39,57
10	18,21,24,30	20	30,36,39,42,45,48,60

可以采用电动势向量星形图(star of slots)来确定定子线圈之间的连接方法。以图 5-5 和图 5-6 所示的 12 槽 10 极三相无刷直流电机为例,采用双层绕组的电动势向量星形图如图 5-7(a)所示,采用单层绕组的电动势向量星形图如图 5-7(b)所示。可以得到,双层绕组

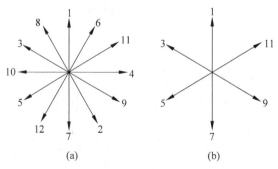

图 5-7　12 槽 10 极三相电机的电动势向量星形图
(a) 双层绕组;(b) 单层绕组

的线圈连接方式为 A 相：1（正绕）-2（反绕）-7（反绕）-8（正绕）；B 相：3（反绕）-4（正绕）-9（正绕）-10（反绕）；C 相：5（正绕）-6（反绕）-11（反绕）-12（正绕）。单层绕组的线圈连接方式为 A 相：1（正绕）-7（反绕）；B 相：3（反绕）-9（正绕）；C 相：5（正绕）-11（反绕）。这分别与图 5-5（b）和图 5-6（b）一致。

5.2.3 无刷直流电机永磁体的布置与磁化

如图 5-8 所示，无刷直流电机转子上的永磁体可以制成不同的形状，如矩形、瓦形、弓形等。永磁体在无刷直流电机转子上的安装方式可以分为两大类：表贴式和内置式。瓦形和弓形永磁体比较适合表贴式安装，而矩形适合内置式安装。

如图 5-9（a）所示，瓦形永磁体若采用表面粘贴安装方式，即表贴式，则磁极会全部暴露在转子表面，易于形成近似梯形分布的气隙磁通密度，因此被多数无刷直流电机所采用。

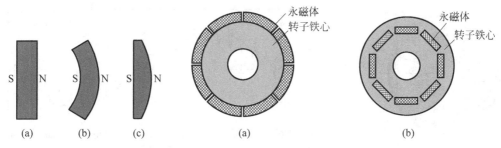

图 5-8　无刷直流电机永磁体形状
（a）矩形；（b）瓦形；（c）弓形

图 5-9　无刷直流电机转子永磁体安装方式
（a）表贴式；（b）内置式

弓形永磁体被安装在转子铁心后，因形成的气隙不均匀会导致气隙磁通密度不一致，需通过调整弓形永磁体形状对气隙磁通密度分布进行优化。

如图 5-9（b）所示，矩形永磁体可以采用内嵌安装方式布置在转子铁心中，这种安装方式称为内置式。内置式安装可以使转子与永磁体结合更为牢固，有利于电机的高速运行。为了提高电机性能，内置式安装的永磁体多采用多段结构。

转子上永磁体的磁化方向对气隙磁场的磁通密度分布也会产生非常重要的影响。常见的永磁体磁化方向有两种：径向磁化（radial magnetization）和平行磁化（parallel magnetization）。对于表贴式无刷直流电机转子，若对永磁体采用径向磁化，则气隙各点的磁通密度方向与转子表面垂直，使得气隙磁通密度沿径向均为最大且在同一极距内保持基本恒定不变，所以比较容易得到近似方波分布的气隙磁通密度；若对永磁体采用平行磁化，则从永磁体穿过气隙进入定子铁心的磁通因存在切向分量而容易得到近似正弦波分布的气隙磁通密度。图 5-10 和图 5-11 分别是 24 槽 1 对磁极的电机在永磁体径向磁化和平行磁化后的气隙磁场情况[19]。电动汽车无刷直流电机常采用瓦形径向磁化永磁体，以形成按方波或近似梯形波分布的气隙磁通密度。

1980 年，美国学者 Halbach 提出了一种将径向磁化永磁体和与之正交的切向磁化永磁体组合在一起的排列方式[20]，称为 Halback 阵列（Halback array）。Halback 阵列非常适合内转子或外转子表贴式转子结构。由于采用 Halback 阵列使永磁体气隙一侧磁通密度得到加强，而转子铁心一侧磁通密度明显减弱，因此可以减少转子磁轭的铁磁材料，甚至取消

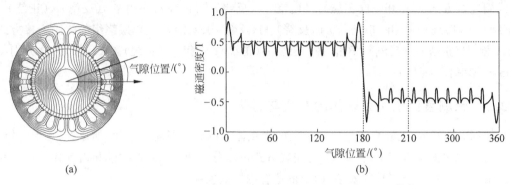

图 5-10 径向磁化电机空载时的气隙磁场和磁通密度曲线[19]
(a) 气隙磁场；(b) 磁通密度曲线

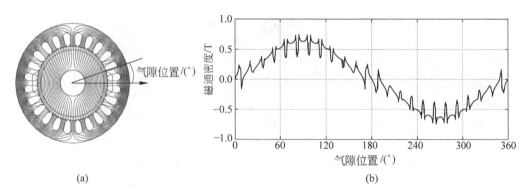

图 5-11 平行磁化电机空载时的气隙磁场和磁通密度曲线[19]
(a) 气隙磁场；(b) 磁通密度曲线

转子铁心，即成为无铁心转子，从而可以大幅度降低转子重量和转动惯量，提高电机的功率密度和动态响应。此外，采用 Halback 阵列后，电机的齿槽转矩会降低，可以避免定子斜槽或转子斜极。由于降低了转子铁损，Halback 阵列电机具有较高的运行效率。

Halback 阵列电机虽然具有很多优势，但由于复杂的磁极结构以及充磁方式，Halback 阵列电机还处于小功率验证和研究阶段，未得到大规模推广应用。

5.3 无刷直流电机基本工作原理

下面以电动汽车上常见的三相无刷直流电机为例分析无刷直流电机的基本工作原理。

图 5-12 所示为 6 槽 4 极的三相无刷直流电机结构示意图。图中，定子齿 1 和齿 4 上缠绕 A 相绕组：$A-M_A-X$；定子齿 5 和齿 2 上缠绕 B 相绕组：$B-M_B-Y$；定子齿 3 和齿 6 上缠绕 C 相绕组：$C-M_C-Z$。当 X、Y 和 Z 连接为中性点 N 时，三相定子绕组为"Y型"连接。图中标出了各相定子绕组电流 i_a、i_b 和 i_c，这里规定 i_a 正方向为 $A \rightarrow M_A \rightarrow X$，$i_b$ 正方向为 $B \rightarrow M_B \rightarrow Y$，$i_c$ 正方向为 $C \rightarrow M_C \rightarrow Z$。

图 5-12 中，SEN1、SEN2 和 SEN3 为转子位置传感器，三个传感器在空间沿气隙圆周顺时针按 120°机械角度对称布置。当转子位置传感器所在位置的转子磁极为 N 时，传感器输

出高电平数字信号"1";当转子位置传感器所在位置的转子磁极为 S 时,传感器输出低电平数字信号"0"。若 SE 表示由 SEN1、SEN2 和 SEN3 输出的数字信号构成的组合,则对应图中的转子位置,$SE=110$。显然,转子每转动 60°机械角度,SE 的数值将发生一次变化。

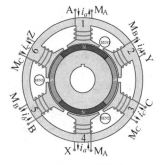

图 5-12　三相无刷直流电机结构示意图

(1) 对于如图 5-12 所示的电机转子位置,若在外电源作用下,存在

$$\begin{cases} i_a = 0 \\ i_b > 0 \\ i_c < 0 \end{cases} \quad (5\text{-}4)$$

即如图 5-13(a)所示。那么,电机将产生逆时针电磁转矩 T_e。若电机负载转矩 T_L 小于 T_e,则电机转子会按逆时针转动。

(2) 当电机转子旋转至如图 5-13(b)所示位置时,SE 的值将从"110"变为"010"。此时,若在外电源作用下,存在

$$\begin{cases} i_a > 0 \\ i_b = 0 \\ i_c < 0 \end{cases} \quad (5\text{-}5)$$

那么,电机将继续产生逆时针电磁转矩 T_e。在 T_e 的作用下,电机转子会继续按逆时针转动。

(3) 当电机转子旋转至如图 5-13(c)所示位置时,SE 的值将从"010"变为"011"。此时,若在外电源作用下,存在

$$\begin{cases} i_a > 0 \\ i_b < 0 \\ i_c = 0 \end{cases} \quad (5\text{-}6)$$

那么,电机将继续产生逆时针电磁转矩 T_e。在 T_e 的作用下,电机转子会继续按逆时针转动。

(4) 当电机转子旋转至如图 5-13(d)所示位置时,SE 的值将从"011"变为"001"。此时,若在外电源作用下,存在

$$\begin{cases} i_a = 0 \\ i_b < 0 \\ i_c > 0 \end{cases} \quad (5\text{-}7)$$

那么,电机将继续产生逆时针电磁转矩 T_e。在 T_e 的作用下,电机转子会继续按逆时针转动。

(5) 当电机转子旋转至如图 5-13(e)所示位置时,SE 的值将从"001"变为"101"。此时,若在外电源作用下,存在

$$\begin{cases} i_a < 0 \\ i_b = 0 \\ i_c > 0 \end{cases} \quad (5\text{-}8)$$

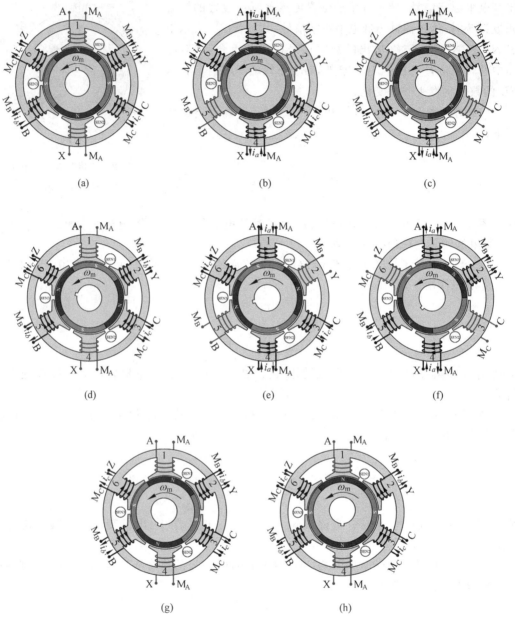

图 5-13 无刷直流电机的工作原理

那么,电机将继续产生逆时针电磁转矩 T_e。在 T_e 的作用下,电机转子会继续按逆时针转动。

(6) 当电机转子旋转至如图 5-13(f)所示位置时,SE 的值将从"101"变为"100"。此时,若在外电源作用下,存在

$$\begin{cases} i_a < 0 \\ i_b > 0 \\ i_c = 0 \end{cases} \tag{5-9}$$

那么，电机将继续产生逆时针电磁转矩 T_e。在 T_e 的作用下，电机转子会继续按逆时针转动。

（7）当电机转子旋转至如图 5-13(g) 所示位置时，SE 的值将从"100"变为"110"。此时，若在外电源作用下，存在

$$\begin{cases} i_a = 0 \\ i_b > 0 \\ i_c < 0 \end{cases} \tag{5-10}$$

那么，电机将继续产生逆时针电磁转矩 T_e。在 T_e 的作用下，电机转子会继续按逆时针转动，且转子将转动至图 5-13(h) 所示的位置。

与图 5-13(a) 相比，图 5-13(h) 的转子位置转动了 180°机械角度。由于转子磁极对数为 2，所以转子转过的电角度为 360°。对定子绕组以及转子位置传感器来说，图 5-13(h) 与图 5-13(a) 中电机的状态和转子位置是一致的，因此，可以继续按照图 5-13(a) 的控制方式使转子继续按逆时针旋转。以此类推，根据转子位置，合理地控制三相定子绕组的电流方向，就可以使电机转子始终受到同一个方向的电磁转矩 T_e 作用而转动。

对于采用"Y 型"连接的三相定子绕组，存在

$$i_a + i_b + i_c = 0 \tag{5-11}$$

所以，由式(5-4)~式(5-10)可知：在任意时刻，针对不同的 SE，三相定子绕组电流中有一相绕组电流为零，而其他两相绕组电流幅值相同、方向相反。

若三相无刷直流电机工作在稳态，则可以得到定子绕组电流与转子位置传感器信号的对应关系如图 5-14 所示。

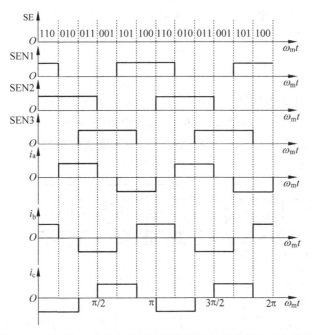

图 5-14　定子绕组电流与转子位置传感器数字信号的对应关系

从上述分析可以看出，无刷直流电机工作过程中，正确识别转子位置非常重要。

对于如图 5-13 所示的各转子位置，若使图中各相绕组电流反向，那么电机将产生顺时针电磁转矩 T_e。若电机负载转矩 T_L 小于 T_e，则电机转子会按顺时针转动。

若转子在外力的拖动下转动，气隙磁通与各定子绕组交链的磁通发生变化，从而在各定子绕组中产生感应电动势。通过对定子绕组电流的控制就可以使电机产生制动转矩，从而让无刷直流电机工作在发电状态。

因此，用于驱动车辆时，无刷直流电机可以四象限运行。

5.4 无刷直流电机基本关系式与数学模型

5.4.1 定子绕组的感应电动势

当无刷直流电机定子绕组中有电流流过时，将产生定子绕组磁动势。此时，无刷直流电机气隙磁场是定子绕组磁动势和转子永磁体磁动势共同作用的结果，即无刷直流电机存在电枢反应。无刷直流电机的电枢反应与电机结构、磁路结构和饱和程度、定子绕组形式、定子绕组电流大小、换相时刻等诸多因素有关。电枢反应引发的气隙磁场畸变会导致绕组感应电动势（这里指动生电动势）发生畸变，并使电机转矩波动加剧以及电机性能下降。

对于转子为表贴式结构的无刷直流电机，直轴和交轴的磁路结构基本相同，在磁路不饱和情况下，电枢反应对气隙的平均磁通密度不会产生明显影响，在工程上或分析问题的精度要求不高时，可以忽略电枢反应的影响。

若忽略电枢反应且不考虑定子铁心的齿槽对磁路的影响，即忽略齿槽效应（slot effect）时，表贴式无刷直流电机的磁通密度分布可以近似为方波或梯形波。图 5-15 是图 5-12 所示三相无刷直流电机的气隙磁场密度以及 A 相定子绕组动生电动势 e_a 的波形。图中，机械角度 θ_m 可以表示为

$$\theta_m = \frac{\theta_e}{P} = \omega_m t \tag{5-12}$$

式中，θ_e 为电角度；P 为电机转子极对数；ω_m 为电机旋转机械角速度。根据图 5-15 可以得到 B 相和 C 相绕组的动生电动势 e_b 和 e_c 的波形如图 5-16 所示，三相动生电动势 e_a、e_b 和 e_c 之间互隔 60°机械角度，即 120°电角度。基于无刷直流电机的工作原理，图 5-16 中同时画出了稳态运行条件下的三相定子绕组电流波形。

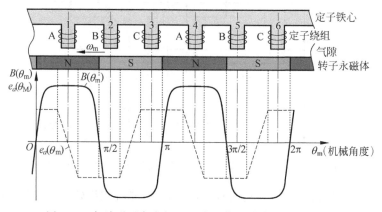

图 5-15 气隙磁通密度与 A 相定子绕组感应电动势波形

因转子永磁体运动而产生的定子绕组动生电动势的幅值 E_p 可以表示为

$$E_p = K_E \Phi_m \omega_m \tag{5-13}$$

式中，Φ_m 为永磁体在定子绕组交链磁通的幅值；ω_m 为电机的机械角速度；K_E 为无刷直流电机的电动势常数，其数值与电机结构相关，可以通过电机磁路仿真计算或试验获得[21]。

因此，e_a、e_b 和 e_c 可以表示为

$$\begin{cases} e_a = f_e(\theta_e) E_p \\ e_b = f_e\left(\theta_e + \dfrac{2\pi}{3}\right) E_p \\ e_c = f_e\left(\theta_e - \dfrac{2\pi}{3}\right) E_p \end{cases} \tag{5-14}$$

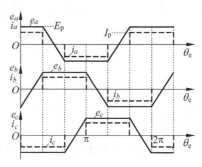

图 5-16 三相定子绕组动生电动势和相电流波形

式中，$f_e(\theta_e)$ 可以表示为

$$f_e(\theta_e) = \begin{cases} 1, & 0 < \theta_e \leqslant \pi/3 \\ \left(\dfrac{\pi}{2} - \theta_e\right)\dfrac{6}{\pi}, & \pi/3 < \theta_e \leqslant 2\pi/3 \\ -1, & 2\pi/3 < \theta_e \leqslant \pi \\ -1, & \pi < \theta_e \leqslant 4\pi/3 \\ \left(\theta_e - \dfrac{3\pi}{2}\right)\dfrac{6}{\pi}, & 4\pi/3 < \theta_e \leqslant 5\pi/3 \\ 1, & 5\pi/3 < \theta_e \leqslant 2\pi \end{cases} \tag{5-15}$$

5.4.2 无刷直流电机的转矩

图 5-16 所示的定子绕组电流表达式为

$$\begin{cases} i_a = f_i(\theta_e) I_p \\ i_b = f_i\left(\theta_e + \dfrac{2\pi}{3}\right) I_p \\ i_c = f_i\left(\theta_e - \dfrac{2\pi}{3}\right) I_p \end{cases} \tag{5-16}$$

式中，$f_i(\theta_e)$ 可以表示为

$$f_i(\theta_e) = \begin{cases} 1, & 0 < \theta_e \leqslant \pi/3 \\ 0, & \pi/3 < \theta_e \leqslant 2\pi/3 \\ -1, & 2\pi/3 < \theta_e \leqslant \pi \\ -1, & \pi < \theta_e \leqslant 4\pi/3 \\ 0, & 4\pi/3 < \theta_e \leqslant 5\pi/3 \\ 1, & 5\pi/3 < \theta_e \leqslant 2\pi \end{cases} \tag{5-17}$$

因此，无刷直流电机参加机械能量转换的电功率为

$$p = e_a i_a + e_b i_b + e_c i_c = 2 E_p I_p \tag{5-18}$$

若忽略电机在机电能量转换过程中的铁损和机械损耗,则有

$$p = t_e \omega_m \tag{5-19}$$

式中,t_e 为电机输出的机械转矩。所以,可以推导得到

$$t_e = \frac{2E_p I_p}{\omega_m} \tag{5-20}$$

将式(5-13)代入式(5-20),可得

$$t_e = 2K_E \Phi_m I_p = K_T \Phi_m I_p \tag{5-21}$$

式中,K_T 为无刷直流电机的转矩常数。显然,有

$$K_T = 2K_E \tag{5-22}$$

5.4.3 无刷直流电机的等效电路和数学模型

对于定子绕组采用"Y 型"连接的三相无刷直流电机,其等效电路如图 5-17 所示。图中,R_a、R_b 和 R_c 分别是 A 相、B 相和 C 相绕组的等效电阻;L_a、L_b 和 L_c 分别是 A 相、B 相和 C 相绕组的等效自感;M_{ab}、M_{bc} 和 M_{ca} 分别是 A 相与 B 相、B 相与 C 相以及 C 相与 A 相之间的互感。

对于三相对称定子绕组,存在

$$\begin{cases} R_a = R_b = R_c = R \\ L_a = L_b = L_c = L_s \\ M_{ab} = M_{bc} = M_{ca} = M \end{cases} \tag{5-23}$$

同时,考虑到

$$i_a + i_b + i_c = 0 \tag{5-24}$$

且,令

$$L = L_S - M \tag{5-25}$$

则可以得到无刷直流电机的电压方程为

$$\begin{bmatrix} u_a \\ u_b \\ u_c \end{bmatrix} = \begin{bmatrix} R & 0 & 0 \\ 0 & R & 0 \\ 0 & 0 & R \end{bmatrix} \begin{bmatrix} i_a \\ i_b \\ i_c \end{bmatrix} + p \begin{bmatrix} L & 0 & 0 \\ 0 & L & 0 \\ 0 & 0 & L \end{bmatrix} \begin{bmatrix} i_a \\ i_b \\ i_c \end{bmatrix} + \begin{bmatrix} e_a \\ e_b \\ e_c \end{bmatrix} \tag{5-26}$$

式中,u_a、u_b 和 u_c 分别为 A 相、B 相和 C 相绕组的相电压;p 表示微分算子 d/dt。

如图 5-18 所示,若施加在无刷直流电机两相绕组之间的直流电压为 u_S,即三相无刷直流电机的工作状态如图 5-13(c)所示,则有

$$u_S = u_a - u_b = 2Ri + 2L\frac{di}{dt} + (e_a - e_b) \tag{5-27}$$

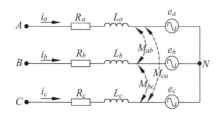

图 5-17 三相无刷直流电机等效电路

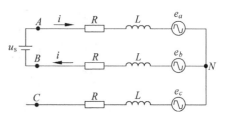

图 5-18 三相无刷直流电机的工作状态

参考图 5-16,可知在此种状态下,有

$$e_a = -e_b = E_p \tag{5-28}$$

因此,存在

$$u_S = 2Ri + 2L\frac{\mathrm{d}i}{\mathrm{d}t} + 2E_p \tag{5-29}$$

由于采用图 5-13 所示工作时序的三相无刷直流电机,始终有两相绕组流过同一回路电流,因此式(5-29)对任一电机运行状态都适用。

若忽略机械损耗,则电机的电磁转矩即为电机的输出机械转矩。此时,可以列出无刷直流电机传动系统的机械运动方程为

$$t_e = J\frac{\mathrm{d}\omega_m}{\mathrm{d}t} + B\omega_m + t_L \tag{5-30}$$

式中,t_e 为无刷直流电机输出的机械转矩;J 为机械传动系统的转动惯量;B 为黏滞摩擦系数;t_L 为负载转矩。

式(5-14)、式(5-21)、式(5-29)和式(5-30)构成了无刷直流电机的数学模型。

5.5 无刷直流电机控制

由无刷直流电机的数学模型可知,在忽略磁路饱和、不考虑电机铁损和机械损耗以及不计电枢反应等理想条件下,通过在正确的时间进行换相,可以使无刷直流电机的转矩与气隙磁通的幅值 Φ_m、定子绕组电流的幅值 I_p 成正比。通常情况下,由永磁体产生的气隙磁通的幅值 Φ_m 可以认为保持不变,因此无刷直流电机的控制问题即变成定子绕组电流幅值 I_p 的控制问题。

在高转速下运行时,为了获得较大的电机转矩和机械功率,需要对气隙磁场的磁通密度进行调节,即需要对无刷直流电机进行弱磁控制。但因为由永磁体产生的气隙磁场的磁通密度无法调节,所以只能通过对定子绕组电流的控制来实现气隙磁场磁通密度的减弱,即通过定子绕组电流在气隙产生的磁通密度与转子永磁体在气隙产生的磁通密度的矢量合成而使定子绕组所在的气隙磁场磁通密度或磁场强度下降。这种方法的实质是合理利用了"电枢反应"的机理,第 6 章和第 7 章中的永磁同步电机和交流感应电机的弱磁控制也都采用了这种方法。

通过改变无刷直流电机的换相时序可以很容易地对电机的转矩方向以及电机转动方向进行控制。式(5-20)表明,改变定子绕组电流方向也可以达到改变转矩方向的目的。因此,无刷直流电机作为电动汽车驱动电机,可以实现车辆所要求的转矩(纵轴)-转速(横轴)平面四象限运行。

图 5-19 所示为无刷直流电机控制系统。图中,T_e^* 为目标转矩;I_a^*、I_b^* 和 I_c^* 分别为 A 相、B 相和 C 相定子绕组参考电流;i_a、i_b 和 i_c 分别为 A 相、B 相和 C 相定子绕组实际电流;ω_m 为电机转速;u_{dc} 为车载电源(如车载动力蓄电池)U_s 的电压。

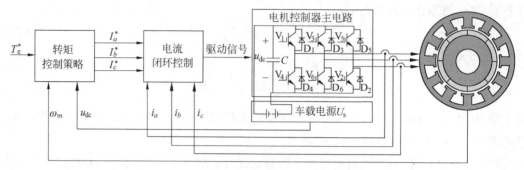

图 5-19　无刷直流电机的控制系统

5.5.1　无刷直流电机控制器的主电路拓扑结构

根据前面的分析可知,无刷直流电机的转矩与绕组中的电流方向、电流幅值密切相关。通常情况下,无刷直流电机控制器的主电路应满足如下要求:

(1) 在任何转速下,可以将车载电源(如车载动力蓄电池)的电压施加到定子绕组上;

(2) 可以通过电力电子器件实现定子绕组电流幅值和方向的有效和快速控制;

(3) 可以使电机在转矩-转速平面中四个象限运行;

(4) 尽可能使用较少的电力电子器件,降低电机控制器成本。

下面以电动汽车常用的三相无刷直流电机为例,分析其电机控制器的主电路拓扑结构。

1. 三相全桥主电路

三相全桥主电路是电动汽车最为普遍采用的电机控制器主电路,其电路结构如图 5-20 所示。该主电路不但可以用于三相无刷直流电机的控制,也可以用于三相永磁同步电机和三相交流感应电机的控制。

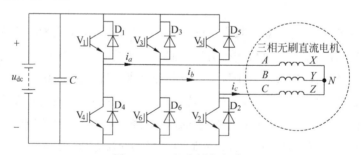

图 5-20　三相全桥主电路

三相全桥主电路由六组电力电子器件构成,其中每组器件由全控型电力电子器件和功率二极管反并联构成。全控型电力电子器件可以为 IGBT 或功率 MOSFET。有关电力电子器件相关知识可以参阅第 3 章内容。

图 5-20 中,$V_1(D_1)$、$V_3(D_3)$ 和 $V_5(D_5)$ 与车载电源的正极相连接,构成"上桥臂";$V_4(D_4)$、$V_6(D_6)$ 和 $V_2(D_2)$ 与车载电源的负极相连接,构成"下桥臂"。此外,$V_1(D_1)$、与 $V_4(D_4)$ 构成 A 相桥臂;$V_3(D_3)$、与 $V_6(D_6)$ 构成 B 相桥臂;$V_5(D_5)$、与 $V_2(D_2)$ 构成 C 相桥臂。直流侧电容 C 起到电能缓冲的作用,可以抑制电源侧高频电压纹波,提高系统的电磁兼容性。若希望将车载电源的电压施加在三相无刷直流电机的两相定子绕组上,只需与

这两相绕组所连接的主电路的两组电力电子器件导通,这两组电力电子器件分别位于不同相的上桥臂和下桥臂上;其他四组电力电子器件关断。例如,若$V_1(D_1)$和$V_6(D_6)$导通,则AB相之间的线电压$u_{AB}=u_{dc}$;若$V_3(D_3)$和$V_4(D_4)$导通,则AB相之间的线电压$u_{AB}=-u_{dc}$。

基于前面分析的三相直流电机工作原理和控制时序,可以得到与三相定子绕组电流波形对应的六组电力电子器件通断情况,如图5-21所示。图中,ω_s为电机旋转的电角速度。

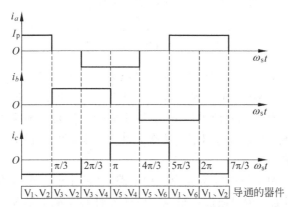

图 5-21 定子绕组电流波形和器件导通情况

图 5-21 中,在一个 $\pi/3$ 时间内总有一个上桥臂中的电力电子器件导通,也总有一个下桥臂中的电力电子器件导通。此时,车载电源的直流电压 u_{dc} 总是加在电机两相互相串联的绕组的两端,这种控制模式也称为 H_ON-L_ON 控制。

由式(5-29)可以得到稳态情况下的定子绕组回路电压方程,即

$$U_S = 2RI_p + 2E_p \qquad (5-31)$$

式中,U_S 为车载电源直流电压的稳态值。所以,定子绕组相电流的稳态值为

$$I_p = \frac{1}{2R}(U_S - 2E_p) \qquad (5-32)$$

根据式(5-21),电机转矩的稳态值为

$$T_e = \frac{K_T \Phi_m}{2R}(U_S - 2E_p) \qquad (5-33)$$

式(5-32)和式(5-33)表示在如图5-20所示控制器主电路以及如图5-21所示的H_ON-L_ON控制方式下得到的最大相电流和最大转矩。

2. 三相"H桥"主电路

如图5-22所示,这里的"H桥"主电路即为单相全桥主电路。三相"H桥"主电路中一相绕组连接于一个"H桥"的两个桥臂的中点。每个"H桥"由四组电力电子器件构成。当采用三相"H桥"主电路控制无刷直流电机工作时,由于各相定子绕组没有电气上的直接耦合,可以实现每相绕组电流的独立控制,因而具有较好的灵活性。但对于三相无刷直流电机控制器,主电路共需要12组电力电子器件,电路结构复杂,电路成本较高。

采用"H桥"主电路时,每相定子绕组两端都需要引出,并与电机控制器主电路连接。"H桥"主电路比较容易扩展,便于实现多相(多于三相)无刷直流电机的控制。

对于图5-22所示的三相"H桥"主电路,以A相为例,当$V_1(D_1)$和$V_4(D_4)$导通时,

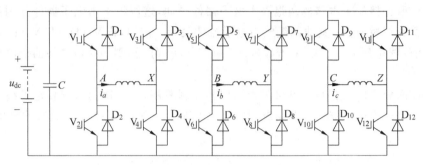

图 5-22 三相"H 桥"主电路

$V_2(D_2)$ 和 $V_3(D_3)$ 截止,绕组 AX 两端之间的电压为 u_{dc};而当 $V_2(D_2)$ 和 $V_3(D_3)$ 导通时, $V_1(D_1)$ 和 $V_4(D_4)$ 截止,绕组 AX 两端之间的电压为 $-u_{dc}$,因此比较容易对绕组电流方向进行控制。在同样的车载电源直流电压下,绕组两端的电压是三相全桥主电路绕组电压的二倍。因此,三相"H 桥"主电路适用于大功率无刷直流电机的控制器。

3. 三相半桥主电路

如图 5-23 所示,三相半桥主电路分为两种电路,在两个电路中电力电子器件分别位于上桥臂和下桥臂,每相定子绕组通过一组电力电子器件与车载电源相连。由于使用了较少的全控型电力电子器件(图中的 IGBT),因此三相半桥主电路的硬件成本较低。

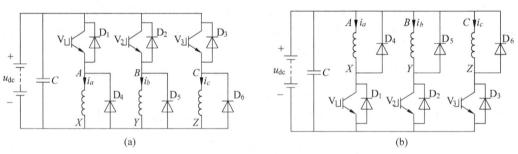

图 5-23 三相半桥主电路
(a) 上桥臂控制;(b) 下桥臂控制

在图 5-23 中,若器件 V_1、V_2 和 V_3 在一个工作周期内按正确的时序各导通 120°,可以得到三相绕组感应电动势和电流波形如图 5-24 所示。由图可知,出相电流只能按正方向流动,此时,对于三相无刷直流电机,依据式(5-18)可知:无刷直流电机参加机械能量转换的电功率为

$$p = e_a i_a + e_b i_b + e_c i_c = E_p I_p \quad (5\text{-}34)$$

因此,忽略电机在机电能量转换过程中的铁损和机械损耗,则电机输出的机械转矩 t_e 为

$$t_e = \frac{E_p I_p}{\omega_m} \quad (5\text{-}35)$$

将式(5-35)与式(5-20)比较可以看出,在相同定子绕组电流的情况下,采用三相全桥主电路的电机转矩是采用三相半桥主电路的电机转矩的 2 倍。

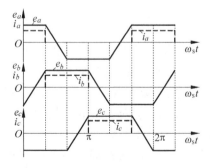

图 5-24 三相半桥主电路中的感应电动势和电流波形

与三相全桥主电路以及三相"H桥"主电路不同,三相半桥主电路中定子绕组自身电感存储的能量无法回馈到直流电源,只能在绕组与续流二极管(D_4、D_5或D_6)形成的回路中释放;另外,因绕组电流方向不能改变而导致电机不能在转矩-转速平面中四个象限运行,所以这种主电路比较适合于有特定需求的无刷直流电机的控制。

除以上几种常见的驱动方式外,还有一些电力电子电路,如基于C-dump变换器电路的主电路[22]、基于Sepic变换器电路的主电路[22]等都可用于无刷直流电机的控制。虽然无刷直流电机控制器的主电路结构较多,但从电路拓扑结构、控制性能以及车用要求等方面综合比较,最适合电动汽车的三相无刷直流电机控制器主电路是三相全桥主电路。

5.5.2 无刷直流电机的稳态和暂态分析

1. 无刷直流电机的稳态分析

在无刷直流电机稳态运行时,由式(5-13)、式(5-21)和式(5-31)可以得到

$$T_e = \frac{K_T \Phi_m U_S}{2R} - \frac{K_E K_T \Phi_m^2}{R} \omega_m \tag{5-36}$$

对于式(5-36),若Φ_m不变,可以得到不同U_S下的转矩T_e与转速ω_m的关系曲线,具体如图5-25所示。图中,$T_L = f(\omega_m)$为负载转矩曲线,无刷直流电机上的工作点P_1、P_2和P_3都是稳定工作点。随着电枢绕组的外加电压U_S从U_{S1}增大到U_{S2},再增大到U_{S3},相应地,稳态时的工作点从P_1点移动到P_2点,再移动到P_3点。

若无刷直流电机的Φ_m和U_S不变,那么可以在$T_e - \omega_m$坐标平面上得到一条$T_e = f(\omega_m)$的直线。随着电机转速ω_m的增加,电机转矩T_e会快速下降。为了使电机在高转速下运行时仍可以输出较大的转矩和功率,需要对无刷直流电机气隙磁场的磁通Φ_m进行调节。

不同Φ_m时,无刷直流电机的转矩T_e与转速ω_m的关系曲线如图5-26所示。随着电机转速ω_m的增加,Φ_m从Φ_{m1}减小到Φ_{m2},再减小到Φ_{m3},相应地,稳态时的工作点可以从P_4点移动到P_5点,再移动到P_6点。

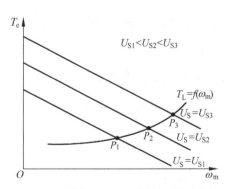

图5-25 不同绕组电压下的转矩-转速曲线

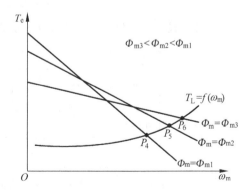

图5-26 不同气隙磁通的转矩-转速曲线

无刷直流电机气隙磁场的磁通Φ_m是由永磁体和定子绕组电流共同产生的,定子绕组电流对气隙磁场产生的影响即为电枢反应。通过电枢反应使气隙磁通Φ_m减小而使电机高

转速运行的控制,即为无刷直流电机的弱磁控制。采用弱磁控制时,随着电机转速 ω_m 的增加,电机最大输出机械转矩 T_e 会下降。为使电机获得较好的机械特性,在弱磁控制时,电机应保持具有输出最大功率的能力,此时,电机进入恒功率区运行。

2. 无刷直流电机的暂态分析

由式(5-13)、式(5-29),有

$$u_S = 2Ri + 2L\frac{di}{dt} + 2K_E\Phi_m\omega_m \tag{5-37}$$

令

$$K_F = K_E\Phi_m \tag{5-38}$$

则式(5-37)改写为

$$u_S = 2Ri + 2L\frac{di}{dt} + 2K_F\omega_m \tag{5-39}$$

对式(5-39)等号两侧进行拉普拉斯变换,有

$$u_S(s) = (2R + 2Ls)i(s) + 2K_F\omega_m(s) \tag{5-40}$$

式(5-40)可以改写为

$$u_S(s) = 2R(1 + \tau_a s)i(s) + 2K_F\omega_m(s) \tag{5-41}$$

式中,$\tau_a = L/R$,为无刷直流电机电枢绕组的电气时间常数。

对式(5-30)等号两侧进行拉普拉斯变换,有

$$t_e(s) = (B + Js)\omega_m(s) + t_L(s) \tag{5-42}$$

式(5-42)可以改写为

$$t_e(s) = B(1 + \tau_r s)\omega_m(s) + t_L(s) \tag{5-43}$$

式中,$\tau_r = J/B$,为无刷直流电机机械传动系统的机械时间常数。

由式(5-21)、式(5-38),有

$$t_e = 2K_F I_p \tag{5-44}$$

对式(5-44)等号两侧进行拉普拉斯变换,有

$$t_e(s) = 2K_F i(s) \tag{5-45}$$

式(5-41)、式(5-43)和式(5-45)可以表示为如图5-27所示系统结构图。

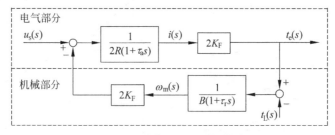

图5-27 无刷直流电机系统结构图

当采用对电枢绕组电流的控制来实现对无刷直流电机转矩的控制时,其控制系统结构如图5-28所示。图中,T_e^* 为目标转矩;I_p^* 为定子绕组参考电流。

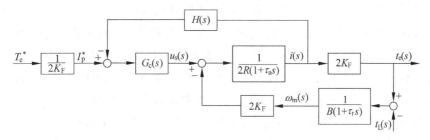

图 5-28 无刷直流电机转矩控制系统结构图

由于电枢绕组电流波形具有一定的纹波,因此图 5-28 中电流反馈支路加入了低通滤波环节 $H(s)$,它可以表示为

$$H(s) = \frac{\omega_c}{s + \omega_c} \tag{5-46}$$

式中,ω_c 为低通滤波环节的截止频率。

图 5-28 中,电流环控制通常采用 PI 控制,即图中 $G_c(s)$ 可以表示为

$$G_c(s) = k_p + \frac{k_i}{s} \tag{5-47}$$

式中,k_p 和 k_i 分别为比例系数和积分系数。

5.5.3 无刷直流电机的转矩控制

1. 定子绕组电流的控制

若在电机转速 ω_m 下的定子绕组感应电动势的幅值为 E_p,则在外电压 U_S 作用下,可以分别通过式(5-32)和式(5-33)计算得到定子绕组电流幅值 I_p 和电机的电磁转矩 T_e。在任何工况条件下,I_p 和 T_e 应满足

$$\begin{cases} I_p \leqslant I_{p\_max} \\ T_e \leqslant T_{e\_max} \end{cases} \tag{5-48}$$

式中,I_{p_max} 为受电机绕组载流能力和电机散热能力等条件限定的电机绕组最大电流;T_{e_max} 为由电机结构、机械强度以及负载等条件限定的最大转矩。

根据无刷直流电机的数学模型可知,在稳态运行状态下,电机的电磁转矩与定子绕组电流的幅值呈正比关系,通过控制定子绕组电流的幅值就可以控制电磁转矩的大小。

对于给定的目标转矩 T_e^*,可以得到定子绕组的参考电流幅值 I_p^*。因此,对于无刷直流电机,电机转矩控制问题的实质是定子绕组电流控制问题,即如何使定子绕组实际电流准确跟踪参考电流。这里的"定子绕组电流控制"有两个含义:一是对定子绕组电流的幅值和方向进行控制;二是按照一定的工作时序,对"正确的定子绕组"的电流进行控制。

常用的定子绕组电流控制方法有两种[24]:电流滞环跟踪 PWM 控制和三角波比较 PWM 控制。

以图 5-20 所示的三相全桥主电路为例,采用电流滞环跟踪 PWM 控制方法对三相无刷直流电机定子绕组电流进行控制时,控制系统结构如图 5-29(a)所示。以对 A 相定子绕组

电流控制为例,图 5-29(b)给出了电流滞环跟踪 PWM 控制的原理,图中 I_a^* 为 A 相定子绕组参考电流,i_a 为 A 相定子绕组实际电流,ΔI 为 i_a 跟踪 I_a^* 过程中的允许误差。当 $I_a^* - i_a > \Delta I$ 时,意味着定子绕组的实际电流 i_a 低于允许误差带的下边界,此时使 V_4 关断,V_1 导通,定子绕组 AX 的出线端 A 与车载电源正极相连接,在车载电源作用下,使 i_a 增加而回到误差带之内;反之,若 $I_a^* - i_a < -\Delta I$ 时,即意味着实际的绕组电流 i_a 高于允许误差带的上边界,此时使 V_1 关断,V_4 导通,定子绕组 AX 的出线端 A 与车载电源负极相连接,在车载电源作用下,使 i_a 减小而回到误差带之内。通过环宽为 $2\Delta I$ 的滞环控制,i_a 就在 $I_a^* + \Delta I$ 和 $I_a^* - \Delta I$ 的范围内,呈现锯齿状地跟踪指令电流 I_a^*。这样,也就得到了 V_1 和 V_4 驱动的 PWM 信号。以此类推,可以得到 B 相和 C 相桥臂的电力电子器件驱动的 PWM 信号。

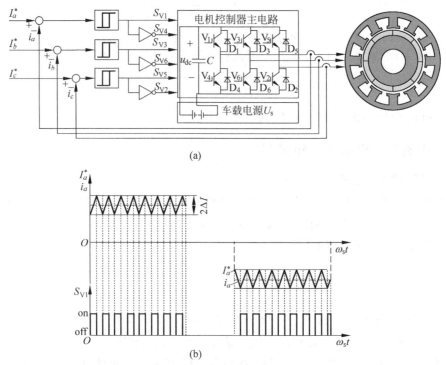

图 5-29 定子绕组电流滞环跟踪 PWM 控制
(a) 控制系统结构;(b) 控制原理

以图 5-20 所示的三相全桥主电路为例,采用三角波比较 PWM 控制方法对三相无刷直流电机定子绕组电流进行控制时,控制系统结构如图 5-30(a)所示。以对 A 相定子绕组电流控制为例,图 5-30(b)给出了三角波比较 PWM 控制的原理[25,26],图中 I_a^* 为 A 相定子绕组参考电流,i_a 为 A 相定子绕组实际电流。将 I_a^* 和 i_a 的差值经过比例积分(PI)环节得到的 i_{aPI} 与等腰三角波进行比较,可以得到 A 相桥臂的电力电子器件 V_1 驱动的 PWM 信号,V_4 驱动的 PWM 信号与 V_1 驱动的 PWM 信号具有互补关系。以此可以使 I_a^* 和 i_a 之间具有较小的差值,从而使 i_a 跟踪 I_a^* 的变化。以此类推,可以得到 B 相和 C 相桥臂的电力电子器件驱动的 PWM 信号。

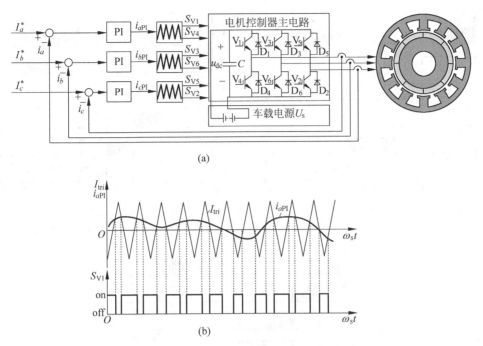

图 5-30 定子绕组电流三角波比较控制
(a) 控制系统结构；(b) 控制原理

基于上述两种电流控制方法，可得到三相无刷直流电机进行转矩控制时的 $V_1 \sim V_6$ 的驱动信号，如图 5-31 所示。从图中可以看出，在任一 $\pi/3$ 区间内，只有两组电力电子器件按 PWM 方式通断，其他四组电力电子器件关断，这种控制模式称为 H_PWM-L_PWM 控制。

对于 H_PWM-L_PWM 控制模式，每个 PWM 周期都有两个电力电子器件同步通断一次，在开关频率较高时，这种控制模式会导致较大的开关损耗。基于三相全桥主电路结构和无刷电机工作原理，可以得到另外四种降低器件开关频率的控制模式，分别是 H_ON-L_PWM 控制、H_PWM-L_ON 控制、PWM-ON 控制和 ON-PWM 控制。四种控制模式分别如图 5-32、图 5-33、图 5-34 和图 5-35 所示。不同的控制模式不仅对主电路损耗和系统效率产生影响，还会对换相过程的转矩脉动产生影响。

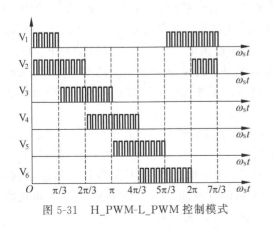

图 5-31 H_PWM-L_PWM 控制模式

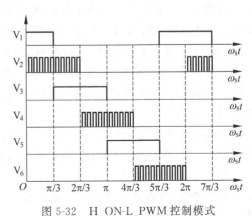

图 5-32 H_ON-L_PWM 控制模式

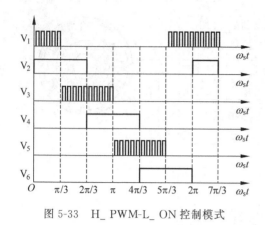

图 5-33 H_PWM-L_ON 控制模式

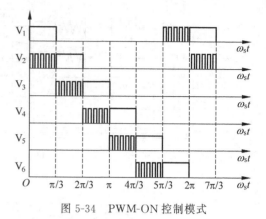

图 5-34 PWM-ON 控制模式

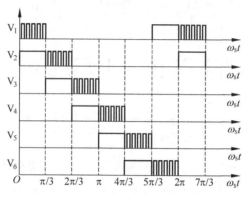

图 5-35 ON-PWM 控制模式

2. 无刷直流电机的弱磁控制

当无刷直流电机定子绕组流过电流后,会产生电枢反应。对于无刷直流电机常采用的分数槽集中绕组,按照图 5-13 所示的工作原理,在一个绕组通电区间,每个转子磁极都存在先去磁再增磁的过程。对于整数槽绕组,也是如此。现以 6 槽、极对数为 1、绕组"Y 型"连接的三相无刷直流电机为例,进行说明。

如图 5-36(a)所示,当转子磁极位于一个绕组通电状态区间的起点时,转子 d 轴,即转子永磁体产生的磁动势 F_r 轴线与 C 相定子绕组位于同一平面。C 相定子绕组产生的磁动势 F_C 位于 q 轴轴线且方向与 q 轴一致;而 B 相定子绕组产生的磁动势 F_B 超前 F_C 60°电角度。绕组电流的流向为 B→Y→Z→C,B、C 相定子绕组电流产生的合成磁动势 F_a 与 F_r 之间的夹角为 θ_F。此时,存在 $\theta_F > 90°$,合成磁动势 F_a 的 d 轴分量 F_{ad} 将对 F_r 产生去磁作用。随着转子的转动,F_a 与 F_r 之间的夹角将逐渐减小,F_{ad} 随之减小,对 F_r 产生的去磁作用逐渐减弱。

当转子磁极位于如图 5-36(b)所示位置时,绕组电流的流向不变,$\theta_F = 90°$,合成磁动势 F_a 位于与 F_r 正交的 q 轴方向,即此时无电枢反应。

若转子继续转动,则存在 $\theta_F < 90°$,F_{ad} 将对 F_r 产生增磁作用,且随着转子转动,增磁作用逐渐增强,直到转子磁极位于如图 5-36(c)所示位置时,增磁作用达到最大,此后电机将进入下一个定子绕组通电状态。由图 5-36 可知,F_{ad} 可以表示为

第 5 章 无刷直流电机原理与控制

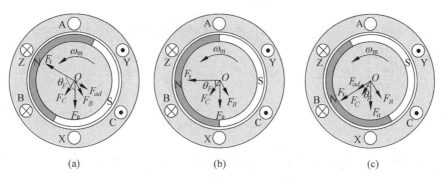

图 5-36 三相无刷直流电机的电枢反应
(a) $\theta_F > 90°$; (b) $\theta_F > 90°$; (c) $\theta_F < 90°$

$$F_{ad} = F_a \cos(180° - \theta_F) \tag{5-49}$$

可见,无刷直流电机在工作过程中,随着定子绕组通电状态的不断切换,定子绕组产生的磁动势在气隙中是跳跃式旋转的。在一个通电状态内,定子绕组磁动势在初始时刻为最大去磁,然后去磁作用逐渐减弱;处于通电状态的中间位置时,定子绕组磁动势既不去磁也不增磁;在后半个通电状态,定子绕组磁动势的增磁作用逐渐增强并最终在通电状态结束时,增磁达到最大值。定子绕组合成磁动势 F_a 的 d 轴分量 F_{ad} 会导致电机气隙磁场磁通密度分布发生畸变,从而影响电机的性能。

当电机转速较高时,定子绕组产生的感应电动势也会达到较高的幅值,在车载电源电压保持不变的前提下,很难保持电机较大转矩所需要的定子绕组电流值。这种情况下,可以基于定子绕组的电枢反应,通过提前换相(phase advancing)实现无刷直流电机的弱磁控制,相应地,提前换相的角度称为提前换相角或提前导通角(advanced conduction angle)[27]。

图 5-37 给出三相无刷直流电机提前换相角为 θ_a 时的定子绕组感应电动势和电流波形。将定子绕组感应电动势展开为傅里叶级数(Fourier series)形式,可得

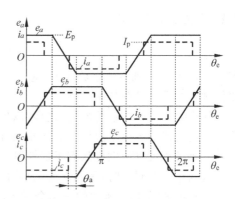

图 5-37 三相无刷直流电机的提前换相控制

$$\begin{cases} e_a = \dfrac{24E_p}{\pi^2}\left\{\dfrac{1}{2}\sin\left(\theta_e + \dfrac{\pi}{2}\right) + \dfrac{1}{9}\sin\left[3\left(\theta_e + \dfrac{\pi}{2}\right)\right] + \dfrac{1}{50}\sin\left[5\left(\theta_e + \dfrac{\pi}{2}\right)\right] + \cdots\right\} \\ e_b = \dfrac{24E_p}{\pi^2}\left\{\dfrac{1}{2}\sin\left(\theta_e - \dfrac{\pi}{6}\right) + \dfrac{1}{9}\sin\left[3\left(\theta_e - \dfrac{\pi}{6}\right)\right] + \dfrac{1}{50}\sin\left[5\left(\theta_e - \dfrac{\pi}{6}\right)\right] + \cdots\right\} \\ e_c = \dfrac{24E_p}{\pi^2}\left\{\dfrac{1}{2}\sin\left(\theta_e - \dfrac{5\pi}{6}\right) + \dfrac{1}{9}\sin\left[3\left(\theta_e - \dfrac{5\pi}{6}\right)\right] + \dfrac{1}{50}\sin\left[5\left(\theta_e + \dfrac{5\pi}{6}\right)\right] + \cdots\right\} \end{cases}$$

$$\tag{5-50}$$

将定子绕组电流展开为傅里叶级数形式,可得

$$\begin{cases} i_a = \dfrac{2\sqrt{3}\,I_p}{\pi}\left\{\sin\left(\theta_e + \dfrac{\pi}{2} + \theta_a\right) + \dfrac{1}{5}\sin\left[5\left(\theta_e + \dfrac{\pi}{2} + \theta_a\right)\right] + \dfrac{1}{7}\sin\left[7\left(\theta_e + \dfrac{\pi}{2} + \theta_a\right)\right] + \cdots\right\} \\ i_b = \dfrac{2\sqrt{3}\,I_p}{\pi}\left\{\sin\left(\theta_e - \dfrac{\pi}{6} + \theta_a\right) + \dfrac{1}{5}\sin\left[5\left(\theta_e - \dfrac{\pi}{6} + \theta_a\right)\right] + \dfrac{1}{7}\sin\left[7\left(\theta_e - \dfrac{\pi}{6} + \theta_a\right)\right] + \cdots\right\} \\ i_c = \dfrac{2\sqrt{3}\,I_p}{\pi}\left\{\sin\left(\theta_e - \dfrac{5\pi}{6} + \theta_a\right) + \dfrac{1}{5}\sin\left[5\left(\theta_e - \dfrac{5\pi}{6} + \theta_a\right)\right] + \dfrac{1}{7}\sin\left[7\left(\theta_e - \dfrac{5\pi}{6} + \theta_a\right)\right] + \cdots\right\} \end{cases}$$

(5-51)

若只考虑感应电动势和定子绕组电流中的基本成分,可以得到基波转矩

$$t_{e1} = \left\{\dfrac{24E_p}{\pi^2} \cdot \dfrac{2\sqrt{3}\,I_p}{\pi}\left[\dfrac{1}{2}\sin\left(\theta_e + \dfrac{\pi}{2}\right)\cdot\sin\left(\theta_e + \dfrac{\pi}{2} + \theta_a\right) + \right.\right.$$
$$\left.\dfrac{1}{2}\sin\left(\theta_e - \dfrac{\pi}{6}\right)\cdot\sin\left(\theta_e - \dfrac{\pi}{6} + \theta_a\right) +$$
$$\left.\left.\dfrac{1}{2}\sin\left(\theta_e - \dfrac{5\pi}{6}\right)\cdot\sin\left(\theta_e - \dfrac{5\pi}{6} + \theta_a\right)\right]\right\}\Big/\omega_m$$
$$\approx \dfrac{2E_p I_p}{\omega_m}\cos(\theta_a) \tag{5-52}$$

将式(5-52)与式(5-20)相比较,可以得到[28]

$$t_{e1} = t_e \cos(\theta_a) \tag{5-53}$$

显然,电流提前换相角 θ_a 的范围为

$$0 \leqslant \theta_a \leqslant \dfrac{\pi}{2} \tag{5-54}$$

若 $\theta_a > \pi/2$,则电机将产生负转矩,这一结论从电机工作时序以及感应电动势与绕组电流的相位对应关系也可以判断得到。

利用提前换相导致的弱磁效应可以扩展电机的运行转速范围,但在实际应用中,需要和前面给出的定子绕组电流控制方法相结合,才能取得较好的控制效果。

3. 无刷直流电机发电状态下的控制

当电动汽车制动时,无刷直流电机可以工作在发电状态,将制动能量反馈回车载电源。

当采用如图5-20所示的三相全桥主电路对无刷直流电机进行控制时,可以采用"单开关控制"和"双开关控制"两种方法使无刷直流电机工作在发电状态[29]。

1) 单开关控制

单开关控制是指当电机处于发电状态时,依据转子位置,对 $V_1 \sim V_6$ 中的一个全控型电力电子器件实施通断控制,而其他五个器件始终保持关断,从而对电机产生的制动转矩进行控制的方法。

如图5-38(a)所示,若无刷直流电机转子位置位于$[0, \pi/3]$区间,则存在

$$\begin{cases} e_a = E_p \\ e_b = \dfrac{6E_p}{\pi}\left(\omega_s t - \dfrac{\pi}{6}\right) \\ e_c = -E_p \end{cases} \tag{5-55}$$

如图5-38(b)所示,若 V_4 导通,则在 e_c 作用下 D_2 导通;同时,在 e_b 作用下,D_6 导通。因此,存在

第 5 章 无刷直流电机原理与控制

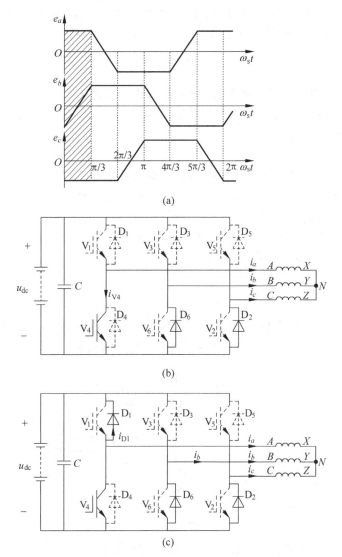

图 5-38 单开关控制的感应电动势波形以及电路状态
(a) 感应电动势波形；(b) V_4 导通的情况；(c) V_4 关断的情况

$$\begin{cases} i_a = -i_b - i_c = -i_{V_4} \\ u_a = u_b = u_c \end{cases} \tag{5-56}$$

式中，i_{V_4} 为流过电力电子器件 V_4 的电流。同时，有

$$u_a = u_b \tag{5-57}$$

在 e_a、e_b 和 e_c 作用下，i_{V_4} 逐渐增大。与此同时，A 相、B 相和 C 相定子绕组等效电感存储的能量随之增加。

如图 5-38(c)所示，经过 t_{on} 时间后，V_4 关断，则 D_1、D_2 和 D_6 导通，电感存储的部分能量和感应电动势提供的电能通过 D_1 回馈至车载电源，流过 D_1 的电流 i_{D_1} 逐渐减小，A 相、B 相和 C 相定子绕组等效电感存储的能量随之减少。经过 t_{off} 时间后，V_4 导通，则 D_2 和 D_6 再次导通，i_{V_4} 又一次开始增大。A 相、B 相和 C 相定子绕组等效电感存储的能量再次随之增加。如此循环往复,就可以为车辆提供制动力,并使制动能量回馈至车载电源。

可以定义 V_4 的驱动信号占空比为

$$\alpha = \frac{t_{on}}{t_{on} + t_{off}} \times 100\% \tag{5-58}$$

通过对 α 的调节,可以控制定子绕组电流的幅值大小和变化规律,从而对电机的制动转矩进行控制。类似地,可以得到转子处于其他位置时采用单开关控制的电机制动转矩控制方法和主电路器件的通断状态。

2) 双开关控制

双开关控制是指当电机处于发电状态时,依据转子位置,对 $V_1 \sim V_6$ 中的两个位于不同桥臂的全控型电力电子器件实施通断控制,而其他四个器件始终保持关断,从而对电机产生的制动转矩进行控制的方法。

假设无刷直流电机转子位置仍位于图 5-38(a) 所示 $[0,\pi/3]$ 区间。

如图 5-39(a) 所示,若 V_4 和 V_5 导通,则存在

$$\begin{cases} i_a = -i_c = -i_{V_5} \\ i_b = 0 \end{cases} \tag{5-59}$$

式中,i_{V_5} 为流过电力电子器件 V_5 的电流。如图 5-39(a) 所示,在外电源电压 u_{dc}、e_a 和 e_c 作用下,i_{V_5} 快速增大,A 相和 C 相定子绕组等效电感存储的能量随之快速增加。

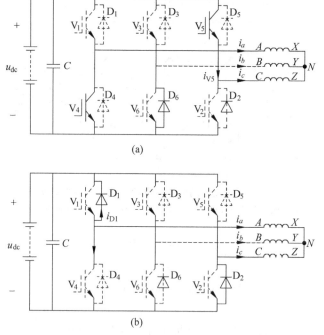

图 5-39 双开关控制的感应电动势波形以及电路状态
(a) V_4 和 V_5 导通的情况;(b) V_4 和 V_5 关断的情况

如图 5-39(b) 所示,经过 t_{on} 时间后,V_4 和 V_5 关断,则 D_1 和 D_2 导通,电感存储的部分能量和感应电动势提供的电能通过 D_1 和 D_2 回馈至车载电源,流过 D_1 的电流 i_{D_1} 逐渐减小,A 相和 C 相定子绕组等效电感存储的能量随之减小。经过 t_{off} 时间后,V_4 和 V_5 再次

导通,则 i_{V_5} 又一次开始增大。A 相和 C 相定子绕组等效电感存储的能量再次随之增加。如此循环往复,就可以为车辆提供制动力,并使制动能量回馈至车载电源。

通过对 V_4 和 V_5 的驱动信号占空比进行调节,可以控制定子绕组电流的幅值大小和变化规律,从而对电机的制动转矩进行控制。类似地,可以得到转子处于其他位置时采用双开关控制的电机制动转矩控制方法和主电路器件的通断状态。

5.5.4 无刷直流电机的机械特性

无刷直流电机可以根据整车运行需要在转矩-转速平面四象限运行。若忽略电机的各种损耗,各象限内的机械特性与坐标轴围成的图形沿坐标轴对称。图 5-40 所示为典型的无刷直流电机在第一象限的机械特性。图中,曲线 $t_e = f_t(\omega_m)$ 为车载电源电压 u_{dc} 保持不变的前提下电机最大转矩随转速变化曲线;曲线 $p_m = f_p(\omega_m)$ 为电机最大功率随转速变化曲线。

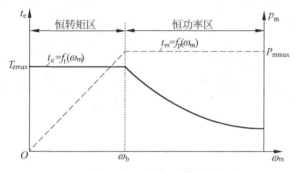

图 5-40 第一象限的直流电机机械特性

图 5-40 中的基速 ω_b 是指车载电源电压 u_{dc} 为额定值时,在无刷直流电机机械强度、散热能力允许下电机能产生最大电磁转矩 T_{emax} 时的电机最高转速。基速是无刷直流电机恒转矩区和恒功率区的分界,也是电机设计的额定转速。

当电机转速 ω_m 不高于基速 ω_b,即 $\omega_m \leq \omega_b$ 时,电机运行在恒转矩区。此时,因电机转速 ω_m 较低,由式(5-13)确定的电机定子绕组感应电动势较小。因此,在恒转矩区需要采用 PWM 技术对定子绕组电压进行调节,实现对定子绕组电流的限制,进而对电机转矩进行控制。当 $\omega_m = \omega_b$ 时,在电机输出最大转矩情况下,定子绕组电压为在车载电源电压为额定电压时定子绕组能获得的最高电压。在恒转矩区,由于定子绕组电流产生的电枢反应对气隙磁场产生的去磁和增磁效果基本相同,可忽略电枢反应对气隙磁场的影响,即认为气隙磁场分布基本保持不变。

当电机转速 ω_m 高于基速 ω_b,即 $\omega_m > \omega_b$ 时,电机运行在恒功率区。在恒功率区,需要通过减弱气隙磁通来提高电机转速,即需要采取弱磁控制。无刷直流电机的弱磁控制通过提前换相来实现。如图 5-41[30] 所示,采用不同的提前换相角 θ_a 可以获得不同的电机机械特性,在实际应用中,可以根据整车工况合理地选择提前换相角 θ_a,以满足车辆动力性要求。

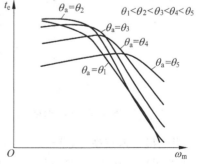

图 5-41 不同提前换相角时的无刷直流电机机械特性

当采用提前换相进行弱磁控制时,由于定子绕组电流相位整体提前,会导致在感应电动势未出现明显下降的时候,定子绕组电流就开始下降或降为零,这样会影响电机的最大输出功率。因此,可以考虑将定子绕组电流的下降时间后延。只要保证在感应电动势过零点前,定子绕组电流下降为零,就可以避免产生负转矩。按照此思路,可以把定子绕组通电时间由120°电角度延长为180°电角度。

定子绕组通电时间延长为180°电角度后,三相全桥主电路中$V_1 \sim V_6$器件的通态时间或PWM驱动时间为转子旋转180°电角度的时间。180°通电模式下,三相全桥主电路中三组器件同时工作并每隔60°电角度换相一次,具体如图5-42(a)所示,图中同时给出了定子绕组感应电动势波形。图5-42(b)给出了理想状态下的定子绕组电流的波形。

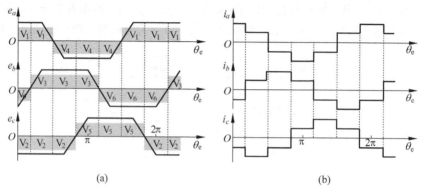

图 5-42　180°通电模式下的定子绕组感应电动势波形和电流波形
(a)感应电动势波形;(b)电流波形

将图 5-42(b)与图 5-21 对比可以发现,180°通电模式下和120°通电模式下的定子绕组电流波形存在较大区别,从而导致电机的机械特性也存在较大差别。图 5-43 为相同的无刷直流电机在不同通电模式下的机械特性[10,31]。从图中可以看出,在恒转矩区,120°通电模式下可以获得较大的电机输出转矩;在恒功率区,180°通电模式下可以使电机输出更大的机械功率。

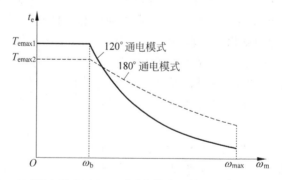

图 5-43　180°通电模式下和120°通电模式下的无刷直流电机机械特性

当电机转速较高时,定子绕组两端会出现较高的感应电动势。当两相之间的感应电动势(即线感应电动势)比绕组外电压高时,无刷直流电机就会将机械能转换为电能并经控制器主电路将能量反馈回车载电源。

5.6 无刷直流电机转矩脉动

具有明显的转矩脉动(torque pulsation)是无刷直流电机工作时的一个典型特征,也是无刷直流电机与其他类型驱动电机相比的一个劣势。转矩脉动不仅影响整车的舒适性,也会带来振动、噪声等问题。

转矩脉动是指电机的转矩围绕其平均值而呈现峰-峰波动的现象,转矩出现脉动是因为平均转矩上叠加了转矩纹波(torque ripple)。因此,电机的转矩脉动和转矩纹波属于相同的技术问题。

在工程实践中,可以用 T_r 来表示转矩脉动,它表示为[32]

$$T_r = \frac{T_{\max} - T_{\min}}{T_{\text{avg}}} \tag{5-60}$$

式中,$T_{\max}$ 为最大电机转矩;$T_{\min}$ 为最小电机转矩;T_{avg} 为平均电机转矩。

三相无刷直流电机定子绕组理想的感应电动势波形是三相互隔120°电角度、平顶宽度为120°电角度的梯形波,理想的电流波形是三相互隔120°电角度、平顶宽度为120°电角度的方波。在以上条件下,基于式(5-20)得到的电机转矩是无脉动的、恒定的。但在工程实践中,绕组的感应电动势波形和电流波形都可能发生畸变,从而使电机转矩出现纹波或脉动。

导致绕组感应电动势波形发生畸变的根本原因是无法获得理想化的气隙磁场磁通密度分布。影响气隙磁场磁通密度分布的原因有:齿槽效应、电枢反应、设计失误或加工缺陷、永磁材料性能不一致等。对于常见的表贴式、分数集中绕组的无刷直流电机,电枢反应较小。如果不考虑电枢反应,可以认为导致绕组感应电动势波形发生畸变的原因与设计、加工、材料等电机本体内在因素相关。

导致绕组电流波形发生畸变的原因有外电源电压的变化、电机转速的变化、PWM控制方法等。根据绕组电压方程式(5-26)可知,绕组感应电动势波形发生畸变会导致绕组电流波形发生畸变。但总体来看,绕组电流波形发生畸变的原因多与电源、控制以及电机运行状态等因素相关。

导致无刷直流电机出现转矩脉动的因素很多,其中比较重要的是齿槽效应产生的齿槽转矩以及换相过程中容易出现的转矩脉动。

5.6.1 无刷直流电机的齿槽转矩

存在齿槽转矩是永磁类电机普遍具有的特征,无刷直流电机、永磁同步电机在运行中都会有齿槽转矩。齿槽转矩是转子永磁体与定子齿槽相互位置变化时,主磁路的磁阻发生变化而产生的磁阻转矩。在忽略电枢反应和磁路饱和时,可以认为齿槽转矩与定子绕组电流无关。齿槽转矩是一种附加的周期性脉动转矩,虽然它对电机输出平均转矩没有任何贡献,但却可能引起车辆传动系统的振动和噪声,尤其在车辆处于低速、轻负荷工况时会更加明显。

如图5-44(a)[33]所示,当转子永磁体的中心线和定子某个齿的中心线重合时,永磁体产生的磁通所在磁路的磁阻最小,这时转子位于稳定位置,不产生齿槽转矩;若转子逆时针转动一个较小角度,如图5-44(b)[33]所示,永磁体的中心线与定子齿的中心线不再重合,因磁路磁阻发生变化而产生磁阻转矩,这个磁阻转矩趋向于使转子回到图 5-44(a)所示的位置,该磁阻转矩即为齿槽转矩。类似地,若转子由图 5-44(a)顺指针转动一个较小角度,会产生逆时针方向的齿槽转矩。同理,当转子永磁体的中心线和定子某个槽的中心线重合时,不会产生齿槽转矩;而当转子永磁体的中心线偏离定子槽中心线时,将产生齿槽转矩。图 5-45 所示为一种典型的齿槽转矩的波形,图中 θ_m 为转子机械角位置。

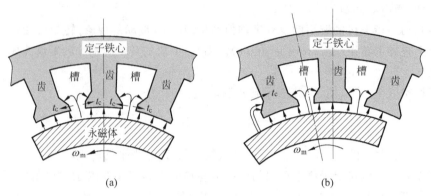

图 5-44 齿槽转矩的产生原因
(a) 不产生齿槽转矩; (b) 产生齿槽转矩

对于槽数为 Z,极对数为 P 的无刷直流电机,齿槽转矩中的基波成分,即基波齿槽转矩 T_{c1} 的频率 f_{Tc1} 可以表示为

$$f_{Tc1} = f_r f_1 \tag{5-61}$$

式中,f_r 为电机转子转动频率,$f_r = n/60$,n 为电机转速(单位:r/min);f_1 为电机转子转动一周基波齿槽转矩的周期数,可以表示为

$$f_1 = \text{LCM}(Z, P) \tag{5-62}$$

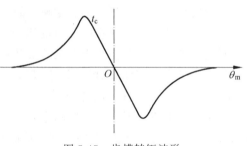

图 5-45 齿槽转矩波形

式中,LCM(Z,P) 表示 Z 和 P 的最小公倍数(least common multiple)。齿槽转矩呈现周期性变化,所以齿槽转矩 t_c 可以表示为

$$t_c = \sum_{n=1}^{+\infty} t_{cn} \tag{5-63}$$

式中,t_{cn} 表示齿槽转矩的 n 次谐波分量。

由式(2-84)可以求得永磁电机的输出转矩为

$$t_e = -\frac{\partial W'_m}{\partial \theta} = -\frac{1}{2} i^2 \frac{dL}{d\theta} + \frac{1}{2} \Phi_2^2 \frac{dR_1}{d\theta} - Ni \frac{d\Phi_2}{d\theta} \tag{5-64}$$

式中,L 为定子绕组自感;i 为定子绕组电流;R_1 为定子铁心、气隙和永磁体所在闭合磁路的铁心和气隙部分的磁阻(即不包括永磁体的磁阻 R_m);Φ_2 为永磁体产生的穿过气隙、定子铁心的磁通。式(5-64)中,第二个等号右侧第一项为定子绕组自感变化引起的转矩,第三项为定子绕组电流和永磁体产生的两个磁场相互作用产生的转矩,第二项为永磁体磁通的闭合路径上磁阻的变化引起的转矩,即为齿槽转矩。因此,齿槽转矩 t_c 可以表示为

$$t_c = \frac{1}{2}\Phi_2^2 \frac{dR_1}{d\theta} \tag{5-65}$$

从前面的分析可以看出,齿槽转矩与电机结构、永磁体产生的气隙磁场磁通强度等因素有关,而与电机的控制方法无关。抑制齿槽转矩是电机设计时必须考虑的问题。采用无齿定子结构可以彻底消除齿槽转矩,但无齿电机(slotless machine)普遍功率较小。电动汽车采用的无刷直流电机通常采用定子齿槽优化、转子磁极结构优化等措施来抑制齿槽转矩。

电机定子采用斜槽(skew slot)结构是比较易于实现且可有效抑制齿槽转矩的方法。斜槽是指在径向磁场电机中的定子冲片叠压时,每一片冲片相对于前一片冲片错开一个较小的角度。这样,第一片冲片和最后一片冲片将错开斜槽角(skew angle)θ_{sk},如图 5-46(a) 所示。若有

$$\theta_{sk} = \frac{2\pi}{f_1} \tag{5-66}$$

则可以消除齿槽转矩的基波分量。定子的斜槽结构会提高电机制造成本、降低定子绕组感应电动势的基波幅值,进而降低电机的转矩密度和功率密度。

采用转子斜极(skew magnet)的方法也可以起到类似定子斜槽的效果,如图 5-46(b) 所示。但采用这种方法导致转子加工较复杂,电机制造成本过高,所以很少使用。转子磁极分段错位是一种变通的方法,便于制造,实施后接近斜极效果,如图 5-46(c) 所示。

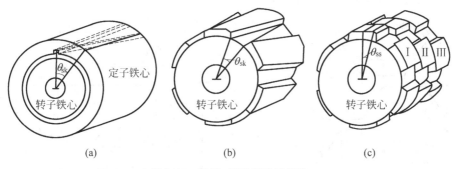

图 5-46 斜槽、斜极和磁极错位
(a) 定子斜槽;(b) 转子斜极;(c) 转子斜极分段错位

采用分数槽绕组的定子,其各槽口所处气隙磁场位置不同,因此各自产生的齿槽转矩会存在一定的相位差。当这些齿槽转矩叠加后,会使部分齿槽转矩相互抵消,进而使总的齿槽转矩较低,这是分数槽绕组的一个优势。如果在设计过程中,结合齿槽结构优化和永磁体结构的优化,使具有分数槽绕组的电机齿槽转矩较小时,一般不再需要采用斜槽等措施。

对于整数槽电机,较宽的槽口将产生较大的齿槽转矩。通过设计较小的槽口或在槽口处放置磁性槽楔可以有效抑制齿槽转矩。对于分数槽电机,可以通过优化槽口宽度来降低齿槽转矩。

此外,优化转子磁极极弧系数(极弧长度与极距的比值,pole embrace)、选择合理的槽数和极数,适当地在铁心齿冠增加辅助槽、在槽中间配置辅助齿,改变永磁体形状等方法都有助于抑制齿槽转矩。采用这些技术措施降低齿槽转矩时,不能以牺牲电机电磁转矩的输

出能力或其他性能为代价,此外,还应该兼顾制造成本、工艺的可行性。

5.6.2 换相过程中的转矩脉动

当电机控制器主电路中的电力电子器件在正确的时序通断时,理想状态下的定子绕组电流波形是方波,换相过程可以看作是瞬间完成。若定子绕组感应电动势是理想的梯形波,则换相过程不会对电机转矩产生任何影响,电机转矩保持恒定。但在实际换相过程中,由于通电绕组回路中电阻、电感的存在,换相过程中不会使一个电流从一相绕组平稳地转移到另外一相绕组,因此电流波形不再是理想的方波,这时会产生转矩脉动。

以三相全桥主电路控制的三相无刷直流电机为例,图 5-47(a)所示为三相无刷直流电机运行过程中与定子绕组感应电动势波形对应的六个区域,假设从区域Ⅵ换相至区域Ⅰ,即从图 5-47(b)所示的 A、B 相绕组的通电状态换相至图 5-47(d)所示的 A、C 相绕组的通电状态。在换相过程中,当 V_6 关断时,D_3 会续流导通,因此存在图 5-47(c)所示的换相中间状态,此时,三相定子绕组皆有电流流过。可以认为切换时刻 $\theta_e = 0$ 时,三相定子绕组感应电动势为

$$\begin{cases} e_a = E_p \\ e_b = -E_p \\ e_c = -E_p \end{cases} \tag{5-67}$$

式中,E_p 为定子绕组感应电动势幅值。

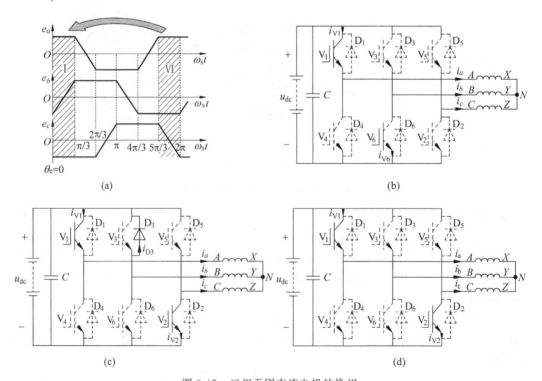

图 5-47 三相无刷直流电机的换相

(a) 换相前后状态;(b) 换相前等效电路;(c) 换相中等效电路;(d) 换相后等效电路

若忽略定子绕组等效电阻,根据式(5-26)可知三相无刷直流电机的电压方程为

$$\begin{cases} u_a = L\dfrac{\mathrm{d}i_a}{\mathrm{d}t} + e_a \\ u_b = L\dfrac{\mathrm{d}i_b}{\mathrm{d}t} + e_b \\ u_C = L\dfrac{\mathrm{d}i_c}{\mathrm{d}t} + e_c \end{cases} \quad (5\text{-}68)$$

由图 5-47(c),有

$$\begin{cases} u_a = u_b \\ u_a - u_c = U_{\mathrm{dc}} \end{cases} \quad (5\text{-}69)$$

式中,U_{dc} 为主电路直流侧电源的电压幅值。同时,对三相无刷直流电机存在

$$i_a + i_b + i_c = 0 \quad (5\text{-}70)$$

将式(5-67)~式(5-70)联立,可以得到[34]

$$\begin{cases} \dfrac{\mathrm{d}i_a}{\mathrm{d}t} = \dfrac{U_{\mathrm{dc}}}{3L} - \dfrac{4E_{\mathrm{p}}}{3L} \\ \dfrac{\mathrm{d}i_b}{\mathrm{d}t} = \dfrac{U_{\mathrm{dc}}}{3L} + \dfrac{2E_{\mathrm{p}}}{3L} \\ \dfrac{\mathrm{d}i_c}{\mathrm{d}t} = -\dfrac{2U_{\mathrm{dc}}}{3L} + \dfrac{2E_{\mathrm{p}}}{3L} \end{cases} \quad (5\text{-}71)$$

在换相过程中,若存在

$$\left|\dfrac{\mathrm{d}i_b}{\mathrm{d}t}\right| > \left|\dfrac{\mathrm{d}i_c}{\mathrm{d}t}\right| \quad (5\text{-}72)$$

即 B 相定子绕组电流 i_b 的下降速度大于 C 相定子绕组电流 i_c 的上升速度,由式(5-71)有[35]

$$U_{\mathrm{dc}} < 4E_{\mathrm{p}} \quad (5\text{-}73)$$

此时,在换相过程中,A 相绕组电流波形出现下凹,如图 5-48(a)所示。

在换相过程中,若存在

$$\left|\dfrac{\mathrm{d}i_b}{\mathrm{d}t}\right| < \left|\dfrac{\mathrm{d}i_c}{\mathrm{d}t}\right| \quad (5\text{-}74)$$

即 B 相定子绕组电流 i_b 的下降速度小于 C 相定子绕组电流 i_c 的上升速度,由式(5-71)有

$$U_{\mathrm{dc}} > 4E_{\mathrm{p}} \quad (5\text{-}75)$$

此时,在换相过程中,A 相绕组电流波形出现上凸,如图 5-48(b)所示。

在换相过程中,若存在

$$\left|\dfrac{\mathrm{d}i_b}{\mathrm{d}t}\right| = \left|\dfrac{\mathrm{d}i_c}{\mathrm{d}t}\right| \quad (5\text{-}76)$$

即 B 相定子绕组电流 i_b 的下降速度等于 C 相定子绕组电流 i_c 的上升速度,由式(5-71)有

$$U_{\mathrm{dc}} = 4E_{\mathrm{p}} \quad (5\text{-}77)$$

此时,在换相过程中,A 相绕组电流维持不变,如图 5-48(c)所示。

在忽略电枢反应和不计磁路饱和的情况下,感应电动势幅值 E_{p} 与电机转速 ω_{m} 呈正比,可知存在转速 ω_{c}。当 $\omega_{\mathrm{m}} = \omega_{\mathrm{c}}$ 时,满足式(5-77)的要求,换相过程中 A 相定子绕组电流

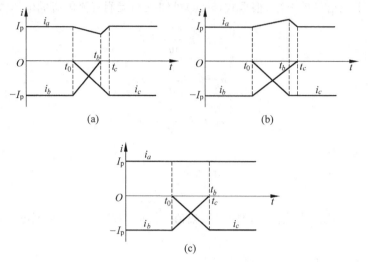

图 5-48　换相过程中的绕组电流波形

(a) $\left|\dfrac{di_b}{dt}\right| > \left|\dfrac{di_c}{dt}\right|$ 时的绕组电流波形；(b) $\left|\dfrac{di_b}{dt}\right| < \left|\dfrac{di_c}{dt}\right|$ 时的绕组电流波形；

(c) $\left|\dfrac{di_b}{dt}\right| = \left|\dfrac{di_c}{dt}\right|$ 时的绕组电流波形

i_a 保持不变；当 $\omega_m < \omega_c$ 时，满足式(5-75)的要求，换相过程中 A 相定子绕组电流 i_a 波形出现上凸；当 $\omega_m > \omega_c$ 时，满足式(5-73)的要求，换相过程中 A 相定子绕组电流 i_a 波形出现下凹。

根据式(5-67)和式(5-70)，电机输入电功率为

$$p_e = e_a i_a + e_b i_b + e_c i_c = 2E_p i_a \tag{5-78}$$

因此，电机的转矩可以表示为

$$t_e = \frac{2E_p i_a}{\omega_m} \tag{5-79}$$

所以，当电流 i_a 出现 ΔI 的波动时，电机的转矩将出现 $2\Delta I E_p / \omega_m$ 的纹波。

图 5-48(a)中，由式(5-71)可知：当 $t = t_b$ 时，i_a 为

$$i_a = I_p + \Delta I = I_p + \frac{U_{dc} - 4E_p}{U_{dc} + 2E_p} I_p \tag{5-80}$$

图 5-48(b)中，由式(5-71)可知：当 $t = t_b$ 时，i_a 为

$$i_a = I_p + \Delta I = I_p + \frac{U_{dc} - 4E_p}{2U_{dc} - 2E_p} I_p \tag{5-81}$$

由式(5-80)和式(5-81)可知，转矩脉动值与 U_{dc}、E_p 密切相关，或者说与 U_{dc}、ω_m 密切相关。

从以上分析可以看出，无刷直流电机在换相过程中出现转矩脉动的根本原因在于换相期间的相间电流过渡不平稳，或者说参与换相的电流变化率不一致。因此，解决这个问题的途径就是使变化率较快的相电流变化变缓或者使变化率较慢的相电流变化加快。以图 5-47 所示的换相过程为例，当 V_6 关断后，B 相定子绕组电流 i_b 将经过二极管 D_3 续流，即有 $i_b = -i_{D_3}$，此时，不易对 i_b 的变化率进行调节；同时，由于 V_2 的导通，C 相定子绕组电流 i_c 将

反向增加,即有 $i_c = -i_{V_2}$。此时,根据直流侧电压 U_{dc} 以及电机转速 ω_m 且基于式(5-71),若判断出 i_c 的变化率较高,则可以通过对 V_2 实施 PWM 控制,延缓 i_c 的变化率;若判断出 i_c 的变化率较低,则可以使 V_2 提前导通或使 V_6 延时关断。这些方法可使 i_b 下降为 0 时 i_c 的幅值恰好上升至 I_p,这样就可以使换相过程的转矩脉动得到很大程度的抑制。

5.7 无刷直流电机损耗

无刷直流电机系统在驱动/制动车辆过程中,会产生损耗。这些损耗可以分为两大部分:电机控制器产生的损耗和无刷直流电机产生的损耗。

电机控制器的损耗 P_{Con} 主要是主电路电力电子器件产生的开关损耗和通态损耗,与它们相比,电机控制器内部控制电路、驱动电路以及其他控制器附件产生的损耗因较小可以忽略不计。电力电子器件工作过程产生的损耗可参考式(3-15)计算。

无刷直流电机在工作过程中,会产生定子绕组铜损、定转子铁心损耗、机械损耗、杂散损耗等。

在定子绕组回路中,因等效电阻 R 的存在,在电机工作过程中会产生定子绕组铜损 $P_{Cu,s}$,可以表示为

$$P_{Cu,s} = 2RI_p^2 \tag{5-82}$$

式中,I_p 为定子绕组电流的幅值。

无刷直流电机定子铁心的损耗 $P_{Fe,s}$ 指定子铁磁材料在工作中产生的磁滞损耗和涡流损耗。

转子铁心的损耗 $P_{Fe,r}$ 主要指转子铁磁材料在工作中产生的磁滞损耗、涡流损耗以及永磁体产生的涡流损耗。由于无刷直流电机在工作过程中,转子与气隙磁场同步转动,因此可以认为转子铁心的磁通密度不发生变化。通常情况下,可以忽略转子铁心损耗。但由于电枢反应,定子绕组电流中的谐波成分产生的磁动势会在永磁体[36]、转子轭以及绑扎永磁体的金属护套中产生涡流损耗。这部分损耗会导致永磁体局部温度升高,甚至导致永磁材料性能的衰退,因此必须对这部分损耗加以重视。

无刷直流电机转子在转动过程中,会产生机械损耗 P_{Me}。机械损耗主要包括电机的机械摩擦损耗、空气摩擦损耗。无刷直流电机的机械损耗与电机内部结构、电机转速、电机维护状态等密切相关。

除以上给出的各类损耗外,电机工作过程可能出现的其他损耗,统一称为杂散损耗,用 P_{St} 表示。

无刷直流电机总的损耗表示为

$$P_{Loss} = P_{Cu,s} + P_{Fe,s} + P_{Fe,r} + P_{Me} + P_{St} \tag{5-83}$$

5.8 本章小结

电动汽车常采用的无刷直流电机为具有分数槽集中绕组、表贴式永磁体结构的三相无刷直流电机。当电机转动时,理想的定子绕组感应电动势波形为梯形波;当采用三相全桥主电路对绕组电流幅值进行控制时,理想的绕组电流波形为方波。利用转子位置传感器,使

绕组电流波形与所对应的感应电动势波形平顶部分在120°电角度范围内相位一致,就可以得到恒定的电机转矩。在实际运行中,因存在换相过程、齿槽效应以及电枢反应等多种因素,无刷直流电机在工作过程中会存在转矩脉动。

作为电动车辆的驱动电机,无刷直流电机具有较高的功率密度和转矩密度、转动惯量小、控制算法简单、对转子位置传感器精度要求低、工作效率高等众多优势,但转矩脉动带来的噪声、振动及它们对整车舒适性的不良影响限制了无刷直流电机的大规模应用。尤其是随着永磁同步电机设计、制造和控制技术的不断成熟、高性能DSC的涌现,越来越多的电动汽车采用了与无刷直流电机结构非常类似的永磁同步电机。

但应该看到,随着对转矩脉动问题研究的不断深入,无刷直流电机仍然是电动汽车驱动电机的重要选项,尤其是无刷直流电机易于加工为盘式结构或外转子结构,在轮毂驱动或轮边驱动方面具有较大的优势。

思 考 题

5.1　作为电动汽车驱动电机,无刷直流电机具有什么样的典型结构?

5.2　无刷直流电机的工作原理是什么?

5.3　作为驱动电机,无刷直流电机具有哪些优缺点?

5.4　在对无刷直流电机进行控制时,为什么需要获知转子的准确位置?

5.5　无刷直流电机控制器主电路具有哪些结构?哪种结构更适合用于电动汽车三相无刷直流电机的控制?

5.6　为什么说对无刷直流电机转矩控制的实质是对定子绕组电流的控制?如何控制无刷直流电机的定子绕组电流?

5.7　无刷直流电机具有什么样的机械特性?

5.8　如何实现无刷直流电机的弱磁控制?

5.9　什么是无刷直流电机的齿槽转矩?如何减小无刷直流电机的齿槽转矩?

5.10　无刷直流电机换相过程时为何容易出现转矩脉动?

参 考 文 献

[1] Alexanderson E F W, Mittag A H. The "Thyratron" Motor[J]. Electrical Engineering, 1934, 53(11): 1517-1523.

[2] Machen D R. The Energy Conversion Characteristics of a Brushless Direct Current Servomotor[D]. Berkeley: University of California, 1964.

[3] Brailsford H D. Commutatorless Direct Current Motor: US 2719944[P]. 1955-10-04.

[4] 夏长亮. 无刷直流电机控制系统[M]. 2版. 北京:科学出版社,2009.

[5] 刘刚,王志强,房建成. 永磁无刷直流电机控制技术与应用[M]. 北京:机械工业出版社,2009.

[6] 高大威. 汽车电力电子学[M]. 北京:清华大学出版社,2018.

[7] Wilson T G, Trickey P H. DC Machine with Solid-State Commutation[J]. Electrical Engineering, 1962, 81(11): 879-884.

[8] Lee E C. Brushless DC: A Modern Approach to Variable Speed Drives[C]//The 1990 IEEE Industry

Applications Society Annual Meeting,1990:1484-1488.

[9] Chau K T,Chan C C,Liu C. Overview of Permanent-Magnet Brushless Drives for Electric and Hybrid Electric Vehicles[J]. IEEE Transactions on Industrial Electronics,2008,55(6):2246-2257.

[10] Zhu Z Q,Howe D. Electrical Machines and Drives for Electric,Hybrid,and Fuel Cell Vehicles[J]. Proceedings of the IEEE,2007,95(4):746-765.

[11] El-Refaie A M,Zhu Z Q,Jahns T M,et al. Winding Inductances of Fractional Slot Surface-Mounted Permanent Magnet Brushless Machines[C]//2008 IEEE Industry Applications Society Annual Meeting,2008:1-8.

[12] Dajaku G,Gerling D. Different Novel Electric Machine Designs for Automotive Applications[C]//2013 World Electric Vehicle Symposium and Exhibition,2013:1-7.

[13] 王艾萌.新能源汽车新型电机的设计及弱磁控制[M].北京:机械工业出版社,2014.

[14] Ishak D,Zhu Z Q,Howe D. Comparison of Pm Brushless Motors,Having Either All Teeth or Alternate Teeth Wound[J]. IEEE Transactions on Energy Conversion,2006,21(1):95-103.

[15] 谭建成,邵晓强.永磁无刷直流电机技术[M].2版.北京:机械工业出版社,2018.

[16] 叶金虎.现代无刷直流永磁电动机的原理和设计[M].北京:科学出版社,2007.

[17] Jiabin W,Zhen P X,Howe D. Three-Phase Modular Permanent Magnet Brushless Machine for Torque Boosting on a Downsized Ice Vehicle[J]. IEEE Transactions on Vehicular Technology,2005,54(3):809-816.

[18] 谭建成.三相无刷直流电动机分数槽集中绕组槽极数组合规律研究(连载之二)[J].微电机,2008(1):52-56.

[19] Krishnan R. Permanent Magnet Synchronous and Brushless DC Motor Drives[M]. Boca Raton:CRC Press,2010.

[20] Halbach K. Design of Permanent Multipole Magnets with Oriented Rare Earth Cobalt Material[J]. Nuclear Instruments and Methods,1980,169(1):1-10.

[21] 邱国平,丁旭红.永磁直流无刷电机实用设计及应用技术[M].上海:上海科学技术出版社,2015.

[22] Krishnan R,Lee S. PM Brushless DC Motor Drive with a New Power Converter Topology[C]. the 1995 IEEE Industry Applications Conference,1995:380-387.

[23] Gopalarathnam T,Toliyat H A. Input Current Shaping in Bldc Motor Drives Using a New Converter Topology[C]//27th Annual Conference of the IEEE Industrial Electronics Society,2001:1441-1444.

[24] Pillay P,Krishnan R. Modeling,Simulation,and Analysis of Permanent-Magnet Motor Drives. I. The Permanent-Magnet Synchronous Motor Drive[J]. IEEE Transactions on Industry Applications,1989,25(2):265-273.

[25] Niapour S A K M,Garjan G S,Shafiei M,et al. Review of Permanent-Magnet Brushless DC Motor Basic Drives Based on Analysis and Simulation Study[J]. International Review of Electrical Engineering,2014,9(5):930-957.

[26] Dixon J W,Leal L A. Current Control Strategy for Brushless DC Motors Based on a Common DC Signal[J]. IEEE Transactions on Power Electronics,2002,17(2):232-240.

[27] Chan C C,Jiang J Z,Xia W,et al. Novel Wide Range Speed Control of Permanent Magnet Brushless Motor Drives[J]. IEEE Transactions on Power Electronics,1995,10(5):539-546.

[28] Krishnan R. Electric Motor Drives:Modeling,Analysis,and Control[M]. New Jersey:Prentice Hall,Inc,2001.

[29] Becerra R C,Ehsani M,Jahns T M. Four-Quadrant Brushless ECM Drive with Integrated Current Regulation[J]. IEEE Transactions on Industry Applications,1992,28(4):833-841.

[30] Safi S K,Acarnley P P,Jack A G. Analysis and Simulation of the High-Speed Torque Performance of Brushless DC Motor Drives[J]. IEE Proceedings—Electric Power Applications,1995,142(3):

191-200.

[31] Jahns T M. Torque Production in Permanent-Magnet Synchronous Motor Drives with Rectangular Current Excitation[J]. IEEE Transactions on Industry Applications,1984,IA-20(4):803-813.

[32] Gieras J F. Permanent Magnet Motor Technology: Design and Applications[M]. 3rd Ed. Boca Raton:CRC Press,2010.

[33] Studer C,Keyhani A,Sebastian T,et al. Study of Cogging Torque in Permanent Magnet Machines [C]//The 1997 IEEE Industry Applications Conference Thirty-Second IAS Annual Meeting,1997: 42-49.

[34] Liu Y,Zhu Z Q,Howe D. Commutation Torque Ripple Minimization in Direct Torque Controlled PM Brushless DC Drives[J]. IEEE Transactions on Industry Applications,2007,43(4):1012-1021.

[35] Carlson R,Lajoie-Mazenc M,Fagundes J C D S. Analysis of Torque Ripple Due to Phase Commutation in Brushless DC Machines[J]. IEEE Transactions on Industry Applications,1992, 28(3):632-638.

[36] Ishak D,Zhu Z Q,Howe D. Eddy-Current Loss in the Rotor Magnets of Permanent-Magnet Brushless Machines Having a Fractional Number of Slots Per Pole[J]. IEEE Transactions on Magnetics,2005,41(9):2462-2469.

第6章 永磁同步电机原理与控制

6.1 永磁同步电机概述

永磁同步电机(permanent magnet synchronous machine,PMSM),又称为无刷交流电机(brushless alternating current machine,BLACM)。作为驱动电机,永磁同步电机在电动汽车,尤其是在电动乘用车上得到了广泛的应用。

19世纪20—30年代,永磁材料对电机的出现起到了非常大的推动作用,并成为早期电机制造过程中不可或缺的材料,但由于当时的永磁材料性能不能满足电机的需求,永磁电机很快被电励磁电机所取代。20世纪30年代,高性能铝镍钴(AlNiCo)的出现,为永磁电机带来了生机,此时永磁电机多为小功率的永磁直流电机。1954年美国工程师Merrill在美国通用电气公司的笼型交流感应电机的基础上,研制出世界上第一台永磁同步电机,Merrill将之称为"Permasyn Motor"[1]。至今,国内外一些文献仍将永磁同步电机称为"Permasyn Motor"或"Permasyn Machine"。在Merrill的工作之前,一些科研技术人员已经在不断尝试将永磁材料用于交流同步发动机中[2]。永磁同步电机和无刷直流电机几乎是同时出现的,但似乎永磁同步电机与交流感应电机更有渊源。受到电力电子技术发展水平和永磁材料性能的制约,永磁同步电机在20世纪60年代至70年代中期发展较为缓慢。直到20世纪70年代中期以及80年代初,随着以功率MOSFET和IGBT为代表的全控型电力电子器件和钕铁硼(NdFeB)等高性能永磁材料的出现以及计算机技术、控制技术的发展,永磁同步电机逐步发展起来。从20世纪90年代开始,随着钐钴(SmCo)、钕铁硼等永磁材料性能的不断提升以及高性能DSC应用技术的发展,同时借助矢量控制在交流感应电机上成功应用的经验,永磁同步电机在工业领域的应用规模不断扩大。进入21世纪后,由于永磁材料环境适应性的提高以及电机制造成本的下降,永磁同步电机在一些工业应用场合已经取代了交流感应电机。

自20世纪90年代中后期开始,永磁同步电机在电动汽车上的应用越来越广泛,一些常见的乘用车,如丰田Pruis、本田Insight、日产Leaf、通用Bolt、宝马i3、特斯拉Model3等都采用了永磁同步电机作为驱动电机;国内主要汽车厂商如一汽、东风、上汽、北汽等也都将永磁同步电机用作电动汽车的驱动电机。图6-1所示为日产Leaf电动汽车及其驱动电机系统[3]。

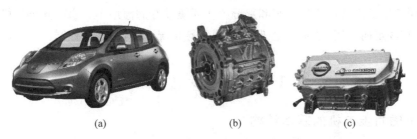

图 6-1 日产(Nissan)Leaf电动汽车及其驱动电机系统
(a) 日产Leaf电动汽车;(b) 永磁同步电机;(c) 电机控制器

永磁同步电机与无刷直流电机具有类似的结构,常见的三相永磁同步电机和无刷直流电机的控制器都采用三相全桥主电路,但二者在工作原理、控制方法、性能指标等方面具有很大的区别,表6-1给出了三相永磁同步电机与无刷直流电机的特点对比。

表6-1 三相永磁同步电机与无刷直流电机特点对比

项　目	永磁直流电机	无刷直流电机
反电动势波形	正弦波	梯形波
绕组电流波形	正弦波	方波
绕组工作特点	三相通电	两相通电
转矩脉动	小	大
功率密度	高	相对较高
工作噪声	小	大
转速范围	高	一般
电机成本	高	一般
转子位置传感器	多为旋转变压器	多为霍尔传感器
控制器成本	高	一般
控制算法	复杂	一般

永磁同步电机通过转子永磁体产生的磁场与定子绕组产生的磁场相互作用产生电磁转矩;同时,对于内置式永磁体转子结构的永磁同步电机,会因为磁路磁阻的变化而产生磁阻转矩。作为电动汽车的驱动电机,与其他类型电机相比,永磁同步电机具有如下优势:

(1) 较好的机械特性,起动转矩大、转速范围宽,容易满足电动汽车的动力性需求;
(2) 较快的动态响应;
(3) 较高的功率密度和转矩密度;
(4) 使用寿命长,可以满足电动汽车耐久性的要求,并可以做到免维护;
(5) 较高的工作效率;
(6) 转矩脉动较小,容易获得较高的转矩精度;
(7) 易设计和加工成盘式结构,可用作轮毂电机或轮边电机。

作为电动汽车驱动电机,永磁同步电机存在以下不足:

(1) 电机转子上的永磁体材料性能易受温度、振动等影响,对车辆运行环境和整车热管理有较高要求;
(2) 控制过程需要对转子位置进行识别,需要高精度转子位置传感器;
(3) 控制算法复杂,对DSC性能要求较高,电机控制器成本较高。

永磁同步电机广泛用于乘用车和部分工作环境较好的商用车。永磁同步电机普遍采用矢量控制(磁场定向控制)技术对电机转矩(或特殊情况下转速)进行控制。

6.2　永磁同步电机结构

6.2.1　永磁同步电机的基本结构

图6-2[4]所示为永磁同步电机的结构。与其他类型电机类似,结构上,永磁同步电机可

以分为定子和转子两大部分。根据定子和转子的相互位置,永磁同步电机可以设计加工为内转子电机或外转子电机。

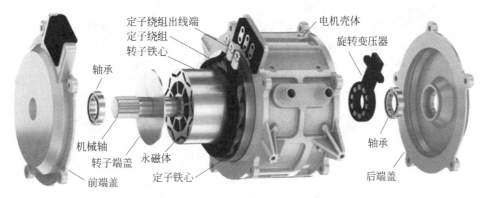

图 6-2 永磁同步电机结构

如图 6-3 所示,永磁同步电机的定子铁心采用硅钢片叠压而成。由于车用驱动电机的冷却方式普遍为液冷,所以要求永磁同步电机定子铁心与具有冷却液流道(即水套(water jacket))的外壳(motor housing)紧密接触,从而可将电机运行中产生的热及时散发出去,具体如图 6-4 所示。

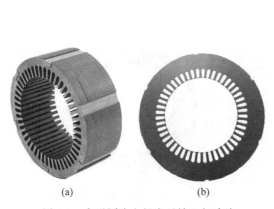

图 6-3 永磁同步电机定子铁心与冲片
(a) 定子铁心;(b) 定子铁心冲片

图 6-4 永磁同步电机定子散热结构

永磁同步电机定子铁心槽中嵌有定子绕组,常见的车用永磁同步电机多为三相电机,三相定子绕组普遍采用"Y型"连接且中性点一般无须引出到电机外部。永磁同步电机的定子绕组的布置和连接可以采用集中绕组连接方式,也可以采用分布绕组连接方式。

采用集中绕组的电机多加工为盘式或扁平外形,电机功率通常较小。图 6-5 所示为本田(Honda)Insight 轻度混合动力汽车(mild hybrid electric vehicle)采用的集中绕组永磁同步电机结构[5]。若采用节距为 1 的分数槽集中绕组结构,每个磁极所面对的同相绕组的同电流方向的导体处于同一槽内,定子铁心可以设计为分块(segmented stator core, split stator)结构,如图 6-6 所示。该结构具有工艺简单、制造成本低、绕组端部短、绕组利用率高、功率密度高等优势。但集中绕组不易散热,工作过程中绕组温度较高。

对于多数采用集中式驱动的电动汽车,驱动电机功率较大。这种情况下永磁同步电机

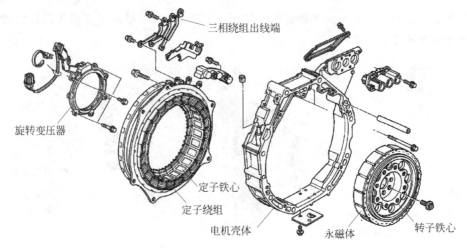

图 6-5 采用集中绕组的永磁同步电机结构

定子绕组通常采用分布绕组形式。与集中绕组相比,分布绕组更容易在气隙处产生按正弦规律分布的磁通密度,气隙磁通的高次谐波较少,图 6-7 所示为永磁同步电机的分布绕组。

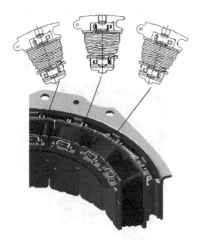

图 6-6 分块式永磁同步电机定子结构

图 6-7 永磁同步电机的分布绕组

永磁同步电机转子铁心采用硅钢片叠压而成,如图 6-8 所示。转子铁心中镶嵌着永磁体。电动汽车永磁同步电机中的永磁体普遍采用具有高矫顽力、高剩磁密度特性的烧结钕铁硼等永磁材料制成。

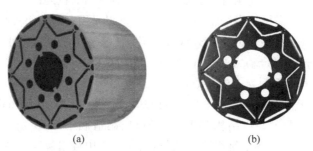

图 6-8 永磁同步电机转子铁心与冲片
(a) 转子铁心;(b) 转子铁心冲片

永磁同步电机内部通常需安装转子位置传感器,其作用是检测转子磁极相对于定子绕组的位置,以便于对定子绕组电流实施控制。作为电动汽车的驱动电机,永磁同步电机控制器普遍采用矢量控制算法对电机转矩进行控制,这种算法对转子位置的准确性要求较高。永磁同步电机通常采用旋转变压器作为转子位置传感器,旋转变压器安装在靠近电机端盖处。对电机控制精度要求不高时,也可以采用旋转编码器作为永磁同步电机的转子位置传感器。此外,还可以根据电机工作过程中一些典型物理量(如电压、电流等)的变化规律,通过软件对转子磁极的位置进行辨识,相应的控制方法称为无传感器控制法。

除以上组成部分外,永磁同步电机还有机械输出轴、轴承等构件。

6.2.2 永磁同步电机的定子绕组

1. 三相交流电机定子绕组的要求与分类

三相交流电机,包括永磁同步电机和交流感应电机,其定子绕组有如下要求:

(1) 在一定数量的导体下,可以得到较大的基波反电动势和基波磁动势;

(2) 绕组的电动势波形和磁动势波形应尽可能接近正弦波,大小相等且相位上互差120°电角度,即三相绕组对称;

(3) 绕组用铜量少,具有较小的等效电阻,绕组之间具有较好的绝缘性能,较高的机械强度以及较好的散热条件;

(4) 易于制造,制造成本较低。

三相交流电机定子绕组具有很多型式。从不同的角度,定子绕组可以分为不同类型。

1) 按槽内线圈边的层数分类

对于三相交流电机,若定子铁心每个槽中只放置一个线圈边,则为单层绕组;若每个槽中放置两个左右或上下放置的线圈边,则为双层绕组。对于单层绕组,总的绕组线圈数为槽数的1/2;对于双层绕组,总的绕组线圈数与槽数相等。

2) 按每极每相槽数分类

若交流电机的定子铁心槽数为 Z、转子的永磁体极对数为 P,当电机的相数为 m 时,每极每相槽数 q 为

$$q = \frac{Z}{2mP} \tag{6-1}$$

当 q 为整数时,定子绕组称为整数槽绕组;当 q 为分数时,定子绕组称为分数槽绕组。

3) 按节距分类

线圈的节距 y 定义为线圈两个有效边之间所跨过的槽数,而极距 τ 可以定义为

$$\tau = \frac{Z}{2P} \tag{6-2}$$

当 $y=\tau$ 时,称为整距绕组;当 $y<\tau$ 时,称为短距绕组;当 $y>\tau$ 时,称为长距绕组。由于短距绕组可以改善反电动势波形,所以在三相交流电机中广泛使用。

4) 按绕组导体截面形状分类

如图 6-9(a)所示,若绕组导体截面为圆形,则绕组为圆线绕组,相应地,电机为传统的圆线电机;如图 6-9(b)所示,若绕组导体截面为矩形,则绕组为扁线绕组,相应地,电机为扁线电机或发卡电机(hair-pin machine)。

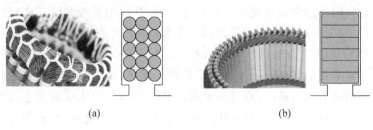

图 6-9 圆线绕组与扁线绕组

(a) 圆线绕组；(b) 扁线绕组

扁线绕组具有较高的槽满率，绕组散热性能较好，扁线电机具有较高的功率密度；同时，扁线绕组端部较短，有利于提高电机效率。因此，扁线绕组被视为驱动电机的发展方向。

除上述的定子绕组分类方法外，定子绕组还可以根据线圈在定子齿上的缠绕方式分为分布绕组和集中绕组。永磁同步电机可以选择集中绕组，也可以选择分布绕组；而交流感应电机则多为分布绕组。有关集中绕组的相关内容可以参见第 5 章相关内容，本章主要介绍三相交流电机的分布绕组。

2. 三相交流电机的整数槽双层叠绕组

以定子铁心槽数 $Z=36$、永磁体极对数 $P=2$、采用双层短距布置的三相永磁同步电机定子绕组为例。由式（6-1）得 $q=3$，即每相在每极下占有 3 槽。

槽距角（电角度）α 可表示为

$$\alpha = P\frac{360°}{Z} \tag{6-3}$$

将 $Z=36$、$P=2$ 代入式（6-3），得 $\alpha=20°$（电角度）。因此可以得到如图 6-10 所示的电动势向量星形图。

若采用 60°相带（每极下每相绕组占有的范围，phase zone），则可以得到各相带的槽号分配如表 6-2 所示。

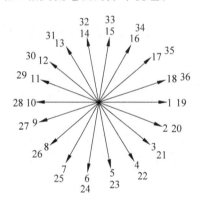

图 6-10 36 槽 4 极三相永磁同步电机的电动势向量星形图

表 6-2 各相带的槽号分配

相带	A	Z	B	X	C	Y
槽号	1,2,3	4,5,6	7,8,9	10,11,12	13,14,15	16,17,18
	19,20,21	22,23,24	25,26,27	28,29,30	31,32,33	34,35,36

根据线圈的形状和连接规律，三相交流电机绕组分为叠绕组和波绕组两种。虽然波绕组可以减少线圈组之间的连接线，但线圈一般为单匝，因此较少用于电动汽车驱动电机。下面主要分析叠绕组。

若节距 $y=7$，则得到 36 槽 4 极双层叠绕组展开图如图 6-11 所示。从图中可以看出，1 号线圈的一条有效边镶嵌在 1 号槽的上层（用实线表示）时，另外一条有效边则镶嵌在 8 号槽的下层（用虚线表示）；2 号线圈的一条有效边镶嵌在 2 号槽的上层时，另外一条有效边则镶嵌在 9 号槽的下层。以此类推，可以得到其他线圈有效边的位置。此外，线圈 1、2、3 串联，线圈 19、20、21 串联，分别组成位于 A 相带 N 极下极相组；线圈 10、11、12 串联，线圈 28、29、30 串联,分别组成位于 X 相带 S 极下极相组。将这四个极相组按要求串联或并联构成 A 相绕组;同理可以得到 B 相和 C 相绕组的构成方式。因此,每相绕组可以形成一条支路或两条、四条并联支路。以 A 相为例,一条支路的连接方法为:1→2→3→12→11→10→19→20→21→30→29→28;两条并联支路的连接方法为:1→2→3→12→11→10、19→20→21→30→29→28;四条并联支路的连接方法为:1→2→3、12→11→10、19→20→21、30→29→28。需要注意的是,X 相带的极相组反电动势与 A 相带的极相组反电动势方向相反,电路方向也相反,需要反接以保证反电动势相互叠加。在电机设计时,可以根据电机定子绕组的电压和电流,合理选择绕组并联支路数。

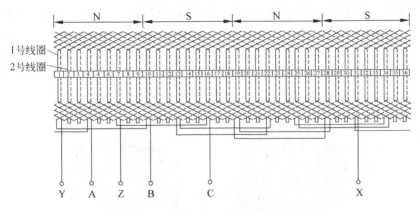

图 6-11 36 槽 4 极双层叠绕组展开图

3. 三相交流电机的整数槽单层叠绕组

为便于单层绕组与双层绕组的对比,仍以定子铁心槽数 $Z=36$、永磁体极对数 $P=2$ 的三相永磁同步电机定子绕组为例。由式(6-1)得 $q=3$,即每相在每极下占有 3 槽。同时,反电动势的向量星形图以及分相结果分别如图 6-10 和表 6-2 所示。

以 A 相为例,根据表 6-2 所示的 A 相所属槽号,将第一对磁极范围内的 1、2、3 和 10、11、12 两部分槽内的线圈边连接一起,构成一个线圈组;同理,将第二对磁极范围内的 19、20、21 和 28、29、30 两部分槽内的线圈边连接一起,构成另外一个线圈组。显然这两个线圈组的反电动势是同相位的,二者可以形成串联或并联结构。当两个线圈组串联时,绕组为一条支路;当两个线圈组并联时,绕组为两条支路。图 6-12 所示为将两个线圈组串联。

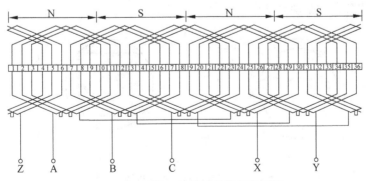

图 6-12 36 槽 4 极单层叠绕组展开图

类似地，可以得到 B 相和 C 相绕组的连接方式。

图 6-12 中每个线圈节距 $y=9$，所以是整距绕组。如果将图中每相线圈连接的先后次序改变，可以形成同心绕组、交叉绕组[6]等多种绕组连接形式。

与双层绕组相比，单层绕组制造成本低、槽利用率高，但无法像双层绕组那样可以灵活地选择线圈节距来降低反电动势和磁动势的高次谐波成分。

6.2.3 永磁同步电机的转子结构

1. 永磁同步电机转子结构与分类

电动汽车永磁同步电机的永磁体通常采用具有高矫顽力和高剩磁密度的钕铁硼烧结制成。依据永磁体在转子上的位置不同，永磁同步电机可以分为表贴式永磁同步电机（surface permanent magnet synchronous motor，SPMSM）和内置式永磁同步电机（interior permanent magnet synchronous motor，IPMSM），二者的横向剖面结构示意图如图 6-13 所示。

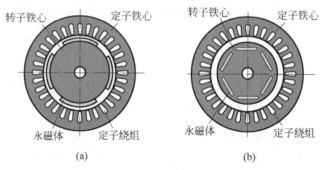

图 6-13 永磁同步电机横向剖面结构示意图
(a) 表贴式永磁同步电机；(b) 内置式永磁同步电机

表贴式永磁同步电机的转子结构是在转子铁心外表面粘贴径向充磁的瓦形或弓形永磁体，如图 6-14 所示。为了提高电机转子机械强度，有时会在表贴式转子外表面套上非导磁材料（如不锈钢）的紧圈或用环氧无纬玻璃丝带对转子进行缠绕。表贴式永磁同步电机的转子结构因交直轴磁路基本对称，所以不会产生磁阻转矩；同时，这类电机定子绕组的电枢反应较小，弱磁能力较差，恒功率范围和转速范围较小；但制作工艺简单、成本低，一般用于小功率驱动系统或分布式驱动系统中。

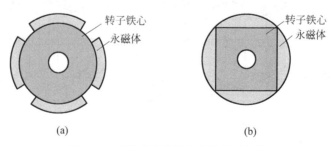

图 6-14 表贴式永磁同步电机转子结构
（a）瓦形永磁体结构；（b）弓形永磁体结构

对于如图 6-15(a)所示结构的永磁同步电机永磁体,它产生的磁通分布如图 6-15(b)所示。

内置式永磁同步电机的转子结构是将永磁体嵌入在转子铁心表面或转子铁心内部,如图 6-16 所示。对于复杂的多层永磁体结构,也可以在转子铁心外表面加装紧圈来增加转子铁心的机械强度。内置式永磁同步电机的转子结构类型较多,一般根据永磁体在转子内的布置和充磁方向可以分为三大类:径向式、切向式以及混合式。

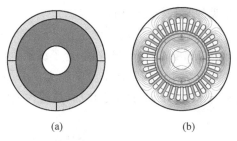

图 6-15 表贴式永磁同步电机永磁体产生的磁通分布
(a) 永磁体结构;(b) 磁通分布

(1) 径向式转子结构,如图 6-16(a)和(b)所示。

具有永磁体漏磁通较小、转子机械强度高、转轴容易隔磁等优点。

(2) 切向式转子结构,如图 6-16(c)所示。

由于一个极距下的磁通由两个磁极提供,可以获得较大的磁通,并且容易获得较大的磁阻转矩。但切向式转子冲片机械强度不高,转轴需要较好的隔磁措施。

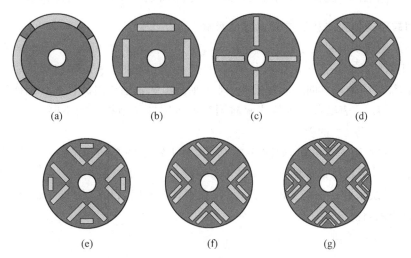

图 6-16 内置式永磁同步电机转子结构
(a) 表面嵌入式永磁体结构;(b) "一"型永磁体结构;(c) 切向式永磁体结构;(d) "V"型永磁体结构;
(e) "V—"型永磁体结构;(f) 双层"V"型永磁体结构;(g) 三层"V"型永磁体结构

(3) 混合式转子结构,如图 6-16(d)~(g)所示。

集成了径向式和切向式的优点,但结构较复杂、制造成本也较高。

内置式永磁同步电机的转子铁心可以镶嵌多层永磁体,如图 6-16(e)、(f)和(g)所示,较多的层数可以提高凸极率,提高磁阻转矩和电机的转矩、功率密度,但过多的层数会导致结构和制造工艺复杂、制造成本增加且转子机械强度降低。因此,电动汽车永磁同步电机转子永磁体普遍采用 2~3 层结构。

内置式永磁同步电机的永磁体通常埋于转子铁心中,转子结构比较牢固,因此使电机高速旋转时具有更好的安全性;同时,因易于实施弱磁控制,恒功率区范围较宽,所以作为驱动电机在电动汽车中广泛采用。其中,图 6-16(b)、(d)、(e)和(f)是电动汽车永磁同步电机最常见的几种转子结构。

对于图 6-16(d)所示结构的永磁同步电机永磁体,它产生的磁通分布如图 6-17(a)所示,该磁通沿 d 轴方向分布。定子绕组电流产生的沿 q 轴方向的磁通分布如图 6-17(b)所示。定子绕组电流除产生沿 q 轴方向分布的磁通外,还会产生沿 d 轴方向分布的磁通,该磁通与永磁体产生的磁通叠加,共同构成电机内部 d 轴方向的磁通。

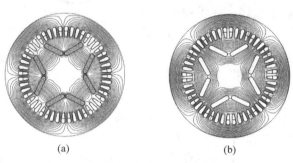

图 6-17 内置式永磁同步电机的磁通分布
(a)永磁体产生的沿 d 轴方向磁通分布;(b)定子绕组电流产生的沿 q 轴方向磁通分布

2. 不同转子结构对电机直交轴电感的影响

假设在永磁同步电机定子铁心上存在与转子同步旋转的两相绕组:d 轴绕组和 q 轴绕组,两个绕组对气隙磁场产生的影响与 A、B、C 三相绕组相同,且 d 轴绕组的轴线方向与 d 轴重合、q 轴绕组的轴线方向与 q 轴重合,则 d 轴绕组和 q 轴绕组的自感分别称为直轴电感 L_d 和交轴电感 L_q。表贴式和内置式永磁同步电机因转子结构上的不同,会导致电机直轴电感 L_d 和交轴电感 L_q 的差异。

对于表贴式永磁同步电机,如图 6-18 所示,由于定子铁心和转子铁心材料的磁导率远大于真空磁导率,所以可以忽略磁路中铁心部分磁阻。永磁材料的磁导率与真空磁导率近似相等,若 d 轴绕组和 q 轴绕组的匝数为 N,在不计漏磁时,根据图 6-18(a)所示磁路,可以得到 d 轴绕组的自感 L_d 为[7]

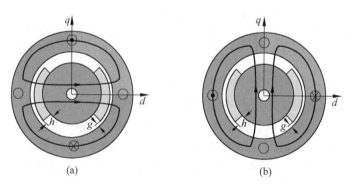

图 6-18 表贴式永磁同步电机 d 轴和 q 轴磁路
(a)d 轴磁路;(b)q 轴磁路

$$L_d = \frac{\mu_0 N^2 A}{2(g+h)} \tag{6-4}$$

式中，A 为磁路等效面积；μ_0 为真空磁导率；g 为永磁体表面的气隙厚度；h 为永磁体厚度。同理，根据图 6-18(b)所示磁路，可以得到 q 轴绕组的自感 L_q 为

$$L_q = \frac{\mu_0 N^2 A}{2(g+h)} \tag{6-5}$$

因此，对于表贴式永磁同步电机，存在

$$L_d = L_q \tag{6-6}$$

类似地，对于内置式永磁同步电机，在不计漏磁时，根据图 6-19(a)所示磁路，可以得到 d 轴绕组的自感 L_d 为

$$L_d = \frac{\mu_0 N^2 A}{2(g+h)} \tag{6-7}$$

根据图 6-19(b)所示磁路，可以得到 q 轴绕组的自感 L_q 为

$$L_q = \frac{\mu_0 N^2 A}{2g} \tag{6-8}$$

因此，对于内置式永磁同步电机，存在

$$L_d < L_q \tag{6-9}$$

定义永磁同步电机的凸极率(saliency ratio)为

$$\rho = \frac{L_q}{L_d} \tag{6-10}$$

显然，对于表贴式永磁同步电机，存在 $\rho=1$；而对于内置式永磁同步电机，存在 $\rho>1$。较大的凸极率有助于产生较大的磁阻转矩，从而有助于提高电机的过载能力、转矩密度和功率密度，且易于通过"弱磁"来提高电机的转速。

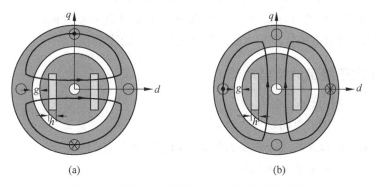

图 6-19 内置式永磁同步电机 d 轴和 q 轴磁路

(a) d 轴磁路；(b) q 轴磁路

根据图 6-19、式(6-7)和式(6-8)可知，与 L_d 相比，L_q 更易受到磁路饱和的影响。图 6-20 为内置式永磁同步电机 L_d 和 L_q 随定子绕组电流幅值变化的曲线[8]。从图中可知，随着定子绕组电流的增加，L_q 比 L_d 下降更为明显。

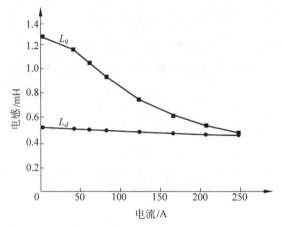

图 6-20 L_d 和 L_q 随定子绕组电流幅值变化曲线

6.3 永磁同步电机基本工作原理

下面以电动汽车上常见的三相永磁同步电机为例分析永磁同步电机的基本工作原理。

假设不计定子齿槽的影响,且永磁同步电机的定子与转子之间的气隙是均匀的。当电机定子绕组通过三相对称正弦波电流时,就会在气隙中产生呈正弦分布且幅值恒定的旋转磁场(rotating magnetic field),旋转磁场的转速即为定子电流的电角频率 ω_s。转子中的永磁体也会在气隙中产生呈正弦分布、幅值恒定且随转子同步旋转的磁场。

电磁转矩是定子、转子磁场相互作用的结果,其大小和方向取决于这两个磁场的幅值和磁场轴线的相对位置。若两个磁场幅值不变且相对位置保持不变,就会产生恒定的电磁转矩。电磁转矩的方向倾向于使两个磁场轴线之间的夹角减小。

表贴式永磁同步电机只存在电磁转矩;对于内置式永磁同步电机,不但存在电磁转矩,还存在磁阻转矩,总的电机转矩是电磁转矩和磁阻转矩的代数和。

6.3.1 三相定子绕组的反电动势

为便于分析问题,做如下假设:

(1) 电机定子与转子之间具有均匀的气隙;

(2) 转子永磁体形成的气隙磁场沿气隙圆周呈正弦分布;

(3) 在气隙一侧的定子表面光滑。

1. 定子绕组的基波反电动势

1) 定子表面导体的反电动势

若两极($P=1$)电机定子气隙一侧表面放置一根导体,当转子旋转时,气隙中因永磁体而形成旋转磁场。在旋转磁场中,导体将产生反电动势。

图 6-21 为转子永磁体在气隙中形成的磁场,其中,坐标原点选为极间位置,则该磁场的磁通密度为

$$B(\theta) = B_m \sin\theta \tag{6-11}$$

式中，B_m 为气隙磁场磁通密度的最大值。

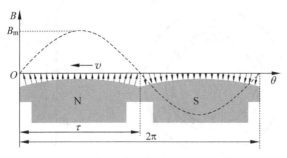

图 6-21 转子永磁体形成的气隙磁场

若 $t=0$ 时，导体位于坐标原点位置，则导体因转子旋转而形成的反电动势为

$$e_1 = B_m \sin(\omega_e t) l v = \sqrt{2} E_1 \sin(\omega_e t) \tag{6-12}$$

式中，l 为导体长度；v 为导体相对转子移动速度；E_1 为导体反电动势的有效值，可以表示为

$$E_1 = \frac{B_m l v}{\sqrt{2}} \tag{6-13}$$

式(6-12)中，ω_e 为导体反电动势的角频率。若导体反电动势的频率为 f_e，则有 $\omega_e = 2\pi f_e$。若电机的极对数为 P，电机的转速为 n_m，则有

$$n_m = \frac{60 f_e}{P} \tag{6-14}$$

满足式(6-14)关系的电机转速 n_m，称为电机的同步转速(synchronous speed)，用符号 n_s 表示。由图 6-21，有

$$v = 2\tau f_e \tag{6-15}$$

将式(6-15)代入式(6-13)，得

$$E_1 = \sqrt{2} B_m l \tau f_e \tag{6-16}$$

每个磁极下面的磁通 Φ 可以表示为

$$\Phi = \frac{\int_0^\pi B_m \sin\theta \, d\theta}{\pi} l \tau = \frac{2 B_m l \tau}{\pi} \tag{6-17}$$

所以，式(6-16)可以改写为

$$E_1 = 2.22 f_e \Phi \tag{6-18}$$

2) 单线圈的反电动势

如图 6-22 所示，对于整距线圈，节距 $y=\tau$，若线圈匝数为 1，则该线圈两个有效边会产生大小相等、方向相反的反电动势 $\dot{E}_A$ 和 $\dot{E}_X$，二者合成的线圈反电动势 $\dot{E}_{c1}$ 为

$$\dot{E}_{c1} = \dot{E}_A - \dot{E}_X \tag{6-19}$$

$\dot{E}_{c1}$ 的有效值 E_{c1} 为

$$E_{c1} = 4.44 f_e \Phi \tag{6-20}$$

若线圈匝数为 N_c，则 E_{c1} 为

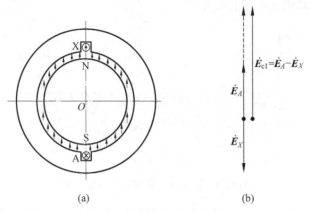

图 6-22 整距线圈的反电动势
(a) 整距线圈；(b) 反电动势向量图

$$E_{c1} = 4.44 N_c f_e \Phi \tag{6-21}$$

对于短距线圈，如图 6-23 所示，节距 $y < \tau$。用电角度（弧度）γ 表示，$\gamma = y\pi/\tau$。若线圈匝数为 1，则该线圈两个有效边会产生大小相等、方向相反的反电动势 $\dot{E}_A$ 和 $\dot{E}_X$，二者合成的线圈反电动势 $\dot{E}_{c1}$ 的有效值 E_{c1} 为

$$E_{c1} = 4.44 \sin\left(\frac{y\pi}{2\tau}\right) f_e \Phi = 4.44 k_{p1} f_e \Phi \tag{6-22}$$

式中，$k_{p1} = \sin(y\pi/2\tau)$ 称为线圈的基波节距因数（fundamental pitch factor）[9]。节距因数，又称节距系数，是电机绕组的一个重要参数。显然，对于整距绕组有 $k_{p1} = 1$。节距因数反映采用短距绕组后的反电动势和磁动势对比整距绕组时的降低比例。

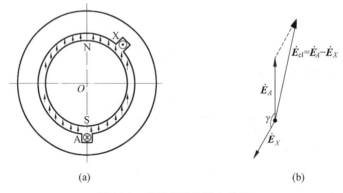

图 6-23 短距线圈的反电动势
(a) 短距线圈；(b) 反电动势向量图

若短距线圈匝数为 N_c，则 E_{c1} 为

$$E_{c1} = 4.44 k_{p1} N_c f_e \Phi \tag{6-23}$$

3）分布绕组的反电动势

无论是双层绕组还是单层绕组，每个极相组都由 q 个线圈串联而成，所以极相组的反电动势是 q 个线圈反电动势的相量和。以三相 4 极 36 槽绕组为例，每极每相槽数 $q = 3$，槽距

角 $\alpha=20°$（电角度）。如图 6-24 所示，可以得到极相组的反电动势的有效值为

$$E_{q1} = 4.44 q N_c f_e \Phi \frac{\sin\frac{q\alpha}{2}}{q\sin\frac{\alpha}{2}} = 4.44 q N_c f_e \Phi k_{d1} \tag{6-24}$$

式中，$k_{d1} = \sin(q\alpha/2)/q\sin(\alpha/2)$ 定义为绕组的基波分布因数（fundamental distribution factor）。分布因数，又称分布系数，是电机绕组的一个重要参数。显然，对于集中绕组有 $k_{d1}=1$。因此，分布因数反映采用分布绕组后的反电动势和磁动势对比集中绕组时的降低比例。

4）斜槽对绕组反电动势的影响

如图 6-25 所示，当定子铁心采用斜槽结构时，同一导体各部分在磁场中的位置会互不相同。与直槽相比，斜槽中导体的反电动势会有所减小。斜槽对绕组反电动势的影响，可以用斜槽因数（skew factor）来表示。如图 6-25 中当 $\theta_{sk}>0$ 时，绕组的基波斜槽因数（fundamental skew factor）定义为[10]

$$k_{s1} = \frac{\sin\left(\frac{\theta_{sk}}{2}\right)}{\frac{\theta_{sk}}{2}} \tag{6-25}$$

式中，θ_{sk} 为定子铁心第一片冲片的槽和最后一片冲片的槽沿轴向错开的斜槽角（电角度，单位：弧度）。

斜槽因数，又称斜槽系数，是电机绕组的一个重要参数。当定子铁心采用直槽结构时，即 $\theta_{sk}=0$ 时，$k_{s1}=1$。斜槽因数反映采用斜槽结构后反电动势和磁动势对比直槽结构时的降低比例。

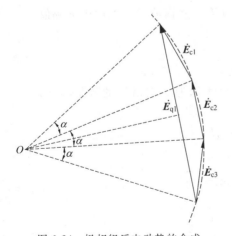
图 6-24 极相组反电动势的合成

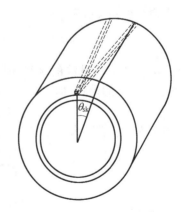
图 6-25 定子铁心的斜槽

5）单相绕组的反电动势

节距因数、分布因数和斜槽因数都会削弱绕组的反电动势。可以用绕组因数（又称绕组系数，winding factor）衡量短距、分布、斜槽的共同影响，基波绕组因数定义为

$$k_{w1} = k_{p1} k_{d1} k_{s1} \tag{6-26}$$

对于极对数为 P 的电机，同一相的极相组可以根据设计要求串联或并联，从而组成一定数目的并联支路。若一相绕组的总串联匝数为 N_ϕ，它可以表示为

$$N_\phi = \begin{cases} \dfrac{2pqN_c}{a} & \text{双层绕组} \\ \dfrac{pqN_c}{a} & \text{单层绕组} \end{cases} \tag{6-27}$$

式中，a 为一相绕组的并联支路数。因此，一相绕组的基波反电动势有效值为

$$E_{\phi 1} = 4.44 k_{w1} N_\phi f_e \Phi \tag{6-28}$$

2. 定子绕组的高次谐波反电动势

由于电机结构、设计制造等多种原因，永磁同步电机或交流感应电机的气隙磁场不一定呈正弦分布，即绕组的反电动势中除基波电动势外，还可能含有高次谐波反电动势。

对于气隙 v 次谐波磁场，其极对数 P_v、极距 τ_v 以及转速 n_v 与基波极对数 P、极距 τ 以及同步转速 n_s 之间具有如下关系

$$\begin{cases} P_v = vP \\ \tau_v = \dfrac{\tau}{v} \\ n_v = n_s \end{cases} \tag{6-29}$$

v 次谐波磁场会在定子绕组中感应出频率为 f_v 的谐波反电动势，f_v 与基波反电动势的频率 f_e 具有如下关系

$$f_v = \dfrac{P_v n_v}{60} = v \dfrac{P n_s}{60} = v f_e \tag{6-30}$$

基于与前述的基波反电动势类似的分析，可以得到绕组的 v 次谐波反电动势有效值 $E_{\phi v}$ 为

$$E_{\phi v} = 4.44 k_{wv} N_\phi f_v \Phi_v \tag{6-31}$$

式中，Φ_v 为 v 次谐波磁场的每极磁通量，可以用 v 次谐波磁场磁通密度幅值 B_{mv}、极距 τ_v 和气隙的有效长度 l 表示为

$$\Phi_v = \dfrac{2}{\pi} B_{mv} \tau_v l \tag{6-32}$$

式(6-31)中，k_{wv} 为 v 次谐波的绕组因数，可以表示为 v 次谐波的节距因数 k_{pv}、分布因数 k_{dv} 和斜槽因数 k_{sv} 的乘积，即

$$k_{wv} = k_{pv} k_{dv} k_{sv} \tag{6-33}$$

式中，k_{pv}、k_{dv} 和 k_{sv} 表示为

$$\begin{cases} k_{pv} = \sin\left(v \dfrac{y\pi}{2\tau}\right) \\ k_{dv} = \dfrac{\sin\left(v \dfrac{q\alpha}{2}\right)}{q \sin\left(v \dfrac{\alpha}{2}\right)} \\ k_{sv} = \dfrac{\sin\left(v \dfrac{\theta_{sk}}{2}\right)}{v \dfrac{\theta_{sk}}{2}} \end{cases} \tag{6-34}$$

高次谐波反电动势会使定子绕组的反电动势波形发生畸变、降低电机工作效率、增加电机转矩纹波,对正常机电能量转换无益。因此,在电机设计、制造过程中应根据整车需求以及相关的标准,将绕组反电动势中的高次谐波成分限制在较小范围内。

根据式(6-31)可知,采用短距、分布绕组以及定子斜槽都会降低绕组反电动势中的高次谐波含量。以采用短距绕组为例,当选用比整距短 τ/v 的短距线圈时,线圈两个有效边总是处在同一极性的相同磁场位置,从而产生幅值相等、方向相同的 v 次谐波反电动势,从整个线圈来看,这两个反电动势相互抵消,可以使 v 次谐波反电动势得以消除。

对于三相永磁同步电机或交流感应电机,三相定子绕组普遍采用"Y型"连接,因此相与相之间不会出现三次谐波反电动势。所以选取绕组节距时,主要考虑同时抑制5、7次谐波反电动势,通常选取 $y/\tau \approx 5/6$ [11]。

6.3.2 三相定子绕组电流产生的旋转磁场

为便于分析问题,做如下假设:

(1) 电机定子与转子之间具有均匀的气隙;

(2) 电机定子铁心和转子铁心具有非常大的磁导率,可以忽略磁路中定子铁心和转子铁心的磁阻;

(3) 忽略定子铁心的齿槽效应。

1. 单相定子绕组产生的磁动势

1) 单线圈的磁动势

若两极($P=1$)电机定子铁心槽内嵌有一个 N_c 匝整距线圈,则线圈的节距可以表示为

$$y = \tau = \frac{\pi D}{2} \tag{6-35}$$

式中,τ 为极距;D 为定子内径。如果线圈的电流为 i_c,如图 6-26 所示,那么沿气隙的磁动势可以表示为

$$f_c(\theta_s) = \begin{cases} 0, & \theta_s = -\frac{\pi}{2} \\ \dfrac{N_c i_c}{2}, & -\dfrac{\pi}{2} < \theta_s < \dfrac{\pi}{2} \\ 0, & \theta_s = \dfrac{\pi}{2} \\ -\dfrac{N_c i_c}{2}, & \dfrac{\pi}{2} < \theta_s < \dfrac{3\pi}{2} \\ 0, & \theta_s = \dfrac{3\pi}{2} \end{cases} \tag{6-36}$$

式中,θ_s 为 $f_c(\theta_s)$ 与线圈轴线之间的夹角(电角度)。

对式(6-36)所示的 $f_c(\theta_s)$ 进行傅里叶级数分解,可以得到基波磁动势(或称磁动势的基波成分) $f_{c1}(\theta_s)$ 为

$$f_{c1}(\theta_s) = \frac{4}{\pi} \cdot \frac{N_c i_c}{2} \cos\theta_s \tag{6-37}$$

$f_{c1}(\theta_s)$ 如图 6-26(b)中虚线所示。

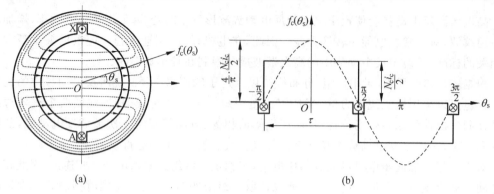

图 6-26 整距线圈的磁动势

(a) 线圈产生的磁场；(b) 磁动势沿气隙的分布

若图 6-26(a) 中线圈采用短距结构，即有

$$y < \tau = \frac{\pi D}{2} \tag{6-38}$$

那么可以得到该线圈产生的磁动势 $f_c(\theta_s)$ 如图 6-27 所示。因线圈电流 i_c 在气隙产生的正向磁通和负向磁通相等，所以图 6-27 中两个阴影 S_1 和 S_2 的面积相等，那么可以得到

$$f_c(\theta_s) = \begin{cases} 0, & \theta_s = -\frac{y}{2} \cdot \frac{\pi}{\tau} \\ F_{c1}, & -\frac{y}{2} \cdot \frac{\pi}{\tau} < \theta_s < \frac{y}{2} \cdot \frac{\pi}{\tau} \\ 0, & \theta_s = \frac{y}{2} \cdot \frac{\pi}{\tau} \\ -F_{c2}, & \frac{y}{2} \cdot \frac{\pi}{\tau} < \theta_s < \left(2\tau - \frac{y}{2}\right) \cdot \frac{\pi}{\tau} \\ 0, & \theta_s = \left(2\tau - \frac{y}{2}\right) \cdot \frac{\pi}{\tau} \end{cases} \tag{6-39}$$

且有

$$\begin{cases} F_{c1} = \dfrac{2\tau - y}{\tau} \cdot \dfrac{N_c i_c}{2} \\ F_{c2} = \dfrac{y}{\tau} \cdot \dfrac{N_c i_c}{2} \end{cases} \tag{6-40}$$

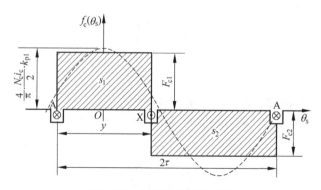

图 6-27 短距线圈的磁动势

对式(6-39)所示的 $f_c(\theta_s)$ 进行傅里叶级数分解,可以得到短距线圈的基波磁动势 $f_{c1}(\theta_s)$ 为

$$f_{c1}(\theta_s) = \frac{4}{\pi} \cdot \frac{N_c i_c}{2} \sin\left(\frac{\pi y}{2\tau}\right) \cos\theta_s = \frac{4}{\pi} \cdot \frac{N_c i_c}{2} \cdot k_{p1} \cos\theta_s \quad (6\text{-}41)$$

式中,k_{p1} 为线圈的基波节距因数。采用短距绕组虽然降低了基波磁动势,但可以抑制高次谐波磁动势,故永磁同步电机和交流感应电机普遍采用短距绕组。

2) 单相绕组的磁动势

(1) 整距分布绕组的磁动势

如图 6-28(a)所示为 3 个整距线圈构成极相组的线圈磁动势和合成磁动势。图中,3 个线圈位于相邻槽中,3 个线圈产生的极相组的磁动势 $f_q(\theta_s)$ 可以看作是各线圈磁动势的合成。将 3 个线圈的基波磁动势逐点叠加就可以得到极相组的合成基波磁动势 $f_{q1}(\theta_s)$,具体如图 6-28(b)所示。

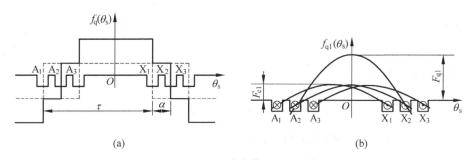

图 6-28 整距分布绕组的磁动势
(a) 合成磁动势;(b) 基波磁动势

对于每极每相槽数为 q 的定子绕组,则极相组的线圈数量为 q,那么单层整距分布绕组的磁动势可以表示为

$$f_{q1}(\theta_s) = \frac{4}{\pi} \cdot \frac{qN_c i_c}{2} \cdot \frac{\sin\left(\frac{q\alpha}{2}\right)}{q\sin\left(\frac{\alpha}{2}\right)} \cos\theta_s = \frac{4}{\pi} \cdot \frac{qN_c i_c}{2} \cdot k_{d1} \cos\theta_s \quad (6\text{-}42)$$

式中,k_{d1} 为绕组的基波分布因数。采用分布绕组虽然降低了基波磁动势,但对高次谐波磁动势具有很好的抑制作用,故永磁同步电机和交流感应电机多采用分布绕组。

对于每极每相槽数为 q 的定子绕组,双层整距分布绕组的磁动势可以表示为

$$f_{q1}(\theta_s) = 2\frac{4}{\pi} \cdot \frac{N_c i_c}{2} \cdot k_{d1} \cos\theta_s = \frac{4}{\pi} \cdot \frac{N_\phi i_\phi}{2P} \cdot k_{d1} \cos\theta_s \quad (6\text{-}43)$$

式中,i_ϕ 为绕组相电流,若绕组支路数为 a,则有

$$i_\phi = a i_c \quad (6\text{-}44)$$

式(6-43)中,N_ϕ 为双层绕组中每相总串联匝数,可按式(6-27)计算得到。

(2) 短距分布绕组的磁动势

对于双层短距分布绕组,计算基波磁动势时,需要考虑"短距"和"分布"的双重影响。双层短距分布绕组的基波磁动势可以表示为

$$f_{q1}(\theta_s) = \frac{4}{\pi} \cdot \frac{Ni_\phi}{2P} \cdot k_{d1}k_{p1}\cos\theta_s \tag{6-45}$$

(3) 斜槽对绕组磁动势的影响

当定子铁心采用如图 6-25 所示的斜槽结构时，会对绕组磁动势产生影响，这种影响可以用斜槽因数来表征。基波斜槽因数和 v 次谐波的斜槽因数分别如式(6-25)和式(6-34)所示。

(4) 短距、分布、斜槽双层单相绕组的磁动势

节距因数、分布因数和斜槽因数会削弱绕组的磁动势。可以用绕组因数衡量短距、分布和斜槽的共同影响，基波绕组因数和 v 次谐波的绕组因数分别如式(6-26)和式(6-33)所示。

由于各对极下的磁动势和磁阻构成对称的分支磁路，所以单相绕组的磁动势等于一个极相组的磁动势。因此，短距、分布、斜槽双层单相绕组的基波磁动势可以表示为

$$f_{\phi 1}(\theta_s) = \frac{4}{\pi} \cdot \frac{Ni_\phi}{2P} \cdot k_{w1}\cos\theta_s \tag{6-46}$$

若绕组电流为

$$i_\phi = \sqrt{2}I_\phi \cos(\omega_e t) \tag{6-47}$$

那么绕组基波磁动势为

$$f_{\phi 1}(\theta_s, t) = \frac{4}{\pi} \cdot \frac{\sqrt{2}NI_\phi k_{w1}}{2P} \cdot \cos\theta_s \cos(\omega_e t) = F_{\phi 1}\cos\theta_s \cos(\omega_e t) \tag{6-48}$$

式中，$F_{\phi 1}$ 为绕组基波磁动势的最大值，可表示为

$$F_{\phi 1} = \frac{2\sqrt{2}NI_\phi k_{w1}}{\pi P} \tag{6-49}$$

绕组 v 次谐波磁动势为

$$\begin{aligned} f_{\phi v}(\theta_s, t) &= \frac{1}{v} \cdot \frac{4}{\pi} \cdot \frac{\sqrt{2}NI_\phi k_{wv}}{2P} \cdot \cos(v\theta_s)\cos(\omega_e t) \\ &= F_{\phi v}\cos(v\theta_s)\cos(\omega_e t) \end{aligned} \tag{6-50}$$

式中，$F_{\phi v}$ 为绕组 v 次谐波磁动势的最大值，可以表示为

$$F_{\phi v} = \frac{2\sqrt{2}NI_\phi k_{w1}}{v\pi P} \tag{6-51}$$

从式(6-48)和式(6-50)可以看出，单相绕组磁动势各分量在空间随 $v\theta_s$（考虑基波时，$v=1$）按余弦规律分布，在时间上随 $\omega_e t$ 按余弦规律变化。

2. 三相定子绕组产生的磁动势

1) 三相定子绕组的基波合成磁动势

图 6-29 为两极（即极对数 P 为 1）三相交流电机结构示意图，图中各相绕组用一个集中线圈表示。图中给出了互差 120°电角度的三相绕组的轴线。由于三相绕组在空间互差 120°电角度，所以三相绕组各自的基波磁动势在空间也互差 120°电

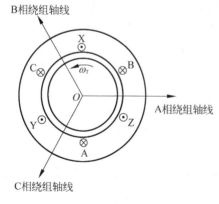

图 6-29 三相交流电机结构示意图

角度。

若三相绕组流过对称的三相正弦交流电流,即有

$$\begin{cases} i_A = \sqrt{2} I_\phi \cos(\omega_e t) \\ i_B = \sqrt{2} I_\phi \cos(\omega_e t - 120°) \\ i_C = \sqrt{2} I_\phi \cos(\omega_e t + 120°) \end{cases} \quad (6\text{-}52)$$

式中,I_ϕ 为绕组相电流的有效值;ω_e 为绕组相电流角频率。那么,由式(6-48)可以得到各相的基波磁动势为

$$\begin{cases} f_{A1}(\theta_s, t) = F_{\phi 1} \cos\theta_s \cos(\omega_e t) \\ f_{B1}(\theta_s, t) = F_{\phi 1} \cos(\theta_s - 120°) \cos(\omega_e t - 120°) \\ f_{C1}(\theta_s, t) = F_{\phi 1} \cos(\theta_s + 120°) \cos(\omega_e t + 120°) \end{cases} \quad (6\text{-}53)$$

三相定子绕组的基波合成磁动势为

$$f_1(\theta_s, t) = f_{A1}(\theta_s, t) + f_{B1}(\theta_s, t) + f_{C1}(\theta_s, t) = \frac{3}{2} F_{\phi 1} \cos(\omega_e t - \theta_s) \quad (6\text{-}54)$$

式(6-54)表明,流过三相对称电流的定子绕组形成的基波合成磁动势 $f_1(\theta_s, t)$ 为幅值不变、按正弦分布、沿气隙圆周不断向前推进的旋转磁动势。简而言之,$f_1(\theta_s, t)$ 在气隙圆周形成一个旋转磁场,旋转方向是 A 相绕组轴线→B 相绕组轴线→C 相绕组轴线,该旋转磁场旋转角频率为 ω_e,即为电机同步旋转角频率 ω_s。显然,将三相绕组中任两相绕组的电流进行互换即可改变旋转磁场的方向。

2) 三相定子绕组的高次谐波合成磁动势

根据式(6-50),可以得到三相绕组流过如式(6-52)的三相对称电流后,各相产生的高次谐波合成磁动势为

$$\begin{cases} f_{Av}(\theta_s, t) = F_{\phi v} \cos(v\theta_s) \cos(\omega_e t) \\ f_{Bv}(\theta_s, t) = F_{\phi v} \cos(v\theta_s - 120°) \cos(\omega_e t - 120°) \\ f_{Cv}(\theta_s, t) = F_{\phi v} \cos(v\theta_s + 120°) \cos(\omega_e t + 120°) \end{cases} \quad (6\text{-}55)$$

则三相定子绕组的高次谐波合成磁动势为

$$\begin{aligned} f_v(\theta_s, t) &= f_{Av}(\theta_s, t) + f_{Bv}(\theta_s, t) + f_{Cv}(\theta_s, t) \\ &= F_{\phi v} [\cos(v\theta_s) \cos(\omega_e t) + \cos(v\theta_s - 120°) \cos(\omega_e t - 120°) + \\ &\quad \cos(v\theta_s + 120°) \cos(\omega_e t + 120°)] \end{aligned} \quad (6\text{-}56)$$

对式(6-56)进行分析,可知

(1) 当 $v = 3k$,$(k = 1, 2, 3, \cdots)$ 时,$f_v(\theta_s, t) = 0$。即 $f_v(\theta_s, t)$ 中不含 3 次以及 3 的倍数次谐波合成磁动势;

(2) $f_v(\theta_s, t)$ 中不含偶数次谐波合成磁动势;

(3) 由式(6-51)可知,$f_v(\theta_s, t)$ 中 v 次谐波合成磁动势的幅值与 v 成反比。

高次谐波合成磁动势会在转子表面产生涡流损耗,并产生寄生转矩,从而影响电机的性能,故需要设法对高次谐波合成磁动势进行抑制。在实际工程应用中,5 次和 7 次谐波磁动势占较大比重,若能有效抑制 5 次和 7 次谐波磁动势,即可以较好地抑制三相定子绕组合成磁动势中的谐波成分。

6.3.3 永磁同步电机的转矩

对于三相永磁同步电机,当三相定子绕组流过对称的正弦交流电流时,会在气隙产生正弦分布且幅值恒定的旋转磁场,该磁场的旋转角速度为绕组电流的电角频率 ω_s。当电机转子旋转时,转子上的磁极(永磁体)随转子一同旋转,转子磁极也会在气隙产生正弦分布且幅值恒定的旋转磁场,该磁场的旋转角速度为转子的旋转角速度 ω_r。

定子旋转磁场和转子旋转磁场相互作用,将产生电磁转矩。电磁转矩的大小和方向取决于定子磁场、转子磁场之间的相对位置。如图 6-30 所示,若两个磁场轴线之间夹角为 δ,当 $\omega_s = \omega_r$ 时,δ 保持不变,定子磁场、转子磁场之间的相对位置不变,由于两个磁场的幅值保持不变,因此会产生恒定的电机电磁转矩且保持不变。由于电机稳态运行中存在 $\omega_s = \omega_r$,所以这种电机称为"同步"电机。

如图 6-31 所示,永磁同步电机的三相定子绕组用一个同步转速旋转的线圈等效,该线圈在电压 u_s 作用下,流过电流 i_s。i_s 在气隙产生的按正弦分布的旋转磁场和三相定子绕组产生的旋转磁场完全相同。若转子永磁体在定子绕组中产生的磁链的幅值为 ψ_f,则电机电磁转矩为

$$t_e = \psi_f i_s \sin\delta \tag{6-57}$$

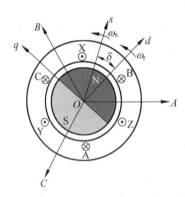
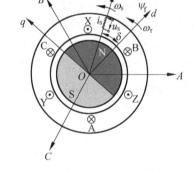

图 6-30 三相永磁同步电机的定子磁场和转子磁场　　图 6-31 三相永磁同步电机的等效定子绕组

对于内置式永磁同步电机,由于交直轴电感 L_d 和 L_q 的差异,会存在磁阻转矩,该磁阻转矩可以表示为[12]

$$t_e = \frac{1}{2}(L_d - L_q) i_s^2 \sin(2\delta) \tag{6-58}$$

因此,对于极对数为 P 的三相永磁同步电机,其电机转矩为

$$t_e = P\left[\psi_f i_s \sin\delta + \frac{1}{2}(L_d - L_q) i_s^2 \sin(2\delta)\right] \tag{6-59}$$

6.4 永磁同步电机基本关系式与数学模型

6.4.1 空间矢量

1. 空间矢量与参考坐标系

在对永磁同步电机或交流感应电机进行分析时,通常将一些物理量表示为空间矢量

(space vector)，这些物理量普遍具有在空间呈正弦分布的特征。在定义一个空间矢量时，需要选定参考轴，而参考轴与参考坐标系是密切相关的。

如图 6-32(a)所示为三相永磁同步电机或交流感应电机的定子截面图。其中，A 轴定义为 A 相绕组轴线方向，正方向定义为当绕组电流为"A 进 X 出"时产生的磁场方向；类似地，可以得到 B 轴和 C 轴，具体如图 6-32(b)所示。若三相对称绕组电流形成的空间旋转磁场转速为 ω_s，转向为逆时针，那么 A 轴、B 轴和 C 轴之间互差 120°电角度，且 A 轴→B 轴→C 轴为逆时针方向。以 A 轴、B 轴和 C 轴为参考的平面称为 ABC 参考坐标系。

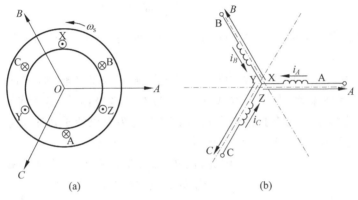

图 6-32　ABC 参考坐标系
(a) 三相交流电机定子截面图；(b) 三相定子绕组电流方向

如图 6-33 所示，以 A 轴为实轴(Re 轴)，逆时针旋转 90°得到虚轴(Im 轴)，则在 ABC 参考坐标系下得到 Re-Im 复平面。若将 Re 轴称为 α 轴，Im 轴称为 β 轴，由此可以得到 $\alpha\beta$ 参考坐标系。因电机定子中三相绕组在空间位置保持不变，所以 ABC 参考坐标系和 $\alpha\beta$ 参考坐标系属于空间静止不动的坐标系。

对于任一空间矢量，在图 6-33 所示 Re-Im 复平面和相关参考坐标系中可以表示为

$$\boldsymbol{v} = V \mathrm{e}^{\mathrm{j}(\delta+\theta)} \quad (6\text{-}60)$$

式中，V 为空间矢量 $\boldsymbol{v}$ 的模(幅值)；$\delta+\theta$ 为空间矢量 $\boldsymbol{v}$ 与 Re 轴(α 轴)的夹角。根据欧拉公式，式(6-60)可以改写为

$$\boldsymbol{v} = V\cos(\delta+\theta) + \mathrm{j}V\sin(\delta+\theta) \quad (6\text{-}61)$$

由图 6-33，有

$$\begin{cases} v_\alpha = V\cos(\delta+\theta) \\ v_\beta = V\sin(\delta+\theta) \end{cases} \quad (6\text{-}62)$$

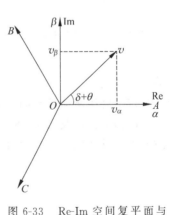

图 6-33　Re-Im 空间复平面与 $\alpha\beta$ 参考坐标系

所以，式(6-60)还可以写为

$$\boldsymbol{v} = v_\alpha + \mathrm{j}v_\beta \quad (6\text{-}63)$$

式中，v_α 称为空间矢量 $\boldsymbol{v}$ 在 α 轴的分量；v_β 称为空间矢量 $\boldsymbol{v}$ 在 β 轴的分量。将这两个分量写成空间矢量形式，有

$$\begin{cases} \boldsymbol{v}_\alpha = v_\alpha \mathrm{e}^{\mathrm{j}0°} \\ \boldsymbol{v}_\beta = v_\beta \mathrm{e}^{\mathrm{j}90°} \end{cases} \quad (6\text{-}64)$$

此时，空间矢量 $\boldsymbol{v}$ 可以看作是 $\boldsymbol{v}_\alpha$ 和 $\boldsymbol{v}_\beta$ 两个空间矢量的合成，即有

$$\boldsymbol{v} = \boldsymbol{v}_\alpha + \boldsymbol{v}_\beta \tag{6-65}$$

同理，空间矢量 $\boldsymbol{v}$ 可以看作是 $\boldsymbol{v}_A$、$\boldsymbol{v}_B$ 和 $\boldsymbol{v}_C$ 三个空间矢量的合成，即有

$$\boldsymbol{v} = \boldsymbol{v}_A + \boldsymbol{v}_B + \boldsymbol{v}_C \tag{6-66}$$

式中，

$$\begin{cases} \boldsymbol{v}_A = v_A \mathrm{e}^{\mathrm{j}0°} \\ \boldsymbol{v}_B = v_A \mathrm{e}^{\mathrm{j}120°} \\ \boldsymbol{v}_C = v_A \mathrm{e}^{\mathrm{j}240°} \end{cases} \tag{6-67}$$

式中，$\boldsymbol{v}_A$ 称为空间矢量 $\boldsymbol{v}$ 在 A 轴的分量；$\boldsymbol{v}_B$ 称为空间矢量 $\boldsymbol{v}$ 在 B 轴的分量；$\boldsymbol{v}_C$ 称为空间矢量 $\boldsymbol{v}$ 在 C 轴的分量。

当永磁同步电机转子转动时，d 轴和 q 轴会随着旋转。以 d 轴和 q 轴作为参考的平面坐标系称为 dq 参考坐标系，如图 6-34 所示。与 ABC 参考坐标系、αβ 参考坐标系的静止不动不同，dq 参考坐标系是随转子旋转运动的，且其转速为电机转子转速 ω_r。对于永磁同步电机，在稳态工况下，ω_r 和同步转速 ω_s 相等。

因此，在 dq 参考坐标系中，空间矢量 $\boldsymbol{v}$ 可以看作是 $\boldsymbol{v}_d$ 和 $\boldsymbol{v}_q$ 两个空间矢量的合成，即有

$$\boldsymbol{v} = \boldsymbol{v}_d + \boldsymbol{v}_q \tag{6-68}$$

式中，

$$\begin{cases} \boldsymbol{v}_d = v_d \mathrm{e}^{\mathrm{j}\theta} \\ \boldsymbol{v}_q = v_q \mathrm{e}^{\mathrm{j}(\theta+90°)} \end{cases} \tag{6-69}$$

由图 6-34，有

$$\begin{cases} v_d = V\cos\delta \\ v_q = V\sin\delta \end{cases} \tag{6-70}$$

显然，式(6-65)、式(6-66)和式(6-68)是同一空间矢量 $\boldsymbol{v}$ 分别在 αβ 参考坐标系、ABC 参考坐标系和 dq 参考坐标系的不同描述。

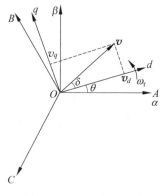

图 6-34　dq 参考坐标系

2. 定子绕组磁动势空间矢量

由前面分析以及式(6-48)可知，在 t 时刻，三相永磁同步电机 A 相、B 相和 C 相绕组在气隙产生的基波磁动势最大值可以表示为

$$\begin{cases} F_A(t) = \dfrac{4}{\pi} \cdot \dfrac{Nk_\mathrm{w1}}{2P} \cdot i_A \\ F_B(t) = \dfrac{4}{\pi} \cdot \dfrac{Nk_\mathrm{w1}}{2P} \cdot i_B \\ F_C(t) = \dfrac{4}{\pi} \cdot \dfrac{Nk_\mathrm{w1}}{2P} \cdot i_C \end{cases} \tag{6-71}$$

在图 6-34 所示的坐标平面中，可将 A 相绕组在气隙产生的基波磁动势用空间矢量 $\boldsymbol{f}_A$ 来表示，$\boldsymbol{f}_A$ 的轴线与 A 轴一致，即

$$\boldsymbol{f}_A = F_A(t) \tag{6-72}$$

式(6-72)表明,当 A 相绕组流过正弦电流 i_a 时,f_A 将沿 A 轴按正弦规律脉动。类似地,B 相绕组流过电流 i_b、C 相绕组流过电流 i_c 时,二者在气隙产生的基波磁动势分别用空间矢量 f_B 和 f_C 表示,即

$$\begin{cases} \boldsymbol{f}_B = F_B(t)\mathrm{e}^{\mathrm{j}120°} = aF_B(t) \\ \boldsymbol{f}_C = F_C(t)\mathrm{e}^{\mathrm{j}240°} = a^2 F_C(t) \end{cases} \quad (6\text{-}73)$$

式中,a 和 a^2 为空间算子,二者表示为

$$\begin{cases} a = \mathrm{e}^{\mathrm{j}120°} \\ a^2 = \mathrm{e}^{\mathrm{j}240°} \end{cases} \quad (6\text{-}74)$$

由三相绕组产生的基波合成磁动势 f_s,也为空间矢量,存在

$$\boldsymbol{f}_s = \boldsymbol{f}_A + \boldsymbol{f}_B + \boldsymbol{f}_C \quad (6\text{-}75)$$

将式(6-72)、式(6-73)代入式(6-75),得

$$\boldsymbol{f}_s = F_A(t) + aF_B(t) + a^2 F_C(t) \quad (6\text{-}76)$$

若三相绕组流过对称的三相正弦交流电流,即有

$$\begin{cases} i_A = \sqrt{2}\, I_\phi \cos(\omega_s t) \\ i_B = \sqrt{2}\, I_\phi \cos(\omega_s t - 120°) \\ i_C = \sqrt{2}\, I_\phi \cos(\omega_s t + 120°) \end{cases} \quad (6\text{-}77)$$

那么,将式(6-77)代入式(6-76)可得

$$\boldsymbol{f}_s = \frac{3}{2} F_{\phi 1} \mathrm{e}^{\mathrm{j}\omega_s t} \quad (6\text{-}78)$$

式中,$F_{\phi 1}$ 为绕组基波磁动势的最大值,可由式(6-49)表示。

式(6-78)表明,基波合成磁动势 f_s 的运动轨迹为圆形,圆的半径为每相绕组基波磁动势的最大值 $F_{\phi 1}$ 的 3/2 倍,f_s 的旋转电角速度就是相电流角频率 ω_s,旋转方向为 A 轴→B 轴→C 轴。由式(6-77)可知,当 $t=0$ 时,三相定子绕组相电流初始相角为 0,此时,f_s 与 A 轴重合。若三相定子绕组相电流初始相角为 ϕ_1,即

$$\begin{cases} i_A = \sqrt{2}\, I_\phi \cos(\omega_s t + \phi_1) \\ i_B = \sqrt{2}\, I_\phi \cos(\omega_s t + \phi_1 - 120°) \\ i_C = \sqrt{2}\, I_\phi \cos(\omega_s t + \phi_1 + 120°) \end{cases} \quad (6\text{-}79)$$

那么式(6-78)将改写为

$$\boldsymbol{f}_s = \frac{3}{2} F_{\phi 1} \mathrm{e}^{\mathrm{j}(\omega_s t + \phi_1)} \quad (6\text{-}80)$$

因此,f_s 在气隙内产生了圆形旋转磁场,该磁场是一个幅值和转速均恒定的正弦分布磁场。

比较式(6-78)和式(6-54)可知,用空间矢量描述三相定子绕组产生的旋转磁场缺少空间角度信息 θ_s,这是因为空间矢量已经表示了一个物理量在空间的正弦分布特征,所以式(6-78)不再需要空间位置或角度作为变量。

对于在气隙内产生圆形旋转磁场的空间矢量 f_s,可以将它放在 $\alpha\beta$ 参考坐标系或 dq 参考坐标系中,那么,有

$$f_s = f_\alpha + f_\beta \tag{6-81}$$

以及

$$f_s = f_d + f_q \tag{6-82}$$

式(6-81)中,f_α 为 f_s 在 α 轴的分量;f_β 为 f_s 在 β 轴的分量。式(6-82)中,f_d 为 f_s 在 d 轴的分量;f_q 为 f_s 在 q 轴的分量。这里,f_α、f_β、f_d 和 f_q 皆为空间矢量。

3. 定子绕组电流空间矢量

将式(6-71)代入式(6-76),可得

$$f_s = \frac{4}{\pi} \cdot \frac{Nk_{w1}}{2P}(i_A + ai_B + a^2 i_C) \tag{6-83}$$

定义 i_s 为定子绕组电流空间矢量,可表示为

$$i_s = \sqrt{\frac{2}{3}}(i_A + ai_B + a^2 i_C) \tag{6-84}$$

那么,式(6-83)可以改写为

$$f_s = \frac{4}{\pi} \cdot \frac{k_{w1}}{2P} \cdot \sqrt{\frac{3}{2}} N i_s \tag{6-85}$$

将式(6-79)代入式(6-84),有

$$i_s = \sqrt{3} I_\phi e^{j(\omega_s t + \phi_1)} \tag{6-86}$$

式(6-85)和式(6-86)表明,如果存在一个绕组,其匝数为每相定子绕组有效匝数(N)的 $\sqrt{3}/\sqrt{2}$ 倍,即匝数为 $(\sqrt{3}/\sqrt{2})N$,该绕组位于 f_s 轴线上并与它同步旋转,那么该绕组流过电流 $\sqrt{3} I_\phi$ 后,这个绕组产生的磁动势矢量为 f_s,即该绕组可以起到与 A、B、C 三相绕组相同的作用,换言之,可以由这个绕组代替三相定子绕组,具体如图 6-35 所示。

类似地,在 $\alpha\beta$ 参考坐标系中,可以假设在 α 轴放置一个绕组,在它流过电流 i_α 时,形成的基波磁动势为 f_α;假设在 β 轴放置一个绕组,在它流过电流 i_β 时,形成的基波磁动势为 f_β。根据式(6-81),f_α 和 f_β 合成的基波磁动势空间矢量为 f_s,具体如图 6-36 所示。

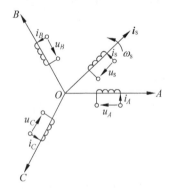

图 6-35 定子绕组电流空间矢量

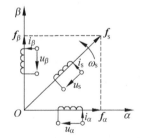

图 6-36 $\alpha\beta$ 参考坐标系下的电流空间矢量

将式(6-86)代入式(6-85),有

$$f_s = \frac{4}{\pi} \cdot \frac{k_{w1}}{2P} \cdot \sqrt{\frac{3}{2}} N \cdot \sqrt{3} I_\phi e^{j(\omega_s t + \phi_1)} \tag{6-87}$$

根据欧拉公式,如果在 α 轴和 β 轴的绕组匝数为每相定子绕组有效匝数(N)的 $\sqrt{3}/\sqrt{2}$ 倍,即

匝数为$(\sqrt{3}/\sqrt{2})N$,且两个绕组不发生转动,处于静止状态,这两个绕组流过的电流分别为

$$\begin{cases} i_\alpha = \sqrt{3} I_\phi \cos(\omega_s t + \phi_1) \\ i_\beta = \sqrt{3} I_\phi \sin(\omega_s t + \phi_1) \end{cases} \tag{6-88}$$

那么,由 α 轴和 β 轴的两个绕组产生的磁动势矢量和即为 f_s,即这两个绕组可以起到 A、B、C 三相定子绕组所起到的作用,可以由这两个绕组代替三相定子绕组。

同理,在 dq 参考坐标系中,可以假设在 d 轴放置一个绕组,在它流过电流 i_d 时,形成的基波磁动势为 f_d;假设在 q 轴放置一个绕组,在它流过电流 i_q 时,形成的基波磁动势为 f_q。根据式(6-82),f_d 和 f_q 合成的基波磁动势空间矢量即为 f_s,具体如图 6-37 所示。

如果在 d 轴和 q 轴的绕组匝数为定子每相绕组有效匝数(N)的$\sqrt{3}/\sqrt{2}$倍,即匝数为$(\sqrt{3}/\sqrt{2})N$,且两个绕组随 f_s 按同步转速 ω_s 旋转,即 d 轴、q 轴与 f_s 处于相对静止状态,这两个绕组流过的电流分别为

$$\begin{cases} i_d = \sqrt{3} I_\phi \cos\delta \\ i_q = \sqrt{3} I_\phi \sin\delta \end{cases} \tag{6-89}$$

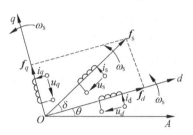

图 6-37 dq 参考坐标系下的电流空间矢量

那么,位于 d 轴和 q 轴的两个绕组产生的磁动势矢量和为 f_s,即这两个绕组可以起到 A、B、C 三相定子绕组所起到的作用,可以由这两个绕组代替三相定子绕组。当永磁同步电机处于稳态运行时,图 6-37 中 δ 保持恒定不变,这意味着 i_d 和 i_q 将保持恒定不变,即 i_d 和 i_q 为直流电流。因此,对两个直流电流 i_d 和 i_q 进行控制,就可以起到对 i_a、i_b 和 i_c 控制的同样效果,进而可以对定子绕组电流产生的空间磁动势进行调节,实现对电机转矩的控制。

由式(6-79)和式(6-88),以及

$$i_A + i_B + i_C = 0 \tag{6-90}$$

可以得到

$$\begin{cases} i_\alpha = \sqrt{\dfrac{2}{3}}\left(i_A - \dfrac{1}{2}i_B - \dfrac{1}{2}i_C\right) \\ i_\beta = \sqrt{\dfrac{2}{3}}\left(\dfrac{\sqrt{3}}{2}i_B - \dfrac{\sqrt{3}}{2}i_C\right) \end{cases} \tag{6-91}$$

将式(6-91)改写为矩阵形式,有

$$\begin{bmatrix} i_\alpha \\ i_\beta \end{bmatrix} = \sqrt{\dfrac{2}{3}} \begin{bmatrix} 1 & -\dfrac{1}{2} & -\dfrac{1}{2} \\ 0 & \dfrac{\sqrt{3}}{2} & -\dfrac{\sqrt{3}}{2} \end{bmatrix} = \boldsymbol{M}_C \begin{bmatrix} i_A \\ i_B \\ i_C \end{bmatrix} \tag{6-92}$$

式中,$\boldsymbol{M}_C$ 称为 ABC 参考坐标系到 $\alpha\beta$ 参考坐标系的变换矩阵——克拉克变换(Clarke's transformation)矩阵,即

$$\boldsymbol{M}_C = \sqrt{\dfrac{2}{3}} \begin{bmatrix} 1 & -\dfrac{1}{2} & -\dfrac{1}{2} \\ 0 & \dfrac{\sqrt{3}}{2} & -\dfrac{\sqrt{3}}{2} \end{bmatrix} \tag{6-93}$$

同时，可以得到克拉克逆变换（inverse Clarke's transformation）矩阵为

$$\boldsymbol{M}_C^{-1} = \sqrt{\frac{2}{3}} \begin{bmatrix} 1 & 0 \\ -\dfrac{1}{2} & \dfrac{\sqrt{3}}{2} \\ -\dfrac{1}{2} & -\dfrac{\sqrt{3}}{2} \end{bmatrix} \tag{6-94}$$

$\boldsymbol{M}_C^{-1}$ 可以用于 $\alpha\beta$ 参考坐标系到 ABC 参考坐标系物理量的变换。$\boldsymbol{M}_C$ 和 $\boldsymbol{M}_C^{-1}$ 在不同文献[7]中会有所差别，主要反映在矩阵前面的系数不同。如式（6-93）和式（6-94）中克拉克变换矩阵系数为 $\sqrt{2/3}$，则变换前后的功率不变，即遵循"功率不变"原则；如果克拉克变换矩阵系数为 $2/3$，则物理量变换前后幅值不变，即遵循"幅值不变"原则。不论采用哪种矩阵形式，对分析电机工作过程和相关结论都不会产生影响，只是在一些表达式中变量或物理量前面的系数会有所区别。本书坐标变换遵循"功率不变"原则。

由式（6-88）和式（6-89），可以得到

$$\begin{cases} i_d = \cos\theta i_\alpha + \sin\theta i_\beta \\ i_q = -\sin\theta i_\alpha + \cos\theta i_\beta \end{cases} \tag{6-95}$$

将式（6-95）改写为矩阵形式，有

$$\begin{bmatrix} i_d \\ i_q \end{bmatrix} = \begin{bmatrix} \cos\theta & \sin\theta \\ -\sin\theta & \cos\theta \end{bmatrix} \begin{bmatrix} i_\alpha \\ i_\beta \end{bmatrix} = \boldsymbol{M}_P \begin{bmatrix} i_\alpha \\ i_\beta \end{bmatrix} \tag{6-96}$$

式中，$\boldsymbol{M}_P$ 称为 $\alpha\beta$ 参考坐标系到 dq 参考坐标系的变换矩阵——派克变换（Park's transformation）矩阵，即

$$\boldsymbol{M}_P = \begin{bmatrix} \cos\theta & \sin\theta \\ -\sin\theta & \cos\theta \end{bmatrix} \tag{6-97}$$

同时，可以得到派克逆变换（inverse Park's transformation）矩阵为

$$\boldsymbol{M}_P^{-1} = \begin{bmatrix} \cos\theta & -\sin\theta \\ \sin\theta & \cos\theta \end{bmatrix} \tag{6-98}$$

$\boldsymbol{M}_P^{-1}$ 可以用于 dq 参考坐标系到 $\alpha\beta$ 参考坐标系物理量的变换。

由式（6-93）和式（6-97）可以得到由 ABC 参考坐标系直接到 dq 参考坐标系的变换矩阵为

$$\boldsymbol{M}_{CP} = \boldsymbol{M}_P \boldsymbol{M}_C = \sqrt{\frac{2}{3}} \begin{bmatrix} \cos\theta & \cos\left(\theta - \dfrac{2\pi}{3}\right) & \cos\left(\theta + \dfrac{2\pi}{3}\right) \\ -\sin\theta & -\sin\left(\theta - \dfrac{2\pi}{3}\right) & -\sin\left(\theta + \dfrac{2\pi}{3}\right) \end{bmatrix} \tag{6-99}$$

与上式对应的逆变换矩阵为

$$\boldsymbol{M}_{CP}^{-1} = \sqrt{\frac{2}{3}} \begin{bmatrix} \cos\theta & -\sin\theta \\ \cos\left(\theta - \dfrac{2\pi}{3}\right) & -\sin\left(\theta - \dfrac{2\pi}{3}\right) \\ \cos\left(\theta + \dfrac{2\pi}{3}\right) & -\sin\left(\theta + \dfrac{2\pi}{3}\right) \end{bmatrix} \tag{6-100}$$

$\boldsymbol{M}_{CP}^{-1}$ 可以用于 dq 参考坐标系到 ABC 参考坐标系物理量的变换。

4. 定子绕组电压空间矢量

通过改变定子绕组电压实现定子绕组电流的调节,从而改变作用于每相绕组轴线上的基波磁动势和气隙磁场。与定子绕组电流空间矢量类似,定子电压空间矢量可以定义为

$$\boldsymbol{u}_s = \sqrt{\frac{2}{3}}(u_A + au_B + a^2 u_C) \tag{6-101}$$

式中,u_A、u_B 和 u_C 分别为 A 相、B 相和 C 相定子绕组的相电压。

作为电动汽车驱动电机的三相永磁同步电机,其控制器主电路普遍采用三相全桥主电路,如图 6-38 所示,该电路也常用于三相无刷直流电机和三相交流感应电机的控制。三相全桥主电路由六组电力电子器件构成,其中,每组器件由全控型电力电子器件和功率二极管反并联构成。全控型电力电子器件可以为 IGBT 或功率 MOSFET,图 6-38 中采用的是 IGBT。

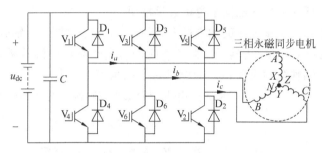

图 6-38 三相永磁同步电机控制器主电路

图 6-38 中,在任意时刻,每相桥臂有且只有一组器件导通,例如 t 时刻,V_1、V_6 和 V_2 导通,V_4、V_3 和 V_5 关断,则有

$$\begin{cases} u_A = \dfrac{2}{3}u_{dc} \\ u_B = -\dfrac{1}{3}u_{dc} \\ u_C = -\dfrac{1}{3}u_{dc} \end{cases} \tag{6-102}$$

将式(6-102)代入式(6-101),可以得到

$$\boldsymbol{u}_s = \sqrt{\frac{2}{3}} u_{dc} \tag{6-103}$$

上式即为 V_1、V_6 和 V_2 导通时的定子绕组电压空间矢量。类似地,可以得到其他六组器件通断组合下的定子绕组电压空间矢量。

5. 定子绕组磁链空间矢量

若 A 相、B 相和 C 相定子绕组的磁链用 ψ_A、ψ_B 和 ψ_C 表示,那么定子绕组磁链的空间向量 $\boldsymbol{\psi}_s$ 可以表示为

$$\boldsymbol{\psi}_s = \sqrt{\frac{2}{3}}(\psi_A + a\psi_B + a^2 \psi_C) \tag{6-104}$$

式中,ψ_A、ψ_B 和 ψ_C 分别包含三部分:相绕组自感磁链、其他两相绕组对该相绕组产生的互感磁链以及转子永磁体在该相绕组产生的磁链。

6.4.2 永磁同步电机的数学模型

下面以在电动汽车上应用较多的三相永磁同步电机为例,分析永磁同步电机的数学模型。为简化分析,假设三相永磁同步电机为理想电机,且满足下列条件:

(1) 忽略磁路饱和,不计涡流损耗和磁滞损耗的影响;

(2) 电机的定子绕组三相对称,在空间互差120°电角度布置并采用"Y型"连接;

(3) 定子绕组电流为对称的三相正弦波电流,三相定子绕组电流在气隙产生按正弦分布的磁动势;

(4) 电机的定子绕组的电阻保持不变,不受流过电流的频率、温度等因素的影响;

(5) 转子上永磁体在气隙产生按正弦分布的磁动势,电机的定子绕组反电动势为正弦波。

1. ABC 参考坐标系下的永磁同步电机数学模型

图 6-39 为三相永磁同步电机的物理模型。图中,A 轴、B 轴和 C 轴分别为三相定子绕组 AX、BY 和 CZ 的轴线;ψ_f 为转子永磁体产生的与定子绕组交链的磁链的最大值;θ 为转子 d 轴轴线与 A 轴轴线的夹角;ω_r 为电机转子电角速度。若电机转子旋转机械角速度为 ω_m,电机极对数为 P,转子的初始位置为 θ_0,则有

$$\theta = \int_0^t (P\omega_m)dt + \theta_0 = \int_0^t \omega_r dt + \theta_0 \quad (6\text{-}105)$$

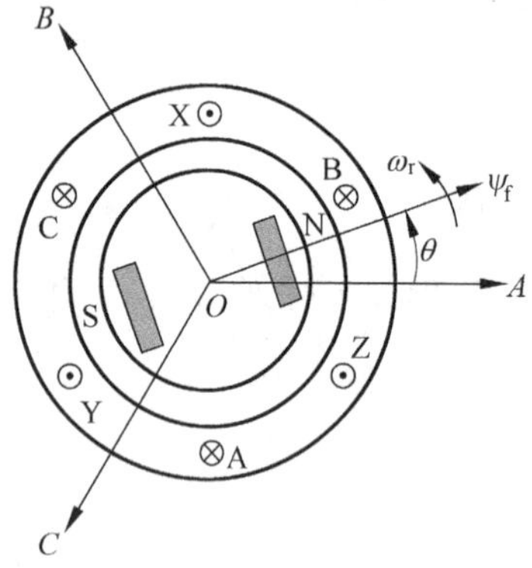

在 ABC 参考坐标系中,将定子三相绕组中 A 相绕组的轴线 A 轴作为空间坐标系的参考轴线。则三相永磁电机的电压方程为

$$\begin{cases} u_A = R_s i_A + \dfrac{d\psi_A}{dt} \\ u_B = R_s i_B + \dfrac{d\psi_B}{dt} \\ u_C = R_s i_C + \dfrac{d\psi_C}{dt} \end{cases} \quad (6\text{-}106)$$

图 6-39 三相永磁同步电机的物理模型

式中,u_A、u_B 和 u_C 分别为 A、B、C 三相定子绕组相电压;R_s 为每相定子绕组的等效电阻;i_A、i_B 和 i_C 分别为 A、B、C 三相定子绕组相电流;ψ_A、ψ_B 和 ψ_C 分别为 A 相、B 相和 C 相定子绕组的磁链。

将式(6-106)写成矩阵形式,即为

$$\begin{bmatrix} u_A \\ u_B \\ u_C \end{bmatrix} = \begin{bmatrix} R_s & 0 & 0 \\ 0 & R_s & 0 \\ 0 & 0 & R_s \end{bmatrix} \begin{bmatrix} i_A \\ i_B \\ i_C \end{bmatrix} + p \begin{bmatrix} \psi_A \\ \psi_B \\ \psi_C \end{bmatrix} \quad (6\text{-}107)$$

式中,$p = d/dt$,表示微分算子;定子相绕组磁链 ψ_A、ψ_B 和 ψ_C 不仅与相绕组电流 i_A、i_B 和 i_C 有关,而且与 ψ_f、θ 有关,可以表示为

$$\begin{cases} \psi_A = L_A i_A + M_{AB} i_B + M_{AC} i_C + \psi_{mA} \\ \psi_B = M_{BA} i_A + L_B i_B + M_{BC} i_C + \psi_{mB} \\ \psi_C = M_{CA} i_A + M_{CB} i_B + L_C i_C + \psi_{mC} \end{cases} \quad (6\text{-}108)$$

式中，L_A、L_B 和 L_C 分别为 A、B、C 三相定子绕组的自感；M_{AB}、M_{AC}、M_{BA}、M_{BC}、M_{CA} 和 M_{CB} 为定子绕组之间的互感；ψ_{mA}、ψ_{mB} 和 ψ_{mC} 分别为转子永磁体在 A、B 和 C 相绕组中产生的磁链，可以表示为

$$\begin{cases} \psi_{mA} = \psi_f \cos\theta \\ \psi_{mB} = \psi_f \cos\left(\theta - \dfrac{2\pi}{3}\right) \\ \psi_{mC} = \psi_f \cos\left(\theta + \dfrac{2\pi}{3}\right) \end{cases} \tag{6-109}$$

可以将式(6-108)改写为矩阵形式，有

$$\begin{bmatrix} \psi_A \\ \psi_B \\ \psi_C \end{bmatrix} = \begin{bmatrix} L_A & M_{AB} & M_{AC} \\ M_{BA} & L_B & M_{BC} \\ M_{CA} & M_{CB} & L_C \end{bmatrix} \begin{bmatrix} i_A \\ i_B \\ i_C \end{bmatrix} + \begin{bmatrix} \psi_{mA} \\ \psi_{mB} \\ \psi_{mC} \end{bmatrix} \tag{6-110}$$

对于表贴式永磁同步电机，上述自感、互感与转子位置无关。三相定子绕组的自感 L_A、L_B 和 L_C 可以表示为

$$\begin{cases} L_A = L_{ls} + L_{ms} \\ L_B = L_{ls} + L_{ms} \\ L_C = L_{ls} + L_{ms} \end{cases} \tag{6-111}$$

式中，L_{ls} 为每相定子绕组的漏感；L_{ms} 为每相定子绕组的励磁电感。三相定子绕组之间的互感为

$$\begin{cases} M_{AB} = M_{BA} = -\dfrac{1}{2}L_{ms} \\ M_{AC} = M_{CA} = -\dfrac{1}{2}L_{ms} \\ M_{BC} = M_{CB} = -\dfrac{1}{2}L_{ms} \end{cases} \tag{6-112}$$

对于内置式永磁同步电机，转子位置会影响磁路中的磁阻，绕组自感、互感与转子位置相关。如图 6-40 所示，当内置式永磁同步电机转子在不同位置时，定子绕组电流产生的磁场磁路磁阻会发生周期性变化，由此对绕组自感和互感产生较大的影响。图中，θ 为 d 轴与 A 轴之间的夹角，$g(\theta)$ 表示与 A 相绕组交链的磁通路径等效气隙长度（包括定转子之间气

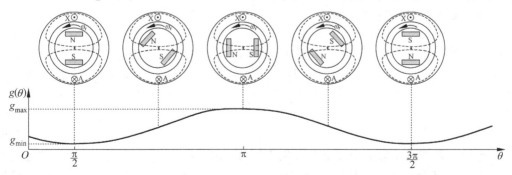

图 6-40 转子位置对定子绕组电流磁路的影响

隙长度和永磁体等效长度)。同时可知,转子位置对自感产生影响变化的角频率是转子旋转角频率 ω_r 的 2 倍。

三相定子绕组的自感 L_A、L_B 和 L_C 可以表示为[7,13,14]

$$\begin{cases} L_A = L_{ls} + L_{ms} - L_\delta \cos(2\theta) \\ L_B = L_{ls} + L_{ms} - L_\delta \cos\left(2\theta + \dfrac{2\pi}{3}\right) \\ L_C = L_{ls} + L_{ms} - L_\delta \cos\left(2\theta - \dfrac{2\pi}{3}\right) \end{cases} \quad (6\text{-}113)$$

三相定子绕组之间的互感为

$$\begin{cases} M_{AB} = M_{BA} = -\dfrac{1}{2}L_{ms} - L_\delta \cos\left(2\theta - \dfrac{2\pi}{3}\right) \\ M_{AC} = M_{CA} = -\dfrac{1}{2}L_{ms} - L_\delta \cos\left(2\theta + \dfrac{2\pi}{3}\right) \\ M_{BC} = M_{CB} = -\dfrac{1}{2}L_{ms} - L_\delta \cos(2\theta) \end{cases} \quad (6\text{-}114)$$

式(6-113)和式(6-114)中,L_δ 为因转子位置变化而导致定子绕组自感、互感变化量的最大值。因此,有

$$\begin{bmatrix} L_A & M_{AB} & M_{AC} \\ M_{BA} & L_B & M_{BC} \\ M_{CA} & M_{CB} & L_C \end{bmatrix} = \begin{bmatrix} L_{ls} + L_{ms} & -\dfrac{1}{2}L_{ms} & -\dfrac{1}{2}L_{ms} \\ -\dfrac{1}{2}L_{ms} & L_{ls} + L_{ms} & -\dfrac{1}{2}L_{ms} \\ -\dfrac{1}{2}L_{ms} & -\dfrac{1}{2}L_{ms} & L_{ls} + L_{ms} \end{bmatrix} +$$

$$\begin{bmatrix} -L_\delta \cos(2\theta) & -L_\delta \cos\left(2\theta - \dfrac{2\pi}{3}\right) & -L_\delta \cos\left(2\theta + \dfrac{2\pi}{3}\right) \\ -L_\delta \cos\left(2\theta - \dfrac{2\pi}{3}\right) & -L_\delta \cos\left(2\theta + \dfrac{2\pi}{3}\right) & -L_\delta \cos(2\theta) \\ -L_\delta \cos\left(2\theta + \dfrac{2\pi}{3}\right) & -L_\delta \cos(2\theta) & -L_\delta \cos\left(2\theta - \dfrac{2\pi}{3}\right) \end{bmatrix}$$

(6-115)

显然,对于表贴式永磁同步电机,电感矩阵只包括式(6-115)等号右边第一项。

式(6-107)又可以表示为

$$\begin{bmatrix} u_A \\ u_B \\ u_C \end{bmatrix} = \begin{bmatrix} R_s & 0 & 0 \\ 0 & R_s & 0 \\ 0 & 0 & R_s \end{bmatrix} \begin{bmatrix} i_A \\ i_B \\ i_C \end{bmatrix} + p\left(\begin{bmatrix} L_A & M_{AB} & M_{AC} \\ M_{BA} & L_B & M_{BC} \\ M_{CA} & M_{CB} & L_C \end{bmatrix} \begin{bmatrix} i_A \\ i_B \\ i_C \end{bmatrix} \right) + \omega_r \psi_f \begin{bmatrix} -\sin\theta \\ -\sin\left(\theta - \dfrac{2\pi}{3}\right) \\ -\sin\left(\theta + \dfrac{2\pi}{3}\right) \end{bmatrix}$$

(6-116)

式中,等号右侧第一项为定子绕组等效电阻压降;第二项为定子绕组电感产生的感生电动势;第三项为因转子永磁体旋转而在定子绕组中产生的动生电动势,即反电动势,可以表示为

$$\begin{bmatrix} e_A \\ e_B \\ e_C \end{bmatrix} = \omega_r \psi_f \begin{bmatrix} -\sin\theta \\ -\sin\left(\theta - \dfrac{2\pi}{3}\right) \\ -\sin\left(\theta + \dfrac{2\pi}{3}\right) \end{bmatrix} \quad (6\text{-}117)$$

对于表贴式永磁同步电机,转子位置对式(6-116)中的电感矩阵不产生任何影响,电机的转矩可以表示为

$$T = (e_A i_A + e_B i_B + e_C i_C)/\omega_m = P\psi_f \left[-\frac{3}{2} i_A \sin\theta + \frac{\sqrt{3}}{2}(i_B - i_C)\cos\theta \right] \quad (6\text{-}118)$$

式中,P 为电机的极对数。

对于内置式永磁同步电机,转子位置对电感矩阵产生直接的影响,电机的转矩中会包含磁阻转矩,直接对电机转矩求解变得比较困难,转矩公式也会变得非常复杂[14]。

在 ABC 参考坐标系下,不论是表贴式永磁同步电机还是内置式永磁同步电机,均很难通过转矩公式或物理量相互关系由目标转矩 T_e^* 对三相定子绕组参考电流 i_A^*、i_B^* 和 i_C^* 进行求解。此外,基于永磁同步电机的工作原理,对应一定的 T_e^*,i_A^*、i_B^* 和 i_C^* 为三相对称正弦电流。在 ABC 参考坐标系下,电机转矩的控制相当于时变正弦电流的控制,这对控制系统电流环的控制品质提出了非常高的要求,在实际工程实践中不易实现。

2. $\alpha\beta$ 参考坐标系下的永磁同步电机数学模型

图 6-41 为在 $\alpha\beta$ 参考坐标系下三相永磁同步电机的物理模型,可以用分别位于 α 轴和 β 轴方向的两相静止绕组等效 ABC 参考坐标系下的三相定子绕组。

由式(6-107),有

$$\boldsymbol{M}_C^{-1} \begin{bmatrix} u_\alpha \\ u_\beta \end{bmatrix} = \begin{bmatrix} R_s & 0 & 0 \\ 0 & R_s & 0 \\ 0 & 0 & R_s \end{bmatrix} \left(\boldsymbol{M}_C^{-1} \begin{bmatrix} i_\alpha \\ i_\beta \end{bmatrix} \right) + p\left(\boldsymbol{M}_C^{-1} \begin{bmatrix} \psi_\alpha \\ \psi_\beta \end{bmatrix} \right) \quad (6\text{-}119)$$

式中,$\boldsymbol{M}_C^{-1}$ 为克拉克逆变换矩阵,具体如式(6-94)所示。将式(6-119)等号两边乘以如式(6-93)所示 $\boldsymbol{M}_C$,经化简,可得

$$\begin{bmatrix} u_\alpha \\ u_\beta \end{bmatrix} = \begin{bmatrix} R_s & 0 \\ 0 & R_s \end{bmatrix} \begin{bmatrix} i_\alpha \\ i_\beta \end{bmatrix} + p\begin{bmatrix} \psi_\alpha \\ \psi_\beta \end{bmatrix} \quad (6\text{-}120)$$

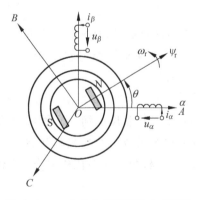

图 6-41 $\alpha\beta$ 参考坐标系下的永磁同步电机物理模型

式中,

$$\begin{bmatrix} \psi_\alpha \\ \psi_\beta \end{bmatrix} = \boldsymbol{M}_C \begin{bmatrix} L_A & M_{AB} & M_{AC} \\ M_{BA} & L_B & M_{BC} \\ M_{CA} & M_{CB} & L_C \end{bmatrix} \boldsymbol{M}_C^{-1} \begin{bmatrix} i_\alpha \\ i_\beta \end{bmatrix} + \sqrt{\frac{3}{2}} \psi_f \begin{bmatrix} \cos\theta \\ \sin\theta \end{bmatrix}$$

$$(6\text{-}121)$$

将式(6-121)代入式(6-120),有

$$\begin{bmatrix} u_\alpha \\ u_\beta \end{bmatrix} = \begin{bmatrix} R_s & 0 \\ 0 & R_s \end{bmatrix} \begin{bmatrix} i_\alpha \\ i_\beta \end{bmatrix} + p\left(\mathbf{M}_C \begin{bmatrix} L_A & M_{AB} & M_{AC} \\ M_{BA} & L_B & M_{BC} \\ M_{CA} & M_{CB} & L_C \end{bmatrix} \mathbf{M}_C^{-1} \begin{bmatrix} i_\alpha \\ i_\beta \end{bmatrix} \right) +$$

$$\sqrt{\frac{3}{2}} \omega_r \psi_f \begin{bmatrix} -\sin\theta \\ \cos\theta \end{bmatrix} \tag{6-122}$$

令

$$\mathbf{M}_C \begin{bmatrix} L_A & M_{AB} & M_{AC} \\ M_{BA} & L_B & M_{BC} \\ M_{CA} & M_{CB} & L_C \end{bmatrix} \mathbf{M}_C^{-1} = \begin{bmatrix} L_\alpha & L_{\alpha\beta} \\ L_{\beta\alpha} & L_\beta \end{bmatrix} \tag{6-123}$$

那么，式(6-122)改写为

$$\begin{bmatrix} u_\alpha \\ u_\beta \end{bmatrix} = \begin{bmatrix} R_s & 0 \\ 0 & R_s \end{bmatrix} \begin{bmatrix} i_\alpha \\ i_\beta \end{bmatrix} + p\left(\begin{bmatrix} L_\alpha & L_{\alpha\beta} \\ L_{\beta\alpha} & L_\beta \end{bmatrix} \begin{bmatrix} i_\alpha \\ i_\beta \end{bmatrix} \right) + \sqrt{\frac{3}{2}} \omega_r \psi_f \begin{bmatrix} -\sin\theta \\ \cos\theta \end{bmatrix} \tag{6-124}$$

因此，在 $\alpha\beta$ 参考坐标系下，因转子永磁体旋转而导致定子绕组中产生的感应电动势为

$$\begin{bmatrix} e_\alpha \\ e_\beta \end{bmatrix} = \sqrt{\frac{3}{2}} \omega_r \psi_f \begin{bmatrix} -\sin\theta \\ \cos\theta \end{bmatrix} \tag{6-125}$$

对于表贴式永磁同步电机，式(6-123)等号右侧电感矩阵各元素与转子位置无关，电机的转矩可以表示为

$$T = (e_\alpha i_\alpha + e_\beta i_\beta)/\omega_m = \sqrt{\frac{3}{2}} P \psi_f [-i_\alpha \sin\theta + i_\beta \cos\theta] \tag{6-126}$$

式(6-126)也可以通过式(6-118)和式(6-92)获得。

对于内置式永磁同步电机，L_α、L_β、$L_{\alpha\beta}$、$L_{\beta\alpha}$ 等与转子位置密切相关，电机转矩中包含磁阻转矩。

在 $\alpha\beta$ 参考坐标系下，经过克拉克变换，ABC 参考坐标系下的永磁同步电机数学模型得到了一定程度的简化。因内置式永磁同步电机具有凸极效应，$\alpha\beta$ 参考坐标系下的 α 轴和 β 轴等效绕组的自感和互感与转子位置有密切关系，因此其电压方程和磁链方程是非线性方程，数学模型比较复杂，不易用于电机的分析和控制。即使对于表贴式永磁同步电机，与目标转矩 T_e^* 所对应的两相 α 轴和 β 轴的等效绕组参考电流 i_α^* 和 i_β^* 仍为正弦电流，不易实施控制。

3. dq 参考坐标系下的永磁同步电机数学模型

图 6-42 为在 dq 参考坐标系下三相永磁同步电机的物理模型，可以用分别位于 d 轴和 q 轴轴线的两相同步旋转的绕组等效 $\alpha\beta$ 参考坐标系下静止不动的两相绕组或 ABC 参考坐标系下静止不动的三相定子绕组。

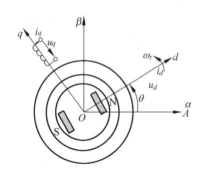

图 6-42 dq 参考坐标系下的三相永磁同步电机物理模型

由式(6-107)，有

$$\boldsymbol{M}_{\mathrm{CP}}^{-1}\begin{bmatrix}u_d\\u_q\end{bmatrix}=\begin{bmatrix}R_\mathrm{s}&0&0\\0&R_\mathrm{s}&0\\0&0&R_\mathrm{s}\end{bmatrix}\left(\boldsymbol{M}_{\mathrm{CP}}^{-1}\begin{bmatrix}i_d\\i_q\end{bmatrix}\right)+p\left(\boldsymbol{M}_{\mathrm{CP}}^{-1}\begin{bmatrix}\psi_d\\\psi_q\end{bmatrix}\right) \qquad (6\text{-}127)$$

式中,$\boldsymbol{M}_{\mathrm{CP}}^{-1}=(\boldsymbol{M}_\mathrm{P}\boldsymbol{M}_\mathrm{C})^{-1}$,具体如式(6-100)所示。将式(6-127)等号两边乘以如式(6-99)所示的 $\boldsymbol{M}_{\mathrm{CP}}$,经化简可得

$$\begin{bmatrix}u_d\\u_q\end{bmatrix}=\begin{bmatrix}R_\mathrm{s}&0\\0&R_\mathrm{s}\end{bmatrix}\begin{bmatrix}i_d\\i_q\end{bmatrix}+\omega_\mathrm{r}\begin{bmatrix}0&-1\\1&0\end{bmatrix}\begin{bmatrix}\psi_d\\\psi_q\end{bmatrix}+p\begin{bmatrix}\psi_d\\\psi_q\end{bmatrix} \qquad (6\text{-}128)$$

由于

$$\begin{bmatrix}\psi_A\\\psi_B\\\psi_C\end{bmatrix}=\boldsymbol{M}_{\mathrm{CP}}^{-1}\begin{bmatrix}\psi_d\\\psi_q\end{bmatrix}=\begin{bmatrix}L_A&M_{AB}&M_{AC}\\M_{BA}&L_B&M_{BC}\\M_{CA}&M_{CB}&L_C\end{bmatrix}\boldsymbol{M}_{\mathrm{CP}}^{-1}\begin{bmatrix}i_d\\i_q\end{bmatrix}+\psi_\mathrm{f}\begin{bmatrix}\cos\theta\\\cos\left(\theta-\dfrac{2\pi}{3}\right)\\\cos\left(\theta+\dfrac{2\pi}{3}\right)\end{bmatrix} \qquad (6\text{-}129)$$

所以,存在

$$\begin{bmatrix}\psi_d\\\psi_q\end{bmatrix}=\boldsymbol{M}_{\mathrm{CP}}\begin{bmatrix}L_A&M_{AB}&M_{AC}\\M_{BA}&L_B&M_{BC}\\M_{CA}&M_{CB}&L_C\end{bmatrix}\boldsymbol{M}_{\mathrm{CP}}^{-1}\begin{bmatrix}i_d\\i_q\end{bmatrix}+\psi_\mathrm{f}\boldsymbol{M}_{\mathrm{CP}}\begin{bmatrix}\cos\theta\\\cos\left(\theta-\dfrac{2\pi}{3}\right)\\\cos\left(\theta+\dfrac{2\pi}{3}\right)\end{bmatrix} \qquad (6\text{-}130)$$

将式(6-114)代入式(6-130),可得

$$\begin{bmatrix}\psi_d\\\psi_q\end{bmatrix}=\begin{bmatrix}L_{\mathrm{ls}}+\dfrac{3}{2}L_{\mathrm{ms}}-\dfrac{3}{2}L_\delta&0\\0&L_{\mathrm{ls}}+\dfrac{3}{2}L_{\mathrm{ms}}+\dfrac{3}{2}L_\delta\end{bmatrix}\begin{bmatrix}i_d\\i_q\end{bmatrix}+\psi_\mathrm{f}\begin{bmatrix}\sqrt{\dfrac{3}{2}}\\0\end{bmatrix} \qquad (6\text{-}131)$$

令

$$\begin{cases}L_d=L_{\mathrm{ls}}+\dfrac{3}{2}L_{\mathrm{ms}}-\dfrac{3}{2}L_\delta\\L_q=L_{\mathrm{ls}}+\dfrac{3}{2}L_{\mathrm{ms}}+\dfrac{3}{2}L_\delta\end{cases} \qquad (6\text{-}132)$$

式中,L_d 和 L_q 分别为永磁同步电机的交轴电感和直轴电感。对于表贴式永磁同步电机,显然有

$$L_d=L_q=L_{\mathrm{ls}}+\dfrac{3}{2}L_{\mathrm{ms}} \qquad (6\text{-}133)$$

通过从 ABC 参考坐标系变换到 dq 参考坐标系,直轴电感 L_d 和交轴电感 L_q 变为常数,不再随转子的位置变化而变化。虽然,从式(6-114)、式(6-131)和式(6-132)可知,L_d 和 L_q 是通过坐标变换得到的,但从图 6-18、图 6-19 以及 6.2.3 节的相关内容中又可以看出它们有明确的物理意义,当转子旋转时,d 轴和 q 轴磁路磁阻不发生改变,因此 L_d 和 L_q 为常数,而且,d 轴和 q 轴正交垂直,因此 d 轴和 q 轴等效绕组之间的互感为零。

令

$$\psi_{pm} = \sqrt{\frac{3}{2}} \psi_f \tag{6-134}$$

那么,式(6-131)改写为

$$\begin{bmatrix} \psi_d \\ \psi_q \end{bmatrix} = \begin{bmatrix} L_d & 0 \\ 0 & L_q \end{bmatrix} \begin{bmatrix} i_d \\ i_q \end{bmatrix} + \psi_{pm} \begin{bmatrix} 1 \\ 0 \end{bmatrix} \tag{6-135}$$

将式(6-135)代入式(6-128),可得 dq 参考坐标系下的永磁同步电机电压方程

$$\begin{bmatrix} u_d \\ u_q \end{bmatrix} = \begin{bmatrix} R_s & 0 \\ 0 & R_s \end{bmatrix} \begin{bmatrix} i_d \\ i_q \end{bmatrix} + p \begin{bmatrix} L_d & 0 \\ 0 & L_q \end{bmatrix} \begin{bmatrix} i_d \\ i_q \end{bmatrix} + \omega_r \begin{bmatrix} -L_q i_q \\ L_d i_d + \psi_{pm} \end{bmatrix} \tag{6-136}$$

由式(6-136)可以得到永磁同步电机在 dq 参考坐标系下的等效电路,如图 6-43 所示。

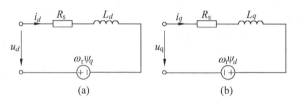

图 6-43 dq 参考坐标系下的永磁同步电机等效电路
(a) d 轴等效电路;(b) q 轴等效电路

在 dq 参考坐标系下,转子永磁体旋转过程中定子绕组产生的感应电动势为

$$\begin{bmatrix} e_d \\ e_q \end{bmatrix} = \omega_r \begin{bmatrix} -L_q i_q \\ L_d i_d + \psi_{pm} \end{bmatrix} \tag{6-137}$$

因此,电机的转矩可以表示为

$$t_e = (e_d i_d + e_q i_q)/\omega_m = P[\psi_{pm} i_q + (L_d - L_q) i_d i_q] \tag{6-138}$$

式中,P 为电机的极对数。需要注意的是,式(6-138)是在"功率不变"原则下通过矩阵变换得到的。若遵循"幅值不变"原则,则克拉克变换矩阵的系数为 2/3,那么式(6-138)将变为

$$t_e = \frac{3}{2} P[\psi_f i_q' + (L_d - L_q) i_d' i_q'] \tag{6-139}$$

式中,i_d' 和 i_q' 是通过矩阵系数为 2/3 的克拉克变换,再通过派克变换,由 ABC 参考坐标系下的 i_A、i_B 和 i_C 得到;同时,转矩公式中包括 ψ_f 而不是 ψ_{pm}。所以,克拉克变换矩阵系数会对电压、电流和磁链(包括永磁体产生的磁链)等空间矢量幅值产生影响,但对电感、电阻等标量没有影响。不论采用"等幅变换"还是"等功率变换",对电机数学模型的形式不会产生影响。因此,通过式(6-138)和式(6-139)对电机的转矩进行求解,可以得到相同的结果。

从式(6-138)可以看出,永磁同步电机的转矩公式包括两项:一项为 $P\psi_{pm} i_q$,是由两个磁场相互作用(或磁场对电流的作用)产生的,为电磁转矩;另一项为 $P(L_d - L_q) i_d i_q$,是由 L_d 和 L_q 的差值产生的,为磁阻转矩(reluctance torque)。对于表贴式永磁同步电机,磁阻转矩为零。

同时,根据式(6-138)可知:若永磁同步电机工作在电动状态下驱动车辆时,则电机转

矩 t_e 为正,那么应该有

$$\begin{cases} i_q > 0 \\ i_d < 0 \end{cases} \tag{6-140}$$

若永磁同步电机工作在发电状态下制动车辆时,则电机转矩 t_e 为负,那么应该有

$$\begin{cases} i_q < 0 \\ i_d < 0 \end{cases} \tag{6-141}$$

对于表贴式永磁同步电机,不存在磁阻转矩,电机转矩与直轴电流 i_d 无关。但对于内置式永磁同步电机,为了发挥磁阻转矩的作用,需要使 $i_d < 0$,这意味着电机始终工作在弱磁状态。

如图 6-44 所示,在 dq 参考坐标系下,永磁同步电机转矩公式可以改写为

$$t_e = P\left[\psi_{pm} i_s \sin\delta + \frac{1}{2}(L_d - L_q) i_s^2 \sin(2\delta)\right] \tag{6-142}$$

式中,i_s 为矢量 i_s 的幅值;δ 为定子绕组电流空间矢量 i_s 与 d 轴之间的夹角(电角度),δ 又被称为转矩角(torque angle)。图 6-45 给出了永磁同步电机转矩随着转矩角变化曲线,从图中可知,若磁阻转矩为正,需满足 $\delta > \pi/2$。

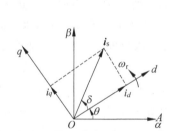

图 6-44 永磁同步电机定子电流空间矢量

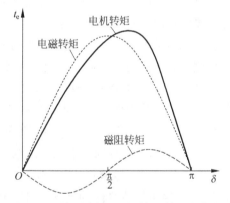

图 6-45 永磁同步电机的转矩-转矩角曲线

式(6-138)和式(6-142)是对永磁同步电机进行矢量控制的重要依据。

若忽略机械损耗,通过式(6-138)或式(6-142)得到的电机转矩即为电机输出的机械转矩。此外,可以列出永磁同步电机传动系统的机械运动方程为

$$t_e = J\frac{d\omega_m}{dt} + B\omega_m + t_L \tag{6-143}$$

式中,t_e 为永磁同步电机输出的机械转矩;J 为机械传动系统的转动惯量;B 为黏滞摩擦系数;t_L 为负载转矩。

式(6-143)和各参考坐标系下的电压方程、磁链方程以及转矩方程共同构成了永磁同步电机的数学模型。dq 参考坐标系下的永磁同步电机的数学模型结构示意图如图 6-46 所示。

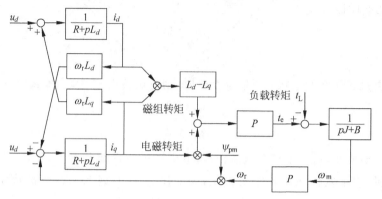

图 6-46 dq 参考坐标系下的永磁同步电机的数学模型结构示意图

6.5 永磁同步电机矢量控制

在忽略磁路饱和,不考虑电机铁损和机械损耗以及假设永磁体和定子绕组电流产生的磁场在气隙呈正弦分布等理想条件下,由如式(6-138)所示的永磁同步电机转矩公式可知,可以通过对直轴电流 i_d 和交轴电流 i_q 的调节,实现对永磁同步电机转矩 t_e 的控制。因此,永磁同步电机的控制问题可以变成 i_d 和 i_q 的控制问题。

在稳态情况下,对应一定电机转矩的 i_d 和 i_q 为直流电流。i_d 形成的气隙磁通方向与永磁体磁场方向相同,i_q 与 i_d 正交。因此,i_d 又被称为空间矢量 i_s 的励磁分量,i_q 又被称为空间矢量 i_s 的转矩分量。这与他励直流电机的工作原理非常类似。因此,永磁同步电机的控制问题就转化为他励直流电机的控制问题。或者说,永磁同步电机的控制问题由三相定子绕组电流 i_a、i_b 和 i_c 的交流电流控制问题变成了 i_q 与 i_d 的直流电流控制问题。

图 6-47 所示为永磁同步电机控制系统。图中,T_e^* 为目标转矩;i_d^* 和 i_q^* 分别为直轴和交轴定子绕组参考电流;i_A、i_B 和 i_C 分别为 A 相、B 相和 C 相定子绕组实际电流;θ 为直轴和 A 相绕组轴线之间的夹角,反映当前的转子位置;ω_m 为电机机械旋转角速度;u_{dc} 为车载电源(如车载动力蓄电池)的电压;u_d^* 和 u_q^* 为电流环输出信号;SVPWM 为空间矢量脉冲宽度调制(space vector pulse width modulation,SVPWM),具体可参见第 3 章相关内容。

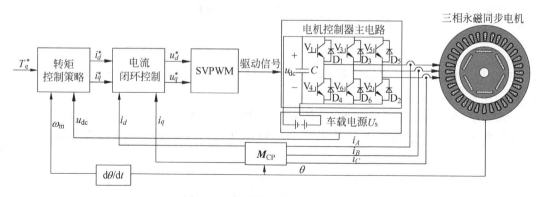

图 6-47 永磁同步电机的控制系统

因此，实现电机转矩的控制要解决两个问题：第一，对于电机的目标转矩 T_e^*，如何确定 i_d 和 i_q 的参考值——i_d^* 和 i_q^*；第二，如何让电机实际的 i_d 和 i_q 分别较好地跟踪 i_d^* 和 i_q^* 的变化，或者说，如何让实际的 i_d 和 i_q 尽可能分别与参考值 i_d^* 和 i_q^* 相等。第一个问题属于控制策略问题，第二个问题属于电流环设计与实现问题。

通过对电机转矩方向的控制，比较容易实现永磁同步电机在车辆运行时所要求的转矩（纵轴）-转速（横轴）平面四象限运行。

在高转速下运行时，为了获得较大的电机转矩和机械功率，需要调节气隙磁场的磁通密度，即需要对永磁同步电机弱磁控制。但由于永磁体产生的气隙磁场磁通密度是无法调节的，只能通过对定子绕组电流的控制来实现气隙磁场磁通密度的减弱，即通过定子电流在气隙产生的磁通密度与转子永磁体在气隙产生的磁通密度的矢量合成来使定子绕组所在的气隙磁场磁通密度或磁场强度下降。由于直轴电流 i_q 产生的磁通与永磁体产生的磁通方向一致，所以通过对直轴电流 i_q 调节，可以直接实现永磁同步电机的弱磁控制。

这种通过将 ABC 参考坐标系下的电机转矩控制问题转化为 dq 参考坐标系下直轴和交轴电流控制问题的方法，需要进行坐标变换。而坐标变换的依据是在任何参考坐标系下的电机物理量（如电流、电压、磁链等）等效的空间矢量保持不变，因此这种控制方法被称为电机的矢量控制（vector control）。此外，控制过程中需要直轴始终与转子永磁体产生的磁链 ψ_f 或式（6-134）中的 ψ_{pm} 保持一致，因此又被称为磁场定向控制（field oriented control，FOC）。矢量控制是电动汽车交流电机的主流控制方式。

三相永磁同步电机控制器主电路普遍采用三相全桥主电路，具体如图 6-38 所示。对于多相（相数大于 3）永磁同步电机，也多采用多相全桥主电路，具体如图 6-48 所示。

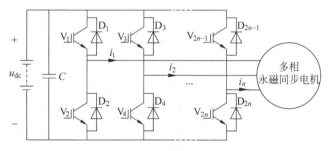

图 6-48　多(n)相永磁同步电机控制器主电路

6.5.1　永磁同步电机矢量控制步骤

永磁同步电机矢量控制的步骤可以归纳如下：

（1）根据电机的目标转矩 T_e^*，按照选定的控制策略计算直轴电流参考值 i_d^* 和交轴电流参考值 i_q^*；

（2）对电机三相定子绕组实际电流 i_A、i_B 和 i_C 进行采样，并通过坐标变换，得到实际的直轴电流 i_d 和交轴电流 i_q；

（3）基于 i_d^* 和 i_q^*，对 i_d 和 i_q 实施闭环反馈控制，得到定子绕组目标电压 u_d^* 和 u_q^*；

（4）根据 u_d^* 和 u_q^*，利用坐标变换，得到静止参考坐标系下的 u_α^* 和 u_β^* 或 u_A^*、u_B^*

和 u_C^*；

(5) 根据 u_α^* 和 u_β^* 或 u_A^*、u_B^* 和 u_C^*，控制电机控制器中电力电子器件的通断，实现对 i_d 和 i_q 的控制。

在执行上述步骤时，派克变换矩阵和派克逆变换矩阵中需用到 d 轴与 A 轴的夹角 θ，因此需要利用转子位置传感器确定转子位置。

在电动汽车上，永磁同步电机多采用旋转变压器识别转子实际位置。

基于上述控制步骤以及永磁同步电机数学模型，可以得到永磁同步电机矢量控制框图如图 6-49 所示。图中，若电流闭环采用 PI 控制器，$G_{id}(s)$ 和 $G_{iq}(s)$ 可以表示为

$$\begin{cases} G_{id}(s) = k_{idp} + \dfrac{k_{idi}}{s} \\ G_{iq}(s) = k_{iqp} + \dfrac{k_{iqi}}{s} \end{cases} \tag{6-144}$$

式中，k_{idp}、k_{iqp} 为比例系数；k_{idi} 和 k_{iqi} 为积分系数。

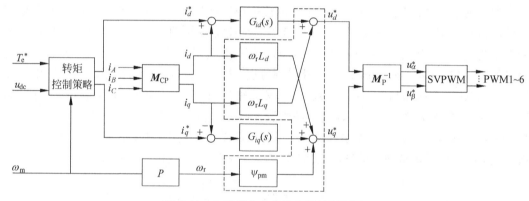

图 6-49 永磁同步电机的矢量控制框图

图 6-49 中的虚线框内部分为电压前馈补偿[15]环节。由式 (6-136) 可知，在 dq 参考坐标系下，永磁同步电机的电压方程得到了简化。对于电感矩阵，因 d 轴和 q 轴两个等效绕组的正交相互位置关系，不再存在互感。但 d 轴电压方程中存在 $-\omega_r L_q i_q$ 项，q 轴电压方程中存在 $\omega_r(L_d i_d + \psi_{pm})$ 项，导致 d 轴和 q 轴电压方程并没有实现真正的"解耦"，从图 6-46 也可以看出这一点。$-\omega_r L_q i_q$ 和 $\omega_r(L_d i_d + \psi_{pm})$ 称交叉耦合项。交叉耦合项的存在，对永磁同步电机控制系统会产生不利影响，尤其在高转速时，交叉耦合项的存在会降低控制系统的动态性能，甚至导致稳态时系统出现振荡。为此，需要引入电压前馈补偿环节来消除交叉耦合项的影响。

6.5.2 永磁同步电机机械特性分析

与其他类型驱动电机类似，永磁同步电机的转速-转矩特性，即机械特性可以分为两个区域——恒转矩区和恒功率区，具体如图 6-50 所示，图中同时给出了电机的功率-转速曲线。图中，T_{max} 为电机的最大转矩；P_{max} 为电机的最大输出机械功率；ω_{max} 为电机的最大转速；ω_b 为电机的基速，即恒转矩区和恒功率区的分界转速，也是永磁同步电机设计中通常采用的额定转速。

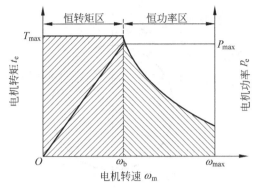

图 6-50　永磁同步电机的转矩-转速特性

电动汽车的永磁同步电机由电机控制器提供电能,因此永磁同步电机的机械特性除受自身机械强度和电磁特性限制外,还要受到电机控制器电能转换能力的约束。

(1) 电流限制。

定子电流空间矢量的幅值应不大于最大允许电流值,即需要满足

$$i_d^2 + i_q^2 = i_s^2 \leqslant I_{smax}^2 \tag{6-145}$$

式中,I_{smax} 为驱动电机系统最大允许电流值,通常由电机控制器中电力电子器件所能承受的电流应力以及电机定子绕组的通流能力决定。

(2) 电压限制。

受电机控制器直流侧电压(通常为车载动力蓄电池端电压)限制,需要满足

$$u_d^2 + u_q^2 = u_s^2 \leqslant U_{smax}^2 \tag{6-146}$$

式中,U_{smax} 为最大允许运行电压,通常由电机控制器直流侧电压 u_{dc} 决定。当采用 SVPWM 方法时,U_{smax} 与 u_{dc} 的关系为

$$U_{smax} = \frac{u_{dc}}{\sqrt{3}} \tag{6-147}$$

若忽略定子电阻的影响,根据式(6-136)可以得到永磁同步电机的稳态电压方程为

$$\begin{bmatrix} u_d \\ u_q \end{bmatrix} = \omega_r \begin{bmatrix} -L_q i_q \\ L_d i_d + \psi_{pm} \end{bmatrix} \tag{6-148}$$

将式(6-148)代入式(6-146),得

$$(L_q i_q)^2 + (L_d i_d + \psi_{pm})^2 \leqslant \left(\frac{U_{smax}}{\omega_r}\right)^2 \tag{6-149}$$

如图 6-51 所示,在 i_d-i_q 平面上,式(6-145)表示为一个圆,称为电流限制圆;式(6-149)表示一个椭圆,称为电压限制椭圆。电压限制椭圆与电机转速 ω_r(电角速度)密切相关,电压限制椭圆的面积随着 ω_r 增大而减小。在 i_d-i_q 平面上的任一个点对应一组(i_d,i_q),体现电机的一个工作状态,这个点称为电机的工作点,显然电机的工作点不能超出电流限制圆和电压限制椭圆。

电流限制圆和电压限制椭圆的相互位置会对永磁同步电机输出机械特性产生直接的影响,下面分三种情况进行分析[7,16]。

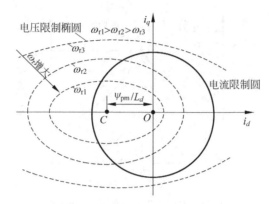

图 6-51 永磁同步电机的电流限制圆和电压限制椭圆

(1) 第一种情况：$I_{smax} < \dfrac{\psi_{pm}}{L_d}$。

永磁同步电机的电流限制圆和电压限制椭圆的相互位置如图 6-52(a)所示。若在 i_d-i_q 平面上电压限制椭圆的中心为 C 点，则由式(6-149)得到 C 点坐标为 $(-\psi_{pm}/L_d, 0)$。此时，C 点在电流限制圆外部。以电机工作在电动状态为例，此时电机工作在 i_d-i_q 平面第二象限。若定子绕组电流空间矢量 i_s 的幅值始终保持为 I_{smax}，随着电机转速的增高，电机工作点的轨迹将按 $A \rightarrow B$ 的方向沿电流限制圆向 D 点移动。当电机转速增加到 ω_{r0} 时，工作点为 D，D 点的坐标为 $(-I_{smax}, 0)$。由式(6-149)可以求得

$$\omega_{r0} = \dfrac{U_{smax}}{\psi_{pm} - L_d I_{smax}} \qquad (6-150)$$

ω_{r0} 是电机工作的最高转速(电角速度)。在 D 点，因 $i_q = 0$，所以电机转矩 $t_e = 0$、电机输出功率 $p_e = 0$。因此，在存在负载情况下，电机的最高转速 $\omega_{max} < \omega_{r0}/P$。

(2) 第二种情况：$I_{smax} = \dfrac{\psi_{pm}}{L_d}$。

永磁同步电机的电流限制圆和电压限制椭圆的相互位置如图 6-52(b)所示。此时，在 i_d-i_q 平面上电流限制圆与电压限制椭圆的中心 C 点重合，电流限制圆与所有转速下的电压限制椭圆有交点。因此，在电机最大允许运行转速范围内，定子绕组电流空间矢量 i_s 的幅值可以始终保持为 I_{smax}，可以近似认为电机在恒功率区一直保持最大功率 P_{max}。

(3) 第三种情况：$I_{smax} > \dfrac{\psi_{pm}}{L_d}$。

永磁同步电机的电流限制圆和电压限制椭圆的相互位置如图 6-52(c)所示。此时，在 i_d-i_q 平面上电压限制椭圆的中心 C 点在电流限制圆内部。当电机转速增加到 ω_{r3} 时，即工作点 D 时，因电压限制椭圆随转速的增加而向内收缩，工作点的轨迹将由 $A \rightarrow B \rightarrow D$ 转为 $D \rightarrow C$。这时，定子绕组电流空间矢量 i_s 的幅值将减小，电机的输出功率也会随之下降。因此，这种情况下，电机在恒功率区的功率不再保持不变，而是随转速的增加呈现下降的趋势。

从上面的分析可以看出，图 6-52(b)所示的电流限制圆和电压限制椭圆的相互位置是比较理想化的情况，也是电机设计的目标。同时，要尽量避免图 6-52(a)所示情况的出现。

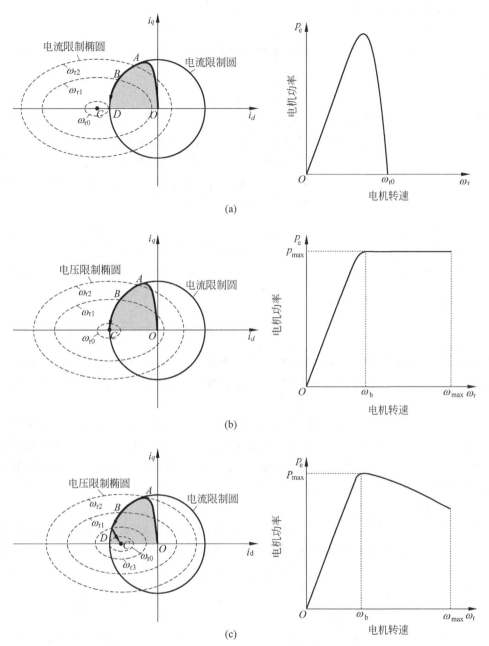

图 6-52 电流限制圆和电压限制椭圆的相互位置对电机特性的影响
(a) $I_{smax} < \psi_{pm}/L_d$；(b) $I_{smax} = \psi_{pm}/L_d$；(c) $I_{smax} > \psi_{pm}/L_d$

对于图 6-52(c)所示的电流限制圆和电压限制椭圆的相互位置，只要在恒功率区，电机输出功率随转速的增加下降不是非常多，通常可以满足车辆动力性的要求。

6.5.3 永磁同步电机控制策略

在满足电流限制圆和电压限制椭圆约束的前提下，不同的控制策略对电机的机械特性、功率曲线以及工作效率等会产生重要影响。

1. 恒转矩区的控制策略

1) $i_d=0$ 控制

$i_d=0$ 控制是指在对电机转矩控制整个过程中,始终保持 $i_d=0$。由式(6-138)可知,这时电机的转矩为

$$t_e = P\psi_{pm}i_q \tag{6-151}$$

即电机的转矩和 i_q 呈线性关系。当 $i_d=0$ 时,图 6-44 中的转矩角 δ 始终为 90°保持不变,因此这种控制策略也称为恒转矩角控制(constant torque angle control)。

对于如图 6-53 所示 dq 参考坐标系下的电压空间矢量 $\boldsymbol{u}_s$ 和电流空间矢量 $\boldsymbol{i}_s$,在忽略定子绕组等效电阻时,可以得到电机的功率因数为

$$\cos\varphi = \frac{i_q\psi_{pm}+(L_d-L_q)i_di_q}{\sqrt{(i_d^2+i_q^2)}\sqrt{(\psi_{pm}+L_di_d)^2+(L_qi_q)^2}} \tag{6-152}$$

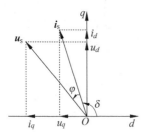

图 6-53 dq 参考坐标系下的电压和电流空间矢量

采用 $i_d=0$ 控制策略时,式(6-152)改写为

$$\cos\varphi = \frac{\psi_{pm}}{\sqrt{\psi_{pm}^2+(L_qi_q)^2}} \tag{6-153}$$

显然,电机的功率因数随定子绕组电流的增加而降低[17]。此外,随着电机转速的升高,由于没有直轴电枢反应,定子绕组需要施加非常高的端电压,才能使电机输出一定的功率或转矩。

$i_d=0$ 控制策略简单,计算工作量小。对于表贴式永磁同步电机,单位定子绕组电流可以获得最大的电机转矩,电机铜损较小。但对于内置式永磁同步电机,电机的磁阻转矩没有得到利用,不能充分发挥电机的转矩输出能力。因此这种控制策略适用于小功率、低转速表贴式永磁同步电机,在电动汽车上较少应用。

2) 单位功率因数控制

单位功率因数控制(unity power factor control, UPFC),也称"功率因数等于 1 的控制"。在忽略定子绕组等效电阻时,若电机的功率因数等于 1,则由图 6-53 和式(6-152)有

$$L_di_d^2 + L_qi_q^2 + i_d\psi_{pm} = 0 \tag{6-154}$$

式(6-154)可以改写为

$$\frac{i_d^2}{\left(\dfrac{\psi_{pm}}{2L_d\sqrt{\rho}}\right)^2} + \frac{\left(i_d+\dfrac{\psi_{pm}}{2L_d}\right)^2}{\left(\dfrac{\psi_{pm}}{2L_d}\right)^2} = 1 \tag{6-155}$$

式中,ρ 为永磁同步电机的凸极率。若 $\rho>1$,式(6-155)在 dq 参考坐标系下是个椭圆;若 $\rho=1$,式(6-155)在 dq 参考坐标系下是个圆,具体如图 6-54[7]所示。

由图 6-54 可见,若定子电流空间矢量 $\boldsymbol{i}_s$ 的幅值为 i_s,当

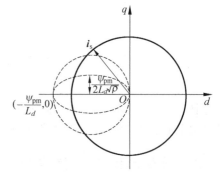

图 6-54 dq 参考坐标系下的单位功率因数约束

$$i_s > \frac{\psi_{pm}}{L_d} \tag{6-156}$$

时,不存在 i_d 和 i_q 满足式(6-155)。因此,当永磁同步电机大功率运行时,会出现无法应用单位功率因数控制策略的情况。

在对电机转矩进行控制时,可以根据目标转矩 T_e^*,将式(6-154)与式(6-138)联立对 d 轴参考电流 i_d^* 和 q 轴参考电流 i_q^* 进行求解。

3) 恒气隙磁链控制

恒气隙磁链控制(constant mutual air gap flux linkages control)是指使电机气隙磁链保持为常数,该常数通常等于转子的永磁体产生的磁链[6]。这种控制方法的优点是通过对气隙磁链的控制使电机系统对电机控制器直流侧的电压需求相对较低。这种方法可以用于恒转矩区和恒功率区电机转矩的控制。

根据式(6-135),当气隙磁链与永磁体磁链相等时,有

$$\sqrt{(\psi_{pm} + L_d i_d)^2 + (L_q i_q)^2} = \psi_{pm} \tag{6-157}$$

因此,可以根据目标转矩 T_e^*,将式(6-157)与式(6-138)联立对 d 轴参考电流 i_d^* 和 q 轴参考电流 i_q^* 进行求解。

4) 单位电流最大转矩控制

定子绕组电流的幅值直接决定定子铜损的大小,进而对电机的效率产生重要的影响。控制电机工作在转矩与电流之比始终保持最大的情况下,可以获得较高的电机效率。单位电流最大转矩(maximum torque per ampere,MTPA)控制又称为最大转矩电流比控制,即获得相同转矩所需定子电流最小的控制。

若定子绕组电流空间矢量 i_s 的幅值为 i_s,那么有

$$i_d^2 + i_q^2 = i_s^2 \tag{6-158}$$

根据式(6-138)所示的永磁同步电机转矩公式,在式(6-158)所示电流约束条件下,基于拉格朗日乘数法(Lagrange multiplier method)构建函数

$$f(i_d, i_q, \lambda) = P[\psi_{pm} i_q + (L_d - L_q) i_d i_q] + \lambda(i_d^2 + i_q^2 - I_{smax}^2) \tag{6-159}$$

式中,λ 为拉格朗日乘子(Lagrange multiplier)。

令

$$\frac{\partial f(i_d, i_q, \lambda)}{\partial i_d} = P(L_d - L_q) i_q + 2\lambda i_d = 0 \tag{6-160}$$

以及

$$\frac{\partial f(i_d, i_q, \lambda)}{\partial i_q} = P[\psi_{pm} + (L_d - L_q) i_d] + 2\lambda i_q = 0 \tag{6-161}$$

同时,还有

$$\frac{\partial f(i_d, i_q, \lambda)}{\partial \lambda} = i_d^2 + i_q^2 - I_{smax}^2 = 0 \tag{6-162}$$

联立式(6-160)和式(6-161),有

$$(L_d - L_q)(i_q^2 - i_d^2) - \psi_{pm} i_d = 0 \tag{6-163}$$

因此,可以得到 i_d 和 i_q 的关系为

$$i_d = \frac{-\psi_{\text{pm}} + \sqrt{\psi_{\text{pm}}^2 + 4(L_d - L_q)^2 i_q^2}}{2(L_d - L_q)} \tag{6-164}$$

或

$$i_q = \sqrt{\frac{\psi_{\text{pm}} i_d}{L_d - L_q} + i_d^2} \tag{6-165}$$

根据式(6-164)或式(6-165)，可以在 i_d-i_q 平面上得到单位电流最大转矩控制曲线，即 MTPA 曲线，具体如图 6-55 所示。

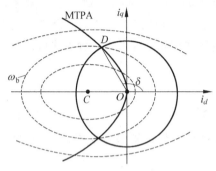

图 6-55 单位电流最大转矩曲线

根据式(6-142)和图 6-45，在 dq 参考坐标系的第二象限，若有

$$\frac{\mathrm{d}t_e}{\mathrm{d}\delta} = 0 \tag{6-166}$$

将式(6-142)代入式(6-166)，即存在

$$(L_d - L_q)(i_q^2 - i_d^2) - \psi_{\text{pm}} i_d = 0 \tag{6-167}$$

此时，电机转矩为最大值。式(6-167)和式(6-163)具有相同的形式，这表明 MTPA 曲线上每个工作点与 O 点的连线和 d 轴正方向的夹角 δ，即为电机在该工作点获得最大转矩的转矩角。

单位电流最大转矩控制是电动汽车永磁同步电机低转速或恒转矩区普遍采用的控制策略，可以获得较高的工作效率。但在实际应用中，由于电机参数的变化，直接利用理论公式式(6-164)或式(6-165)很难取得较好的控制效果，还需要基于实验数据进行修正。

2. 恒功率区的控制策略

若永磁同步电机在低速运行时，选择 MTPA 控制策略，假设电机工作在电动状态，在 i_d-i_q 平面上，随着电机转矩的增加，电机工作点 (i_d, i_q) 将沿 MTPA 曲线上升。如图 6-55 所示，当工作点到达 MTPA 曲线与电流限制圆的交点 D 时，电机的输出功率达到最大，此时经过 D 点的电压限制椭圆对应的电机转速（角速度）即为电机的基速 ω_b。在忽略定子绕组等效电阻时，ω_b 可以表示为

$$\omega_b = \frac{U_{\text{smax}}}{P\sqrt{(L_q i_q)^2 + (L_d i_d + \psi_{\text{pm}})^2}} \tag{6-168}$$

随着电机转速 ω_r 的增大，电压限制椭圆持续向中心 C 点收缩，定子电流矢量 i_s 会在 d-q 平面的第二、三象限越来越靠近 d 轴。即对于同样幅值的 i_s，随着 ω_r 的增大，i_d 的数值越来越大，对 d 轴方向转子永磁体产生的磁场 ψ_f 去磁作用越来越强，才能保证电机的工作点 (i_d, i_q) 同时满足电流限制和电压限制，从而使电机正常安全地运行。这种通过调节 i_d，使 d 轴方向磁场减弱的现象，称为弱磁；实现弱磁的控制，称为弱磁控制（flux-weakening control, FWC）。对于内置式永磁同步电机，由于它工作在 i_d-i_q 平面的第二、三象限，电机始终工作在"弱磁"状态。只是在电机转速高于基速 ω_b 时，"弱磁"的特征呈现得更为明显。通常，交流电机的恒功率区又称为弱磁区。相应地，恒功率区的控制也称为弱磁控制。为避免歧义，如不特别说明，永磁同步电机的"弱磁控制"仍指电机恒功率区的控制。

1) 基于 d 轴电流补偿的控制

在图 6-56(a)中,永磁同步电机在恒转矩区采用单位电流最大转矩控制时,其定子电流的工作轨迹为 OD。工作点 D 为 MTPA 曲线与电流限制圆的交点,对应的电机转速 ω_{r4} 即为电机的基速 ω_b;而工作点 D 对应的电机转矩 T_1 即为电机的最大输出转矩 $T_{\max}$。随着转速的增大,电压限制椭圆将向内收缩,此时电机的工作点将沿着电流限制圆向 d 轴靠近,电机无法按恒转矩到达 G 点,而只能通过电机转矩下降,在电机转速为 ω_{r3} 时,到达 H 点;在电机转速为 ω_{r2} 时到达 E 点。

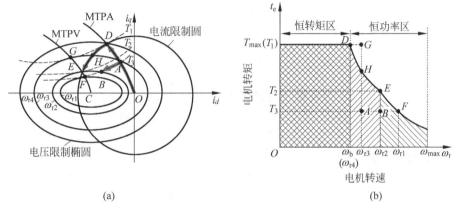

图 6-56 永磁同步电机的电流轨迹和工作点
(a) i_d-i_q 平面的电流轨迹;(b) ω-T 平面的工作点

采用基于 d 轴电流补偿的控制可以实现电机的工作点按 $\overset{\frown}{DHE}$ 路径变化,具体控制框图如图 6-57 所示。图中,i_s^* 为电流限制圆的半径,即定子电流矢量的幅值;$U_{s\max}$ 为最大允许运行电压;I_{dm} 和 I_{qm} 分别为定子电流在 d 轴和 q 轴分量的最大允许值。

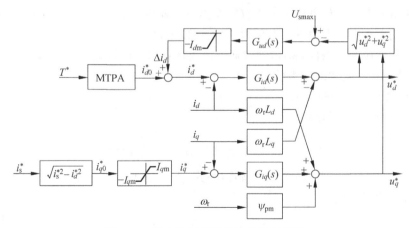

图 6-57 沿电流限制圆轨迹的控制框图

通过 d 轴电流补偿量 Δi_d,可以将定子电流轨迹控制在电压限制椭圆内。同时,i_s^* 又将定子电流轨迹控制在电流限制圆内。

图 6-57 中,若电压和电流闭环采用 PI 控制器,$G_{id}(s)$ 和 $G_{iq}(s)$ 如式(6-144),$G_{ud}(s)$ 可以表示为

$$G_{ud}(s) = k_{up} + \frac{k_{ui}}{s} \tag{6-169}$$

式中，k_{up}、k_{ui} 分别为比例系数和积分系数。

基于 d 轴电流补偿的控制策略的实质是在满足电压限制约束条件下，电机的工作点 (i_d, i_q) 尽可能靠近电流限制圆移动。

2) 最大功率控制

电机在恒功率区输出最大功率的问题就是不等式约束条件下的最优化问题，即存在

$$\begin{aligned}\max_{i_d, i_q} \ & p_e(i_d, i_q) = \omega_r P[\psi_{pm} i_q + (L_d - L_q) i_d i_q] \\ \text{s.t.} \ & i_d^2 + i_q^2 - I_{smax}^2 \leq 0 \\ & (L_q i_q)^2 + (L_d i_d + \psi_{pm})^2 - \left(\frac{U_{smax}}{P\omega_r}\right)^2 \leq 0 \end{aligned} \tag{6-170}$$

因此，在电流限制圆和电压限制椭圆的交点，电机可以获得最大输出功率。所以，有

$$(L_d^2 - L_q^2) i_d^2 + 2 L_d \psi_{pm} i_d + L_q^2 I_{smax}^2 + \psi_{pm}^2 - \left(\frac{U_{smax}}{P\omega_r}\right)^2 = 0 \tag{6-171}$$

对式(6-171)进行求解，可得

$$i_d = \frac{1}{L_q^2 - L_d^2} \left[L_d \psi_{pm} - \sqrt{L_q^2 \psi_{pm}^2 + (L_q^2 - L_d^2)\left(L_q^2 I_{smax}^2 - \frac{U_{smax}^2}{P^2 \omega_r^2}\right)} \right] \tag{6-172}$$

同时，有

$$i_q = \sqrt{I_{smax}^2 - i_d^2} \tag{6-173}$$

式(6-172)和式(6-173)确定的电机工作点按图 6-56(a)中 $\overset{\frown}{DHE}$ 路径变化。

基于 d 轴电流补偿的控制策略和最大功率控制策略均是在 i_d 和 i_q 同时满足电流约束和电压约束的前提下，使电机工作在恒功率区。二者的区别是，前者采用的电压闭环控制，通过动态调节来保证工作点路径沿 $\overset{\frown}{DHE}$ 变化。后者是利用解析法，对 $\overset{\frown}{DHE}$ 上的 i_d 和 i_q 进行求解。前者在电机参数发生变化时，仍然可以通过动态调节对 i_d 和 i_q 进行动态控制，以满足电流和电压约束条件；后者通常通过离线计算的方法得到 i_d 和 i_q，所以微处理器负担较小，但适应参数变化的能力较差。

3) 单位电压最大转矩控制

永磁同步电机的电压约束为

$$(L_q i_q)^2 + (L_d i_d + \psi_{pm})^2 \leq \left(\frac{U_{smax}}{P\omega_r}\right)^2 \tag{6-174}$$

针对如式(6-138)所示的永磁同步电机转矩公式，在式(6-174)所示电压约束条件下，基于拉格朗日乘数法构建函数

$$f(i_d, i_q, \lambda) = P[\psi_{pm} i_q + (L_d - L_q) i_d i_q] + \lambda \left[(L_q i_q)^2 + (L_d i_d + \psi_{pm})^2 - \left(\frac{U_{smax}}{P\omega_r}\right)^2 \right] \tag{6-175}$$

令

$$\frac{\partial f(i_d, i_q, \lambda)}{\partial i_d} = P(L_d - L_q) i_q + 2\lambda L_d (L_d i_d + \psi_{pm}) = 0 \tag{6-176}$$

以及

$$\frac{\partial f(i_d,i_q,\lambda)}{\partial i_d} = P[\psi_{pm} + (L_d - L_q)i_d] + 2\lambda L_q^2 i_q = 0 \tag{6-177}$$

同时,有

$$\frac{\partial f(i_d,i_q,\lambda)}{\partial \lambda} = (L_q i_q)^2 + (L_d i_d + \psi_{pm})^2 - \left(\frac{U_{smax}}{P\omega_r}\right)^2 = 0 \tag{6-178}$$

将式(6-176)和式(6-177)联立,有

$$L_d(L_d i_d + \psi_{pm})[(L_d - L_q)i_d + \psi_{pm}] - (L_d - L_q)L_q^2 i_q^2 = 0 \tag{6-179}$$

因此,可以得到 i_d 和 i_q 的关系为

$$i_d = -\frac{\psi_{pm}}{L_d} + \frac{-L_q\psi_{pm} + \sqrt{L_q^2\psi_{pm}^2 + 4L_q^2(L_d - L_q)^2 i_q^2}}{2L_d(L_d - L_q)} \tag{6-180}$$

根据式(6-180),可以在 i_d-i_q 平面上得到单位电压最大转矩(maximum torque per volt,MTPV)控制曲线,即 MTPV 曲线,如图 6-56 所示。当 $i_q = 0$ 时,由式(6-180)可得

$$i_d = -\frac{\psi_{pm}}{L_d} \tag{6-181}$$

因此,MTPV 曲线将经过电压限制椭圆曲线的中心 C 点。

由于 MTPV 曲线是产生不同转矩所需的最小定子电压的曲线,所以每条恒转矩曲线与电压限制椭圆曲线的切点(G、E、F 等)是在一定定子电压下可以获得的最大转矩点,这些切点与椭圆的中心 C 点连接而成的曲线,就是 MTPV 曲线。基于 MTPV 曲线的控制方法,称为最大转矩电压比控制,又称为单位电压最大转矩控制。MTPV 控制可以最大程度地利用定子绕组电压。

图 6-56(a)中,若电机工作在 E 点,此时电机转速进一步提高,可以按 MTPV 曲线向 C 点靠近,如:在转速为 ω_{r1} 时,电机工作在 F 点。由于电机工作点通过 E 点后,相电流矢量将向限制圆内收缩,此时已不能保证电机按最大输出功率运行,因此严格意义上说,经过 E 点后,永磁同步电机运行区域不应视为恒功率区[18],但为了分析问题方便,这里不再对此加以区别。

需要说明的是,当电机定子电流轨迹按 D-E-F 运行时,E 点是基于 d 轴电流补偿的控制、最大转矩电压比控制的切换点,在实际应用中应注意两种控制策略的平滑切换,以免电机定子电流出现明显振荡而导致工作点超出电流限制圆或电压限制椭圆。

此外,若图 6-56(a)中 C 点位于电流限制圆外,则无法实施最大转矩电压比控制,此时电机弱磁控制可采用基于 d 轴电流补偿的控制。

4) 恒转矩控制

在电机的恒功率区,还有一种情况:电机在低转速时定子电流矢量没有到达电流限制圆边界,如图 6-56 中 A 点。随着电机转速的增大,希望电机按恒转矩过渡到 B 点。在这种情况下,i_d 和 i_q 应该满足

$$\begin{cases} T = P[\psi_{pm}i_q + (L_d - L_q)i_d i_q] \\ (L_q i_q)^2 + (L_d i_d + \psi_{pm})^2 \leqslant \left(\frac{U_{smax}}{P\omega_r}\right)^2 \end{cases} \tag{6-182}$$

由式(6-182)，基于目标转矩 T_e^*，可以得到 d 轴参考电流 i_d^* 和 q 轴参考电流 i_q^*。

在永磁同步电机实际应用中，电动汽车车速不断变化、司机驾驶意图会不断调整、电机控制器输入直流电压在不断波动，这些因素都对永磁同步电机控制提出了较大的挑战。在制定电机控制器控制算法时，需基于实际电机工况和电机运行区域，面向驱动电机系统安全、可靠和高效运行，合理选择控制策略。

6.6 永磁同步电机损耗

永磁同步电机系统在驱动/制动车辆过程中，会产生损耗。这些损耗可以分为两大部分：电机控制器产生的损耗和永磁同步电机产生的损耗。

电机控制器的损耗 P_{Con} 主要是主电路电力电子器件产生的开关损耗和通态损耗，与它们相比，电机控制器内部控制电路、驱动电路以及其他控制器附件产生的损耗因较小可以忽略不计。电力电子器件工作过程产生的损耗的计算方法参见式(3-14)。

永磁同步电机在工作过程中，会产生铜损、铁损、机械损耗和杂散损耗。

（1）铜损。

在定子绕组回路中，因每相绕组等效电阻 R_s 的存在，在电机工作过程中会产生定子绕组铜损 $P_{\text{Cu,s}}$，可以表示为

$$P_{\text{Cu,s}} = 3R_s I_\phi^2 = R_s i_s^2 = R_s(i_d^2 + i_q^2) \tag{6-183}$$

式中，I_ϕ 为三相对称正弦定子绕组电流的有效值。

（2）铁损。

永磁同步电机定子和转子都有铁心损耗，即铁损。铁损主要包括定子和转子铁磁材料工作中产生的磁滞损耗和涡流损耗。在基速以下，磁滞损耗在铁损中占的比重较大，而随着转速的升高，磁滞损耗占比会随之下降，涡流损耗占比会随之上升；当电机转速高于基速时，涡流损耗将在铁损中占较大比例。

基于图6-43，考虑铁损后的 dq 参考坐标系下的永磁同步电机等效电路如图6-58[19]所示。图中，R_c 为电机铁损等效电阻。

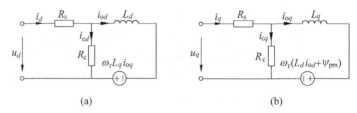

图 6-58 考虑铁损的永磁同步电机在 dq 参考坐标系下的等效电路
(a) d 轴等效电路；(b) q 轴等效电路

由图6-58可以得到 dq 参考坐标系下稳态时的永磁同步电机电压方程

$$\begin{bmatrix} u_d \\ u_q \end{bmatrix} = \begin{bmatrix} R_s & -\omega_r L_q\left(1+\dfrac{R_s}{R_c}\right) \\ \omega_r L_d\left(1+\dfrac{R_s}{R_c}\right) & R_s \end{bmatrix} \begin{bmatrix} i_{od} \\ i_{oq} \end{bmatrix} + \omega_r \begin{bmatrix} 0 \\ \psi_{\text{pm}}\left(1+\dfrac{R_s}{R_c}\right) \end{bmatrix} \tag{6-184}$$

此外,还存在

$$\begin{cases} i_d = i_{od} + i_{cd} \\ i_q = i_{oq} + i_{cq} \\ i_{cd} = -\dfrac{\omega_r L_q i_{oq}}{R_c} \\ i_{cq} = \dfrac{\omega_r (L_d i_{od} + \psi_{pm})}{R_c} \end{cases} \quad (6\text{-}185)$$

永磁同步电机的铁损可以表示为

$$P_{Fe} = R_c (i_{cd}^2 + i_{cq}^2) = \omega_r^2 \frac{(L_q i_{oq})^2 + (L_d i_{od} + \psi_{pm})^2}{R_c} \quad (6\text{-}186)$$

按式(6-186)计算得到的电机铁损不包括因气隙磁场谐波成分导致的永磁体、转子轭以及绑扎永磁体的金属护套中产生的涡流损耗。这部分损耗会导致转子或永磁体局部温度升高,从产生机理看,属于转子铁损,但这里将它们纳入杂散损耗。

永磁同步电机转子在转动过程中,会存在机械损耗 P_{Me}。机械损耗主要包括电机的机械摩擦损耗、风摩损耗。永磁同步电机的机械损耗与电机内部结构、电机转速、电机维护状态等密切相关。

除以上给出的各类损耗外,电机工作过程可能出现的其他损耗,统一称为杂散损耗,用 P_{St} 表示。

永磁同步电机总的损耗表示为

$$P_{Loss} = P_{Cu,s} + P_{Fe} + P_{Me} + P_{St} \quad (6\text{-}187)$$

6.7 永磁同步电机转子位置和转速的估计

转子位置是永磁同步电机矢量控制中非常重要的电机运行参数。电动汽车永磁同步电机系统普遍采用旋转变压器作为转子位置(转速)传感器。在通过传感器对转子位置进行检测时,传感器精度、数据采集和处理环节引起的时延等因素会对电流闭环控制效果产生较大的影响。转子位置(转速)传感器与驱动电机一起工作在复杂、恶劣的车载环境下,其工作状态对驱动电机系统的控制品质、电机的可靠性和安全性,乃至整车的可靠性和安全性会产生直接影响。

利用定子绕组电压、定子绕组电流等易检测到的物理量以及驱动电机自身参数可以实现对驱动电机转子位置(转速)的精确估计或辨识,估计或辨识结果可以与通过转子位置(转速)传感器获得的数据互为校核、互为冗余,从而提高驱动电机系统的控制性能,并有利于提高动力系统与整车的可靠性和安全性。

常见的永磁同步电机转子位置(转速)的估计方法可以分为两大类。第一类为基于电机数学模型的估计方法,包括直接估计法、基于扩展反电动势估计法、基于扩展卡尔曼滤波器估计法、模型参考自适应法等。这类方法比较适合电机在中、高转速运行时的转子位置(转速)估计,在低转速或零转速情况下,由于反电动势过小,估计精度会降低或估计方法失效。第二类为基于电机的磁不对称性或凸极效应的估计方法,主要指高频信号注入法。这类方法需要对电机绕组施加额外的高频信号,数据处理过程会存在滤波环节,实施难度较大。在工程实践中,若将这两类方法与电机参数和模型的在线辨识相结合,可以取得较好的转子位置(转速)估计效果。

6.7.1 转子位置和转速的开环估计

基于电机数学模型的直接估计方法出现和应用较早,该方法采用对定子绕组电压和电流的检测,依据理想的电机数学模型或相关公式进行计算,直接获得电机的转子位置或转速。由于不通过实测数据的反馈对估计结果进行修正或迭代,所以这种方法又称"开环估计"[20]或"开环算法"[21],具体可以分为基于定子绕组电压和电流的估计、基于定子绕组磁链的估计等。这种方法具有算法简单、实时性好等优点,但由于强烈依赖于电机模型和电机参数,所以估计精度容易受到电机运行状态、运行环境等方面的影响。

1. 基于定子绕组电压和电流的估计

对于永磁同步电机,dq 参考坐标系下的电压方程可以表示为

$$\begin{bmatrix} u_d \\ u_q \end{bmatrix} = \begin{bmatrix} R_s & 0 \\ 0 & R_s \end{bmatrix} \begin{bmatrix} i_d \\ i_q \end{bmatrix} + p \begin{bmatrix} L_d & 0 \\ 0 & L_q \end{bmatrix} \begin{bmatrix} i_d \\ i_q \end{bmatrix} + \omega_r \begin{bmatrix} -L_q i_q \\ L_d i_d + \psi_{pm} \end{bmatrix} \quad (6\text{-}188)$$

根据派克变换,存在

$$\begin{bmatrix} u_d \\ u_q \end{bmatrix} = \boldsymbol{M}_P \begin{bmatrix} u_\alpha \\ u_\beta \end{bmatrix} \quad (6\text{-}189)$$

以及

$$\begin{bmatrix} i_d \\ i_q \end{bmatrix} = \boldsymbol{M}_P \begin{bmatrix} i_\alpha \\ i_\beta \end{bmatrix} \quad (6\text{-}190)$$

式(6-189)、式(6-190)中的 $\boldsymbol{M}_P$ 为派克变换矩阵,具体如式(6-97)所示。将式(6-189)、式(6-190)代入式(6-188)中,有

$$u_\alpha \cos\theta + u_\beta \sin\theta = (R_s + pL_d)(i_\alpha \cos\theta + i_\beta \sin\theta) - \omega_r L_q (i_\beta \cos\theta - i_\alpha \sin\theta) \quad (6\text{-}191)$$

以及

$$u_\beta \cos\theta - u_\alpha \sin\theta = (R_s + pL_d)(i_\beta \cos\theta - i_\alpha \sin\theta) + \omega_r L_d (i_\alpha \cos\theta + i_\beta \sin\theta) + \omega_r \psi_{pm} \quad (6\text{-}192)$$

由式(6-191),可以推导出[22]

$$\theta = \arctan\left\{ \frac{u_\alpha - (R_s + pL_d)i_\alpha + \omega_r i_\beta (L_q - L_d)}{-u_\beta + (R_s + pL_d)i_\beta + \omega_r i_\alpha (L_q - L_d)} \right\} \quad (6\text{-}193)$$

因此,可以由定子绕组电压、定子绕组电流、(电)角速度 ω_r 估计转子位置角 θ(即 d 轴与 A 轴夹角)。

对于表贴式永磁同步电机,由于存在

$$L_d = L_q = L_s \quad (6\text{-}194)$$

所以,由式(6-191)和式(6-192)可以得到

$$\omega_r = \frac{\sqrt{\{u_\alpha - i_\alpha(R_s + pL_s)\}^2 + \{u_\beta - i_\beta(R_s + pL_s)\}^2}}{\psi_{pm}} \quad (6\text{-}195)$$

因此,通过式(6-195)和式(6-193)就可以得到电机的转子位置和转速。

2. 基于定子绕组磁链的估计

根据式(6-120)可知,在 $\alpha\beta$ 参考坐标系下,永磁同步电机的电压方程为

$$\begin{cases} u_\alpha = R_s i_\alpha + p\psi_\alpha \\ u_\beta = R_s i_\beta + p\psi_\beta \end{cases} \tag{6-196}$$

因此,定子绕组磁链可以表示为

$$\begin{cases} \psi_\alpha = \int (u_\alpha - R_s i_\alpha)\mathrm{d}t \\ \psi_\beta = \int (u_\beta - R_s i_\beta)\mathrm{d}t \end{cases} \tag{6-197}$$

对于永磁同步电机在不同参考坐标系下的定子绕组磁链空间矢量如图 6-59 所示,因此可以得到

$$\begin{cases} \psi_\alpha = \psi_d \cos\theta - \psi_q \sin\theta \\ \psi_\beta = \psi_d \sin\theta + \psi_q \cos\theta \end{cases} \tag{6-198}$$

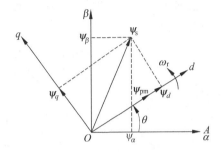

图 6-59 永磁同步电机定子磁链空间矢量

将式(6-135)代入式(6-198)中,可得

$$\begin{bmatrix} \psi_\alpha \\ \psi_\beta \end{bmatrix} = L_q \begin{bmatrix} i_\alpha \\ i_\beta \end{bmatrix} + \left[(L_d - L_q)i_d + \psi_{\mathrm{pm}}\right] \begin{bmatrix} \cos\theta \\ \sin\theta \end{bmatrix} \tag{6-199}$$

所以,有

$$\theta = \arctan\frac{\psi_\beta - L_q i_\beta}{\psi_\alpha - L_q i_\alpha} = \arctan\frac{\int(u_\beta - R_s i_\beta)\mathrm{d}t - L_q i_\beta}{\int(u_\alpha - R_s i_\alpha)\mathrm{d}t - L_q i_\alpha} \tag{6-200}$$

同时,存在

$$\omega_e = \frac{\mathrm{d}\theta}{\mathrm{d}t} \tag{6-201}$$

因此,通过式(6-200)和式(6-201)可以得到电机转子位置和转速。

6.7.2 基于扩展反电动势的估计

对如式(6-188)所示 dq 参考坐标系下永磁同步电机的电压方程进行改写,可得

$$\begin{bmatrix} u_d \\ u_q \end{bmatrix} = \begin{bmatrix} R_s + pL_d & -\omega_r L_q \\ \omega_r L_q & R_s + pL_d \end{bmatrix} \begin{bmatrix} i_d \\ i_q \end{bmatrix} + \begin{bmatrix} 0 \\ (L_d - L_q)(\omega_r i_d - p i_q) + \omega_r \psi_{\mathrm{pm}} \end{bmatrix} \tag{6-202}$$

与式(6-202)形式相对应的 $\alpha\beta$ 参考坐标系下永磁同步电机的电压方程为

$$\begin{bmatrix} u_\alpha \\ u_\beta \end{bmatrix} = \begin{bmatrix} R_s + pL_d & \omega_r(L_d - L_q) \\ -\omega_r(L_d - L_q) & R_s + pL_d \end{bmatrix} \begin{bmatrix} i_\alpha \\ i_\beta \end{bmatrix} + \{(L_d - L_q)(\omega_r i_d - p' i_q) + \omega_r \psi_{\mathrm{pm}}\} \begin{bmatrix} -\sin\theta \\ \cos\theta \end{bmatrix} \tag{6-203}$$

式中，p' 表示微分算子，但区别于"p"，"p'"只对 i_q 起作用。

定义永磁同步电机的扩展反电动势（extended electromotive force, EEMF）[23] 为

$$\begin{bmatrix} e_\alpha \\ e_\beta \end{bmatrix} = \{(L_d - L_q)(\omega_e i_d - p' i_q) + \omega_r \psi_{pm}\} \begin{bmatrix} -\sin\theta \\ \cos\theta \end{bmatrix} \quad (6\text{-}204)$$

由于式(6-204)中包含转子位置信息，所以可以利用扩展反电动势估计电机的转子位置。当电机工作在低转速时，只要 i_q 具有一定的变化率，即 $p' i_q$ 具有一定的数值，扩展反电动势就不会很小，因此扩展反电动势估计方法适合于转速变化范围比较大的情况下的转子位置估计。

根据式(6-203)和式(6-204)，可以得到永磁同步电机控制系统的状态方程(state equation)为

$$p \begin{bmatrix} \boldsymbol{i}_{\alpha\beta} \\ \boldsymbol{e}_{\alpha\beta} \end{bmatrix} = \begin{bmatrix} \boldsymbol{A}_{11} & \boldsymbol{A}_{12} \\ 0 & \boldsymbol{A}_{21} \end{bmatrix} \begin{bmatrix} \boldsymbol{i}_{\alpha\beta} \\ \boldsymbol{e}_{\alpha\beta} \end{bmatrix} + \begin{bmatrix} \boldsymbol{B}_1 \\ 0 \end{bmatrix} \boldsymbol{u}_{\alpha\beta} + \begin{bmatrix} 0 \\ \boldsymbol{W} \end{bmatrix} \quad (6\text{-}205)$$

式中，

$$\begin{cases} \boldsymbol{i}_{\alpha\beta} = \begin{bmatrix} i_\alpha & i_\beta \end{bmatrix}^T \\ \boldsymbol{e}_{\alpha\beta} = \begin{bmatrix} e_\alpha & e_\beta \end{bmatrix}^T \\ \boldsymbol{u}_{\alpha\beta} = \begin{bmatrix} u_\alpha & u_\beta \end{bmatrix}^T \end{cases} \quad (6\text{-}206)$$

以及

$$\begin{cases} \boldsymbol{A}_{11} = -\left(\dfrac{R_s}{L_d}\right)\boldsymbol{I} + \left\{\omega_e \dfrac{L_d - L_q}{L_d}\right\}\boldsymbol{J} \\ \boldsymbol{A}_{12} = \left(-\dfrac{1}{L_d}\right)\boldsymbol{I} \\ \boldsymbol{A}_{22} = \omega_e \boldsymbol{J} \\ \boldsymbol{B}_1 = \left(\dfrac{1}{L_d}\right)\boldsymbol{I} \\ \boldsymbol{W} = (L_d - L_q)(\omega_e \dot{i}_d - \ddot{i}_q) \begin{bmatrix} -\sin\theta \\ \cos\theta \end{bmatrix} \end{cases} \quad (6\text{-}207)$$

式(6-207)中，

$$\begin{cases} \boldsymbol{I} = \begin{bmatrix} 1 & 0 \\ 0 & 1 \end{bmatrix} \\ \boldsymbol{J} = \begin{bmatrix} 0 & -1 \\ 1 & 0 \end{bmatrix} \end{cases} \quad (6\text{-}208)$$

同时，永磁同步电机控制系统的输出方程(output equation)为

$$\boldsymbol{i}_{\alpha\beta} = \boldsymbol{C} \begin{bmatrix} \boldsymbol{i}_{\alpha\beta} \\ \boldsymbol{e}_{\alpha\beta} \end{bmatrix} \quad (6\text{-}209)$$

式中，

$$\boldsymbol{C} = \begin{bmatrix} \boldsymbol{I} & 0 \end{bmatrix} \quad (6\text{-}210)$$

由式(6-205)可以构建转速观测器，得到扩展反电动势的估计值 $\hat{e}_\alpha$ 和 $\hat{e}_\beta$，则电机转子位

置的估计值 $\hat{\theta}$ 为

$$\hat{\theta} = \arctan\frac{\hat{e}_\alpha}{\hat{e}_\beta} \tag{6-211}$$

此外,通过构建转速观测器,可以获得电机转速的估计值 $\hat{\omega}_r$。有关转速观测器的构建方法可以参考相关文献[23-25]。

6.7.3 基于扩展卡尔曼滤波器的估计

1. 扩展卡尔曼滤波器算法

卡尔曼滤波器(Kalman filter)是美国学者卡尔曼(R. E. Kalman)在 20 世纪 60 年代初提出的一种线性最小方差估计算法[26],这种算法综合考虑了模型误差和测量噪声的统计特征。基于卡尔曼滤波器的算法采用递推的形式,非常适合用于边采集、边计算的数字化控制系统。扩展卡尔曼滤波器(extended Kalman filter, EKF)是卡尔曼滤波器在非线性系统的扩展,可以用于永磁同步电机转子位置或转速的估计。

假设一个非线性系统的状态方程可以表示为

$$\dot{\boldsymbol{x}}(t) = \boldsymbol{f}[\boldsymbol{x}(t)] + \boldsymbol{B}\boldsymbol{u}(t) + \boldsymbol{V}(t) \tag{6-212}$$

观测方程可以表示为

$$\boldsymbol{y}(t) = \boldsymbol{h}[\boldsymbol{x}(t)] + \boldsymbol{W}(t) \tag{6-213}$$

式(6-212)、式(6-213)中, $\boldsymbol{f}(\cdot)$ 和 $\boldsymbol{h}(\cdot)$ 表示关于状态变量 $\boldsymbol{x}$ 的连续、可微分的多维函数; $\boldsymbol{u}$ 为系统输入变量; $\boldsymbol{y}$ 为系统观测变量; $\boldsymbol{V}$ 为系统模型误差(系统噪声); $\boldsymbol{W}$ 为观测或测量误差(测量噪声); $\boldsymbol{W}$ 和 $\boldsymbol{V}$ 可看作不相关的零均值白噪声,即存在

$$\begin{cases} E\{\boldsymbol{V}(t)\} = 0 \\ E\{\boldsymbol{W}(t)\} = 0 \end{cases} \tag{6-214}$$

式中, $E\{\cdot\}$ 表示数学期望值。

若数字化控制系统的控制周期为 T_s,可以将式(6-212)离散化为

$$\boldsymbol{x}_k = \boldsymbol{x}_{k-1} + T_s \boldsymbol{f}[\boldsymbol{x}_{k-1}] + T_s \boldsymbol{B}_{k-1} \boldsymbol{u}_{k-1} + T_s \boldsymbol{V}_{k-1} \tag{6-215}$$

且将式(6-213)离散化为

$$\boldsymbol{y}_k = \boldsymbol{h}[\boldsymbol{x}_k] + \boldsymbol{W}_k \tag{6-216}$$

式(6-215)、式(6-216)中下标"$k-1$"和"k"表示第"$k-1$"和"k"个采样周期。

对于 $\boldsymbol{V}$ 和 $\boldsymbol{W}$,可定义协方差矩阵 $\boldsymbol{Q}_k$ 和 $\boldsymbol{R}_k$,且有

$$\begin{cases} \boldsymbol{Q}_k \delta_{kj} = \mathrm{cov}[\boldsymbol{V}_k, \boldsymbol{V}_j] \\ \boldsymbol{R}_k \delta_{kj} = \mathrm{cov}[\boldsymbol{W}_k, \boldsymbol{W}_j] \end{cases} \tag{6-217}$$

式中,

$$\delta_{kj} = \begin{cases} 1, & k = j \\ 0, & k \neq j \end{cases} \tag{6-218}$$

扩展卡尔曼滤波器算法的执行步骤为[27]

(1) 预测。

具体算法为

$$\hat{\boldsymbol{x}}_{k|k-1} = \hat{\boldsymbol{x}}_{k-1|k-1} + T_s \boldsymbol{f}(\hat{\boldsymbol{x}}_{k-1|k-1}) + T_s \boldsymbol{B}_{k-1} \boldsymbol{u}_{k-1} \tag{6-219}$$

$$P_{k|k-1} = P_{k-1|k-1} + T_s F_{k-1} P_{k-1|k-1} + T_s P_{k-1|k-1} F_{k-1}^T + Q_{k-1} \quad (6\text{-}220)$$

式(6-219)中,$\hat{x}_{k|k-1}$ 为第 k 次先验估计值;$\hat{x}_{k-1|k-1}$ 为第 $k-1$ 次最优估计值。式(6-220)中,$P_{k|k-1}$、$P_{k-1|k-1}$ 分别对应 $\hat{x}_{k|k-1}$、$\hat{x}_{k-1|k-1}$ 的误差方差矩阵,即

$$\begin{cases} P_{k|k-1} = E\{[x_{k|k} - \hat{x}_{k|k-1}][x_{k|k} - \hat{x}_{k|k-1}]^T\} \\ P_{k-1|k-1} = E\{[x_{k-1|k-1} - \hat{x}_{k-1|k-1}][x_{k-1|k-1} - \hat{x}_{k-1|k-1}]^T\} \end{cases} \quad (6\text{-}221)$$

且在式(6-220)中,有

$$F_{k-1} = \left.\frac{\partial f(x)}{\partial x}\right|_{x=\hat{x}_{k-1|k-1}} \quad (6\text{-}222)$$

在此基础上,可以求得卡尔曼增益(Kalman gain)K_k 为

$$K_k = P_{k|k-1} H_k^T [H_k P_{k|k-1} H_k^T + R_k]^{-1} \quad (6\text{-}223)$$

式中,

$$H_k = \left.\frac{\partial h(x)}{\partial x}\right|_{x=\hat{x}_{k|k-1}} \quad (6\text{-}224)$$

(2)修正。

具体算法为

$$\hat{x}_{k|k} = \hat{x}_{k|k-1} + K_k [y_k - h(\hat{x}_{k|k-1})] \quad (6\text{-}225)$$

$$P_{k|k} = P_{k|k-1} - K_k H_k P_{k|k-1} \quad (6\text{-}226)$$

基于以上扩展卡尔曼滤波器算法,可以得到扩展卡尔曼滤波器的结构如图 6-60 所示。

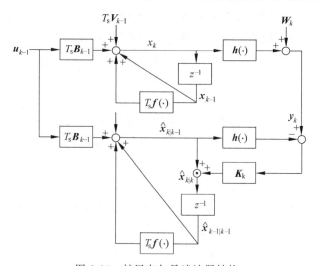

图 6-60 扩展卡尔曼滤波器结构

采用上述扩展卡尔曼滤波器算法时,可以采用试凑法来确定协方差矩阵 Q 和 R,但 Q 和 R 应能分别正确反映 V 和 W 的统计特性。

2. 基于扩展卡尔曼滤波器的永磁同步电机转子位置与转速估计

采用扩展卡尔曼滤波器对永磁同步电机转子位置与转速进行估计时,可以基于 dq 参考坐标系进行估计,也可以基于 $\alpha\beta$ 参考坐标系进行估计。相比较而言,对内置式永磁同步电机的转子位置与转速进行估计时,选取 dq 参考坐标系会导致状态方程中的系数矩阵为常数阵,求逆运算量小;而对于表贴式永磁同步电机,则参考坐标系的选取对估计过程的影响较小。

选取状态变量时,除转子位置 θ 和转速 ω_r 外,还可以选取定子绕组电流 i_d、i_q 或 i_α、i_β 作为状态变量,也可以选取定子绕组磁链 ψ_d、ψ_q 或 ψ_α、ψ_β 作为状态变量[28]。此外,合理选择观测变量有利于简化矩阵结构、降低运算量[29]。

采用扩展卡尔曼滤波器对永磁同步电机转子位置与转速进行估计时,在对系统误差和观测噪声的统计特征已知的前提下,可以有效抑制随机干扰和测量噪声的影响。但由于需要对高阶矩阵求逆运算,所以运算量较大,对数字化处理系统硬件的要求较高。

1) dq 参考坐标系下的转子位置与转速估计

根据如式(6-136)所示的永磁同步电机的电压方程,可得

$$\begin{cases} pi_d = -\dfrac{R_s}{L_d}i_d + \omega_r \dfrac{L_q}{L_d}i_q + \dfrac{u_d}{L_d} \\ pi_q = -\dfrac{R_s}{L_q}i_q - \omega_r \dfrac{L_d}{L_q}i_d - \omega_r \dfrac{\psi_{pm}}{L_q} + \dfrac{u_q}{L_q} \end{cases} \tag{6-227}$$

在一个 T_s 控制周期内,可以认为电机处于稳态运行,即电机转速保持不变,所以存在

$$\begin{cases} p\omega_r = 0 \\ p\theta = \omega_r \end{cases} \tag{6-228}$$

在 dq 参考坐标系下,可以选取状态变量为

$$\boldsymbol{x} = \begin{bmatrix} i_d & i_q & \omega_r & \theta \end{bmatrix}^T \tag{6-229}$$

选取输入变量为

$$\boldsymbol{u} = \begin{bmatrix} u_\alpha & u_\beta \end{bmatrix}^T \tag{6-230}$$

选取输出(观测)变量为

$$\boldsymbol{y} = \begin{bmatrix} i_\alpha & i_\beta \end{bmatrix}^T \tag{6-231}$$

则可以得到状态方程和输出(观测)方程为

$$\begin{cases} \dot{\boldsymbol{x}} = \boldsymbol{A}\boldsymbol{x} + \boldsymbol{B}\boldsymbol{u} \\ \boldsymbol{y} = \boldsymbol{C}\boldsymbol{x} \end{cases} \tag{6-232}$$

式中,

$$\begin{cases} \boldsymbol{A} = \begin{bmatrix} -\dfrac{R_s}{L_d} & \omega_r \dfrac{L_q}{L_d} & 0 & 0 \\ \omega_r \dfrac{L_d}{L_q} & -\dfrac{R_s}{L_q} & -\dfrac{\psi_{pm}}{L_q} & 0 \\ 0 & 0 & 0 & 0 \\ 0 & 0 & 1 & 0 \end{bmatrix} \\ \boldsymbol{B} = \begin{bmatrix} \dfrac{\cos\theta}{L_d} & \dfrac{\sin\theta}{L_d} \\ -\dfrac{\sin\theta}{L_q} & \dfrac{\cos\theta}{L_q} \\ 0 & 0 \\ 0 & 0 \end{bmatrix} \\ \boldsymbol{C} = \begin{bmatrix} \cos\theta & -\sin\theta & 0 & 0 \\ \sin\theta & \cos\theta & 0 & 0 \end{bmatrix} \end{cases} \tag{6-233}$$

若控制周期为 T_s，且 T_s 足够小，则可对式(6-232)进行离散化，有

$$\begin{cases} \bm{x}_k = \bm{A}'\bm{x}_{k-1} + \bm{B}'\bm{u}_{k-1} \\ \bm{y}_k = \bm{C}'\bm{x}_k \end{cases} \tag{6-234}$$

式中，

$$\bm{A}' = \begin{bmatrix} 1 - T_s \dfrac{R_s}{L_d} & \omega_r T \dfrac{L_q}{L_d} & 0 & 0 \\ \omega_r T_s \dfrac{L_d}{L_q} & 1 - T_s \dfrac{R_s}{L_q} & -T_s \dfrac{\psi_{pm}}{L_q} & 0 \\ 0 & 0 & 1 & 0 \\ 0 & 0 & T_s & 1 \end{bmatrix} \tag{6-235}$$

$$\bm{B}' = \begin{bmatrix} T_s \dfrac{\cos\theta}{L_d} & T_s \dfrac{\sin\theta}{L_d} \\ -T_s \dfrac{\sin\theta}{L_q} & T_s \dfrac{\cos\theta}{L_q} \\ 0 & 0 \\ 0 & 0 \end{bmatrix}$$

$$\bm{C}' = \begin{bmatrix} \cos\theta & -\sin\theta & 0 & 0 \\ \sin\theta & \cos\theta & 0 & 0 \end{bmatrix}$$

考虑到系统噪声 $\bm{V}$ 和测量噪声 $\bm{W}$，式(6-234)改写为

$$\begin{cases} \bm{x}_k = \bm{A}'\bm{x}_{k-1} + \bm{B}'\bm{u}_{k-1} + \bm{V}_{k-1} \\ \bm{y}_k = \bm{C}'\bm{x}_k + \bm{W}_k \end{cases} \tag{6-236}$$

由式(6-236)，根据式(6-219)～式(6-226)所示的扩展卡尔曼滤波器算法即可对转子位置 θ 和转速 ω_r 进行估计。

2) $\alpha\beta$ 参考坐标系下的转子位置与转速估计

对于表贴式永磁同步电机，若令

$$L_d = L_q = L_s \tag{6-237}$$

则由式(6-124)、式(6-134)得到 $\alpha\beta$ 参考坐标系下的电机电压方程为

$$\begin{bmatrix} u_\alpha \\ u_\beta \end{bmatrix} = \begin{bmatrix} R_s & 0 \\ 0 & R_s \end{bmatrix} \begin{bmatrix} i_\alpha \\ i_\beta \end{bmatrix} + p\left(\begin{bmatrix} L_s & 0 \\ 0 & L_s \end{bmatrix} \begin{bmatrix} i_\alpha \\ i_\beta \end{bmatrix} \right) + \omega_r \psi_{pm} \begin{bmatrix} -\sin\theta \\ \cos\theta \end{bmatrix} \tag{6-238}$$

因此，可以得到

$$\begin{cases} pi_\alpha = -\dfrac{R_s}{L_s} i_d + \omega_r \dfrac{\psi_{pm}}{L_s} \sin\theta + \dfrac{u_\alpha}{L_s} \\ pi_\beta = -\dfrac{R_s}{L_s} i_\beta - \omega_r \dfrac{\psi_{pm}}{L_s} \cos\theta + \dfrac{u_\beta}{L_s} \end{cases} \tag{6-239}$$

同时，有

$$\begin{cases} p\omega_r = 0 \\ p\theta = \omega_r \end{cases} \tag{6-240}$$

在 $\alpha\beta$ 参考坐标系下，状态变量可以选取为

$$\boldsymbol{x} = \begin{bmatrix} i_\alpha & i_\beta & \omega_r & \theta \end{bmatrix}^T \tag{6-241}$$

选取输入变量为

$$\boldsymbol{u} = \begin{bmatrix} u_\alpha & u_\beta \end{bmatrix}^T \tag{6-242}$$

选取输出（观测）变量为

$$\boldsymbol{y} = \begin{bmatrix} i_\alpha & i_\beta \end{bmatrix}^T \tag{6-243}$$

则可以得到如下的状态方程和输出（观测）方程，即有[30]

$$\begin{cases} \dot{\boldsymbol{x}} = \boldsymbol{f}(\boldsymbol{x}) + \boldsymbol{B}\boldsymbol{u} \\ \boldsymbol{y} = \boldsymbol{C}\boldsymbol{x} \end{cases} \tag{6-244}$$

式中，

$$\begin{cases} \boldsymbol{f}(\boldsymbol{x}) = \begin{bmatrix} -\dfrac{R_s}{L_s}i_\alpha + \omega_e \dfrac{\psi_{pm}}{L_s}\sin\theta \\ -\dfrac{R_s}{L_s}i_\beta - \omega_e \dfrac{\psi_{pm}}{L_s}\cos\theta \\ 0 \\ \omega_e \end{bmatrix} \\ \boldsymbol{B} = \begin{bmatrix} \dfrac{1}{L_s} & 0 \\ 0 & \dfrac{1}{L_s} \\ 0 & 0 \\ 0 & 0 \end{bmatrix} \\ \boldsymbol{C} = \begin{bmatrix} 1 & 0 & 0 & 0 \\ 0 & 1 & 0 & 0 \end{bmatrix} \end{cases} \tag{6-245}$$

若控制周期为 T_s，且 T_s 足够小，则可对式（6-244）进行离散化，有

$$\begin{cases} \boldsymbol{x}_k = \boldsymbol{x}_{k-1} + T_s \boldsymbol{f}[\boldsymbol{x}_{k-1}] + T_s \boldsymbol{B}\boldsymbol{u}_{k-1} \\ \boldsymbol{y}_k = \boldsymbol{C}\boldsymbol{x}_k \end{cases} \tag{6-246}$$

考虑到系统噪声 $\boldsymbol{V}$ 和测量噪声 $\boldsymbol{W}$，式（6-246）改写为

$$\begin{cases} \boldsymbol{x}_k = \boldsymbol{x}_{k-1} + T_s \boldsymbol{f}[\boldsymbol{x}_{k-1}] + T_s \boldsymbol{B}\boldsymbol{u}_{k-1} + \boldsymbol{V}_{k-1} \\ \boldsymbol{y}_k = \boldsymbol{C}\boldsymbol{x}_k + \boldsymbol{W}_k \end{cases} \tag{6-247}$$

由式（6-247），根据式（6-219）～式（6-226）所示的扩展卡尔曼滤波器算法即可对转子位置 θ 和转速 ω_r 进行估计。

6.7.4 基于模型参考自适应系统的估计

1. 模型参考自适应系统原理

模型参考自适应系统（model reference adaptive system，MARS）的相关研究始于 20 世纪 50 年代后期，可以视为一类特定的自适应系统。模型参考自适应系统的基本结构可以分为并联型、串并联型和串联型，图 6-61 所示为最为常用的并联型模型参考自适应系统的结构。

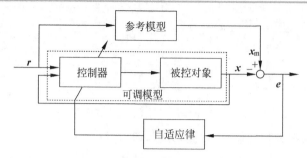

图 6-61　并联型模型参考自适应系统结构

图 6-61 中,参考模型(reference model)不含任何未知参数,对一个给定的输入 r,则对应确定的状态变量 x_m;被控对象中包含未知参数,可以认为未知参数与控制器构成可调模型(adjustable model),在同样给定输入 r 时,所对应确定的状态变量为 x;利用 x_m 与 x 的差值(误差)e 构成自适应律,通过控制器来调节可调模型的参数,以达到被控对象的状态变量 x 跟踪 x_m 的目的,也就是使 e 趋近于零。

自适应律的确定是模型参考自适应系统的技术核心,通常有三类方法用于确定自适应律,分别是:基于局部参数最优化理论的方法、基于李雅普诺夫(Lyapunov)稳定性理论的方法和基于波波夫(Popov)超稳定性理论的方法[31]。

2. 基于模型参考自适应系统的转子位置与转速估计

1) 参考模型的选取

对于表贴式永磁同步电机,若令
$$L_d = L_q = L_s \tag{6-248}$$
根据式(6-136)所示的永磁同步电机的电压方程,可得
$$\frac{\mathrm{d}}{\mathrm{d}t}\begin{bmatrix} i_d \\ i_q \end{bmatrix} = \begin{bmatrix} -\dfrac{R_s}{L_s} & \omega_r \\ -\omega_r & -\dfrac{R_s}{L_s} \end{bmatrix}\begin{bmatrix} i_d \\ i_q \end{bmatrix} + \frac{1}{L_s}\begin{bmatrix} u_d \\ -\omega_r \psi_{pm} + u_q \end{bmatrix} \tag{6-249}$$

式(6-249)所示的电流模型与被估计的电机转速 ω_r 有关,可以将它作为图 6-61 中的参考模型。

2) 可调模型的选取[32,33]

式(6-249)可以改写为
$$\frac{\mathrm{d}}{\mathrm{d}t}\begin{bmatrix} i_d + \dfrac{\psi_{pm}}{L_s} \\ i_q \end{bmatrix} = \begin{bmatrix} -\dfrac{R_s}{L_s} & \omega_r \\ -\omega_r & -\dfrac{R_s}{L_s} \end{bmatrix}\begin{bmatrix} i_d + \dfrac{\psi_{pm}}{L_s} \\ i_q \end{bmatrix} + \frac{1}{L_s}\begin{bmatrix} u_d + \dfrac{R_s \psi_{pm}}{L_s} \\ u_q \end{bmatrix} \tag{6-250}$$

令
$$\begin{cases} i'_d = i_d + \dfrac{\psi_{pm}}{L_s} \\ i'_q = i_q \\ u'_d = u_d + \dfrac{R_s \psi_{pm}}{L_s} \\ u'_q = u_q \end{cases} \tag{6-251}$$

则式(6-250)变为

$$\frac{\mathrm{d}}{\mathrm{d}t}\begin{bmatrix}i'_d\\i'_q\end{bmatrix}=\begin{bmatrix}-\dfrac{R_s}{L_s}&\omega_r\\-\omega_r&-\dfrac{R_s}{L_s}\end{bmatrix}\begin{bmatrix}i'_d\\i'_q\end{bmatrix}+\frac{1}{L_s}\begin{bmatrix}u'_d\\u'_q\end{bmatrix} \tag{6-252}$$

式(6-252)可以简写为

$$\frac{\mathrm{d}}{\mathrm{d}t}\boldsymbol{i}'=\boldsymbol{A}\boldsymbol{i}'+\boldsymbol{B}\boldsymbol{u}' \tag{6-253}$$

式中，

$$\begin{cases}\boldsymbol{i}'=\begin{bmatrix}i'_d\\i'_q\end{bmatrix}\\ \boldsymbol{u}'=\begin{bmatrix}u'_d\\u'_q\end{bmatrix}\\ \boldsymbol{A}=\begin{bmatrix}-\dfrac{R_s}{L_s}&\omega_r\\-\omega_r&-\dfrac{R_s}{L_s}\end{bmatrix}\\ \boldsymbol{B}=\begin{bmatrix}\dfrac{1}{L_s}&0\\0&\dfrac{1}{L_s}\end{bmatrix}\end{cases} \tag{6-254}$$

式(6-252)所示的电流模型与被估计的电机转速 ω_r 有关，可以将它作为图6-61中的可调模型。

3）自适应律的确定

对于式(6-252)所示可调模型，可将其状态方程写为

$$\frac{\mathrm{d}}{\mathrm{d}t}\begin{bmatrix}\hat{i}'_d\\\hat{i}'_q\end{bmatrix}=\begin{bmatrix}-\dfrac{R_s}{L_s}&\hat{\omega}_r\\-\hat{\omega}_r&-\dfrac{R_s}{L_s}\end{bmatrix}\begin{bmatrix}\hat{i}'_d\\\hat{i}'_q\end{bmatrix}+\frac{1}{L_s}\begin{bmatrix}u'_d\\u'_q\end{bmatrix} \tag{6-255}$$

或简写为

$$\frac{\mathrm{d}}{\mathrm{d}t}\hat{\boldsymbol{i}}'=\hat{\boldsymbol{A}}\hat{\boldsymbol{i}}'+\boldsymbol{B}\boldsymbol{u}' \tag{6-256}$$

定义状态变量误差 e 为

$$\boldsymbol{e}=\begin{bmatrix}e_d\\e_q\end{bmatrix}=\boldsymbol{i}-\hat{\boldsymbol{i}}'=\begin{bmatrix}i_d-i'_d\\i_q-i'_q\end{bmatrix} \tag{6-257}$$

则由式(6-252)和式(6-255)可得定子电流误差方程为

$$\frac{\mathrm{d}}{\mathrm{d}t}\begin{bmatrix} e_d \\ e_q \end{bmatrix} = \begin{bmatrix} -\frac{R_s}{L_s} & \omega_r \\ -\omega_r & -\frac{R_s}{L_s} \end{bmatrix} \begin{bmatrix} e_d \\ e_q \end{bmatrix} - (\omega_r - \hat{\omega}_r) \boldsymbol{J} \begin{bmatrix} \hat{i}'_d \\ \hat{i}'_q \end{bmatrix} \quad (6\text{-}258)$$

式中，

$$\boldsymbol{J} = \begin{bmatrix} 0 & -1 \\ 1 & 0 \end{bmatrix} \quad (6\text{-}259)$$

式(6-258)可简写为

$$\frac{\mathrm{d}}{\mathrm{d}t}\boldsymbol{e} = \boldsymbol{A}\boldsymbol{e} - \boldsymbol{W} \quad (6\text{-}260)$$

式中，

$$\boldsymbol{W} = (\omega_r - \hat{\omega}_r)\boldsymbol{J}\hat{\boldsymbol{i}}' \quad (6\text{-}261)$$

基于式(6-260)，可构建如图 6-62 所示的标准反馈系统。对于图中系统，可以得到

$$\boldsymbol{V} = \boldsymbol{D}\boldsymbol{e} \quad (6\text{-}262)$$

式中，$\boldsymbol{D}$ 为增益矩阵。

当 $\boldsymbol{D}$ 为单位矩阵，即 $\boldsymbol{D}=\boldsymbol{I}$ 时，图 6-62 中线性定常系统的传递函数为

$$\boldsymbol{H}(s) = (s\boldsymbol{I} - \boldsymbol{A})^{-1} \quad (6\text{-}263)$$

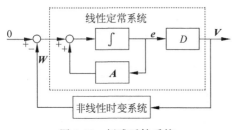

图 6-62 标准反馈系统

由于 $\boldsymbol{H}(s)$ 是严格正实的，因此按超稳定性理论，对于图 6-62 所示系统，在满足波波夫积分不等式[31]

$$\eta(0,t_1) \triangleq \int_0^{t_1} \boldsymbol{V}^\mathrm{T} \boldsymbol{W} \mathrm{d}t \geqslant -r_0^2 \quad (\forall \; t_1 \geqslant 0) \quad (6\text{-}264)$$

的情况下，有 $\lim_{t \to \infty} e(t)=0$，即模型参考自适应系统是渐进稳定的。基于式(6-264)，可以得到基于模型参考自适应系统的转速估计算法为

$$\hat{\omega}_r = \int_0^t K_i (i'_d \hat{i}'_q - \hat{i}'_d i'_q) \mathrm{d}\tau + K_p (i'_d \hat{i}'_q - \hat{i}'_d i'_q) + \omega_r(0) \quad (6\text{-}265)$$

式中，K_p 和 K_i 分别为比例系数和积分系数。

令

$$\varepsilon = i'_d \hat{i}'_q - \hat{i}'_d i'_q \quad (6\text{-}266)$$

则式(6-265)可以写成

$$\hat{\omega}_r = \left(\frac{K_i}{s} + K_p\right)\varepsilon \quad (6\text{-}267)$$

将式(6-251)代入式(6-265)，得

$$\hat{\omega}_r = \int_0^t K_i \left[i_d \hat{i}_q - \hat{i}_d i_q - \frac{\psi_{\mathrm{pm}}}{L_s}(i_q - \hat{i}_q) \right] \mathrm{d}\tau + K_p \left[i_d \hat{i}_q - \hat{i}_d i_q - \frac{\psi_{\mathrm{pm}}}{L_s}(i_q - \hat{i}_q) \right] + \omega_r(0)$$

$$(6\text{-}268)$$

此外，在电机转速估计值 $\hat{\omega}_r$ 基础上，可得到转子位置估计值 $\hat{\theta}$ 为

$$\hat{\theta}(t) = \int_0^t \hat{\omega}_r \mathrm{d}t + \theta_0 \qquad (6\text{-}269)$$

由式(6-268)、式(6-269)可以得到基于模型参考自适应系统的永磁同步电机转速和转子位置估计算法框图如图 6-63 所示。

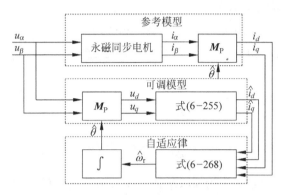

图 6-63　基于模型参考自适应系统的转速和转子位置估计算法

除上述基于定子绕组电流为状态变量构建参考模型和可调模型外,也可以选取定子绕组磁链、电机瞬时无功功率为状态变量建立参考模型和可调模型。

基于模型参考自适应系统的永磁同步电机转速和转子位置的估计方法具有算法简单、易于数字化实现等优点,但由于该方法对电机模型和电机参数具有较强的依赖性,因此需与参数在线辨识结合才能具有较好的效果。

6.7.5　基于高频信号注入的估计

在电机转速较低或转子静止时,电机的反向电动势较小或为 0,前面论述的通过反向电动势对转子位置或转速进行估计的方法很难有效实施;同时,在电机转速较低时,测量噪声以及其他干扰会影响转子位置和转速的观测精度。这种情况下,可以采用基于高频信号注入的电机转子位置和转速估计方法。

基于高频信号注入对电机转子位置或转速进行估计时,注入的高频信号可以是高频电压信号也可以是高频电流信号。当注入高频电流信号时,需要带宽较宽的电流调节器,相比较而言,高频电压信号注入法更容易实现[34]。根据高频电压注入的方式可以分为旋转高频电压信号注入法(rotating high-frequency voltage injection)和脉振高频电压信号注入法(fluctuating high-frequency voltage injection)。

1. 旋转高频电压信号注入法

旋转高频电压信号注入法,是将三相对称的高频电压信号施加到定子绕组上,利用电机的凸极效应,实现对转子位置的估计。对于永磁同步电机,由式(6-128)可得到在 dq 参考坐标系下的电压方程为

$$\begin{bmatrix} u_d \\ u_q \end{bmatrix} = \begin{bmatrix} R_s & 0 \\ 0 & R_s \end{bmatrix} \begin{bmatrix} i_d \\ i_q \end{bmatrix} + \begin{bmatrix} p & -\omega_r \\ \omega_r & p \end{bmatrix} \begin{bmatrix} \psi_d \\ \psi_q \end{bmatrix} \qquad (6\text{-}270)$$

在 dq 参考坐标系下的磁链方程为

$$\begin{bmatrix} \psi_d \\ \psi_q \end{bmatrix} = \begin{bmatrix} L_d & 0 \\ 0 & L_q \end{bmatrix} \begin{bmatrix} i_d \\ i_q \end{bmatrix} + \psi_{pm} \begin{bmatrix} 1 \\ 0 \end{bmatrix} \qquad (6\text{-}271)$$

经派克逆变换,由式(6-270)可以得到永磁同步电机在 ab 参考坐标系下的电压方程为

$$\begin{bmatrix} u_\alpha \\ u_\beta \end{bmatrix} = \begin{bmatrix} R_s & 0 \\ 0 & R_s \end{bmatrix} \begin{bmatrix} i_\alpha \\ i_\beta \end{bmatrix} + p \begin{bmatrix} \psi_\alpha \\ \psi_\beta \end{bmatrix} \tag{6-272}$$

在 $\alpha\beta$ 参考坐标系下的磁链方程为

$$\begin{bmatrix} \psi_\alpha \\ \psi_\beta \end{bmatrix} = \begin{bmatrix} L + \Delta L \cos(2\theta) & \Delta L \sin(2\theta) \\ \Delta L \sin(2\theta) & L - \Delta L \cos(2\theta) \end{bmatrix} \begin{bmatrix} i_\alpha \\ i_\beta \end{bmatrix} + \begin{bmatrix} \psi_{pm} \cos\theta \\ \psi_{pm} \sin\theta \end{bmatrix} \tag{6-273}$$

式中,

$$\begin{cases} L = \dfrac{L_d + L_q}{2} \\ \Delta L = \dfrac{L_d - L_q}{2} \end{cases} \tag{6-274}$$

若注入的高频电压信号频率为 ω_h,幅值为 V_h,则该电压信号在 $\alpha\beta$ 参考坐标系下可以表示为

$$\boldsymbol{u}_{\alpha\beta h} = \begin{bmatrix} u_{\alpha h} \\ u_{\beta h} \end{bmatrix} = \begin{bmatrix} V_h \cos(\omega_h t) \\ V_h \sin(\omega_h t) \end{bmatrix} \tag{6-275}$$

该高频电压信号还可以表示为

$$\boldsymbol{u}_{\alpha\beta h} = u_{\alpha h} + j u_{\beta h} = V_h e^{j\omega_h t} \tag{6-276}$$

将该高频电压信号变换到 dq 参考坐标系下,有

$$\boldsymbol{u}_{dqh} = \begin{bmatrix} u_{dh} \\ u_{qh} \end{bmatrix} = \boldsymbol{u}_{\alpha\beta h} e^{-j\theta} = V_h e^{j(\omega_h t - \theta)} = \begin{bmatrix} V_h \cos(\omega_h t - \theta) \\ V_h \sin(\omega_h t - \theta) \end{bmatrix} \tag{6-277}$$

在高频电压信号作用下,可不计定子绕组的压降。若电机工作在低转速或零转速状态下,那么可以同时忽略反向电动势,这时存在

$$\begin{bmatrix} u_{\alpha h} \\ u_{\beta h} \end{bmatrix} = \begin{bmatrix} L + \Delta L \cos(2\theta) & \Delta L \sin(2\theta) \\ \Delta L \sin(2\theta) & L - \Delta L \cos(2\theta) \end{bmatrix} \begin{bmatrix} \dfrac{di_{\alpha h}}{dt} \\ \dfrac{di_{\beta h}}{dt} \end{bmatrix} \tag{6-278}$$

式中,$i_{\alpha h}$ 和 $i_{\beta h}$ 分别为在高频电压信号作用下,定子绕组电流的 α 轴分量和 β 轴分量。同时,在 dq 参考坐标系下存在

$$\begin{bmatrix} u_{dh} \\ u_{qh} \end{bmatrix} = \begin{bmatrix} L_d & 0 \\ 0 & L_q \end{bmatrix} \begin{bmatrix} \dfrac{di_{dh}}{dt} \\ \dfrac{di_{qh}}{dt} \end{bmatrix} \tag{6-279}$$

式中,i_{dh} 和 i_{qh} 分别为在高频电压信号作用下,定子绕组电流的 d 轴分量和 q 轴分量。

将式(6-277)代入式(6-279),有

$$\begin{bmatrix} i_{dh} \\ i_{qh} \end{bmatrix} = \frac{V_h}{\omega_h L_d L_q} \begin{bmatrix} -L_q \sin(\omega_h t - \theta) \\ L_d \cos(\omega_h t - \theta) \end{bmatrix} \tag{6-280}$$

上式可以写成

$$i_{dqh} = i_{dh} + ji_{qh} = \frac{V_h}{\omega_h L_d L_q}[L e^{j(\omega_h t - \theta - \frac{\pi}{2})} - \Delta L e^{j(-\omega_h t + \theta + \frac{\pi}{2})}] \tag{6-281}$$

将式(6-281)变换到 $\alpha\beta$ 参考坐标系下，有

$$i_{\alpha\beta h} = i_{dqh} e^{j\theta} = \frac{LV_h}{\omega_h(L^2 - \Delta L^2)} e^{j(\omega_h t - \frac{\pi}{2})} + \frac{-\Delta L V_h}{\omega_h(L^2 - \Delta L^2)} e^{j(-\omega_h t + 2\theta + \frac{\pi}{2})} \tag{6-282}$$

令

$$\begin{cases} i_{ph} = \dfrac{LV_h}{\omega_h(L^2 - \Delta L^2)} e^{j(\omega_h t - \frac{\pi}{2})} \\ i_{nh} = \dfrac{-\Delta L V_h}{\omega_h(L^2 - \Delta L^2)} e^{j(-\omega_h t + 2\theta + \frac{\pi}{2})} \end{cases} \tag{6-283}$$

那么，有

$$i_{\alpha\beta h} = i_{ph} + i_{nh} \tag{6-284}$$

从式(6-284)可以看出，在注入高频电压信号后，定子绕组电流矢量 $i_{\alpha\beta h}$ 可以看作电流矢量 i_{ph} 和 i_{nh} 的合成：i_{ph} 以转速 ω_h 按正向(与电压矢量同转向)旋转，称为正序电流矢量；i_{nh} 以转速 ω_h 按负向旋转，称为负序电流矢量。具体如图 6-64 所示。

显然，只有负序电流矢量 i_{nh} 中包含转子位置 θ 的信息。因此，需要将负序电流矢量 i_{nh} 提取出来以便实现对转子位置 θ 的估计。

提取负序电流矢量 i_{nh} 的方法有两种：矢量变换法和外差法。

(1) 矢量变换法。

矢量变换法又称同步轴系滤波器(synchronous reference frame filter)[35]法。

首先，通过派克变换将 $i_{\alpha\beta h}$ 变换到以 ω_h 旋转的同步旋转参考坐标系 $d'q'$ 下，相当于对 $i_{\alpha\beta h}$ 乘以变换因子 $e^{j(-\omega_h)}$，即

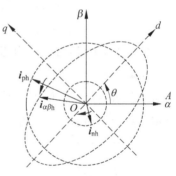

图 6-64 高频电压信号激励下的定子电流矢量

$$i_{d'q'h} = i_{\alpha\beta h} e^{j(-\omega_h)} = \frac{LV_h}{\omega_h(L^2 - \Delta L^2)} e^{j\frac{\pi}{2}} + \frac{-\Delta L V_h}{\omega_h(L^2 - \Delta L^2)} e^{j(-2\omega_h + 2\theta + \frac{\pi}{2})}$$

$$= i_{d'h} + i_{q'h} \tag{6-285}$$

变换后，i_{ph} 将变为 $i_{d'h}$，即为直流分量，可以采用滤波器将它去除。然后，将去除了直流分量的电流矢量，即 $i_{q'h}$ 变换到以 $-2\omega_h$ 旋转的同步旋转参考坐标系 $d''q''$ 下，相当于对 $i_{q'h}$ 乘以变换因子 $e^{j(2\omega_h)}$，即

$$i_{d''q''h} = i_{q'h} e^{j(2\omega_h)} = \frac{-\Delta L V_h}{\omega_h(L^2 - \Delta L^2)} e^{j(2\theta + \frac{\pi}{2})} = i_{d''h} + ji_{q''h} \tag{6-286}$$

所以，可以得到转子位置的估计值为

$$\hat{\theta} = \frac{1}{2}\arctan\left(\frac{i_{q''h}}{i_{d''h}}\right) - \frac{\pi}{4} \tag{6-287}$$

需要注意的是，由式(6-287)得到的转子位置估计值 $\hat{\theta}$ 仅表征 d 轴的轴线位置，无法从中得到 d 轴的方向，还需结合磁极的判别方法得到转子的确切位置。

此外，也可以将 $\boldsymbol{i}_{\alpha\beta h}$ 直接变换到同步旋转参考坐标系 $d''q''$ 下，即相当于对 $\boldsymbol{i}_{\alpha\beta h}$ 乘以变换因子 $e^{j(\omega_h)}$，然后利用滤波器将频率为 $2\omega_h$ 的正序电流矢量去除，从而得到负序电流矢量并完成对转子位置的估计。

采用"矢量变换法"时，滤波器的相频特性或幅频特性会对转子位置估计的精度产生直接的影响，在实践过程中需要对此给予充分的重视。

(2) 外差法(heterodyning process)。[36]

由式(6-282)，定子绕组电流矢量 $\boldsymbol{i}_{\alpha\beta h}$ 可以写为

$$\boldsymbol{i}_{\alpha\beta h} = i_{\alpha h} + j i_{\beta h} \qquad (6\text{-}288)$$

式中，

$$\begin{cases} i_{\alpha h} = |\boldsymbol{i}_{ph}|\sin(\omega_h t) - |\boldsymbol{i}_{nh}|\sin(\omega_h t - 2\theta) \\ i_{\beta h} = -|\boldsymbol{i}_{ph}|\cos(\omega_h t) - |\boldsymbol{i}_{nh}|\cos(\omega_h t - 2\theta) \end{cases} \qquad (6\text{-}289)$$

令

$$\begin{aligned}\varepsilon &= i_{\alpha h}\cos(\omega_h t - 2\hat{\theta}) - i_{\beta h}\sin(\omega_h t - 2\hat{\theta}) \\ &= |\boldsymbol{i}_{ph}|\sin[2(\omega_h t - \hat{\theta})] + |\boldsymbol{i}_{nh}|\sin[2(\theta - \hat{\theta})] \\ &= \varepsilon_0 + \varepsilon_\theta\end{aligned} \qquad (6\text{-}290)$$

式中，ε_0 为高频分量，可以采用滤波器将它去除，只保留 ε_θ。

当 $\hat{\theta} \to \theta$ 时，$\varepsilon_\theta \to 2|\boldsymbol{i}_{nh}|(\theta - \hat{\theta})$。所以可以构建如图 6-65 所示的转子位置估计系统，实现对转子位置的估计。图中 LPF 表示低通滤波器；K_i、K_p 和 K_ε 为观测器调节系数；J 为机械传动系统转动惯量；B 为黏滞摩擦系数；T_e^* 为电机目标转矩。

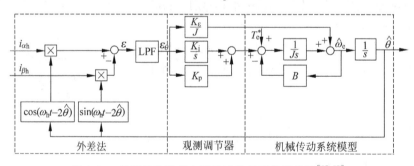

图 6-65 基于外差法的电机转速和转子位置估计[37,38]

在旋转高频电压信号注入法的实施过程中，由于滤波器的存在会导致高频信号的相位滞后，因此需要进行相位补偿或选取相频特性满足观测要求的滤波器，以避免对估计精度产生不良影响。高频电压信号的注入可能会引起永磁同步电机转矩的脉动，若脉动较大，可以采用脉振高频电压信号输入法。

2. 脉振高频电压信号注入法

对于凸极率较小的永磁同步电机，如表贴式永磁同步电机，因直轴电感 L_d 和交轴电感 L_q 比较接近，不宜采用旋转高频电压信号注入法对电机转子位置和转速进行估计。这种情

况下,可以采用脉振高频电压信号注入法[39]。相比于旋转高频电压信号注入法,脉振高频电压信号注入法仅在估计的同步旋转参考坐标系的直轴方向注入高频正弦电压信号,该注入信号在静止参考坐标系下是一个脉振的电压信号。

在注入的高频电压信号频率足够高时,且电机工作在低转速或零转速下,可以忽略因电机转速而产生的反电动势。因此在 dq 参考坐标系下,注入高频电压信号关联的电压方程可以表示为

$$\begin{bmatrix} u_{dh} \\ u_{qh} \end{bmatrix} = \begin{bmatrix} R_{dh} & 0 \\ 0 & R_{qh} \end{bmatrix} \begin{bmatrix} i_{dh} \\ i_{qh} \end{bmatrix} + p \begin{bmatrix} L_{dh} i_{dh} \\ L_{qh} i_{qh} \end{bmatrix} \tag{6-291}$$

式中,u_{dh}、u_{qh} 分别为 d 轴和 q 轴的高频电压分量;i_{dh}、i_{qh} 分别为 d 轴和 q 轴的高频电流分量;R_{dh}、R_{qh} 分别为 d 轴和 q 轴的定子绕组高频电阻,通常情况下,$R_{dh}=R_{qh}$;L_{dh}、L_{qh} 分别为 d 轴和 q 轴的定子绕组高频电感。

定义

$$\begin{cases} z_{dh} = R_{dh} + j\omega_h L_{dh} \\ z_{qh} = R_{qh} + j\omega_h L_{qh} \end{cases} \tag{6-292}$$

式中,z_{dh}、z_{qh} 分别为 d 轴和 q 轴的定子绕组高频阻抗;ω_h 为高频电压信号的(角)频率。

那么,式(6-291)可以改写为

$$\begin{bmatrix} u_{dh} \\ u_{qh} \end{bmatrix} = \begin{bmatrix} z_{dh} & 0 \\ 0 & z_{qh} \end{bmatrix} \begin{bmatrix} i_{dh} \\ i_{qh} \end{bmatrix} \tag{6-293}$$

如果电机转子位置估计值为 $\hat{\theta}$,而实际值为 θ。可以定义估计误差为

$$\Delta\theta = \theta - \hat{\theta} \tag{6-294}$$

若以 $\hat{\theta}$ 定向的旋转参考坐标系为 $\hat{d}\hat{q}$ 坐标系,则有

$$\begin{bmatrix} u_{\hat{d}h} \\ u_{\hat{q}h} \end{bmatrix} = \begin{bmatrix} \cos(\Delta\theta) & -\sin(\Delta\theta) \\ \sin(\Delta\theta) & \cos(\Delta\theta) \end{bmatrix} \begin{bmatrix} z_{dh} & 0 \\ 0 & z_{qh} \end{bmatrix} \begin{bmatrix} \cos(\Delta\theta) & \sin(\Delta\theta) \\ -\sin(\Delta\theta) & \cos(\Delta\theta) \end{bmatrix} \begin{bmatrix} i_{\hat{d}h} \\ i_{\hat{q}h} \end{bmatrix} \tag{6-295}$$

式中,$u_{\hat{d}h}$、$u_{\hat{q}h}$ 分别为 $\hat{d}$ 轴和 $\hat{q}$ 轴的高频电压分量;$i_{\hat{d}h}$、$i_{\hat{q}h}$ 分别为 $\hat{d}$ 轴和 $\hat{q}$ 轴的高频电流分量。

由式(6-295),可得

$$\begin{bmatrix} i_{\hat{d}h} \\ i_{\hat{q}h} \end{bmatrix} = \frac{1}{z_{dh} z_{qh}} \begin{bmatrix} z_{avg} - \frac{1}{2} z_{diff} \cos(2\Delta\theta) & -\frac{1}{2} z_{diff} \sin(2\Delta\theta) \\ -\frac{1}{2} z_{diff} \sin(2\Delta\theta) & z_{avg} + \frac{1}{2} z_{diff} \cos(2\Delta\theta) \end{bmatrix} \begin{bmatrix} u_{\hat{d}h} \\ u_{\hat{q}h} \end{bmatrix} \tag{6-296}$$

式中,

$$\begin{cases} z_{avg} = \dfrac{z_{dh} + z_{qh}}{2} \\ z_{diff} = z_{dh} - z_{qh} \end{cases} \tag{6-297}$$

如果注入的高频电压信号为

$$\begin{bmatrix} u_{\hat{d}h} \\ u_{\hat{q}h} \end{bmatrix} = \begin{bmatrix} V_h \cos(\omega_h t) \\ 0 \end{bmatrix} \tag{6-298}$$

则相应的定子绕组高频电流为

$$\begin{bmatrix} i_{\hat{d}h} \\ i_{\hat{q}h} \end{bmatrix} = \frac{V_h \cos(\omega_h t)}{z_{dh} z_{qh}} \begin{bmatrix} z_{avg} - \frac{1}{2} z_{diff} \cos(2\Delta\theta) \\ -\frac{1}{2} z_{diff} \sin(2\Delta\theta) \end{bmatrix} \tag{6-299}$$

式(6-299)表明,在 $\hat{d}$ 轴注入高频电压信号后,在转子位置估计误差 $\Delta\theta \neq 0$ 时, $\hat{q}$ 轴电流中含有高频分量;而当 $\Delta\theta = 0$ 时, $\hat{q}$ 轴电流中高频分量也为 0。所以检测 $\hat{d}$ 轴电流中的高频分量,可以得到 $\Delta\theta$ 的信息。

在高频电压下,存在

$$\begin{cases} z_{dh} \approx j\omega_h L_{dh} \\ z_{qh} \approx j\omega_h L_{qh} \end{cases} \tag{6-300}$$

将式(6-297)、式(6-300)代入式(6-299),可得

$$i_{\hat{q}h} = \frac{V_h \sin(2\Delta\theta)}{2\omega_h^2 L_{dh} L_{qh}} [R_{diff} \cos(\omega_h t) - \omega_h L_{diff} \sin(\omega_h t)] \tag{6-301}$$

式中,

$$\begin{cases} R_{diff} = R_{dh} - R_{qh} \\ L_{diff} = L_{dh} - L_{qh} \end{cases} \tag{6-302}$$

令

$$i_{\hat{q}hc} = i_{\hat{q}h} \sin(\omega_h t) = \frac{V_h \sin(2\Delta\theta)}{2\omega_h^2 L_{dh} L_{qh}} \left[\frac{1}{2} R_{diff} \sin(2\omega_h t) + \frac{1}{2} \omega_h L_{diff} \cos(2\omega_h t) - \frac{\omega_h L_{diff}}{2} \right] \tag{6-303}$$

采用低通滤波器去除 $i_{\hat{q}hc}$ 中的高频分量,可得

$$i_{\Delta\theta} = \text{LPF}(i_{\hat{q}hc}) = -\frac{V_h L_{diff}}{4\omega_h L_{dh} L_{qh}} \sin(2\Delta\theta) \tag{6-304}$$

式中,LPF(·)表示低通滤波器环节。当 $\hat{\theta} \to \theta$ 时,有

$$i_{\Delta\theta} = -\frac{V_h L_{diff}}{2\omega_h L_{dh} L_{qh}} \Delta\theta = K_{\Delta\theta} \Delta\theta \tag{6-305}$$

式中, $K_{\Delta\theta}$ 表示为

$$K_{\Delta\theta} = -\frac{V_h L_{diff}}{2\omega_h L_{dh} L_{qh}} \tag{6-306}$$

基于式(6-305)得到的 $i_{\Delta\theta}$,可以实现对电机转子位置和转速的估计。常用的估计方法有两种:一是采用 Bang-Bang 控制器;二是采用 PI 控制器[40]。二者的工作原理分别如图 6-66(a)和图 6-66(b)所示,图中 $K_{\hat{\omega}}$ 为 Bang-Bang 控制器增益; $K_{P\hat{\omega}}$ 为 PI 控制器比例系数; $K_{I\hat{\omega}}$ 为 PI 控制器积分系数。

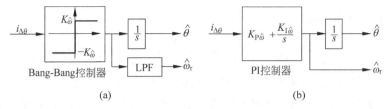

图 6-66 脉振高频电压下的电机转子位置和转速的估计

(a) 基于 Bang-Bang 控制器的估计；(b) 基于 PI 控制器的估计

6.8 永磁同步电机转子直接转矩控制

直接转矩控制(direct torque control,DTC)是 20 世纪 80 年代中期,由德国学者 M. Depenbrock[41]和日本学者 I. Takahashi[42]提出来的。与矢量控制不同,直接转矩控制通过实时计算电机的磁链和转矩,并与目标值比较,实现磁链和转矩的直接控制。整个控制过程不需要模仿直流电机的解耦控制方法,因而不需要进行矢量变换和计算,计算量较小,控制过程和物理过程直接明了。直接转矩控制系统的转矩响应迅速,并且可以将转矩波动限制在一定的容差范围内。

直接转矩控制最先用于交流感应电机的转矩控制,目前已推广到永磁同步电机[43]。相比较而言,交流感应电机的直接转矩控制技术更为成熟,永磁同步电机的直接转矩控制理论和方法还在不断发展中。

6.8.1 永磁同步电机直接转矩控制基本原理

对于永磁同步电机,其转矩可如式(6-138)表示,即

$$t_e = P[\psi_{pm} i_q + (L_d - L_q) i_d i_q] \tag{6-307}$$

根据式(6-135)可知,dq 参考坐标系下永磁同步电机定子绕组的磁链方程为

$$\begin{cases} \psi_d = L_d i_d + \psi_{pm} \\ \psi_q = L_q i_q \end{cases} \tag{6-308}$$

式中,ψ_d 表示定子绕组磁链矢量 $\boldsymbol{\psi}_s$ 的 d 轴分量；ψ_q 表示定子绕组磁链矢量 $\boldsymbol{\psi}_s$ 的 q 轴分量。

永磁同步电机各物理量的矢量图如图 6-67 所示,由图中可知

$$\begin{cases} \psi_d = \psi_s \cos\delta_{sf} \\ \psi_q = \psi_s \sin\delta_{sf} \end{cases} \tag{6-309}$$

式中,ψ_s 表示定子绕组磁链矢量 $\boldsymbol{\psi}_s$ 的幅值；δ_{sf} 为定子绕组磁链矢量 $\boldsymbol{\psi}_s$ 与 d 轴之间的夹角,称为负载角(load angle)[12,44]。

由式(6-308)和式(6-309),可得

$$\begin{cases} i_d = \dfrac{\psi_s \cos\delta_{sf} - \psi_{pm}}{L_d} \\ i_q = \dfrac{\psi_s \sin\delta_{sf}}{L_q} \end{cases} \tag{6-310}$$

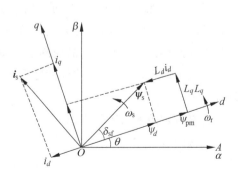

图 6-67 永磁同步电机矢量图

将式(6-310)代入式(6-307),有

$$t_e = P \frac{1}{L_d L_q} \left[\psi_{pm} \psi_s L_q \sin\delta_{sf} + \frac{1}{2}(L_d - L_q)\psi_s^2 \sin(2\delta_{sf}) \right] \quad (6\text{-}311)$$

由式(6-311)可以看出,转矩公式中可控变量为 ψ_s 和 δ_{sf},这两个物理量均可以通过电压空间矢量来进行调节。当 ψ_s 保持恒定不变时,改变 δ_{sf} 可以完成对电机转矩的直接控制。由图6-67可以得到

$$\delta_{sf} = \delta_{sf0} + \int (\omega_s - \omega_r) dt \quad (6\text{-}312)$$

式中,δ_{sf0} 为初始负载角;ω_s 为定子绕组磁链矢量 $\boldsymbol{\psi}_s$ 的旋转电角速度;ω_r 为转子旋转电角速度。由于电机绕组的电气时间常数远小于电机机械时间常数,因此可通过改变电压空间矢量对电机转矩进行直接控制。

6.8.2 永磁同步电机磁链和转矩的估算和观测

在永磁同步电机的直接转矩控制中,可将电机转矩和定子绕组磁链作为控制变量。驱动电机系统中,直接检测电机转矩和定子绕组磁链是比较困难的,控制过程中需要对电机转矩和定子绕组磁链的实际值进行估算和观测以作为反馈量。

1. 定子绕组磁链的估算和观测

根据式(6-120)可知,在 $\alpha\beta$ 参考坐标系下,永磁同步电机的电压方程为

$$\begin{cases} u_\alpha = R_s i_\alpha + \dfrac{d\psi_\alpha}{dt} \\ u_\beta = R_s i_\beta + \dfrac{d\psi_\beta}{dt} \end{cases} \quad (6\text{-}313)$$

因此,定子绕组磁链可以表示为

$$\begin{cases} \psi_\alpha = \int (u_\alpha - R_s i_\alpha) dt \\ \psi_\beta = \int (u_\beta - R_s i_\beta) dt \end{cases} \quad (6\text{-}314)$$

同时,存在

$$\psi_s = \sqrt{\psi_\alpha^2 + \psi_\beta^2} \quad (6\text{-}315)$$

式(6-313)和式(6-314)中,可以由定子绕组电流的检测值 i_A、i_B 和 i_C 经克拉克变换得到 i_α 和 i_β。获得 u_α 和 u_β 的方法有两种:一是由定子绕组电压的检测值 u_A、u_B 和 u_C 经克拉克变换得到;二是由电机控制器主电路电力电子器件通断状态和直流侧电压计算得到。相比较而言,第一种方法的精度更高,但所需的电压传感器和采集电路会增加控制系统硬件成本。

2. 电机转矩的估算和观测

由式(6-307)和式(6-308),有

$$t_e = P(\psi_d i_q - \psi_q i_d) \quad (6\text{-}316)$$

基于派克变换,有

$$\begin{cases} i_d = i_\alpha \cos\theta + i_\beta \sin\theta \\ i_q = -i_\alpha \sin\theta + i_\beta \cos\theta \end{cases} \quad (6\text{-}317)$$

和

$$\begin{cases} \psi_d = \psi_\alpha \cos\theta + \psi_\beta \sin\theta \\ \psi_q = -\psi_\alpha \sin\theta + \psi_\beta \cos\theta \end{cases} \quad (6\text{-}318)$$

式中，θ 为 d 轴与 A 轴之间的夹角。将式(6-317)和式(6-318)代入式(6-316)，可得

$$t_e = P(\psi_\alpha i_\beta - \psi_\beta i_\alpha) \quad (6\text{-}319)$$

可以根据式(6-319)对电机转矩进行估算，式(6-319)中，ψ_α、ψ_β 是依据式(6-314)得到的估算值，i_α 和 i_β 为实测值。

6.8.3 永磁同步电机直接转矩控制系统

直接转矩控制技术中对定子绕组磁链和电机转矩的控制通常采用滞环比较控制。滞环比较控制可以使定子绕组磁链和电机转矩与目标值之间的偏差限制在一定的允许范围内，但不能完全消除与目标值之间的偏差。

图 6-68 所示为永磁同步电机直接转矩控制系统结构。图中，T_e^* 为目标电机转矩；t_e 为根据式(6-319)得到的电机转矩估算值；ψ_s^* 为定子绕组参考磁链；ψ_s 为根据式(6-315)得到的定子绕组磁链估算值；Δt 为转矩滞环比较环节的输出；$\Delta \psi$ 为磁链滞环比较环节的输出。

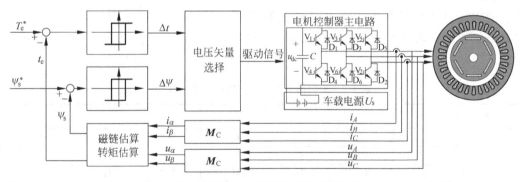

图 6-68 永磁同步电机直接转矩控制系统结构

可用 $\Delta t = 1$ 表示电机转矩达到滞环比较环节的下限，转矩应该增加；用 $\Delta t = -1$ 表示电机转矩达到滞环比较环节的上限，转矩应该减小。同理，用 $\Delta \psi = 1$ 表示定子绕组磁链达到滞环比较环节的下限，磁链应该增加；用 $\Delta \psi = -1$ 表示定子绕组磁链达到滞环比较环节的上限，磁链应该减小。

由 3.3.3 节相关知识可知，对于如图 6-69 所示的三相永磁同步电机控制器主电路，在 $\alpha\beta$ 参考坐标系下，电力电子器件 8 种通断状态组合对应的电压空间矢量如图 6-70 所示。电压空间矢量包括 6 个非零矢量 $U_1[100]$、$U_2[110]$、$U_3[010]$、$U_4[011]$、$U_5[001]$、$U_6[101]$ 以及两个零矢量 $U_0[000]$、$U_7[111]$。依据式(6-314)，不同电压空间矢量作用下，定子绕组的磁链会出现增大或减小的趋势。同时，电压空间矢量的切换会改变负载角 δ_{sf}，从

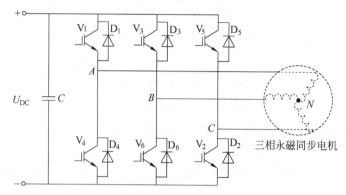

图 6-69 三相永磁同步电机控制器主电路

而使电机转矩增加或减小。

图 6-70 中,定义磁链矢量 $\boldsymbol{\psi}_s$ 与 α 轴的夹角 θ_ψ 为磁链角,那么有

$$\theta_\psi = \arcsin \frac{\psi_{s\beta}}{\psi_s} \quad (6\text{-}320)$$

根据 θ_ψ 数值,可以将 $\alpha\beta$ 坐标平面平均划分为 6 个区域 A_1、A_2、$\cdots$、A_6,具体如图 6-70 所示。

根据滞环比较环节输出的 Δt、$\Delta \psi$ 以及 θ_ψ 数值,依据图 6-70 并通过查表 6-3[45] 得到三相定子绕组的空间电压矢量来实现对电机转矩和定子绕组磁链的控制。表 6-3 中,$A_1 \sim A_8$ 表示 θ_ψ 的数值范围。

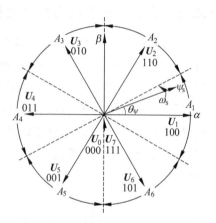

图 6-70 三相永磁同步电机的电压空间矢量

表 6-3 永磁同步电机空间电压矢量选择表

$\Delta\psi$	Δt	A_1	A_2	A_3	A_4	A_5	A_6
1	1	U_2	U_3	U_4	U_5	U_6	U_1
	-1	U_6	U_1	U_2	U_3	U_4	U_5
-1	1	U_3	U_4	U_5	U_6	U_1	U_2
	-1	U_5	U_6	U_1	U_2	U_3	U_4

在实际应用中,可以根据电机转速、电机控制器直流侧电压、定子绕组电压、定子绕组电流等参数,按照预先制定的控制策略,根据目标转矩和定子绕组目标磁链实现对永磁同步电机转矩的直接控制。

6.9 本章小结

作为电动汽车驱动电机,永磁同步电机因具有较高的功率密度和转矩密度、较好的转矩-转速特性以及较高的运行效率被电动汽车尤其是电动乘用车广泛采用。从转子结构上,永磁同步电机可以分为表贴式永磁同步电机和内置式永磁同步电机。具有表贴式转子结构与集中定子绕组结构的永磁同步电机,易于加工为盘式结构或外转子结构,多用于轮毂或轮边等分布式驱动系统或小功率驱动场合。内置式永磁同步电机的电机转矩中包含磁阻转矩,具有较宽的弱磁区域以及高转速、大转矩的机械特性,是电动汽车普遍采用的驱动电机类型。

永磁同步电机普遍采用矢量控制实现对电机转矩的调节。矢量控制中,需要采用高精度转子位置传感器对转子位置进行辨识。通过软件(算法)可以实现转子位置或转速的在线辨识(估计),从而实现对永磁同步电机进行无传感器矢量控制。将转子位置的硬件与软件辨识相结合,可以提高永磁同步电机控制的可靠性和安全性。

针对不同的控制目标和应用条件,永磁同步电机有多种控制策略。在实际应用中,可以考虑将几种控制策略相结合对永磁同步电机实施控制。同时,在对电机控制过程中,要注意定子绕组等效电阻因温度产生的阻值变化、交直轴电感因各自饱和或交叉饱和[46]而导致的电感值的变化对控制效果的影响。必要时,可以采用在线或离线辨识方法对电机参数进行修正以达到较好的控制性能。

永磁同步电机的直接转矩控制着眼于对目标转矩的快速响应,并且从一定程度上降低了控制性能对电机参数的依赖性。但直接转矩控制存在转矩和磁链的脉动、转矩控制精度低等缺点,在电动汽车驱动电机控制方面应用较少。随着永磁同步电机直接转矩控制技术的不断完善和发展,有望与矢量控制一起为驱动电机性能的提高提供技术保障。

由于采用以钕铁硼为代表的永磁材料以及高精度转子位置传感器,使永磁同步电机系统的成本高于开关磁阻电机、交流感应电机等其他类型的电机。永磁材料的环境适应性、耐久性等问题也被视为永磁同步电机存在的弱点。

思 考 题

6.1 作为电动汽车的驱动电机,永磁同步电机具有哪些优势?

6.2 永磁同步电机的分布绕组具有哪些特点?

6.3 内置式永磁同步电机和表贴式永磁同步电机的转子分别具有什么样的结构特点?

6.4 什么是永磁同步电机的凸极率?具有较高凸极率的永磁同步电机具有哪些优势?如何提高永磁同步电机的凸极率?

6.5 具有斜槽定子铁心结构的永磁同步电机具有哪些优势?

6.6 如何理解节距因数、分布因数和斜槽因数对永磁同步电机定子绕组磁动势和反电动势的影响?

6.7 集中绕组和分布绕组各具有什么样的技术特点?分别具有哪些优势?

6.8 三相永磁同步电机定子绕组中流过三相对称电流后,在空间形成的磁场具有什么样的特点?

6.9 克拉克变换和派克变换的物理意义是什么?

6.10 在 dq 参考坐标系下,永磁同步电机具有什么样的定子绕组电压方程、磁路方程和转矩表达式?如何理解永磁同步电机转矩中的电磁转矩和磁阻转矩?

6.11 什么是永磁同步电机矢量控制的交叉耦合项?

6.12 永磁同步电机矢量控制的 MTPA 控制策略和 MTPV 控制策略分别具有哪些

特点?

6.13 如何对永磁同步电机实施弱磁控制?

6.14 如何理解"对永磁同步电机转矩控制的实质是对电机定子绕组电流的控制"?

6.15 如何对永磁同步电机转速或转子位置实施软件算法估计?常用的估计方法有哪些?各具有什么样的特点?

6.16 与永磁同步电机矢量控制相比,永磁同步电机的直接转矩控制具有哪些优势和不足?

6.17 如何对永磁同步电机实施矢量控制和直接转矩控制?

参 考 文 献

[1] Merrill F W. Permanent-Magnet Excited Synchronous Motors[J]. Transactions of the American Institute of Electrical Engineers. Part Ⅲ:Power Apparatus and Systems,1954,73(2):1754-1760.

[2] Ginsberg D,Misenheimer L J. Design Calculations for Permanent-Magnet Generators[J]. Transactions of the American Institute of Electrical Engineers. Part Ⅲ:Power Apparatus and Systems,1953,72(2):96-103.

[3] Sato Y,Ishikawa S,Okubo T,et al. Development of High Response Motor and Inverter System for the Nissan Leaf Electric Vehicle[C]. SAE World Congress & Exhibition,2011.

[4] Nordelöf A,Grunditz E,Tillman A-M,et al. A Scalable Life Cycle Inventory of an Electrical Automotive Traction Machine—Part Ⅰ:Design and Composition[J]. The International Journal of Life Cycle Assessment,2018,23(1):55-69.

[5] Shimada A,Ogawa H,Nakajima M,et al. Development of an Ultra-Thin DC Brushless Motor for a Hybrid Car-Insight[J]. Honda R&D Technical Review,2000,12(1):15-20.

[6] Krishnan R. Permanent Magnet Synchronous and Brushless DC Motor Drives[M]. Boca Raton:CRC Press,2010.

[7] Nam K H. AC Motor Control and Electrical Vehicle Applications[M]. 2nd Ed. Boca Raton:CRC Press,2019.

[8] Gyu-Hong K,Jung-Pyo H,Gyu-Tak K,et al. Improved Parameter Modeling of Interior Permanent Magnet Synchronous Motor Based on Finite Element Analysis[J]. IEEE Transactions on Magnetics,2000,36(4):1867-1870.

[9] 汤蕴璆. 电机学[M]. 5版. 北京:机械工业出版社,2014.

[10] Tang Y,Paulides J,Kazmin E,et al. Investigation of Winding Topologies for Permanent Magnet in-Wheel Motors[J]. COMPEL:The International Journal for Computation and Mathematics in Electrical and Electronic Engineering,2011,31:88-107.

[11] 许实章. 电机学(下册)[M]. 北京:机械工业出版社,1981.

[12] 王成元,夏加宽,孙宜标. 现代电机控制技术[M]. 北京:机械工业出版社,2008.

[13] Novotny D W,Lipo T A. Vector Control and Dynamics of AC Drives[M]. New York:Oxford University Press,1996.

[14] 袁登科,徐延东,李秀涛. 永磁同步电动机变频调速系统及其控制[M]. 北京:机械工业出版社,2015.

[15] Morimoto S,Sanada M,Takeda Y. Wide-Speed Operation of Interior Permanent Magnet Synchronous Motors with High-Performance Current Regulator[J]. IEEE Transactions on Industry Applications,1994,30(4):920-926.

[16] Soong W L, Miller T J E. Field-Weakening Performance of Brushless Synchronous AC Motor Drives[J]. IEE Proceedings—Electric Power Applications, 1994, 141(6): 331-340.

[17] Takeda Y, Hirasa T. Current Phase Control Methods for Permanent Magnet Synchronous Motors Considering Saliency[C]//19th Annual IEEE Power Electronics Specialists Conference, 1988: 409-414.

[18] Morimoto S, Takeda Y, Hirasa T, et al. Expansion of Operating Limits for Permanent Magnet Motor by Current Vector Control Considering Inverter Capacity[J]. IEEE Transactions on Industry Applications, 1990, 26(5): 866-871.

[19] Morimoto S, Tong Y, Takeda Y, et al. Loss Minimization Control of Permanent Magnet Synchronous Motor Drives[J]. IEEE Transactions on Industrial Electronics, 1994, 41(5): 511-517.

[20] Vas P. Sensorless Vector and Direct Torque Control[M]. New York: Oxford University Press, 1998.

[21] 李永东,朱昊. 永磁同步电机无速度传感器控制综述[J]. 电气传动, 2009(9): 3-10.

[22] Naidu M, Bose B K. Rotor Position Estimation Scheme of a Permanent Magnet Synchronous Machine for High Performance Variable Speed Drive[C]//The 1992 IEEE Industry Applications Society Annual Meeting, 1992: 48-53.

[23] Chen Z, Tomita M, Ichikawa S, et al. Sensorless Control of Interior Permanent Magnet Synchronous Motor by Estimation of an Extended Electromotive Force[C]//The 2000 IEEE Industry Applications Conference, 2000: 1814-1819.

[24] Tomita M, Senjyu T, Doki S, et al. New Sensorless Control for Brushless DC Motors Using Disturbance Observers and Adaptive Velocity Estimations[J]. IEEE Transactions on Industrial Electronics, 1998, 45(2): 274-282.

[25] Li S, Yang J, Chen W-H, et al. Disturbance Observer-Based Control: Methods and Applications[M]. Boca Raton: CRC Press, 2014.

[26] Kalman R E. A New Approach to Linear Filtering and Prediction Problems[J]. Journal of Basic Engineering, 1960, 82D: 35-45.

[27] Chui C K, Chen G. Kalman Filtering with Real-Time Applications[M]. 5th ed. New York: Springer International Publishing, 2017.

[28] 张猛,肖曦,李永东. 基于扩展卡尔曼滤波器的永磁同步电机转速和磁链观测器[J]. 中国电机工程学报, 2007(36): 36-40.

[29] Huang M C, Moses A J, Anayi F, et al. Linear Kalman Filter(Lkf) Sensorless Control for Permanent Magnet Synchronous Motor Based on Orthogonal Output Linear Model[C]//International Symposium on Power Electronics, Electrical Drives, Automation and Motion, 2006: 1381-1386.

[30] Bose B K. Modern Power Electronics and AC Drives[M]. New Jersey: Prentice-Hall, Inc., 2002.

[31] Landau I D. Adaptive Control: The Model Reference Approach[M]. New York: Marcel Dekker Inc., 1979.

[32] 王成元,夏加宽,杨俊友,等. 电机现代控制技术[M]. 北京: 机械工业出版社, 2007.

[33] 李永东,郑泽东. 交流电机数字控制系统[M]. 3版. 北京: 机械工业出版社, 2017.

[34] Sul S-K. Control of Electric Machine Drive Systems[M]. Hoboken: John Wiley & Sons, Inc., 2011.

[35] Degner M W, Lorenz R D. Using Multiple Saliencies for the Estimation of Flux, Position, and Velocity in AC Machines[J]. IEEE Transactions on Industry Applications, 1998, 34(5): 1097-1104.

[36] Corley M J, Lorenz R D. Rotor Position and Velocity Estimation for a Salient-Pole Permanent Magnet Synchronous Machine at Standstill and High Speeds[J]. IEEE Transactions on Industry Applications, 1998, 34(4): 784-789.

[37] Lorenz R D, Patten K W V. High-Resolution Velocity Estimation for All-Digital, AC Servo Drives

[J]. IEEE Transactions on Industry Applications,1991,27(4):701-705.

[38] Limei W,Lorenz R D. Rotor Position Estimation for Permanent Magnet Synchronous Motor Using Saliency-Tracking Self-Sensing Method[C]//The 2000 IEEE Industry Applications Conference, 2000:445-450.

[39] Ji-Hoon J,Seung-Ki S,Jung-Ik H,et al. Sensorless Drive of Surface-Mounted Permanent-Magnet Motor by High-Frequency Signal Injection Based on Magnetic Saliency[J]. IEEE Transactions on Industry Applications,2003,39(4):1031-1039.

[40] Ji-Hoon J,Jung-Ik H,Ohto M,et al. Analysis of Permanent-Magnet Machine for Sensorless Control Based on High-Frequency Signal Injection[J]. IEEE Transactions on Industry Applications,2004,40 (6):1595-1604.

[41] Depenbrock M. Direct Self-Control (Dsc) of Inverter-Fed Induction Machine[J]. IEEE Transactions on Power Electronics,1988,3(4):420-429.

[42] Takahashi I,Noguchi T. A New Quick-Response and High-Efficiency Control Strategy of an Induction Motor[J]. IEEE Transactions on Industry Applications,1986,IA-22(5):820-827.

[43] 韩如成,潘峰,智泽英.直接转矩控制理论及应用[M].北京:电子工业出版社,2012.

[44] 胡育文,高瑾,杨建飞,等.永磁同步电动机直接转矩控制系统[M].北京:机械工业出版社,2015.

[45] Rahman M F,Zhong L,Hu W Y,et al. A Direct Torque Controller for Permanent Magnet Synchronous Motor Drives[C]. 1997 IEEE International Electric Machines and Drives Conference, 1997:TD1/2.1-TD1/2.3.

[46] El-Serafi A M,Wu J. Determination of the Parameters Representing the Cross-Magnetizing Effect in Saturated Synchronous Machines[J]. IEEE Transactions on Energy Conversion,1993,8(3): 333-342.

第7章 交流感应电机原理与控制

7.1 交流感应电机概述

交流感应电机（AC induction machine，IM），又称为交流异步电机（AC asynchronous machine）。依据转子绕组结构的不同，交流感应电机可以分为笼型交流感应电机（cage induction machine）和绕线转子交流感应电机（wound rotor induction machine）。根据电机定子绕组相数不同，交流感应电机可以分为单相交流感应电机（single-phase induction machine）和多相交流感应电机（poly-phase induction machine），多相交流感应电机又可分为两相交流感应电机、三相交流感应电机、五相交流感应电机、六相交流感应电机等。用于驱动电动汽车的交流感应电机通常为三相笼型交流感应电机。与其他类型驱动电机相比，交流感应电机具有结构简单、耐久性好、成本低、易于维护以及设计、制造工艺和控制技术成熟等优点，因此具有较大的竞争力。

在19世纪80年代，美国人Nikola Tesla和意大利人Galileo Ferraris分别对交流感应电机开展了研究工作，并几乎同时在1888年前后对外公布了各自的研究成果，目前普遍认为交流感应电机是两个人独立发明[1]。交流感应电机出现后，虽然在电气传动和交流发电领域得到了应用和推广，但和直流电机相比，其调速和控制性能还有一定差距。20世纪70年代初，德国人Felix Blaschke提出了磁场定向控制（field orientation control）理论[2]，使人们看到了交流感应电机传动系统达到直流电机传动系统性能的可能性。20世纪70年代中期至80年代初，以功率MOSFET和IGBT为代表的全控型电力电子器件的出现，推动了交流感应电机在工业领域的规模化应用。进入20世纪90年代后，随着DSC性能不断提高，交流感应电机逐步取代直流电机，在电气传动领域占据了主导地位。

作为电动汽车驱动电机，交流感应电机是以直流驱动电机的替代者角色出现的。虽然随着永磁同步电机性能的提高，交流感应电机在乘用车领域的应用范围有所减小，但交流感应电机仍然在电动汽车驱动电机中占有较大的比例。尤其是大功率、恶劣环境中的商用车或特种车辆，交流感应电机具有其他类型驱动电机无法比拟的独特优势。

交流感应电机在20世纪90年代开始在电动汽车上应用，如通用EV1、福特Ranger和Transit Connect Electric、雪铁龙C1 ev'ie、丰田RAV4、特斯拉Model S等都采用交流感应电机作为驱动电机。国内的汽车厂商如一汽、东风、上汽、北汽、宇通等也曾将交流感应电机用作电动汽车的驱动电机。图7-1所示为特斯拉Model S电动汽车及其驱动电机系统。

交流感应电机的定子结构与永磁同步电机比较类似，但转子结构具有较大的差异。常见的三相交流感应电机控制器和永磁同步电机控制器均采用三相全桥主电路，二者的工作原理、控制方法基本相同。表7-1给出了交流感应电机与永磁同步电机的特点对比。

图 7-1 特斯拉(Tesla)Model S 电动汽车及其驱动电机系统

(a) 特斯拉 Model S 电动汽车；(b) 交流感应电机与电机控制器

表 7-1 交流感应电机与永磁同步电机特点对比

项目	交流感应电机	永磁同步电机
转子结构	有绕组或导体	有永磁体，无绕组
功率密度	一般	高
工作效率	一般	高
转动惯量	一般	小
转速/转子位置传感器	多为旋转编码器	多为旋转变压器
电机成本	低	高
环境适应性	高	一般
耐久性	高	一般
制造成本	低	高

交流感应电机通过定子绕组电流产生的磁场与转子绕组(或导体)电流产生的磁场相互作用产生电磁转矩。作为电动汽车的驱动电机，与其他类型电机相比，交流感应电机具有如下优势：

(1) 具有较好的机械特性，转速范围宽，易于满足电动汽车的动力性需求；

(2) 具有较快的转矩动态响应；

(3) 使用寿命长，可以免维护，满足电动汽车耐久性的要求；

(4) 环境适应性好，适应高温、高湿、高振动等复杂多变的工况；

(5) 结构简单，设计和制造工艺成熟，较大功率电机容易加工，电机制造成本低。

同时，交流感应电机存在以下不足：

(1) 具有转子铜损，工作效率低于永磁同步电机；

(2) 在控制过程中，需要采用转速或转子位置传感器或软件算法对转速和转子位置进行辨识；

(3) 控制算法对 DSC 性能要求较高。

交流感应电机普遍用于乘用车和有较大功率需求的商用车。

7.2 交流感应电机结构

图 7-2 所示为交流感应电机结构。与其他类型电机类似，交流感应电机分为定子和转子两大部分。

如图 7-3 所示，交流感应电机的定子铁心采用硅钢片（即定子冲片，stator lamination）叠压而成，硅钢片两面常涂以绝缘漆增加片间绝缘强度。定子铁心与具有冷却液流道的电机壳体紧密接触，有利于将电机运行中产生的热及时散发出去。

交流感应电机定子铁心内圆均匀地冲有许多形状相同的槽，用以嵌放定子绕组。常见的用于驱动车用的交流感应电机为三相电机，三相定子绕组可以采用"Y型"连接或"△型"连接。若采用"Y型"连接，则中性点一般不引至电机外部。交流感应电机定子绕组的布置和连接通常采用分布绕组连接方式。有关交流电机定子分布绕组的内容可参见第 6 章相关内容。

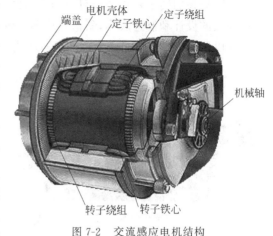

图 7-2　交流感应电机结构

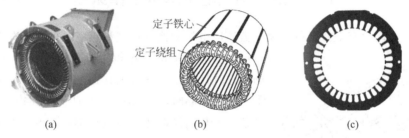

图 7-3　交流感应电机定子结构与定子铁心及绕组
(a) 定子结构；(b) 定子铁心及绕组；(c) 定子铁心冲片

如图 7-4 所示，交流感应电机转子铁心采用硅钢片（即转子冲片，rotor lamination）叠压而成，在铁心外表面沿圆周冲有许多槽，用以嵌放转子绕组。笼型交流感应电机转子绕组由转子导条（rotor bar）和端环（end ring）构成。转子绕组可以通过在转子铁心上采取铝浇铸的方法在转子槽内直接形成，但为了提高电机性能，作为电动汽车驱动电机的交流感应电机的转子绕组普遍采用铜导条与铜端环构成，具体如图 7-5 所示。

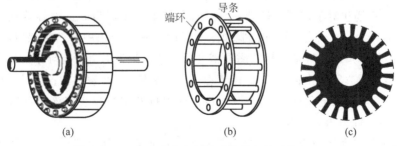

图 7-4　交流感应电机转子结构与转子绕组
(a) 转子结构；(b) 转子绕组；(c) 转子铁心冲片

镶嵌导条的转子铁心的槽可以为直槽结构,也可以为斜槽结构。相比较而言,直槽结构具有较低的设计和制造成本,斜槽结构具有较好的性能。

可以用图 7-6 所示的横向剖面示意图表示交流感应电机定子和转子的结构。

图 7-5 铜导条和铜端环构成的转子绕组

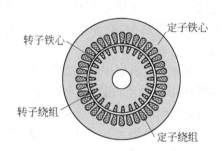

图 7-6 交流感应电机横向剖面结构示意图

除以上组成部分外,交流感应电机还有机械输出轴、轴承等构件。

7.3 交流感应电机基本工作原理

下面以电动汽车上常见的笼型交流感应电机为例分析交流感应电机的基本工作原理。

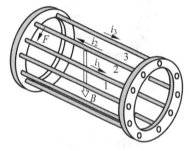

图 7-7 交流感应电机工作原理

如图 7-7 所示,当电机转子静止不动时,假设旋转磁场按逆时针沿转子铁心表面旋转,当磁场方向垂直于导条 2 指向轴心时,由导条 1、2 与两侧端环构成的回路、由导条 2、3 与两侧端环构成的回路会产生感应电流,两个回路的感应电流在导条 2 中叠加为电流 i_2。在旋转磁场的作用下,导条 2 将会受到洛伦兹力 F 的作用,电机转子因 F 的作用而产生电磁转矩,电磁转矩的方向倾向于使转子跟随旋转磁场旋转。

7.3.1 笼型交流感应电机的转子绕组相数

笼型交流感应电机的各导条在转子圆周上均匀分布,两端被端环短接,整个转子为对称结构。笼型转子绕组沿圆周方向的展开图如图 7-8(a)所示。一个在空间按正弦分布、极对数为 P 的旋转磁场相对于定子以转速 n_s 旋转,若转子的转速为 n_m,则旋转磁场相对于转子的转速为 $n_2 = n_s - n_m$。在某一时刻(如图 7-8(b)所示),导条中会产生感应电动势,感应电动势的大小与导条所处气隙磁场的磁通密度成正比。把该时刻所有导条的感应电动势的值连成曲线即为图 7-8(b)中曲线 e_{2s}。由于存在转子漏阻抗,在该时刻各导条中的电流会滞后感应电动势一个时间电角度 φ_2,φ_2 即为转子漏阻抗的阻抗角。把该时刻所有导条中的电流值连成曲线,即可得到曲线 i_{2s}。

显然,转子各导条感应电动势的分布波形 e_{2s}、电流值的分布波形 i_{2s} 以及各导条电流产生的转子磁动势分布波形以转速 n_s 相对于定子同步旋转。此外,各导条电流产生的转子磁动势的极对数为 P,与气隙旋转磁场的极对数相同。笼型转子绕组本身没有固定的极对数,它的极对数自动和气隙旋转磁场的极对数保持相同,与转子导条数量无关。

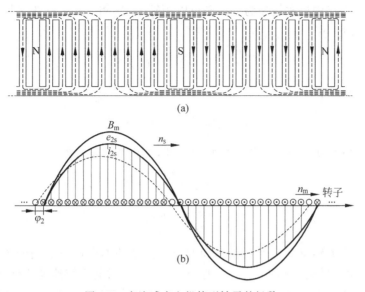

图 7-8 交流感应电机笼型转子的极数
(a) 导条与端环中的电流分布；(b) 气隙磁场密度、导条电动势和电流的空间分布

笼型转子绕组的导体沿转子圆周均匀分布，各导条在气隙磁场的位置不同，因此导致各导条的感应电动势和电流相位也不同，相邻导条的相位差等于二者相差的空间电角度。所以可以将笼型转子绕组看作相数 m_2 等于导条数（即转子槽数）Q_2 的对称绕组，即

$$m_2 = Q_2 \tag{7-1}$$

同时，每相转子绕组仅有一根导条，相当于半匝。由于不存在"短距"和"分布"问题，所以笼型转子绕组的节距因数和分布因数都等于1。

如果转子导条数可以被电机极对数整除，即 Q_2/P 为整数，则可以把各对磁极下位于相同空间位置的导条视为同一相。此时，一相绕组由 P 根导条并联构成，转子绕组的相数为

$$m_2 = \frac{Q_2}{P} \tag{7-2}$$

对于电动汽车中常用的三相笼型交流感应电机，在分析问题时，可以通过转子参数的折算，将多相转子绕组等效为与定子绕组类似的三相对称绕组[3]，即进行绕组折算[4]。绕组折算是指用一个与定子绕组相数、有效匝数完全相同的等效转子绕组，去代替实际转子绕组。绕组折算时，要遵循折算前后转子绕组的磁动势不变（同幅值、同相位）的原则。

7.3.2 交流感应电机的同步转速与转差率

假设不计定子齿槽、转子齿槽的影响，且交流感应电机的定子与转子之间的气隙均匀。与永磁同步电机类似，当电机定子绕组通过三相对称正弦波电流时，会在气隙中产生正弦分布且幅值恒定的旋转磁场，具体参见 6.3.2 节。若三相定子绕组电流的频率为 f_e，电机的极对数为 P，则定子绕组产生的旋转磁场的转速可以表示为

$$n_s = \frac{60 f_e}{P} \tag{7-3}$$

n_s 又称为交流感应电机的同步转速。

若交流感应电机的机械转速为 n_m，则可以用转差率（slip ratio）s 表示同步转速与机械转速的差异，s 定义为[5]

$$s = \frac{n_s - n_m}{n_s} (\times 100\%) \quad (7\text{-}4)$$

s 也可以用角速度表示，即

$$s = \frac{\omega_s - \omega_m}{\omega_s} (\times 100\%) \quad (7\text{-}5)$$

式中，ω_s 为同步角速度，ω_m 为电机的旋转角速度，二者可以表示为

$$\begin{cases} \omega_s = \dfrac{\pi n_s}{30} \\ \omega_m = \dfrac{\pi n_m}{30} \end{cases} \quad (7\text{-}6)$$

转差率 s 是表征交流感应电机运行状态和性能的一个基本变量[4]。当转子处于静止状态时，有 $s=1$；当电机转速为同步转速时，有 $s=0$。此外，当电机转速低于同步转速时，存在 $0<s<1$，电机工作在电动状态；当电机转速高于同步转速时，存在 $s<0$，电机工作在发电状态。

为便于分析问题，可以通过原理等效和参数折算将交流感应电机的笼型转子绕组结构等效为三相对称转子绕组。当转子静止不动时，根据电磁感应原理，定子绕组电流产生的旋转磁场会在转子三相绕组中感应出三相对称的正弦电流，该电流的频率 f_r 为

$$f_r = s f_e \quad (7\text{-}7)$$

f_r 又称为转差频率（slip frequency），也可以用 f_{sl} 表示。与 f_r 对应的转差角频率（slip angular frequency）或转差角速度 ω_{sl} 为

$$\omega_{sl} = s \omega_s \quad (7\text{-}8)$$

转子绕组的三相感应电流同样会在气隙中产生一个正弦分布的旋转磁场，该磁场的转速为

$$n_r = \frac{60 s f_e}{P} + n_m \quad (7\text{-}9)$$

由式（7-4）、式（7-9），有

$$n_r = s n_s + n_m = n_s \quad (7\text{-}10)$$

因此，转子绕组电流产生的旋转磁场的转速也为同步转速且方向与定子绕组电流产生的旋转磁场方向相同，但两个旋转磁场存在相位差（夹角）。定子绕组电流和转子绕组电流形成的旋转磁场在气隙中形成的合成磁场称为气隙磁场，气隙磁场仍为旋转磁场，旋转速度仍为 n_s。在稳态情况下，定子绕组电流产生的旋转磁场和转子绕组电流产生的旋转磁场在空间相对静止，这两个旋转磁场相互作用形成了稳定的电机电磁转矩。电磁转矩的大小和方向取决于这两个磁场的幅值和相对位置。电磁转矩的方向倾向于使两个磁场轴线之间的夹角减小。

7.3.3 交流感应电机的电磁关系

1. 电机转子绕组开路时的电磁关系

三相交流感应电机空载运行时，电机转子转速 n_m 非常接近于同步转速 n_s，交流感应电

机定子绕组的三相对称正弦电流产生穿过气隙并以同步转速 n_s 旋转的磁场 B_m。旋转磁场 B_m "切割"转子导体的相对速度接近于零,所以转子感应电动势以及感应电流非常小,可以近似认为这时转子绕组电流为零,即相当于电机处于转子绕组开路状态。

当转子绕组电流为零时,只有定子绕组电流产生的磁动势 $\boldsymbol{F}_0$ 作用在电机磁路上且产生气隙磁场。因此,$\boldsymbol{F}_0$ 称为励磁磁动势;相应地,产生 $\boldsymbol{F}_0$ 的定子绕组电流称为励磁电流。

旋转磁场 B_m 产生的磁通可以分为两部分:主磁通和漏磁通。

主磁通是指由基波旋转磁动势产生的通过气隙、同时与定子绕组和转子绕组交链的磁通。交流感应电机依靠主磁通实现机电能量转换。图 7-9 所示为四极(极对数 $P=2$)交流感应电机主磁通的磁路,主磁通的磁路由空气隙、定子齿、定子轭、转子齿和转子轭组成。主磁通磁路的主体是定子铁心和转子铁心,因此往往体现非线性的特征,受磁饱和影响较大。

每极范围内的主磁通,即每极磁通量可以表示为

$$\phi_m = \frac{2}{\pi} B_1 \tau_p l_e \qquad (7-11)$$

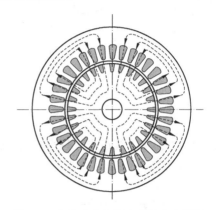

图 7-9 交流感应电机主磁通分布情况

式中,$\frac{2}{\pi} B_1$ 表示气隙平均磁通密度,B_1 为基波磁通密度幅值;τ_p 为极距;l_e 为电机铁心轴线有效长度。

定子绕组电流产生的磁动势 $\boldsymbol{F}_0$ 除产生主磁通外,还会产生漏磁通。这里的漏磁通是指不与转子绕组交链而只与定子绕组交链的磁通,所以也称为定子漏磁通。根据所经磁路或成因的不同,定子漏磁通可以分为槽漏磁通、端部漏磁通和谐波漏磁通三部分。槽漏磁通指横穿过定子槽的漏磁通;端部漏磁通指交链定子绕组端部的漏磁通;对于气隙中的高次谐波磁场,虽然它们也会穿过气隙并与转子绕组交链,但是不会产生有用的电磁转矩。另外,它们将在定子绕组中感应基波频率的电动势,其效果与其他类型定子漏磁通相类似,因此通常将其作为漏磁通处理,称为谐波漏磁通[4]。漏磁通的磁路经过空气闭合,受磁饱和影响较小。

图 7-10 所示为主磁通、槽漏磁通和端部漏磁通分布情况,图 7-10(a) 中同时画出了转子绕组电流产生的仅与转子绕组交链的转子槽漏磁通情况。

主磁通将在定子绕组中产生三相感应电动势,由于绕组电流、磁通等物理量为正弦量且三相对称,可以取一相进行分析且用相量表示,则感应电动势可以表示为

$$\dot{E}_1 = -\dot{I}_m Z_m = -\dot{I}_m (R_m + jX_m) \qquad (7-12)$$

式中,I_m 为励磁电流;Z_m 为励磁阻抗;X_m 为励磁电抗;R_m 为励磁电阻。

定子漏磁通将在定子绕组中产生漏磁电动势,可以表示为

$$\dot{E}_{1\sigma} = -j\dot{I}_1 X_{1\sigma} \qquad (7-13)$$

式中,I_1 为定子绕组电流,当转子绕组开路时,即为励磁电流 I_m;$X_{1\sigma}$ 为定子漏磁电抗,简称定子漏抗,可以表示为

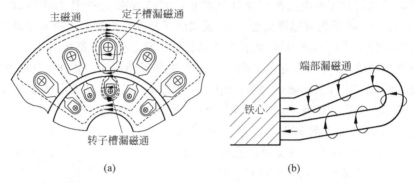

图 7-10 交流感应电机的主磁通与漏磁通
(a) 主磁通与槽漏磁通；(b) 端部漏磁通

$$X_{1\sigma} = 2\pi f_e L_{1\sigma} \tag{7-14}$$

式中，f_e 为定子绕组电流频率；$L_{1\sigma}$ 为定子漏磁电感，简称定子漏感。

由式(7-12)和式(7-13)，可以得到转子绕组开路时，定子绕组的一相电压方程式为

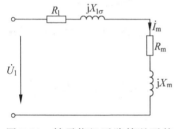

$$\dot{U}_1 = \dot{I}_m(R_1 + jX_{1\sigma}) + \dot{I}_m(R_m + jX_m) \tag{7-15}$$

式中，R_1 为一相定子绕组等效电阻。

根据式(7-15)，可以得到转子绕组开路情况下的交流感应电机等效电路，具体如图 7-11 所示。

主磁通在转子绕组中产生三相感应电动势，转子绕组开路时，可以得到转子绕组一相电压方程式为

图 7-11 转子绕组开路情况下的交流感应电机等效电路

$$\dot{U}_2 = \dot{E}_2 \tag{7-16}$$

式中，$\dot{E}_2$ 为转子绕组感应电动势相量。

2. 电机转子静止时的电磁关系

交流感应电机在转子堵转情况下，转子处于静止状态。

在外加三相对称电压的作用下，电机定子绕组流过三相对称电流，它们产生的基波旋转磁场同时"切割"定子绕组和转子绕组，在定子绕组和转子绕组中产生感应电动势。转子绕组中的感应电动势将会产生三相对称转子绕组电流，该电流产生转子磁动势。转子磁动势的出现，将使气隙中的旋转磁场改变，进而定子绕组、转子绕组中的感应电动势和电流随之变化。

在稳态情况下，定子绕组电流 $\dot{I}_1$ 产生定子磁动势 F_1，转子绕组电流 $\dot{I}_2$ 产生转子磁动势 F_2。F_1 和 F_2 的转速和转向相同，在空间呈相对静止，二者共同作用于电机磁路上。因此，F_1 和 F_2 的合成磁动势 F_m（即为 F_1 和 F_2 的矢量和）产生气隙旋转磁场，F_m 的性质与转子绕组开路(转子电流为零)时的励磁磁动势 F_0 相同，因此也称为励磁磁动势。

定子绕组电流和转子绕组电流除联合产生气隙主磁通外，还分别产生定子、转子漏磁通。定子、转子漏磁通分别在定子绕组、转子绕组中感应漏电动势 $\dot{E}_{1\sigma}$ 和 $\dot{E}_{2\sigma}$，二者可以表示为

$$\begin{cases} \dot{E}_{1\sigma} = -\mathrm{j}\dot{I}_1 X_{1\sigma} \\ \dot{E}_{2\sigma} = -\mathrm{j}\dot{I}_2 X_{2\sigma} \end{cases} \tag{7-17}$$

式中,$\dot{I}_1$ 为定子绕组电流相量;$\dot{I}_2$ 为转子绕组电流相量;$X_{1\sigma}$ 和 $X_{2\sigma}$ 分别为定子漏抗和转子漏抗,可以表示为

$$\begin{cases} X_{1\sigma} = 2\pi f_e L_{1\sigma} \\ X_{2\sigma} = 2\pi f_e L_{2\sigma} \end{cases} \tag{7-18}$$

式中,f_e 为定子绕组电流频率;$L_{1\sigma}$ 为定子漏感;$L_{2\sigma}$ 为转子漏感。

对于定子绕组,可以写出一相电压方程式为

$$\dot{U}_1 = -\dot{E}_1 + \dot{I}_1(R_1 + \mathrm{j}X_{1\sigma}) = -\dot{E}_1 + \dot{I}_1 Z_1 \tag{7-19}$$

式中,$Z_1 = R_1 + \mathrm{j}X_{1\sigma}$ 为一相定子绕组漏阻抗。

对于转子绕组,可以写出一相电压方程式为

$$\dot{U}_2 = -\dot{E}_2 + \dot{I}_2(R_2 + \mathrm{j}X_{2\sigma}) = -\dot{E}_2 + \dot{I}_2 Z_2 = 0 \tag{7-20}$$

式中,$Z_2 = R_2 + \mathrm{j}X_{2\sigma}$ 为一相转子绕组漏阻抗;R_2 为一相转子绕组等效电组。由式(7-20)可得

$$\dot{E}_2 = \dot{I}_2(R_2 + \mathrm{j}X_{2\sigma}) \tag{7-21}$$

可以基于"磁动势等效原则"将转子绕组折算至定子侧。这里的"磁动势等效原则"是指折算前后,转子磁动势 F_2 的转速、幅值和相位均应保持不变,即保证折算前后定子、转子间的电磁关系不变。这里用与定子绕组匝数相同、相数相同、绕组因数相同的绕组等效实际转子绕组。

转子绕组折算后,转子绕组电流相量由 $\dot{I}_2$ 变为 $\dot{I}_2'$。对于三相交流感应电机的转子绕组,若折算前的每相有效匝数为 N_2,基波绕组因数为 k_{wr},则基于"磁动势等效原则",由式(6-49)有

$$\frac{2\sqrt{2}N_2 I_2 k_{wr}}{\pi P} = \frac{2\sqrt{2}N_1 I_2' k_{ws}}{\pi P} \tag{7-22}$$

式中,N_1 为每相定子绕组有效匝数;k_{ws} 为定子基波绕组因数。由式(7-22)有

$$I_2' = \frac{1}{k_i} I_2 \tag{7-23}$$

式中,k_i 为电流变比[6],可以表示为

$$k_i = \frac{N_1 k_{ws}}{N_2 k_{wr}} \tag{7-24}$$

转子绕组折算后,转子绕组电压相量由 $\dot{E}_2$ 变为 $\dot{E}_2'$。根据式(6-28),显然有

$$E_2' = 4.44 k_{ws} N_1 f_e \phi_m \tag{7-25}$$

式中,f_e 为定子绕组电流频率;ϕ_m 为每极磁通量,可按式(7-11)计算。定子绕组感应电动势为

$$E_1 = 4.44 k_{ws} N_1 f_e \phi_m \tag{7-26}$$

同时,有

$$E_2 = 4.44 k_{wr} N_2 f_e \phi_m \tag{7-27}$$

所以,存在

$$E'_2 = k_e E_2 = E_1 \tag{7-28}$$

式中,k_e 为电压变比[6],且有

$$k_e = k_i \tag{7-29}$$

转子绕组折算后,转子绕组漏阻抗 Z_2 变为 Z'_2。折算后,转子绕组电压方程式由式(7-20)变为

$$\dot{E}'_2 = \dot{I}'_2 Z'_2 = \dot{I}'_2 (R'_2 + jX'_{2\sigma}) \tag{7-30}$$

因此,可以得到 Z_2 与 Z'_2 之间的关系为

$$Z'_2 = R'_2 + jX'_{2\sigma} = k_i k_e (R_2 + jX_{2\sigma}) \tag{7-31}$$

即存在

$$\begin{cases} Z'_2 = k_i k_e Z_2 \\ R'_2 = k_i k_e R_2 \\ X'_{2\sigma} = k_i k_e X_{2\sigma} \end{cases} \tag{7-32}$$

因为 $\mathbf{F}_m$ 为 $\mathbf{F}_1$ 和 $\mathbf{F}_2$ 的合成磁动势,有

$$\mathbf{F}_1 + \mathbf{F}_2 = \mathbf{F}_m \tag{7-33}$$

所以,存在

$$\dot{I}_1 + \dot{I}'_2 = \dot{I}_m \tag{7-34}$$

根据以上分析和表达式,可以得到交流感应电机在转子堵转情况下的基本方程式为

$$\begin{cases} \dot{U}_1 = -\dot{E}_1 + \dot{I}_1 (R_1 + jX_{1\sigma}) \\ \dot{E}_1 = -\dot{I}_m (R_m + jX_m) \\ E'_2 = E_1 \\ \dot{E}'_2 = \dot{I}'_2 (R'_2 + jX'_{2\sigma}) \\ \dot{I}_1 + \dot{I}'_2 = \dot{I}_m \end{cases} \tag{7-35}$$

基于式(7-35)可以得到电机转子静止情况下的交流感应电机等效电路如图 7-12 所示。

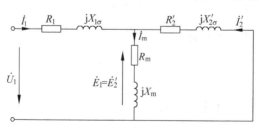

图 7-12 转子静止情况下的交流感应电机等效电路

3. 电机转子旋转时的电磁关系

与转子静止时不同,当转子旋转时,气隙旋转磁场将不再以同步转速 n_s "切割"转子绕

组。此时,转子绕组感应电动势可以表示为

$$\dot{E}_{2s} = \dot{I}_{2s}(R_2 + jX_{2\sigma s}) \tag{7-36}$$

式中,$\dot{I}_{2s}$ 为转子旋转时一相转子绕组电流相量;$\dot{E}_{2s}$ 为转子旋转时一相转子绕组感应电动势相量,且 E_{2s} 可以表示为

$$E_{2s} = 4.44 k_{wr} N_2 f_r \phi_m = 4.44 k_{wr} N_2 s f_e \phi_m = s E_2 \tag{7-37}$$

式(7-36)中 $X_{2\sigma s}$ 为转子旋转时一相转子绕组的漏抗,且有

$$X_{2\sigma s} = 2\pi f_r L_{2\sigma} = 2\pi s f_e L_{2\sigma} = s X_{2\sigma} \tag{7-38}$$

式(7-37)和式(7-38)表明:转子旋转时,转子绕组感应电动势和转子漏抗都与转差率 s 成正比。对于正常运行状态下的交流感应电机,存在

$$X_{2\sigma s} \ll X_{2\sigma} \tag{7-39}$$

在转子旋转时,定子和转子绕组磁动势保持相对静止,说明转子旋转时电机内部的电磁过程和转子静止时比较类似,所不同的是转子绕组感应电动势和绕组电流的频率从静止时的 f_e 变为 $f_r = s f_e$。

由式(7-36),有

$$\dot{I}_{2s} = \frac{\dot{E}_{2s}}{R_2 + jX_{2\sigma s}} \tag{7-40}$$

根据式(7-37)和式(7-38),式(7-40)可以改写为

$$\dot{I}_2 = \frac{s\dot{E}_2}{R_2 + jsX_{2\sigma}} = \frac{\dot{E}_2}{\dfrac{R_2}{s} + jX_{2\sigma}} \tag{7-41}$$

式中,$\dot{E}_2$、$\dot{I}_2$、$X_{2\sigma}$ 分别为转子频率为 f_e 时的一相转子绕组的感应电动势、电流和漏抗。

式(7-41)表征了将频率为 f_r 的转子绕组电流折算为频率为 f_e 的转子绕组电流。与式(7-40)和式(7-41)对应的等效电路如图 7-13 所示。在折算前后,转子绕组电流 $\dot{I}_{2s}$ 和 $\dot{I}_2$ 的频率不同,但有效值相等,即

$$I_2 = I_{2s} \tag{7-42}$$

因此,$\dot{I}_{2s}$ 和 $\dot{I}_2$ 产生的磁动势 $\pmb{F}_2$ 的幅值与相位是相同的。即,从定子侧看,折算前后的磁动势 $\pmb{F}_2$ 未发生变化。这种保持转子绕组磁动势 $\pmb{F}_2$ 不变,而频率从 f_r 变为 f_e 的方法,称为转子绕组的频率折算。

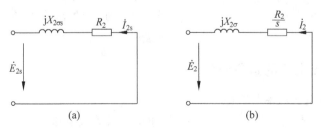

图 7-13 转子绕组的频率折算等效电路
(a) 频率折算前;(b) 频率折算后

频率折算后,转子绕组的频率变为 f_e,这意味着转子是静止的。即频率折算相当于用一个静止不动的转子等效实际以转差率 s 旋转的转子。与此相对应,频率折算后,转子绕组感应电动势 $\dot{E}_{2s}$ 变为转子静止时的感应电动势 $\dot{E}_2$,转子漏抗由实际的 $X_{2\sigma s}$ 变为转子静止时的 $X_{2\sigma}$,频率折算后的转子绕组电流 $\dot{I}_2$ 可以通过式(7-41)求解。需要指出的是,$\dot{E}_2$ 是转子静止时的转子绕组的感应电动势,而不是转子堵转时的转子绕组感应电动势。

频率折算后,可以把转子侧物理量折算到定子侧,即遵循"磁动势等效原则",用一个与定子绕组的相数、有效匝数完全相同的转子绕组等效实际的转子绕组。经过这种绕组折算后,转子绕组回路的电压方程式为

$$\dot{E}'_2 = \dot{I}'_2 Z'_2 = \dot{I}'_2 \left(\frac{R'_2}{s} + jX'_{2\sigma} \right) \tag{7-43}$$

因为存在

$$\boldsymbol{F}_1 + \boldsymbol{F}_2 = \boldsymbol{F}_m \tag{7-44}$$

所以,有

$$\dot{I}_1 + \dot{I}'_2 = \dot{I}_m \tag{7-45}$$

根据以上分析和表达式,可以得到交流感应电机在转子旋转情况下的基本方程式为

$$\begin{cases} \dot{U}_1 = -\dot{E}_1 + \dot{I}_1 (R_1 + jX_{1\sigma}) \\ \dot{E}_1 = -\dot{I}_m (R_m + jX_m) \\ E'_2 = E_1 \\ \dot{E}'_2 = \dot{I}'_2 \left(\dfrac{R'_2}{s} + jX'_{2\sigma} \right) \\ \dot{I}_1 + \dot{I}'_2 = \dot{I}_m \end{cases} \tag{7-46}$$

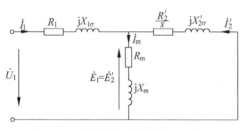

图 7-14 转子旋转情况下的交流感应电机等效电路

基于式(7-46)可以得到电机转子旋转情况下的交流感应电机等效电路如图 7-14 所示。

由图 7-14 可知,当电机空载运行时,转子转速接近同步转速,转差率 $s \approx 0$,R'_2/s 接近无穷大,相当于转子开路,即电机转子电流为零,此时图 7-14 所示的等效电路变为图 7-11 所示电路;而当转子静止时,转差率 $s \approx 1$,此时图 7-14 所示的等效电路变为图 7-12 所示电路。

7.3.4 交流感应电机的运行特性

1. 交流感应电机的功率与损耗

由图 7-14 可以得到如图 7-15 所示的交流感应电机等效电路。

若三相交流感应电机工作在电动模式下且处于稳态运行时,从车载电源(如动力蓄电池)输入的有功功率 P_E 为

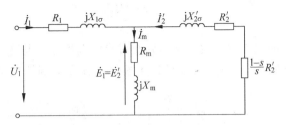

图 7-15 交流感应电机等效电路

$$P_E = 3U_1 I_1 \cos\varphi_1 \qquad (7\text{-}47)$$

式中,U_1、I_1 分别为定子绕组相电压、电流的有效值;$\cos\varphi_1$ 为定子绕组回路功率因数。

定子绕组回路产生的铜损 P_{Cu1} 为

$$P_{Cu1} = 3I_1^2 R_1 \qquad (7\text{-}48)$$

正常运行时,交流感应电机的转差率 s 较小,气隙磁场相对于转子的转速较小,所以转子铁心损耗很小,可以忽略不计。因此,可以近似认为电机的铁损主要由定子铁损构成,且可以表示为

$$P_{Fe} = 3I_m^2 R_m \qquad (7\text{-}49)$$

定义气隙功率(air-gap power)P_{AG} 为[5]

$$P_{AG} = P_E - P_{Cu1} - P_{Fe} = 3I_2'^2 \frac{R_2'}{s} \qquad (7\text{-}50)$$

转子绕组回路产生的铜损 P_{Cu2} 为

$$P_{Cu2} = 3I_2'^2 R_2' \qquad (7\text{-}51)$$

因此,电机转换的机械功率 P_{Con} 为

$$P_{Con} = P_{AG} - P_{Cu2} = 3I_2'^2 \frac{(1-s)R_2'}{s} \qquad (7\text{-}52)$$

由式(7-50)～式(7-52)可知 P_{AG}、P_{Cu2}、P_{Con} 有

$$P_{AG} : P_{Cu2} : P_{Con} = 1 : s : (1-s) \qquad (7\text{-}53)$$

若由电机的摩擦损耗、风摩损耗构成的机械损耗为 P_{FW},电机的杂散损耗为 P_{St},则电机输出功率为

$$P_M = P_{Con} - P_{FW} - P_{St} \qquad (7\text{-}54)$$

可以得到交流感应电机在电动模式下的功率流图如图 7-16 所示。

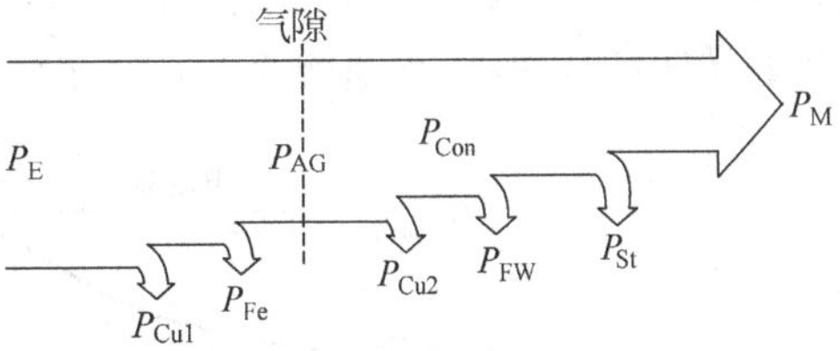

图 7-16 交流感应电机在电动模式下的功率流图

2. 交流感应电机的转矩-转差率特性

若不计机械损耗 P_{FW} 以及杂散损耗 P_{St},则电机的转矩可以表示为

$$T_e = \frac{P_{Con}}{\omega_m} = \frac{P_{AG}}{\omega_s} \qquad (7\text{-}55)$$

式中,ω_m、ω_s 分别为电机的旋转角速度和同步角速度,二者如式(7-6)所示。将式(7-50)代入式(7-55),有

$$T_e = \frac{3I_2'^2 R_2}{\omega_s s} \qquad (7\text{-}56)$$

若不计电机铁损,即图 7-15 中 $R_m = 0$,则交流感应电机等效电路如图 7-17 所示。根据戴维宁定理(Thevenin's theorem),可以得到如图 7-18 所示的等效电路。

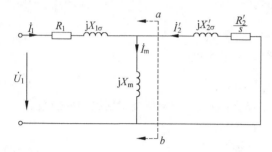 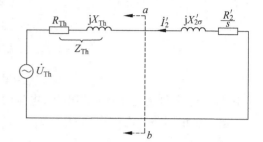

图 7-17　不计铁损下的交流感应电机等效电路　　图 7-18　图 7-17 的戴维宁等效电路

图 7-18 中,有

$$\begin{cases} U_{Th} = \dfrac{X_m}{\sqrt{R_1^2 + (X_{1\sigma} + X_m)^2}} U_1 \\ Z_{Th} = R_{Th} + jX_{Th} = \dfrac{jX_m(R_1 + jX_{1\sigma})}{R_1 + j(X_{1\sigma} + X_m)} \end{cases} \qquad (7\text{-}57)$$

因此,可以得到 $\dot{I}_2'$ 的幅值为

$$I_2' = \frac{U_{Th}}{\sqrt{(R_{Th} + R_2/s)^2 + (X_{Th} + X_{2\sigma})^2}} \qquad (7\text{-}58)$$

将式(7-58)代入式(7-56),有

$$T_e = \frac{3U_{Th}^2 R_2/s}{\omega_s[(R_{Th} + R_2/s)^2 + (X_{Th} + X_{2\sigma})^2]} \qquad (7\text{-}59)$$

由式(7-59)可以得到交流感应电机转矩-转差率曲线如图 7-19 所示,该曲线也称为交流感应电机的转矩特性曲线,该曲线表征在一定同步转速下电机转矩与电机转速的关系。

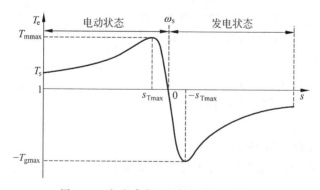

图 7-19　交流感应电机转矩-转差率曲线

由图 7-19 所示曲线,可以得到如下结论:
(1) 当电机转速 ω_m 等于同步转速 ω_s 时,即 $s=0$ 时,电机转矩 $T_e = 0$。

(2) 当电机转速 ω_m 为 0 时,即 $s=1$ 时,电机处于堵转状态,交流感应电机的堵转转矩(locked-rotor torque)也称为起动转矩(starting torque),可以表示为

$$T_s = \frac{3U_{Th}^2 R_2}{\omega_s[(R_{Th}+R_2)^2+(X_{Th}+X_{2\sigma})^2]} \qquad (7\text{-}60)$$

根据式(7-57)可知,在电机定子绕组电流频率不变,即电机同步转速一定的情况下,电机的堵转转矩与定子绕组电压的平方成正比。

(3) 当 $s>0$ 时,电机工作在电动状态。若 $s=s_{Tmax}$,电机的转矩 T_e 为电动状态下的最大转矩(breakdown torque, pullout torque) T_{mmax}。依据式(7-59)可以得到

$$s_{Tmax} = \frac{R_2}{\sqrt{R_{Th}^2+(X_{Th}+X_{2\sigma})^2}} \qquad (7\text{-}61)$$

(4) 当 $s<0$ 时,电机工作在发电状态。若 $s=-s_{Tmax}$,电机转矩 T_e 为发电状态下的最大转矩(pushover torque) T_{gmax}。由式(7-59)可知,在同一同步转速下,交流感应电机在电动状态和发电状态下的最大转矩并不相等,且有

$$T_{mmax} < T_{gmax} \qquad (7\text{-}62)$$

基于式(7-55)可知,当 $T_e = T_{mmax}$ 时,气隙功率 P_{AG} 将达到最大值;而电机转换的机械功率 P_{Con} 为

$$P_{Con} = T_e \omega_m \qquad (7\text{-}63)$$

因此,在同一同步转速下,P_{AG} 和 P_{Con} 最大值所对应的转速不尽相同。

图 7-20 为某三相交流感应电机在同步转速 $n_s = 1800 \text{r/min}$ 时的转矩-转速与功率-转速曲线。需要指出的是,图中的转矩-转速曲线并不表征电机的机械特性(或外特性),而仅指在一定同步转速下的电机转矩与转速的关系。

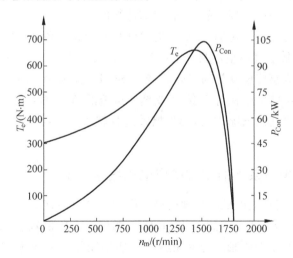

图 7-20 交流感应电机转矩-转速与功率-转速曲线

若不计定子绕组铜损,即 $R_1 = 0$ 时,由式(7-57)、式(7-59)、式(7-60)以及式(7-61)可知[4]:

(1) 在电机转速低于基速时,如果能保持 U_1/f_e = 常值,则在不同 f_e 下,可以保持电机输出最大转矩不变,即电机处于恒转矩区;

(2) 在电机转速高于基速时,如果保持 U_1 = 常值,则在不同 f_e 下,可以保持电机输出最大功率不变,即电机处于恒功率区。

基于以上两种情况,可以得到交流感应电机的机械特性曲线如图 7-21 中虚线所示,图中给出了不同同步转速下的电机转矩-转速曲线。

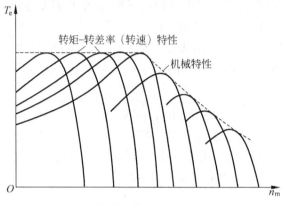

图 7-21　不同同步转速下的转矩-转速与机械特性曲线

7.4　交流感应电机数学模型

下面以在电动汽车上应用较多的三相交流感应电机为例,分析交流感应电机的数学模型。为便于分析,假设三相交流感应电机满足下列条件:

(1) 忽略磁路饱和,电机定子绕组和转子绕组的自感和相间互感保持不变;

(2) 不计涡流损耗和磁滞损耗的影响,即不计铁损;

(3) 电机的定子绕组三相对称,在空间沿圆周互差 120°电角度布置并采用"Y 型"连接,绕组电流产生的磁动势沿气隙呈正弦分布;

(4) 电机定子绕组感应电动势为正弦波,定子绕组电流为对称的三相正弦波电流;

(5) 电机定子绕组的电阻保持不变,不受绕组电流的频率、绕组温度等因素的影响;

(6) 定子和转子之间的气隙均匀,无齿槽效应且转子每相绕组经匝数归算后与定子每相绕组有效匝数相同。

7.4.1　ABC 参考坐标系下的交流感应电机数学模型

图 7-22 为三相交流感应电机的物理模型。图中,OA、OB、OC 分别为 A 相、B 相、C 相定子绕组的轴线;Oa、Ob、Oc 分别为 a 相、b 相、c 相转子绕组的轴线;ω_r 为电机转子旋转电角速度;θ_r 为 a 相转子绕组轴线与 A 相定子绕组轴线的夹角,可以表示为

$$\theta_r = \theta_0 + \int_0^t \omega_r dt \tag{7-64}$$

式中,θ_0 为 $t=0$ 时 a 相转子绕组轴线与 A 相定子绕组轴线的初始夹角。

1. ABC 参考坐标系下的交流感应电机的电压与磁链方程

在 ABC 参考坐标系中,将定子三相绕组中 A 相绕组的轴线 OA 作为空间坐标系的参考轴线,则三相交流感应电机的定子绕组电压方程为

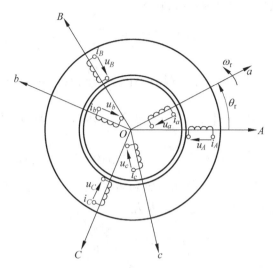

图 7-22　ABC 参考坐标系下的三相交流感应电机物理模型

$$\begin{cases} u_A = R_s i_A + \dfrac{\mathrm{d}\psi_A}{\mathrm{d}t} \\ u_B = R_s i_B + \dfrac{\mathrm{d}\psi_B}{\mathrm{d}t} \\ u_C = R_s i_C + \dfrac{\mathrm{d}\psi_C}{\mathrm{d}t} \end{cases} \tag{7-65}$$

式中，u_A、u_B 和 u_C 分别为 A、B、C 三相定子绕组相电压；R_s 为每相定子绕组的等效电阻；i_A、i_B 和 i_C 分别为 A、B、C 三相定子绕组相电流；ψ_A、ψ_B 和 ψ_C 分别为 A、B、C 三相定子绕组磁链，可以表示为

$$\begin{cases} \psi_A = L_{AA}i_A - M_{AB}i_B - M_{AC}i_C + M_{Aa}\cos\theta_r i_a + M_{Ab}\cos\left(\theta_r + \dfrac{2\pi}{3}\right)i_b + M_{Ac}\cos\left(\theta_r - \dfrac{2\pi}{3}\right)i_c \\ \psi_B = -M_{BA}i_A + L_{BB}i_B - M_{BC}i_C + M_{Ba}\cos\left(\theta_r - \dfrac{2\pi}{3}\right)i_a + M_{Bb}\cos\theta_r i_b + M_{Bc}\cos\left(\theta_r + \dfrac{2\pi}{3}\right)i_c \\ \psi_C = -M_{CA}i_A - M_{CB}i_B + L_{CC}i_C + M_{Ca}\cos\left(\theta_r + \dfrac{2\pi}{3}\right)i_a + M_{Cb}\cos\left(\theta_r - \dfrac{2\pi}{3}\right)i_b + M_{Cc}\cos\theta_r i_c \end{cases} \tag{7-66}$$

式中，$L_{XX}(X=A,B,C)$ 为 X 相定子绕组的自感；$M_{XY}(X=A,B,C;Y=A,B,C$ 且 $X\neq Y)$ 为 X 相定子绕组与 Y 相定子绕组之间的互感；$M_{Xy}(X=A,B,C;y=a,b,c)$ 为 X 相绕组与 y 相转子绕组之间互感的最大值。因假设三相定子绕组和转子绕组在空间沿圆周互差 120°电角度布置，且匝数相同，所以有

$$\begin{cases} L_{AA} = L_{BB} = L_{CC} = L_{ss} \\ M_{AB} = M_{BA} = M_{BC} = M_{CB} = M_{AC} = M_{CA} = M_{ss} \\ M_{Aa} = M_{Ab} = M_{Ac} = M_{Ba} = M_{Bb} = M_{Bc} = M_{Ca} = M_{Cb} = M_{Cc} = M_{sr} \end{cases} \tag{7-67}$$

式中，L_{ss} 为每相定子绕组的自感；M_{ss} 为定子绕组间的互感；M_{sr} 为定子绕组和转子绕组间互感的最大值。

当三相定子绕组采用"Y 型"连接时,存在

$$i_A + i_B + i_C = 0 \tag{7-68}$$

将上式代入式(7-66),得

$$\begin{cases} \psi_A = L_s i_A + M_{sr}\cos\theta_r i_a + M_{sr}\cos\left(\theta_r + \dfrac{2\pi}{3}\right)i_b + M_{sr}\cos\left(\theta_r - \dfrac{2\pi}{3}\right)i_c \\ \psi_B = L_s i_B + M_{sr}\cos\left(\theta_r - \dfrac{2\pi}{3}\right)i_a + M_{sr}\cos\theta_r i_b + M_{sr}\cos\left(\theta_r + \dfrac{2\pi}{3}\right)i_c \\ \psi_C = L_s i_C + M_{sr}\cos\left(\theta_r + \dfrac{2\pi}{3}\right)i_a + M_{sr}\cos\left(\theta_r - \dfrac{2\pi}{3}\right)i_b + M_{sr}\cos\theta_r i_c \end{cases} \tag{7-69}$$

式中,$L_s = L_{ss} + M_{ss}$,为考虑了定子绕组自感和相间互感后,每相定子绕组的等效电感。

三相交流感应电机的转子绕组电压方程为

$$\begin{cases} u_a = R_r i_a + \dfrac{\mathrm{d}\psi_a}{\mathrm{d}t} \\ u_b = R_r i_b + \dfrac{\mathrm{d}\psi_b}{\mathrm{d}t} \\ u_c = R_r i_c + \dfrac{\mathrm{d}\psi_c}{\mathrm{d}t} \end{cases} \tag{7-70}$$

式中,u_a、u_b 和 u_c 分别为 a、b、c 三相转子绕组相电压,对于笼型交流感应电机,存在

$$\begin{cases} u_a = 0 \\ u_b = 0 \\ u_c = 0 \end{cases} \tag{7-71}$$

式(7-70)中,R_r 为每相转子绕组的等效电阻;i_a、i_b 和 i_c 分别为 a、b、c 三相转子绕组相电流;ψ_a、ψ_b 和 ψ_c 分别为 a、b、c 三相转子绕组磁链,可以表示为

$$\begin{cases} \psi_a = L_{aa}i_a - M_{ab}i_b - M_{ac}i_c + M_{aA}\cos\theta_r i_A + M_{aB}\cos\left(\theta_r - \dfrac{2\pi}{3}\right)i_B + M_{aC}\cos\left(\theta_r + \dfrac{2\pi}{3}\right)i_C \\ \psi_b = -M_{ba}i_a + L_{bb}i_b - M_{bc}i_c + M_{bA}\cos\left(\theta_r + \dfrac{2\pi}{3}\right)i_A + M_{bB}\cos\theta_r i_B + M_{bC}\cos\left(\theta_r - \dfrac{2\pi}{3}\right)i_C \\ \psi_c = -M_{ca}i_a - M_{cb}i_b + L_{cc}i_c + M_{cA}\cos\left(\theta_r - \dfrac{2\pi}{3}\right)i_A + M_{cB}\cos\left(\theta_r + \dfrac{2\pi}{3}\right)i_B + M_{cC}\cos\theta_r i_C \end{cases} \tag{7-72}$$

式中,$L_{xx}(x=\mathrm{a,b,c})$ 为 x 相转子绕组的自感;$M_{xy}(x=\mathrm{a,b,c};y=\mathrm{a,b,c}$ 且 $x \neq y)$ 为 x 相转子绕组与 y 相转子绕组之间的互感;$M_{xY}(x=\mathrm{a,b,c};Y=\mathrm{A,B,C})$ 为 x 相转子绕组与 Y 相定子绕组之间互感的最大值。因假设三相定子绕组和转子绕组在空间沿圆周互差 120°电角度布置,且匝数相同,所以有

$$\begin{cases} L_{aa} = L_{bb} = L_{cc} = L_{rr} \\ M_{ab} = M_{ba} = M_{bc} = M_{cb} = M_{ac} = M_{ca} = M_{rr} \\ M_{aA} = M_{aB} = M_{aC} = M_{bA} = M_{bB} = M_{bC} = M_{cA} = M_{cB} = M_{cC} = M_{rs} \end{cases} \tag{7-73}$$

式中,L_{rr} 为每相转子绕组的自感;M_{rr} 为转子绕组之间的互感;M_{rs} 为转子绕组和定子绕

组之间互感的最大值。

当三相转子绕组采用"Y 型"连接时,存在
$$i_a + i_b + i_c = 0 \tag{7-74}$$
将上式代入式(7-72),得
$$\begin{cases} \psi_a = L_r i_a + M_{rs}\cos\theta_r i_A + M_{rs}\cos\left(\theta_r - \frac{2\pi}{3}\right) i_B + M_{rs}\cos\left(\theta_r + \frac{2\pi}{3}\right) i_C \\ \psi_b = L_r i_b + M_{rs}\cos\left(\theta_r + \frac{2\pi}{3}\right) i_A + M_{rs}\cos\theta_r i_B + M_{rs}\cos\left(\theta_r - \frac{2\pi}{3}\right) i_C \\ \psi_c = L_r i_c + M_{rs}\cos\left(\theta_r - \frac{2\pi}{3}\right) i_A + M_{rs}\cos\left(\theta_r + \frac{2\pi}{3}\right) i_B + M_{rs}\cos\theta_r i_C \end{cases} \tag{7-75}$$

式中,$L_r = L_{rr} + M_{rr}$,为考虑了转子绕组自感和相间互感后,每相转子绕组的等效电感。

因假设定子和转子之间的气隙是均匀的,且转子每相绕组经匝数归算后与定子每相绕组的有效匝数相同,所以对于三相对称、并在空间互差 120°电角度的定子绕组和转子绕组,存在
$$\begin{cases} L_{ss} = L_{s\sigma} + L_{sm} \\ M_{ss} = \frac{1}{2}L_{sm} \\ L_{rr} = L_{r\sigma} + L_{sm} \\ M_{rr} = \frac{1}{2}L_{sm} \\ M_{sr} = M_{rs} = L_{sm} \end{cases} \tag{7-76}$$

式中,$L_{s\sigma}$ 为每相定子绕组的漏感;$L_{r\sigma}$ 为每相转子绕组的漏感;L_{sm} 为每相定子绕组和转子绕组的励磁电感。因此,有
$$\begin{cases} L_s = L_{s\sigma} + \frac{3}{2}L_{sm} \\ L_r = L_{r\sigma} + \frac{3}{2}L_{sm} \end{cases} \tag{7-77}$$

若三相交流感应电机的定子绕组电压和转子绕组电压表示为
$$\begin{cases} \boldsymbol{u}_s = \begin{bmatrix} u_A & u_B & u_C \end{bmatrix}^T \\ \boldsymbol{u}_r = \begin{bmatrix} u_a & u_b & u_c \end{bmatrix}^T \end{cases} \tag{7-78}$$
且定子绕组电流和转子绕组电流表示为
$$\begin{cases} \boldsymbol{i}_s = \begin{bmatrix} i_A & i_B & i_C \end{bmatrix}^T \\ \boldsymbol{i}_r = \begin{bmatrix} i_a & i_b & i_c \end{bmatrix}^T \end{cases} \tag{7-79}$$
则可以将式(7-65)、式(7-70)写成矩阵形式,具体为
$$\begin{bmatrix} \boldsymbol{u}_s \\ \boldsymbol{u}_r \end{bmatrix} = \begin{bmatrix} \boldsymbol{R}_s & 0 \\ 0 & \boldsymbol{R}_r \end{bmatrix} \begin{bmatrix} \boldsymbol{i}_s \\ \boldsymbol{i}_r \end{bmatrix} + p \begin{bmatrix} \boldsymbol{L}_s & \boldsymbol{M}_{sr} \\ \boldsymbol{M}_{rs} & \boldsymbol{L}_r \end{bmatrix} \begin{bmatrix} \boldsymbol{i}_s \\ \boldsymbol{i}_r \end{bmatrix} \tag{7-80}$$

式中,p 表示微分算子 d/dt;$\boldsymbol{R}_s$、$\boldsymbol{R}_r$ 分别为定子绕组和转子绕组的电阻矩阵,可表示为

$$\begin{cases} \boldsymbol{R}_s = \begin{bmatrix} R_s & 0 & 0 \\ 0 & R_s & 0 \\ 0 & 0 & R_s \end{bmatrix} \\ \boldsymbol{R}_r = \begin{bmatrix} R_r & 0 & 0 \\ 0 & R_r & 0 \\ 0 & 0 & R_r \end{bmatrix} \end{cases} \tag{7-81}$$

式(7-80)中,

$$\begin{cases} \boldsymbol{L}_s = \begin{bmatrix} L_s & 0 & 0 \\ 0 & L_s & 0 \\ 0 & 0 & L_s \end{bmatrix} \\ \boldsymbol{L}_r = \begin{bmatrix} L_r & 0 & 0 \\ 0 & L_r & 0 \\ 0 & 0 & L_r \end{bmatrix} \end{cases} \tag{7-82}$$

且,

$$\begin{cases} \boldsymbol{M}_{sr} = M_{sr} \begin{bmatrix} \cos\theta_r & \cos\left(\theta_r + \dfrac{2\pi}{3}\right) & \cos\left(\theta_r - \dfrac{2\pi}{3}\right) \\ \cos\left(\theta_r - \dfrac{2\pi}{3}\right) & \cos\theta_r & \cos\left(\theta_r + \dfrac{2\pi}{3}\right) \\ \cos\left(\theta_r + \dfrac{2\pi}{3}\right) & \cos\left(\theta_r - \dfrac{2\pi}{3}\right) & \cos\theta_r \end{bmatrix} \\ \boldsymbol{M}_{rs} = M_{sr} \begin{bmatrix} \cos\theta_r & \cos\left(\theta_r - \dfrac{2\pi}{3}\right) & \cos\left(\theta_r + \dfrac{2\pi}{3}\right) \\ \cos\left(\theta_r + \dfrac{2\pi}{3}\right) & \cos\theta_r & \cos\left(\theta_r - \dfrac{2\pi}{3}\right) \\ \cos\left(\theta_r - \dfrac{2\pi}{3}\right) & \cos\left(\theta_r + \dfrac{2\pi}{3}\right) & \cos\theta_r \end{bmatrix} \end{cases} \tag{7-83}$$

式(7-80)也可以改写为

$$\boldsymbol{u} = \boldsymbol{Ri} + p\boldsymbol{Li} \tag{7-84}$$

显然,有

$$\begin{cases} \boldsymbol{u} = \begin{bmatrix} \boldsymbol{u}_s \\ \boldsymbol{u}_r \end{bmatrix} \\ \boldsymbol{i} = \begin{bmatrix} \boldsymbol{i}_s \\ \boldsymbol{i}_r \end{bmatrix} \end{cases} \tag{7-85}$$

以及

$$\begin{cases} \boldsymbol{R} = \begin{bmatrix} \boldsymbol{R}_s & 0 \\ 0 & \boldsymbol{R}_r \end{bmatrix} \\ \boldsymbol{L} = \begin{bmatrix} \boldsymbol{L}_s & \boldsymbol{M}_{sr} \\ \boldsymbol{M}_{rs} & \boldsymbol{L}_r \end{bmatrix} \end{cases} \tag{7-86}$$

2. ABC 参考坐标系下的交流感应电机转矩方程

在忽略磁路饱和的情况下,由三相交流感应电机定子铁心、转子铁心、定转子气隙构成的磁系统的磁共能可以表示为[7]

$$W'_f = \frac{1}{2}\bm{i}^T \bm{L} \bm{i} \tag{7-87}$$

将式(7-85)、式(7-86)代入式(7-87),有[8]

$$W'_f = \frac{1}{2}\bm{i}_s^T \bm{L}_s \bm{i}_s + \bm{i}_s^T \bm{M}_{sr} \bm{i}_r + \frac{1}{2}\bm{i}_r^T \bm{L}_r \bm{i}_r \tag{7-88}$$

若电机的机械角位移为 θ_m,则存在

$$\theta_r = P\theta_m \tag{7-89}$$

式中,P 为电机的极对数。

依据机电能量转换原理,电机的转矩可以表示为

$$t_e = \frac{\partial W'_f}{\partial \theta_m} = P \frac{\partial W'_f}{\partial \theta_r} \tag{7-90}$$

将式(7-88)代入上式,有

$$t_e = P\bm{i}_s^T \frac{\partial \bm{M}_{sr}}{\partial \theta_r} \bm{i}_r \tag{7-91}$$

将式(7-79)和式(7-83)代入式(7-91),得

$$t_e = PM_{sr}\left[(i_A i_a + i_B i_b + i_C i_c)\sin\theta_r + (i_A i_b + i_B i_c + i_C i_a)\sin\left(\theta_r + \frac{2\pi}{3}\right) + (i_A i_c + i_B i_a + i_C i_b)\sin\left(\theta_r - \frac{2\pi}{3}\right)\right] \tag{7-92}$$

式(7-92)即为 ABC 参考坐标系下的三相交流感应电机的转矩方程。可见,在 ABC 参考坐标系下,对于目标转矩 T_e^*,难以通过转矩公式或物理量相互关系对三相定子绕组参考电流 i_A^*、i_B^* 和 i_C^* 和转子绕组参考电流 i_a^*、i_b^* 和 i_c^* 进行求解。

7.4.2 αβ 参考坐标系下的交流感应电机数学模型

与永磁同步电机类似,可以基于克拉克变换,用分别位于 α 轴和 β 轴方向的两相静止绕组等效 ABC 参考坐标系下的三相绕组。选取 α 轴与 A 轴同向后,可以得到如图 7-23 所示 αβ 参考坐标系下的三相交流感应电机物理模型。

1. αβ 参考坐标系下的交流感应电机电压与磁链方程

如图 7-24 所示,θ_r 为转子 a 轴与定子 A 轴之间的夹角(电角度),若取 α_r 与转子 a 轴同向,β_r 轴超前 α_r 轴 90°电角度,那么可以将 $\bm{M}_{\theta r}$ 用 $\alpha_r \beta_r$ 参考坐标系下的物理量变换到 αβ 参考坐标系下。变换矩阵 $\bm{M}_{\theta r}$ 可表示为

$$\bm{M}_{\theta r} = \begin{bmatrix} \cos\theta_r & \sin\theta_r \\ -\sin\theta_r & \cos\theta_r \end{bmatrix} \tag{7-93}$$

根据图 7-24,有

$$\begin{bmatrix} u_{r\alpha} \\ u_{r\beta} \end{bmatrix} = \bm{M}_{\theta r} \begin{bmatrix} u_{r\alpha_r} \\ u_{r\beta_r} \end{bmatrix} \tag{7-94}$$

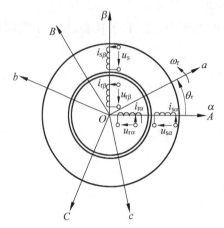
图 7-23 αβ 参考坐标系下的三相交流感应电机物理模型

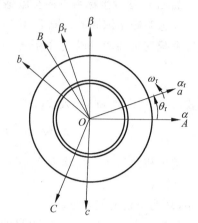
图 7-24 αβ 参考坐标系与 $\alpha_r\beta_r$ 参考坐标系

和

$$\begin{bmatrix} i_{r\alpha} \\ i_{r\beta} \end{bmatrix} = \boldsymbol{M}_{\theta r} \begin{bmatrix} i_{r\alpha_r} \\ i_{r\beta_r} \end{bmatrix} \tag{7-95}$$

以及

$$\begin{bmatrix} \psi_{r\alpha} \\ \psi_{r\beta} \end{bmatrix} = \boldsymbol{M}_{\theta r} \begin{bmatrix} \psi_{r\alpha_r} \\ \psi_{r\beta_r} \end{bmatrix} \tag{7-96}$$

式(7-94)、式(7-95)和式(7-96)中,$u_{r\alpha}$、$u_{r\beta}$ 分别表示转子绕组电压矢量在 α 轴和 β 轴的分量;$u_{r\alpha_r}$、$u_{r\beta_r}$ 分别表示转子绕组电压矢量在 α_r 轴和 β_r 轴的分量;$i_{r\alpha}$、$i_{r\beta}$ 分别表示转子绕组电流矢量在 α 轴和 β 轴的分量;$i_{r\alpha_r}$、$i_{r\beta_r}$ 分别表示转子绕组电流矢量在 α_r 轴和 β_r 轴的分量;$\psi_{r\alpha}$、$\psi_{r\beta}$ 分别表示转子绕组磁链矢量在 α 轴和 β 轴的分量;$\psi_{r\alpha_r}$、$\psi_{r\beta_r}$ 分别表示转子绕组磁链矢量在 α_r 轴和 β_r 轴的分量。

基于式(7-80)所示 ABC 参考坐标系下的三相交流感应电机电压方程,有

$$\boldsymbol{M}_{\mathrm{C}}^{-1} \begin{bmatrix} \boldsymbol{u}_{s\alpha\beta} \\ \boldsymbol{u}_{r\alpha_r\beta_r} \end{bmatrix} = \begin{bmatrix} \boldsymbol{R}_s & 0 \\ 0 & \boldsymbol{R}_r \end{bmatrix} \left\{ \boldsymbol{M}_{\mathrm{C}}^{-1} \begin{bmatrix} \boldsymbol{i}_{s\alpha\beta} \\ \boldsymbol{i}_{r\alpha_r\beta_r} \end{bmatrix} \right\} + p \begin{bmatrix} \boldsymbol{L}_s & \boldsymbol{M}_{sr} \\ \boldsymbol{M}_{rs} & \boldsymbol{L}_r \end{bmatrix} \left\{ \boldsymbol{M}_{\mathrm{C}}^{-1} \begin{bmatrix} \boldsymbol{i}_{s\alpha\beta} \\ \boldsymbol{i}_{r\alpha_r\beta_r} \end{bmatrix} \right\} \tag{7-97}$$

式中,$\boldsymbol{M}_{\mathrm{C}}^{-1}$ 为克拉克逆变换矩阵,可表示为

$$\boldsymbol{M}_{\mathrm{C}}^{-1} = \sqrt{\frac{2}{3}} \begin{bmatrix} 1 & 0 \\ -\frac{1}{2} & \frac{\sqrt{3}}{2} \\ -\frac{1}{2} & -\frac{\sqrt{3}}{2} \end{bmatrix} \tag{7-98}$$

式(7-97)中,

$$\begin{cases} \boldsymbol{u}_{s\alpha\beta} = \begin{bmatrix} u_{s\alpha} & u_{s\beta} \end{bmatrix}^{\mathrm{T}} \\ \boldsymbol{u}_{r\alpha_r\beta_r} = \begin{bmatrix} u_{r\alpha_r} & u_{r\beta_r} \end{bmatrix}^{\mathrm{T}} \end{cases} \tag{7-99}$$

且有

$$\begin{cases} \boldsymbol{i}_{s\alpha\beta} = \begin{bmatrix} i_{s\alpha} & i_{s\beta} \end{bmatrix}^{\mathrm{T}} \\ \boldsymbol{i}_{r\alpha_r\beta_r} = \begin{bmatrix} i_{r\alpha_r} & i_{r\beta_r} \end{bmatrix}^{\mathrm{T}} \end{cases} \quad (7\text{-}100)$$

式(7-99)中，$u_{s\alpha}$、$u_{s\beta}$ 分别表示定子绕组电压矢量在 α 轴和 β 轴的分量；式(7-100)中，$i_{s\alpha}$、$i_{s\beta}$ 分别表示定子绕组电流矢量在 α 轴和 β 轴的分量。

由式(7-97)，有

$$\begin{bmatrix} \boldsymbol{u}_{s\alpha\beta} \\ \boldsymbol{u}_{r\alpha_r\beta_r} \end{bmatrix} = \begin{bmatrix} \boldsymbol{R}_s & 0 \\ 0 & \boldsymbol{R}_r \end{bmatrix} \begin{bmatrix} \boldsymbol{i}_{s\alpha\beta} \\ \boldsymbol{i}_{r\alpha_r\beta_r} \end{bmatrix} + p \left\{ \boldsymbol{M}_{\mathrm{C}} \begin{bmatrix} \boldsymbol{L}_s & \boldsymbol{M}_{sr} \\ \boldsymbol{M}_{rs} & \boldsymbol{L}_r \end{bmatrix} \boldsymbol{M}_{\mathrm{C}}^{-1} \right\} \begin{bmatrix} \boldsymbol{i}_{s\alpha\beta} \\ \boldsymbol{i}_{r\alpha_r\beta_r} \end{bmatrix} \quad (7\text{-}101)$$

将式(7-81)、式(7-82)、式(7-83)、式(7-94)和式(7-95)代入式(7-101)，可以得到在 $\alpha\beta$ 参考坐标系下的三相交流感应电机的电压方程为

$$\begin{cases} u_{s\alpha} = R_s i_{s\alpha} + p\psi_{s\alpha} \\ u_{s\beta} = R_s i_{s\beta} + p\psi_{s\beta} \\ u_{r\alpha} = R_r i_{r\alpha} + p\psi_{r\alpha} + \omega_r \psi_{r\beta} \\ u_{r\beta} = R_r i_{r\beta} + p\psi_{r\beta} - \omega_r \psi_{r\alpha} \end{cases} \quad (7\text{-}102)$$

式中，$u_{r\alpha}$、$u_{r\beta}$ 分别表示转子绕组电压矢量在 α 轴和 β 轴的分量；$i_{r\alpha}$、$i_{r\beta}$ 分别表示转子绕组电流矢量在 α 轴和 β 轴的分量；$\psi_{s\alpha}$、$\psi_{s\beta}$ 分别表示定子绕组磁链矢量在 α 轴和 β 轴的分量，$\psi_{r\alpha}$、$\psi_{r\beta}$ 分别表示转子绕组磁链矢量在 α 轴和 β 轴的分量，且有

$$\begin{cases} \psi_{s\alpha} = L_s i_{s\alpha} + L_m i_{r\alpha} \\ \psi_{s\beta} = L_s i_{s\beta} + L_m i_{r\beta} \\ \psi_{r\alpha} = L_r i_{r\alpha} + L_m i_{s\alpha} \\ \psi_{r\beta} = L_r i_{r\beta} + L_m i_{s\beta} \end{cases} \quad (7\text{-}103)$$

式中，

$$L_m = \frac{3}{2} M_{sr} = \frac{3}{2} L_{sm} \quad (7\text{-}104)$$

对于笼型交流感应电机，存在

$$\begin{cases} u_{r\alpha} = 0 \\ u_{r\beta} = 0 \end{cases} \quad (7\text{-}105)$$

2. $\alpha\beta$ 参考坐标系下的交流感应电机转矩方程

由于

$$\boldsymbol{i}_s = \begin{bmatrix} i_A \\ i_B \\ i_C \end{bmatrix} = \boldsymbol{M}_{\mathrm{C}}^{-1} \begin{bmatrix} i_{s\alpha} \\ i_{s\beta} \end{bmatrix} \quad (7\text{-}106)$$

和

$$\boldsymbol{i}_r = \begin{bmatrix} i_a \\ i_b \\ i_c \end{bmatrix} = \boldsymbol{M}_{\mathrm{C}}^{-1} \begin{bmatrix} i_{r\alpha_r} \\ i_{r\beta_r} \end{bmatrix} = \boldsymbol{M}_{\mathrm{C}}^{-1} \boldsymbol{M}_{\theta r}^{-1} \begin{bmatrix} i_{r\alpha} \\ i_{r\beta} \end{bmatrix} \quad (7\text{-}107)$$

式中，变换矩阵 $\boldsymbol{M}_{\theta r}^{-1}$ 为 $\boldsymbol{M}_{\theta r}$ 的逆矩阵。将式(7-107)代入式(7-91)，可以得到交流感应电机

的转矩方程为

$$t_e = PL_m(i_{s\beta}i_{r\alpha} - i_{s\alpha}i_{r\beta}) = P\frac{L_m}{L_r}(\psi_{r\alpha}i_{s\beta} - \psi_{r\beta}i_{s\alpha}) \tag{7-108}$$

式(7-108)即为 $\alpha\beta$ 参考坐标系下的三相交流感应电机的转矩方程。显然,用位于 α 轴和 β 轴静止的两相绕组等效 ABC 参考坐标系静止的三相绕组后,三相交流感应电机转矩方程得到很大简化。

7.4.3　dq 参考坐标系下的交流感应电机数学模型

与永磁同步电机类似,可以基于克拉克变换和派克变换,用分别位于 d 轴和 q 轴方向的按同步转速旋转的两相绕组等效 ABC 参考坐标系下静止不动的三相绕组。图 7-25 所示为 dq 参考坐标系下的三相交流感应电机物理模型,图中 d 轴与 A 轴的夹角为 θ_s。由于 dq 参考坐标系以同步转速旋转,因此 dq 参考坐标系又称同步参考坐标系(synchronous reference frame)[9]。

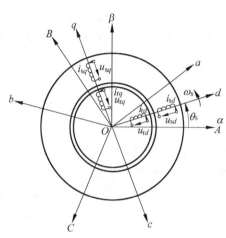

图 7-25　dq 参考坐标系与 $\alpha\beta$ 参考坐标系

1. dq 参考坐标系下的交流感应电机电压与磁链方程

由式(7-102),可知

$$\begin{bmatrix} u_{s\alpha} \\ u_{s\beta} \end{bmatrix} = \begin{bmatrix} R_s & 0 \\ 0 & R_s \end{bmatrix} \begin{bmatrix} i_{s\alpha} \\ i_{s\beta} \end{bmatrix} + p \begin{bmatrix} \psi_{s\alpha} \\ \psi_{s\beta} \end{bmatrix} \tag{7-109}$$

那么,有

$$\boldsymbol{M}_P^{-1}\begin{bmatrix} u_{sd} \\ u_{sq} \end{bmatrix} = \begin{bmatrix} R_s & 0 \\ 0 & R_s \end{bmatrix} \boldsymbol{M}_P^{-1}\begin{bmatrix} i_{sd} \\ i_{sq} \end{bmatrix} + p\left\{\boldsymbol{M}_P^{-1}\begin{bmatrix} \psi_{sd} \\ \psi_{sq} \end{bmatrix}\right\} \tag{7-110}$$

式中,u_{sd}、u_{sq} 分别表示定子绕组电压矢量在 d 轴和 q 轴的分量;i_{sd}、i_{sq} 分别表示定子绕组电流矢量在 d 轴和 q 轴的分量;ψ_{sd}、ψ_{sq} 分别表示定子绕组磁链矢量在 d 轴和 q 轴的分量;$\boldsymbol{M}_P^{-1}$ 为派克逆变换矩阵,可以表示为

$$\boldsymbol{M}_P^{-1} = \begin{bmatrix} \cos\theta_s & -\sin\theta_s \\ \sin\theta_s & \cos\theta_s \end{bmatrix} \tag{7-111}$$

所以,有

$$\begin{bmatrix} u_{sd} \\ u_{sq} \end{bmatrix} = \begin{bmatrix} R_s & 0 \\ 0 & R_s \end{bmatrix}\begin{bmatrix} i_{sd} \\ i_{sq} \end{bmatrix} + \boldsymbol{M}_P p\left\{\boldsymbol{M}_P^{-1}\begin{bmatrix} \psi_{sd} \\ \psi_{sq} \end{bmatrix}\right\} \tag{7-112}$$

式中,$\boldsymbol{M}_P$ 为派克变换矩阵,可以表示为

$$\boldsymbol{M}_P = \begin{bmatrix} \cos\theta_s & \sin\theta_s \\ -\sin\theta_s & \cos\theta_s \end{bmatrix} \tag{7-113}$$

整理式(7-112),可得

$$\begin{bmatrix} u_{sd} \\ u_{sq} \end{bmatrix} = \begin{bmatrix} R_s & 0 \\ 0 & R_s \end{bmatrix}\begin{bmatrix} i_{sd} \\ i_{sq} \end{bmatrix} + p\begin{bmatrix} \psi_{sd} \\ \psi_{sq} \end{bmatrix} + \omega_s\begin{bmatrix} -\psi_{sq} \\ \psi_{sd} \end{bmatrix} \tag{7-114}$$

式中,ω_s 为电机同步旋转角速度,存在

$$\omega_s = p\theta_s \tag{7-115}$$

由式(7-102),可知

$$\begin{bmatrix} u_{r\alpha} \\ u_{r\beta} \end{bmatrix} = \begin{bmatrix} R_r & 0 \\ 0 & R_r \end{bmatrix} \begin{bmatrix} i_{r\alpha} \\ i_{r\beta} \end{bmatrix} + p \begin{bmatrix} \psi_{r\alpha} \\ \psi_{r\beta} \end{bmatrix} + \omega_r \begin{bmatrix} \psi_{r\beta} \\ -\psi_{r\alpha} \end{bmatrix} \tag{7-116}$$

则存在

$$\mathbf{M}_P^{-1}\begin{bmatrix} u_{rd} \\ u_{rq} \end{bmatrix} = \begin{bmatrix} R_r & 0 \\ 0 & R_r \end{bmatrix} \mathbf{M}_P^{-1}\begin{bmatrix} i_{rd} \\ i_{rq} \end{bmatrix} + p\left\{\mathbf{M}_P^{-1}\begin{bmatrix} \psi_{rd} \\ \psi_{rq} \end{bmatrix}\right\} + \omega_r \mathbf{M}_P^{-1}\begin{bmatrix} \psi_{r\beta} \\ -\psi_{r\alpha} \end{bmatrix} \tag{7-117}$$

式中,u_{rd}、u_{rq} 分别表示转子绕组电压矢量在 d 轴和 q 轴的分量;i_{rd}、i_{rq} 分别表示转子绕组电流矢量在 d 轴和 q 轴的分量;ψ_{rd}、ψ_{rq} 分别表示转子绕组磁链矢量在 d 轴和 q 轴的分量。

所以,有

$$\begin{bmatrix} u_{rd} \\ u_{rq} \end{bmatrix} = \begin{bmatrix} R_r & 0 \\ 0 & R_r \end{bmatrix} \begin{bmatrix} i_{rd} \\ i_{rq} \end{bmatrix} + \mathbf{M}_P p\left\{\mathbf{M}_P^{-1}\begin{bmatrix} \psi_{rd} \\ \psi_{rq} \end{bmatrix}\right\} + \omega_r \begin{bmatrix} \psi_{r\beta} \\ -\psi_{r\alpha} \end{bmatrix} \tag{7-118}$$

整理上式,可得

$$\begin{bmatrix} u_{rd} \\ u_{rq} \end{bmatrix} = \begin{bmatrix} R_r & 0 \\ 0 & R_r \end{bmatrix} \begin{bmatrix} i_{rd} \\ i_{rq} \end{bmatrix} + p\begin{bmatrix} \psi_{rd} \\ \psi_{rq} \end{bmatrix} + (\omega_s - \omega_r)\begin{bmatrix} -\psi_{rq} \\ \psi_{rd} \end{bmatrix} \tag{7-119}$$

由于转差角频率 ω_{sl} 表示为

$$\omega_{sl} = \omega_s - \omega_r \tag{7-120}$$

因此,式(7-119)可以改写为

$$\begin{bmatrix} u_{rd} \\ u_{rq} \end{bmatrix} = \begin{bmatrix} R_r & 0 \\ 0 & R_r \end{bmatrix} \begin{bmatrix} i_{rd} \\ i_{rq} \end{bmatrix} + p\begin{bmatrix} \psi_{rd} \\ \psi_{rq} \end{bmatrix} + \omega_{sl}\begin{bmatrix} -\psi_{rq} \\ \psi_{rd} \end{bmatrix} \tag{7-121}$$

式(7-114)、式(7-121)即为 dq 参考坐标系下的三相交流感应电机的电压方程。对于笼型交流感应电机,存在

$$\begin{bmatrix} u_{rd} \\ u_{rq} \end{bmatrix} = \begin{bmatrix} 0 \\ 0 \end{bmatrix} \tag{7-122}$$

由式(7-103),容易得到

$$\begin{bmatrix} \psi_{sd} \\ \psi_{sq} \\ \psi_{rd} \\ \psi_{rq} \end{bmatrix} = \begin{bmatrix} L_s & 0 & L_m & 0 \\ 0 & L_s & 0 & L_m \\ L_m & 0 & L_r & 0 \\ 0 & L_m & 0 & L_r \end{bmatrix} \begin{bmatrix} i_{sd} \\ i_{sq} \\ i_{rd} \\ i_{rq} \end{bmatrix} \tag{7-123}$$

式(7-123)即为 dq 参考坐标系下的三相交流感应电机的磁链方程。

基于式(7-77)、式(7-104)和式(7-123),可以将式(7-114)、式(7-121)整理为

$$\begin{cases} u_{sd} = R_s i_{sd} - \omega_s \psi_{sq} + p(L_{s\sigma} i_{sd}) + p[L_m(i_{sd} + i_{rd})] \\ u_{sq} = R_s i_{sq} + \omega_s \psi_{sd} + p(L_{s\sigma} i_{sq}) + p[L_m(i_{sq} + i_{rq})] \\ u_{rd} = R_r i_{rd} - \omega_{sl} \psi_{rq} + p(L_{r\sigma} i_{rd}) + p[L_m(i_{sd} + i_{rd})] = 0 \\ u_{rq} = R_r i_{rq} + \omega_{sl} \psi_{rd} + p(L_{r\sigma} i_{rq}) + p[L_m(i_{sq} + i_{rq})] = 0 \end{cases} \tag{7-124}$$

由此,可以得到在 dq 参考坐标系下的三相交流感应电机等效电路如图 7-26 所示。

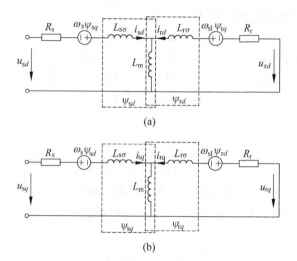

图 7-26 dq 参考坐标系下的三相交流感应电机等效电路
(a) d 轴等效电路；(b) q 轴等效电路

2. dq 参考坐标系下的交流感应电机转矩方程

对于转子绕组磁链和转子绕组电流，存在

$$\begin{cases} \begin{bmatrix} \psi_{rd} \\ \psi_{rq} \end{bmatrix} = \boldsymbol{M}_P^{-1} \begin{bmatrix} \psi_{r\alpha} \\ \psi_{r\beta} \end{bmatrix} \\ \begin{bmatrix} i_{rd} \\ i_{rq} \end{bmatrix} = \boldsymbol{M}_P^{-1} \begin{bmatrix} i_{r\alpha} \\ i_{r\beta} \end{bmatrix} \end{cases} \tag{7-125}$$

将式(7-125)代入式(7-108)，可以得到 dq 参考坐标系下的三相交流感应电机的转矩方程为

$$\begin{aligned} t_e &= P(\psi_{sd} i_{sq} - \psi_{sq} i_{sd}) = P(\psi_{rq} i_{rd} - \psi_{rd} i_{rq}) \\ &= PL_m(i_{rd} i_{sq} - i_{rq} i_{sd}) = P \frac{L_m}{L_r}(\psi_{rd} i_{sq} - \psi_{rq} i_{sd}) \end{aligned} \tag{7-126}$$

式(7-126)是对交流感应电机进行矢量控制的重要依据。若忽略机械损耗，通过式(7-126)得到的电机转矩即为电机输出的机械转矩。

此外，可以列出交流感应电机传动系统的机械运动方程为

$$t_e = J \frac{d\omega_m}{dt} + B\omega_m + t_L \tag{7-127}$$

式中，t_e 为永磁同步电机输出的机械转矩；J 为机械传动系统的转动惯量；B 为黏滞摩擦系数；t_L 为负载转矩；ω_m 为电机机械旋转角速度，可以表示为

$$\omega_m = \frac{\omega_r}{P} \tag{7-128}$$

各参考坐标系下的电压方程、磁链方程、转矩方程以及机械运动方程共同构成了交流感应电机的数学模型。

以 dq 参考坐标系为例，交流感应电机的数学模型结构如图 7-27 所示。

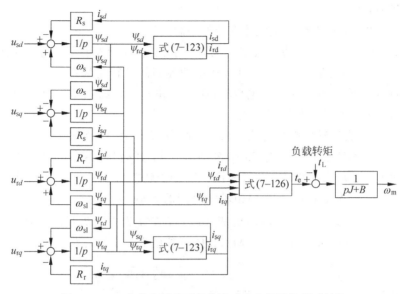

图 7-27 dq 参考坐标系下的交流感应电机数学模型结构

7.5 交流感应电机矢量控制

在忽略磁路饱和、不计电机铁损和机械损耗以及假设交流电机的气隙磁场沿圆周呈正弦分布等理想条件下,由前面的分析可知,在获取电机的物理参数 P、L_m 和 L_r 后,可以通过对电机定子绕组电流、转子绕组电流、磁链的控制,实现对交流感应电机转矩的控制。

对于电动汽车常见的笼型交流感应电机,很难获取转子绕组电流。基于式(7-92)、式(7-108)和式(7-126),可得到易于工程实践的转矩方程为

$$t_e = \begin{cases} P(\psi_{sd}i_{sq} - \psi_{sq}i_{sd}) \\ P\dfrac{L_m}{L_r}(\psi_{rd}i_{sq} - \psi_{rq}i_{sd}) \quad dq \text{ 参考坐标系} \\ P\dfrac{L_m}{L_r}(\psi_{r\alpha}i_{s\beta} - \psi_{r\beta}i_{s\alpha}) \quad \alpha\beta \text{ 参考坐标系} \end{cases} \quad (7\text{-}129)$$

由式(7-129)可知,交流感应电机的转矩控制问题实质是对定子绕组磁链或转子绕组磁链以及定子绕组电流的控制问题。因此,在对交流感应电机进行控制时,需要面对两个问题:

(1) 如何准确得到定子绕组磁链或转子绕组磁链,即如何对磁链进行辨识。

磁链辨识问题也称为磁链观测问题,它在交流感应电机转矩控制中起着非常重要的作用。可以通过直接测量和间接获取两种方法获得电机的磁链。直接测量是指通过内埋在电机内的磁链传感器测量电机的磁链。由于直接测量的方法易受电机定子和转子齿槽的影响,并且会增加系统成本、不便于维护,所以在实际应用中很少采用。间接获取方法是指利用电机定子绕组电压、定子绕组电流、电机转速等易于测量的物理量,基于交流感应电机的数学模型,通过软件算法对电机磁链进行估算。目前,电动汽车驱动电机广泛采用间接获取

方法观测电机的磁链。

(2) 如何对电机定子绕组电流实施有效的控制。

在 dq 参考坐标系下,采用基于磁场定向的矢量控制,易于建立起磁链与绕组电流之间的关系。此时,与永磁同步电机类似,电机转矩的控制问题转化为定子绕组电流的控制问题。稳态运行情况下,对应恒定不变电机转矩的 i_{sd} 和 i_{sq} 为直流电流。电机转矩的控制效果依赖于电流环的控制参数和控制性能。

图 7-28 所示为交流感应电机的控制系统。图中,T_e^* 为目标转矩;i_{sd}^* 和 i_{sq}^* 分别为直轴和交轴定子绕组参考电流;i_A、i_B 和 i_C 分别为 A 相、B 相和 C 相定子绕组实际电流;ω_r 为电机旋转角速度;θ_r 为电机转子位置角度;θ_{sl} 为因转差角频率 ω_{sl} 而产生的转子位置与 d 轴之间的夹角;θ_s 为 d 轴和 A 相绕组轴线之间的夹角;u_{dc} 为车载电源(如车载动力蓄电池)的电压;u_{sd}^* 和 u_{sq}^* 为电流环输出信号;SVPWM 为空间矢量脉冲宽度调制(space vector pulse width modulation,SVPWM),具体可参见第 3 章相关内容。

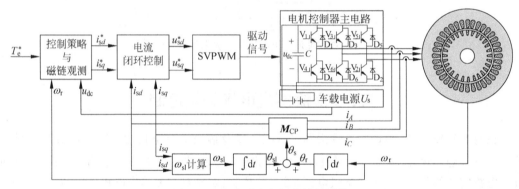

图 7-28 交流感应电机的控制系统

与三相永磁同步电机相同,三相交流感应电机控制器主电路普遍采用三相全桥主电路,具体如图 6-35 所示。对于多相(相数大于3)交流感应电机,也多采用多相全桥主电路,具体如图 7-29 所示。

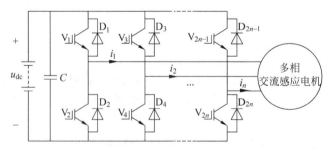

图 7-29 多(n)相交流感应电机控制器主电路

7.5.1 交流感应电机的转子磁场定向矢量控制

在 dq 参考坐标系中,若选取 d 轴与转子磁场方向重合,则存在

$$\begin{cases} \psi_{rd} = \psi_r \\ \psi_{rq} = 0 \end{cases} \tag{7-130}$$

式中，ψ_r 为转子绕组磁链矢量 $\boldsymbol{\psi}_r$ 的幅值，$\boldsymbol{\psi}_r$ 可以表示为

$$\boldsymbol{\psi}_r = \psi_{rd} + j\psi_{rq} \tag{7-131}$$

将式(7-123)、式(7-130)代入式(7-114)和式(7-119)，可得到定子绕组电压、转子绕组电压方程分别为

$$\begin{cases} u_{sd} = R_s i_{sd} + L_s \sigma p i_{sd} - \omega_s L_s \sigma i_{sq} + \dfrac{L_m}{L_r} p\psi_{rd} \\ u_{sq} = R_s i_{sq} + L_s \sigma p i_{sq} + \omega_s L_s \sigma i_{sd} + \omega_s \dfrac{L_m}{L_r}\psi_{rd} \end{cases} \tag{7-132}$$

和

$$\begin{cases} (R_r + pL_r)i_{rd} + pL_m i_{sd} = 0 \\ R_r i_{rq} + \omega_{sl}\psi_{rd} = 0 \end{cases} \tag{7-133}$$

式(7-132)中，σ 为漏磁系数(total leakage factor)，可以表示为

$$\sigma = 1 - \dfrac{L_m^2}{L_s L_r} \tag{7-134}$$

同时，由式(7-123)、式(7-134)可以得到

$$\psi_{rd} = \dfrac{L_m}{1 + \tau_r p} i_{sd} \tag{7-135}$$

以及

$$\omega_{sl} = \dfrac{L_m i_{sq}}{\tau_r \psi_{rd}} \tag{7-136}$$

式中，τ_r 为转子时间常数(rotor time constant)，可表示为

$$\tau_r = \dfrac{L_r}{R_r} \tag{7-137}$$

定义转子励磁电流 i_{rm} 为

$$i_{rm} = \dfrac{1}{1 + \tau_r p} i_{sd} \tag{7-138}$$

将上式代入式(7-135)，则有

$$\psi_{rd} = L_m i_{rm} \tag{7-139}$$

将式(7-130)、式(7-139)代入式(7-129)，可得交流感应电机的转矩方程为

$$t_e = P \dfrac{L_m}{L_r}\psi_{rd} i_{sq} = P \dfrac{L_m^2}{L_r} i_{sq} i_{rm} \tag{7-140}$$

由式(7-140)可知，当采用转子磁场定向时，转子绕组磁链矢量 $\boldsymbol{\psi}_r$ 是由定子绕组电流的 d 轴分量 i_{sd} 产生的，与 q 轴分量 i_{sq} 无关；当 ψ_{rd} 恒定不变时，电机转矩 t_e 与定子绕组电流的 q 轴分量 i_{sq} 成正比，与 d 轴分量 i_{sd} 无关。因此，ψ_{rd} 和 i_{sq} 可以认为是完全解耦。因产生 ψ_{rd}，i_{sd} 又被称为定子绕组电流矢量的励磁分量，i_{sq} 又被称为定子绕组电流矢量的转矩分量。

需要注意的是，在式(7-132)中存在着由反向电动势引起的交叉耦合项 $-\omega_s L_s \sigma i_{sq}$ 和

$\omega_s L_s \sigma i_{sd}$。由于交叉耦合项与同步旋转角速度 ω_s 成正比,因此在电机转速较低时,可以忽略交叉耦合项的影响,这时可以认为真正实现了磁链和转矩的解耦控制。但在电机转速较高时,交叉耦合项的影响必须加以考虑。

转子磁场定向矢量控制的控制框图如图 7-30 所示。从图中可以看出,根据式(7-138)和式(7-139)通过对 i_{sd} 的控制间接实现了对转子磁链的控制[10]。

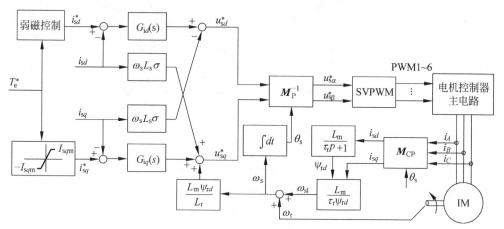

图 7-30 转子磁场定向矢量控制结构

由式(7-135)、式(7-140)可知,这种控制方法的控制效果对转子时间常数 τ_r 具有较强的依赖性,而 τ_r 容易受电流、温度、频率等因素影响,因此在实际应用中,需要对电机参数进行辨识或修正,控制系统才能达到较好的性能。

由式(7-135)和式(7-136),可知

$$\omega_{sl} = \frac{1 + \tau_r p}{\tau_r} \cdot \frac{i_{sq}}{i_{sd}} \tag{7-141}$$

另有

$$i_s = \sqrt{i_{sd}^2 + i_{sq}^2} \tag{7-142}$$

式中,i_s 为定子绕组电流矢量的幅值。

式(7-141)和式(7-142)表明,对于给定的参考转差角速度 ω_{sl}^* 和定子绕组参考电流 i_s^*,若 $i_{sd} > 0$,存在唯一的 i_{sd}^* 和 i_{sq}^*。因此可以通过控制 ω_{sl} 和 i_s,达到控制 i_{sd} 和 i_{sq} 的效果,从而达到控制电机转矩的目的。对于确定的 i_{sd} 和 i_{sq},实际上已经实现了磁场定向,这种通过控制转差角频率 ω_{sl} 间接实现磁场定向的方法,称为转差频率矢量控制,又称为间接转子磁场定向矢量控制[11]。由式(7-141)可知,间接转子磁场定向矢量控制对转子时间常数 τ_r 仍很敏感。

转子磁场定向矢量控制结构清晰、易于理解,在电机参数准确时,可以得到较好的控制效果,是电动汽车交流感应电机普遍采用的控制方法。

7.5.2 交流感应电机的定子磁场定向矢量控制

定子磁场定向是指将 dq 参考坐标系的 d 轴与定子磁场方向重合,此时存在

$$\begin{cases} \psi_{sd} = \psi_s \\ \psi_{sq} = 0 \end{cases} \quad (7\text{-}143)$$

式中,ψ_s 为定子绕组磁链矢量 $\boldsymbol{\psi}_s$ 的幅值,$\boldsymbol{\psi}_s$ 可以表示为

$$\boldsymbol{\psi}_s = \psi_{sd} + j\psi_{sq} \quad (7\text{-}144)$$

将式(7-143)分别代入式(7-114),得到定子绕组电压方程为

$$\begin{cases} u_{sd} = R_s i_{sd} + p\psi_{sd} \\ u_{sq} = R_s i_{sq} + \omega_s \psi_{sd} \end{cases} \quad (7\text{-}145)$$

同时,由式(7-119)可以得到转子绕组电压方程为

$$\begin{cases} 0 = R_r i_{rd} + p\psi_{rd} - \omega_{sl}\psi_{rq} \\ 0 = R_r i_{rq} + p\psi_{rq} + \omega_{sl}\psi_{rd} \end{cases} \quad (7\text{-}146)$$

将式(7-143)代入式(7-123),得到磁链方程为

$$\begin{cases} \psi_{sd} = L_s i_{sd} + L_m i_{rd} \\ 0 = L_s i_{sq} + L_m i_{rq} \\ \psi_{rd} = L_r i_{rd} + L_m i_{sd} \\ \psi_{rq} = L_r i_{rq} + L_m i_{sq} \end{cases} \quad (7\text{-}147)$$

将式(7-143)代入式(7-129),得到电机转矩方程

$$t_e = P\psi_{sd} i_{sq} \quad (7\text{-}148)$$

根据式(7-146)和式(7-147)可得

$$(1 + \tau_r p)\psi_{sd} = (1 + \sigma\tau_r p)L_s i_{sd} - \omega_{sl}\sigma\tau_r L_s i_{sq} \quad (7\text{-}149)$$

以及

$$(1 + \sigma\tau_r p)L_s i_{sq} = \omega_{sl}\tau_r(\psi_{sd} - \sigma L_s i_{sd}) \quad (7\text{-}150)$$

由式(7-149)和式(7-150)可知,ψ_{sd} 与 i_{sd}、i_{sq} 相关,即 ψ_{sd}、i_{sq} 不解耦。可以通过设计解耦器,使 ψ_{sd}、i_{sq} 解耦,具体如图 7-31[12] 所示。图中,u_s 和 i_s 分别为定子绕组电压和电流矢量的幅值。

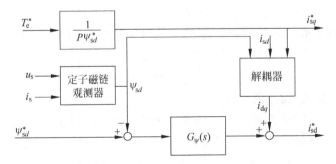

图 7-31 定子磁场定向矢量控制系统中的解耦结构

图 7-31 中,若磁链闭环采用 PI 控制,则

$$G_\psi = k_{\psi p} + \frac{k_{\psi i}}{p} \quad (7\text{-}151)$$

式中,$k_{\psi p}$ 和 $k_{\psi i}$ 分别为比例系数和积分系数。

由图 7-31,可以得到

$$i_{sd}^* = \left(k_{\psi p} + \frac{k_{\psi i}}{p}\right)(\psi_{sd}^* - \psi_{sd}) + i_{dq} \tag{7-152}$$

式中,i_{dq} 为解耦器的输出。

将式(7-149)中的 i_{sd} 用式(7-152)中的 i_{sd}^* 代入,得

$$(1+\tau_r p)\psi_{sd} = (1+\sigma\tau_r p)L_s\left(k_{\psi p} + \frac{k_{\psi i}}{p}\right)(\psi_{sd}^* - \psi_{sd}) + (1+\sigma\tau_r p)L_s i_{dq} - \omega_{sl}\sigma\tau_r L_s i_{sq} \tag{7-153}$$

为将 ψ_{sd}、i_{sq} 解耦,需满足

$$(1+\sigma\tau_r p)L_s i_{dq} - \omega_{sl}\sigma\tau_r L_s i_{sq} = 0 \tag{7-154}$$

即

$$i_{dq} = \frac{\omega_{sl}\sigma\tau_r i_{sq}}{1+\sigma\tau_r p} \tag{7-155}$$

由式(7-150)可知

$$\omega_{sl} = \frac{(1+\sigma\tau_r p)L_s i_{sq}}{\tau_r(\psi_{sd} - \sigma L_s i_{sd})} \tag{7-156}$$

将式(7-156)代入式(7-155),得

$$i_{dq} = \frac{\sigma L_s i_{sq}^2}{\psi_{sd} - \sigma L_s i_{sd}} \tag{7-157}$$

式(7-157)即为图 7-31 中解耦器的输入与输出的关系式。

7.5.3 交流感应电机的气隙磁场定向矢量控制

在 dq 参考坐标系下,气隙磁链矢量可以表示为

$$\boldsymbol{\psi}_m = \psi_{md} + j\psi_{mq} \tag{7-158}$$

式中,

$$\begin{cases} \psi_{md} = L_m(i_{sd} + i_{rd}) \\ \psi_{mq} = L_m(i_{sq} + i_{rq}) \end{cases} \tag{7-159}$$

气隙磁场定向是指将 dq 参考坐标系的 d 轴与气隙磁场方向重合,因此存在

$$\begin{cases} \psi_{md} = \psi_m \\ \psi_{mq} = 0 \end{cases} \tag{7-160}$$

式中,ψ_m 为气隙磁链矢量 $\boldsymbol{\psi}_m$ 的幅值。

将式(7-123)、式(7-159)、式(7-160)分别代入式(7-114)和式(7-119)可以得到定子绕组电压、转子绕组电压方程分别为

$$\begin{cases} u_{sd} = R_s i_{sd} + L_{s\sigma} p i_{sd} + p\psi_{md} - \omega_s L_{s\sigma} i_{sq} \\ u_{sq} = R_s i_{sq} + L_{s\sigma} p i_{sq} + \omega_s \psi_{md} + \omega_s L_{s\sigma} i_{sd} \end{cases} \tag{7-161}$$

和

$$\begin{cases} 0 = R_r i_{rd} + L_{r\sigma} p i_{rd} + p\psi_{md} - \omega_{sl} L_{r\sigma} i_{rq} \\ 0 = R_r i_{rq} + L_{r\sigma} p i_{rq} + \omega_{sl}\psi_{md} + \omega_{sl} L_{r\sigma} i_{rd} \end{cases} \tag{7-162}$$

式(7-161)和式(7-162)中,$L_{s\sigma}$ 为每相定子绕组的漏感;$L_{r\sigma}$ 为每相转子绕组的漏感。

由式(7-159)和式(7-160),可得

$$\begin{cases} i_{rd} = \dfrac{\psi_{md}}{L_m} - i_{sd} \\ i_{rq} = -i_{sq} \end{cases} \quad (7\text{-}163)$$

将式(7-163)代入式(7-162),得到

$$\left(\dfrac{1}{\tau_r} + p\right)\psi_{md} = \dfrac{L_m}{L_r}(R_r + L_{r\sigma}p)i_{sd} - \omega_{sl}\dfrac{L_m}{L_r}L_{r\sigma}i_{sq} \quad (7\text{-}164)$$

以及

$$\left(\dfrac{L_r}{L_m}\psi_{md} - L_{r\sigma}i_{sd}\right)\omega_{sl} = (R_r + L_{r\sigma}p)i_{sq} \quad (7\text{-}165)$$

将式(7-163)代入式(7-126),得到电机转矩方程为

$$t_e = P\psi_{md}i_{sq} \quad (7\text{-}166)$$

由式(7-164)、式(7-165)可知,ψ_{md} 与 i_{sd}、i_{sq} 相关,即 ψ_{md}、i_{sq} 不解耦。可以通过设计解耦器,使 ψ_{md}、i_{sq} 解耦,具体如图 7-32[7] 所示。

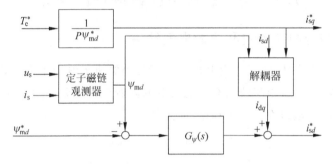

图 7-32 气隙磁场定向矢量控制系统中的解耦结构

图 7-32 中,若磁链闭环采用 PI 控制,则根据式(7-151),可以得到

$$i_{sd}^* = \left(K_{\psi p} + \dfrac{K_{\psi i}}{p}\right)(\psi_{md}^* - \psi_{md}) + i_{dq} \quad (7\text{-}167)$$

式中,i_{dq} 为解耦器的输出。

将式(7-164)中的 i_{sd} 用式(7-167)中的 i_{sd}^* 代入,得

$$\left(\dfrac{1}{\tau_r} + p\right)\psi_{md} = \dfrac{L_m}{L_r}(R_r + L_{r\sigma}p)\left(K_{\psi p} + \dfrac{K_{\psi i}}{p}\right)(\psi_{md}^* - \psi_{md}) +$$
$$\dfrac{L_m}{L_r}(R_r + L_{r\sigma}p)i_{dq} - \omega_{sl}\dfrac{L_m}{L_r}L_{r\sigma}i_{sq} \quad (7\text{-}168)$$

为了将 ψ_{md}、i_{sq} 解耦,需满足

$$\dfrac{L_m}{L_r}(R_r + L_{r\sigma}p)i_{dq} - \omega_{sl}\dfrac{L_m}{L_r}L_{r\sigma}i_{sq} = 0 \quad (7\text{-}169)$$

即

$$i_{dq} = \dfrac{L_{r\sigma}i_{sq}}{R_r + L_{r\sigma}p}\omega_{sl} \quad (7\text{-}170)$$

而由式(7-165),知

$$\omega_{sl} = \frac{R_r + L_{r\sigma}p}{\frac{L_r}{L_m}\psi_{md} - L_{r\sigma}i_{sd}} i_{sq} \tag{7-171}$$

将式(7-171)代入式(7-170),得

$$i_{dq} = \frac{L_m L_{r\sigma} i_{sq}^2}{L_r \psi_{md} - L_m L_{r\sigma} i_{sd}} \tag{7-172}$$

式(7-172)即为图 7-32 中解耦器的输入与输出的关系式。

对于漏感比较小的交流感应电机,存在:$L_r\psi_{md} \gg L_m L_{r\sigma}i_{sd}$[13],式(7-172)可改写为

$$i_{dq} \approx \frac{L_m L_{r\sigma} i_{sq}^2}{L_r \psi_{md}} \tag{7-173}$$

即图 7-32 中解耦器的输入与输出的关系式得到了简化。

7.6 交流感应电机机械特性分析

7.6.1 交流感应电机工作过程中的电气约束

与永磁同步电机类似,交流感应电机的运行受到电机控制器电能转换能力、车载电源(如动力蓄电池)输出电压、电机绕组载流能力等的限制。这种限制集中体现在电流限制和电压限制两个方面,即电机在工作过程中,应满足

$$i_{sd}^2 + i_{sq}^2 = i_s^2 \leqslant I_{smax}^2 \tag{7-174}$$

以及

$$u_{sd}^2 + u_{sq}^2 = u_s^2 \leqslant U_{smax}^2 \tag{7-175}$$

式(7-174)中,I_{smax} 为定子绕组最大允许电流值,通常由电机控制器中电力电子器件所能承受的电流应力、电机定子绕组的通流能力以及电机磁路饱和程度等因素决定。式(7-175)中,U_{smax} 为定子绕组最大允许电压值,由电机控制器直流侧电压 U_{dc}(通常为车载动力蓄电池输出电压)决定。

若忽略定子绕组等效电阻的影响,根据式(7-132)可以得到交流感应电机的稳态电压方程为

$$\begin{cases} u_{sd} = -\omega_s L_s \sigma i_{sq} \\ u_{sq} = \omega_s L_s \sigma i_{sd} + \omega_s \frac{L_m}{L_r}\psi_{rd} \end{cases} \tag{7-176}$$

基于式(7-135),在转子磁场定向时,在稳态情况下,存在

$$\psi_{rd} = L_m i_{sd} \tag{7-177}$$

因此,式(7-176)可以改写为

$$\begin{cases} u_{sd} = -\omega_s L_s \sigma i_{sq} \\ u_{sq} = \omega_s L_s i_{sd} \end{cases} \tag{7-178}$$

将式(7-178)代入式(7-175),得

$$(\omega_s L_s i_{sd})^2 + (\omega_s L_s \sigma i_{sq})^2 \leqslant U_{smax}^2 \tag{7-179}$$

如图 7-33 所示,在 i_{sd}-i_{sq} 平面上,式(7-174)表示电流限制圆,式(7-179)表示电压限制椭圆。电压限制椭圆的面积随着电机同步转速 ω_s 增大而减小,电压限制椭圆的中心与电流限制圆的圆心重合。在 i_{sd}-i_{sq} 平面上的任一个点对应着的电机工作点不能超出电流限制圆和电压限制椭圆。

在电机正常工作时,若 $i_{sd}>0$,那么当电机工作在电动状态驱动车辆时,存在 $i_{sq}>0$,电机工作在 i_{sd}-i_{sq} 平面的第一象限;而当电机工作在发电状态制动车辆时,存在 $i_{sq}<0$,则电机工作在 i_{sd}-i_{sq} 平面的第四象限。

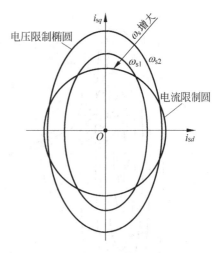

图 7-33 交流感应电机的电流限制圆和电压限制椭圆

7.6.2 交流感应电机的运行区域

随着电机转速的增加,电机的运行受到电流限制和电压限制的影响而导致在 i_{sd}-i_{sq} 平面上形成三个运行区域,分别是恒转矩区(constant torque region)、恒功率区(constant power region)和恒转差频率区(constant slip frequency region),三个区域的划分如图 7-34 所示。

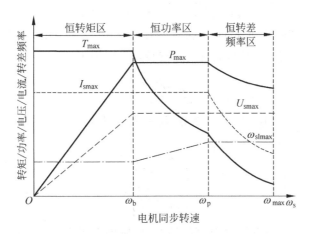

图 7-34 交流感应电机的运行区域

1. 恒转矩区

恒转矩区又称为基速区(base speed region)。

如图 7-35(a)所示,在 i_{sd}-i_{sq} 平面,在电机同步转速较低时,电机的运行主要受电流限制圆约束。当电机同步转速达到基速 ω_b 时,最大转矩线、电流限制圆、电压限制椭圆交于一点 A,如果电机同步转速继续增加,由于电机的运行同时受电流限制圆和电压限制椭圆的约束,电机运行进入恒功率区。

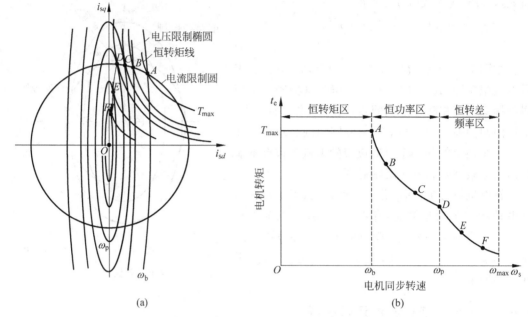

图 7-35 交流感应电机定子绕组电流轨迹和工作点

(a) i_{sd}-i_{sq} 平面的电流轨迹；(b) ω-T 平面的工作点

由式(7-174)、式(7-179)，可以求得 ω_b 为

$$\omega_b = \frac{U_{dc}}{L_s\sqrt{3[I_{sd\_rated}^2 + \sigma^2(I_{smax}^2 - I_{sd\_rated}^2)]}} \tag{7-180}$$

式中，I_{sd_rated} 为电机在同步转速 ω_b 下获得最大转矩 T_{max} 时的定子绕组电流 d 轴分量。

在恒转矩区，基于式(7-140)，电机的稳态转矩可以表示为

$$T_e = P\frac{L_m^2}{L_r}i_{sd}i_{sq} \tag{7-181}$$

i_{sd}、i_{sq} 需满足式(7-174)的约束，容易求得 $T_e = T_{max}$ 时，有

$$\begin{cases} i_{sd} = \dfrac{I_{smax}}{\sqrt{2}} \\ i_{sq} = \dfrac{I_{smax}}{\sqrt{2}} \end{cases} \tag{7-182}$$

在恒转矩区，满足 $i_{sd} = i_{sq}$，达到同样转矩时，所需定子绕组电流最小，即电机具有最小的铜损。此时，定子绕组电流矢量 i_s 与 i_{sd} 轴的夹角，即转矩角 δ 为 $\pi/4$。

在实际应用过程中，需要充分考虑饱和、铁损、控制稳定性等众多因素，并对 δ 进行修正，以获得较好的电机性能。

由式(7-136)、式(7-177)可知，在稳态情况下，在电机获得最大转矩时，存在

$$\omega_{sl} = \frac{i_{sq}}{\tau_r i_{sd}} = \frac{1}{\tau_r} \tag{7-183}$$

所以，在恒转矩区，电机获得最大转矩时，ω_{sl} 与电机同步转速无关。

在恒转矩区,一种简单、有效且广泛应用的交流感应电机转矩控制策略如图 7-36 所示。在 $\omega_s < \omega_b$ 时,定子绕组电流 d 轴分量的目标值为

$$i_{sd}^* = I_{sd\_rated} \tag{7-184}$$

然后,通过调节定子绕组电流 q 轴分量的目标值 i_{sq}^* 达到控制转矩的目的。

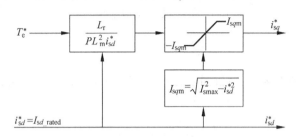

图 7-36 交流感应电机恒转矩区的转矩控制策略

2. 恒功率区

恒功率区和恒转差频率区同属于弱磁区。

图 7-35(a)中,电机同步转速高于 ω_b 时,电机运行同时会受到电流限制圆和电压限制椭圆的双重约束。电机的最大转矩输出能力限制在电流限制圆和电压限制椭圆的交点 A、B、C、D,此时,定子绕组电流需要同时满足

$$i_{sd}^2 + i_{sq}^2 = I_{smax}^2 \tag{7-185}$$

和

$$(\omega_s L_s i_{sd})^2 + (\omega_s L_s \sigma i_{sq})^2 = U_{smax}^2 \tag{7-186}$$

由以上公式可以求解出

$$\begin{cases} i_{sd} = \sqrt{\dfrac{\dfrac{U_{smax}^2}{\omega_s^2} - \sigma^2 L_s^2 I_{smax}^2}{(1-\sigma^2)L_s^2}} \\ i_{sq} = \sqrt{\dfrac{L_s^2 I_{smax}^2 - \dfrac{U_{smax}^2}{\omega_s^2}}{(1-\sigma^2)L_s^2}} \end{cases} \tag{7-187}$$

在恒功率区,可以认为电机最大输出功率近似不变,因此,可以认为电机最大转矩与 $1/\omega_s$ 成正比。

随着电机同步转速的增大,定子绕组电流矢量 i_s 会向 i_{sq} 靠近,转矩角 δ 增大,依据式(7-183)可知转差频率 ω_{sl} 也会增加。如图 7-35 所示,当电机运行到 D 点之后,电机运行进入恒转差频率区。在工作点 D,有

$$\omega_{sl} = \omega_{slmax} = \frac{1}{\tau_r \sigma} \tag{7-188}$$

与此对应的电机同步转速为

$$\omega_p = \frac{U_{smax}}{I_{smax}} \sqrt{\frac{1+\sigma^2}{2\sigma^2 L_s^2}} \tag{7-189}$$

3. 恒转差频率区

图 7-35(a)中，电机同步转速高于 ω_p 后，恒转矩曲线电压限制椭圆的交点位于电流限制圆内部，电机运行只受电压限制椭圆的约束，因此，恒转差频率区又称为恒电压区。此时，电机将按 D-E-F 轨迹运行，且存在

$$\begin{cases} (\omega_s L_s i_{sd})^2 + (\omega_s L_s \sigma i_{sq})^2 = U_{smax}^2 \\ T_e = P \dfrac{L_m^2}{L_r} i_{sd} i_{sq} \end{cases} \tag{7-190}$$

因此，在恒转差频率区，在电机同步转速 ω_s 下，电机转矩取得最大值时，定子绕组电流需满足

$$\begin{cases} i_{sd} = \dfrac{U_{smax}}{\sqrt{2}\,\omega_s L_s} \\ i_{sq} = \dfrac{U_{smax}}{\sqrt{2}\,\sigma \omega_s L_s} \end{cases} \tag{7-191}$$

而对应式(7-191)的电机最大转矩为

$$T_m = P \dfrac{L_m^2}{L_r} \cdot \dfrac{U_{smax}^2}{2\sigma \omega_s^2 L_s^2} \tag{7-192}$$

此时，依据式(7-178)，存在

$$\begin{cases} u_{sd} = -\dfrac{U_{smax}}{\sqrt{2}} \\ u_{sq} = \dfrac{U_{smax}}{\sqrt{2}} \end{cases} \tag{7-193}$$

可见，在恒转差频率区，电机最大转矩与 $1/\omega_s^2$ 成正比。若电机的最大输出功率为 P_m，则有

$$P_m \omega_s = T_m \omega_r \omega_s \approx \dfrac{L_m^2}{L_r} \cdot \dfrac{U_{smax}^2}{2\sigma L_s^2} = 常数 \tag{7-194}$$

因此，恒转差频率区也称为恒功率×转速区。

当满足式(7-191)时，电机工作在稳态情况下，有

$$\omega_{sl} = \dfrac{i_{sq}}{\tau_r i_{sd}} = \dfrac{1}{\tau_r \sigma} \tag{7-195}$$

式(7-195)表明，在恒转差频率区，在获得最大电机转矩时，转差频率 ω_{sl} 与同步转速 ω_s 无关。

7.7 交流感应电机弱磁区控制

7.7.1 交流感应电机的 $1/\omega_r$ 控制策略

在恒功率区，常见的是 $1/\omega_r$ 控制策略，这种控制策略采用 i_{sd}^* 随电机旋转角速度 ω_r 成比例减小的方法，即有

$$i_{sd}^* = \frac{\omega_b}{\omega_r} I_{sd\_rated} \tag{7-196}$$

基于上式,若定子绕组电流 q 轴分量目标值 i_{sq}^* 按式(7-185)计算,即有

$$i_{sqi}^* = \sqrt{I_{smax}^2 - i_{sd}^{*2}} \tag{7-197}$$

这时,电机工作点为图 7-37 中的 X_1;若定子电流 q 轴分量目标值 i_{sq}^* 按式(7-186)计算,有

$$i_{squ}^* = \frac{1}{\omega_s L_s \sigma} \sqrt{U_{smax}^2 - (\omega_s L_s i_{sd}^*)^2} \tag{7-198}$$

这时,电机工作点为图 7-37 中的 X_2。

容易得到

$$i_{squ}^* < i_{sqi}^* \tag{7-199}$$

即点 X_2 在电流限制圆的内部。为了满足电压限制椭圆的约束,在满足式(7-196)的情况下,电机只能运行在点 X_2。

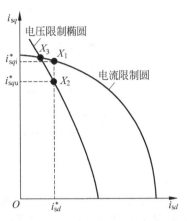

图 7-37　$1/\omega_r$ 控制策略下的电机工作点

因此,采用 $1/\omega_r$ 控制策略时,电机无法获得最大的转矩,电机的机械输出能力没有得到最大程度的发挥,而且这种控制策略不适合整个弱磁区[14,15]。但这种控制策略比较简单、易于实施,在对电机性能要求不是非常高时,仍然可以采用 $1/\omega_r$ 控制策略,如图 7-38 所示。图中,$G_{us}(s)$ 环节可以采用 PI 控制;若 i_{sd}^* 和 i_{sq}^* 控制环输出分别为 u_{sd}^* 和 u_{sq}^*,则图中 u_s^* 可以表示为

$$u_s^* = \sqrt{u_{sd}^{*2} + u_{sq}^{*2}} \tag{7-200}$$

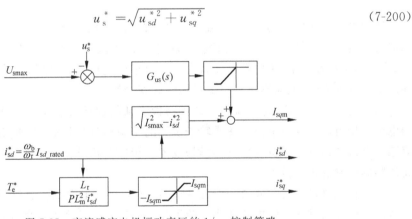

图 7-38　交流感应电机恒功率区的 $1/\omega_r$ 控制策略

7.7.2　交流感应电机基于 u_s^* 控制的控制策略

与恒转矩区相比,弱磁区最典型的技术特征是:电机工作点受电压限制椭圆的约束。图 7-37 所示的 $1/\omega_r$ 控制策略,是基于电机转速先确定 i_{sd}^*,然后通过调节 i_{sq}^*,使电机工作点满足电压限制椭圆的约束。但从图 7-37 可以看出,能发挥电机最大性能的点,即满足式(7-187)的工作点是 X_3,此时不是调节 i_{sq}^*,而是调节 i_{sd}^*。基于此,可以采用图 7-39 所示基于 u_s^* 的控制得到 i_{sd}^*。图中,同时考虑了恒转差频率区电机输出最大转矩时应满足

式(7-193)的要求。

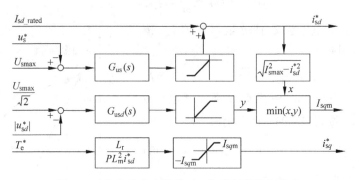

图 7-39 交流感应电机基于 u_s^* 控制的控制策略

上面讨论的控制策略,都是在电流限制圆和电压限制椭圆约束条件下,先确定定子绕组电流 d 轴分量的目标值 i_{sd}^*,然后根据转矩目标值 T_e^* 计算定子绕组电流 q 轴分量的目标值 i_{sq}^*。由式(7-135)和式(7-140)可知,与调节 i_{sd}^* 相比,通过调节 i_{sq}^* 对电机转矩进行控制时,可以获得更快的动态响应。但此时,由于 i_{sd}^* 没有根据 T_e^* 进行实时调节,定子绕组电流可能不是最小,相应地,系统效率也可能不是最优。

在实际应用中,在满足安全性前提下,需要基于电机参数和运行工况并根据整车和驱动电机系统的性能要求,合理制定相应的控制策略。

7.8 交流感应电机转速和转子位置估计

作为电动汽车的驱动电机,交流感应电机普遍采用旋转编码器作为转速或转子位置传感器对电机转速或转子位置进行检测。转速或转子位置传感器与驱动电机一起工作在复杂、恶劣的车载环境下,传感器工作状态对交流感应电机的控制性能、电机的可靠性和安全性产生较大的影响,从而影响整车的可靠性和安全性。

利用定子绕组电压、定子绕组电流等易检测到的物理量以及交流感应电机自身的参数和电机模型可以实现对电机转速或转子位置的精确估计(辨识),与此相关的技术被称为交流感应电机转速或转子位置估计(辨识)技术。转速或转子位置估计(辨识)是交流感应电机无传感器控制的核心技术。

交流感应电机的转速或转子位置估计与永磁同步电机的转速或转子位置估计有很大的相似性。许多永磁同步电机的转速或转子位置的估计技术可用于交流感应电机转速或转子位置的估计。实际上,一些转速或转子位置的估计方法起始于在交流感应电机上的成功应用,然后推广到永磁同步电机领域。

7.8.1 电机转速和转子位置的开环估计

交流感应电机转速和转子位置的开环估计是基于电机数学模型,利用电机电磁物理量之间的关系式计算电机的转速和转子位置。这种方法具有算法简单、易于理解、实时性好等优点,但在计算中依赖电机模型和电机参数,所以估计精度容易受到电机参数变化的影响。另外,由于没有校正或迭代环节,开环估计的抗干扰能力较差。

1. 基于同步旋转角速度和转差角速度的直接估计

由式(7-102),有

$$\begin{bmatrix} u_{s\alpha} \\ u_{s\beta} \end{bmatrix} = \begin{bmatrix} R_s & 0 \\ 0 & R_s \end{bmatrix} \begin{bmatrix} i_{s\alpha} \\ i_{s\beta} \end{bmatrix} + p \begin{bmatrix} \psi_{s\alpha} \\ \psi_{s\beta} \end{bmatrix} \tag{7-201}$$

若定子绕组磁链与 A 轴(α 轴)之间的夹角为 $\theta_{\psi s}$(电角度),那么存在

$$\theta_{\psi s} = \arctan \frac{\psi_{s\beta}}{\psi_{s\alpha}} \tag{7-202}$$

所以,交流感应电机的同步旋转角转速为

$$\omega_s = \frac{\mathrm{d}}{\mathrm{d}t}\theta_{\psi s} = \frac{\mathrm{d}}{\mathrm{d}t}\left(\arctan\frac{\psi_{s\beta}}{\psi_{s\alpha}}\right) = \frac{p\psi_{s\beta}\psi_{s\alpha} - p\psi_{s\alpha}\psi_{s\beta}}{\psi_{s\alpha}^2 + \psi_{s\beta}^2} \tag{7-203}$$

将式(7-201)代入式(7-203),有

$$\omega_s = \frac{(u_{s\beta} - R_s i_{s\beta})\psi_{s\alpha} - (u_{s\alpha} - R_s i_{s\alpha})\psi_{s\beta}}{\psi_{s\alpha}^2 + \psi_{s\beta}^2} \tag{7-204}$$

当交流感应电机采用转子磁场定向控制时,由式(7-135)和式(7-136),可得转差角速度 ω_{sl} 为

$$\omega_{sl} = \frac{(1 + \tau_r p)i_{sq}}{\tau_r i_{sd}} \tag{7-205}$$

式中,τ_r 为转子时间常数。

由于电机旋转角速度 ω_r 可以表示为

$$\omega_r = \omega_s - \omega_{sl} \tag{7-206}$$

根据式(7-204)、式(7-205)和式(7-206)可以实现对电机转速的直接估计。

2. 基于转子绕组电压方程的直接估计

在 $\alpha\beta$ 参考坐标系下,由式(7-102)和式(7-105)可知,交流感应电机的转子绕组电压方程为

$$\begin{cases} R_r i_{r\alpha} + p\psi_{r\alpha} + \omega_r \psi_{r\beta} = 0 \\ R_r i_{r\beta} + p\psi_{r\beta} - \omega_r \psi_{r\alpha} = 0 \end{cases} \tag{7-207}$$

因此,有

$$\omega_r = \frac{i_{r\alpha}p\psi_{r\beta} - i_{r\beta}p\psi_{r\alpha}}{i_{r\alpha}\psi_{r\alpha} + i_{r\beta}\psi_{r\beta}} \tag{7-208}$$

又由式(7-103),有

$$\begin{cases} i_{r\alpha} = \dfrac{\psi_{s\alpha} - L_s i_{s\alpha}}{L_m} \\[6pt] i_{r\beta} = \dfrac{\psi_{s\beta} - L_s i_{s\beta}}{L_m} \\[6pt] \psi_{r\alpha} = \dfrac{L_r}{L_m}(\psi_{s\alpha} - \sigma L_s i_{s\alpha}) \\[6pt] \psi_{r\beta} = \dfrac{L_r}{L_m}(\psi_{s\beta} - \sigma L_s i_{s\beta}) \end{cases} \tag{7-209}$$

将式(7-209)代入式(7-208),得

$$\omega_r = \frac{(\psi_{s\alpha} - L_s i_{s\alpha})(p\psi_{s\beta} - \sigma L_s p i_{s\beta}) - (\psi_{s\beta} - L_s i_{s\beta})(p\psi_{s\alpha} - \sigma L_s p i_{s\alpha})}{(\psi_{s\alpha} - L_s i_{s\alpha})(\psi_{s\alpha} - \sigma L_s i_{s\alpha}) + (\psi_{s\beta} - L_s i_{s\beta})(\psi_{s\beta} - \sigma L_s i_{s\beta})} \tag{7-210}$$

根据式(7-210)可以实现对电机转速的直接估计,并由此估计转子位置。

3. 基于反向电动势的直接估计

由式(7-102)和式(7-103),可得

$$\begin{cases} u_{s\alpha} = R_s i_{s\alpha} + \sigma L_s \dfrac{d i_{s\alpha}}{dt} + \dfrac{L_m}{L_r} p\psi_{r\alpha} \\ u_{s\beta} = R_s i_{s\beta} + \sigma L_s \dfrac{d i_{s\beta}}{dt} + \dfrac{L_m}{L_r} p\psi_{r\beta} \end{cases} \tag{7-211}$$

令 $e_{s\alpha}$ 和 $e_{s\beta}$ 分别为定子绕组反向电动势矢量的 α 轴分量和 β 轴分量,且有

$$\begin{cases} e_{s\alpha} = \dfrac{L_m}{L_r} p\psi_{r\alpha} \\ e_{s\beta} = \dfrac{L_m}{L_r} p\psi_{r\beta} \end{cases} \tag{7-212}$$

由于转子绕组磁链矢量 $\boldsymbol{\psi}_r$ 可以表示为

$$\psi_r = \psi_{r\alpha} + j\psi_{r\beta} \tag{7-213}$$

所以,有

$$\begin{cases} e_{s\alpha} = -\dfrac{L_m}{L_r} |\boldsymbol{\psi}_r| \omega_s \sin\theta_s \\ e_{s\beta} = \dfrac{L_m}{L_r} |\boldsymbol{\psi}_r| \omega_s \cos\theta_s \end{cases} \tag{7-214}$$

式中,θ_s 为 $\boldsymbol{\psi}_r$ 与 α 轴的夹角(电角度)。

若采用转子磁场定向,且转子位置估计值为 $\hat{\theta}_s$,则可以得到定子绕组反向电动势的 d 轴分量 e_{sd} 和 q 轴分量 e_{sq} 为

$$\begin{cases} e_{sd} = e_{s\alpha} \cos\hat{\theta}_s + e_{s\beta} \sin\hat{\theta}_s \\ e_{sq} = -e_{s\alpha} \sin\hat{\theta}_s + e_{s\beta} \cos\hat{\theta}_s \end{cases} \tag{7-215}$$

定义

$$\Delta\theta = \hat{\theta}_s - \theta_s \tag{7-216}$$

当满足 $\Delta\theta = 0$ 时,有

$$\begin{cases} e_{sd} = -\dfrac{L_m}{L_r} |\boldsymbol{\psi}_r| \omega_s \sin\theta_s \cos\theta_s + \dfrac{L_m}{L_r} |\boldsymbol{\psi}_r| \omega_s \cos\theta_s \sin\theta_s = 0 \\ e_{sq} = \dfrac{L_m}{L_r} |\boldsymbol{\psi}_r| \omega_s \sin^2\theta_s + \dfrac{L_m}{L_r} |\boldsymbol{\psi}_r| \omega_s \cos^2\theta_s = \dfrac{L_m}{L_r} |\boldsymbol{\psi}_r| \omega_s \end{cases} \tag{7-217}$$

如图 7-40 所示,当 $\Delta\theta \neq 0$ 时,即估计值 $\hat{\theta}_s$ 存在误差,此时,由 $\hat{\theta}_s$ 确定的 d' 轴与由 θ_s 确定的 d 轴不重合,定子绕组反向电动势矢量 e_s 在 d' 轴的分量 $e_{sd'}$ 不为 0,且有如下关系

$$\begin{cases} e_{sd'} > 0, & \Delta\theta > 0 \\ e_{sd'} < 0, & \Delta\theta < 0 \end{cases} \quad (7\text{-}218)$$

从图 7-40 可以看出，$\Delta\theta$ 越大，$e_{sd'}$ 越大。因此，可以根据 $e_{sd'}$ 的幅值和方向对转子位置估计值 $\hat{\theta}_s$ 或同步转速（角速度）估计值 $\hat{\omega}_s$ 进行修正。

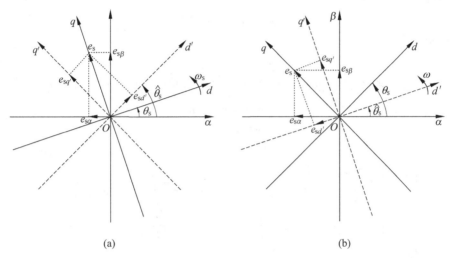

图 7-40　反向电动势与估计误差的关系

(a) $\Delta\theta_s > 0$；(b) $\Delta\theta_s < 0$

由式(7-217)可得出同步转速（角速度）ω_s 的计算关系式为

$$\omega_s = \frac{L_r e_{sq}}{L_m |\boldsymbol{\psi}_r|} \quad (7\text{-}219)$$

则 $\hat{\omega}_s$ 可以表示为

$$\hat{\omega}_s = \frac{L_r e_{sq}}{L_m |\boldsymbol{\psi}_r|} - \operatorname{sgn}(e_{sq}) \frac{L_r e_{sd}}{L_m |\boldsymbol{\psi}_r|} \quad (7\text{-}220)$$

式中，

$$\operatorname{sgn}(e_{sq}) = \begin{cases} 1, & e_{sq} > 0 \\ -1, & e_{sq} < 0 \end{cases} \quad (7\text{-}221)$$

即通过修正项 $\dfrac{L_r e_{sd}}{L_m |\boldsymbol{\psi}_r|}$ 对 $\hat{\omega}_s$ 进行修正。需要注意的是，前面的分析中，电机是按逆时针方向旋转，如果电机旋转方向相反，则修正项的符号会因之改变。

因此，可以根据式(7-205)、式(7-206)和式(7-220)对电机转速进行估计。

7.8.2　基于扩展卡尔曼滤波器的估计

在系统误差和观测噪声的统计特征已知的前提下，采用基于扩展卡尔曼滤波器的估计算法对交流感应电机转速进行估计时，可以有效抑制随机干扰和测量噪声的影响。这种估计方法需要对高阶矩阵求逆运算，运算量较大，对数字化处理系统硬件的要求较高。扩展卡尔曼滤波器的具体算法可以参见 6.7.3 节中相关内容。

基于扩展卡尔曼滤波器对交流感应电机进行转速估计时，可以选择 dq 参考坐标系，也

可以选择 $\alpha\beta$ 参考坐标系。相比较而言，选择 $\alpha\beta$ 参考坐标系时，因无三角函数计算，可以提高估计精度，减少计算量，有利于在线实施。

选取定子绕组电流、转子绕组磁链以及电机转速作为状态变量，即状态变量为

$$\boldsymbol{x} = \begin{bmatrix} i_{s\alpha} & i_{s\beta} & \psi_{r\alpha} & \psi_{r\beta} & \omega_r \end{bmatrix}^T \tag{7-222}$$

同时，选取输入变量为

$$\boldsymbol{u} = \begin{bmatrix} u_{s\alpha} & u_{s\beta} \end{bmatrix}^T \tag{7-223}$$

以及输出变量为

$$\boldsymbol{y} = \begin{bmatrix} i_{s\alpha} & i_{s\beta} \end{bmatrix}^T \tag{7-224}$$

由式(7-102)、式(7-103)和式(7-105)，可得状态方程和输出(观测)方程为

$$\begin{cases} \dot{\boldsymbol{x}} = \boldsymbol{A}\boldsymbol{x} + \boldsymbol{B}\boldsymbol{u} \\ \boldsymbol{y} = \boldsymbol{C}\boldsymbol{x} \end{cases} \tag{7-225}$$

式中，

$$\boldsymbol{A} = \begin{bmatrix} -\dfrac{1-\sigma}{\sigma\tau_r} - \dfrac{R_s}{\sigma L_s} & 0 & \dfrac{L_m}{\sigma L_s L_r \tau_r} & \dfrac{L_m \omega_r}{\sigma L_s L_r} & 0 \\ 0 & -\dfrac{1-\sigma}{\sigma\tau_r} - \dfrac{R_s}{\sigma L_s} & -\dfrac{L_m \omega_r}{\sigma L_s L_r} & \dfrac{L_m}{\sigma L_s L_r \tau_r} & 0 \\ \dfrac{L_m}{\tau_r} & 0 & -\dfrac{1}{\tau_r} & -\omega_r & 0 \\ 0 & \dfrac{L_m}{\tau_r} & \omega_r & -\dfrac{1}{\tau_r} & 0 \\ 0 & 0 & 0 & 0 & 0 \end{bmatrix}$$

$$\boldsymbol{B} = \begin{bmatrix} \dfrac{1}{\sigma L_s} & 0 \\ 0 & \dfrac{1}{\sigma L_s} \\ 0 & 0 \\ 0 & 0 \\ 0 & 0 \end{bmatrix}$$

$$\boldsymbol{C} = \begin{bmatrix} 1 & 0 & 0 & 0 & 0 \\ 0 & 1 & 0 & 0 & 0 \end{bmatrix} \tag{7-226}$$

若系统噪声为 $\boldsymbol{V}$，测量噪声为 $\boldsymbol{W}$，那么扩展卡尔曼滤波器方程为

$$\begin{cases} \dfrac{d\hat{\boldsymbol{x}}}{dt} = \boldsymbol{A}_{\hat{x}}\hat{\boldsymbol{x}} + \boldsymbol{B}\boldsymbol{u} + \boldsymbol{K}(\boldsymbol{y} - \hat{\boldsymbol{y}}) \\ \hat{\boldsymbol{y}} = \boldsymbol{C}\hat{\boldsymbol{x}} \end{cases} \tag{7-227}$$

式中，$\hat{\boldsymbol{x}}$、$\hat{\boldsymbol{y}}$ 分别表示 $\boldsymbol{x}$、$\boldsymbol{y}$ 的估计值。用于交流感应电机转速估计的扩展卡尔曼滤波器结构如图 7-41[16] 所示。图中，$\boldsymbol{V}$ 为系统噪声；$\boldsymbol{W}$ 为测量噪声。$\boldsymbol{W}$ 和 $\boldsymbol{V}$ 可看作不相关的零均值白噪声，即存在

$$\begin{cases} E\{\boldsymbol{V}(t)\} = 0 \\ E\{\boldsymbol{W}(t)\} = 0 \end{cases} \tag{7-228}$$

式中,$E\{\cdot\}$表示数学期望值。

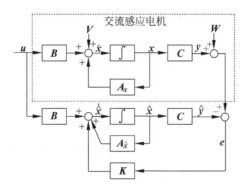

图 7-41 扩展卡尔曼滤波器结构

若控制周期为 T_s,且 T_s 足够小,则可对式(7-225)进行离散化,有

$$\begin{cases} \boldsymbol{x}_k = \boldsymbol{A}'\boldsymbol{x}_{k-1} + \boldsymbol{B}'\boldsymbol{u}_{k-1} \\ \boldsymbol{y}_k = \boldsymbol{C}'\boldsymbol{x}_k \end{cases} \quad (7\text{-}229)$$

式中,

$$\begin{cases} \boldsymbol{A}' = \begin{bmatrix} 1 - \dfrac{(1-\sigma)T_s}{\sigma\tau_r} - \dfrac{R_s T_s}{\sigma L_s} & 0 & \dfrac{L_m T_s}{\sigma L_s L_r \tau_r} & \dfrac{L_m \omega_r T_s}{\sigma L_s L_r} & 0 \\ 0 & 1 - \dfrac{(1-\sigma)T_s}{\sigma\tau_r} - \dfrac{R_s T_s}{\sigma L_s} & -\dfrac{L_m \omega_r T_s}{\sigma L_s L_r} & \dfrac{L_m T_s}{\sigma L_s L_r \tau_r} & 0 \\ \dfrac{L_m T_s}{\tau_r} & 0 & 1 - \dfrac{T_s}{\tau_r} & -\omega_r T_s & 0 \\ 0 & \dfrac{L_m T_s}{\tau_r} & \omega_r T_s & 1 - \dfrac{T_s}{\tau_r} & 0 \\ 0 & 0 & 0 & 0 & 1 \end{bmatrix} \\ \boldsymbol{B}' = \begin{bmatrix} \dfrac{T_s}{\sigma L_s} & 0 \\ 0 & \dfrac{T_s}{\sigma L_s} \\ 0 & 0 \\ 0 & 0 \\ 0 & 0 \end{bmatrix} \\ \boldsymbol{C}' = \begin{bmatrix} 1 & 0 & 0 & 0 & 0 \\ 0 & 1 & 0 & 0 & 0 \end{bmatrix} \end{cases}$$

(7-230)

考虑到系统噪声 $\boldsymbol{V}$ 和测量噪声 $\boldsymbol{W}$,式(7-229)可改写为

$$\begin{cases} \boldsymbol{x}_k = \boldsymbol{A}'\boldsymbol{x}_{k-1} + \boldsymbol{B}'\boldsymbol{u}_{k-1} + \boldsymbol{V}_{k-1} \\ \boldsymbol{y}_k = \boldsymbol{C}'\boldsymbol{x}_k + \boldsymbol{W}_k \end{cases} \quad (7\text{-}231)$$

对于 $\boldsymbol{V}$ 和 $\boldsymbol{W}$,可定义协方差矩阵 $\boldsymbol{Q}_k$ 和 $\boldsymbol{R}_k$,且有

$$\begin{cases} \boldsymbol{Q}_k \delta_{kj} = \mathrm{cov}[\boldsymbol{V}_k, \boldsymbol{V}_j] \\ \boldsymbol{R}_k \delta_{kj} = \mathrm{cov}[\boldsymbol{W}_k, \boldsymbol{W}_j] \end{cases} \tag{7-232}$$

式中，

$$\delta_{kj} = \begin{cases} 1, & k = j \\ 0, & k \neq j \end{cases} \tag{7-233}$$

若令

$$f(\boldsymbol{x}) = \boldsymbol{A}\boldsymbol{x} \tag{7-234}$$

则可以根据式(6-219)～式(6-226)所示的扩展卡尔曼滤波器算法对交流感应电机的转速 ω_r 进行估计。

7.8.3 基于模型参考自适应系统的估计

基于模型参考自适应系统的估计方法是将不含未知参数的数学模型(或方程)作为参考模型，将含有待估参数的数学模型(或方程)作为可调模型。两个模型具有相同物理意义的输出变量，利用两个输出变量之间形成的误差制定自适应律用于调节可调模型的参数，以达到控制对象的输出跟踪参考模型的输出的目的。基于模型参考自适应系统的交流感应电机转速的估计主要采用并联型结构的模型参考自适应系统，具体如图 6-61 所示。

基于模型参考自适应系统的估计是交流感应电机转速估计普遍采用的方法，选用的模型不同会导致估计过程中体现不同的技术特征。

在 $\alpha\beta$ 参考坐标系下，由式(7-102)、式(7-103)和式(7-105)可得

$$p \begin{bmatrix} \psi_{r\alpha} \\ \psi_{r\beta} \end{bmatrix} = \frac{L_r}{L_m} \begin{bmatrix} u_{s\alpha} \\ u_{s\beta} \end{bmatrix} - \frac{L_r}{L_m}(R_s + \sigma L_s p) \begin{bmatrix} i_{s\alpha} \\ i_{s\beta} \end{bmatrix} \tag{7-235}$$

以及

$$p \begin{bmatrix} \psi_{r\alpha} \\ \psi_{r\beta} \end{bmatrix} = \begin{bmatrix} -\dfrac{1}{\tau_r} & -\omega_r \\ \omega_r & -\dfrac{1}{\tau_r} \end{bmatrix} \begin{bmatrix} \psi_{r\alpha} \\ \psi_{r\beta} \end{bmatrix} + \frac{L_m}{\tau_r} \begin{bmatrix} i_{s\alpha} \\ i_{s\beta} \end{bmatrix} \tag{7-236}$$

式(7-235)又被称为转子绕组磁链的电压模型；式(7-236)又被称为转子绕组磁链的电流模型。可将电压模型作为参考模型。电流模型中包含需要估计的电机转速 ω_r，可将其作为可调模型，那么可重写为

$$p \begin{bmatrix} \hat{\psi}_{r\alpha} \\ \hat{\psi}_{r\beta} \end{bmatrix} = \begin{bmatrix} -\dfrac{1}{\tau_r} & -\hat{\omega}_r \\ \hat{\omega}_r & -\dfrac{1}{\tau_r} \end{bmatrix} \begin{bmatrix} \hat{\psi}_{r\alpha} \\ \hat{\psi}_{r\beta} \end{bmatrix} + \frac{L_m}{\tau_r} \begin{bmatrix} i_{s\alpha} \\ i_{s\beta} \end{bmatrix} \tag{7-237}$$

式中，$\hat{\omega}_r$、$\hat{\psi}_{r\alpha}$ 和 $\hat{\psi}_{r\beta}$ 分别为 ω_r、$\psi_{r\alpha}$ 和 $\psi_{r\beta}$ 的估计值。定义状态变量误差为

$$e = \begin{bmatrix} e_{\psi r\alpha} \\ e_{\psi r\beta} \end{bmatrix} = \begin{bmatrix} \hat{\psi}_{r\alpha} \\ \hat{\psi}_{r\beta} \end{bmatrix} - \begin{bmatrix} \psi_{r\alpha} \\ \psi_{r\beta} \end{bmatrix} \tag{7-238}$$

将式(7-237)减去式(7-236)，可得误差方程为

$$\dot{\boldsymbol{e}} = p\begin{bmatrix} e_{\psi r\alpha} \\ e_{\psi r\beta} \end{bmatrix} = \begin{bmatrix} -\dfrac{1}{\tau_r} & -\omega_r \\ \omega_r & -\dfrac{1}{\tau_r} \end{bmatrix} \begin{bmatrix} e_{\psi r\alpha} \\ e_{\psi r\beta} \end{bmatrix} - (\hat{\omega}_r - \omega_r)\begin{bmatrix} 0 & 1 \\ -1 & 0 \end{bmatrix}\begin{bmatrix} \hat{\psi}_{r\alpha} \\ \hat{\psi}_{r\beta} \end{bmatrix} \quad (7\text{-}239)$$

式(7-239)可以表示为

$$\dot{\boldsymbol{e}} = \boldsymbol{A}\boldsymbol{e} - \boldsymbol{I}\boldsymbol{W} \quad (7\text{-}240)$$

则

$$\boldsymbol{A} = \begin{bmatrix} -\dfrac{1}{\tau_r} & -\omega_r \\ \omega_r & -\dfrac{1}{\tau_r} \end{bmatrix} \quad (7\text{-}241)$$

且

$$\boldsymbol{W} = (\hat{\omega}_r - \omega_r)\boldsymbol{J}^{\mathrm{T}}\hat{\boldsymbol{\psi}}_r = (\boldsymbol{A} - \hat{\boldsymbol{A}})\hat{\boldsymbol{\psi}}_r \quad (7\text{-}242)$$

式中,

$$\hat{\boldsymbol{\psi}}_r = \begin{bmatrix} \hat{\psi}_{r\alpha} \\ \hat{\psi}_{r\beta} \end{bmatrix} \quad (7\text{-}243)$$

令

$$\boldsymbol{V} = \boldsymbol{D}\boldsymbol{e} \quad (7\text{-}244)$$

式中,$\boldsymbol{D}$ 为增益矩阵。则由式(7-240)和式(7-244)可以构建如图 6-62 所示的标准反馈系统。容易证明,当 $\boldsymbol{D}$ 为单位矩阵,即 $\boldsymbol{D} = \boldsymbol{I}$ 时,若定义

$$\boldsymbol{H}(s) = (s\boldsymbol{I} - \boldsymbol{A})^{-1} \quad (7\text{-}245)$$

那么,$\boldsymbol{H}(s)$ 是严格正实的,因此按超稳定性理论,在满足波波夫积分不等式[17]

$$\eta(0, t_1) \triangleq \int_0^{t_1} \boldsymbol{V}^{\mathrm{T}} \boldsymbol{W} \mathrm{d}t \geqslant -r_0^2 \quad (\forall\ t_1 \geqslant 0) \quad (7\text{-}246)$$

的情况下,有 $\lim\limits_{t \to \infty} e(t) = 0$,即模型参考自适应系统是渐进稳定的。在满足式(7-246)的前提下,可以采用比例积分(PI)自适应律,从而得到基于模型参考自适应系统的转速估计算法为[7,18]

$$\hat{\omega}_r = \left(K_p + \dfrac{K_i}{p}\right)(e_{\psi r\alpha}\hat{\psi}_{r\beta} - e_{\psi r\beta}\hat{\psi}_{r\alpha}) = \left(K_p + \dfrac{K_i}{p}\right)(\hat{\psi}_{r\alpha}\psi_{r\beta} - \hat{\psi}_{r\beta}\psi_{r\alpha}) \quad (7\text{-}247)$$

式中,K_p 和 K_i 分别为比例系数和积分系数。

基于模型参考自适应系统的交流感应电机转速估计算法如图 7-42 所示。

在式(7-235)所示的电压模型中,在电机转速较低时,定子绕组压降作用明显,磁链的计算精度会降低;同时,磁链计算过程中存在积分环节,会产生误差累积。为此,可以以一阶惯性滤波环节代替纯积分环节加以改进[19]。

除上述基于转子绕组磁链构建参考模型和可调模型外,也可以选取定子绕组反电动势[20]、电机瞬时无功功率[21,22]建立参考模型和可调模型。

基于模型参考自适应系统的交流感应电机转速估计是基于稳定性设计的估计方法,这种方法保证了转速估计的渐近收敛性,并具有算法简单、易于数字化实现等优点。但由于该

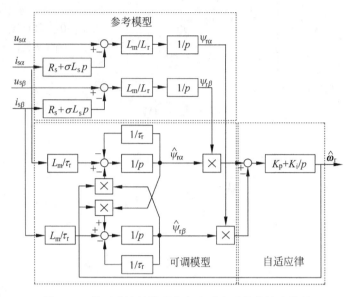

图 7-42 基于磁链的模型参考自适应系统的转速估计

方法对电机模型和电机参数具有较强的依赖性,因此往往需和参数在线辨识结合才能获得较好的效果。

7.8.4 基于高频信号注入的估计

当交流感应电机在低转速下运行或静止时,反电动势较小甚至为 0,定子绕组电阻压降在定子绕组压降中占有较大比重,很难对电机磁链、反电动势进行精确估计,一些基于交流感应电机数学模型的转速估计方法因此而失效。此时,可以采用高频信号注入方法实现对电机转速的估计。

高频信号注入方法的原理是:向交流感应电机定子绕组施加固定幅值的高频电压信号,电机内因此产生幅值恒定的旋转磁场或沿某一旋转或静止轴线脉动的交变磁场。因电机自身凸极结构或磁路饱和等因素,该磁场在定子绕组中产生与转子位置或转速相关的高频载波信号,从这些高频载波信号中可提取出电机转子位置或转速信息,由此实现对电机转子位置或转速的估计。高频信号频率的选择原则有两个方面:一是注入信号的频率远大于电机定子绕组正常工作状态下的电流或电压"基波"频率;二是注入信号的频率应便于数据采样和处理,如易于与一些绕组高次谐波分量分离等。

采用高频信号注入方法对电机转子位置或转速进行有效估计的前提是电机转子具有"凸极"性(saliency),即磁路具有不对称性(asymmetry)或不均匀性(anisotropy)。对于电动汽车笼型交流感应电机而言,转子结构是对称的,电机内部不具有类似内置式永磁同步电机的"凸极"特点。使转子具有凸极效应的方法有两种[23]:一是利用磁路饱和产生凸极效应;二是对电机转子进行特殊设计,使经过电机转子铁心的磁路不对称或不均匀而呈现出凸极的特点。

采用转子磁场定向的矢量控制时,当电机处于低转速、大转矩的恒转矩区时,若转子磁通达到一定数值,则电机主磁路(即气隙磁通磁路)可能处于基本饱和状态。因此,对于主磁路而言，d 轴方向磁路的磁阻大于 q 轴方向磁路的磁阻；与此相应，d 轴的励磁电感小于 q 轴的励磁电感。如图 7-10 所示，主磁路的饱和会引起定子和转子槽漏磁路的饱和，即 d 轴方向的定子齿部和转子齿部的磁路会出现饱和，从而导致 d 轴的槽漏感大于 q 轴的槽漏感[24]。在定子绕组注入高频（电压或电流）信号后，高频信号产生的高频磁场叠加在原有基频磁场上，基频磁场的饱和会引起高频磁场的饱和。在磁路出现饱和时，交流感应电机的主磁路和漏磁路都会表现出凸极特征。但当电机转速较高时，如进入弱磁控制区或负载较小时，因定子绕组电流较小，基频磁场的磁路不再饱和，交流感应电机不再对外表现凸极性。

为了使电机内部磁场产生不对称，形成凸极，可以对电机转子采取特殊设计。由于电机的槽漏感与转子槽形密切相关，可以通过改变槽口的宽度或深度，使它周期性变化，从而改变槽漏感，具体如图 7-43 所示。根据图中的槽口宽度或深度的变化情况可知，d 轴的槽漏感大于 q 轴的槽漏感。

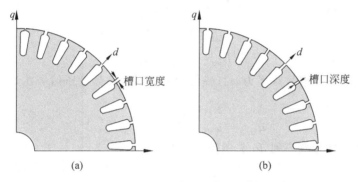

图 7-43 槽口宽度和槽口深度呈周期性变化
(a) 槽口宽度呈周期性变化；(b) 槽口深度呈周期性变化

根据图 7-14 所示电路，可得交流感应电机在高频电压信号 u_{sk} 作用下的等效电路如图 7-44(a) 所示。图中 R_{sk}、R_{rk} 分别为考虑集肤效应后定子绕组和折算到定子侧的转子绕组等效电阻；$L_{s\sigma}$、$L_{r\sigma}$ 分别为定子绕组和折算到定子侧的转子绕组等效（槽）漏感；R_m、L_m 分别为励磁电阻和励磁电感。注入到定子绕组的高频角频率 ω_h 和基波同步角频率 ω_s 的关系为

$$\omega_h = k\omega_s \tag{7-248}$$

式中，$k \gg 1$。

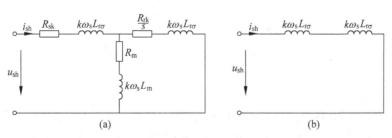

图 7-44 高频电压信号下的交流感应电机等效电路
(a) 简化前电路；(b) 简化后电路

由于存在

$$\begin{cases} |R_m + jk\omega_s L_m| \gg |R_{sk} + jk\omega_s L_{s\sigma}| \\ |R_m + jk\omega_s L_m| \gg |R_{rk} + jk\omega_s L_{r\sigma}| \end{cases} \qquad (7\text{-}249)$$

且有

$$|jk\omega_s L_{s\sigma} + jk\omega_s L_{r\sigma}| \gg R_{sk} + R_{rk} \qquad (7\text{-}250)$$

所以,图 7-44(a)所示电路可以简化为图 7-44(b)所示电路。因此,在以转子磁场定向的 dq 参考坐标系下,有

$$\begin{bmatrix} u_{shd} \\ u_{shq} \end{bmatrix} = \begin{bmatrix} L_{s\sigma d} + L_{r\sigma d} & 0 \\ 0 & L_{s\sigma q} + L_{r\sigma q} \end{bmatrix} \begin{bmatrix} pi_{shd} \\ pi_{shq} \end{bmatrix} = \begin{bmatrix} L_{\sigma d} & 0 \\ 0 & L_{\sigma q} \end{bmatrix} \begin{bmatrix} pi_{shd} \\ pi_{shq} \end{bmatrix} \qquad (7\text{-}251)$$

式中,u_{shd}、u_{shq} 分别为电压矢量 $\boldsymbol{u}_{sh}$ 的 d 轴分量和 q 轴分量;i_{shd}、i_{shq} 分别为电流矢量 $\boldsymbol{i}_{sh}$ 的 d 轴分量和 q 轴分量;$L_{s\sigma d}$、$L_{s\sigma q}$ 分别为高频磁场中的定子绕组 d 轴和 q 轴的漏感;$L_{r\sigma d}$、$L_{r\sigma q}$ 分别为高频磁场中的转子绕组 d 轴和 q 轴漏感。

由式(7-251),有

$$\begin{cases} L_{\sigma d} = L_{s\sigma d} + L_{r\sigma d} \\ L_{\sigma q} = L_{s\sigma q} + L_{r\sigma q} \end{cases} \qquad (7\text{-}252)$$

若注入的高频电压信号频率为 ω_h,幅值为 V_h,则该高频电压信号在 $\alpha\beta$ 参考坐标系下可以表示为

$$\boldsymbol{u}_{sh\alpha\beta} = u_{sh\alpha} + ju_{sh\beta} = V_h e^{j\omega_h t} \qquad (7\text{-}253)$$

将该高频电压信号变换到 dq 参考坐标系下,有

$$\boldsymbol{u}_{shdq} = \begin{bmatrix} u_{shd} \\ u_{shq} \end{bmatrix} = \boldsymbol{u}_{sh\alpha\beta} e^{-j\theta} = V_h e^{j(\omega_h t - \theta)} = \begin{bmatrix} V_h \cos(\omega_h t - \theta) \\ V_h \sin(\omega_h t - \theta) \end{bmatrix} \qquad (7\text{-}254)$$

式中,θ 为 d 轴与 α 轴的夹角(电角度)。

将式(7-252)、式(7-254)代入式(7-251),可得

$$\boldsymbol{i}_{shdq} = i_{shd} + ji_{shq} = \frac{V_h}{\omega_h L_{\sigma d} L_{\sigma q}} [L e^{j(\omega_h - \theta - \frac{\pi}{2})} - \Delta L e^{j(-\omega_h + \theta + \frac{\pi}{2})}] \qquad (7\text{-}255)$$

式中,

$$\begin{cases} L = \dfrac{L_{\sigma d} + L_{\sigma q}}{2} \\ \Delta L = \dfrac{L_{\sigma d} - L_{\sigma q}}{2} \end{cases} \qquad (7\text{-}256)$$

将式(7-256)变换到 $\alpha\beta$ 参考坐标系下,有

$$\boldsymbol{i}_{sh\alpha\beta} = \boldsymbol{i}_{shdq} e^{j\theta} = \frac{LV_h}{\omega_h(L^2 - \Delta L^2)} e^{j(\omega_h t - \frac{\pi}{2})} + \frac{-\Delta L V_h}{\omega_h(L^2 - \Delta L^2)} e^{j(-\omega_h t + 2\theta + \frac{\pi}{2})}$$

$$= \boldsymbol{i}_{ph} + \boldsymbol{i}_{nh} \qquad (7\text{-}257)$$

由式(7-257)可知,在注入高频电压信号后,定子绕组电流矢量 $\boldsymbol{i}_{sh\alpha\beta}$ 可以看作电流矢量 $\boldsymbol{i}_{ph}$ 和 $\boldsymbol{i}_{nh}$ 的合成:$\boldsymbol{i}_{ph}$ 以转速 ω_h 按正向(与电压矢量同转向)旋转,称为正序电流矢量;$\boldsymbol{i}_{nh}$ 以转速 ω_h 按负向旋转,称为负序电流矢量。显然,只有负序电流矢量 $\boldsymbol{i}_{nh}$ 中包含转子位置 θ 的信息。因此,可以采用矢量变换法和外差法[25]将负序电流矢量 $\boldsymbol{i}_{nh}$ 提取出来从而实现对

θ 的估计,并进一步对电机转速进行估计,具体提取方法可以参考 6.7.5 节相关内容。

与永磁同步电机转速或转子位置估计方法类似,除在定子绕组注入三相对称的正弦高压信号形成高频旋转磁场外,还可以通过在某一轴上注入交变的电压信号产生脉动磁场对电机转速进行估计[23]。

7.9 交流感应电机直接转矩控制

7.9.1 交流感应电机直接转矩控制的基本原理

在 $\alpha\beta$ 参考坐标系下,由式(7-103)和式(7-108)可知交流感应电机的转矩可表示为

$$t_e = P(\psi_{s\alpha} i_{s\beta} - \psi_{s\beta} i_{s\alpha}) \tag{7-258}$$

同时,还可以得到

$$t_e = P \frac{L_m}{\sigma L_s L_r} \boldsymbol{\psi}_r \times \boldsymbol{\psi}_s = P \frac{L_m}{\sigma L_s L_r} \psi_s \psi_r \sin\delta_{sr} \tag{7-259}$$

式中,ψ_s 为定子绕组磁链矢量 $\boldsymbol{\psi}_s$ 的幅值;ψ_r 为转子绕组磁链矢量 $\boldsymbol{\psi}_r$ 的幅值;δ_{sr} 为定子绕组磁链矢量 $\boldsymbol{\psi}_s$ 和转子绕组磁链矢量 $\boldsymbol{\psi}_r$ 之间的夹角(电角度),称为负载角。

由式(7-259)可知,在保持 ψ_s 和 ψ_r 不变时,改变 δ_{sr} 对交流感应电机转矩具有调节和控制作用。

对于交流感应电机,存在

$$\begin{cases} \boldsymbol{\psi}_s = L_s \boldsymbol{i}_s + L_m \boldsymbol{i}_r \\ \boldsymbol{\psi}_r = L_m \boldsymbol{i}_s + L_r \boldsymbol{i}_r \end{cases} \tag{7-260}$$

式中,$\boldsymbol{i}_s$ 为定子绕组电流矢量;$\boldsymbol{i}_r$ 为转子绕组电流矢量。因此,有

$$\boldsymbol{\psi}_s = \sigma L_s \boldsymbol{i}_s + \frac{L_m}{L_r} \boldsymbol{\psi}_r \tag{7-261}$$

可以得到交流感应电机各物理量的矢量图如图 7-45 所示。由图可知,若转子绕组磁链矢量 $\boldsymbol{\psi}_r$ 保持不变,调节 δ_{sr} 相当于对定子绕组电流矢量 $\boldsymbol{i}_s$ 进行调节,$\boldsymbol{i}_s$ 的 d 轴分量 i_{sd} 和 q 轴分量 i_{sq} 随之改变。根据式(7-140)可知,交流感应电机转矩也将会发生变化。因此,直接转矩控制和矢量控制的本质是相同的,具有一定的内在联系;二者只是控制的变量不同,直接转矩控制是通过磁链调节控制电机转矩,矢量控制是通过电流调节控制电机转矩。此外,直接转矩控制和矢量控制最终都是通过改变施加在定子绕组上的电压空间矢量实现对电机转矩的控制。

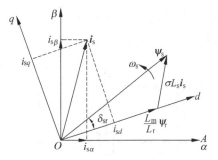

图 7-45 交流感应电机矢量图

7.9.2 交流感应电机磁链和转矩的估算和观测

交流感应电机直接转矩控制中的控制变量为电机转矩和定子绕组磁链。与永磁同步电机类似,控制过程中需要对电机转矩和定子绕组磁链的实际值进行估算和观测以作为反馈量。

1. 定子绕组磁链的估算和观测

根据式(7-102)可知,在 $\alpha\beta$ 参考坐标系下,交流感应电机的定子绕组电压方程为

$$\begin{cases} u_{s\alpha} = R_s i_{s\alpha} + \dfrac{\mathrm{d}\psi_{s\alpha}}{\mathrm{d}t} \\ u_{s\beta} = R_s i_{s\beta} + \dfrac{\mathrm{d}\psi_{s\beta}}{\mathrm{d}t} \end{cases} \tag{7-262}$$

因此,定子绕组磁链可以表示为

$$\begin{cases} \psi_{s\alpha} = \int (u_{s\alpha} - R_s i_{s\alpha})\mathrm{d}t \\ \psi_{s\beta} = \int (u_{s\beta} - R_s i_{s\beta})\mathrm{d}t \end{cases} \tag{7-263}$$

同时,存在

$$\psi_s = \sqrt{\psi_{s\alpha}^2 + \psi_{s\beta}^2} \tag{7-264}$$

式(7-262)和式(7-263)中的 $i_{s\alpha}$ 和 $i_{s\beta}$ 可以由定子绕组电流的检测值 i_A、i_B 和 i_C 经克拉克变换得到;$u_{s\alpha}$ 和 $u_{s\beta}$ 可由定子绕组电压的检测值 u_A、u_B 和 u_C 经克拉克变换获得,也可以根据电机控制器主电路电力电子器件通断状态和直流侧电压计算得到,前者精度更高,但所需的电压传感器和采集电路会增加电机控制器成本。

2. 电机转矩的估算和观测

可以根据式(7-258)对电机转矩进行估算,该式中,$\psi_{s\alpha}$、$\psi_{s\beta}$ 是依据式(7-263)得到的估算值,$i_{s\alpha}$ 和 $i_{s\beta}$ 为实测值。

7.9.3 交流感应电机的直接转矩控制系统

如图 7-46 所示,交流感应电机直接转矩控制系统具有与永磁同步电机直接转矩控制系统类似的结构。图中,T_e^* 为目标电机转矩;t_e 为根据式(7-258)得到的电机转矩估算值;ψ_s^* 为目标定子绕组磁链;ψ_s 为根据式(7-264)得到的定子绕组磁链估算值;Δt 为转矩滞环比较环节的输出;$\Delta\psi$ 为磁链滞环比较环节的输出。

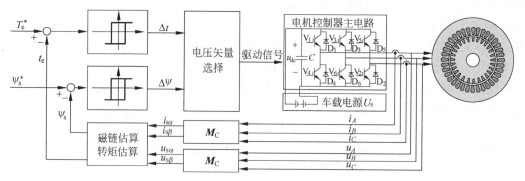

图 7-46 交流感应电机直接转矩控制系统结构

交流感应电机的磁链矢量 $\boldsymbol{\psi}_s$ 与 α 轴的夹角 θ_ψ 为磁链角,可以表示为

$$\theta_\psi = \arcsin \dfrac{\psi_{s\beta}}{\psi_s} \tag{7-265}$$

三相交流感应电机控制器与三相永磁同步电机控制器具有相同结构的主电路,具体如图 7-47 所示。在 $\alpha\beta$ 参考坐标系下,主电路中电力电子器件 8 种通断状态组合对应的电压空间矢量如图 7-48 所示。不同电压空间矢量作用下,交流感应电机定子绕组的磁链会出现增大或减小的趋势。同时,电压空间矢量的切换会改变负载角 δ_{sr},使电机转矩增加或减小。

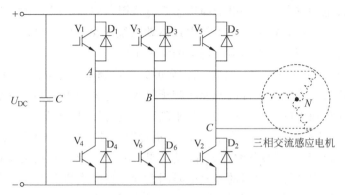

图 7-47 三相交流感应电机控制器主电路

可以用 $\Delta t = 1$ 表示电机转矩达到滞环比较环节的下限,转矩应该增加;用 $\Delta t = -1$ 表示电机转矩达到滞环比较环节的上限,转矩应该减小;用 $\Delta t = 0$ 表示电机转矩在容差范围内。用 $\Delta\psi = 1$ 表示定子绕组磁链达到滞环比较环节的下限,磁链应该增加;用 $\Delta\psi = -1$ 表示定子绕组磁链达到滞环比较环节的上限,磁链应该减小。

根据滞环比较环节输出的 Δt、$\Delta\psi$ 以及 θ_ψ 数值,依据图 7-48 并通过查表 7-2 得到三相定子绕组的空间电压矢量,实现对电机转矩和定子绕组磁链的控制。表 7-2 中,$A_1 \sim A_8$ 表示 θ_ψ 的数值范围。

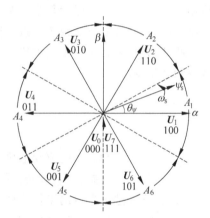

图 7-48 三相交流感应电机的电压空间矢量

表 7-2 交流感应电机空间电压矢量选择表

$\Delta\psi$	Δt	A_1	A_2	A_3	A_4	A_5	A_6
1	1	U_2	U_3	U_4	U_5	U_6	U_1
1	0	U_0	U_7	U_0	U_7	U_0	U_7
1	-1	U_6	U_1	U_2	U_3	U_4	U_5
-1	1	U_3	U_4	U_5	U_6	U_1	U_2
-1	0	U_7	U_0	U_7	U_0	U_7	U_0
-1	-1	U_5	U_6	U_1	U_2	U_3	U_4

在实际应用中,可以根据电机转速、电机控制器直流侧电压、定子绕组电压、定子绕组电流等参数,按照预先制定的控制策略,根据电机目标转矩和定子绕组目标磁链实现对交流感应电机转矩的直接控制。

7.10 本章小结

交流感应电机具有结构简单、耐久性好、成本低、易于维护以及设计、制造工艺和控制技术成熟等优点,被电动汽车尤其是电动商用车广泛采用。与永磁同步电机相比,交流感应电机功率密度有待进一步提高,更多用于集中式驱动系统。交流感应电机具有非常好的环境适应性,因此非常适合用于处于恶劣环境下的特种车辆。

交流感应电机普遍采用基于转子磁场定向的矢量控制实现对电机转矩的调节。在矢量控制中,通常采用安装在电机内部的转速或转子位置传感器对电机转速和转子位置进行辨识,传感器多采用低成本的旋转编码器。与永磁同步电机类似,交流感应电机的转速和转子位置可以通过定子绕组电压、定子绕组电流、电机参数以及电机模型进行估计。磁链的观测对电机模型和电机参数具有很强的依赖性,其结果会对交流感应电机矢量控制产生直接的影响。同时,定子绕组和转子绕组的等效电阻因温度导致阻值的变化、定子绕组和转子绕组的电感因磁路饱导致电感值的变化等因素,也会对矢量控制效果产生较大的影响。在实际应用中,应根据电机实际运行状态对电机参数进行修正。交流感应电机直接转矩控制具有控制算法简单、转矩响应快等特点,可以作为矢量控制的补充。

此外,采用铜转子绕组或扁线定子绕组等相关工艺或技术有利于提高交流感应电机的效率和功率密度。

思 考 题

7.1 作为电动汽车的驱动电机,交流感应电机具有哪些优势和不足?

7.2 笼型交流感应电机的转子和定子具有什么样的特点?

7.3 交流感应电机的工作原理是什么?如何理解交流感应电机的"感应"?交流感应电机又称为交流异步电机,如何理解"异步"?

7.4 什么是交流感应电机的同步转速?同步转速与定子绕组电流频率之间具有什么样的关系?

7.5 什么是交流感应电机的转差和转差率?转差率为 1 和转差率为 0 分别对应电机的哪种运行状态?

7.6 交流感应电机运行时,会产生哪些损耗?

7.7 如何理解交流感应电机的"转子磁场定向控制"?采用转子磁场定向控制后,交流电机在 dq 参考坐标系下的电压方程、磁链方程和转矩公式分别是什么?

7.8 什么是交流感应电机矢量控制中的交叉耦合项?

7.9 在对交流感应电机控制过程中,如何得到转差角频率?

7.10 高速工况下,在对交流感应电机控制的过程中,为何需要实施弱磁控制?

7.11 交流感应电机和永磁同步电机的矢量控制有何相同点和不同点?

7.12 交流感应电机的机械输出特性由哪几个区域构成?

7.13 如何对交流感应电机转速或转子位置实施软件算法估计?常用的估计方法有哪些?各具有什么样的特点?

7.14 与交流感应电机矢量控制相比,交流感应电机的直接转矩控制有哪些优势和不足?

7.15 如何对交流感应电机实施矢量控制和直接转矩控制?

参 考 文 献

[1] Lamme B G. The story of the induction motor[J]. Journal of the American Institute of Electrical Engineers,1921,40(3):203-223.

[2] Blaschke F. The principle of field orientation as applied to the new TRANSVECTOR closed loop control system for rotating field machines[J]. Siemens Rev,1972,34:217-220.

[3] 王成元,夏加宽,孙宜标. 现代电机控制技术[M]. 北京:机械工业出版社,2008.

[4] 汤蕴璆. 电机学[M]. 5版. 北京:机械工业出版社,2014.

[5] Chapman S J. Electric Machinery Fundamentals [M]. 4th Ed. New York:The McGraw-Hill Companies,Inc.,2005.

[6] 孙旭东,王善铭. 电机学[M]. 北京:清华大学出版社,2006.

[7] 廖晓钟. 感应电机多变量控制[M]. 北京:科学出版社,2014.

[8] Krause P,Wasynczuk O,Sudhoff S,et al. Analysis of Electric Machinery and Drive Systems[M]. 3rd Ed. Hoboken:John Wiley & Sons,Inc.,2013.

[9] Nam K H. AC Motor Control and Electrical Vehicle Applications[M]. 2nd Ed. Boca Raton:CRC Press,2019.

[10] Trzynadlowski A M. The field orientation principle in control of induction motors[M]. New York:Springer,1994.

[11] 李永东,郑泽东. 交流电机数字控制系统[M]. 3版. 北京:机械工业出版社,2017.

[12] Novotny D W,Lipo T A. Vector Control and Dynamics of AC Drives[M]. New York:Oxford University Press,1996.

[13] Erdman W L,Hoft R G. Induction machine field orientation along airgap and stator flux[J]. IEEE Transactions on Energy Conversion,1990,5(1):115-121.

[14] Sang-Hoon K,Seung-Ki S. Maximum torque control of an induction machine in the field weakening region[J]. IEEE Transactions on Industry Applications,1995,31(4):787-794.

[15] Sang-Hoon K,Seung-Ki S. Voltage control strategy for maximum torque operation of an induction machine in the field-weakening region[J]. IEEE Transactions on Industrial Electronics,1997,44(4):512-518.

[16] Vas P. Sensorless Vector and Direct Torque Control [M]. New York:Oxford University Press,1998.

[17] Landau I D. Adaptive Control:The Model Reference Approach[M]. New York:Marcel Dekker Inc.,1979.

[18] Schauder C. Adaptive Speed Identification for Vector Control of Induction Motors without Rotational Transducers[J]. IEEE Transactions on Industry Applications,1992,28(5):1054-1061.

[19] Tajima H,Hori Y. Speed Sensorless Field-orientation Control of the Induction Machine[J]. IEEE Transactions on Industry Applications,1993,29(1):175-180.

[20] Peng F,Fukao T. Robust Speed Identification for Speed Sensorless Vector Control of Induction Motors[C]//The 1993 IEEE Industry Applications Conference,1993:419-426.

[21] Peng F Z,Fukao T,Lai J S. Low-speed Performance of Robust Speed Identification Using Instantaneous Reactive Power for Tacholess Vector Control of Induction Motors[C]//Proceedings of

1994 IEEE Industry Applications Society Annual Meeting,1994：509-514.
[22] Cao M T,Uchida T,Hori Y. MRAS-based Speed Sensorless Control for Induction Motor Drives Using Instantaneous Reactive Power[C]//The 27th Annual Conference of the IEEE Industrial Electronics Society,2001：1417-1422.
[23] Holtz J. Sensorless Control of Induction Motor Drives[J]. Proceedings of the IEEE,2002,90(8)：1359-1394.
[24] 王成元,夏加宽,杨俊友,等.电机现代控制技术[M].北京：机械工业出版社,2007.
[25] Jansen P L,Lorenz R D. Transducerless Position and Velocity Estimation in Induction and Salient AC Machines[J]. IEEE Transactions on Industry Applications,1995,31(2)：240-247.

第8章　开关磁阻电机原理与控制

8.1　开关磁阻电机概述

开关磁阻电机(switched reluctance machine,SRM)是一种双凸极电机,其电机转矩中只包含因磁路磁阻变化而产生的磁阻转矩。

开关磁阻电机的原理与结构可以追溯到19世纪40年代,1842年9月22日,英国人Davidson将他研制的变磁阻电机用于驱动世界上第一台电力机车[1]。1969年,美国学者Nasar在他发表的学术论文中首次使用了"开关磁阻电机"这一术语[2]。Leeds大学的Lawrenson等在发表的*Variable-speed Switched Reluctance Motors*一文中,对开关磁阻电机的结构、工作原理和控制方法进行了系统的阐述[3],该论文奠定了开关磁阻电机原理与控制的理论基础。20世纪80年代后,随着以功率MOSFET、IGBT为代表的高频大功率电力电子器件的出现,开关磁阻电机的相关技术得到了快速的发展。

在国外,2010年,日本Chiba等面向丰田第二代混合动力汽车普锐斯开发了最大功率为50kW的18/12极结构(即电机具有18个定子极和12个转子极)的开关磁阻电机,该电机的多项技术指标达到了原车永磁同步电机的水平[4,5]。2010年,捷豹公司推出了采用开关磁阻电机的混合动力概念车C-X75[6]。2013年,路虎Defender装配了由日本Nidec公司研发的开关磁阻电机,取得了较好的动力性能,具体如图8-1所示。2015年,英国纽卡斯尔大学的学者面向日产Leaf电动汽车研发了80kW开关磁阻电机[7]。在国内,2002年,东风汽车公司的EQ6110HEV混合动力城市客车采用了国产的开关磁阻电机[8]。2004年,厦门金龙客车公司与东风电动汽车公司共同研发的混合动力城市客车XMQ6125GH1采用了开关磁阻电机作为驱动电机。

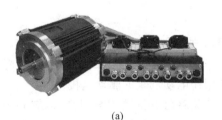

(a)　　　　　　　　　　　　　　(b)

图8-1　开关磁阻电机及其控制器与路虎Defender电动汽车

(a) 电机及其控制器；(b) 路虎Defender电动汽车

开关磁阻电机基于"磁阻最小原理",利用转子旋转过程中因电机双凸极结构而出现的磁阻变化产生磁阻转矩,实现机电能量转换。与其他类型电机相比,作为电动汽车的驱动电机,开关磁阻电机具有如下优势:

(1) 电机构造简单、结构紧凑、制造成本低、可靠性和耐久性好。开关磁阻电机转子铁心无绕组或永磁体,转动惯量小,易于加工,可运行于高速或超高速状态。定子绕组多为集中绕组,容易制造和安装,绕组端部短且牢固。

(2) 转子无铜损,电机产热多来自定子,易于冷却。开关磁阻电机转子无永磁体,转子凸极间存在较多的自由空间,有利于电机内部空气流动,电机可以运行于高温环境。

(3) 电机控制器主电路结构简单,各相绕组可独立工作,容错性较强,不易产生逆变桥式电路中出现的桥臂"直通"现象,硬件系统可靠性较高。

(4) 电机可控参数多,控制手段灵活,转矩方向与相电流方向无关,较容易实现电机的四象限运行。

(5) 电机起动转矩大,可以在较宽的转速范围内实现恒功率控制。

与永磁同步电机、交流感应电机等相比,开关磁阻电机的工作特点存在一定劣势,因此在电动汽车领域应用较少,主要用于对整车舒适性要求不高的商用车或特种车辆。开关磁阻电机存在以下不足:

(1) 转矩脉动较大,并由此带来振动和噪声问题;

(2) 与永磁同步电机等相比,工作效率、转矩密度和功率密度还需进一步提高;

(3) 驱动电机控制器主电路会随着电机相数的增加而趋向复杂,成本也会随之增加。

8.2 开关磁阻电机结构

8.2.1 开关磁阻电机的基本结构

如图 8-2 所示,开关磁阻电机的定子和转子均采用凸极结构,定子铁心和转子铁心均采用硅钢片叠压而成。开关磁阻电机的定子绕组普遍采用集中绕组,径向相对或按一定规律间隔的定子线圈通过并联或串联,构成"一相"绕组。

图 8-2 开关磁阻电机的定子与转子

开关磁阻电机可以设计成多相结构,且定子、转子的极数有多种不同的搭配。通常,定子的极数 N_s 和转子的极数 N_r 需满足

$$\begin{cases} N_s = 2qm \\ N_r = 2q(m \pm 1) \end{cases} \quad (8-1)$$

式中,$q=1,2,3,\cdots$;m 为电机的相数。对于 $m<3$ 的开关磁阻电机,因缺乏自起动能力而很少用作电动汽车的驱动电机。

开关磁阻电机的相数越高,越有利于减小电机低速运行时的转矩脉动;但较高的相数会增加电机制造成本,同时也会增加电机控制器主电路的复杂程度,并对控制系统计算和控制能力提出了较高的要求。如图 8-3 所示,三相 6/4 极、四相 8/6 极以及三相 12/8 极是常见的开关磁阻电机结构。

开关磁阻电机的每个定子极上缠绕一个集中线圈,然后将每相的线圈按照一定规则进行连接,形成一相绕组。图 8-3(a)和(b)中,线圈 X_1 和 X_2(X=A,B,C,$\cdots$)可以采用并联或串联的形式形成 X 相绕组;图 8-3(c)中,每相绕组有四个线圈 X_1、X_2、X_3 和 X_4

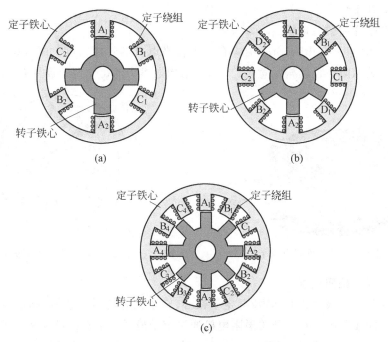

图 8-3 常见的开关磁阻电机基本结构
(a) 三相 6/4 极；(b) 四相 8/6 极；(c) 三相 12/8 极

($X=A,B,C$)，这四个线圈可以有"四并""两串两并"以及"四串"等三种连接方式。每项绕组串联的线圈越多，绕组可承受的外电压越高，绕组载流能力越弱；每项绕组并联的线圈越多，绕组可承受的外电压越低，绕组载流能力越强。

除定子和转子外，开关磁阻电机还具有机械输出轴、轴承等构件。

8.2.2 开关磁阻电机的派生结构

基于基本结构的开关磁阻电机，可以派生出许多不同结构的开关磁阻电机。在各种类型电动汽车驱动电机中，开关磁阻电机是派生结构较多的一类电机。一些派生结构的开关磁阻电机的定子和转子极形状与基本结构的开关磁阻电机有较大差别，并且不满足式(8-1)中定子、转子极数的关系。

1. 外转子开关磁阻电机

开关磁阻电机结构紧凑、牢固，可以根据整车驱动系统需求，将其设计为外转子(outer rotor)的盘式电机，并用于轮毂电机驱动系统。图 8-4 为三相 6/8 极外转子开关磁阻电机结构。

2. 轴向磁通开关磁阻电机

轴向磁通(axial flux)开关磁阻电机的气隙磁场与机械轴的方向平行，如图 8-5 所示。这种结构有利于提高开关磁阻电机的功率密度和转矩密度。此外，轴向磁通开关磁阻电机易于加工为盘式结构，用

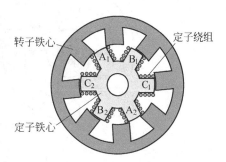

图 8-4 三相 6/8 极外转子开关磁阻电机结构

于轮毂电机驱动系统。

3. 多齿定子开关磁阻电机

定子极采用多齿(multi-tooth)结构有利于提高电机的转矩密度。图 8-6 为三相 12/10 极多齿定子开关磁阻电机结构示意图[9,10],该结构电机中的每个定子极具有两个齿。

图 8-5 轴向磁通开关磁阻电机结构

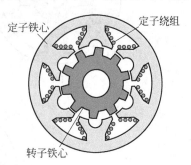

图 8-6 三相 12/10 极多齿定子开关磁阻电机结构

4. 短磁路开关磁阻电机

当定子极与转子极对正时,若流经定子铁心、转子铁心的磁路较短,则电机的铁损会下降。短磁路(short flux paths)开关磁阻电机通过定子极或转子极的设计和定子绕组电流方向的控制可以缩短磁通路径,实现较高的工作效率。图 8-7 为一种三相 12/10 极短磁路开关磁阻电机结构示意图[9]。从图中可以看出,定子极沿圆周呈不均匀分布,但转子极沿圆周均匀分布。

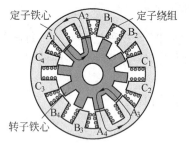

图 8-7 三相 12/10 极短磁路开关磁阻电机结构

5. 分块铁心开关磁阻电机

将开关磁阻电机的定子或转子分割成多个形状相同并呈扇形的部分,并嵌入磁导率较小的材料(如铝等)中组成定子或转子,电机工作过程中磁通将通过定子或转子相邻极形成闭合回路,因而具有短磁路特性,这类电机称为分块铁心(segmental core)开关磁阻电机。

分块铁心结构可以降低电机的铁心损耗并提高电机的转矩密度。分块铁心开关磁阻电机可以分为定子分块

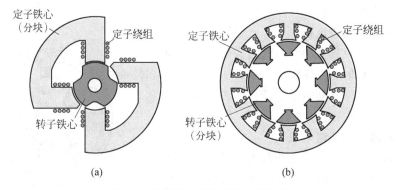

图 8-8 分块铁心开关磁阻电机结构

(a) 定子分块铁心两相 4/3 极开关磁阻电机[11];(b) 转子分块铁心三相 12/8 极开关磁阻电机[12]

铁心开关磁阻电机、转子分块铁心开关磁阻电机,定子和转子都为分块结构铁心的开关磁阻电机较少。图8-8(a)和图8-8(b)分别为定子分块铁心和转子分块铁心的开关磁阻电机结构示例。

6. 复合结构开关磁阻电机

具有多个(套)定子或多个(套)转子的开关磁阻电机称为复合结构开关磁阻电机。常见的复合结构开关磁阻电机有"两定子、一转子"以及"一定子、两转子"开关磁阻电机,图8-9分别为这两种电机的结构示意图。图8-5所示的电机也可以看作是一种"一定子两转子"复合结构开关磁阻电机。复合结构开关磁阻电机的铁心可以采用分块结构。

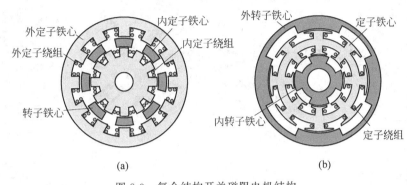

图8-9 复合结构开关磁阻电机结构

(a)"两定子、一转子"结构[13];(b)"一定子、两转子"结构

除以上各种结构的开关磁阻电机外,还可将永磁材料用于开关磁阻电机中形成如永磁辅助(permanent magnet assisted)[14]等类型的开关磁阻电机。

8.3 开关磁阻电机原理

8.3.1 开关磁阻电机的基本工作原理

开关磁阻电机遵循的基本工作原理为"磁阻最小原理",即磁通总是沿磁阻最小的路径闭合。当可产生相对旋转运动的定子极与转子极在非对齐情况下,因磁场扭曲,转子受到切向拉力,从而产生转矩,直到定子极与转子极对齐时,磁路磁阻达到最小值,切向拉力消失,电机转矩为0。该转矩与磁场强度、磁阻的变化相关,属于磁阻转矩。

下面以如图8-3(b)所示的四相8/6极开关磁阻电机为例,介绍开关磁阻电机的基本工作原理。

(1) 假设在开关磁阻电机的初始状态时,定子极与转子极未对正,如图8-10(a)所示。若此时,只对A相绕组施加电压,则A相绕组流过电流i_a。i_a将在电机内部建立以定子极A_1、A_2中心线为轴线的磁场,主磁通将沿"定子铁心-A_1-气隙-转子铁心-气隙-A_2-定子铁心"闭合,如图中虚线所示。因电机的定子极与转子极皆未对正,所以定子极A_1与转子极1之间、转子极4与定子极A_2之间气隙磁场的磁路扭曲。此时,磁路的磁阻大于定子极A_1与转子极1、转子极4与定子极A_2对正时的磁路磁阻,转子将受到气隙磁场切向磁拉力(magnetic force)的作用,转子受到磁阻转矩的作用按逆时针转动。

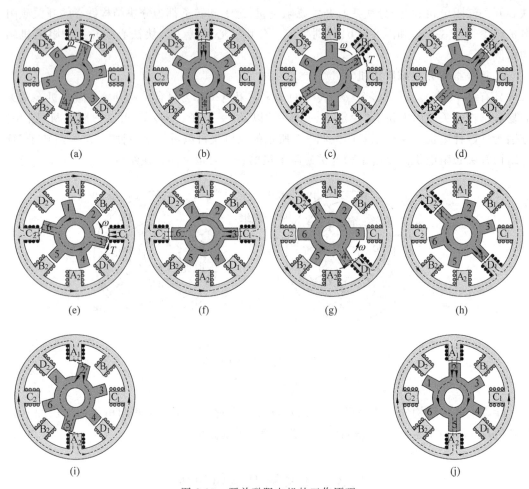

图 8-10 开关磁阻电机的工作原理

(2) 当转子旋转至图 8-10(b) 所示位置时, 定子极 A_1 与转子极 1、转子极 4 与定子极 A_2 对正, 这时磁路的磁阻最小, 转子到达稳定平衡位置, 切向磁拉力消失, 不再存在磁阻转矩。

(3) 如图 8-10(c) 所示, 若 A 相绕组不再施加电压, 而只对 B 相绕组施加电压, 则 B 相绕组流过电流 i_b。i_b 将在电机内部建立以定子极 B_1、B_2 中心线为轴线的磁场, 主磁通将沿"定子铁心-B_1-气隙-转子铁心-气隙-B_2-定子铁心"闭合。由于定子极 B_1 与转子极 2 之间、转子极 5 与 B_2 之间气隙磁场的磁路扭曲, 所以转子将受到气隙磁场切向磁拉力的作用, 转子受到磁阻转矩的作用继续按逆时针转动。

(4) 当转子旋转至图 8-10(d) 所示位置时, 定子极 B_1 与转子极 2、转子极 5 与定子极 B_2 对正, 这时磁路的磁阻最小, 转子到达稳定平衡位置, 切向磁拉力消失, 不再存在磁阻转矩。

(5) 如图 8-10(e) 所示, 若 B 相绕组不再施加电压, 而只对 C 相绕组施加电压, 则 C 相绕组流过电流 i_c。i_c 将在电机内部建立以定子极 C_1、C_2 中心线为轴线的磁场, 主磁通将沿"定子铁心-C_1-气隙-转子铁心-气隙-C_2-定子铁心"闭合。由于定子极 C_1 与转子极 3 之间、转子极 6 与定子极 C_2 之间气隙磁场磁路扭曲, 所以转子将受到气隙磁场切向磁拉力的作用, 转子受到磁阻转矩的作用继续按逆时针转动。

(6) 当转子旋转至图 8-10(f)所示位置时,定子极 C_1 与转子极 3、转子极 6 与定子极 C_2 对正,这时磁路的磁阻最小,转子到达稳定平衡位置,切向磁拉力消失,不再存在磁阻转矩。

(7) 如图 8-10(g)所示,若 C 相绕组不再施加电压,而只对 D 相绕组施加电压,则 D 相绕组流过电流 i_d。i_d 将在电机内部建立以定子极 D_1、D_2 中心线为轴线的磁场,主磁通将沿"定子铁心-D_1-气隙-转子铁心-气隙-D_2-定子铁心"闭合。由于定子极 D_1 与转子极 4 之间、转子极 1 与定子极 D_2 之间气隙磁场磁路扭曲,所以转子将受到气隙磁场切向磁拉力的作用,转子受到磁阻转矩的作用继续按逆时针转动。

(8) 当转子旋转至图 8-10(h)所示位置时,定子极 D_1 与转子极 4、转子极 1 与定子极 D_2 对正,这时磁路的磁阻最小,转子到达稳定平衡位置,切向磁拉力消失,不再存在磁阻转矩。

(9) 如图 8-10(i)所示。若此时,只对 A 相绕组施加电压,则 A 相绕组流过电流 i_a,i_a 将在电机内部建立以定子极 A_1、A_2 中心线为轴线的磁场,主磁通将沿"定子铁心-A_1-气隙-转子铁心-气隙-A_2-定子铁心"闭合。定子极 A_1 与转子极 2 之间、转子极 5 与定子极 A_2 之间气隙磁场磁路扭曲,转子将受到气隙磁场切向磁拉力的作用,转子受到磁阻转矩的作用按逆时针转动。

(10) 当转子旋转至图 8-10(j)所示位置时,定子极 A_1 与转子极 2、转子极 5 与定子极 A_2 对正,这时磁路的磁阻最小,转子到达稳定平衡位置,切向磁拉力消失,不再存在磁阻转矩。

对比图 8-10(b)和图 8-10(j),可以发现:经过 A-B-C-D-A 的通电顺序后,电机转子逆时针转动了一个转子极距 τ_r,τ_r 可以表示为

$$\tau_r = \frac{2\pi}{N_r} \tag{8-2}$$

式中,N_r 为转子极数。本例中 $N_r=6$,所以转子逆时针转动了 $\tau_r=\pi/3$ 空间角;同时,定子极产生的磁场的轴向则顺时针转动了 $4\times(\pi/4)=\pi$ 空间角。因此,若对开关磁阻电机任一相绕组施加电压的切换频率为 f_{ph},则电机的转速为

$$n = \frac{60 f_{ph}}{N_r} \tag{8-3}$$

若式(8-1)中,$q>1$,则式(8-3)变为

$$n = \frac{60 f_{ph}}{q N_r} \tag{8-4}$$

可见,连续不断地按 A-B-C-D-A 的顺序为定子绕组通电,电机将获得逆时针转矩,并按逆时针方向旋转。同理,连续不断地按 A-D-C-B-A 的顺序为定子绕组通电,电机将获得顺时针转矩,并按顺时针方向旋转。此外,还可以发现电机的旋转方向与绕组中电流的方向无关。

8.3.2 开关磁阻电机的转矩

为便于分析,对于开关磁阻电机做如下假设:

(1) 忽略机电能量转换过程中的功率损耗;

(2) 电机控制系统中的电力电子功率器件为理想器件,即不存在功率损耗且可瞬时完成通断转换;

(3) 电机转速恒定不变,即转子的转动角速度为常数;

(4) 忽略电机定子绕组相间互感,不计磁通的边缘效应。

1. 线性磁路情况下的电机转矩

开关磁阻电机工作过程中,任一定子极与转子极之间的相互位置会发生周期性变化。可以用转子位置角 θ 表示定子极和转子极之间的相互位置,如图 8-11 所示。转子位置角 θ 的零点,即 $\theta=0$ 时,定子极中心线与两个相邻转子极间凹槽中心线重合,即定子极和转子级完全不对正,如图 8-11(b)所示(即 θ_2 位置)。

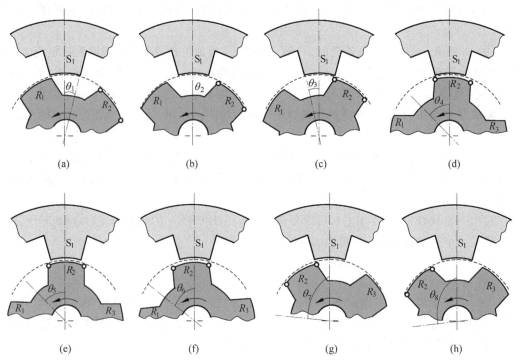

图 8-11 转子位置角 θ 与实际定子、转子相互位置的对应关系
(a) $\theta=\theta_1$; (b) $\theta=\theta_2$; (c) $\theta=\theta_3$; (d) $\theta=\theta_4$; (e) $\theta=\theta_5$; (f) $\theta=\theta_6$; (g) $\theta=\theta_7$; (h) $\theta=\theta_8$

基于图 8-11,可以得到如下关系式

$$\begin{cases} \theta_3-\theta_2=\dfrac{1}{2}(\tau_r-\beta_s-\beta_r) \\ \theta_6-\theta_3=\theta_7-\theta_4=\beta_r \\ \theta_4-\theta_3=\theta_7-\theta_6=\beta_s \\ \theta_8-\theta_2=\tau_r \end{cases} \tag{8-5}$$

式中,β_s 和 β_r 分别为定子和转子的极弧角;τ_r 为转子的极距。

在开关磁阻电机中,随着电机转子的转动,定子极和转子极的相对位置呈现周期性变化导致通电绕组产生的磁场磁路的磁阻随之发生周期性变化。定子绕组电感值与该绕组磁场磁路的磁阻值为反比例关系。随着转子位置角 θ 连续变化,定子绕组的电感在

最大电感值 $L_{\max}$ 和最小电感值 $L_{\min}$ 之间周期性变化。电感变化一个周期,转子转过一个极距 τ_r。

若不计磁路饱和的影响,即绕组电感与绕组电流无关,那么定子绕组的电感变化情况可以用图 8-12 表示。

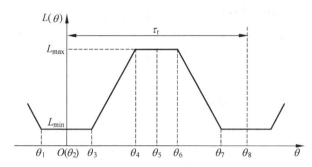

图 8-12 定子绕组电感随转子位置的变化规律

基于图 8-12 表示的定子绕组电感变化曲线,定子绕组电感 $L(\theta)$ 可以表示为

$$L(\theta) = \begin{cases} L_{\min} & (\theta_1 \leqslant \theta < \theta_3) \\ L_{\min} + K(\theta - \theta_3) & (\theta_3 \leqslant \theta < \theta_4) \\ L_{\max} & (\theta_4 \leqslant \theta < \theta_6) \\ L_{\max} - K(\theta - \theta_6) & (\theta_6 \leqslant \theta < \theta_7) \end{cases} \tag{8-6}$$

式中,K 表示为

$$K = \frac{L_{\max} - L_{\min}}{\theta_4 - \theta_3} = \frac{1}{\beta_s}(L_{\max} - L_{\min}) \tag{8-7}$$

对于已经制造出来的开关磁阻电机,$L_{\max}$ 和 $L_{\min}$ 可以通过电机参数进行估算或经过试验测得[15]。

开关磁阻电机的定子绕组磁链-电流(ψ-i)坐标平面的轨迹可以反映电机的机电能量转换过程。图 8-13 所示为开关磁阻电机在任意一相定子绕组通电过程中的磁链-电流轨迹,该轨迹位于转子位置角 θ 分别为 θ_2 和 θ_5 的两条磁化曲线之间。

当 $\theta = \theta_2$ 时,定子极和转子级处于完全不对正位置,如图 8-11(b)所示;当 $\theta = \theta_5$ 时,定子极与某个转子极中心线重合,即定子极和转子极处于完全对正位置,如图 8-11(e)所示。对开关磁阻电机进行设计时,加大 $\theta = \theta_2$、$\theta = \theta_5$ 两条极化曲线之间的间距,有利于提高电机的最大转矩。

由于假设磁路为线性,根据本书第 2 章相关内容,对于图 8-13 所示的磁链-电流轨迹,可以得到开关磁阻电机在一相定子绕组通电过程中的磁共能 W'_f 和磁能 W_f 为

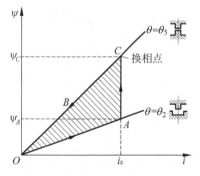

图 8-13 基于线性磁路的定子绕组磁链-电流轨迹

$$\begin{cases} W_f = W'_f \\ W'_f = \dfrac{1}{2} i_s (\psi_C - \psi_A) = \dfrac{1}{2}(L_{\max} - L_{\min}) i_s^2 \end{cases} \quad (8\text{-}8)$$

式中，i_s 为定子绕组电流；$L_{\max}$ 为定子绕组的最大电感值；$L_{\min}$ 为定子绕组的最小电感值。$L_{\max}$ 和 $L_{\min}$ 分别表示转子旋转过程中因磁阻变化而导致定子绕组电感出现的最大值和最小值，可以按下式计算

$$\begin{cases} L_{\max} = \psi_C / i_s \\ L_{\min} = \psi_A / i_s \end{cases} \quad (8\text{-}9)$$

基于机电能量转换原理，在电机任一相绕组通电过程中，可以得到在 $\psi\text{-}i$ 轨迹上任一运行点的转矩为

$$T_e = \dfrac{\partial W'_f}{\partial \theta}\bigg|_{i=\text{const}} = \dfrac{1}{2} i_s^2 \dfrac{\mathrm{d}L(\theta)}{\mathrm{d}\theta} \quad (8\text{-}10)$$

将式(8-6)代入式(8-10)，可以得到线性磁路情况下，开关磁阻电机的转矩表达式为

$$T_e = \begin{cases} 0 & (\theta_1 \leqslant \theta < \theta_3) \\ \dfrac{1}{2} K i_s^2 & (\theta_3 \leqslant \theta < \theta_4) \\ 0 & (\theta_4 \leqslant \theta < \theta_6) \\ -\dfrac{1}{2} K i_s^2 & (\theta_6 \leqslant \theta < \theta_7) \end{cases} \quad (8\text{-}11)$$

式中，K 如式(8-7)所示。

2. 非线性磁路情况下的电机转矩

开关磁阻电机在实际工作过程中，定子绕组磁场的磁路经常会出现一定程度的饱和，即磁路是非线性的。图 8-14 为某开关磁阻电机在一相定子绕组通电过程中的实际电流波形以及对应的磁链-电流轨迹[16]。图 8-14(b)中，磁链-电流轨迹位于 $\theta=\theta_2$ 和 $\theta=\theta_5$ 两条磁化曲线之间，θ 为转子位置角。

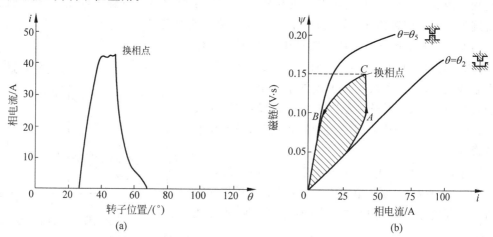

图 8-14　实际的定子绕组相电流波形与磁链-电流轨迹[16]

(a) 定子绕组相电流波形；(b) 磁链-电流轨迹

基于图 8-14，开关磁阻电机在任意一相定子绕组通电过程中，磁共能 W'_f 表示为

$$W'_f = \int_0^i \psi(\theta, i) \mathrm{d}i \tag{8-12}$$

磁能 W_f 表示为

$$W_f = \int_0^\psi i(\theta, \psi) \mathrm{d}\psi \tag{8-13}$$

W'_f 和 W_f 呈非线性变化。图 8-14(b) 中，在定子绕组出现电流后，磁链 ψ 随着电流 i 沿曲线 OAC 上升，到达换相点 C 后，磁链 ψ 随着电流 i 沿曲线 CBO 下降。若曲线 OAC 表示为

$$\begin{cases} \psi_1 = \psi_1(\theta, i) & （以 \theta 和 i 为自变量） \\ i_1 = i_1(\theta, \psi) & （以 \theta 和 \psi 为自变量） \end{cases} \tag{8-14}$$

曲线 CBO 表示为

$$\begin{cases} \psi_2 = \psi_2(\theta, i) & （以 \theta 和 i 为自变量） \\ i_2 = i_2(\theta, \psi) & （以 \theta 和 \psi 为自变量） \end{cases} \tag{8-15}$$

定子绕组在整个工作周期内磁共能的变化量为

$$\Delta W'_f = \oint_{\overparen{OACBO}} \psi(\theta, i) \mathrm{d}i = \int (\psi_2 - \psi_1) \mathrm{d}i \tag{8-16}$$

磁能的变化量为

$$\Delta W_f = \oint_{\overparen{OACBO}} i(\theta, \psi) \mathrm{d}\psi = \int (i_2 - i_1) \mathrm{d}\psi \tag{8-17}$$

显然，式(8-16)和式(8-17)都表示图 8-14(b)中的阴影部分面积，若考虑积分方向，存在

$$\Delta W'_f = -\Delta W_f \tag{8-18}$$

基于机电能量转换原理，在电机一相绕组通电过程中，可以得到在 ψ-i 轨迹上任一运行点的转矩为

$$T_e = \frac{\partial W'_f}{\partial \theta}\bigg|_{i=\text{const}} = -\frac{\partial W_f}{\partial \theta}\bigg|_{\psi=\text{const}} \tag{8-19}$$

与线性磁路情况相比，显然依据式(8-19)难以对电机的转矩进行求解。

3. 准线性磁路情况下的电机转矩

通常情况下，开关磁阻电机工作过程中，磁路经常处于饱和状态，非线性磁路更接近实际工作过程，因此采用式(8-10)或式(8-11)对转矩进行计算时，会导致一定的计算误差。为此，可以将非线性磁化曲线分段线性化，来近似模拟因磁路饱和以及边缘效应导致的非线性情况，这时的磁路为准线性磁路。分段线性化处理后，每段磁化曲线均可容易求解。

实际的开关磁阻电机磁化曲线如图 8-15(a)所示，可以采用两段线性直线来对该非线性磁化曲线进行近似等效，如图 8-15(b)所示。图 8-15(b)中，第一段($i \leq i_C$)为磁化曲线的非饱和段，其斜率为电感 $L(\theta, i)$ 的不饱和值；第二段($i > i_C$)为磁化曲线的饱和段，可以近似认为所有第二段直线相互平行，斜率为 $L_{\min}$。图 8-15(b)中电流 i_C 为饱和临界电流，一般根据 $\theta = \theta_5$ 时(即定子极和转子极完全对正位置，如图 8-11(e)所示)的磁化曲线，取它开始

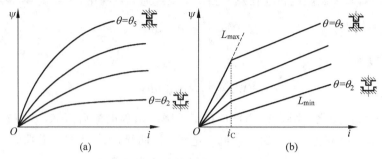

图 8-15 实际磁化曲线与分段线性等效

(a) 实际磁化曲线；(b) 分段线性等效

转折处的电流为饱和临界电流 i_C 的值[17]。

基于图 8-15(b)，可以得到定子绕组电感 $L(\theta,i)$ 的分段表达式为

$$L(\theta,i)=\begin{cases} L_{\min} & (\theta_1 \leqslant \theta < \theta_3) \\ \left.\begin{array}{ll} L_{\min}+K(\theta-\theta_3) & (0 \leqslant i < i_C) \\ L_{\min}+K(\theta-\theta_3)\dfrac{i_C}{i} & (i_C \leqslant i) \end{array}\right\} & (\theta_3 \leqslant \theta < \theta_4) \\ \left.\begin{array}{ll} L_{\max} & (0 \leqslant i < i_C) \\ L_{\min}+\dfrac{i_C(L_{\max}-L_{\min})}{i} & (i_C \leqslant i) \end{array}\right\} & (\theta_4 \leqslant \theta < \theta_6) \\ \left.\begin{array}{ll} L_{\max}-K(\theta-\theta_6) & (0 \leqslant i < i_C) \\ L_{\min}+\dfrac{L_{\max}-L_{\min}-K(\theta-\theta_6)}{i}i_C & (i_C \leqslant i) \end{array}\right\} & (\theta_6 \leqslant \theta < \theta_7) \end{cases}$$

(8-20)

因此，可以得到定子绕组磁链的表达式为

$$\psi(\theta,i)=L(\theta,i)i$$

$$=\begin{cases} L_{\min}i & (\theta_1 \leqslant \theta < \theta_3) \\ \left.\begin{array}{ll} [L_{\min}+K(\theta-\theta_3)]i & (0 \leqslant i < i_C) \\ \left[L_{\min}+K(\theta-\theta_3)\dfrac{i_C}{i}\right]i & (i_C \leqslant i) \end{array}\right\} & (\theta_3 \leqslant \theta < \theta_4) \\ \left.\begin{array}{ll} L_{\max}i & (0 \leqslant i < i_C) \\ \left[L_{\min}+\dfrac{i_C(L_{\max}-L_{\min})}{i}\right]i & (i_C \leqslant i) \end{array}\right\} & (\theta_4 \leqslant \theta < \theta_6) \\ \left.\begin{array}{ll} [L_{\max}-K(\theta-\theta_6)]i & (0 \leqslant i < i_C) \\ \left[L_{\min}+\dfrac{L_{\max}-L_{\min}-K(\theta-\theta_6)}{i}i_C\right]i & (i_C \leqslant i) \end{array}\right\} & (\theta_6 \leqslant \theta < \theta_7) \end{cases}$$

(8-21)

所以，磁共能的分段表达式为

$$W'_f(\theta,i) = \begin{cases} \dfrac{1}{2}L_{\min}i^2 & (\theta_1 \leqslant \theta < \theta_3) \\[2pt] \left.\begin{array}{ll} \dfrac{1}{2}[L_{\min}+K(\theta-\theta_3)]i^2 & (0 \leqslant i < i_C) \\[2pt] \dfrac{1}{2}L_{\min}i^2 + K(\theta-\theta_3)i_C i - \dfrac{1}{2}K(\theta-\theta_3)i_C^2 & (i_C \leqslant i) \end{array}\right\} & (\theta_3 \leqslant \theta < \theta_4) \\[2pt] \left.\begin{array}{ll} \dfrac{1}{2}L_{\max}i^2 & (0 \leqslant i < i_C) \\[2pt] \dfrac{1}{2}L_{\min}i^2 + (L_{\max}-L_{\min})i_C i - \dfrac{1}{2}(L_{\max}-L_{\min})i_C^2 & (i_C \leqslant i) \end{array}\right\} & (\theta_4 \leqslant \theta < \theta_6) \\[2pt] \left.\begin{array}{ll} \dfrac{1}{2}[L_{\max}-K(\theta-\theta_6)]i^2 & (0 \leqslant i < i_C) \\[2pt] \dfrac{1}{2}L_{\min}i^2 + [L_{\max}-L_{\min}-K(\theta-\theta_6)]i_C i \\[2pt] \quad - \dfrac{1}{2}[L_{\max}-L_{\min}-K(\theta-\theta_6)]i_C^2 & (i_C \leqslant i) \end{array}\right\} & (\theta_6 \leqslant \theta < \theta_7) \end{cases}$$

(8-22)

准线性磁路情况下，在电机一相绕组通电过程中，由式(8-22)可以得到在 $\psi\text{-}i$ 轨迹上任一运行点的转矩为

$$T_e = \dfrac{\partial W'_f(\theta,i)}{\partial \theta}\bigg|_{i=\text{const}} = \begin{cases} 0 & (\theta_1 \leqslant \theta < \theta_3) \\[2pt] \left.\begin{array}{ll} \dfrac{1}{2}Ki^2 & (0 \leqslant i < i_C) \\[2pt] Ki_C i - \dfrac{1}{2}Ki_C^2 & (i_C \leqslant i) \end{array}\right\} & (\theta_3 \leqslant \theta < \theta_4) \\[2pt] \left.\begin{array}{ll} 0 & (0 \leqslant i < i_C) \\[2pt] 0 & (i_C \leqslant i) \end{array}\right\} & (\theta_4 \leqslant \theta < \theta_6) \\[2pt] \left.\begin{array}{ll} -\dfrac{1}{2}Ki^2 & (0 \leqslant i < i_C) \\[2pt] -Ki_C i + \dfrac{1}{2}Ki_C^2 & (i_C \leqslant i) \end{array}\right\} & (\theta_6 \leqslant \theta < \theta_7) \end{cases}$$

(8-23)

由式(8-23)可见，在电感值上升区($\theta_3 \sim \theta_4$)或电感值下降区($\theta_6 \sim \theta_7$)：当开关磁阻电机定子绕组电流比较小($i < i_C$)时，磁路不饱和，电机转矩与定子绕组电流 i 的平方呈正比；当开关磁阻电机定子绕组电流比较大($i_C \leqslant i$)时，磁路饱和，电机转矩与定子绕组电流 i 呈正比。

8.4 开关磁阻电机数学模型

1. 电压方程

对于如图8-16所示的 m 相开关磁阻电机，若不计电机铁损以及相绕组之间的互感，可

以得到第 k 相绕组的电压回路方程为

$$u_k = R_k i_k + e_k \tag{8-24}$$

式中，u_k 为第 k 相绕组端电压，其中，$k=a,b,\cdots$；i_k 为第 k 相绕组电流；R_k 为第 k 相绕组等效电阻；e_k 为第 k 相绕组感应电动势，可以表示为

$$e_k = \frac{\mathrm{d}\psi_k}{\mathrm{d}t} \tag{8-25}$$

式中，ψ_k 为第 k 相绕组磁链，在不计磁路饱和即磁路为线性时，可以表示为

$$\psi_k = L_k(\theta) i_k \tag{8-26}$$

式中，$L_k(\theta)$ 为第 k 相绕组电感，为转子位置角 θ 的函数，转子位置角 θ 的参考零角度，即 $\theta=0°$ 的转子位置，如图 8-11(b)所示。将式(8-25)、式(8-26)代入式(8-24)，可得

$$u_k = R_k i_k + L_k(\theta)\frac{\mathrm{d}i_k}{\mathrm{d}t} + i_k \frac{\mathrm{d}L_k(\theta)}{\mathrm{d}t} \tag{8-27}$$

若

$$\begin{cases} e_{ki} = L_k(\theta)\dfrac{\mathrm{d}i_k}{\mathrm{d}t} \\ e_{km} = i_k \dfrac{\mathrm{d}L_k(\theta)}{\mathrm{d}t} \end{cases} \tag{8-28}$$

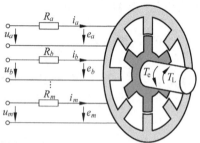

图 8-16 开关磁阻电机形成的机电能量转换系统

式中，e_{ki} 为因绕组电流变化而产生的感生电动势 (induced electromotive force)；e_{km} 为因转子位置改变引起绕组电感变化而产生的动生电动势 (motional electromotive force)。因此，存在

$$u_k = R_k i_k + e_{ki} + e_{km} \tag{8-29}$$

因电机的旋转角速度 ω_m 与转子位置角 θ 之间的关系可以表示为

$$\omega_m = \frac{\mathrm{d}\theta}{\mathrm{d}t} \tag{8-30}$$

所以，式(8-27)可以改写为

$$u_k = R_k i_k + L_k(\theta)\frac{\mathrm{d}i_k}{\mathrm{d}t} + i_k \omega_m \frac{\mathrm{d}L_k(\theta)}{\mathrm{d}\theta} \tag{8-31}$$

2. 机械运动方程

与其他类型电机驱动系统相同，开关磁阻电机驱动系统的机械运动方程为

$$T_e = J\frac{\mathrm{d}^2\theta}{\mathrm{d}t^2} + B\frac{\mathrm{d}\theta}{\mathrm{d}t} + T_L \tag{8-32}$$

式中，T_e 为电机第 k 相绕组通电情况下的输出转矩；J 为电机的转矩惯量；B 为黏滞摩擦系数；T_L 为负载转矩。

3. 转矩方程

由图 8-16 可知，第 k 相绕组通电下电机输入的电能为

$$p_{ek} = e_k i_k = L_k(\theta) i_k \frac{\mathrm{d}i_k}{\mathrm{d}t} + i_k^2 \frac{\mathrm{d}L_k(\theta)}{\mathrm{d}t} \tag{8-33}$$

若开关磁阻电机的气隙磁场为无损磁场，假设不计磁场饱和，该磁场的磁能可以表示为

$$W_f = \frac{1}{2} L_k(\theta) i_k^2 \tag{8-34}$$

因此，第 k 相绕组通电期间，导致磁场能量变化的磁场吸收功率为

$$p_f = \frac{dW_f}{dt} = L_k(\theta) i_k \frac{di_k}{dt} + \frac{1}{2} i_k^2 \frac{dL_k(\theta)}{dt} \tag{8-35}$$

基于功率守恒原则，有

$$p_{ek} = p_f + p_m \tag{8-36}$$

式中，p_m 为电机输出的机械功率。根据式(8-33)、式(8-35)和式(8-36)，有

$$p_m = \frac{1}{2} i_k^2 \frac{dL_k(\theta)}{dt} \tag{8-37}$$

所以，电机的输出的机械转矩为

$$T_{ek} = \frac{p_m}{\omega_m} = \frac{1}{2} i_k^2 \frac{dL_k(\theta)}{dt} \cdot \frac{dt}{d\theta} = \frac{1}{2} i_k^2 \frac{dL_k(\theta)}{d\theta} \tag{8-38}$$

可见，式(8-38)和式(8-10)具有相同的形式。对于 m 相开关磁阻电机，电机输出的机械转矩为

$$T_e = \sum_{k=1}^{m} T_{ek} \tag{8-39}$$

若电机在整个运行过程中，只有 k 相绕组处于通电状态，则

$$T_e = \frac{1}{2} i_k^2 \frac{dL_k(\theta)}{d\theta} \tag{8-40}$$

式(8-31)、式(8-32)和式(8-40)构成了开关磁阻电机的数学模型。

8.5 开关磁阻电机控制

当将开关磁阻电机用于驱动车辆时，开关磁阻电机的控制问题即为开关磁阻电机转矩的控制问题。开关磁阻电机转矩的控制问题可以分为两个方面：一是电机的一相绕组从开始励磁到完全去磁过程的转矩控制问题；二是在相邻绕组通电切换时的转矩控制问题。对于前者，可以看作在一个绕组通电时间内实际转矩高精度跟踪目标转矩的问题；而对于后者，则是在相邻相切换时如何保证转矩平滑或抑制转矩纹波的问题。

根据式(8-40)所示的转矩公式以及开关磁阻电机工作原理，可知：

(1) 电机的转矩与 i_k^2，即绕组电流的平方成正比，所以转矩的方向与电流方向无关。同时，开关磁阻电机的转矩特性与串励直流电机类似，具有较大的起动转矩。

(2) 当绕组电感值随转子位置变化减小，即 $dL(\theta)/d\theta < 0$ 时，电机的转矩为负值。此时，电机工作在发电状态，为车辆提供制动转矩。

(3) 电机控制采用不同的绕组通电顺序即可改变电机的旋转方向，因此电机可以在转矩-转速平面的四象限工作。

(4) 若不计各相绕组之间的互感，各相绕组工作具有独立性，电机具有较高的可靠性。

由此可知，开关磁阻电机转矩控制的实质是如何在正确的时间对正确的绕组施加正确的电流。所谓正确的时间是指在电机转子处于适当的位置，或者说当转子位置角 θ 为正确

数值,此时对绕组通电可以得到方向正确的转矩;所谓正确的绕组是指根据电机转向的要求对电机欲通电绕组进行准确的判定;所谓正确的电流是指根据转矩的目标参考值对绕组电流进行精确地控制。当采用电力电子电路对开关磁阻电机转矩进行控制时,转矩控制问题就变成:如何在正确的转子位置角对正确开关器件的通断进行控制。因此,可以得到如图 8-17 所示的开关磁阻电机控制系统结构。图 8-17 中,T_e^* 为目标转矩;I_s^* 为电机定子绕组参考电流,i_s 为电机定子绕组实际电流;ω_m 为电机转速;u_{dc} 为车载电源(如动力蓄电池)U_s 的电压。

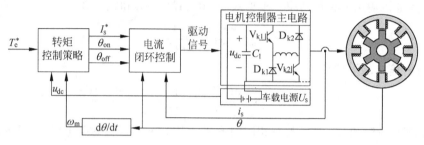

图 8-17 开关磁阻电机控制系统结构

以下的分析不计磁路饱和,即假设磁路为线性。

8.5.1 开关磁阻电机的绕组磁链与电流

1. 开关磁阻电机的绕组磁链

由式(8-24)和式(8-25),有

$$u_k = R_k i_k + \frac{d\psi_k}{dt} \tag{8-41}$$

若忽略定子绕组等效电阻 R_k,则式(8-41)变为

$$u_k = \frac{d\psi_k}{dt} \tag{8-42}$$

第 k 相绕组的磁链 ψ_k 可以表示为

$$\psi_k = \int u_k dt \tag{8-43}$$

若外电路提供的电源电压为 u_{dc} 时,式(8-43)变为

$$\psi_k = \int \frac{u_{dc}}{\omega_m} d\theta \tag{8-44}$$

式中,ω_m 为电机的机械旋转角速度。

定义 θ_{on} 和 θ_{off} 分别为第 k 相绕组的开通角(turn-on angle)和关断角(turn-off angle),即在 $\theta = \theta_{on}$ 时,电机控制器主电路第 k 相绕组的开关器件导通;在 $\theta = \theta_{off}$ 时,电机控制器主电路第 k 相绕组的开关器件关断。若采用如图 8-17 所示的电机控制器主电路,则当 $\theta = \theta_{on}$ 时,器件 V_{k1} 和 V_{k2} 导通,电源 U_s 提供的电压 u_{dc} 施加在第 k 相绕组上;则当 $\theta = \theta_{off}$ 时,器件 V_{k1} 和 V_{k2} 关断,器件 D_{k1} 和 D_{k2} 导通,第 k 相绕组所处电路转为续流状态,施加在第 k 相绕组上的电压为 $-u_{dc}$。

当 $\theta = \theta_{on}$ 时,假设 $\psi_k = 0$,在 V_{k1} 和 V_{k2} 导通期间,第 k 相绕组磁链 ψ_k 为

$$\psi_k = \frac{u_{dc}}{\omega_m}(\theta - \theta_{on}) \tag{8-45}$$

当 $\theta = \theta_{off}$ 时 V_{k1} 和 V_{k2} 关断，此时 ψ_k 达到最大值 $\psi_{k\max}$，$\psi_{k\max}$ 可表示为

$$\psi_{k\max} = \frac{u_{dc}}{\omega_m}(\theta_{off} - \theta_{on}) = \frac{u_{dc}}{\omega_m}\theta_c \tag{8-46}$$

式中，θ_c 称为第 k 相绕组的导通角（dwell angle）且可以表示为

$$\theta_c = \theta_{off} - \theta_{on} \tag{8-47}$$

V_{k1} 和 V_{k2} 关断后，ψ_k 为

$$\psi_k = \frac{u_{dc}}{\omega_m}(2\theta_{off} - \theta_{on} - \theta) \tag{8-48}$$

因此，若满足

$$\theta = 2\theta_{off} - \theta_{on} \tag{8-49}$$

则 ψ_k 衰减为 0，即 $\psi_k = 0$。此后 ψ_k 一直保持为 0，直到下一周期第 k 相绕组开始通电为止。

显然，$\psi_k > 0$ 期间转子位置角的变化量为

$$\theta_d = 2\theta_{off} - \theta_{on} - \theta_{on} = 2\theta_c \tag{8-50}$$

由式(8-45)和式(8-48)，可以得到如图 8-18 所示的 ψ_k 随 θ 的变化曲线。

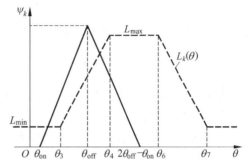

图 8-18 定子绕组磁链 ψ_k 随转子位置角 θ 的变化曲线

2. 开关磁阻电机的绕组电流

基于图 8-12 所示的定子绕组电感随转子位置的变化规律，开通角 θ_{on} 和关断角 θ_{off} 应满足

$$\begin{cases} \theta_1 < \theta_{on} \leqslant \theta_3 \\ \theta_3 < \theta_{off} \leqslant \theta_4 \end{cases} \tag{8-51}$$

在 $\theta_1 \sim \theta_3$ 区域，绕组电感为 $L_{\min}$，绕组电流可以迅速建立起来，而当 $\theta > \theta_3$ 时，随着电感的增加以及动生电动势的出现，绕组电流增加较慢；另外，绕组电流在 $\theta > \theta_{off}$ 时衰减到零需要一定的时间，所以通常要求

$$\begin{cases} \theta_1 < \theta_{on} < \theta_3 \\ \theta_3 < \theta_{off} < \theta_4 \end{cases} \tag{8-52}$$

此时，绕组电流波形如图 8-19 所示。

(1) $\theta_1 < \theta < \theta_3$。

在此区域，绕组电感 $L_k(\theta)$ 为 $L_{\min}$，容易得到绕组电流为

$$i_k(\theta) = \begin{cases} 0 & (\theta_1 < \theta < \theta_{on}) \\ \dfrac{u_{dc}(\theta - \theta_{on})}{L_{\min}\omega_m} & (\theta_{on} \leqslant \theta < \theta_3) \end{cases} \tag{8-53}$$

当 $\theta = \theta_3$ 时，绕组电流为

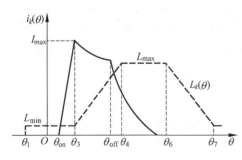

图 8-19 定子绕组电流 $i_k(\theta)$ 随转子位置角 θ 的变化曲线

$$i_k(\theta_3) = \frac{u_{dc}(\theta_3 - \theta_{on})}{L_{min}\omega_m} \tag{8-54}$$

式(8-54)表明，减小 θ_{on} 可以获得较大的 $i_k(\theta_3)$，从而可以在进入电感上升段($\theta_3 < \theta < \theta_4$)后获得较大的转矩。

(2) $\theta_3 \leqslant \theta < \theta_{off}$。

在此区域，由式(8-6)、式(8-42)有

$$\frac{u_{dc}}{\omega_m} = [L_{min} + K(\theta - \theta_3)]\frac{di_k(\theta)}{dt} + Ki_k(\theta) \tag{8-55}$$

式中，K 可以根据式(8-7)求得。因此，可得到绕组电流为

$$i_k(\theta) = \frac{u_{dc}(\theta - \theta_{on})}{\omega_m[L_{min} + K(\theta - \theta_3)]} \tag{8-56}$$

基于式(8-56)，可以得到不同开通角 θ_{on} 对应的绕组电流波形，如图 8-20 所示。

(3) $\theta_{off} \leqslant \theta < \theta_4$。

在此区域，器件 V_{k1} 和 V_{k2} 关断，施加在第 k 相绕组上的电压为 $-u_{dc}$，由式(8-6)、式(8-42)有

$$i_k(\theta) = \frac{u_{dc}(2\theta_{off} - \theta_{on} - \theta)}{\omega_m[L_{min} + K(\theta - \theta_3)]} \tag{8-57}$$

若希望 $\theta < \theta_4$ 时，即转子位置角到达 θ_4 之前，绕组电流 $i_k(\theta)$ 能衰减至零，则需要满足

$$\theta_{off} < \frac{1}{2}(\theta_{on} + \theta_4) \tag{8-58}$$

图 8-21 为相同开通角 θ_{on}、不同关断角 θ_{off}($\theta_{off1} < \theta_{off2} < \theta_{off3}$)下的定子绕组电流 $i_k(\theta)$ 的曲线[17]。若关断角 θ_{off} 过大，$i_k(\theta)$ 有可能在 $\theta > \theta_6$ 时才能衰减到零，此时绕组电感 $L_k(\theta)$ 已开始下降，会产生制动转矩。

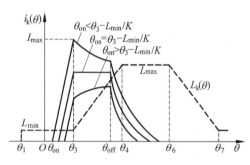

图 8-20 不同开通角 θ_{on}、相同关断角 θ_{off} 下的定子绕组电流 $i_k(\theta)$ 曲线

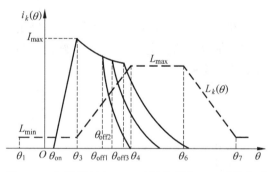

图 8-21 相同开通角 θ_{on}、不同关断角 θ_{off} 下的定子绕组电流 $i_k(\theta)$ 曲线

(4) $\theta_4 \leqslant \theta < \theta_6$。

在此区域，器件 V_{k1} 和 V_{k2} 关断，施加在第 k 相绕组上的电压为 $-u_{dc}$，由式(8-6)、式(8-42)有

$$i_k(\theta) = \frac{u_{dc}(2\theta_{off} - \theta_{on} - \theta)}{\omega_m L_{max}} \tag{8-59}$$

式(8-59)表明,绕组电流 $i_k(\theta)$ 在最大电感恒定区域 ($\theta_4 \leq \theta < \theta_6$) 线性下降。此时,电感变化率为零,无感生电动势,$i_k(\theta)$ 不产生转矩。

(5) $\theta_6 \leq \theta < \theta_7$。

此区域为绕组电感下降区域,此时器件 V_{k1} 和 V_{k2} 关断,施加在第 k 相绕组上的电压为 $-u_{dc}$。若 $\theta_6 < 2\theta_{off} - \theta_{on} < \theta_7$,则由式(8-6)、式(8-42)有

$$i_k(\theta) = \begin{cases} \dfrac{u_{dc}(2\theta_{off} - \theta_{on} - \theta)}{\omega_m [L_{max} - K(\theta - \theta_6)]} & (\theta_6 < \theta < 2\theta_{off} - \theta_{on}) \\ 0 & (2\theta_{off} - \theta_{on} \leq \theta < \theta_7) \end{cases} \quad (8\text{-}60)$$

式(8-60)表明,绕组电流 $i_k(\theta)$ 在此区域继续衰减,直至衰减为零。在 $i_k(\theta) > 0$ 时,将会产生制动转矩。在开通角 θ_{on} 不变的情况下,减小关断角 θ_{off} 可以缩小产生制动转矩的区域,但过小的 θ_{off} 会导致其他区域电机驱动转矩的下降。在此区域,由于绕组电流 $i_k(\theta)$ 通常已经很小,因此产生的制动转矩也很小,对电机平均转矩的影响有限。所以,适当地运行在此区域,有利于提高电机的转矩密度和功率密度。通常要求关断角 θ_{off} 应小于 θ_6。

由式(8-53)、式(8-56)、式(8-57)、式(8-59)、式(8-60)和式(8-7)可知,电机绕组电流 $i_k(\theta)$ 与开通角 θ_{on}、关断角 θ_{off}、电机的绕组最大电感值 L_{max}、最小电感值 L_{min} 以及定子极弧 β_s 等参数相关。对于结构已经确定的开关磁阻电机,绕组电流 $i_k(\theta)$ 与开通角 θ_{on}、关断角 θ_{off} 密切相关。

根据电机的转矩公式(8-40)可知,绕组电流 $i_k(\theta)$ 的幅值和波形对电机的转矩产生直接的影响。可以通过调节开通角 θ_{on}、关断角 θ_{off} 以及绕组电流 $i_k(\theta)$ 的幅值对开关磁阻电机的转矩进行控制。

8.5.2 开关磁阻电机控制器的主电路拓扑结构

根据前面的分析可知,开关磁阻电机的转矩与绕组中的电流方向无关,但与绕组电流的幅值密切相关。理想的开关磁阻电机在任意时间,只需一相定子绕组流有电流。此外,各相绕组之间互感为零。按照电动车辆的普遍要求,开关磁阻电机应可以在转矩-转速平面中四个象限运行。基于上述情况,开关磁阻电机控制器的主电路应满足:

(1) 在任何转速下,可以将车载电源(如动力蓄电池)的电压施加到定子绕组上;

(2) 可以通过电力电子器件实现对每相定子绕组电流的独立控制以及对定子绕组电流幅值的有效和快速控制;

(3) 可以将定子绕组中储存的磁场能量释放或反馈回车载电源;

(4) 可以使电机在转矩-转速平面中四个象限运行;

(5) 尽可能使用较少的电力电子器件,降低电机控制器成本。

基于以上要求,有许多拓扑结构的主电路可以用于开关磁阻电机的控制。在各类电动汽车驱动电机的控制器中,开关磁阻电机的控制器的主电路拓扑结构最为多样化。不同拓扑结构的电机控制器呈现出不同的技术特点,对控制器主电路拓扑结构的研究是开关磁阻电机控制领域的研究热点之一。

1. 非对称桥式主电路

非对称桥式主电路(asymmetric bridge main circuit),又称为双开关型主电路[3,18]、不对称半桥主电路[15,17,19]等,是出现时间较早、应用最为广泛的主电路,是开关磁阻电机控制

器的经典主电路[14,20]。用于三相开关磁阻电机的非对称桥式主电路如图 8-22 所示。

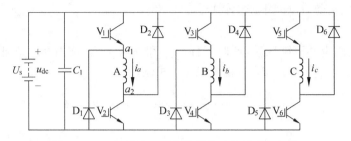

图 8-22 三相开关磁阻电机的非对称桥式主电路

在图 8-22 中,由两个全控型电力电子器件(图中为 IGBT)和两个功率二极管构成每相定子绕组的控制电路。该主电路有四种工作模式,以 A 相定子绕组工作过程为例:

(1) 模式一

如图 8-23(a)所示,V_1 和 V_2 导通。此时,D_1 和 D_2 截止,直流电源(如动力蓄电池)U_s 的电压 u_{dc} 施加在 A 相定子绕组两侧,即 $u_a = u_{dc}$,电流 i_a 迅速增加,A 相定子绕组励磁。

(2) 模式二

如图 8-23(b)所示,V_1 和 V_2 截止。此时,A 相定子绕组电流 i_a 通过 D_1 和 D_2 续流,直流电源(如动力蓄电池)U_s 反向与 A 相定子绕组相连,A 相定子绕组两端电压为 $-u_{dc}$,即 $u_a = -u_{dc}$,电流 i_a 迅速减小,A 相定子绕组退磁。

(3) 模式三

如图 8-23(c)所示,V_1 导通,V_2 截止。此时,A 相定子绕组电流 i_a 经 V_1 和 D_2 续流。若不考虑器件的导通压降,则 A 相定子绕组两段电压为 0,即 $u_a = 0$,A 相绕组电流 i_a 逐渐减小。

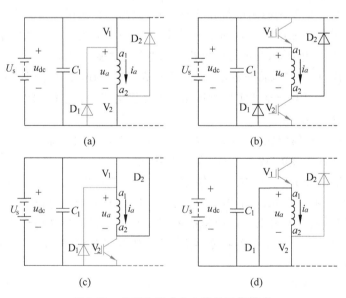

图 8-23 非对称桥式主电路的工作模式
(a) 模式一;(b) 模式二;(c) 模式三;(d) 模式四

(4) 模式四

如图 8-23(d)所示，V_2 导通，V_1 截止。此时，A 相定子绕组电流 i_a 经 V_2 和 D_1 续流。若不考虑器件的导通压降，则 A 相定子绕组两段电压为 0，即 $u_a=0$，A 相绕组电流 i_a 逐渐减小。

采用模式一和模式二的组合对绕组电流 i_a 进行控制时，由于模式二的 i_a 衰减较快，因此可以对 i_a 实现快速调节。在 i_a 衰减过程中，绕组中储存的部分磁场能量可以反馈回电源 U_s，部分磁场能量转换为机械能。这种工作组合方式中，由于 V_1（或 V_2）频繁通断，因而器件开关损耗较大。

采用模式一和模式三(或模式四)的组合对绕组电流 i_a 进行控制时，由于模式三(或模式四)的 i_a 衰减相对模式二较慢，因此有可能在进入负转矩区时 i_a 未衰减到 0，这时会产生负转矩，从而降低电机的平均转矩。在 i_a 衰减过程中，绕组中储存的磁场能量不反馈回电源 U_s，若不考虑电路中器件损耗、绕组和铁心损耗，则绕组中储存的磁场能量可全部转换为机械能，从而可以提高电机控制器的容量利用率并减小电源侧电压的波动。这种工作组合方式中，由于 V_1 和 V_2、D_1 和 D_2 不是始终同步通断，因而器件开关损耗较小。

非对称桥式主电路具有如下优势：

(1) 每相定子绕组可以独立控制；
(2) 可以将电源电压 u_{dc} 全部施加到定子绕组上，具有较高的直流电压利用率；
(3) 定子绕组上可以得到 u_{dc}、$-u_{dc}$ 和 0 三个不同电压，对绕组电流控制具有较好的灵活性。

非对称桥式主电路的不足是所用电力电子器件数量较多，电机控制器成本高。

2. m 开关型主电路

对于 m 相开关磁阻电机，m 开关型主电路采用了 m 个全控型电力电子器件。与非对称桥式主电路采用 $2m$ 个全控型电力电子器件相比，简化了电路结构，降低了电机控制器成本。

图 8-24 所示电路为一种典型的 m 开关型主电路，该电路又称为双绕组(bifilar windings)变换器主电路[21]。该电路中，每相有两个相互耦合的绕组，匝数比一般为 1∶1。以 A 相为例，当 V_1 导通时，绕组 A 流过电流 i_a，根据图中所示的绕组 A 及其耦合在一起的绕组 A′ 的同名端关系，功率二极管 D_1 因反向偏值而截止；当 V_1 关断时，功率二极管 D_1 导通，绕组 A′ 流过电流 $i_{a'}$，将绕组 A 存储的磁场能量反馈到电源侧。

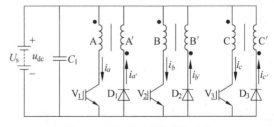

图 8-24 双绕组变换器主电路

双绕组变换器主电路每相只需要一个全控型电力电子器件，但电机每相有两个绕组，绕组利用率偏低。同时，电力电子器件要承受较高的电压应力。

图 8-25 所示为另外一种 m 开关型主电路，称为电容裂相(split)型变换器主电路。该电路中，裂相电容 C_1 和 C_2 的容量通常相等，则两个电容上的电压为 $u_{dc}/2$。以 A 相和 B 相为例，当 V_1 导通时，功率二极管 D_1 截止，产生电流 i_a；当 V_1 关断时，D_1 导通，定子绕组 A

的磁场能量转移到电容 C_2；当 V_2 导通时，D_2 截止，产生电流 i_b；当 V_2 关断时，D_2 导通，定子绕组 B 的磁场能量转移到电容 C_1。

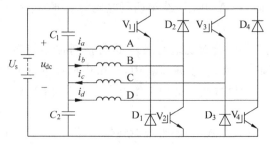

图 8-25　电容裂相型变换器主电路

电容裂相型变换器主电路要求裂相电容 C_1 和 C_2 具有较大的容量，以保持两个电容上的电压近似相等，该电路适用于偶数相开关磁阻电机。

3. ($m+1$) 开关型主电路

对于 m 相开关磁阻电机，($m+1$) 开关型主电路采用了 $m+1$ 个全控型电力电子器件。($m+1$) 开关型主电路有许多种，比较常见的为如图 8-26 所示电路[22]，该电路又被称为 Miller 功率变换器电路[20]。

在如图 8-26 所示电路中，V_0 和 D_0 是共用电力电子器件，可以和某相定子绕组所连接的电力电子器件相配合以实现对该相绕组电流的控制。该电路不足之处在于：若电机在高转速下运行，当对某相（如 A 相）电流开始进行调节时，V_0 工作在导通状态，而此时前一相（如 C 相）电流可能处于退磁（在 $-u_{dc}$ 作用下，i_c 下降）状态且退磁还未完成（i_c 未下降到零）；由于 V_0 的开通，前一相（如 C 相）将转入自然续流状态，绕组电流（i_c）下降速度变缓，从而可能进入负转矩区而导致电机平均转矩下降。简而言之，在电机高速运行时，因动生电动势的影响，两相绕组电流可能会出现重叠，即两相绕组电流同时不为 0，在控制过程中，两相绕组电流将相互产生影响，因此该电路无法实现对每相绕组的独立控制。

图 8-27 所示电路[23]为另外一种 ($m+1$) 开关型主电路，这种电路的不足之处与 Miller 功率变换器电路相同；当两相绕组电流同时不为 0 时，无法实现对每相绕组的独立控制。

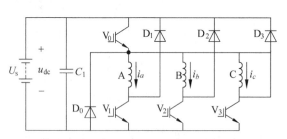

图 8-26　三相 Miller 功率变换器电路

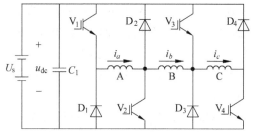

图 8-27　一种三相 ($m+1$) 开关型主电路[23]

4. 2($m+1$) 开关型主电路

针对图 8-27 所示电路的不足，可以得到如图 8-28 所示的用于四相开关磁阻电机控制的主电路[9]。从图中可以看到，该电路中 A 相和 C 相共享一组电力电子器件 V_2 和 D_2，B

相和 D 相共享一组电力电子器件 V_5 和 D_5。因此,每两个定子绕组使用了三个全控型电力电子器件,所以这种电路被称为 $2(m+1)$ 开关型主电路。由于 A 相和 C 相,B 相和 D 相不为相邻相,所以即使出现相邻相电流同时不为 0 的现象,该电路也可以实现对每相绕组电流的独立控制。与非对称桥式主电路相比,这种电路减少了电力电子器件的数量,但功能上基本不受影响。

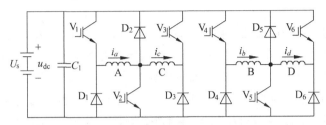

图 8-28 四相开关磁阻电机的 $2(m+1)$ 开关型主电路

图 8-28 所示电路的不足是具有类似拓扑结构的电路只适用于相数 $m \geqslant 4$ 且 m 为偶数的开关磁阻电机。

5. 电容储能型主电路

电容储能型主电路利用储能电容来吸收定子绕组中存储的磁场能量,以调节定子绕组的退磁过程,具体电路结构如图 8-29 所示,该电路又称为 C-Dump 功率变换器电路[24,25]。

图 8-29 所示电路的工作原理为:以 A 相定子绕组为例,当 A 相定子绕组所在支路的全控型电力电子器件 V_1 关断时,绕组中的磁场能量将通过续流二极管 D_1 向储能电容 C_0 释放。此时,施加到 A 相定子绕组两侧电压为 $u_a = u_{dc} - u_{C0}$。图中,元器件 V_0、D_0、C_0、C_1 和 L 构成了 Buck 电路,通过改变 V_0 的驱动信号占空比可以将 C_0 存储的能量回馈到电源 U_s,同时对 C_0 两端的电压 u_{C0} 进行调节,这样就可以达到改善 A 相定子绕组电流 i_a 波形的目的。

当用于 m 相开关磁阻电机控制时,C-Dump 功率变换器电路包含了 $(m+1)$ 个全控型电力电子器件,因此也可以将它看作为一种 $(m+1)$ 开关型主电路。C-Dump 功率变换器电路的缺点是由于包含 Buck 电路而导致电机控制器体积、重量较大以及成本偏高。

R-Dump 功率变换器电路可以看作是 C-Dump 功率变换器电路的简化,具体电路如图 8-30 所示[26]。R-Dump 功率变换器电路中,定子绕组存储的磁场能量部分消耗在电阻 R 上,因而这种主电路的效率偏低。此外,电路中电阻 R 的取值对定子绕组退磁过程会产生重要影响[27]。

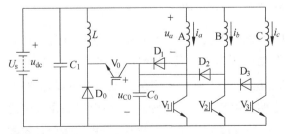

图 8-29 三相 C-Dump 功率变换器电路

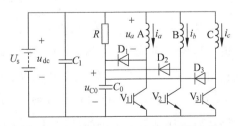

图 8-30 三相 R-Dump 功率变换器电路

8.5.3 开关磁阻电机控制器的控制方式与机械特性

1. 电流斩波控制

电流斩波控制(current chopping control, CCC)是指在电机定子绕组的开通角 θ_{on} 和关断角 θ_{off} 保持不变时,通过对定子绕组电流进行斩波,使它跟踪参考电流,进而实现对电机转矩的控制。

电流斩波控制也称为电流滞环跟踪 PWM(current hysteresis band PWM, CHBPWM)控制,具有控制硬件结构简单、响应速度快、参数鲁棒性好等优点,在电力电子电路电流控制中得到广泛应用[28]。可以结合图 8-31 说明其基本原理。当转子位置角 θ 满足 $\theta_{on} \leqslant \theta \leqslant \theta_{off}$ 时,定子绕组参考电流 $i_a^* = I_P$。对于如图 8-31(a)所示的非对称桥式主电路,当电力电子器件 V_1 和 V_2 开通时,器件 D_1 和 D_2 截止,定子绕组两端电压为 u_{dc},绕组电流 i_a 增大;当电力电子器件 V_1 和 V_2 关断时,器件 D_1 和 D_2 导通,定子绕组两端电压为 $-u_{dc}$,绕组电流 i_a 减小;可以将定子绕组的参考电流 i_a^* 和实际电流 i_a 的差值作为 V_1 和 V_2 通断的依据。

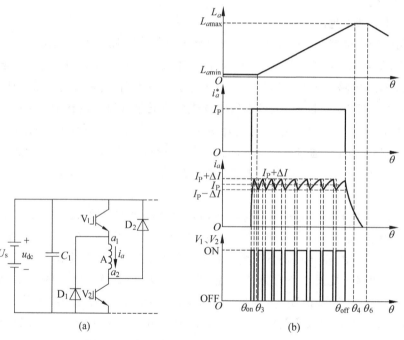

图 8-31 主电路与电流斩波控制原理示意图
(a) 主电路;(b) 电流斩波控制原理示意图

从图 8-31(b)可以看出,当 $i_a^* - i_a > \Delta I$ 时,意味着实际的绕组电流 i_a 低于允许误差带的下边界,此时使 V_1 和 V_2 开通,定子绕组两端电压为 u_{dc},使 i_a 增加而回到误差带之内;反之,若 $i_a^* - i_a < -\Delta I$ 时,即意味着实际的绕组电流 i_a 高于允许误差带的上边界,此时使 V_1 和 V_2 关断,器件 D_1 和 D_2 导通,定子绕组两端电压为 $-u_{dc}$,使 i_a 减小而回到误差带之内。通过环宽为 $2\Delta I$ 的滞环控制,i_a 就在 $i_a^* + \Delta I$ 和 $i_a^* - \Delta I$ 的范围内,呈现锯齿状地跟踪参考电流 i_a^*。这样,也就得到了 V_1 和 V_2 的 PWM 控制信号。显然,以上控制方法采用了

非对称桥式主电路的"模式一"和"模式二"的组合对绕组电流 i_a 进行控制。

当绕组的实际电流 i_a 高于允许误差带的上边界,也可以采用非对称桥式主电路的"模式三"(或"模式四"),即 V_1 和 V_2 之中,只有一个器件关断,而另外一个器件保持导通,此时定子绕组两端电压为 0,i_a 衰减较慢,但有利于降低驱动电机系统能量转换的损耗。

显然,环宽对器件 V_1 和 V_2 的开关频率影响很大,若环宽较小,则开关频率较高,跟踪精度较高;若环宽较大,则开关频率较低,跟踪精度较差。此外,绕组电感 L_a 较大时,i_a 变化率较小,跟踪变化程度变慢,电力电子器件的开关频率较低;若 L_a 较小时,i_a 变化率较大,跟踪变化程度变快,电力电子器件的开关频率较高。

根据式(8-28)和式(8-31)可知,A 相绕组动生电动势 e_{am} 可以表示为

$$e_{am} = i_a \omega_m \frac{dL_a(\theta)}{d\theta} \tag{8-61}$$

在电机转速较低时,e_{am} 幅值较小,e_{am} 对电流变化的影响较小;在制动工况下,动生电动势 e_{am} 与直流侧电源 U_s 施加到绕组的电压方向相同,电流会有较快的响应。因此,电流斩波控制比较适合低速和制动工况。电流斩波控制的缺点是电力电子器件开关频率不固定,使得绕组电流的谐波成分比较丰富。此外,任何器件的开关频率都有上限,在电流跟踪过程中,跟踪效果还会受到器件最大允许开关频率的限制。如果环宽设计较小,会使器件的开关频率过高,增大器件的开关损耗。

图 8-32 所示为电机 A 相绕组一次通电过程中各物理量的波形。如图 8-32 所示,当转子位置角 $\theta = \theta_{on}(\theta_{on} < \theta_3)$ 时,V_1 和 V_2 开通,在电源电压 u_{dc} 作用下,绕组电流 i_a 迅速上升。此后,在 V_1 和 V_2 不断关断、开通下,i_a 跟踪电流参考值 i_a^* 变化;当 $\theta < \theta_3$ 时,绕组电感 $L_a = L_{amin}$,绕组磁链 ψ_a 随 i_a 短时间增大后近似维持不变;当 $\theta = \theta_3$ 时,电机转矩 T_e 迅速升高后,开始跟踪目标转矩 T_e^* 变化。同时,随着 L_a 的增大,ψ_a 随之增大;当 $\theta = \theta_{off}(\theta_{off} < \theta_4)$ 时,V_1 和 V_2 完全关断,电流斩波控制结束,由于 i_a 的存在,这时绕组具有动生电动势 e_m,在 e_m 以及 $-u_{dc}$ 作用下,i_a 下降。同时,电机转矩 T_e 以及绕组磁链 ψ_a 都随之下降。为保证不产生负转矩,i_a 应在 $\theta = \theta_6$ 之前降为 0。

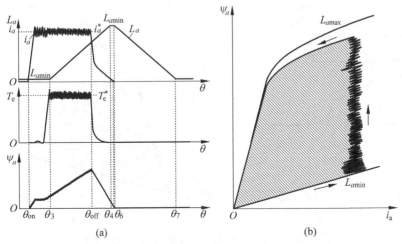

图 8-32 电流斩波控制下的电流、转矩和磁链波形
(a) 电流、转矩和磁链随转子位置变化曲线;(b) 磁链随电流变化曲线

采用电流斩波控制时,一次绕组的通电过程中,绕组磁链 ψ_a 从 0 开始增加,在 $\theta=\theta_{off}$ 处达到最大,然后又回到 0,磁链-电流轨迹如图 8-32(b)所示,ψ_a 在图中沿逆时针方向变化。磁链-电流轨迹所包含的面积(图中阴影部分)即反映此次转矩控制过程前后磁共能的变化。显然,磁共能的大小与 θ_{on}、θ_{off} 和 i_a 密切相关。虽然可以通过加大 θ_{off} 来增加磁共能,使 ψ_a 的下降轨迹尽量靠近 $L_a=L_{amax}$ 的磁化曲线,但这样可能会使绕组电流 i_a 在进入负转矩区前不能衰减为 0,从而使电机平均转矩下降。

2. 角度位置控制

在电机转速较高时,动生电动势 e_{am} 对定子绕组电流的影响不容忽视。根据式(8-61)可知,在电机转速足够高时,e_{am} 幅值较大,在绕组上施加电压 u_{dc} 后,绕组电流的幅值可能不能满足电机实际转矩跟踪目标转矩的需求,此时不再需要对电流斩波,绕组电流波形为单脉冲,图 8-31(a)中器件 V_1 和 V_2 在转子位置角 θ 满足 $\theta_{on} \leqslant \theta \leqslant \theta_{off}$ 时始终开通。此时可以通过改变 θ_{on} 和 θ_{off} 对电流的有效值(或平均值)进行调节,进而达到对电机转矩的控制。这种控制方式称为角度位置控制(angle position control,APC)。可见,角度位置控制是指在定子绕组通电周期内,电机定子绕组施加的电压 u_{dc} 不变,通过改变开通角 θ_{on} 和关断角 θ_{off} 来对绕组电流进行调节,从而实现对电机转矩的控制。

图 8-33 所示为角度位置控制时的电机 A 相绕组一次通电过程中各物理量的波形。从图中可看出,当转子位置角 $\theta=\theta_{on}$($\theta_{on}<\theta_3$)时,V_1 和 V_2 开通,在电源电压 u_{dc} 作用下,由于绕组电感 $L_a=L_{amin}$,绕组电流 i_a 迅速增加,根据式(8-45),绕组磁链 ψ_a 随 θ 的增大而线性增加;当 $\theta=\theta_3$ 时,电机转矩 T_e 迅速升高。此时,基于式(8-61)可知,在电机转速较高时,如电机转速超过基速时,动生电动势可能大于电源电压 u_{dc},因此 i_a 会随之下降,即出现 $di_a/dt<0$,电机转速越高,绕组电流 i_a 下降得越快。当 $\theta=\theta_{off}$($\theta_{off}<\theta_4$)时,V_1 和 V_2 关断,由于 i_a 的存在,这时绕组在动生电动势 e_m 以及 $-u_{dc}$ 作用下,绕组电流 i_a 快速下降。即使进入负转矩区域,绕组电流 i_a 可能仍未下降为 0,但由于此时 i_a 已经很小,所以由此产生的负转矩非常小。由式(8-48)可知,当 $\theta=2\theta_{off}-\theta_{on}$ 时,i_a 和 ψ_a 下降为零。

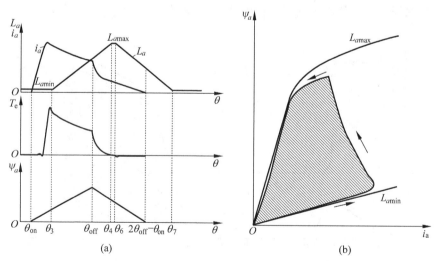

图 8-33 角度位置控制下的电流、转矩和磁链波形
(a)电流、转矩和磁链随转子位置变化曲线;(b)磁链随电流变化曲线

通过调节开通角 θ_{on} 和关断角 θ_{off} 可以实现对定子绕组电流的调节,从而实现对一个绕组通电周期的平均转矩进行控制。对 θ_{on} 和 θ_{off} 进行调节时,可以仅调节 θ_{on},也可以仅调节 θ_{off} 或者对二者同时调节。较小的 θ_{on} 有利于提高绕组电流的峰值,较大的 θ_{off} 有利于使绕组电流的波形宽度得到扩展。图 8-34 所示为角度位置控制时,不同 θ_{on} 下,开关磁阻电机转矩随 θ_{off} 变化的曲线。从图中可以看出,θ_{off} 不宜过大,否则会在负转矩区因较大的绕组电流而产生较大的负转矩,降低电机的平均转矩。θ_{off} 一般可以选取在 θ_4 附近[29]。对于理想的开关磁阻电机主电路,调节 θ_{on} 和 θ_{off} 时,绕组的导通角 θ_c 应满足[30]

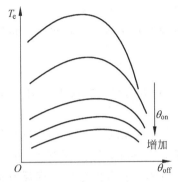

图 8-34 不同 θ_{on} 下的开关磁阻电机转矩随 θ_{off} 变化曲线

$$\theta_c \leqslant \frac{\tau_r}{2} \tag{8-62}$$

式中,τ_r 为电机的转子极距,τ_r 可以按式(8-2)计算。

角度位置控制方式比较适合于电机在高转速下运行时的转矩控制。当电机在低转速下运行时,由于定子绕组的动生电动势较小,控制器全控型电力电子器件长时间导通会导致绕组电流过高,可能会超过绕组电流的最大允许值而出现过流现象,因此低转速情况下采用电流斩波控制更容易实现对绕组电流以及转速的控制。

3. 开关磁阻电机的机械特性

1) 电动状态下的开关磁阻电机的机械特性

在电动状态下,典型的开关磁阻电机机械特性,即转矩-转速特性如图 8-35 所示。电动状态下的开关磁阻电机的机械特性可以分三个区域:恒转矩区、恒功率区和自然特性区。

(1) 恒转矩区

当电机转速 ω_m 低于基速(base speed) ω_b,即 $\omega_m \leqslant \omega_b$ 时,电机运行在恒转矩区。基速 ω_b 是电机可以获得最大转矩的最高转速。

电机在恒转矩区运行时,因电机转速较低,电机的动生电动势较小。在对定子绕组施加额定工作电压时,定子绕组电流可能会超过绕组最大允许电流,因此,在恒转矩区可以采用电流斩波控制,实现对绕组电流的控制,从而对电机转矩进行控制。

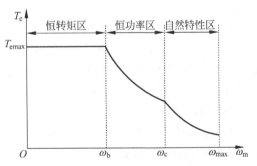

图 8-35 电动状态下的开关磁阻电机的机械特性

在恒转矩区对电机转矩进行控制时,可以采用前面介绍的开通角 θ_{on} 和关断角 θ_{off} 保持固定不变,单独对绕组电流进行斩波的方式;也可以采用对绕组电流斩波与调节开通角 θ_{on} 和关断角 θ_{off} 相结合的方式。与前者相比,后者更为灵活,但控制变量的增加会使控制算法复杂化,后者通常用于抑制电机工作噪声或转矩纹波、改善绕组电流波形、提高电机工作效率等。

若在一个绕组通电周期内,参考电流保持不变,那么在恒转矩区进行电流斩波时,绕组的实际电流曲线可以近似为水平直线,因此可以把电机的基速 ω_b 看作可以将绕组电流曲线控制为水平直线的电机最高转速[31]。

(2) 恒功率区

当开关磁阻电机转速 $\omega_m > \omega_b$ 时,若绕组外加额定直流电压为 u_{dc_rated},对于电机绕组产生的动生电动势 e_m,可能存在

$$e_m > -u_{dc\_rated} \tag{8-63}$$

式中,e_m 可以根据式(8-61)得到。此时,已经无法通过电流斩波对绕组电流进行调节,电机转矩-转速特性进入恒功率区。

在恒功率区,可以采用角度位置控制方式实现对电机转矩的控制。在转速较高时,绕组的动生电动势 e_m 具有较大的幅值。通过增加绕组的导通角 θ_c 可以提高绕组磁链的峰值,并使电机最大转矩随电机转速的增加而呈反比例下降,从而使电机最大输出功率保持恒定不变。但绕组的导通角 θ_c 不能无限制增加,需满足式(8-62)的约束条件。当 $\theta_c = \tau_r/2$ 时,已经无法通过调节导通角 θ_c 使电机的最大输出功率保持不变,电机转矩-转速特性的恒功率区结束,此时对应的电机转速 ω_c 称为开关磁阻电机的临界转速(critical speed)。

(3) 自然特性区

当电机转速 ω_m 高于临界转速 ω_c,即 $\omega_m > \omega_c$ 时,可控条件已达到极限,对于一个绕组通电周期,电机的输出平均转矩与转速的平方成反比[29],即

$$T_e \propto \frac{1}{\omega_m^2} \tag{8-64}$$

因此,当 $\omega_m > \omega_c$ 时,可以认为电机的输出功率 P_e 随转速 ω_m 的增大呈反比例下降,即 $P_e \omega_m$ 保持不变,这个区域称为开关磁阻电机的功率下降区(falling power region)。由于这种特性与串励直流电机相同,所以又称为串励特性区或自然特性区(natural characteristics region)。

2) 发电状态下的开关磁阻电机的机械特性

在发电状态下,典型的开关磁阻电机的机械特性,即转矩-转速特性如图 8-36 所示。与电动状态类似,发电状态下的开关磁阻电机的机械特性也可以分三个区域:恒转矩区、恒功率区和自然特性区。

(1) 恒转矩区

当电机转速 ω_m 低于基速 ω_b,即 $\omega_m \leqslant \omega_b$ 时,电机运行在恒转矩区。

在发电状态下,在恒转矩区可以采用电流斩波控制,通过对绕组电流的调节,实现对电机转矩的控制。与电动状态不同,由于在 $\theta = \theta_{on}$ 时,即定子绕组两端施加 u_{dc} 时,绕组电感处于较大数值,电流上升较慢,所以需要将开通角 θ_{on} 提前,甚至可将 θ_{on} 提

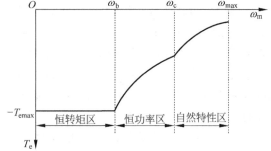

图 8-36 发电状态下的开关磁阻电机的机械特性

前到绕组电感上升阶段,即处于正转矩区,这种情况下,电机会输出正转矩。但由于此时绕组电流较小,所以正转矩较小,对绕组通电期间的平均转矩影响较小。当转子位置角进入负转矩区时,电机开始输出负转矩,为车辆提供制动力,制动能量回馈到车载电源。

在 $\theta = \theta_{off}$ 时,绕组电流进入续流阶段,若此时转子位置已经离开负转矩区,则电机不再输出负转矩,电感中存储的能量将回馈到车载电源或在绕组所处续流回路中耗散。

以 A 相绕组为例,图 8-37(a)所示为发电状态下的电流斩波控制的电流、转矩和磁链随转子位置变化的波形;图 8-37(b)为磁链-电流轨迹,将其与图 8-32(b)比较可以发现,发电状态与电动状态的磁链-电流轨迹的方向相反。

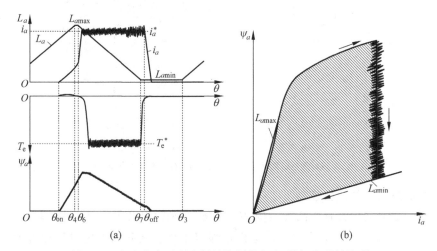

图 8-37 发电状态下电流斩波控制的电流、转矩和磁链波形
(a)电流、转矩和磁链随转子位置变化曲线;(b)磁链随电流变化曲线

(2) 恒功率区

当开关磁阻电机转速 $\omega_c \geqslant \omega_m > \omega_b$ 时,电机将进入恒功率区运行。

在恒功率区,可以采用角度位置控制方式实现对电机转矩的控制。在转速较高时,绕组的动生电动势 e_m 具有较大的幅值。通过增加绕组的导通角 θ_c 可以提高绕组磁链的峰值,并使电机最大转矩随电机转速的增加而反比例下降,从而使电机最大输入机械功率保持恒定不变。

以 A 相绕组为例,图 8-38(a)所示为发电状态下的电流斩波控制的电流、转矩和磁链随转子位置变化的波形。由式(8-61)可知,发电状态下,因转子旋转而产生的动生电动势 e_m 有利于使绕组电流保持在一定的数值,这和电动状态是不同的,从图 8-38(a)与图 8-32(a)的比较可以看出来这一点。图 8-38(b)为磁链-电流轨迹,将其与图 8-32(b)比较可以发现,发电状态与电动状态的磁链-电流轨迹的方向相反。

(3) 自然特性区

当电机转速 ω_m 高于临界转速 ω_c,即 $\omega_m > \omega_c$ 时,可控条件已达到极限,电机进入自然特性区运行。

需要注意的是,在开关磁阻电机转速较高时,无论是工作在恒转矩区还是工作在自然特性区,发电状态与电动状态下的绕组电流波形都会有较大的区别。产生这一点的根本原因在于,发电状态下的动生电动势在负转矩区有利于电流增加。所以,即使在关断角之后($\theta > \theta_{off}$),绕组电流仍旧可能因 e_m 存在而继续增大[32]。发电状态下,开通角和关断角对绕组电流的波形以及绕组电流的峰值都会产生非常大的影响,这一点在制定整车能量制动回馈控制策略以及电机控制算法时要给予考虑。

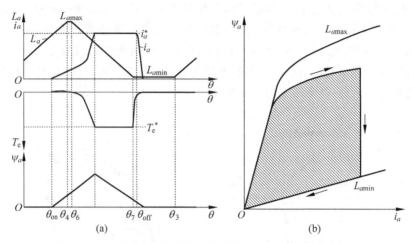

图 8-38 发电状态下角度位置控制的电流、转矩和磁链波形
(a) 电流、转矩和磁链随转子位置变化曲线；(b) 磁链随电流变化曲线

4. 开关磁阻电机的换相控制

由于开关磁阻电机具有双凸极结构，定子绕组在励磁以及去磁过程中，电机的开关磁阻转矩会呈现明显的非线性特征；同时，电机相邻定子绕组之间的通电过程很难做到"平滑"切换，因此，开关磁阻电机的转矩会出现明显的脉动。当驱动车辆时，较大的转矩脉动以及由此产生的机械振动和噪声会影响整车的舒适性。

转矩脉动 R_T 可以定义为[33]

$$R_T = \frac{T_{max} - T_{min}}{T_{avg}} \times 100\% \tag{8-65}$$

式中，T_{max}、T_{min} 和 T_{avg} 分别为一定目标转矩下的电机输出转矩最大值、最小值和平均值。

可以通过优化开关磁阻电机设计以及控制策略两个方面对转矩脉动进行抑制。在控制策略方面，需要对任意转子位置角 θ 下电机产生的瞬时转矩进行控制，这与前面讨论的电机每相定子绕组通电期间产生的平均转矩控制是不同的。面向转矩纹波抑制的瞬时转矩控制策略有两种，分别为直接瞬时转矩控制(direct instantaneous torque control，DITC)[34] 和基于转矩分配函数(torque sharing function，TSF)[35] 的瞬时转矩控制策略。

1) 直接瞬时转矩控制

直接瞬时转矩控制的控制变量是电机的瞬时转矩，即电机各相工作的合成瞬时转矩。采用直接瞬时转矩控制时，首先要根据定子绕组的电流、磁链、转子位置等物理量对电机的瞬时转矩进行估算；然后，将估算的转矩与瞬时目标转矩进行比较，产生适当的控制逻辑，以此控制电机控制器主电路中电力电子器件的通断，完成相邻绕组的换相过程。直接瞬时转矩控制通常采用转矩滞环跟踪 PWM(torque hysteresis band PWM，THBPWM)实现估算转矩 T_e 对目标转矩 T_e^* 的跟随。

如图 8-39[36] 所示，时间 t_1 时转子处于 A 相关断角 θ_{off}。当 $t < t_1$ 时，A 相绕组通电，这时转矩误差带为 $\pm \Delta T_2$，当 $T_e^* - T_e > \Delta T_2$ 时，意味着估算转矩 T_e 低于允许误差带 $\pm \Delta T_2$ 的下边界，此时通过对图 8-31(a) 所示的非对称桥式主电路电力电子器件的控制，可以对定子绕组两端电压施加正电压 u_{dc}，使 T_e 增加而回到误差带之内；若 $T_e^* - T_e <$

$-\Delta T_2$ 时,意味着估算转矩 T_e 高于允许误差带 $\pm\Delta T_2$ 的上边界,此时通过主电路电力电子器件的控制使定子绕组两端电压为 0,从而使 T_e 减小而回到误差带之内。通过环宽为 $2\Delta T_2$ 的滞环控制,T_e 就在 $T_e^*+\Delta T_2$ 和 $T_e^*-\Delta T_2$ 的范围内跟踪目标转矩 T_e^*。

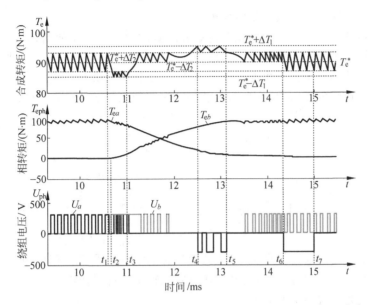

图 8-39　直接瞬时转矩控制下的合成转矩、相转矩和绕组电压波形[36]

在 $t_1 \leqslant t < t_3$ 期间,A 相绕组电流产生的瞬时转矩下降,B 相绕组电流产生的瞬时转矩上升,此时转矩误差带为 $\pm\Delta T_1$,当 $T_e^*-T_e > \Delta T_1$ 时,意味着 A 相绕组的瞬时转矩下降过快或 B 相绕组的瞬时转矩上升过慢。此时 B 相绕组的外加电压为 u_{dc},已经无法对 B 相绕组的瞬时转矩进行调节。因此,可以通过对主电路电力电子器件通断的控制,对 A 相绕组施加电压 u_{dc},以此来延缓 A 相绕组瞬时转矩的下降速度,使合成转矩 T_e 回到误差带 $\pm\Delta T_1$ 内,当 $T_e^*-T_e > -\Delta T_2$ 时,再使 A 相绕组的外加电压为 0。由此,可以较好地控制瞬时合成转矩的脉动。

当 $t \geqslant t_4$ 时,若 A 相绕组电流下降过慢而导致合成转矩过高时,可以通过对主电路电力电子器件通断的控制,对 A 相绕组施加电压 $-u_{dc}$,以此来加快 A 相绕组瞬时转矩的下降速度。

通过以上转矩滞环跟踪控制,在换相期间,估算转矩 T_e 就在 $T_e^*+\Delta T_1$ 和 $T_e^*-\Delta T_1$ 的范围内跟踪目标转矩 T_e^*,从而抑制因换相引起的转矩脉动。

2) 基于转矩分配函数的瞬时转矩控制策略

基于转矩分配函数的瞬时转矩控制策略主要用于开关磁阻电机换相过程中的电机瞬时转矩脉动的抑制。转矩分配函数用来表示开关磁阻电机每相绕组的期望瞬时转矩与转子位置角之间的关系,利用转矩分配函数可以分配各相绕组对应不同转子位置时的期望瞬时转矩,进而可实现瞬时合成转矩跟踪目标转矩 T_e^*。

对于 m 相开关磁阻电机,若第 k 相的瞬时转矩为 T_{ek} 且转矩分配函数为 $f_k(\theta)$,则有[15]

$$\begin{cases} T_k(\theta) = T_e^* f_k(\theta) \\ \sum_{k=1}^{m} f_k(\theta) = 1 \end{cases} \tag{8-66}$$

转矩分配函数有线性型和非线性型两大类。

线性型转矩分配函数又称为直线型转矩分配函数[37],在换相期间,第 k 相的瞬时转矩随转子位置线性变化如图 8-40(a)所示,图中 θ_{ov} 为重叠角(overlap angle),即相邻两相绕组电流不为零时重叠的转子位置角度;θ_{k_on} 和 θ_{k+1_on} 分别为第 k 相和第 $k+1$ 相定子绕组的开通角。在一个转子位置角周期内,第 k 相的转矩分配函数 $f_k(\theta)$ 可以写为

$$f_k(\theta) = \begin{cases} 0 & (0 \leqslant \theta < \theta_{k\_on}) \\ \dfrac{\theta - \theta_{k\_on}}{\theta_{ov}} & (\theta_{k\_on} \leqslant \theta < \theta_{k\_on} + \theta_{ov}) \\ 1 & (\theta_{k\_on} + \theta_{ov} \leqslant \theta < \theta_{k+1\_on}) \\ 1 - \dfrac{\theta - \theta_{k+1\_on}}{\theta_{ov}} & (\theta_{k+1\_on} \leqslant \theta < \theta_{k+1\_on} + \theta_{ov}) \\ 0 & (\theta_{k+1\_on} + \theta_{ov} \leqslant \theta) \end{cases} \tag{8-67}$$

线性型转矩分配函数比较直观,易于从软件算法上加以实现。但由于开关磁阻电机的非线性特征以及磁路饱和等因素,会导致电机实际转矩与目标转矩之间存在差异。因此,线性型转矩分配函数具有一定的局限性。

非线性型转矩分配函数包括余弦型、指数型以及立方型等多种类型。其中,余弦型转矩分配函数如图 8-40(b)[38]所示。在一个转子位置角周期内,第 k 相的转矩分配函数 $f_k(\theta)$ 可以写为

$$f_k(\theta) = \begin{cases} 0 & (0 \leqslant \theta < \theta_{k\_on}) \\ \dfrac{1 - \cos\left(\pi \dfrac{\theta - \theta_{k\_on}}{\theta_{ov}}\right)}{2} & (\theta_{k\_on} \leqslant \theta < \theta_{k\_on} + \theta_{ov}) \\ 1 & (\theta_{k\_on} + \theta_{ov} \leqslant \theta < \theta_{k+1\_on}) \\ \dfrac{1 + \cos\left(\pi \dfrac{\theta - \theta_{k+1\_on}}{\theta_{ov}}\right)}{2} & (\theta_{k+1\_on} \leqslant \theta < \theta_{k+1\_on} + \theta_{ov}) \\ 0 & (\theta_{k+1\_on} + \theta_{ov} \leqslant \theta) \end{cases} \tag{8-68}$$

指数型转矩分配函数如图 8-40(c)[35]所示。在一个转子位置角周期内,第 k 相的转矩分配函数 $f_k(\theta)$ 可以写为

$$f_k(\theta) = \begin{cases} 0 & (0 \leqslant \theta < \theta_{k\_on}) \\ 1 - e^{-\dfrac{(\theta - \theta_{k\_on})^2}{\theta_{ov}^2}} & (\theta_{k\_on} \leqslant \theta < \theta_{k\_on} + \theta_{ov}) \\ 1 & (\theta_{k\_on} + \theta_{ov} \leqslant \theta < \theta_{k+1\_on}) \\ e^{-\dfrac{(\theta - \theta_{k+1\_on})^2}{\theta_{ov}^2}} & (\theta_{k+1\_on} \leqslant \theta < \theta_{k+1\_on} + \theta_{ov}) \\ 0 & (\theta_{k+1\_on} + \theta_{ov} \leqslant \theta) \end{cases} \tag{8-69}$$

第 8 章 开关磁阻电机原理与控制

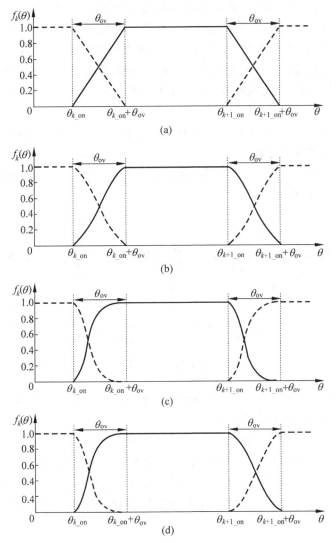

图 8-40 典型的转矩分配函数曲线

(a) 线性型；(b) 余弦型；(c) 指数型；(d) 立方型

立方型转矩分配函数如图 8-40(d)所示。在一个转子位置角周期内，第 k 相的转矩分配函数 $f_k(\theta)$ 可以写为[39]

$$f_k(\theta) = \begin{cases} 0 & (0 \leqslant \theta < \theta_{k\_on}) \\ 3\left(\dfrac{\theta - \theta_{k\_on}}{\theta_{ov}}\right)^2 - 2\left(\dfrac{\theta - \theta_{k\_on}}{\theta_{ov}}\right)^3 & (\theta_{k\_on} \leqslant \theta < \theta_{k\_on} + \theta_{ov}) \\ 1 & (\theta_{k\_on} + \theta_{ov} \leqslant \theta < \theta_{k+1\_on}) \\ 1 - 3\left(\dfrac{\theta - \theta_{k+1\_on}}{\theta_{ov}}\right)^2 + 2\left(\dfrac{\theta - \theta_{k+1\_on}}{\theta_{ov}}\right)^3 & (\theta_{k+1\_on} \leqslant \theta < \theta_{k+1\_on} + \theta_{ov}) \\ 0 & (\theta_{k+1\_on} + \theta_{ov} \leqslant \theta) \end{cases}$$

(8-70)

由式(8-67)~式(8-70)可知,转矩分配函数与开通角 θ_{k_on} 和 θ_{k+1_on}、重叠角 θ_{ov} 的选取密切相关,在一定的目标转矩下,开通角、重叠角会对电机性能产生直接的影响,这种影响不仅体现在对转矩纹波的抑制方法,还会影响电机的机械特性、效率特性[40]。与线性型相比,非线性型转矩分配函数具有较大的研究空间[6],函数的表达式呈现出多样性,式(8-68)~式(8-70)所示只是示例。实际应用中,可以基于车辆对电机性能的不同需求进行合理的选择和优化[41]。

参照图 8-17,可以得到如图 8-41 所示的基于转矩分配函数的开关磁阻电机控制系统结构。图中,T_e^* 为电机的目标转矩;T_{ph}^* 为每相定子绕组的期望瞬时转矩;I_s^* 为电机定子绕组参考电流;i_s 为电机定子绕组实际电流;θ 为转子位置角;ω_m 为电机转速;u_{dc} 为车载电源(如动力蓄电池)U_s 的电压。

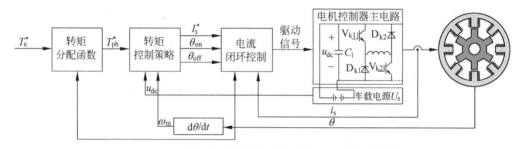

图 8-41 基于转矩分配函数的开关磁阻电机控制系统结构

从前面的分析以及图 8-41 可以看出,基于转矩分配函数的开关磁阻电机瞬时转矩控制适用于电机低转速时的电流斩波控制。

在高速状态下,当采用角度位置控制时,对单脉冲绕组电流产生的或换相过程产生的转矩脉动进行抑制是比较困难的。由于车辆(尤其是商用车)的整备质量较大,同时传动系统较为复杂以及可能具有较大的转动惯量,对于开关磁阻电机的转矩脉动具有一定的机械滤波(mechnical filtering)作用[42]。在实际工程应用中,转矩脉动对整车舒适性的影响在电机低速工况下更为明显。

8.6 本章小结

开关磁阻电机具有结构简单、成本低、可靠性和耐久性好等优点,同时存在转矩脉动的缺点。作为驱动电机,开关磁阻电机多用于对整车舒适性要求不高的商用车或特种车辆。开关磁阻电机通常为多相结构,提高相数有利于降低电机转矩脉动。

与其他类型驱动电机不同,开关磁阻电机内部仅有定子绕组产生的磁场。开关磁阻电机工作时遵循"磁阻最小原理",定子极与转子极在非对齐情况下,因磁场扭曲,转子受到切向拉力,从而产生磁阻转矩。

在线性磁路和稳态运行情况下,电机转矩与定子绕组电流的平方、绕组电感的变化率成正比,通过对定子绕组电流、开通角和关断角的调节可以实现对开关磁阻电机转矩的控制。开关磁阻电机可以在转矩-转速平面的四象限运行,其机械特性分为恒转矩区、恒功率区和自然特性区三个区域。电流斩波控制和角度位置控制是开关磁阻电机常见的两种控制方式。采用合适的换相控制策略有利于抑制开关磁阻电机的转矩脉动。开关磁阻电机控制器主电路具有多种拓扑结构，不同拓扑结构的主电路具有不同的技术特点，非对称桥式主电路是应用广泛的主电路。

思 考 题

8.1 作为电动汽车的驱动电机，开关磁阻电机具有哪些优势和不足？
8.2 如何理解开关磁阻电机的"双凸极"结构？
8.3 开关磁阻电机的定子极数和转子极数是否可以相等？二者具有什么样的关系？
8.4 开关磁阻电机如何实现转速-转矩平面的四象限运行？
8.5 开关磁阻电机转矩的大小和方向与哪些物理量有关？为什么？
8.6 如何理解"开关磁阻电机转矩控制的实质是如何在正确的时间对正确的绕组施加正确的电流"？
8.7 开关磁阻电机控制器主电路具有哪些拓扑结构？
8.8 非对称桥式主电路具有哪些工作模式？各工作模式分别具有什么特点？
8.9 什么是开关磁阻电机的电流斩波控制？电流斩波控制适用于什么样的电机工况？
8.10 什么是开关磁阻电机的角度位置控制？角度位置控制适用于什么样的电机工况？
8.11 开关磁阻电机具有什么样的机械特性？
8.12 什么是开关磁阻电机的基速和临界转速？
8.13 对于开关磁阻电机，电动状态下和发电状态下的控制方法有何区别？
8.14 开关磁阻电机的换相控制对转矩脉动会产生什么样的影响？
8.15 在开关磁阻电机换相控制时，直接瞬时转矩控制原理是什么？
8.16 如何理解转矩分配函数在开关磁阻电机换相控制中的作用？

参 考 文 献

[1] Jarvis R. Davidson's Locomotive：How Did He Do It? [J]. Engineering Science and Education Journal，1996，5(6)：281-288.
[2] Nasar S A. D. C.-Switched Reluctance Motor [J]. Proceedings of the Institution of Electrical Engineers，1969，116(6)：1048-1049.
[3] Lawrenson P J，Stephenson J M，Blenkinsop P T，et al. Variable-Speed Switched Reluctance Motors [J]. IEE Proceedings B-Electric Power Applications，1980，127(4)：253-265.
[4] Takano Y，Chiba A，Ogasawara S，et al. Torque Density and Efficiency Improvements of a Switched Reluctance Motor without Rare Earth Material for Hybrid Vehicles [C]//2010 IEEE Energy Conversion Congress and Exposition，2010：2653-2659.
[5] Chiba A，Kiyota K，Hoshi N，et al. Development of a Rare-Earth-Free Sr Motor with High Torque Density for Hybrid Vehicles[J]. IEEE Transactions on Energy Conversion，2015，30(1)：175-182.
[6] Lee D，Liang J，Lee Z，et al. A Simple Nonlinear Logical Torque Sharing Function for Low-Torque Ripple SR Drive[J]. IEEE Transactions on Industrial Electronics，2009，56(8)：3021-3028.
[7] Widmer J D，Martin R，Mecrow B C. Optimization of an 80-kW Segmental Rotor Switched Reluctance

Machine for Automotive Traction[J]. IEEE Transactions on Industry Applications, 2015, 51(4): 2990-2999.

[8] 高超,毕伟,闫志平,等. Eq6110hev 混合动力城市公交车用开关磁阻电动机调速系统[C]//中国电工技术学会电动车辆专业委员会第十次学术大会,2002: 5.

[9] Miller T J E. Switched Reluctance Motors and Their Control[M]. New York: Magna Physics Publishing and Clarendon Press, 1993.

[10] Lindsay J F, Arumugam R, Krishnan R. Finite-Element Analysis Characterisation of a Switched Reluctance Motor with Multitooth Per Stator Pole[J]. IEE Proceedings B—Electric Power Applications, 1986, 133(6): 347-353.

[11] Hieu P T, Lee D, Ahn J. Design and Control of a High Speed Segmental Stator 4/3 Switched Reluctane Motor[C]//2016 IEEE Transportation Electrification Conference and Expo, Asia-Pacific (ITEC Asia-Pacific), 2016: 767-772.

[12] Mecrow B C, Finch J W, El-Kharashi E A, et al. Switched Reluctance Motors with Segmental Rotors[J]. IEE Proceedings—Electric Power Applications, 2002, 149(4): 245-254.

[13] Yao W S. Rapid Optimization of Double-Stators Switched Reluctance Motor with Equivalent Magnetic Circuit[J]. Energies, 2017, 10(10): 1603.

[14] Tahou A A, Abdel G. Switched Reluctance Motor—Concept, Control and Applications[M]. London: InTech, 2017.

[15] 王宏华. 开关磁阻电动机调速控制技术[M]. 2 版. 北京: 机械工业出版社, 2014.

[16] Harris M R, Finch J W, Mallick J A, et al. A Review of the Integral-Horsepower Switched Reluctance Drive[J]. IEEE Transactions on Industry Applications, 1986, IA-22(4): 716-721.

[17] 叶金虎. 现代无刷直流永磁电动机的原理和设计[M]. 北京: 科学出版社, 2007.

[18] 邹国棠,程明. 电动汽车的新型驱动技术[M]. 2 版. 北京: 机械工业出版社, 2015.

[19] Peng F, Ye J, Emadi A. An Asymmetric Three-Level Neutral Point Diode Clamped Converter for Switched Reluctance Motor Drives[J]. IEEE Transactions on Power Electronics, 2017, 32(11): 8618-8631.

[20] Vukosavic S, Stefanovic V R. Srm Inverter Topologies: A Comparative Evaluation[J]. IEEE Transactions on Industry Applications, 1991, 27(6): 1034-1047.

[21] Krishnan R. Switched Reluctance Motor Drives: Modeling, Simulation, Analysis, Design, and Applications[M]. Boca Raton: CRC Press, 2001.

[22] Miller T J E, Bower P G, Becerra R, et al. Four-Quadrant Brushless Reluctance Motor Drive[C]//Third International Conference on Power Electronics and Variable-Speed Drives, 1988: 273-276.

[23] Bilgin B, Jiang J W, Emadi A. Switched Reluctance Motor Drives: Fundamentals to Applications[M]. Boca Raton: CRC Press, 2019.

[24] Ehsani M, Bass J T, Miller T J E, et al. Development of a Unipolar Converter for Variable Reluctance Motor Drives[J]. IEEE Transactions on Industry Applications, 1987, IA-23(3): 545-553.

[25] Krishnan R, Lee S. Analysis and Design of a Single Switch Per Phase Converter for Switched Reluctance Motor Drives[C]//Proceedings of 1994 Power Electronics Specialist Conference, 1994: 485-492.

[26] Krishnan R, Materu P. Analysis and Design of a Low Cost Converter for Switched Reluctance Motor Drives[C]//Conference Record of the IEEE Industry Applications Society Annual Meeting, 1989: 561-567.

[27] Chau K T. Electric Vehicle Machines and Drives: Design, Analysis and Application[M]. Chichester: John Wiley and Sons, Inc., 2015.

[28] 刘刚,王志强,房建成. 永磁无刷直流电机控制技术与应用[M]. 北京: 机械工业出版社, 2009.

[29] 詹琼华. 开关磁阻电动机[M]. 武汉：华中理工大学出版社, 1992.

[30] Corda J, Stephenson J M. Speed Control of Switched Reluctance Motors[C]//International Conference on Electrical Machines, 1982: 235-238.

[31] Miller T J E. Converter Volt-Ampere Requirements of the Switched Reluctance Motor Drive[J]. IEEE Transactions on Industry Applications, 1985, IA-21(5): 1136-1144.

[32] Krishnamurthy M, Edrington C S, Emadi A, et al. Making the Case for Applications of Switched Reluctance Motor Technology in Automotive Products[J]. IEEE Transactions on Power Electronics, 2006, 21(3): 659-675.

[33] Husain I. Minimization of Torque Ripple in Srm Drives[J]. IEEE Transactions on Industrial Electronics, 2002, 49(1): 28-39.

[34] Inderka R B, Doncker R W D. Ditc-Direct Instantaneous Torque Control of Switched Reluctance Drives[C]//The 2002 37th IEEE Industry Applications Conference, 2002: 1605-1609.

[35] Ilic-Spong M, Miller T J E, Macminn S R, et al. Instantaneous Torque Control of Electric Motor Drives[J]. IEEE Transactions on Power Electronics, 1987, PE-2(1): 55-61.

[36] Petrus V, Pop A, Martis C S, et al. Direct Instantaneous Torque Control of Srms Versus Current Profiling-Comparison Regarding Torque Ripple and Copper Losses[C]//The 2012 13th International Conference on Optimization of Electrical and Electronic Equipment 2012: 366-372.

[37] Schramm D S, Williams B W, Green T C. Torque Ripple Reduction of Switched Reluctance Motors by Phase Current Optimal Profiling[C]//The 23rd Annual IEEE Power Electronics Specialists Conference, 1992: 857-860.

[38] 全国汽车标准化技术委员会. GB/T 18488.1—2015 电动汽车用驱动电机系统 第1部分：技术条件[S]. 北京：中国标准出版社, 2015.

[39] Sahoo S K, Panda S K, Jian-Xin X. Indirect Torque Control of Switched Reluctance Motors Using Iterative Learning Control[J]. IEEE Transactions on Power Electronics, 2005, 20(1): 200-208.

[40] Xue X D, Cheng K W E, Ho S L. Optimization and Evaluation of Torque-Sharing Functions for Torque Ripple Minimization in Switched Reluctance Motor Drives[J]. IEEE Transactions on Power Electronics, 2009, 24(9): 2076-2090.

[41] Pop A, Petrus V, Martis C S, et al. Comparative Study of Different Torque Sharing Functions for Losses Minimization in Switched Reluctance Motors Used in Electric Vehicles Propulsion[C]//The 2012 13th International Conference on Optimization of Electrical and Electronic Equipment, 2012: 356-365.

[42] Pyrhonen J, Jokinen T, Hrabovcova V. Design of Rotating Electrical Machines[M]. 2nd Ed. Chichester: John Wiley & Sons Ltd, 2014.

第9章 汽车新型驱动电机原理与控制

9.1 新型驱动电机概述

除直流电机、无刷直流电机、永磁同步电机、交流感应电机和开关磁阻电机外，随着电机技术、电力电子技术和数字控制技术发展，近年来出现了多种新结构与新原理电机，在电动汽车驱动电机系统中有着重要的研究价值和应用潜力，下面介绍几种代表性的新型驱动电机系统。

定子励磁型电机(stator excitation electric machine)的结构与开关磁阻电机类似，其继承了开关磁阻电机结构简单、机械强度高等优点，不同的是其定子上放置有永磁体或励磁绕组等励磁源，有望实现更高的转矩密度。

混合励磁电机(hybrid excitation electric machine)是在永磁电机的内部引入电励磁绕组，既继承了永磁电机高效、高转矩密度的优点，又可以实现对气隙磁场的高效调节，从而提高了电机低速阶段的转矩输出能力和高速阶段的弱磁扩速能力。

记忆电机(memory electric machine)的转子结构简单，其通过定子绕组或附加线圈产生的脉冲磁场改变低矫顽力永磁体的磁化强度来进行调磁，可对永磁体进行反复可逆充磁和去磁，且不产生励磁损耗，有利于提高电机效率。

将永磁电机中的永磁体进行轴向充磁，使气隙磁场沿轴向分布，可形成轴向磁场永磁电机(axial flux permanent magnet electric machine)，其气隙呈平面型。轴向磁场永磁电机结构紧凑，可实现更高的转矩密度，减小轴向长度。

开绕组电机(open-winding electric machine, OWEN)系统是将常规电机的绕组中性点打开，各相绕组两端分别与电机控制器主电路连接而形成的一种双端供电的新型电机系统拓扑结构，有利于提高系统的容错性。

9.2 定子励磁型电机原理与控制

车用环境下驱动电机的热管理和散热性能面临严峻的挑战。定子励磁型电机的结构特征是永磁体或励磁绕组、电枢绕组都放置在定子上，便于对永磁体和绕组进行冷却；转子上无永磁体与绕组，机械强度更高。相比于电动汽车驱动电机常用的转子励磁型电机，定子励磁型电机不存在转子永磁体加固问题，在电动汽车驱动领域有着重要的应用潜力与价值。

定子励磁型电机包括双凸极电机(doubly salient machine, DSM)、磁通反向电机(flux reversal machine, FRM)、磁通切换电机(flux switching machine, FSM)等。

在定子励磁型电机中，磁场调制原理即为旋转的凸极转子通过周期性地改变电机气隙磁导，从而实现对磁场的调制作用，从而产生丰富的磁场谐波成分，其中特定的谐波分量与电枢电流相互作用，实现转矩输出[1]。

9.2.1 双凸极电机

双凸极电机,以定转子皆为凸极结构而得名。不同于开关磁阻电机仅有电枢绕组,双凸极电机具有额外的励磁源,或以永磁体的形式嵌在定子铁心轭部,或以励磁绕组的形式放置于定子铁心槽中。

按励磁方式可将双凸极电机分为三类:永磁双凸极电机、电励磁双凸极电机和混合励磁双凸极电机。其中,电励磁双凸极电机又可按照励磁绕组分布方式,分为集中励磁双凸极电机和分布励磁双凸极电机两类。下面以永磁双凸极电机与电励磁双凸极电机为例,介绍双凸极电机的结构与原理。

1. 永磁双凸极电机

1) 电机结构

永磁双凸极电机(doubly salient permanent magnet machine,DSPM)是在开关磁阻电机的基础之上,将切向充磁的永磁体内嵌在电机定子铁心轭部,如图9-1所示[2]。

2) 电机数学模型与原理

对于三相永磁双凸极电机,每相磁链 ψ_P 包含相绕组产生的自感磁链、与其他相绕组之间的互感磁链、永磁体产生的永磁磁链 ψ_{mP}。其中,自感磁链与互感磁链均因绕组电流产生,可统称为感应磁链 $\psi_{iP}(P=A,B$ 或 $C)$。磁链方程可表示为

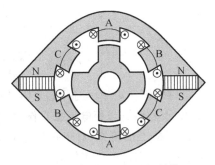

图 9-1 永磁双凸极电机结构

$$\begin{bmatrix} \psi_A \\ \psi_B \\ \psi_C \end{bmatrix} = \begin{bmatrix} L_A & L_{AB} & L_{AC} \\ L_{BA} & L_B & L_{BC} \\ L_{CA} & L_{CB} & L_C \end{bmatrix} \begin{bmatrix} i_A \\ i_B \\ i_C \end{bmatrix} + \begin{bmatrix} \psi_{mA} \\ \psi_{mB} \\ \psi_{mC} \end{bmatrix} \quad (9\text{-}1)$$

式中,L_A、L_B 和 L_C 分别为 A 相、B 相和 C 相电枢绕组的自感,L_{AB}、L_{BA}、L_{BC}、L_{CB}、L_{CA}、L_{AC} 为三相电枢绕组之间的互感。

永磁双凸极电机中相电压方程可表示为

$$u_P = Ri_P + \frac{d\psi_P}{dt} \quad (9\text{-}2)$$

式中,R 为每相绕组等效电阻;i_P 为每相绕组相电流。

以 A 相为例,由式(9-2),有

$$u_A = Ri_A + \left(L_A \frac{di_A}{dt} + i_A \frac{dL_A}{d\theta}\omega_m\right) + \left(L_{AB} \frac{di_B}{dt} + i_B \frac{dL_{AB}}{d\theta}\omega_m\right) +$$

$$\left(L_{AC} \frac{di_C}{dt} + i_C \frac{dL_{AC}}{d\theta}\omega_m\right) + \omega_m \frac{d\psi_{mA}}{d\theta} \quad (9\text{-}3)$$

式中,ω_m 为电机机械旋转角速度。

假设电源输入给电机的功率全部转化为电磁功率和各相绕组电阻消耗的功率,则电磁功率 P_e 为

$$P_e = u_A i_A + u_B i_B + u_C i_C - R(i_A^2 + i_B^2 + i_C^2) \quad (9\text{-}4)$$

将式(9-3)代入式(9-4),得

$$P_e = \frac{d}{dt}\left(\frac{1}{2}L_A i_A^2 + \frac{1}{2}L_B i_B^2 + \frac{1}{2}L_C i_C^2 + L_{AB}i_A i_B + L_{AC}i_A i_C + L_{BC}i_B i_C\right) +$$
$$\left(\frac{1}{2}i_A^2 \frac{dL_A}{d\theta} + \frac{1}{2}i_B^2 \frac{dL_B}{d\theta} + \frac{1}{2}i_C^2 \frac{dL_C}{d\theta} + i_A i_B \frac{dL_{AB}}{d\theta} + i_A i_C \frac{dL_{AC}}{d\theta} + \right.$$
$$\left. i_B i_C \frac{dL_{BC}}{d\theta} + i_A \frac{d\psi_{mA}}{d\theta} + i_B \frac{d\psi_{mB}}{d\theta} + i_C \frac{d\psi_{mC}}{d\theta}\right)\omega_m$$
$$= \frac{dW_f}{dt} + T_e \omega_m \tag{9-5}$$

式中,W_f 为电机磁场储能;T_e 为电机转矩。

电机转矩由自感磁阻转矩 T_{pr}、互感磁阻转矩 T_{pp} 和电磁转矩 T_m 组成,即有

$$\begin{cases} T_e = T_{pr} + T_{pp} + T_m \\ T_{pr} = \frac{1}{2}i_A^2 \frac{dL_A}{d\theta} + \frac{1}{2}i_B^2 \frac{dL_B}{d\theta} + \frac{1}{2}i_C^2 \frac{dL_C}{d\theta} \\ T_{pp} = i_A i_B \frac{dL_{AB}}{d\theta} + i_A i_C \frac{dL_{AC}}{d\theta} + i_B i_C \frac{dL_{BC}}{d\theta} \\ T_m = i_A \frac{d\psi_{mA}}{d\theta} + i_B \frac{d\psi_{mB}}{d\theta} + i_C \frac{d\psi_{mC}}{d\theta} \end{cases} \tag{9-6}$$

自感磁阻转矩 T_{pr} 与互感磁阻转矩 T_{pp} 合称为磁阻转矩。电磁转矩 T_m 是因转子位置角变化,永磁磁场与相电流相互作用产生的电磁转矩,是永磁双凸极电机转矩的主要成分。

根据式(9-6)可知,对于每相电枢绕组,在其永磁磁链随角度增加时通入正电流,下降时通入负电流,即可产生正转矩,使电机旋转。

2. 电励磁双凸极电机

1) 电机结构

电励磁双凸极电机(doubly salient electromagnet machine,DSEM)是将永磁双凸极电机中的永磁体替换成了一套放置在定子铁心槽中的励磁绕组。这使它既继承了开关磁阻电机结构简单、运行可靠的优点,又具有磁场调节灵活的优势。电励磁双凸极电机的控制系统与无刷直流电机相似,其调速性能与直流电机相近。相比于永磁双凸极电机,电励磁双凸极电机能够更灵活地调节反电动势,易于实现弱磁扩速。

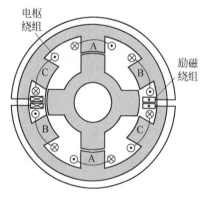

图9-2 6/4极电励磁双凸极电机结构

6/4极电励磁双凸极电机是最简单的三相电励磁双凸极电机,如图9-2所示[3]。图中,定子极上集中绕有电枢绕组,励磁线圈嵌于相对的两个定子槽中。电机的定子极与定子槽等宽,均为30°机械角度。由于该特性,定子极与转子极的重叠面积之和为一定值,故励磁绕组电感与转子位置无关,转子旋转不会使励磁绕组产生感应电动势。三相电励磁双凸极电机单元结构有6/4极、6/8极,四相单元结构有8/6极、8/10极,五相单元结构有10/4极、10/8极。

根据电励磁双凸极电机结构,转子旋转一周,相磁

链变化的频率为

$$f_e = nN_r/60 \tag{9-7}$$

式中，n 为电机转速，单位为 r/min；N_r 为转子极数。

相邻电枢绕组的相序取决于相邻定子极相差的电角度，以 $6N/4N$（N 为正整数）极的三相电励磁双凸极电机为例，相邻定子极相差的电角度为

$$\alpha = \frac{N_r \times 360}{N_s} = \frac{4N \times 360}{6N} = 240° \tag{9-8}$$

因此电枢绕组的相序与电机旋转方向相反。

图 9-2 所示的电励磁双凸极电机为集中励磁双凸极电机，其励磁绕组并非均布于每个定子槽中，而是集中放置在特定的定子槽中；而分布励磁双凸极电机则是在每个定子槽中均放置励磁绕组，励磁绕组连接方向如图 9-3 所示，在气隙圆周方向呈现分布励磁磁势的特点[4]。A、B、C 为三相电枢绕组，空间相对的 4 个电枢线圈串联或并联构成一相。在图示位置时，对于 A 相绕组来说，其中一个定子极与转子极对齐，转子极即将滑出定子极，而在其正交方向上的 A 相的另一个定子极与转子槽对齐，又因为 A_1、A_2 电枢线圈匝链的励磁磁链方向相反，因此，每相相邻的两个电枢线圈应正向串联或并联。

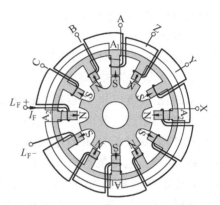

图 9-3 12/10 极分布励磁双凸极电机结构图

图 9-4 给出 12/10 极分布励磁双凸极电机不同转子位置空载励磁磁路示意图，其中，转子位置角采用电角度表示，以 A_1 电枢线圈所在定子极与转子极对齐位置为转子位置角 0°，逆时针旋转为正方向。励磁磁路通过两相邻定子极闭合，磁路较短，相间耦合较强。在

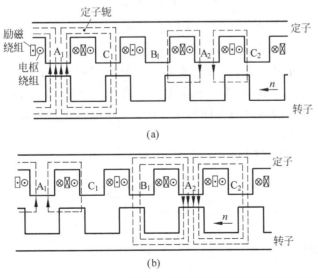

图 9-4 12/10 极分布励磁双凸极电机不同转子位置励磁磁路示意图
(a) $\theta = 0°$；(b) $\theta = 180°$

图 9-4(a)所示时刻,转子极即将滑出 A_1 线圈所在定子极,即将滑入 A_2 线圈所在定子极,A_1 线圈匝链的磁链达正向最大值,A_2 线圈匝链的磁链为负向最小值,两线圈正向串联后 A 相仍为正向磁链;在图 9-4(b)所示时刻,转子极即将滑入 A_1 线圈所在定子极,即将滑出 A_2 线圈所在定子极,A_1 线圈匝链的磁链达正向最小值,A_2 线圈匝链的磁链为负向最大值,两线圈正向串联后 A 相仍为负向磁链。

图 9-5 所示为分布励磁双凸极电机空载磁链 $\psi_{A_1+A_2}$ 的波形。从图中可看出,波形呈双极性变化且正弦度较高,这是正向 A_1 磁链与负向 A_2 磁链叠加的结果。因为三相磁链呈双极性正弦变化,所以相反电动势也呈双极性正弦变化,且正负半周对称[4]。

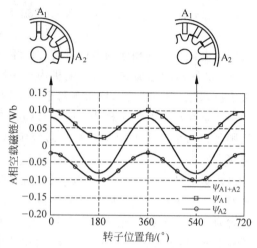

图 9-5 12/10 极分布励磁双凸极电机空载磁链波形

2) 电机原理与数学模型

电励磁双凸极电机遵循"磁阻最小原理"。励磁绕组通直流电,在电机内部产生直流偏置磁场,磁通沿磁阻最小路径闭合。电枢绕组通电时,电枢绕组产生的磁通与励磁绕组产生的磁通相叠加,对由铁磁材料组成的转子极产生切向磁拉力,使电机能够实现旋转。根据转子位置角度合理选择绕组电流的通断顺序,就能够让各相定子极轮流吸引转子,使转子沿着一个旋转方向持续转动。下面以数学模型的形式,具体阐述转矩产生原理。

三相电励磁双凸极电机的磁链方程为

$$\begin{bmatrix} \psi_A \\ \psi_B \\ \psi_C \\ \psi_F \end{bmatrix} = \begin{bmatrix} L_A & L_{AB} & L_{AC} & L_{AF} \\ L_{BA} & L_B & L_{BC} & L_{BF} \\ L_{CA} & L_{CB} & L_C & L_{CF} \\ L_{FA} & L_{FB} & L_{FC} & L_F \end{bmatrix} \begin{bmatrix} i_A \\ i_B \\ i_C \\ i_F \end{bmatrix} \tag{9-9}$$

式中,L_A、L_B 和 L_C 分别为 A 相、B 相和 C 相电枢绕组的自感;L_F 为励磁绕组的自感;L_{AB}、L_{BA}、L_{BC}、L_{CB}、L_{CA}、L_{AC} 为三相电枢绕组之间的互感;L_{AF}、L_{BF}、L_{CF}、L_{FA}、L_{FB}、L_{FC} 为三相电枢绕组与励磁绕组之间的互感;$L_{AB}=L_{BA}$,$L_{BC}=L_{CB}$,$L_{CA}=L_{AC}$,$L_{AF}=L_{FA}$,$L_{BF}=L_{FB}$,$L_{CF}=L_{FC}$。

三相电励磁双凸极电机的电压方程为

$$\boldsymbol{u} = \boldsymbol{R}\boldsymbol{i} + \frac{\mathrm{d}\boldsymbol{\psi}}{\mathrm{d}t} = \boldsymbol{R}\boldsymbol{i} + \boldsymbol{L}\frac{\mathrm{d}\boldsymbol{i}}{\mathrm{d}t} + \frac{\partial \boldsymbol{L}}{\partial \theta}\omega\boldsymbol{i} \tag{9-10}$$

式中,$\boldsymbol{u} = \begin{bmatrix} u_A \\ u_B \\ u_C \\ u_F \end{bmatrix}$,$\boldsymbol{R} = \begin{bmatrix} R_A & 0 & 0 & 0 \\ 0 & R_B & 0 & 0 \\ 0 & 0 & R_C & 0 \\ 0 & 0 & 0 & R_F \end{bmatrix}$,$\boldsymbol{L} = \begin{bmatrix} L_A & L_{AB} & L_{AC} & L_{AF} \\ L_{BA} & L_B & L_{BC} & L_{BF} \\ L_{CA} & L_{CB} & L_C & L_{CF} \\ L_{FA} & L_{FB} & L_{FC} & L_F \end{bmatrix}$,$\boldsymbol{\psi} = \begin{bmatrix} \psi_A \\ \psi_B \\ \psi_C \\ \psi_F \end{bmatrix}$,

$$\boldsymbol{i} = \begin{bmatrix} i_A \\ i_B \\ i_C \\ i_F \end{bmatrix} \text{。}$$

三相电励磁双凸极电机的转矩方程为

$$T_e = \frac{1}{2}i_A^2 \frac{\partial L_A}{\partial \theta} + \frac{1}{2}i_B^2 \frac{\partial L_B}{\partial \theta} + \frac{1}{2}i_C^2 \frac{\partial L_C}{\partial \theta} + \frac{1}{2}i_F^2 \frac{\partial L_F}{\partial \theta} + i_A i_B \frac{\partial L_{AB}}{\partial \theta} + i_B i_C \frac{\partial L_{BC}}{\partial \theta} +$$

$$i_C i_A \frac{\partial L_{CA}}{\partial \theta} + i_A i_F \frac{\partial L_{AF}}{\partial \theta} + i_B i_F \frac{\partial L_{BF}}{\partial \theta} + i_C i_F \frac{\partial L_{CF}}{\partial \theta} \tag{9-11}$$

因此对于三相电励磁双凸极电机来说,在任意时刻产生的转矩都可由式(9-11)来表示。根据它们的特性,可以划分为四个部分,即有

$$\begin{cases} T_e = T_{pr} + T_{fr} + T_{pp} + T_{pf} \\ T_{pr} = \frac{1}{2}i_A^2 \frac{\partial L_A}{\partial \theta} + \frac{1}{2}i_B^2 \frac{\partial L_B}{\partial \theta} + \frac{1}{2}i_C^2 \frac{\partial L_C}{\partial \theta} \\ T_{fr} = \frac{1}{2}i_F^2 \frac{\partial L_F}{\partial \theta} \\ T_{pp} = i_A i_B \frac{\partial L_{AB}}{\partial \theta} + i_B i_C \frac{\partial L_{BC}}{\partial \theta} + i_C i_A \frac{\partial L_{CA}}{\partial \theta} \\ T_{pf} = i_A i_F \frac{\partial L_{AF}}{\partial \theta} + i_B i_F \frac{\partial L_{BF}}{\partial \theta} + i_C i_F \frac{\partial L_{CF}}{\partial \theta} \end{cases} \tag{9-12}$$

式中,T_{pr}是由电枢绕组的自感变化率与相电流的乘积产生的,为自感磁阻转矩;T_{fr}是由励磁绕组的自感变化率与励磁电流的乘积产生的,为定位力矩;T_{pp}是由电枢绕组之间的互感变化率与电枢电流的乘积产生的,通常被称为互感磁阻转矩;T_{pf}是由电枢绕组与励磁绕组之间的互感变化率与电枢电流、励磁电流的乘积产生的,通常被称为励磁互感转矩,或者简称为励磁转矩,励磁转矩是电励磁双凸极电机转矩的主要成分。

9.2.2 磁通切换电机

磁通切换电机是一种在转子旋转时线圈匝链的磁通方向发生周期性切换的定子励磁型电机。磁通切换电机根据励磁形式的不同,可以分为磁通切换永磁电机和磁通切换电励磁电机。下面主要以磁通切换永磁电机为例,介绍其结构特性与运行原理。

1. 电机结构

磁通切换永磁电机是一种特殊的永磁双凸极电机,它与永磁双凸极电机最大的区别是磁通切换永磁电机的相永磁磁链为双极性,而传统永磁双凸极电机的为单极性。不同于永磁双凸极电机的永磁体镶嵌在定子轭部,磁通切换永磁电机的永磁体嵌于导磁铁心单元之间,永磁体沿切向交替充磁,用量较多。图9-6所示为三

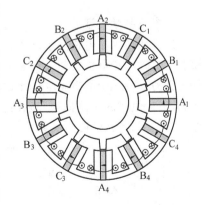

图9-6 三相12/10极的磁通切换永磁电机

相 12/10 极的磁通切换永磁电机[5]。该电机定子由 12 个 U 型导磁铁心单元与永磁体拼装而成，电枢线圈集中绕制在拼装后形成的定子齿上，12 个电枢线圈一共分成 3 组，每组 4 个线圈串联组成一相电枢绕组。

2. 磁通切换原理

当转子齿与同一相线圈下分属于两个不同 U 型单元的定子齿分别对齐时，绕组匝链的永磁磁链极性会发生改变，从而实现了所谓"磁通切换"，如图 9-7 所示[5]。

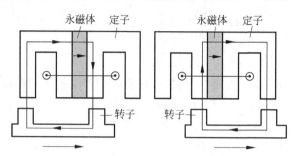

图 9-7 磁通切换原理

磁通切换永磁电机本身具有绕组一致性和绕组互补性，即组成一相的各线圈的感应电动势的谐波相位互补，如图 9-8 所示[5]。这使得合成的 A 相感应电动势正弦度显著高于单个线圈的感应电动势正弦度（A_1 与 A_3，A_2 与 A_4 的感应电动势分别相同）。

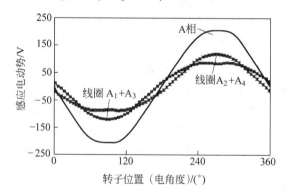

图 9-8 磁通切换永磁电机感应电动势波形

3. 电机数学模型

磁通切换永磁电机的永磁磁链、反电动势、电感等都具有很高的正弦度，所以其 dq 轴模型与永磁同步电机类似。在磁通切换永磁电机中，将 A 相定子极中线与转子极中线对齐处定义为 d 轴，再将 d 轴逆时针旋转机械角度 9°（电角度为 90°）即为 q 轴。忽略电机铁心饱和，不计电机的涡流损耗和磁滞损耗，假设电机电流为对称的三相正弦波电流，在 dq 参考坐标系下，存在的磁链关系为

$$\begin{bmatrix} \psi_{md} \\ \psi_{mq} \\ \psi_{m0} \end{bmatrix} = \sqrt{\frac{2}{3}} \begin{bmatrix} \cos\theta_e & \cos(\theta_e - 120°) & \cos(\theta_e + 120°) \\ -\sin\theta_e & -\sin(\theta_e - 120°) & -\sin(\theta_e + 120°) \\ \frac{\sqrt{2}}{2} & \frac{\sqrt{2}}{2} & \frac{\sqrt{2}}{2} \end{bmatrix} \begin{bmatrix} \psi_{mA} \\ \psi_{mB} \\ \psi_{mC} \end{bmatrix} = \begin{bmatrix} \psi_{pm} \\ 0 \\ 0 \end{bmatrix} \quad (9-13)$$

式中,ψ_{md}、ψ_{mq} 和 ψ_{m0} 分别为 d 轴、q 轴和 0 轴的永磁磁链,ψ_{pm} 为永磁磁链幅值。d 轴和 q 轴磁链方程为

$$\begin{bmatrix} \psi_d \\ \psi_q \end{bmatrix} = \begin{bmatrix} L_d & 0 \\ 0 & L_q \end{bmatrix} \begin{bmatrix} i_d \\ i_q \end{bmatrix} + \begin{bmatrix} \psi_{md} \\ \psi_{mq} \end{bmatrix} \tag{9-14}$$

式中,ψ_d 和 ψ_q 分别为 d 轴和 q 轴磁链;L_d 和 L_q 分别为 d 轴和 q 轴电感;i_d 和 i_q 分别为 d 轴和 q 轴电流。

电机稳定运行时,ψ_d 和 ψ_q 大小不变,则有

$$\begin{cases} u_d = Ri_d + \dfrac{d\psi_d}{dt} - \omega_e \psi_q = Ri_d - \omega_e L_q i_q \\ u_q = Ri_q + \dfrac{d\psi_q}{dt} + \omega_e \psi_d = Ri_q + \omega_e \psi_{pm} + \omega_e L_d i_d \end{cases} \tag{9-15}$$

式中,u_d 和 u_q 分别为 d 轴和 q 轴电压;R 为相电阻;ω_e 为电角速度。

忽略绕组电阻时,可得转矩方程为

$$\begin{aligned} T_e &= \frac{(-\omega_e L_q i_q)i_d + (\omega_e \psi_{pm} + \omega_e L_d i_d)i_q}{\omega_m} \\ &= N_r [\psi_{pm} i_q + (L_d - L_q)i_d i_q] \end{aligned} \tag{9-16}$$

式中,N_r 为转子极数;ω_m 为机械角速度。第一项 $N_r \psi_{pm} i_q$ 为电磁转矩分量;第二项 $N_r(L_d - L_q)i_d i_q$ 为磁阻转矩分量。

由式(9-16)可知,12/10 极磁通切换永磁电机可以等效成一个 12/20 极永磁同步电机。当它电动运行时,可以采用矢量控制策略。根据式(9-16),若令 $i_d = 0$,此时控制 i_q 即可控制电机转矩。

9.2.3 磁通反向电机

1. 电机结构

与磁通切换电机类似,磁通反向电机是一种相磁链随着转子旋转而周期性反向的永磁双凸极电机。与磁通切换电机一样,磁通反向电机的相磁链也呈现双极性。磁通反向电机的结构特点是,在每个定子齿与气隙接触的表面安装两块磁化方向相反的永磁体,如图 9-9 所示[6]。磁通反向电机可以是单相,也可以是多相的。磁通反向电机的相数为 m,定子、转子极数分别为 N_s、N_r,则有 $N_s/N_r = km/k(m+1)$,$k=1,2,4,\cdots$。单相磁通反向电机中 $m=2$,有 $N_s/N_r=2/3,4/6,8/12$ 等多种结构;三相磁通反向电机有 $N_s/N_r=3/4,6/8,12/16$ 等多种选择[7]。磁通反向电机的数学模型与永磁双凸极电机的数学模型类似,这里不再赘述。

2. 磁通反向原理

磁通反向原理如图 9-10 所示,在图中左面所示时刻,转子极与线圈所处的定子极下竖直向上充磁的永磁体对齐,线圈中磁通方向竖直向上;当转子运动到图中右面所示时刻,转子极与线圈所处的定子极下

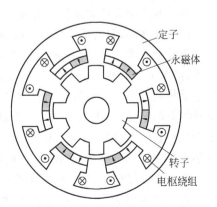

图 9-9 三相 6/8 极磁通反向电机

竖直向下充磁的永磁体对齐,线圈中磁通方向反转,变成竖直向下。在这个过程中,磁通从正向最大值逐渐变为负向最大值,这一现象被称为"磁通反向",这也是磁通反向电机能够实现机电能量转换的基础[6]。

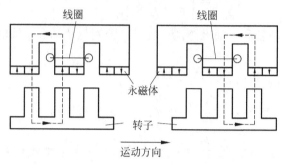

图 9-10 磁通反向原理

当磁通反向电机在电动状态下运行时,与永磁双凸极电机一样,在相绕组永磁磁链上升区通入正电流,下降区通入负电流,即可产生正转矩,使电机旋转。

由于永磁体处于定子齿表面,使得电枢绕组具有较强的相间隔离作用,提高了该电机的容错能力,并且减小了电枢电感的变化范围,进而使得磁阻转矩的幅值相对于电磁转矩可以忽略不计。但是,在磁通反向电机中,相邻永磁体之间的漏磁较为严重,永磁体涡流损耗也较大,并且功率因数较低,这些因素在一定程度上限制了该类电机的发展。

9.2.4 定子励磁型电机的控制

根据定子励磁型电机的反电动势特征,可以采用不同的驱动控制策略。例如:12/8 极电励磁双凸极电机的反电动势波形不是正弦波,可以采用角度位置控制;分布励磁双凸极电机和磁通切换电机的反电动势波形为正弦波,可以采用类似永磁同步电机或电励磁同步电机的驱动控制策略。较为经典的双凸极电机的角度位置控制策略有标准角控制、提前角控制和三相六状态控制策略[8,9]。为了满足电动汽车对其驱动系统低转矩脉动的要求,在本体优化方面,可以采用定子径向极提高磁路的对称性,采用定子斜极或者分段斜极的方式降低电机转矩脉动;在控制策略方面,反电动势非正弦的定子励磁型电机可以采用三相九状态控制策略,反电动势正弦的定子励磁型电机可以采用谐波电流注入等转矩脉动抑制控制方法。本节只介绍角度位置控制中最基本的标准角控制。

图 9-11 所示为电励磁双凸极电机控制器的三相桥式主电路[10]。其中的 A-X、B-Y 和 C-Z 分别为 A 相、B 相和 C 相电枢绕组,采用星形连接。电流 i_A、i_B 和 i_C 分别是相应的相电流,箭头方向定义为正方向。E_A、E_B 和 E_C 分别是电枢绕组的反电动势,绕组"+"端为反电动势高的一端。可以看出此时电流是从反电动势的正端流入电枢绕组的,即电枢绕组是吸收电能量的,电机处于电动工作模态。$V_1 \sim V_6$ 为六个电力电子全控型器件(图中为功率 MOSFET),其中,V_1、V_3 和 V_5 为上桥臂器件,V_4、V_6 和 V_2 为下桥臂器件。$D_1 \sim D_6$ 为分别为与 $V_1 \sim V_6$ 反并联的功率二极管,在相电流斩波控制中起到续流的作用。另外,图中 U_{DC} 为直流母线电压,i_{DC} 为直流侧电流,C 为直流侧支撑电容。

在一个电周期内,双凸极电机的相电流要经历开通、反向、关闭三个过程,这三个过程发生的位置是通过角度参数来确定的,不同的角度参数直接影响相电流波形的形态,从而决定

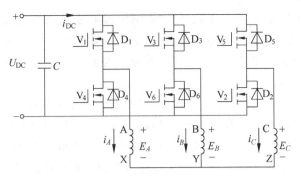

图 9-11 定子励磁型电机驱动三相全桥功率变换器拓扑

了转矩输出的能力。双凸极电机的角度位置控制参数包括三个,即开通角、反向角、关断角,分别用于确定相电流开通、反向、关断时转子的位置。

在双凸极电机相磁链达到最大值时相电流开通,此时开通角为 0°,也即标准角控制。标准角控制方法是电励磁双凸极电机最简单、最基本的控制方法,是基于理想反电动势波形来控制相电流的开通、反向和关断的。如图 9-12 所示,E_A、E_B 和 E_C 分别为三相电枢绕组的理想反电动势波形[10],i_A、i_B 和 i_C 分别为三相电枢绕组的理想相电流波形。在标准角控制中,当反电动势为正时,通入正向相电流;当反电动势为负时,通入负向相电流;当反电动势为 0 时,则不通入相电流。图中 $PWM_1 \sim PWM_6$ 分别是电力电子器件 $V_1 \sim V_6$ 的控制信号,高电平为开通,低电平为关断。

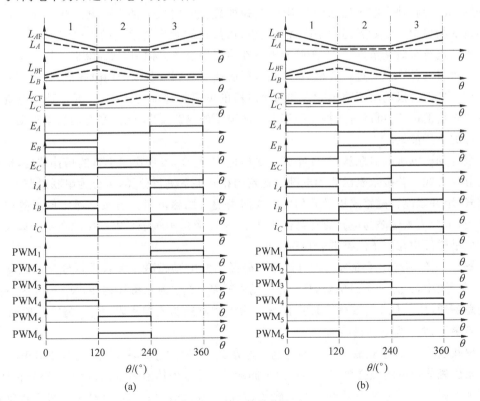

图 9-12 标准角控制方法
(a) 正励磁;(b) 负励磁

以转子位置角 0°～120°区间为例,当励磁电流为正时,A 相反电动势为负,B 相反电动势为正,C 相反电动势为 0。电力电子器件 V_3、V_4 开通,此时 A 相电流为负、B 相电流为正、C 相电流为 0。当励磁电流为负时,此时反电动势和相电流的方向与正励磁时正好相反,电力电子器件 V_1、V_6 开通。

三相电励磁双凸极电机在一个电周期中,三相定子极分别与转子极对齐一次。图 9-12 中 0°、120°、240°位置分别为 A 相、B 相和 C 相定子极与转子极对齐的位置,此时电枢绕组的自感与互感都达到最大值[10]。并且这三个对齐点将电枢绕组的电感波形划分为三个区间,即上升区、下降区、不变区,三个区域对应了三种相电流通入的状态,即正电流、负电流、零电流。其中,0°位置对于 A 相电枢来说是相电流的反向点,对于 B 相电枢来说是相电流的开通点,对于 C 相电枢来说是相电流的关断点。在标准角控制方法中,相电流的开通、反向、关断均发生在定子极与转子极对齐点处,这相当于开通角、反向角、关断角这三个角度控制参数均为 0°。

9.3 混合励磁电机原理与控制

9.3.1 混合励磁电机基本原理

不同于具有单一励磁源的永磁电机和电励磁电机,混合励磁电机内部有两种励磁源进行励磁,一种是永磁励磁源;一种是电励磁源。永磁励磁源由永磁体提供励磁,其结构简单、励磁效率高,缺点在于磁通调节困难,高速弱磁控制时较大的去磁电流会增加永磁体不可逆退磁的风险。电励磁源由励磁绕组提供,通过控制励磁绕组中励磁电流的大小可以对励磁磁场进行有效调节,缺点在于励磁电流在绕组中会产生铜损,从而降低电机效率。混合励磁电机将两种励磁源进行有机结合,在获得磁通灵活调节范围的同时降低励磁损耗,从而提高电机低速阶段的转矩输出能力和高速阶段的弱磁扩速能力。同时,混合励磁电机通过对气隙磁场的调节,可以有效抑制高速运行故障下的空载反电动势,在电动汽车驱动领域具有较好的应用前景。

混合励磁电机的概念从 1985 年第一次出现[11]至今,发展出了丰富的拓扑结构,也有不同的分类方式。若按永磁磁路和电励磁磁路的相互关系进行分类,可分为串联磁路式、并联磁路式、串并联混合磁路式以及并列磁路式四类混合励磁电机。若按励磁源放置的位置进行分类,可分为永磁源与电励磁源都位于转子、永磁源位于转子且电励磁源在定子以及永磁源与电励磁源均在定子三类混合励磁电机。

图 9-13 分别给出了混合励磁电机按永磁磁路与电励磁磁路关系进行分类的磁路简化等效图。图中,F_{pm} 为永磁磁势,F_{dc} 为电励磁磁势,R_{pm} 为永磁体磁阻,R_g 为气隙、磁阻,Φ 为总磁通,R_{g1} 为永磁磁路气隙磁阻,R_{g2} 为电励磁磁路气隙磁阻,R_{iron} 为铁心磁阻,Φ_{pm} 为永磁磁通,Φ_{dc} 为电励磁磁通。

串联磁路式,即永磁磁势 F_{pm} 与电励磁磁势 F_{dc} 串联,共同作用于主气隙,如图 9-13(a)所示。永磁磁势与电励磁磁势串联存在两个问题:一是永磁体磁阻较大,近似于空气磁阻,需要较大的励磁电流才能有效调节气隙磁场,降低了励磁效率;二是电励磁磁势直接施加在永磁体上,当进行弱磁控制时,很容易使永磁体发生不可逆退磁。有两种典型的串联磁路式

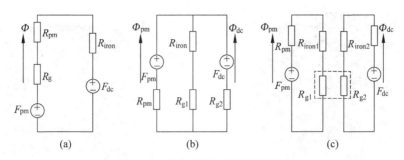

图 9-13 混合励磁电机磁路等效图
(a) 串联磁路式；(b) 并联磁路式；(c) 并列磁路式

混合励磁电机：混合励磁同步电机、混合励磁双凸极电机。

并联磁路式，即永磁磁势 F_{pm} 与电励磁磁势 F_{dc} 并联作用于主气隙，如图 9-13(b) 所示。相比于串联磁路式，并联磁路式中的电励磁磁势不经过永磁体，从而克服了上述串联磁路式存在的两个问题。但永磁磁路与电励磁磁路依然存在相互耦合，可能存在磁路交叉饱和的影响，而且为了实现并联磁路无刷励磁，一般需要引入附加气隙和轴向磁路，从而增加了并联磁路式混合励磁电机结构的复杂程度。如转子磁分路混合励磁电机和并联式混合励磁同步电机均为三维磁路。

串并联混合磁路式，既存在串联磁路又存在并联磁路。

并列磁路式，如图 9-13(c) 所示，从磁路上来看，它同属于并联磁路，但它与并联磁路式有本质的不同。并联磁路式中永磁磁路与电励磁磁路相互耦合，而并列磁路式中永磁部分和电励磁部分相互独立，克服了并联磁路式的磁路交叉耦合的问题。此外，永磁磁路和电励磁磁路解耦，使结构优化设计较灵活。

9.3.2 串联磁路式混合励磁电机

串联磁路式混合励磁电机的结构形式和运行原理相对简单，主要有两类形式：永磁体和励磁绕组都位于转子上的转子励磁型；永磁体和励磁绕组都位于定子上的定子励磁型。

1. 转子励磁型

一种典型的转子励磁型串联磁路式混合励磁电机结构如图 9-14 所示[12]。从图中可看出，永磁体为表贴径向结构；励磁绕组嵌绕在转子槽中，不需要占用额外的空间；定子铁心无需做特殊处理，结构与传统电机相同。永磁磁势和电励磁磁势串联，通过调节励磁电流的大小和方向可以实现气隙磁场的调节。但由于励磁绕组位于转子上，整个电机仍然为有刷结构。

2. 定子励磁型

一种定子励磁型串联磁路式混合励磁电机结构如图 9-15 所示。从图中可看出，该电机主要由定子铁心、转子铁心、永磁体、直流励磁绕组、电枢绕组和转轴等部件组成。其中，定子铁心、转子铁心由硅钢片叠压而成，且均为凸极结构；永磁体、电枢绕组和励磁绕组在定子上，转子上无绕组，具有结构简单、鲁棒性高、散热效果好等特点。

励磁绕组安置于定子槽内，励磁绕组和永磁体之间存在导磁桥，这样就达到以较小励磁磁势获得较大气隙磁场调节范围的目的，提高了直流励磁的利用率，同时又保证了电机定子铁心为一个整体，简化了电机装配。

图 9-14 转子励磁型串联磁路式混合励磁电机

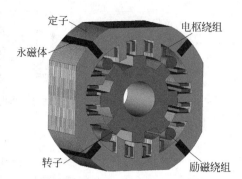
图 9-15 定子励磁型串联磁路式混合励磁电机

9.3.3 并联磁路式混合励磁电机

并联磁路式混合励磁电机可以根据励磁源放置的位置进行分类,主要有以下三类:永磁励磁源与电励磁源均在转子上的混合励磁电机;永磁励磁源位于转子上、电励磁源位于定子上的混合励磁电机;永磁励磁源和电励磁源均在定子上的混合励磁电机。

1. 永磁励磁源与电励磁源均在转子上

该类型结构中,励磁绕组位于转子上,仍存在电刷和滑环。图 9-16 所示为一种电动汽车用双轴混合励磁电机(biaxial excitation generator for automobiles,BEGA)[13]。双轴混合励磁电机的 d 轴磁路和普通电励磁电机转子励磁轴上的磁路相似,磁路磁阻小,故 d 轴电感较大。由于 q 轴磁路上存在隔磁槽,磁路磁阻大,因此 q 轴电感较小。电机在额定工况下,定子 q 轴电流 i_q 产生的磁场与永磁体产生的磁场相抵消。该类型电机与直流有刷电机相似,永磁体起到补偿绕组的作用,用于抵消电枢反应气隙磁场产生的畸变。该类型电机在调节气隙磁场大小时非常方便,只需要直接调节位于 d 轴的转子部分的励磁绕组中通过的励磁电流的大小,就可以实现对电机的调磁。

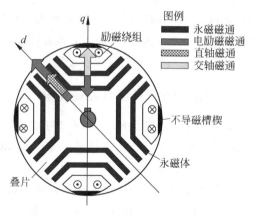
图 9-16 车用双轴混合励磁电机拓扑

2. 永磁励磁源位于转子上、电励磁源位于定子上

这类电机结构中,励磁绕组位于定子上,实现了无刷,提高了电机可靠性[14]。转子磁分路混合励磁电机是最具代表性的拓扑结构,基本结构原理如图 9-17 所示。该电机在切向结构永磁同步电机的基础上,利用软磁材料的各向同性衍变而来。轴向延伸转子导磁体为永磁体提供轴向旁路磁通路径,在电机的轴向增加电励磁磁势从而对轴向旁路磁通进行调节,使得电机的主气隙磁场得到有效的调节。环形导磁桥安装在定子端盖上,励磁绕组完成缠绕后,固定于环形导磁桥上,实现无刷励磁的同时,没有增加电机整体轴向长度,可有效提升电机的转矩密度。转子磁分路混合励磁电机的主磁路由切向永磁体提供,经过转子铁心、主气隙、定子齿部、定子轭部、主气隙和转子铁心;而其磁分路经过 N 极导磁体、附加气隙 1、导磁桥、附加气隙 2、S 极导磁体。两个磁路呈现并联的关系,通过对励磁绕组施加励磁电流,实现对磁场的有效调节。但由于磁分路为单端的结构,其调磁范围有限,功率密度有待进一步提升。

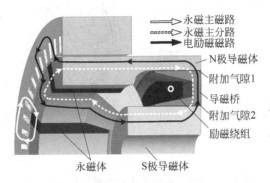

图 9-17 转子磁分路混合励磁电机结构原理图

双端转子磁分路混合励磁电机有效地解决了单端转子磁分路混合励磁电机磁场调节能力不足的问题,其基本结构如图 9-18 所示[15]。该电机的定子部分依然沿用传统的永磁电机的定子铁心,转子可看成由两段单端转子磁分路混合励磁电机的转子对接而成,这样就形成了两条轴向磁路。两套励磁绕组既可以串联,也可以并联,还可独立进行控制。采取并联式的连接方式可以在一套绕组发生开路故障时保证电机仍然可以正常工作,提高了电机的可靠性。

3. 永磁励磁源和电励磁源均在定子上

这类电机的转子结构相对简单,多为凸极结构。图 9-19 所示为一种典型的混合励磁双凸极电机拓扑结构。混合励磁双凸极电机的主磁场由永磁磁场和电励磁磁场共同作用产生,改变励磁电流的方向可起到增磁或去磁的作用。根据双凸极电机内磁场方向交错分布的特点定义混合励磁双凸极电机励磁电流的正方向。以 24/16 极混合励磁双凸极电机为例,当励磁电流为零时,电机仅由永磁体励磁,其磁通路径如图 9-19 所示。当励磁电流不为 0 时,混合励磁双凸极电机的磁通路径如图 9-20 所示,其中,虚线表示励磁绕组产生的磁通。

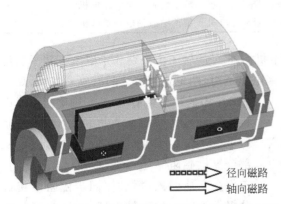

图 9-18 双端转子磁分路混合励磁电机的结构示意图

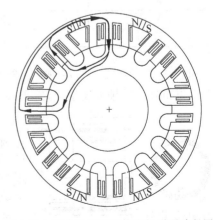

图 9-19 混合励磁双凸极电机磁通路径图

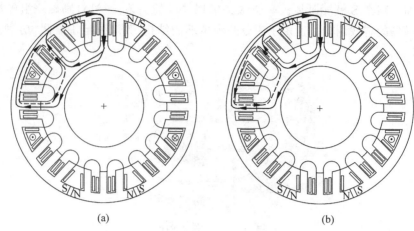

图 9-20 $I_f \neq 0$ 时混合励磁双凸极电机调磁原理图

(a) $I_f > 0$; (b) $I_f < 0$

9.3.4 并列磁路式混合励磁电机

并列磁路式混合励磁电机,简称并列式混合励磁电机,其典型结构是永磁电机部分的转子和电励磁电机部分的转子同轴连接,且两部分电机共用一套电枢绕组或者将电枢绕组对应串联。并列式混合励磁电机由永磁部分和电励磁部分组成,根据励磁源位置的不同,永磁部分可以分为定子励磁型和转子励磁型。同样,电励磁部分可以分为三类:定子励磁型、转子励磁型和磁阻类电机。对两部分不同类型的电机进行排列组合,得到 6 种组合形式,如表 9-1 所示。

表 9-1 并列式混合励磁电机组成形式

拓扑种类	组合形式
I	转子励磁型永磁电机+无励磁绕组磁阻类电机
II	转子励磁型永磁电机+转子励磁型电励磁电机
III	转子励磁型永磁电机+定子励磁型电励磁电机
IV	定子励磁型永磁电机+无励磁绕组磁阻类电机
V	定子励磁型永磁电机+转子励磁型电励磁电机
VI	定子励磁型永磁电机+定子励磁型电励磁电机

如图 9-21 所示[16,17],并列式混合励磁电机拓扑 A 的转子由表贴式永磁电机转子和同步磁阻电机转子同轴安装组成,定子共用一套电枢绕组,两电机部分之间有隔磁气隙,属于表 9-1 中的拓扑类型 I "转子励磁型永磁电机+无励磁绕组磁阻类电机"。该混合励磁电机工作在低速区域时,同步磁阻电机部分提供磁阻转矩以增加转矩输出能力;工作在高速弱磁区域时,同步磁阻电机部分提供了较大的直轴电感,从而提高电机的恒功率区域运行能力。

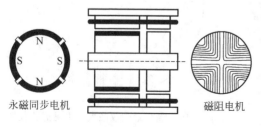

图 9-21 并列式混合励磁电机拓扑 A

图9-22中并列式混合励磁电机拓扑B的励磁绕组放置在转子上,电机采用有刷结构,属于表9-1中的拓扑类型Ⅱ"转子励磁型永磁电机＋转子励磁型电励磁电机"[18,19]。为提高电机的可靠性,图9-23所示的并列式混合励磁电机拓扑C引入两个附加气隙从而实现了电机的无刷结构,也属于拓扑类型Ⅱ。

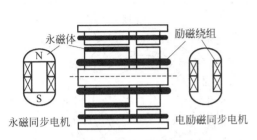

图9-22 并列式混合励磁电机拓扑B

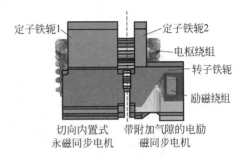

图9-23 并列式混合励磁电机拓扑C

并列式混合励磁电机拓扑D(永磁同步电机＋电励磁双凸极电机)如图9-24所示[20],在拓扑类型Ⅰ的基础上在磁阻电机中引入定子励磁绕组,实现了直流无刷励磁,属于表9-1中所示拓扑类型Ⅲ"转子励磁型永磁电机＋定子励磁型电励磁电机",兼具永磁电机功率密度高和电励磁电机磁场调节简单的优势。

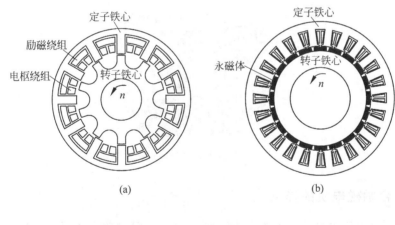

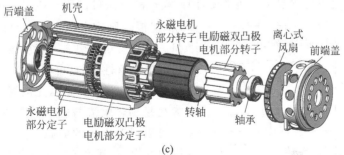

图9-24 并列式混合励磁电机拓扑D

(a)永磁电机部分结构拓扑；(b)电励磁电机部分结构拓扑；(c)电机三维结构

两部分电机均采用定子励磁结构(拓扑类型Ⅵ"定子励磁型永磁电机＋定子励磁型电励磁电机"),可以得到如图 9-25 所示并列式混合励磁双凸极电机和如图 9-26 所示并列式混合励磁磁通切换电机。并列式混合励磁电机的电励磁部分和永磁部分的磁路是独立的,因此,即使处于弱磁状态甚至是故障灭磁状态,电励磁磁场均不会引起永磁体的退磁。

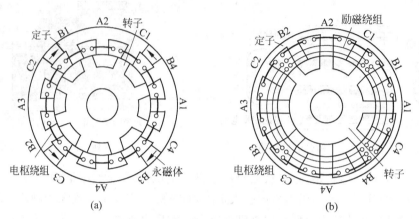

图 9-25　并列式混合励磁双凸极电机
(a)永磁电机部分结构拓扑；(b)电励磁电机部分结构拓扑

图 9-26　并列式混合励磁磁通切换电机

9.3.5　混合励磁电机的控制

混合励磁电机包含永磁电机部分,因此其控制方法可借鉴永磁同步电机的经典控制策略,但混合励磁电机多了一个励磁电流的控制变量。励磁绕组的引入不仅会改变整个混合励磁电机的电感特性,而且也增加了控制系统的复杂性,控制也更加灵活。最常见的混合励磁电机的控制方法是励磁电流与电枢电流协同控制,该控制方法可以提升电机的弱磁扩速能力,优化全转速范围内的铜损,基本示意图如图 9-27 所示。

在弱磁控制方面,仅通过调节励磁电流进行弱磁升速或通过调节传统永磁电机的电枢电流及转矩角进行弱磁控制虽然均可以获得一定的弱磁

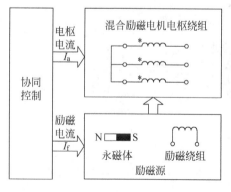

图 9-27　协同控制框图

升速效果,但将两者结合进行励磁电流与电枢电流协同控制则可以进一步提升电机转速范围,这在电动汽车驱动领域具有重要意义。图 9-28 所示为电枢励磁协同弱磁控制的参考 dq 轴电流和参考励磁电流的计算框图。

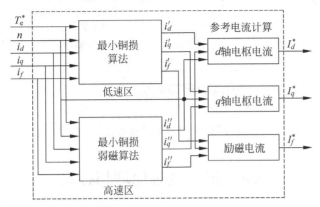

图 9-28 弱磁参考电流计算框图

对驱动系统效率的提升可以有效提升电动汽车的行驶里程。在协同控制的基础上以系统铜耗最小为目标,依据电机在电压限制椭圆和电流限制圆中的不同运行状态,采用新型算法对励磁电流、电枢电流及转矩角进行分配,从而提升系统在低速区的效率。

区别于传统的永磁电机,混合励磁电机的磁场随励磁电流的变化而变化,导致电机的交直轴电感可通过调节励磁电流进行调节,其特征电流也随着励磁电流的变化而变化。因此,可利用特征电流跟踪给定电流的控制策略,当电机进入高速弱磁运行区域时,通过励磁电流的调节,实现特征电流跟踪额定电流,提高恒功率区的运行范围以及高速区的运行效率,其控制框图如图 9-29 所示。

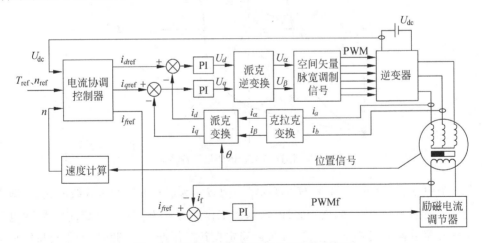

图 9-29 特征电流跟踪给定电流的控制框图

图 9-30 给出了不同控制策略下混合励磁电机的转矩-转速曲线。从图中可知,特征电流跟踪给定电流的控制策略可有效拓宽混合励磁电机的恒功率区运行范围。

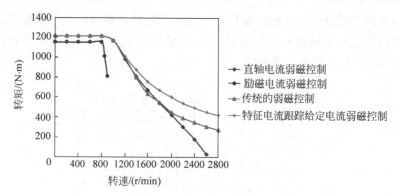

图 9-30　不同控制策略下混合励磁电机的转矩-转速曲线

9.4　记忆电机原理与控制

9.4.1　记忆电机基本原理

铝镍钴、钕铁硼等永磁材料可通过施加脉冲电流瞬间改变它们的磁化状态,并且它们的磁化水平能够被记忆住,该特性为永磁材料的"记忆"特性,其中,铝镍钴的记忆特性曲线如图 9-31 所示。

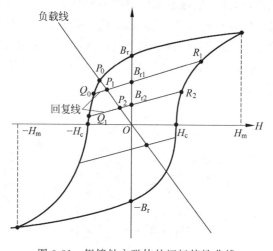

图 9-31　铝镍钴永磁体的记忆特性曲线

图 9-31 中,B_r 表示最大剩磁,H_c 表示矫顽力,P_0 为退磁曲线和负载线的交点,即永磁体工作点。当施加一个负向的去磁脉冲时,永磁工作点将从 P_0 移动到 Q_0;当脉冲电流消失后,工作点沿着回复线 Q_0P_1 上升,并最后稳定在新工作点 P_1。此时,如果再持续增加去磁电流脉冲,工作点将沿着 $P_1Q_1P_2$ 到达新的工作点 P_2。同理,当施加一定的正向充磁脉冲时,永磁体工作点将沿着 $P_2R_2R_1P_1$ 回到原工作点 P_1。因此,通过施加不同的充、去磁脉冲电流,铝镍钴永磁体的磁化水平可以被改变并被记忆住,从而实现记忆电机气隙磁通的灵活调节。

作为一种可变磁通永磁电机,根据瞬时调磁脉冲施加的方式,记忆电机可分为两种:直流脉冲调磁型记忆电机和交流脉冲调磁型记忆电机。

9.4.2 直流脉冲调磁型记忆电机

与传统电励磁电机类似,直流脉冲调磁型记忆电机的调磁绕组与电枢绕组独立设置,大大降低了在线调磁控制的难度,但电机的结构相对复杂,双凸极记忆电机的结构如图 9-32 所示[21]。该电机由双凸极电机衍变而来,直流调磁绕组和铝镍钴永磁体均位于定子上,定子为双层绕组的结构,有效地减小了永磁体的退磁风险,利用永磁体易于完全充、去磁的特点,可实现电机的变极运行。但此类电机的转矩脉动较大、反电动势正弦度较差,对整车舒适性会产生不良影响。

轻量化是电动汽车的重要研究方向,整车对驱动电机的转矩密度具有较高的要求。混合永磁体双凸极记忆电机有望提高双凸极记忆电机的转矩密度,如图 9-33 所示[21]。该电机的结构与双凸极记忆电机结构基本类似,但定子永磁体采用 AlNiCo 和 NdFeB 两种永磁体构成,当两种永磁体的磁化方向保持一致时,电机的气隙磁密达到最大,电机的转矩密度提升,可满足电动汽车爬坡的工况需求;当 AlNiCo 永磁体的磁化方向与 NdFeB 永磁体的磁化方向相反时,可以达到弱磁扩速的目的,同时提高高速弱磁区的电机效率。

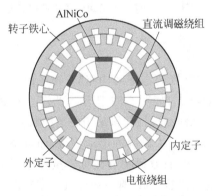

图 9-32 双凸极记忆电机

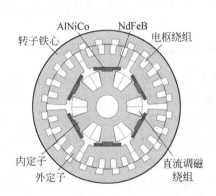

图 9-33 混合永磁体双凸极记忆电机

电动汽车整车的振动噪声与电机转矩脉动的关系较大,磁通切换型记忆电机有望减小双凸极记忆电机的转矩脉动、提高感应电动势的正弦度,从而提高整车的舒适性。磁通切换型记忆电机如图 9-34 所示[21]。该电机的定子铁心由相同数量的电枢齿与永磁励磁齿交替排列而成,直流脉冲调磁绕组匝链在永磁励磁齿上,转子由转轴、星形隔磁块和扇形状心瓣组成。该电机不仅具备记忆电机可在线调磁和宽度运行的特点,还具备永磁电机转矩脉动低、反电动势正弦度高的优点,可采用经典的矢量控制方法和成熟的变换器进行在线调磁和协调控制。

"V"形定子结构的混合永磁型磁通切换记忆电机有助于进一步提升电机的转矩密度[22],电机结构如图 9-35 所示。"V"形定子结构在增加电枢绕组的槽面积的同时,增强了永磁体的"聚磁"能力,使得该结

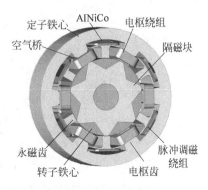

图 9-34 磁通切换型记忆电机

构的电机具有较高的功率密度和弱磁扩速能力。

上述磁通切换记忆电机的定子上存在电枢绕组、励磁绕组和混合永磁体等部件，使得定子的结构复杂。双定子结构的磁通切换记忆电机[23]如图 9-36 所示。该电机利用双定子的结构分离了电枢绕组和混合永磁体，且双定子结构一定程度上增加了电枢槽面积，从而可提升电机的转矩密度。另外，由于励磁绕组和电枢绕组在空间上实现了分离，降低了系统对励磁功率的需求，减小了永磁体的退磁风险。

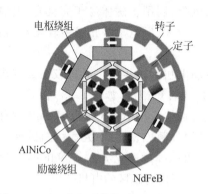

图 9-35 "V"形定子结构磁通切换记忆电机

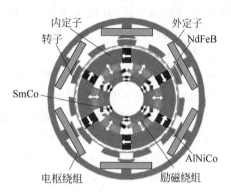

图 9-36 双定子结构磁通切换记忆电机

9.4.3 交流脉冲调磁型记忆电机

交流脉冲调磁型记忆电机的定子与传统的永磁电机的定子结构相同，转子由记忆永磁体、非磁性夹层和转子铁心组成，类似"三明治"结构[24]，如图 9-37 所示。为了获得较高的气隙磁密，转子采用聚磁式切向梯形永磁体，当需要增磁或弱磁时，采用矢量控制，在三相电枢绕组中分别施加一个脉冲电流，在 d 轴上合成一个充、去磁脉冲电动势，从而可瞬间改变 AlNiCo 永磁体内部的磁化水平，进而调节气隙主磁通，且励磁损耗较低。虽然采用了切向永磁体，但此类电机的气隙磁密相比传统的永磁电机仍然较低，难以满足汽车驱动电机的高转矩密度需求。

混合永磁体记忆电机有望提高交流脉冲调磁型记忆电机的转矩密度[25]，该电机的结构如图 9-38 所示。该电机的转子永磁体由钕铁硼和铝镍钴共同组成，气隙磁密得到明显增强，一定程度上增加了电机的转矩密度。

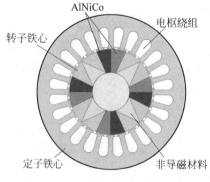

图 9-37 交流脉冲调磁型记忆电机

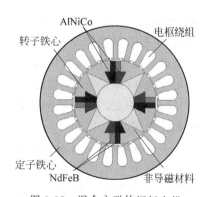

图 9-38 混合永磁体记忆电机

一种应用于电动汽车驱动系统的 AlNiCo 和 NdFeB 永磁体共同励磁的混合永磁体记忆电机[26]如图 9-39 所示。该电机的主励磁源为 6 块"V"形永磁体结构,可产生一定的"聚磁"作用,提高电机的气隙磁密;各个转子磁极下在直轴位置设置的隔磁桥很大程度上增加了转子交轴的磁阻,使交轴电感变小,从而减小了运行时交轴电枢反应对直轴气隙永磁磁场的影响。AlNiCo 永磁体可以将 NdFeB 永磁体产生的磁通推向定子,起到增强气隙磁通的作用;也可以将 NdFeB 永磁体产生的磁通在转子内部部分短路,起到弱磁效果。

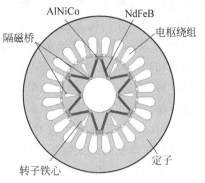

图 9-39 "V"形混合永磁体记忆电机

两段式混合永磁记忆电机可起到简化充磁难度的作用[27],电机的结构如图 9-40 所示。该电机的中间放置了轴向充磁的 AlNiCo 永磁体,沿轴向前后两段放置径向磁化的 NdFeB 永磁体,并且前后段沿圆周方向错开一极,形成轴向磁通路径。但该结构的调磁磁路较大,增加了调磁系统的成本,且永磁体的漏磁较大,导致永磁体利用率低。

在丰田普锐斯(Prius)混合动力汽车驱动电机的基础上,衍生出了 48 槽 8 极"V"形混合永磁体记忆电机[28],电机结构如图 9-41 所示。该电机中,低矫顽力永磁体的磁化状态在靠近直轴部分易调节,而靠近交轴部分却不易改变,导致了低矫顽力永磁体存在较多的空间谐波和磁路饱和问题,降低了电机的性能。

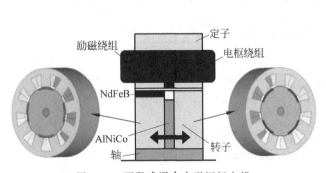

图 9-40 两段式混合永磁记忆电机

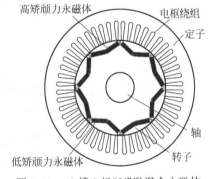

图 9-41 48 槽 8 极"V"形混合永磁体记忆电机

9.4.4 记忆电机的控制技术

记忆电机是一种可变磁通型永磁电机,考虑到混合永磁体之间的交叉耦合效应和永磁可调的特性,其机电能量转换以及矢量控制的原理与传统永磁电机实质上是一样的,其主要区别在于实现了电机的在线调磁与驱动协调控制。电动汽车驱动系统需要有宽的调速范围,当电机速度在基速以下时运行于恒转矩区,当速度高于基速时,需要采用弱磁控制以抵消 d 轴永磁磁动势,从而拓宽恒功率区运行范围。

对于交流脉冲调磁型记忆电机,正常运行时采用 $i_d=0$ 的矢量控制策略,电机需要调磁工作时,电枢电流的直轴分量采用逆电机模型的前馈电压控制方式,而交轴分量采用电流反馈控制方式。此种方式当电机在低速空载下运行时,对电机的性能影响较小;但当电机在低速大转矩和高速弱磁下运行时,对电机的性能影响较大,很难实现协调控制。

图 9-42 所示为一种交流脉冲调磁型记忆电机的控制方法。记忆调磁脉冲电路拓扑为单相全桥功率电路,主要由一个可控直流电压源、整流器和一个"H"桥功率变换器构成。其中,单相"H"桥功率变换器的功能与 PWM 斩波相似。而直流母线电压可以根据所需直流励磁电流值进行相应换算,各个永磁极对应的调磁绕组线圈采用串联的方式连接,因此根据电机设计时满磁化所需最大脉冲电流,得到电力电子器件流过的最大电流,进而计算得到电力电子器件可承受的最大电压。传统弱磁控制采用直轴电流负反馈的方法,在基速以下,定子电压未饱和时,弱磁模块不作用;在基速以上时,定子电压给定值与定子最大电压的差值经 PI 调节器后,可以得到直轴电流给定值,从而实现弱磁控制[28]。

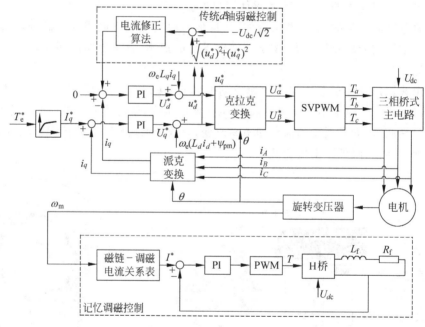

图 9-42 记忆电机控制框图

而对于直流脉冲调磁型记忆电机,其结构与混合励磁电机基本类似,存在电枢和励磁两套绕组,可分别对励磁绕组和电枢绕组进行独立控制,脉冲调磁绕组采用"H 桥"功率电路和可控电源即可,大大降低在线调磁的难度[29]。

分段弱磁控制的方法有望解决轴向磁通切换型记忆电机的弱磁控制问题[30],如图 9-43 所示。图中,低速区采用永磁饱和磁化运行,高速区采用分段弱磁运行,若永磁磁链观测器观测的永磁磁链小于所需永磁磁链,可施加正向调磁脉冲增强永磁磁化状态;若永磁磁链观测器观测的永磁磁链大于所需永磁磁链,可施加反向调磁脉冲减弱永磁磁化状态;否则,无需施加调磁脉冲。

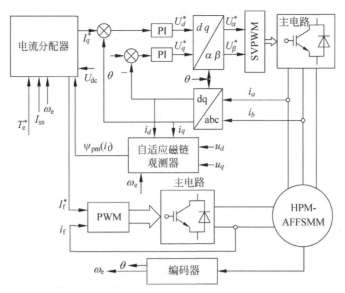

图 9-43 记忆电机分段弱磁控制框图

9.5 轴向磁场永磁电机原理与控制

9.5.1 基本原理及典型拓扑

轴向磁场永磁电机也称作盘式永磁电机,其气隙呈平面型,气隙磁场沿轴向分布[31]。若忽略定子漏感和电阻,轴向永磁电机的输出功率可以表示为

$$P = \frac{1}{1+K_\phi} \frac{m}{m_1} \frac{\pi}{2} K_e K_i K_p K_l \eta B_g A \frac{f}{p}(1-\lambda^2)\frac{1+\lambda}{2}D_o^2 L_e \tag{9-17}$$

式中,K_ϕ 为转子电负荷和定子电负荷的比值;m 为电机相数;m_1 为每个定子的相数;K_e 为电动势系数;K_i 为电流波形系数;B_g 为气隙磁密;A 为电负荷;f 为电机频率;p 为电机极对数;λ 为电机的内外径之比;D_o 为电机外直径;L_e 为电机的轴向有效长度。轴向永磁电机结构多样,按照定转子数目组合的不同,轴向磁场永磁电机一般可分为四类,如图 9-44 所示。

单定子单转子轴向磁场永磁电机结构简单,易于加工。双定子单转子轴向磁场永磁电机结构较为复杂,一个转子盘同时被两个定子共用,永磁体材料利用率较高,可以降低电机的制造成本,同时,定子置于转子盘两侧,易于散热。单定子双转子轴向磁场永磁电机为双边永磁体结构,有利于提高电机的转矩密度和功率密度。对于单定子双转子轴向磁场永磁电机,还分为定子有铁心结构和定子无铁心结构,定子有铁心结构中的有槽结构按照磁通路径的不同还可以分为两类[32]:NN 结构和 NS 结构,其中,NN 结构中两个转子上相对的永磁体均为 N 极或均为 S 极,如图 9-45(a)所示,由于其磁通路径的特殊性,该类结构需要较厚的定子轭,这会在很大程度上增加电机的铁心损耗。定子可以采用环形绕组设计,绕组端部短,槽满率高。NS 结构中两个转子上相对的永磁体分别为 N 极和 S 极,如图 9-45(b)所示,由于磁通不经过定子轭部,因此轭部厚度较小,有利于降低电机的铁心损耗,提高运行

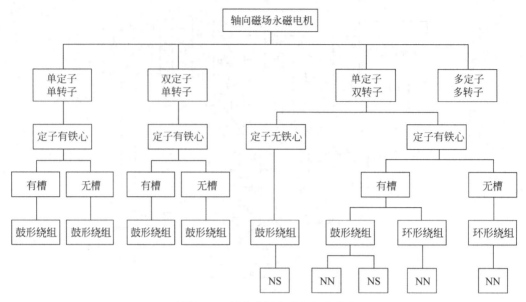

图 9-44　轴向磁场永磁电机分类

效率，但该电机一般采用叠绕组设计，该类绕组端部较长，且槽满率相对较低。多盘式轴向磁场永磁电机如图 9-46 所示[32]，该结构的电机有利于减小齿槽转矩，但制造加工较为复杂。

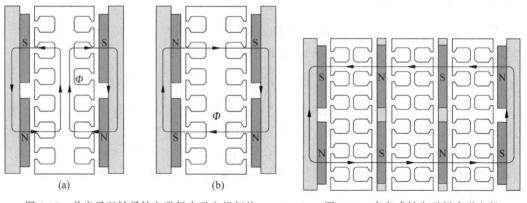

图 9-45　单定子双转子轴向磁场永磁电机拓扑
(a) NN 结构；(b) NS 结构

图 9-46　多盘式轴向磁场永磁电机

轴向磁场永磁电机的结构紧凑，对于空间有限的车用场合来说，具有一定的优势，尤其适合于轮毂电机应用场合。轴向磁场永磁轮毂电机具有轴向长度短、结构紧凑、转动惯量大、散热性好等特点。对于单定子双转子结构的轴向磁场轮毂电机，如图 9-47(a)所示，电机转子直接驱动车轮行驶，电机的定子则固定在底盘上，起到了降低非簧载质量的作用[33]。双定子单转子轴向磁场永磁轮毂电机具有永磁体利用率较高的特点，电机结构如图 9-47(b)所示。

对于轴向磁场永磁轮毂电机，由于电机集成在车轮内，可通过采用较大的电机直径和较多的极对数来提高转矩密度，绕组端部的长度较小，可充分提高电机效率。为抑制齿槽转矩,可采用永磁体短距分布和磁性槽楔。此外,可于定子外侧使用水冷铝环和高热导率的环氧树脂,以散出绕组端部的热量。轴向磁场永磁轮毂电机因其高效、高转矩/功率密度等优势使其在轮毂驱动系统中得以快速发展。

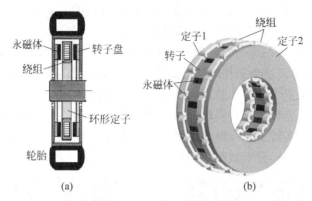

图 9-47 轴向磁场永磁轮毂电机
(a) 单定子双转子轴向磁场轮毂电机;(b) 双定子单转子轴向磁场永磁轮毂电机

9.5.2 轴向磁场定子无铁心永磁电机

由于定子取消了具有磁饱和特性的导磁铁心介质,定子无铁心永磁电机具有效率高、过载能力强、无齿槽转矩、转子损耗低等优点[34]。导磁介质在分界面上所受到的电磁力(麦克斯韦力)和载流导体在磁场中受到的电磁力(洛伦兹力)是电机内部典型的两种电磁力。由这两种电磁力的切向分量形成的电磁转矩和电枢绕组的感应电动势,是实现电机内部机电能量转换的基本要素。在传统有铁心永磁同步电机中,定子电枢绕组的电流在定子铁心感应出的磁场和转子永磁体产生的磁场相互作用后,在气隙的分界面上产生切向电磁力,这种电磁力属于前者。定子无铁心或无槽永磁电机取消了定子铁心或导磁齿,电枢绕组直接暴露在磁场中,通电后在磁场中受到切向电磁力作用,该电磁力属后者。本质上,定子无铁心和有铁心永磁电机电磁转矩的产生都可以由通电导体在磁场中受到的电磁力这一基本原理得出。而定子无铁心永磁电机的特殊性在于它形成转矩的电磁力直接来源于洛伦兹力,因此也被称为洛伦兹力型永磁电机。

尽管与传统定子有铁心永磁电机相比,定子无铁心永磁电机的主磁通回路磁阻大,导致了相同磁场强度的条件下,永磁体用量更多,定子工艺较为复杂等问题,但它仍具有独特的优势。轴向磁场定子无铁心永磁电机的拓扑结构较为单一,不像径向磁场的拓扑结构那样多样化。从磁场原理和总体结构布局来看轴向磁场定子无铁心永磁电机可以归结为如图 9-48 所示的拓扑类型。

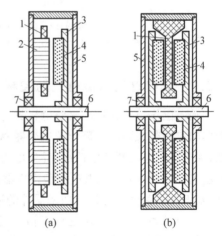

图 9-48 轴向磁场定子无铁心永磁电机的典型结构拓扑
(a) 单定子单转子;(b) 单定子双转子
1—电枢绕组;2—绕组支撑;3—转子磁轭;
4—永磁体;5—电机壳体;6—转轴;7—轴承

图 9-48(a)所示为单定子单转子轴向磁场定子无铁心永磁电机的基本结构,由于磁路难以闭合,该种结构较为少见。若定子为有铁心无槽结构,定子电枢绕组安装在背轭上[35];磁场从永磁体出发经过定子绕组区域,再到定子背轭,最后回到永磁体,形成一个闭合回路。图 9-48(b)为单定子双转子轴向磁场定子无铁心永磁电机的基本结构原理图,主磁通在两片转子之间形成回路,因此整个定子盘不需要任何导磁材料。同时,为了避免定子盘上除了绕组线圈以外的其他材料在运动的磁场中产生涡流损耗,应选用既不导磁也不导电的材料实现绕组的固定与支撑。这种拓扑结构的无铁心电机绕组大多采用环氧树脂灌封工艺形成牢固的定子盘,缺点是定子散热较差,而且环氧树脂耐热性也差,一般不允许定子温度超过 120℃。电机定子既有整数槽分布绕组,也有分数槽集中绕组;转子既有表贴式结构,也有内置式结构。多定子/多转子组合形式根据磁场回路独立与否也可分为磁场相互独立型和磁场轴向完全贯通型两种,分别如图 9-49(a)和(b)所示。

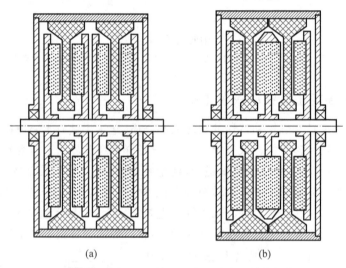

图 9-49 多定子/多转子组合形式典型结构拓扑
(a) 磁场独立型多定子/多转子组合;(b) 磁场贯通型多定子/多转子组合

9.5.3 轴向磁场永磁电机的控制

轴向磁场定子无铁心永磁电机具有电枢电感极小的特点,其电感一般在微亨级,这给驱动器的控制带来困难。用传统逆变器驱动控制定子无铁心永磁电机,会出现较大的电流脉动,甚至出现电流断续的情况,导致电磁转矩脉动显著增大。针对低电感电机的控制技术和方法主要有以下几种:电流源型逆变器控制、电压源型串谐波滤波器控制、多电平逆变器控制、基于高开关频率宽禁带功率器件的逆变器控制。

电流源型逆变器控制是在三相桥式逆变器直流母线侧加入 DC/DC 变换器,电机定子绕组的电流通过母线上的 DC/DC 变换器的全控器件(图中 V_7 和 V_8)PWM 斩波调节,而三相桥式逆变电路仅仅为了实现电机三相电流的换相作用。图 9-50 为一个典型的前置斩波电路的逆变电路图[36],可以解决定子无铁心轴向磁场永磁电机因电枢电感小而导致定子电流不连续的问题,抑制转矩脉动。然而,电流源型逆变器控制难以实现正弦波控制,输出的波形一般为方波,且存在换向脉动。

第 9 章　汽车新型驱动电机原理与控制

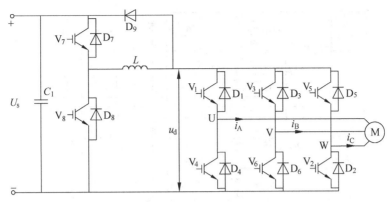

图 9-50　直流母线侧带 DC/DC 变换器的三相逆变器

图 9-51 给出了 4 种不同形式的滤波器[37-40]。在设计滤波器电感、电容和电阻的参数时需要谨慎细致,并充分考虑电机的基波频率和开关频率。在定子无铁心永磁电机的控制上,滤波器的电感主要起到延续电流的作用,电容可吸收功率器件开关动作引起的电流高频谐波分量。采用电容或电感电流反馈控制的方法可以实现有源阻尼,以提高滤波器在整个驱动系统应用的稳定性[41,42]。

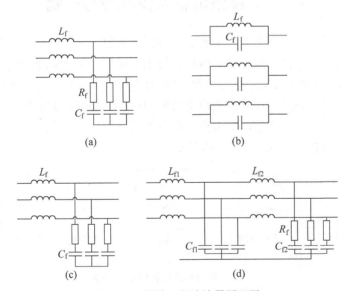

图 9-51　四种三相滤波器原理图

(a) LCR 滤波器；(b) LC 陷波滤波器；(c) LC 滤波器；(d) 两级 LCR 滤波器

多电平逆变器控制是一种较为有效的小电感电机驱动控制方法[43]。由于多电平逆变器可以产生多级电压阶梯波,减小了 du/dt 的值,可有效缓解电机侧绕组电压应力。在小电感电机驱动系统中,多电平逆变器的主要作用是减小电机相电流的波动。如图 9-52 所示为一种应用于小电感电机驱动场合的二极管钳位三电平逆变器电路拓扑[44]。多电平逆变器还可以采用电感耦合输出三个逆变器并联电路拓扑,输出的相电压有三种电平,从而可以改善小电感电机驱动电流的波形。

对于轴向磁场定子无铁心永磁电机的控制而言,抑制电流脉动最直接的方法就是提高

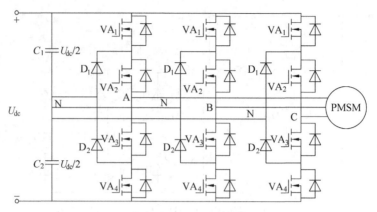

图 9-52 二极管钳位三电平逆变器电路拓扑

功率器件开关频率。以 SiC 功率 MOSFET 和 SiC 肖特基二极管为代表的宽禁带电力电子器件具有高开关频率和低损耗特性，因此，基于宽禁带器件的电机控制器主电路是未来解决低电感电机控制问题的重要发展趋势。

9.6 开绕组电机系统原理与控制

永磁电机驱动系统由于具有高功率密度、高效率、体积小和控制简单等优点成为电动汽车电机驱动系统的主流。但传统永磁电机控制器主电路中的电力电子器件易发生故障，一旦主电路出现故障，驱动电机失去动力来源，就会对电动汽车安全运行带来重要影响。为了提高电动汽车驱动电机系统的可靠性和功率密度，双变换器系统的开绕组电机系统应运而生。开绕组电机系统通常是在不改变电机电磁本体设计和控制系统的基础上，仅将其绕组中性点打开并串接变换器而成，如图 9-53 所示[45]。

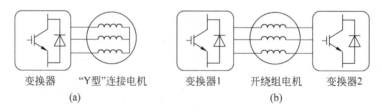

图 9-53 不同拓扑结构的电机系统
(a) 常规电机系统；(b) 开绕组电机系统

9.6.1 开绕组电机系统的典型拓扑结构

开绕组电机系统具有多种拓扑结构形式，主要源于所采用的电机类型、变换器及电源类型的多样性。开绕组电机系统可采用交流感应电机、永磁同步电机及混合励磁电机等不同类型，除三相电机外，也可采用多相电机；根据定子绕组两端供电方式的不同，开绕组电机系统拓扑结构可分为几种典型类型，且均具有多电平特性。根据开绕组电机系统串接变换器的类型和控制方式的不同，其拓扑结构也有不同的分类方法。

根据定子绕组两端供电方式的不同，开绕组电机系统可分为单电源、双独立电源和电源电容混合供电三种典型的拓扑结构。其中,最早采用的是如图9-54(a)所示的单电源供电系统的结构[46]。该结构仅需要单一的直流电源系统进行供电,但在此系统中,电机本体的三相绕组中会产生共模电压和零序电流,零序电流会增加电机绕组的直流损耗,使得系统的效率在一定程度上会降低,限制了电机在对系统效率要求较高的场合中应用。

图9-54(b)所示的开绕组电机系统有望从原理上提高开绕组电机系统的效率[46]。该系统中的双变换器由两个独立的电源供电,两个电源相互隔离,虽然在电压调制的过程中会产生共模电压,但定子绕组中不存在零序电流回路,所以电机相绕组中不会产生零序电流,但是该系统需要两个独立的直流电源进行供电,增加了系统的成本。

在仅能提供单电源的场合,开绕组电机系统其中一侧变换器使用电源供电,另一侧采用串接大容量电容的供电形式[47]为电源电容混合系统,如图9-54(c)所示。该结构仅使用一个电源,可利用电容侧变换器提供无功功率,抬升开绕组电机系统端部电压,增强系统运行性能。同时此结构也不存在单电源系统中固有的零序电流问题。

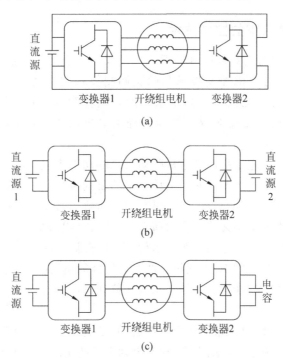

图9-54 不同供电方式的开绕组电机系统
(a) 单电源系统;(b) 双独立电源系统;(c) 电源电容混合系统

根据开绕组电机系统绕组两端所接变换器类型及变换器控制方式的不同,也可将开绕组电机系统分为几种典型拓扑结构。最常见的为图9-55(a)所示的电压源型双变换器组合。如图9-55(b)所示的两/三电平或更多电平的变换器组合可提高电压的电平数,减小谐波含量。根据控制方式的不同,采用高频和低频变换器组合可从原理上降低开关频率,同时保持输出电流的波形良好,如图9-55(c)所示。基波和谐波变换器组合形式如图9-55(d)所示。全控变换器和半控变换器相组合无需能量双向流动,如图9-55(e)所示。不同的变换器组合形式可满足不同场合的应用需求[48]。

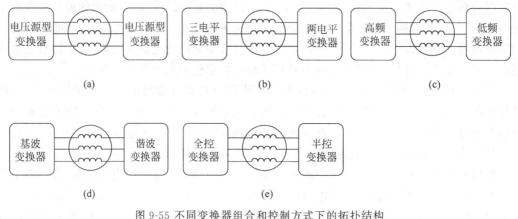

图 9-55 不同变换器组合和控制方式下的拓扑结构
(a) 电压型；(b) 两/三电平；(c) 高频/低频；(d) 基波/谐波；(e) 全控/半控

9.6.2 开绕组电机系统的控制技术

开绕组电机系统中的绕组双端开放形式以及双变换器的不同供电模式增加了系统控制的灵活性，方便不同的电机控制技术和脉宽调制技术的灵活实现。同时，双变换器所具有的天然硬件冗余特性也大大提高了系统的容错性和可靠性。因此针对不同应用场合、拓扑结构和控制目标，需要对双变换器开绕组电机系统的控制技术进行多方位的广泛研究。

开绕组电机结构从原理上提高了电机驱动系统的功率容量，同时应用相同的控制方法对两个变换器可以进行独立控制。对于电动汽车的驱动系统，相比传统的单变换器电机系统，开绕组电机系统具有更高的功率密度、更大的低速输出转矩、更优的弱磁特性以及更高的效率。在已有电机本体结构无法改变的前提下，开放绕组形成开绕组拓扑结构可从原理上提升系统的整体运行性能。电动汽车的运行工况比较复杂，各工况下的功率需求不同，为了提高电动汽车的能源利用效率，可通过对两个变换器的输出电压、电流进行协调控制来实现电机的输出功率和两个变换器之间的动态功率流动，以实现混合动力汽车系统中多种能源的有效能量管理。

除了驱动系统，开绕组电机系统用于车载起动/发电系统也具有明显的优势，开绕组电机一侧直接将蓄电池作为逆变器的电源，根据电动车辆的实际运行工况进行充放电，另一侧通过单向整流器直接连接车载负载，提供负载所需的功率。对电压和电流进行双闭环控制，可保证整流侧电压的稳定输出，通过协调控制策略解决电机应用于车载起动/发电系统中存在的转速范围窄、调压控制困难等问题。

9.7 本章小结

不同类型的电动汽车对于驱动电机系统有不同要求，总的来看，电动汽车对驱动电机系统性能的要求在不断提高，采用新结构和新原理的驱动电机系统受到了广泛的关注。

定子励磁型电机，其结构特征是永磁体或励磁绕组等励磁源与电枢绕组都放置在定子上，更方便对永磁体和绕组进行冷却；转子上无永磁体与绕组，仅由硅钢片叠压而成，机械强度更高。相比于电动汽车驱动电机常用的转子励磁型电机,不存在永磁体加固等问题,故在电动汽车驱动领域有着重要的应用潜力与价值。

混合励磁电机将永磁励磁源和电励磁源进行有机结合,在获得磁通调节范围灵活的同时降低了励磁损耗,从而提高了电机低速阶段的转矩输出能力和高速阶段的弱磁扩速能力,同时,混合励磁电机通过对气隙磁场的调节作用,可以有效抑制高速运行故障下的空载反电势,在电动汽车驱动领域具有广泛的应用前景。记忆电机也是一种可变磁通永磁电机,同样具有发展潜力。

对于轴向磁场永磁轮毂电机,电机集成在车轮内,可通过采用较大的电机直径和较多的极对数来提高转矩密度,绕组端部的长度较小,可充分提高电机效率。轴向磁场永磁电机因其高效、高转矩密度、高功率密度等优势使其在轮毂驱动系统中得以快速发展。

开绕组电机系统是将常规电机的绕组中性点打开,两端各串接一个逆变主电路而形成的一种双端供电的新型电机系统拓扑结构。开绕组电机系统具有输出功率高、供电模式和电压矢量调制方式多样、控制灵活、冗余性和容错性强等优势,在电动汽车驱动领域具有研究价值和应用前景。

不同类型的驱动电机系统适用于不同应用场景,探寻高转矩密度/功率密度、高效率且成本较低的新型驱动电机系统,对提升整个电动汽车的动力性能和经济性等都有着重要的意义。

思 考 题

9.1 定子励磁型电机主要有哪些类型?简述各种电机的结构特点与运行特性。

9.2 双凸极电机与开关磁阻电机在本体结构和控制方法上有哪些异同点?

9.3 磁通切换电机与永磁双凸极电机有哪些异同点?作为汽车驱动电机,相比于传统永磁同步电机,磁通切换电机具有哪些优势?

9.4 混合励磁电机根据永磁磁路和电励磁磁路的相互关系可以分类为哪几种?分析它们应用于电动汽车驱动系统的优缺点。

9.5 分析比较永磁双凸极电机、电励磁双凸极电机和混合励磁双凸极电机中的电磁转矩成分和特点。

9.6 简述混合励磁电机与永磁电机控制的不同之处,对于电动汽车驱动系统,混合励磁电机系统控制的基本要求与目的是什么?

9.7 画出铝镍钴永磁体的磁滞曲线,并结合曲线分析记忆电机的工作原理,并讨论将其应用于电动汽车驱动系统的可行性。

9.8 简述轴向磁场永磁轮毂电机的结构特点、工作原理以及其适用场合。

9.9 轴向磁场定子无铁心永磁电机电感极小会对控制造成哪些不利影响?简述适合此类电机的控制方法。

9.10 简述开绕组电机系统与常规电机系统的区别,分别画出两种电机系统的示意图。

9.11 开绕组电机根据定子绕组两端供电方式的不同可以分为哪几种?分析它们的优缺点。

参 考 文 献

[1] 程明,文宏辉,曾煜,等. 电机气隙磁场调制行为及其转矩分析[J]. 电工技术学报,2020,35(5): 921-930.

[2] Liao Y,Feng L. A Novel Permanent Magnet Motor with Doubly Salient Structure[J]. IEEE Transactions on Industry Applications,1995,31(5): 1069-1078.

[3] 孟小利,等. 双凸极电动机的原理和控制[M]. 上海: 上海科学技术出版社,2018.

[4] 孙林楠,张卓然,于立,等. 定子分布励磁双凸极无刷直流发电机电磁特性研究[J]. 中国电机工程学报,2017,37(21): 6218-6226.

[5] 程明,张淦,花为. 定子永磁型无刷电机系统及其关键技术综述[J]. 中国电机工程学报,2014,34(29): 5204-5220.

[6] 花为,朱晓锋. 磁通反向永磁电机及其关键技术综述[J]. 中国电机工程学报,2020,40(8): 2657-2670.

[7] 王蕾,李光友,张强. 一种新型的双凸极永磁电机[J]. 中小型电机,2004(1): 9-11.

[8] 戴卫力,王慧贞,严仰光. 电励磁双凸极电机的提前角度控制[J]. 中国电机工程学报,2007,27(27): 88-93.

[9] 刘星,陈志辉,朱杰,等. 电励磁双凸极电动机三相六拍控制策略研究[J]. 中国电机工程学报,2013,33(12): 138-144,196.

[10] 王寅. 电励磁双凸极电机转矩特性与控制方法研究[D]. 南京: 南京航空航天大学,2017.

[11] Lee B,Zhu Z Q,Huang L. Investigation of Torque Production and Torque Ripple Reduction for Six-Stator/Seven-Rotor-Pole Variable Flux Reluctance Machines[J]. IEEE Transactions on Industry Applications,2018,55(3): 2510-2518.

[12] Henneberger G,Hadji-Minaglou J R,Ciorba R C. Design and Test of Permanent Magnet Synchronous Motor with Auxiliary Excitation Winding for Electric Vehicle Application[C]//Proc. European Power Electronics Chapter Symp.,Lausanne,1994: 645-649.

[13] Scridon S,Boldea I,Tutelea L,et al. BEGA—A Biaxial Excitation Generator for Automobiles: Comprehensive Characterization and Test Results[J]. IEEE Transactions on Industry Applications,2005,41(4): 935-944.

[14] Zhang Z,Yan Y,Yang S,et al. Principle of Operation and Feature Investigation of a New Topology of Hybrid Excitation Synchronous Machine[J]. IEEE Transactions on Magnetics,2008,44(9): 2174-2180.

[15] 张卓然,王东,花为. 混合励磁电机结构原理、设计与运行控制技术综述及展望[J]. 中国电机工程学报,2020,40(24): 7834-7850.

[16] Mellor P,Burrow S G,Sawata T,et al. A Wide-Speed-Range Hybrid Variable-Reluctance/Permanent-Magnet Generator for Future Embedded Aircraft Generation Systems[J]. IEEE Transactions on Industry Applications,2005,41(2): 551-556.

[17] Chalmers B J,Akmeşe R,Musaba L. Design and Field-Weakening Performance of Permanent-Magnet/Reluctance Motor with Two-part Rotor[J]. IEE Proceedings—Electric Power Applications,1998,145(2): 133-139.

[18] Syverson C D,Curtiss W P. Hybrid Alternator with Voltage Regulator: US5502368[P]. 1996-03-26.

[19] Naoe N,Fukami T. Trial Production of a Hybrid Excitation Type Synchronous Machine[C]//IEEE International Electric Machines and Drives Conference,Cambridge,2001: 545-547.

[20] Sun L,Zhang Z,Yu L,et al. Development and Analysis of a New Hybrid Excitation Brushless DC Generator with Flux Modulation Effect[J]. IEEE Transactions on Industrial Electronics,2018,

66(6): 4189-4198.

[21] 林鹤云,阳辉,黄允凯,等. 记忆电机的研究综述及最新发展[J]. 中国电机工程学报,2013,33(33): 57-67.

[22] Yang Hui, Zhu Z Q, Lin Heyun, et al. Novel High Performance Switched Flux Hybrid Magnet Memory Machines with Reduced Rare-Earth Magnets[J]. IEEE Transactions on Industry Applications,2017,52(5): 3901-3915.

[23] Yang Hui, Zhu Z Q, Lin Heyun, et al. Analysis of On-Load Magnetization Characteristics in a Novel Partitioned Stator Hybrid Magnet Memory Machine[J]. IEEE Transactions on Magnetics,2017, 53(6): 1-4.

[24] Ostovic V. Memory Motors—A New Class of Controllable Flux Pm Machines for a True Wide Speed Operation[C]//Thirty-Sixth IAS Annual Meeting. Chicago: IEEE,2001: 2577-2584.

[25] 林鹤云,刘恒川,黄允凯,等. 混合永磁记忆电机特性分析和实验研究[J]. 中国电机工程学报,2011, 31(36): 71-76.

[26] 陈益广,王颖,沈勇环,等. 宽调速可控磁通永磁同步电机磁路设计和有限元分析[J]. 中国电机工程学报,2005,25(20): 157-161.

[27] Sakai K, Hashimoto H, Kuramochi S. Principle and Basic Characteristics of Hybrid Variable-Magnetic-Force Motors[C]//14th European Conference on Power Electronics and Applications (EPE), Birmingham,2011: 1-10.

[28] Hua Hao, Zhu Z Q, Pride A, et al. A Noval Variable Flux Memory Machine with Series Hybrid Magnets[J]. IEEE Transactions on Industry Applications,2017,53(5): 4396-4405.

[29] Maekawa S, Yuki K, Matsushita M, et al. Study of the Magnetization Method Suitable for Fractional-Slot Concentrated-Winding Variable Magnet Motive Force Memory Motor[J]. IEEE Transactions on Industry Applications,2014,29(9): 4877-4887.

[30] 杨公德,林明耀,李念,等. 混合永磁轴向磁场磁通切换记忆电机分段弱磁控制[J]. 中国电机工程学报,2017,37(22): 6557-6566.

[31] 黄允凯,周涛,董剑宁,等. 轴向永磁电机及其研究发展综述[J]. 中国电机工程学报,2015,35(1): 192-205.

[32] Capponi F G, De Donato G, Caricchi F. Recent Advances in Axial-Flux Permanent-Magnet Machine Technology [J]. IEEE Transactions on Industry Applications,2012,48(6): 2190-2205.

[33] Eastham J F, Balchin M J, et al. Disc Motor with Reduced Unsprung Mass for Direct EV Wheel Drive [C]. Proceedings of the IEEE International Symposium, Athens,1995: 569-573.

[34] 张卓然,耿伟伟,陆嘉伟. 定子无铁心永磁电机技术研究现状与发展[J]. 中国电机工程学报,2018, 38(2): 582-600.

[35] Takahashi T, Takemoto M, Ogasawara S, et al. Size and Weight Reduction of an In-Wheel Axial-Gap Motor Using Ferrite Permanent Magnets for Electric Commuter Cars[J]. IEEE Transactions on Industrial Applications,2017,53(4): 3927-3935.

[36] Shi T, Guo Y T, Song P, et al. A New Approach of Minimizing Commutation Torque Ripple for Brushless DC Motor Based on DC-DC Converter[J]. IEEE Transactions on Industrial Electronics, 2010,57(10): 3483-3490.

[37] 王晓光,王晓远,傅涛. 基于电流型斩波控制器的盘式无铁心永磁同步电机控制方法[J]. 中国电机工程学报,2015,35(9): 2310-2417.

[38] Sozey Y, Torrey D, Reva S. New Inverter Output Filter Topology for PWM Motor Drives[J]. IEEE Transactions on Power Electronics,2000,15(6): 1007-1017.

[39] Kojima M, Hirabayashi K, Kawabata Y, et al. Novel Vector Control System Using Deadbeat-Controlled PWM Inverter with Output LC Filter[J]. IEEE Transactions on Industry Applications,

2004,40(1): 162-169.

[40] Steinke J K. Use of an LC Filter to Achieve a Motor-Friendly Performance of the PWM Voltage Source Inverter[J]. IEEE Transactions on Energy Conversion,1999,14(3): 649-655.

[41] Dzhankhotov V,Pyrhonen J. Passive LC Filter Design Considerations for Motor Applications[J]. IEEE Transactions on Industrial Electronics,2013,60(12): 4253-4259.

[42] Kojima M,Hirabayashi K,Kawabata Y, et al. Novel Vector Control System Using Deadbeat-Controlled PWM Inverter with Output LC Filter[J]. IEEE Transactions on Industry Applications, 2004,40(1): 162-169.

[43] Hatua K,Jain A,Banerjee D, et al. Active Damping of Output LC Filter Resonance for Vector-Controlled VSI-fed AC Motor Drives[J]. IEEE Transactions on Industrial Electronics,2012,59(1): 334-342.

[44] De S,Rajne M,Poosapati S,et al. Low-Inductance Axial Flux BLDC Motor Drive for More Electric Aircraft[J]. IET Power Electronics,2012,5(1): 124-133.

[45] Takahashi I,Ohmori Y. High-Performance Direct Torque Control of an Induction Motor[J]. IEEE Transactions on Industry Applications,1989,25(2): 257-264.

[46] Welchko B A. A Double-Ended Inverter System for the Combined Propulsion and Energy Management Functions in Hybrid Vehicles with Energy Storage[C]//Annual Conference of IEEE Industrial Electronics Society,Raleigh,2005: 1401-1406.

[47] Junha K,Jinhwan J,Kwanghee N. Dual-Inverter Control Strategy for High-Speed Operation of EV Induction Motors[J]. IEEE Transactions on Industrial Electronics,2004,51(2): 312-320.

[48] 孙丹,林斌,周文志. 开绕组电机系统拓扑及控制技术研究综述[J]. 电工技术学报,2017,32(4): 76-84.

第 10 章 汽车电机驱动系统构型与集成技术

10.1 汽车电机驱动系统概述

汽车电机驱动系统由驱动电机系统和传动系统构成。依据所有驱动轮的驱动力来源，汽车电机驱动系统可分为集中式驱动和分布式驱动两类。

1. 集中式驱动系统构型

在集中式驱动系统中，为了扩展驱动电机转速范围，满足整车工况需求，通常会在电机机械输出轴侧连接减速器或变速器。采用单一速比的减速器，有利于增加驱动转矩、减小电机体积，但难以使电机在复杂道路工况下始终保持工作在高效区。采用变速器则可以通过挡位的调整，在满足车辆动力性的同时使电机尽可能工作在高效区，兼顾车辆的动力性和经济性。为了提高驱动电机系统以及传动系统的功率密度，可将驱动电机系统和减速器/变速器通过共用机械轴、共享壳体等措施集成为一体，如图 10-1 所示。

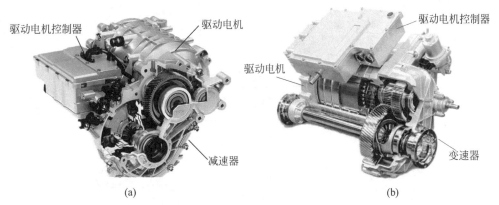

图 10-1 驱动电机系统与减速器/变速器的集成
(a) 驱动电机系统与减速器的集成；(b) 驱动电机系统与变速器的集成

近年来，为了应对功率需求较大的车型，双电机集中式驱动系统构型在商用车领域得到了广泛关注。双电机集中式驱动系统通常由两个驱动电机和一个变速器组成。两个驱动电机通常分别位于变速器的输入轴和输出轴，如图 10-2(a)所示；或同时位于变速器的输入轴侧，如图 10-2(b)所示。变速器通常使用行星齿轮变速器或者定轴齿轮变速器（机械变速器）。当双电机与机械变速器集成时，可补偿机械变速器在换挡过程中出现的动力中断。

除了单电机和双电机集中式驱动系统外，为了提高系统效率、减少排放，通常还使用电机与发动机搭配的方案，即混合动力驱动系统。混合动力驱动系统构型分为三类：串联式、并联式和混联式。如图 10-3(a)所示，串联式混合动力驱动系统中发动机不直接驱动车辆，而是通过电机 A 发电的方式为电机 B 提供所需的电能。串联式混合动力驱动系统结构简单，相较于传统车辆油耗低，并可以改善排放，但由于发动机的机械能需经过两次转换才能驱动汽车行驶，会造成一定的能量损失。并联式混合动力驱动系统中不仅驱动电机可以直

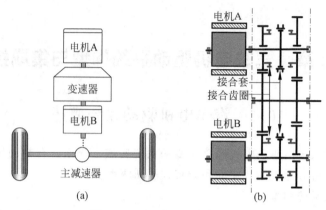

图 10-2 双电机与变速器集成

(a) 双电机分别位于变速器输入、输出轴；(b) 双电机位于变速器(机械变速器)输入轴

接驱动车辆，发动机也可通过机械连接的方式直接驱动车辆。如图 10-3(b) 所示为并联式混合动力驱动常见构型，驱动电机的位置可能处于 P0、P1、P2、P3 或 P4。混联式驱动系统构型是串联式构型和并联式构型的组合。发动机既可通过机械连接的方式直接驱动车辆，又可通过发电机发电给驱动电机的方式间接驱动车辆。混联式驱动系统的驱动模式兼具串

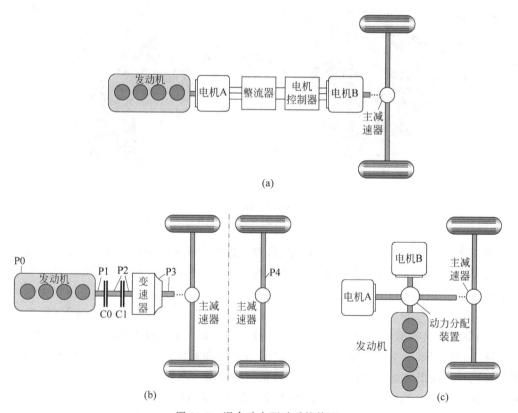

图 10-3 混合动力驱动系统构型

(a) 串联式驱动系统常见构型；(b) 并联式驱动系统常见构型；(c) 一种混联式驱动系统构型

联和并联的优势,但相应地,结构较复杂。如图10-3(c)所示为一种混联式驱动系统构型,该构型在并联的基础上增加了发电机,使用行星齿轮结构的动力耦合单元作为动力分配装置实现串联和并联两种方式。

2. 分布式驱动系统构型

分布式驱动系统将电机集成在轮边、车轮或轮辋内,每个驱动轮由一个电机提供动力,这种驱动形式结构紧凑、传动链短、传动效率高,同时由于每个车轮的驱动/制动力可独立控制,为整车的操纵稳定性控制提供了新的途径。分布式驱动系统包括轮边电机分布式驱动和轮毂电机分布式驱动。

轮边电机分布式驱动系统可以看作是集中式驱动系统到轮毂电机分布式驱动系统的过渡,通常将电机直接安装在车架上,通过减速器与车轮相连,如图10-4所示。目前,轮边电机分布式驱动系统主要应用于商用车或重型车领域。

轮毂电机分布式驱动系统将驱动/制动装置、传动系统甚至主动悬架系统全部集成在轮毂中,可以进一步缩短电机到车轮的动力传递路径,如图10-5所示。与轮边电机分布式驱动系统类似,轮毂电机分布式驱动系统具有转矩独立控制的优势。

图10-4 轮边电机分布式驱动系统构成图　　图10-5 轮毂电机分布式驱动系统构成图

集中式电机驱动系统技术方案成熟、可靠性较高,但传动效率偏低。轮边电机分布式驱动系统比集中式驱动系统传动链短,提高了传动效率与空间利用率。轮毂电机分布式驱动系统具备轮边电机分布式驱动系统的优势,且结构更紧凑,被广泛认为是车辆驱动和传动系统发展的趋势[1,2]。表10-1所示为集中式电机驱动系统、轮边电机分布式驱动系统和轮毂电机分布式驱动系统的性能比较。

表10-1 四种主要电机驱动系统性能比较表

性能参数	电机+减速器驱动	电机+变速器驱动	轮边电机驱动	轮毂电机驱动
传动链长度	较长	长	短	最短
空间利用率	一般	一般	中	高
车身质心高度	一般	一般	低	低
传动效率	中	一般	较高	高
经济性	较好	好	好	好
非簧载质量	小	小	大	大
车轮驱动转矩波动	小	小	大	大

10.2 集中式驱动系统

为了扩大驱动电机转速范围,通常在驱动电机后加装减速器或变速器。加装变速器后,通过合适的挡位调整可以有效改善车辆的动力性和经济性。虽然变速器的成本和重量都较单级减速器高,但加装变速器后可减小电机体积,降低电机重量,提高驱动系统整体效率。在不同类型的变速器中,机械式自动变速器(automated manual transmission,AMT)具有高传动效率、低成本、结构简单以及可应用于不同车型的优势,比较适合用于电动汽车动力系统。另外,"电机+机械变速器"系统所涉及的关键技术可推广至其他类型变速器和单级减速器。

10.2.1 电机变速驱动系统构成

电机变速驱动系统机械结构包括驱动电机、换挡电机和机械变速器,如图10-6所示。在换挡过程中,驱动电机通过调节转矩来控制目标接合齿圈与接合套之间的转速差和转角差,换挡电机则通过换挡执行机构将电机的旋转运动转化为接合套的轴向平移以实现摘挡、挂挡等动作。

控制系统框图如图10-7所示。从图中可看出,电机变速驱动控制系统包含驱动电机、机械变速器、换挡电机及相应的控制器,主要完成的控制任务为换挡策略的实施以及换挡过程的控制。图中,T_m^* 和 T_a^* 分别为驱动电机和换挡电机的转矩指令;T_m 和 T_a 分别为驱动电机和换挡电机的实际转矩;$\hat{T}_m$ 为驱动电机控制器输出的驱动电机转矩估计值;v 为车速;s_{slv} 和 v_{slv} 分别为接合套的位移和速度;θ_m 和 ω_m 分别为驱动电机的转角和转速;θ_{slv} 为接合套转角;θ_a 为换挡电机的转角。

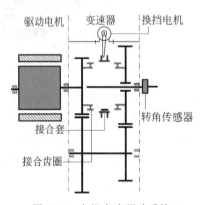

图10-6 电机变速驱动系统

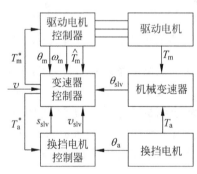

图10-7 控制系统框图

在换挡策略实施过程中,主要采集当前的车速、油门以及动力蓄电池等车辆信息。根据获取的车辆信息结合变速器控制器中的控制策略确定变速器的挡位。

在换挡过程控制时,变速器控制器通过驱动电机控制器获取驱动电机转子转角信息并间接计算得到目标接合齿圈的转速和转角信息;通过换挡电机控制器或位移传感器获取接合套(sleeve)的位移信息;通过装于机械变速器输出轴的转角传感器获取接合套转角信息并计算得到接合套的转速。根据获取的接合套和接合齿圈的运动状态信息,依据变速器控制器内部的控制算法发送指定的目标转矩指令至驱动电机控制器和换挡电机控制器,进而实现驱动电机和换挡电机的协同控制以完成换挡过程。

因此,电机变速驱动系统涉及的关键技术为:①制定换挡规律以改善驱动电机的工作点;②通过驱动电机和换挡电机的协同控制完成高品质换挡过程。

10.2.2 电机变速驱动系统参数匹配

1. 驱动电机参数

驱动电机主要需确定其峰值功率、额定功率、最高转速、额定转速、峰值转矩以及额定转矩。

(1) 驱动电机的功率

驱动电机的峰值功率 P_{max} 根据车辆的动力性指标,由最高车速、最大爬坡度及加速时间确定,即存在

$$P_{max} \geqslant \max(P_{max1}, P_{max2}, P_{max3}) \qquad (10\text{-}1)$$

式中,P_{max1}、P_{max2}、P_{max3} 分别为由最高车速、最大爬坡度和加速时间确定的峰值功率。

由最高车速确定的峰值功率 P_{max1} 可以表示为

$$P_{max1} = \frac{v_{max}}{3600\eta_T}\left(mgf + \frac{C_D A v_{max}^2}{21.15}\right) \qquad (10\text{-}2)$$

式中,v_{max} 为最高车速,单位为 km/h;m 为整车总质量,单位为 kg;f 为滚动摩擦系数;C_D 为整车的空气阻力系数;A 为整车迎风面积,单位为 m^2;η_T 为传动效率。

由最大爬坡度确定的峰值功率 P_{max2} 可表示为

$$P_{max2} = \frac{v_i}{3600\eta_T}\left(mgf\cos\alpha_{max} + mg\sin\alpha_{max} + \frac{C_D A v_i^2}{21.15}\right) \qquad (10\text{-}3)$$

式中,v_i 为爬坡时的车速,单位为 km/h;α_{max} 为最大爬坡度时对应的角度,单位为 rad。

由加速时间确定的峰值功率 P_{max3} 表示为[3]

$$P_{max3} = \frac{1}{3600\eta_T t_m}\left(mgf\frac{v_m}{1.5}t_m + \delta m\frac{v_m^2}{2\times 3.6} + \frac{C_D A v_m^3}{2.5\times 21.15}t_m\right) \qquad (10\text{-}4)$$

式中,v_m 为加速过程中达到的最高车速,单位为 km/h;t_m 为加速过程总用时,单位为 s;加速过程中的速度利用经验公式[3]拟合:$v = v_m\left(\frac{t}{t_m}\right)^x$,拟合系数 x 的范围为 $0.47 \sim 0.53$,通常取值 0.5。

驱动电机的额定功率应满足最高车速以及电机过载的要求,即有

$$P_e \geqslant \max\left(P_{max1}, \frac{P_{max}}{\lambda}\right) \qquad (10\text{-}5)$$

式中,P_e 为驱动电机的额定功率;λ 为电机的过载系数(overload ratio)。

(2) 驱动电机的转速

电机最高转速需满足车辆最高车速的要求,即有

$$n_{max} \geqslant \frac{v_{max} i_t}{0.377 r} \qquad (10\text{-}6)$$

式中,n_{max} 为最高转速,单位为 r/min;i_t 为传动系统的传动比;r 为车轮半径,单位为 m。

电机额定转速可根据电机最高转速和扩大恒功率区系数确定,即有

$$n_e \geqslant \frac{n_{\max}}{\beta} \tag{10-7}$$

式中,n_e 为额定转速,单位为 r/min;β 为电机扩大恒功率区系数。β 越大,电机在低速区获得的转矩越大,车辆在低速下的加速和爬坡性能越好,但 β 值过大会增大电机的工作电流,导致功率损耗增加。β 通常选为 2~4。

(3) 驱动电机的转矩

驱动电机的额定转矩由电机额定功率和额定转速得到,有

$$T_e \geqslant \frac{9550 P_e}{n_e} \tag{10-8}$$

式中,T_e 为驱动电机的额定转矩,单位为 N·m。

驱动电机的峰值转矩应满足车辆最大爬坡起动的要求,存在

$$T_{\max} \geqslant \frac{mg(f\cos\alpha_{\max} + \sin\alpha_{\max})r}{\eta_T i_{\max}} \tag{10-9}$$

式中,$T_{\max}$ 为驱动电机的峰值转矩,单位为 N·m;$i_{\max}$ 为传动系统最大传动比。

2. 变速器参数

(1) 最大传动比

电动汽车确定最大传动比时,需要考虑最大爬坡度(maximum gradability)和附着系数(adhesion coefficient)。

当车辆处于最大爬坡度时,需要选择足够大的传动比以克服行驶阻力,即存在

$$F_{t\max} = \frac{T_{\max} i_{\max} i_0 \eta_T}{r} \geqslant F_{\alpha\max} \tag{10-10}$$

根据汽车行驶方程和式(10-10),可得

$$i_{\max} \geqslant \frac{\left(mgf\cos\alpha_{\max} + mg\sin\alpha_{\max} + \frac{C_D A u_i^2}{21.15}\right)r}{T_{\max} \eta_T i_0} \tag{10-11}$$

同时,为防止车辆起动时驱动轮打滑,最大传动比还需满足附着力的要求,即

$$F_{t\max} = \frac{T_{\max} i_{\max} i_0 \eta_T}{r} \leqslant \varphi F_z \tag{10-12}$$

式中,φ 为附着系数;F_z 为垂向力,对于前驱车辆,$F_z = mg\frac{b}{L}$。

(2) 最小传动比

最小传动比应满足车辆最高行驶车速的要求,由最高车速和电机最高转速确定最小传动比,即

$$v_{\max} \leqslant \frac{0.377 n_{\max} r}{i_{\min} i_0} \Rightarrow i_{\min} \leqslant \frac{0.377 n_{\max} r}{v_{\max} i_0} \tag{10-13}$$

(3) 挡位数

变速器挡位数的确定需要综合考虑车辆的动力性、经济性、驱动电机的特性、安装空间和成本等因素。挡位数的增加通常有利于提高传动系统的效率,然而同时也会导致系统更复杂、体积和重量增加、成本上升等。

10.2.3 电机变速驱动系统换挡规律

电机变速驱动系统的换挡规律可分为两类：动力性换挡规律和经济性换挡规律。动力性换挡是为了使车辆获得最大驱动力。车辆的驱动力来源于驱动电机，所以不同车速下车辆驱动力取决于驱动电机的外特性。经济性换挡是为了使驱动电机尽可能工作在电机效率MAP图中的高效区。因此，动力性换挡规律取决于驱动电机机械特性，经济性换挡规律依赖于驱动电机效率特性。

1. 动力性换挡规律

动力性换挡规律通常以各挡加速度大小或驱动转矩大小作为换挡点的依据，即保证换挡后加速度或驱动转矩最大。这里以后者为例，根据以下步骤可获得动力性换挡线。

（1）在10%，20%，…，100%加速踏板开度下，分别绘制各个挡位下车辆驱动转矩随车速变化的曲线，并找出相邻两挡驱动转矩曲线的交点；

（2）连接相邻挡的所有交点，将此条曲线作为动力性换挡规律升挡曲线。相应的降挡曲线通过选择合适的降挡速差（通常为2～8km/h）获取。

按照上述步骤以某4.5吨商用车为例，可得到如图10-8(b)所示换挡线。由图10-8(a)可知车辆驱动转矩曲线的交点不唯一，即存在换挡区域。为了尽可能扩大在同一挡位工作的速度区域以减少频繁换挡，可以选择在车速较大时换挡。因此最终得到的动力性换挡线垂直于车速轴。

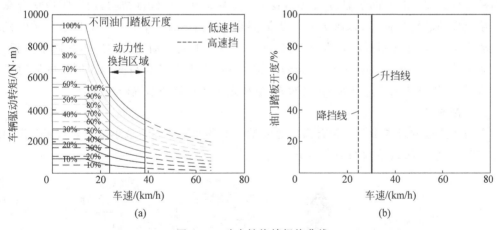

图10-8 动力性换挡规律曲线

(a) 车辆驱动转矩曲线；(b) 动力性换挡线

2. 经济性换挡规律

对于经济性换挡规律，是期望在当前车速下选择合适挡位以使驱动电机工作在高效区，具体操作步骤如下。

（1）在10%，20%，…，100%加速踏板开度下，分别绘制各个挡位电机工作效率随车速变化的曲线，并找出相邻两挡电机工作效率曲线的交点；

（2）连接相邻挡的所有交点，将此条曲线作为经济性换挡规律升挡曲线。相应的降挡曲线通过选择合适的降挡速差获取。

按照上述步骤，同样以某4.5吨商用车为例，可得图10-9所示换挡线。由图10-9(a)可知,电机效率曲线交点处的车速随着油门踏板开度增大而增大,由此可绘制如图 10-9(b)所示经济性换挡线。

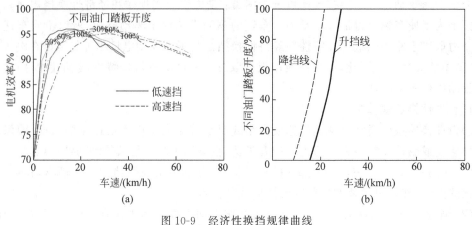

图 10-9 经济性换挡规律曲线
(a) 电机效率曲线;(b) 经济性换挡线

10.2.4 电机变速驱动系统同步过程控制

在换挡过程中,驱动电机同步过程控制对换挡品质至关重要。如图 10-10(a)所示,在传统的机械变速器中包含同步器(synchronizer),它为锥面环形机械结构,用于完成接合套与目标接合齿圈的转速同步,该种方式为机械同步(mechanical synchronization)。在电机变速驱动系统中,由于电机控制精准且鲁棒性强,可借助电机主动同步加速转速同步过程,该方式为主动同步(active synchronization)。在实现接合套与接合齿圈转速同步的同时调整至转角对齐,该方式为转速同步、转角对齐(也称之为转速转角双同步)。

1. 机械同步

机械同步指通过同步器与接合齿圈之间的锥形环的摩擦逐渐减小接合套与接合齿圈之间转速差的过程,机械结构如图 10-10(b)所示。

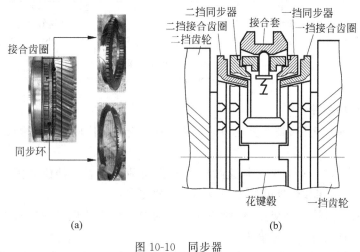

图 10-10 同步器
(a) 实物图;(b) 机械结构图

2. 主动同步

主动同步指通过控制驱动电机转矩,进而调节接合齿圈的转速,以加速接合套与接合齿圈转速同步过程的方式。为实现转速同步的时间最优,需使用驱动电机的最大能力调节转速差。电机转矩变化曲线以及转速差变化曲线如图 10-11 所示。

3. 转速同步、转角对齐

在取消同步器,并于变速器输出轴安装转角传感器后,即可通过控制驱动电机实现"转速同步"和"转角对齐"(又称为转速转角双同步)的目标,进而消除接合套与接合齿圈之间的冲击。为缩短动力中断时间,期望尽快完成"转速同步"和"转角对齐"的过程,即求解时间最优的"转速同步、转角对齐"控制律。常见的"转速同步、转角对齐"控制方案有基于庞德里亚金极小值原理(Pontryagin's minimum principle,PMP)[4]得到的 Bang-Bang 控制方案[5]和便于实际应用的转角相前置控制方案[5,6]。

1) Bang-Bang 控制方案

若忽略车辆阻力及驱动电机转矩响应过程,Bang-Bang 控制方案中所利用的动力学模型如下

$$\begin{cases} \Delta \dot{\theta}_{\text{gr\_slv}} = \Delta \omega_{\text{gr\_slv}} \\ \Delta \dot{\omega}_{\text{gr\_slv}} = \dfrac{T_{\text{m}} - T_{\text{fo}}}{J_{\text{e}}} \end{cases} \quad (10\text{-}14)$$

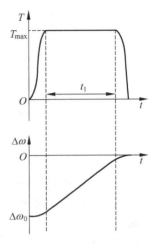

图 10-11 时间最优电机主动同步过程中电机转矩及转速差轨迹示意图

式中,$\Delta \theta_{\text{gr\_slv}}$ 和 $\Delta \omega_{\text{gr\_slv}}$ 分别为目标挡位接合齿圈与接合套的转角差和转速差,单位分别为 rad 和 rad/s;T_{m} 为驱动电机转矩,单位为 N·m;J_{e} 为等效至驱动电机转子处的转动惯量,单位为 kg·m²;T_{fo} 为变速器内搅油阻力矩,单位为 N·m。

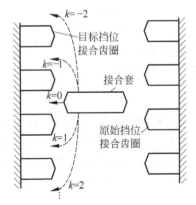

图 10-12 相对转角差周期性示意图

接合套与目标挡位接合齿圈的转角差呈现周期性变化,如图 10-12 所示,接合套与目标挡位接合齿圈转角对齐时,既可以与接合齿圈 $k=0$ 齿槽对齐,也可与 $k=\pm 1,\pm 2,\cdots$ 处齿槽对齐。所以除最优控制律外,还需确定最优周期数 k^* 以得到最优初始转角差 $\Delta \theta_{\text{gr\_slv}}^{0*}$,该问题为连续变量和离散变量同时优化的问题。为求解该问题,首先求解最优周期数以确定最优初始转角差,最优初始转角差与原始初始转角差的关系如图 10-13 所示[5,6]。由最优初始转角差,并基于庞德里亚金极小值原理可求得时间最优"转速同步、转角对齐"控制律为 Bang-Bang 控制,可表示为[5,6]

$$T_{\text{m}}^{\text{cmd}*} = \begin{cases} -\text{sign}\left(\Delta \theta_{\text{gr\_slv}}^* - \dfrac{(\Delta \omega_{\text{gr\_slv}})^2}{2\varepsilon_{\min}}\right) T_{\text{m}}^{\max}, & \Delta \omega_{\text{gr\_slv}} \geqslant 0 \\ -\text{sign}\left(\Delta \theta_{\text{gr\_slv}}^* - \dfrac{(\Delta \omega_{\text{gr\_slv}})^2}{2\varepsilon_{\max}}\right) T_{\text{m}}^{\max}, & \Delta \omega_{\text{gr\_slv}} < 0 \end{cases} \quad (10\text{-}15)$$

式中，$\Delta\theta_{gr\_slv}^*$ 为利用最优初始转角差得到的当前转角差；ε_{min} 和 ε_{max} 分别为最大制动减速度和最大驱动加速度。

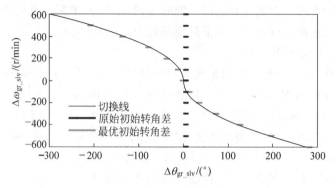

图 10-13　最优初始转角差与原始初始转角差的关系

图 10-14 是基于 Bang-Bang 控制的结果，其中，图 10-14(a)为相平面内转速差与转角差的运行轨迹。从图中可知，在最优初始转角差的指引下，依据 Bang-Bang 控制可使最终转速差和转角差调节至零。图 10-14(b)为驱动电机转矩指令轨迹。从图中可看出，驱动电机转矩指令首先取正向最大转矩，后切换至反向最大转矩。

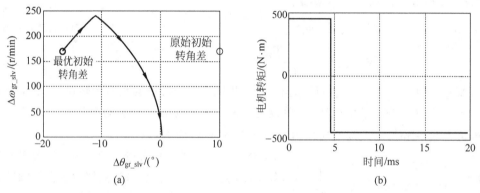

图 10-14　时间最优转速同步、转角对齐过程状态及驱动电机转矩指令轨迹
（a）转速差、转角差在相平面的轨迹；(b) 驱动电机转矩指令轨迹

2) 转角相前置控制方案

由于电气参数特性及控制算法的缘故，驱动电机的实际转矩跟踪转矩指令时存在响应过程。该响应过程会对"转速同步、转角对齐"控制效果产生影响。考虑驱动电机转矩响应过程的影响，根据动态规划结果得到可在线应用的转角相前置控制方案，如图 10-15 所示[5,6]。由图可知，控制规则可总结为：第一阶段，零转矩；第二阶段，切换至最大转矩，并保持一定时间；第三阶段，降为零转矩。转矩指令可表达为

$$T_m^* = [0, -\text{sign}(\Delta\omega_{gr\_slv}^0) T_m^{max}, 0]^T \quad (10\text{-}16)$$

与时间最优转速同步过程（图 10-11）对比，转角相前置控制方案增加了初始等待阶段 δt，以等待合适的转角差 θ_0^{pure}，即转角相，如图 10-16 所示。θ_0^{pure} 为可以用纯转速同步方式使得转速同步且转角对齐时的初始转角差。转角相结束后，转速同步和转角对齐的控制可按照时间最优转速同步过程进行，即转速相。转角相（初始等待过程）用时 δt 依赖于初始转

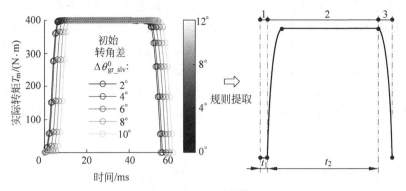

图 10-15 转角相前置控制方案中电机转矩轨迹变化曲线

角差和转速差,可表示为

$$\delta t = \begin{cases} \dfrac{(\theta_0 - \theta_0^{\text{pure}})}{-\omega_0}, & (\theta_0 - \theta_0^{\text{pure}})\omega_0 \leqslant 0 \\ \dfrac{(\theta_0 - \theta_0^{\text{pure}}) - \text{sign}(\omega_0)\dfrac{2\pi}{N_{\text{gr}}}}{-\omega_0}, & \text{其他} \end{cases} \quad (10\text{-}17)$$

式中,θ_0 为初始转角差;ω_0 为初始转速差;N_{gr} 为接合齿圈一周齿的个数。

最大的等待时间 δt 出现于需要等待一个周期转角差的位置,可表示为

$$\Delta t_{\text{rule\_pure}}^{\max} = \max(t_{\text{rule}} - t_{\text{pure}}) = \left| \frac{2\pi}{N_{\text{gr}}\omega_0} \right|$$
(10-18)

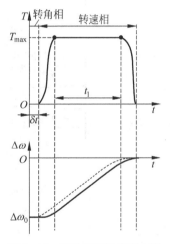

图 10-16 转角相前置控制方案中电机转矩及转速差轨迹示意图

式中,t_{rule} 为基于转角相前置的转速同步、转角对齐方案用时;t_{pure} 为纯转速同步用时。

10.2.5 电机变速驱动系统换挡过程控制

对于有同步器电驱动机械变速器,换挡过程控制方案已经相对成熟,通常为:①卸载;②摘挡;③同步(转速同步);④挂挡;⑤恢复转矩。但该方案无法避免换挡冲击的问题。近年来,依赖于电机转矩控制精度高、鲁棒性强的特点,无同步器电驱动机械变速器可以通过在变速器输出端加装转角传感器实现"转速同步、转角对齐"以消除换挡冲击。

1. 一般协同换挡控制方案

无同步器电驱动机械变速器的换挡过程一般分为五个步骤:①卸载;②摘挡;③同步("转速同步、转角对齐");④挂挡;⑤恢复转矩。其中,卸载、同步和恢复转矩由驱动电机完成,摘挡和挂挡由换挡电机完成,如图 10-17 和图 10-18 所示。图 10-17 为换挡过程中接合套与接合齿圈的相对位置关系,图 10-18 为换挡过程中驱动电机与换挡电机协同运动逻

辑关系图。为实现无冲击换挡,在同步过程中驱动电机需要完成接合套与目标挡位接合齿圈"转速同步、转角对齐"。由图 10-17 可知,同步过程可于接合套与原始挡位接合齿圈分离后(p_d)开始,且只要同步过程早于接合套到达接合位置(p_e)完成,则接合套可与目标挡位接合齿圈顺利接合,无冲击发生。为了进一步研究时间最优的换挡过程控制算法,换挡过程还可分为:①驱动电机卸载;②驱动电机与换挡电机协同运动;③驱动电机恢复转矩。在②协同运动中,换挡电机驱动接合套从位置 p_0 到达 p_f,驱动电机完成转速同步和转角对齐的同步过程。

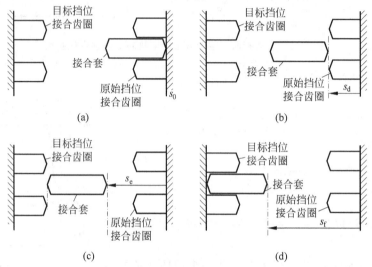

图 10-17 接合套与接合齿圈在换挡过程中的位置关系
(a) p_0 原始挡位;(b) p_d 分离位置;(c) p_e 接合位置;(d) p_f 目标挡位

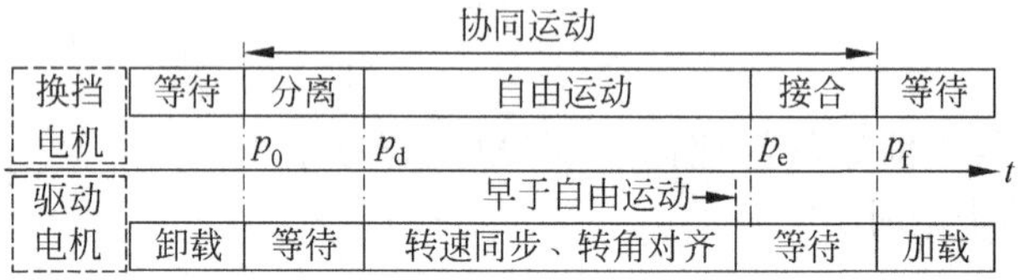

图 10-18 一般协同运动方案

2. "时间等长"的换挡协同控制方案

无同步器电驱动机械变速器在实现"转速同步、转角对齐"后可消除换挡冲击、缩短换挡时间。为了进一步缩短换挡时间,期望实现"转速同步、转角对齐"的同时接合套恰好以可行的最高速度到达接合位置,即"时间等长"的换挡协同控制。

为了得到"时间等长"的换挡协同控制算法,首先分析换挡执行机构的能力极限,即接合套由原始挡位 p_0 到达目标挡位 p_f 的时间最优控制律。该时间最优控制应为 Bang-off-bang(BOB)控制[5,7],即先以最高加速度驱动,然后保持最高速度,最后以最大减速度制动。若换挡电机在 BOB 控制下使得接合套晚于"转速同步、转角对齐"过程到达接合位置 p_e,则时间最优换挡协同控制即为驱动电机"转速同步、转角对齐"控制+换挡电机 BOB 控制,此种情况为"驱动电机等待换挡电机"的情形。协同运动框图见图 10-19,接合套晚于"转速同步、转角对齐"过程到达目标挡位接合齿圈,该协同运动过程无空挡等待。

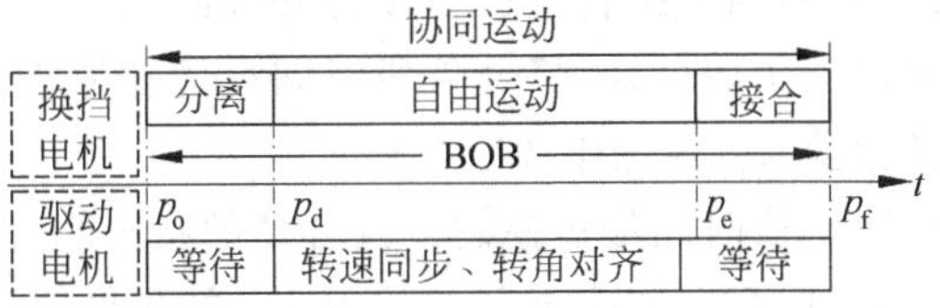

```
┌─────┬──────┬──────────────┬──────┬─────┐
│换挡 │ 分离 │   自由运动   │ 接合 │     │
│电机 │      │              │      │     │
│     │      │     BOB      │      │     │
├─────┼──────┴──────────────┴──────┤  t  │
│驱动 │ p₀   pd            pe   pf │────→│
│电机 │ 等待 │转速同步、转角对齐│ 等待 │     │
└─────┴──────┴──────────────┴──────┘     │
```

图 10-19 BOB 协同运动方案

换挡电机的最优控制律可总结为[5,7]

① 当 $s_{\text{slv}}^* > 0$,即正向换挡时,存在

$$T_a^{\text{BOB}} = \begin{cases} T_a^{\text{max}}, & v_{\text{slv}} < v_{\text{slv}}^{\text{max}} \ \& \ z_1 \geqslant 0 \\ \zeta_e^a v_{\text{slv}}^{\text{max}}/r_a, & v_{\text{slv}} = v_{\text{slv}}^{\text{max}} \\ -T_a^{\text{max}}, & v_{\text{slv}} \leqslant v_{\text{slv}}^{\text{max}} \ \& \ z_1 \leqslant 0 \end{cases} \quad (10\text{-}19)$$

式中, $z_1 = J_e^a \left(\zeta_e^a(-v_{\text{slv}}) + T_a^{\text{max}} r_a \ln\left[\dfrac{T_a^{\text{max}} r_a + \zeta_e^a v_{\text{slv}}}{T_a^{\text{max}} r_a}\right] \right) / (\zeta_e^a)^2 + s_{\text{slv}}^* - s_{\text{slv}}$, J_e^a 为换挡执行机构等效转动惯量; ζ_e^a 为换挡执行机构等效阻尼; T_a^{max} 为换挡电机最大转矩。

② 当 $s_{\text{slv}}^* < 0$,即反向换挡时,存在

$$T_a^{\text{BOB}} = \begin{cases} -T_a^{\text{max}}, & v_{\text{slv}} > -v_{\text{slv}}^{\text{max}} \ \& \ z_2 \leqslant 0 \\ -\zeta_e^a v_{\text{slv}}^{\text{max}}/r_a, & v_{\text{slv}} = -v_{\text{slv}}^{\text{max}} \\ T_a^{\text{max}}, & v_{\text{slv}} \geqslant -v_{\text{slv}}^{\text{max}} \ \& \ z_2 \geqslant 0 \end{cases} \quad (10\text{-}20)$$

式中, $z_2 = J_e^a \left(\zeta_e^a(-v_{\text{slv}}) - T_a^{\text{max}} r_a \ln\left[\dfrac{T_a^{\text{max}} r_a - \zeta_e^a v_{\text{slv}}}{T_a^{\text{max}} r_a}\right] \right) / (\zeta_e^a)^2 + s_{\text{slv}}^* - s_{\text{slv}}$。

若在 BOB 控制下接合套早于"转速同步、转角对齐"过程到达目标挡位接合齿圈时,BOB 控制不再适用。在此种情况下,首先分析分离过程($p_0 \to p_d$)和接合过程($p_e \to p_f$)。对于分离阶段,若想使分离阶段用时最短,换挡电机应以最大转矩驱动接合套与原始挡位接合齿圈分离。对于接合阶段,接合套从接合位置 p_e 移动至目标挡位 p_f,由于换挡执行机构结构简单,可简化为线性系统,所以接合阶段的时间最优控制应为 Bang-Bang 控制,即图 10-20 中曲线 2+曲线 3 或曲线 5+曲线 4 所示。由于不期望接合套超过目标挡位位置,

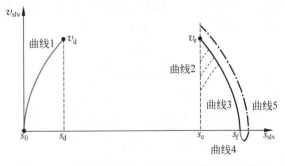

图 10-20 相平面内接合套速度及位移轨迹示意图

即不期望超过目标挡位 p_f,所以不希望出现曲线 5+曲线 4 的情形,因此只剩下曲线 2+曲线 3 的情形。而在这些情形中,因为接合过程中接合套轴向位移不变,所以 p_e 处的接合套速度越大接合阶段用时越短。由此可知,接合阶段时间最短控制应以 v_e 为初始速度,利用换挡电机最大制动转矩减速至 p_f,即图中曲线 3 所示。

通过上述分析可知分离阶段时间最短控制下接合套的状态轨迹为图 10-20 中曲线 1 所示,即换挡电机以最大转矩使接合套加速至分离位置 p_d 并获得速度 v_d。而接合阶段时间最短控制下接合套的状态轨迹为图 10-20 中曲线 3,即换挡电机以最大制动转矩使接合套减速至零并达到目标挡位处。

接下来确定接合套自由运动阶段($p_d \rightarrow p_e$)对应的换挡电机控制律。由于接合套需在"转速同步、转角对齐"过程之后到达接合位置,接合套自由运动阶段用时 t_{free} 应不小于同步过程时间 t_{dual_syn},因此自由运动阶段最短用时 $t_{free}=t_{dual\_syn}$。由此可知,换挡电机控制律应花费时间 t_{dual_syn} 使接合套由位移 s_d 处运动至 s_e 处,且在位移 s_d 处速度为 v_d,在位移 s_e 处速度为 v_e。则该控制问题变为终端时间固定的两点边值控制问题。本着换挡电机能耗最小的原则,基于极小值原理,可得到协同运动方案如图 10-21 所示,利用滚动时域控制(receding horizon control,RHC)的方法得到状态反馈控制律,可表示为

$$T_a^{RHC} = 2 \frac{(\zeta_e^a)^2}{r_a} \mathbf{V} \mathbf{M}^{-1} \mathbf{\Omega} \tag{10-21}$$

式中,

$$\begin{cases} \mathbf{V} = \left[\dfrac{1}{\zeta_e^a}, \dfrac{1}{J_e^a}, 0, 0 \right] \\ \mathbf{\Omega} = [v_{slv}^{cur}, s_{slv}^{cur}, v_e, s_e]^T \\ \mathbf{M} = \begin{bmatrix} 2 & \zeta_e^a/J_e^a & -2R(\zeta_e^a)^2 & 0 \\ 0 & 1 & 2RJ_e^a\zeta_e^a & -2R(\zeta_e^a)^2 \\ 2 & \zeta_e^a e^{\frac{\zeta_c^a}{J_c^a}t_f}/J_e^a & -2R(\zeta_e^a)^2 e^{-\frac{\zeta_c^a}{J_c^a}t_f} & 0 \\ 2t_f & e^{\frac{\zeta_c^a}{J_c^a}t_f} & 2RJ_e^a\zeta_e^a e^{-\frac{\zeta_c^a}{J_c^a}t_f} & -2R(\zeta_e^a)^2 \end{bmatrix} \end{cases} \tag{10-22}$$

式中,v_{slv}^{cur} 和 s_{slv}^{cur} 分别为接合套当前速度和位移,单位分别为 m/s 和 m;v_e 和 s_e 分别为在接合位置接合套需要达到的速度和位移,单位分别为 m/s 和 m;R 为正常数;t_f 为接合套从分离位置 p_d 至接合位置 p_e 的用时,单位为 s。

	协同运动		
换挡电机	分离	自由运动(RHC)	接合
	p_0　　　　p_d		p_e　　p_f
驱动电机	等待	转速同步、转角对齐	等待

图 10-21 RHC 协同运动方案

上述"时间等长"的换挡协同控制方案可用图 10-22 所示控制流程图表述。

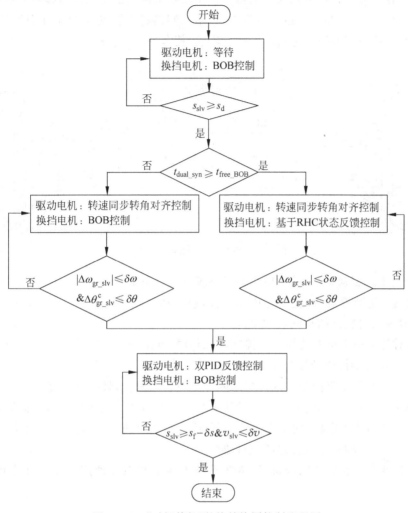

图 10-22 "时间等长"的换挡协同控制流程图

10.3 分布式驱动系统

10.3.1 轮边电机驱动系统构成

传统燃油汽车驱动系统采用机械连接方式,两侧车轮与传动轴刚性连接,当汽车行驶时,发动机输出的转矩通过主减速齿轮作用于传动轴进而带动车轮转动,通过机械差速装置满足转弯时外侧车轮转速大于内侧车轮转速的要求,保证转弯时外侧车轮转弯半径大于内侧车轮转弯半径。而轮边电机驱动系统将传统燃油汽车驱动系统中的刚性连接转变成电气柔性连接,该驱动系统主要由整车控制器、电机控制器、驱动电机等组成。

轮边电机驱动系统一般采用内转子电机和减速器,即在轮边电机和车轮之间安装减速机构,起到降低转速、增加转矩的作用。通常采用高速内转子式电机,该电机可在高速区域内运行,通过减速装置满足低速大转矩的要求。图 10-23 所示为典型轮边电机驱动系统结构。图中,车轮两边为轮边电机与减速器。该驱动系统取消了主减速器和差速器,将电机置于轮边单独驱动车轮。在汽车运行过程中,整车控制器将电机转矩指令分别发送至左右轮边电机控制器,从而控制轮边电机的转矩或转速,使车辆正常行驶。

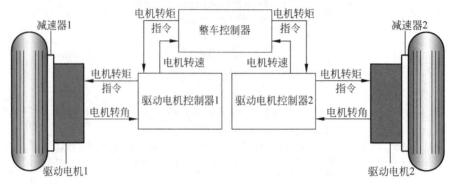

图 10-23 轮边电机驱动系统结构图

相较于集中式驱动系统,轮边电机驱动系统具有如下优势:

(1) 取消了主减速器、差速器等传动部件,使传动系统结构更加紧凑,减少了汽车整体质量,同时容易获得较高的空间利用率。

(2) 可对各驱动电机的转矩独立控制,转矩分配方便,驱动、制动切换灵活,有利于驱动轮的动力调节和直接横摆转矩控制。

(3) 可通过电子差速控制实现转弯时内外车轮有转速差,且控制精度较高。

考虑到电机分散安装和独立控制,轮边电机驱动系统主要需要解决以下问题:

(1) 由于采用两个电机、两个电机控制器,因此需要对两个电机同步协同控制以保证各车轮运动协调,从而增加了电控系统设计难度。

(2) 电机的分散安装对结构布置、热管理、电磁兼容以及振动控制等方面提出了更高的要求。

10.3.2 轮毂电机驱动系统构成

轮毂电机驱动系统将驱动电机装配在车轮的轮毂内,输出的转矩直接传递至车轮,省去了大部分传统传动部件,被认为是未来电动汽车的发展趋势。根据是否具有减速机构,可将轮毂电机驱动方式分为减速驱动和直接驱动。

轮毂电机减速驱动方式如图 10-24 所示。该驱动方式采用高速内转子电机,可以获得较高的功率。减速机构置于电机和车轮之间,起到减速和增矩的作用,传动比一般为 1~10,确保车辆在低速行驶时能够获得足够大的驱动转矩,具有较好的爬坡性能,适用于山区丘陵地带以及要求过载能力强的场合。该系统所用电机最高转速可达 10000r/min 以上,体积小,质量轻,成本低,噪声小。电机输出轴通过减速机

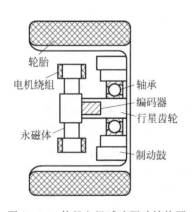

图 10-24 轮毂电机减速驱动结构图

构与车轮驱动轴连接,使得电机轴承不直接承受车轮受到的路面冲击载荷,有助于改善轴承的工作条件。采用减速装置,使系统具有较大的调速范围和输出转矩,一定程度上缓解了车轮尺寸对电机输出转矩和功率的影响,但增加了齿轮减速装置,使系统整体体积变大,质量变重。齿轮工作噪声比较大,且会带来润滑方面的技术问题。

如图 10-25 所示为直接驱动方式的轮毂电机驱动系统。该系统一般采用低速外转子电机。轮毂电机与车轮集成为一个完整的部件,电机置于车轮内部,利用外转子直接驱动车轮带动车辆行驶。主要优点是电机体积小,质量轻,成本低;无减速装置,系统传动效率高;结构紧凑,有利于整车结构布置和车身设计;电机外转子直接安装于车轮的轮辋,动态响应速度快。但由于起步、爬坡或顶风的时候需要较大的扭矩,所以在低速时电机必须能够提供较大转矩,由此会产生较大电流,容易损坏电机的永磁体和动力蓄电池。同时由于在车辆

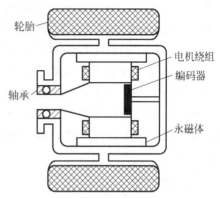

图 10-25 轮毂电机直接驱动结构图

运行中,会产生一定的冲击和振动,因此要求车轮轮辋和车轮支撑必须坚固、可靠。该驱动方式适用于平路或者负载较小的场合。

10.3.3 分布式驱动系统设计需求

1. 电机设计

用于分布式驱动系统的电机开发设计遵循一般电机开发设计的基本要求,但也有其独特性。其特殊性主要有:

(1) 尺寸紧凑,质量轻。由于需要集成制动器、减速机构等零部件且安装在狭小空间内,所以需要设计紧凑的外形尺寸。同时需要减小非簧载质量,实现轻量化设计。

(2) 优良的散热性、密封性与可靠性。由于轮毂电机安装在车轮轮毂内,在运行时会不断产生热量,故需要良好的散热性能。由于长期距离地面较近,容易接触灰尘、受到振动冲击,因此电机须密封性好,且具有良好的抗振性能和可靠的结构。

(3) 较高的功率密度和转矩密度、较强的过载能力、较宽的调速范围。由于电机安装空间有限,需要较大的功率密度。同时为满足电动汽车动力性指标,应具有较强的过载能力和较宽的调速范围。

(4) 较小的转矩波动。为了保证车辆乘坐舒适性与操纵稳定性,应具有较小的转矩脉动,以减小电动汽车的振动和噪声。

(5) 考虑到电动汽车的安全运行,为提高电机的容错运行能力,电动汽车驱动电机趋于多相化、模块化、冗余化结构设计。

2. 电机冷却

对于内定子外转子式的直驱式轮毂电机结构,定子损耗产生的热量难以传递至机壳并散发出去,导致电机的内部温升变高。过高温升会影响电机性能,电机过热易引起运行故障,影响电机使用寿命,因此采用合理的电机冷却方式对于轮毂电机驱动系统至关重要。

常用的驱动电机冷却为水冷和油冷等液冷方式。循环水冷有两种方式，一种是在定子绕组中嵌入导管，以"乙二醇+水"为冷却介质，通过导管内液体的循环流动来实现电机绕组的冷却；另一种是在电机定子机壳或定子与支撑轴之间，设计冷却水道，比如直槽Z型水道和螺旋型水道，通过冷却水道内水的循环流动实现电机的冷却，如图10-26所示。对于外转子式电机，循序水冷方式会提高电机的结构要求和设计难度。图10-27为某轮毂电机的冷却系统结构，该电机的冷却方式为水冷，水路设计在机壳内部，可直接对定子轭部、绕组端部以及电机控制器进行冷却，但是水冷结构较复杂，需要水泵、散热器等附属结构，同时会额外增加冷却系统的能耗。油冷则是在电机空腔内填充冷却油，依靠转子旋转带动油的流动，将绕组、铁心以及永磁体上的损耗带走，从而达到冷却的目的，如图10-28所示。由于油的黏滞作用会阻碍转子旋转，油冷不适合用于高转速电机上，分布式电机驱动系统的冷却系统设计应该综合考虑电机容量、电机结构形式、电机安装空间和整体能耗的要求。

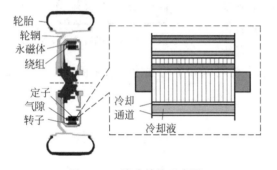

图10-26 液冷结构示意图

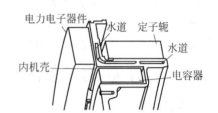

图10-27 某水冷却系统示意图

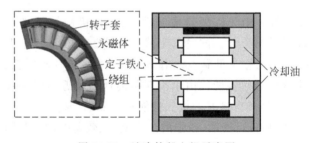

图10-28 油冷轮毂电机示意图

3. 电机控制

1) 降低轮毂电机转矩脉动

轮毂电机的转矩脉动是影响汽车行驶平稳性的重要因素，转矩脉动主要由齿槽转矩纹波和换相（或控制）转矩波动产生。轮毂电机的转矩脉动抑制措施主要有优化轮毂电机设计和电机控制两方面。进行轮毂电机控制时，基本思路是对轮毂电机参数进行修正补偿控制，降低电机转矩波动，提高轮毂电机转速、转矩的控制精度，改善轮毂电机控制性能，解决轮毂电机电磁、温度、应力等多场耦合作用下的转矩脉动问题。随着轮毂电机驱动技术在不同类型汽车中的应用增多，提高不同运行工况下多个轮毂电机之间的转速、转矩协调控制是未来轮毂电机驱动技术的发展方向。

2) 抑制不平衡磁拉力与电机振动

电动汽车在运动过程中,当轮毂电机定子与转子之间发生偏心时,会影响电机的电磁场分布,产生较大的不平衡磁拉力,并经过悬架系统传递给电动汽车车身从而产生垂直加速度,影响电动汽车乘坐舒适性。不平衡径向力不经过减振直接作用在车轮上,会恶化电机工作环境,降低疲劳寿命,增大轮胎动载荷,增加汽车侧翻风险。电机振动噪声控制主要包括电机本体结构设计优化与电机控制优化两方面。在电机控制优化方面,可以通过合适的控制算法,优化电机电流、导通角等控制参数,抑制不平衡径向力与电机振动。

10.3.4 分布式驱动系统动力学控制

为了改善车辆的动力学性能,需要对分布式驱动系统动力学进行合理控制。分布式驱动系统动力学控制主要分为车辆横向动力学控制、车辆纵向动力学控制和车辆纵横向动力学综合控制。

1. 车辆横向动力学控制

1) 控制目标设计

车辆横向动力学控制主要针对转向过程。控制目标根据侧重点的不同可分为:①侧重改善机动性的横向动力学控制目标;②侧重改善稳定性的横向动力学控制目标;③基于行驶轨迹或驾驶员转向意图的横向动力学控制目标。

(1) 改善车辆机动性的控制是期望在转向过程中减小转向半径,提高车辆在一定车速和前轮转角下改变行驶方向的能力,从而改善车辆的弯道通过性。转向过程中车辆的横摆运动响应在一定程度上可以体现车辆的机动性特征,通常将其作为控制目标设计的依据。通常采用线性二自由度车辆模型描述横摆运动响应过程。以前轮转向为例,其运动方程表示为

$$\begin{cases} \dot{\beta} = \frac{2(k_f + k_r)}{mv_x}\beta - \left(1 - \frac{2k_f l_f - 2k_r l_r}{mv_x^2}\right)\omega_r - \frac{2k_f}{mv_x}\delta_f \\ \dot{\omega}_r = \frac{2(k_f l_f - k_r l_r)}{I_z}\beta + \frac{2(k_f l_f^2 + k_r l_r^2)}{I_z v_x}\omega_r - \frac{2l_f k_f}{I_z}\delta_f \end{cases} \quad (10\text{-}23)$$

式中,β 为车辆质心侧偏角(vehicle sideslip angle),单位为 rad;ω_r 为车辆横摆角速度(yaw rate),单位为 rad/s;m 为整车质量,单位为 kg;I_z 为车辆绕 z 轴的转动惯量,单位为 kg·m²;l_f 和 l_r 分别为车辆质心到前后轴的距离,单位为 m;k_f 和 k_r 分别为前后轴车轮轮胎侧偏刚度,取负值;δ_f 为前轮转向角,单位为 rad;v_x 为车辆纵向速度,单位为 m/s。

通常以车辆横摆角速度 ω_r 对车辆前轮转向角 δ_f 变化的稳态响应作为控制目标。根据式(10-23),横摆角速度为前轮转向角的线性函数,可表示为

$$\omega_r = \frac{1}{1 + \frac{m}{2l^2}\left(\frac{l_f}{k_r} - \frac{l_r}{k_f}\right)v_x^2} \frac{v_x}{l}\delta_f = \frac{1}{1 + Kv_x^2} \frac{v_x}{l}\delta_f \quad (10\text{-}24)$$

式中,l 为车辆轴距,单位为 m;$K = \frac{m}{2l^2}\left(\frac{l_f}{k_r} - \frac{l_r}{k_f}\right)$,称为稳定性因数,单位为 s²/m²。

(2) 侧重改善车辆稳定性的横向动力学控制有利于增强车辆行驶的安全性。针对无外部控制作用的线性二自由度车辆模型转向过程,只需要保证稳定性因数 $K>0$,即可保证车辆具有转向不足特性,从而确保车辆运动的稳定性。在实际车辆转向过程中,需要考虑到轮胎非线性侧偏特性、路面附着情况等因素对车辆运动稳定性的影响,不能仅用 K 进行分析。通常基于相位图(相位图主要包括 β-γ 相位图和 β-$\dot{\beta}$ 相位图)研究稳定区域内质心侧偏角 β 的取值范围,进而通过抑制质心侧偏角 β 改善车辆稳定性。

(3) 除根据车辆自身的动力学特性外,还可以根据行驶轨迹信息和驾驶员的转向意图设计控制目标。为简便起见,通常将车辆视为质点,利用当前车速和既定行驶轨迹的曲率得到质点做匀速圆周运动时的角速度,以该角速度近似为车辆通过该既定行驶轨迹时的横摆角速度,可表示为

$$\omega_r = \rho_{tr} v_x \tag{10-25}$$

式中,ρ_{tr} 为既定行驶轨迹的曲率。

除跟踪既定行驶轨迹外,为了结合车道保持和车道更换的控制需求,还可同时考虑驾驶员转向意图设计动态切换的车辆动力学控制目标[8]。

2) 车辆直接横摆力矩控制

可利用直接横摆力矩控制方法改善车辆横向动力学特性。实现直接横摆力矩控制的方法通常有:①基于 PID 控制方法实现直接横摆力矩控制算法。PID 控制方法结构简单、调整方便,可在无精确车辆动力学模型情况下依靠经验和现场调试确定控制器参数。②基于滑模控制方法实现直接横摆力矩控制算法。滑模控制方法既适用于线性系统又适用于非线性系统。经典的滑模控制方法是利用横摆角速度误差及其变化率构成滑模面,计算所需的横摆力矩[9]。该控制算法稳定性好,对系统参数不确定性具有较好的鲁棒性。缺点在于滑模控制输入中存在高频变动项,会导致车轮转矩和受控的横摆角速度出现"抖振"现象。③基于智能控制方法实现直接横摆力矩控制算法。通常采用神经网络方法或模糊逻辑方法实现直接横摆力矩控制。反向传播(back propagation,BP)神经网络方法可根据车辆的运动状态调整直接横摆力矩控制中的参数,有较强自适应性。缺点在于 BP 神经网络方法的学习速度较慢,会影响控制的实时性。模糊控制器实时性较好,但控制精度不高,易存在稳态误差。

2. 车辆纵向动力学控制

1) 驱动/制动力分配

各独立车轮驱动/制动力分配应满足车辆纵向驱动和整车横摆控制两方面的需求,可表示为

$$\begin{cases} F_{x1} + F_{x2} + F_{x3} + F_{x4} = F_{xd} \\ \dfrac{B_f}{2}(F_{x2} - F_{x1}) + \dfrac{B_r}{2}(F_{x4} - F_{x3}) = M_{zd} \end{cases} \tag{10-26}$$

式中,F_{xi} 指各独立车轮的驱动/制动力,单位为 N;F_{xd} 为整车所需的纵向驱动/制动力,单位为 N;M_{zd} 为整车控制所需直接横摆力矩,单位为 N·m;B_f 为前轴左右侧车轮距离,单位为 m;B_r 为后轴左右侧车轮距离,单位为 m。

对车轮驱动/制动力分配的方法主要有:①基于比例的全轮驱动/制动力分配方法;②基于轮胎附着利用率优化的全轮驱动/制动力分配方法;③基于能量消耗优化的全轮驱

动/制动力分配方法。

(1) 基于比例的全轮驱动/制动力分配方法通过既定规则的比例系数分配车轮的驱动/制动力,常用的规则有按载荷分配、平均分配等。

(2) 基于轮胎附着利用率优化的全轮驱动/制动力分配方法通过优化轮胎附着利用率获得全轮驱动/制动力分配值[10],使车辆获得较大的稳定裕量。

(3) 基于能量消耗优化的全轮驱动/制动力分配方法通过建立表征整车驱动/制动力变化过程中的能量消耗指标,在既定约束条件下最小化该指标,获得全轮驱动/制动力分配值[11]。

2) 驱动防滑控制

如果电机驱动车轮的转矩超过路面附着力形成的阻力矩,就可能会出现打滑现象。为避免车轮打滑现象,需对车轮滑移率或车轮转速进行控制。通常采用 PID 控制、滑模控制、模糊控制等方法设计驱动防滑控制算法。

3. 车辆纵横向动力学控制

1) 纵横向力分配

驾驶员期望的运动状态对应期望的总纵向力、横向力以及横摆力矩。对于分布式驱动车辆,需要对纵横向力进行分配,各纵横向力关系可表示为

$$\begin{cases} F_{x1}+F_{x2}+F_{x3}+F_{x4}=F_{xd} \\ F_{y1}+F_{y2}+F_{y3}+F_{y4}=F_{yd} \\ \dfrac{B_f}{2}(F_{x2}-F_{x1})+\dfrac{B_r}{2}(F_{x4}-F_{x3})+l_f(F_{y1}+F_{y2})-l_r(F_{y3}+F_{y4})=M_{zd} \end{cases}$$

(10-27)

式中,F_{yi} 指各独立车轮的横向力,单位为 N;F_{yd} 为整车所需的横向力,单位为 N。

纵横向力的分配方法同样包含基于比例的分配方法和基于指标优化的分配方法。基于比例的分配方法通常应用于纵向力分配。该方法结构简单,可以保证分配算法的实时性;缺点在于比例因子的选取通常不能使结果达到最优,不能充分考虑纵向力和横向力的耦合关系以及轮胎的附着极限,从而可能会对横向力产生较大影响,也很可能触及轮胎附着极限。基于指标优化的分配方法需设定性能指标,并通过纵横向力分配最小化性能指标,通常选取的性能指标为轮胎附着利用率和能量消耗。

2) 纵横向力控制

由于轮胎纵向力和横向力之间存在较强的耦合关系,且在实际控制中轮胎纵横向力难以获取,无法直接以轮胎纵横向力为控制目标进行闭环控制,通常先通过轮胎逆模型(inverse tire model)将纵横向力目标转换为车轮滑移率和轮胎侧偏角目标,之后分别通过驱动/制动系统和主动转向系统对车轮滑移率和轮胎侧偏角进行控制,以得到期望的动力学性能。

(1) 轮胎逆模型

常规的轮胎模型可以由车轮滑移率和轮胎侧偏角等状态量计算纵向力和横向力,如图 10-29(a) 所示。相应的轮胎逆模型则通过纵向力和横向力以及其他状态量计算车轮滑移率和轮胎侧偏角,如图 10-29(b) 所示,将纵向力和横向力控制目标转换为较易观测和控制的车轮滑移率及轮胎侧偏角。

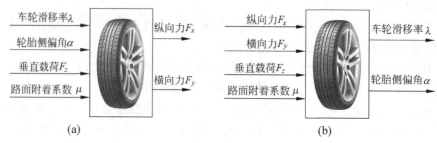

图 10-29 轮胎模型和轮胎逆模型
(a) 轮胎模型；(b) 轮胎逆模型

轮胎逆模型的建立方式可分为查表方式和计算方式。查表方式需通过大量试验获得各种典型工况下轮胎纵横向力与车轮滑移率以及轮胎侧偏角之间的对应关系，然后根据纵横向力及当前载荷等状态信息得到目标车轮滑移率和轮胎侧偏角。用计算方式得到轮胎逆模型时，需要根据现有成熟轮胎模型进行逆推导，得到轮胎逆模型的解析表达式。该方式不需要前期大量轮胎试验，运算速度快，但求逆推导过程较为困难。

(2) 车轮滑移率(slip ratio)控制

为克服轮胎非线性特性、时滞效应、路面不平度等干扰因素，通常采用逻辑门限控制、PID 控制、模糊自适应控制、滑模控制等方法实现车轮滑移率控制，增强控制系统鲁棒性。

(3) 轮胎侧偏角(tire sideslip angle)控制

轮胎侧偏角可以表示为车轮转角、车轮横摆角速度和车辆质心侧偏角的线性函数。因此，在已知车辆横摆角速度和质心侧偏角时，可通过控制车轮转角实现对轮胎侧偏角的控制。常见的车轮转角控制方法有 PID 控制、最优控制、鲁棒控制等。

10.3.5 分布式驱动系统其他存在问题及解决方案

与集中式驱动电动汽车相比较，分布式驱动电动汽车可使动力源配置更加智能化，底盘结构更加紧凑，将成为未来电动汽车的发展方向。分布式电机驱动的电动汽车尚未得到商业化推广，除电机及其控制技术不够成熟外，附加的车辆非簧载质量是一个重要的原因。非簧载质量的增加，降低了车辆操纵的稳定性、安全性和平顺性。为了获得良好的车辆垂向性能，需要解决非簧载质量增加带来的垂向振动性能降低的问题。根据引起车辆垂向性能降低的根源和传递途径，目前解决由非簧载质量过大引起的垂向振动性能下降有如下方法[12]。

减少非簧载质量的方法有：

(1) 实现分布式驱动系统的轻量化。通常采用的方案是悬架和轮辋采用铝合金材料，其他零件采用新型材料或镁、铝合金；同时，可以对电机、轮辋、轮毂、轮毂轴承、制动系统等一体化设计，进一步缩小体积，减轻质量。

(2) 通过质量转移的方式降低非簧载质量，利用动态阻尼吸振的结构将轮毂电机悬置，将其转化为吸振器质量元件[13]。

从传递路径上考虑缓解垂向振动性能下降的方法有：

(1) 合理选择弹性元件、阻尼元件和橡胶元件，并合理设计悬架结构，使悬架具有理想的非线性特性。

(2) 优化主动或半主动悬架的控制策略。

(3) 采用刚度较低的轮胎。

(4) 采用吸振器的方式降低车轮的动载荷,提高车辆平顺性。

上述方法能在一定程度上解决非簧载质量增大引发垂向振动增大的负效应,但都有局限性:①采用轻量化手段受到材料本身强度、刚度和储能的限制。②被动式悬架虽然结构简单,但受平顺性和安全性相互制约的限制,因此解决效果有限。③对于半主动或主动悬架,可通过各种控制方法如模糊控制、自适应控制等对悬架阻尼、刚度或者力发生器进行控制,但相对成本较高,结构复杂,只能采用安全性和平顺性折中的方法来实现,无法根本解决问题。④附加吸振器能够很好地降低车轮的动载荷,提高整车的平顺性,但由于整车质量的增加使车辆经济性、动力性和制动性能受到影响,且吸振器本身的体积对工作空间的要求也增加了吸振器安装的难度。

随着新材料、新技术、新工艺的突破,分布式驱动系统未来将向以下几个方向发展:①轮边、轮毂驱动系统一体化、轻量化设计;②新型半主动、主动悬架系统及其控制策略的开发;③高效、高功率密度和高转矩密度电机的研发;④低刚度且低滚动阻力轮胎的开发。

10.4 本章小结

汽车电机驱动系统根据驱动轮驱动力的来源可分为集中式驱动形式和分布式驱动形式。在集中式驱动形式中,通常在驱动电机后安装减速器或变速器以扩大驱动电机转速范围,减小驱动电机体积。在安装变速器后,可以通过合适的换挡规律调节驱动电机的工作点,即通过切换不同的挡位在保证车辆动力性的同时使电机工作于效率较优的工作点。借助驱动电机响应迅速、控制精度高的特点,可以改善变速器换挡品质。尤其在"电机+机械式自动变速器"系统中,通过驱动电机精确的转矩控制可实现接合套与接合齿圈"转速同步、转角对齐",还可进一步通过与换挡电机精确的协同控制消除换挡冲击,提升换挡性能。近年来,集中式驱动系统集成化程度不断加深,一体化技术成为未来发展趋势。

分布式驱动系统包含轮边驱动和轮毂驱动两种形式。由于减少了复杂的传动系统,轮边电机驱动系统可实现商用车的宽通道、全低地板布置,系统质量和成本优势明显;轮毂驱动系统传动效率最高。分布式驱动系统控制灵活,可通过基于比例系数分配或指标优化的方式分配车轮纵横向力。但分布式驱动系统增加了非簧载质量。针对这一难题,通常从根源上减少系统质量和从传递路径上缓解车轮受到的路面冲击载荷两方面探寻解决方案。尽管分布式驱动系统增加了非簧载质量,而且对系统轻量化、系统集成化、电机转矩密度、电机可靠性、电机冷却系统设计、电机协同控制、悬架优化设计以及主动控制等方面提出了更高要求,但该系统效率高、布置灵活,被公认为是电动汽车驱动系统的未来发展趋势。

思 考 题

10.1 请从车辆动力性和经济性方面阐述集中式驱动系统中驱动电机与发动机组合、驱动电机与变速器组合以及分布式驱动系统中多电机组合中驱动电机各发挥什么作用,有何相似之处和不同点。

10.2 在双电机+变速器系统中,请对比分析双电机同时位于变速器输入端与双电机分别位于变速器输入端和输出端两种拓扑结构的优缺点。

10.3 本章所述动力性换挡规律是以驱动转矩大小为依据绘制的换挡线,请仿照该方法以加速度大小为依据绘制换挡线,并与以驱动转矩大小为依据的换挡线进行对比。

10.4 请分析同步器的作用,并对比有/无同步器电驱动机械变速器换挡过程控制方式的不同。

10.5 请分析分布式驱动系统横摆控制和驱动/制动力分配之间的关系,并举一例基于某一种比例系数分配方法对驱动/制动力进行分配。

10.6 请分析分布式驱动系统纵横向动力学控制中输入量、输出量之间的逻辑关系,并配框图说明。

参 考 文 献

[1] Chan C C. The State of the Art of Electric, Hybrid, and Fuel Cell Vehicles[J]. Proceedings of the IEEE,2007,95(4):704-718.

[2] Zhu Z Q,Chan C C. Electrical Machine Topologies and Technologies for Electric, Hybrid, and Fuel Cell Vehicles[C]//Vehicle Power and Propulsion Conference,2008. VPPC'08. IEEE,2008.

[3] Henry K N,Anant D V,Danilo J S. The Prospects for Hybrid Electric Vehicles,2005-2020: Results of a Delphi Study[Z]. Argonne National Laboratory. ANL/ES/CP-99612,1999.

[4] Pontryagin L S. The Mathematical Theory of Optimal Processes[M]. New Jersey: John Wiley & Sons,Inc,1962.

[5] 卢紫旺.无同步器电驱动机械变速器系统换挡过程控制研究[D].北京:清华大学,2021.

[6] Lu Z,Tian G,Onori S. Multistage Time-Optimal Control for Synchronization Process in Electric-Driven Mechanical Transmission with Angle Alignment Considering Torque Response Process[J]. Journal of Dynamic Systems,Measurement,and Control,2021,143(4):041006.

[7] Lu Z,Tian G,Onori S. Time-Optimal Coordination Control for the Gear-Shifting Process in Electric-Driven Mechanical Transmission (Dog Clutch) without Impacts[J]. SAE Int. J. Elect. Veh. 2020,9(2),doi: 10.4271/14-09-02-0010.

[8] Pongsathorn R,Mizushima T,Nagai M. Direct Yaw Moment Control System Based on Driver Behaviour Recognition[J]. Vehicle System Dynamics,2008,46(S1):911-921.

[9] Kim J,Kim H. Electric Vehicle Yaw Rate Control Using Independent In-Wheel Motor[C]//2007 Power Conversion Conference-Nagoya. IEEE,2007:705-710.

[10] Ono E, Hattori Y, Muragishi Y, et al. Vehicle Dynamics Integrated Control for Four-Wheel-Distributed Steering and Four-Wheel-Distributed Traction/Braking Systems[J]. Vehicle System Dynamics,2006,44(2):139-151.

[11] 余卓平,张立军,熊璐.四驱电动车经济性改善的最优转矩分配控制[J].同济大学学报(自然科学版),2005(10):1355-1361.

[12] 宁国宝,万钢.轮边驱动系统对车辆垂向性能影响的研究现状[J].汽车技术,2007(3):21-25.

[13] Nagaya G,Wakao Y,Abe A. Development of an In-Wheel Drive with Advanced Dynamic-Damper Mechanism[J]. JSAE Review,2003,24(4):477-481.

第 11 章　汽车驱动电机的基本设计方法

11.1　汽车驱动电机设计概述

驱动电机系统需满足整车动力性、经济性、舒适性、安全性、可靠性、环境适应性和耐久性的要求,这些要求贯穿于驱动电机系统生命周期始终。驱动电机设计阶段是驱动电机系统生命周期的重要组成部分,科学、合理的设计方法对驱动电机乃至驱动电机系统的性能会产生直接的影响。

电动汽车驱动电机设计流程如图 11-1[1]所示,包括驱动电机需求分析、电机拓扑结构选择、参数设计、电机建模与电磁分析、热分析和机械应力分析、样机制造、电机性能测试等环节。在设计过程中,需经过不断校核、修正和迭代,最终得到符合技术需求的驱动电机。

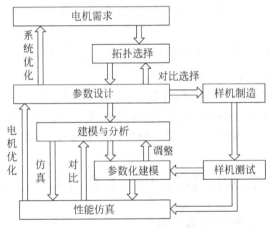

图 11-1　驱动电机设计流程

基于图 11-1 所示的驱动电机设计流程可知,驱动电机设计主要包括以下几个环节。

(1) 驱动电机需求分析。

驱动电机的需求分析是指确定驱动电机的额定功率、起动转矩、堵转转矩、峰值转矩、基速或额定转速、极对数、效率、额定频率、额定电压、电机相数、防护等级、电机设计标准、工艺性和耐久性等。

(2) 拓扑选择。

拓扑选择(topology selection)是指确定驱动电机类型和驱动电机结构,如对永磁同步电机设计时,需要选择表贴式永磁同步电机还是内置式永磁同步电机、选择径向磁通电机(radial flux motor)还是轴向磁通电机(axial flux motor)等。此外,需要对电机采用的材料进行选择与判断。

(3) 参数设计。

参数设计主要包括电机主要尺寸计算、气隙和绕组的选择、极槽配比(slot/pole ratio)

的选择、槽型尺寸的计算、气隙和定子齿(stator teeth)以及转子齿(rotor teeth)磁压降的确定、定子轭(stator yoke)和转子轭(rotor yoke)高度及磁压降的确定、电机定子外径和转子内径的计算等内容。

(4) 性能仿真。

通过初始结构参数对电机进行建模并对电机进行性能仿真和验证,将仿真结果与需求的性能指标进行对比,根据对比结果对参数进行优化,直到满足所有的技术需求,才能得出最终的参数。驱动电机设计中,需对转矩输出能力、效率、转矩脉动(纹波)、绕组空载反电动势、绕组参数等开展仿真研究。

(5) 样机制造与测试。

根据电机设计参数,对驱动电机样机进行研发,并对样机进行性能测试。将性能测试结果与设计目标进行比对,若样机性能不符合要求,分析原因,对电机进行再设计。

整体的电机设计流程存在如下特点。

① 需要经过需求分析,确定驱动电机类型、外形尺寸等;

② 通常设计顺序为:首先进行拓扑选择和参数设计,然后利用解析法或有限元法建模分析并对结构参数进行优化,再对最终性能进行预测,最后进行样机的制造和样机试验;

③ 最初的设计方案对经验值参数依赖性较强,电机设计是一个相当复杂的迭代过程,需要通过不断地迭代以达到最终需求。

此外,驱动电机设计还包括对电机材料的选取,电机材料会对电机性能产生直接的影响,并影响电机的制造成本。不同的电机类型,材料的选取有所差异,驱动电机需选取的材料主要为铁心硅钢片、绕组铜导线、永磁体材料、各类支撑材料和附件材料等。

11.2 驱动电机设计中的参数计算与分析方法

11.2.1 驱动电机设计中的参数计算

1. 电机主要尺寸的计算

电机主要尺寸是指电枢铁心的直径和长度。由于存在内转子和外转子电机,所以主要尺寸也可以指气隙的直径和气隙的等效轴向长度。电机的质量、工作特性、可靠性、成本等与主要尺寸参数有密切关系,主要尺寸确定后,再进行其他次要尺寸的设计。

在同样的功率和转矩需求下,电机的主要尺寸取决于电负荷 A 和磁负荷 B_δ。其中,电负荷 A 表示沿电枢表面单位周长的安培导体数;磁负荷 B_δ 又称气隙磁通密度,是指空载时沿气隙表面的平均磁通密度。较高的 AB_δ 有利于减小电机体积、减轻电机质量以及降低电机成本。在电机设计时,电磁负荷的选取对电机参数、运行性能等有重要影响,可选取较高的电负荷 A 和磁负荷 B_δ,但由于它们与众多因素相关,电磁负荷的选取一般依据经验值而定。电负荷 A 主要由绕组的电损耗决定,齿部和轭部的磁损耗决定了气隙磁通密度 B_δ,两者的选择都受到电机冷却方式的影响。

电机的电负荷 A 和气隙磁通密度 B_δ 与电机散热能力密切相关,如果散热能力不足,则需要增大电机尺寸参数或选择更有效的冷却方式,然后重新设计。电负荷 A 和气隙磁通密度

B_δ 均有经验性取值范围,适用于电机的初步设计,但并不是全部电机均符合经验值。表 11-1 是电机磁路中各部分的磁通密度范围[2],表 11-2 是电机电负荷 A 和电流密度 J_a 的范围[2]。

表 11-1 电机磁路中各部分磁通密度范围   T

电机类型	直流电机	内置式永磁同步电机	表贴式永磁同步电机	交流感应电机
气隙	0.6~1.1	0.85~1.05	0.8~1.05	0.7~0.9
定子轭	1.1~1.5	1.0~1.5	1.1~1.5	1.4~1.7
齿	1.6~2.0	1.6~2.0	1.5~2.0	1.5~2.1
转子轭	1.0~1.5	1.0~1.5	1.3~1.6	1.0~1.6
磁极铁心	1.2~1.7	1.3~1.8	1.1~1.7	—
换向极	1.3	—	—	—

表 11-2 电机电负荷和电流密度范围

电机类型	直流电机	永磁同步电机(液冷)	交流感应电机
$A/(kA/m)$	25~65	35~200	30~65
$J_a/(A/mm^2)$	电枢绕组 4~9 磁极绕组 2~5.5 补偿绕组 3~4	电枢绕组 3~10 多层励磁绕组 2~3.5 单层励磁绕组 2~4	定子绕组 3~8 铜转子绕组 3~8 铝转子绕组 3~6.5

2. 气隙的选择

电机的气隙长度 δ 对电机性能,如空载反电动势、气隙磁通密度、效率等有重要的影响。气隙长度较大时,气隙磁通密度较小,磁通难以穿越气隙,导致电机输出性能降低;当气隙长度较小时,气隙磁通密度波形畸变较大,加工较困难,机械可靠性降低,增加杂散损耗(stray loss),电机温升和噪声增大。虽然气隙长度对电机性能影响较大,但目前没有一套气隙长度最优值的理论计算方法,故通常用经验值来确定气隙长度,一般选择在 0.6~0.9mm。

通常定子和转子表面是开槽的,在槽口处磁通密度减小,很难确定定子和转子槽距上的磁通密度平均值。可采用手工计算气隙的方法对气隙长度进行修正,其等效气隙 δ_e 可表示为[3]

$$\delta_e = k_c \delta \tag{11-1}$$

式中,k_c 是卡特系数(Carter coefficient),即电枢有齿槽后使气隙磁势增大的系数。考虑到开槽对气隙平均磁导的影响,可用较长的等效气隙 δ_e 代替实际气隙 δ,虽然计算结果不精确,但通常能满足实际需求。

3. 绕组的选择

绕组是电机中的重要组成部分,电机的电动势和磁动势特性均与绕组构成有关。交流绕组的构成原则是力求获得较大的基波电动势,尽量减少谐波电动势,保持各相电动势的对称,同时要提高导线利用率并具备良好的工艺性。

绕组形式较多,主要可以根据绕组跨距分为集中绕组和分布绕组,根据每极每相槽数 q 又可以分为整数槽和分数槽两种,整数槽的每极每相槽数 q 为整数,分数槽的每极每相槽数 q 为分数。多极低速电机一般选择分数槽绕组,可削弱空载电动势中高次谐波电势,尤其是齿谐波电势,从而改善电动势波形。但分数槽绕组磁动势中存在奇次谐波和偶次谐波,存在单边磁拉力、附加转矩和杂散损耗等问题,使运行效率降低。整数槽绕组工艺简单,槽内没有相间击穿的风险,可靠性高,较大的 q 值能减少定子谐波和谐波漏抗,降低杂散损耗。

电机绕组连接可分为60°相带(phase zone)、120°相带等,可根据每极每相槽数、槽距角(slot pitch angle)等画出电机槽电势星形图,进行绕组连接。然后计算出电机绕组系数、绕组匝数等,最后选择合适的导线规格,算出槽满率,以达到设计要求。

此外,绕组导线通常采用铜线,按照绝缘特点可分为漆包线、绕包线等,按照导线截面可分为圆线、扁线、带状导线等。其中,扁线电机比圆线电机槽满率高,且可降低铜耗[4,5]。在选择铜线时需要考虑铜线耐热等级、线径规格等,一般漆包线耐热等级分为A、E、B、F、H等多种等级,如表11-3所示[6]。同时,漆包线线径选取需要考虑电机的绕组电流大小、电流密度和散热方式等多种因素。

表11-3 漆包线耐热等级

耐热等级	Y	A	E	B	F	H	C
最高允许工作温度/℃	90	105	120	130	155	180	>180

4. 极槽配比的选择

不同的极对数对电机的传动效率、转矩波动以及制造工艺等皆有影响。当电机转速保持不变时,磁场交变频率和绕组供电频率随着极对数的增加而增加,选择较大的极对数会增加电机铁心损耗。当电机其他参数不变时,输出转矩与极对数成正比。

不同的极槽配比对电机的性能影响较大,需要根据实际需求,综合考虑气隙磁通密度、齿槽转矩、输出转矩等性能进行选择。高速内转子电机一般采用少极多槽形式,转子极对数通常选取4、6、8等,通常的极槽配比选择有8极48槽、12极54槽等。

5. 槽型尺寸的确定

根据槽的开口程度,可以分为开口槽、半开口槽和闭口槽,在中小型电机中常用的槽型多为半开口梨形槽或者半开口平底槽,可以增大槽满率且保证铁心齿部磁通密度均匀、未过饱和点,同时可以帮助降低激磁电流和铁心损耗。槽开口大小与电机的齿槽转矩、转矩脉动也有直接关系。

在确定槽型后,对槽型具体尺寸进行选定。首先利用预估电负荷和槽数等参数计算出槽面积,然后利用经验值选定槽型的具体尺寸,求解出预测的槽面积,再通过迭代来修正具体尺寸参数,直到槽面积和预测槽面积之间的误差较小,最后得出具体的槽型尺寸参数[7]。

6. 气隙、定子齿和转子齿磁压降的计算

当电机气隙长度、气隙磁通密度和定转子槽型确定后,即可计算气隙、定子齿和转子齿的磁压降。对于电机气隙,其气隙磁场强度 H_δ 可表示为

$$H_\delta = \mu_0 B_\delta \tag{11-2}$$

式中,μ_0 是真空磁导率,具体为 $4\pi \times 10^{-7}$ H/m;B_δ 是气隙的磁通密度,可由表11-1中的经验值进行选取。因此,可得到气隙磁压降 U_δ 为

$$U_\delta = \int H_\delta \, dl_\delta \tag{11-3}$$

式中,l_δ 是轴向有效气隙长度。

定子齿或转子齿的磁压降计算方法与气隙磁压降类似,仅需将式(11-2)与式(11-3)中的相应部位的磁通密度与轴向长度进行替换即可。

7. 定子轭高、转子轭高及磁压降的计算

穿越气隙和齿截面的磁通在定子轭部和转子轭部被分成相同的两部分。定子轭的磁通密度最大值 B_{ys} 和转子轭的磁通密度最大值 B_{yr} 可通过表 11-1 进行初选择，由此，可以得到定子轭高度 h_{ys} 为[6]

$$h_{ys} = \frac{\phi_m}{2k_{Fe}l_s B_{ys}} \tag{11-4}$$

式中，ϕ_m 是每极气隙磁通；k_{Fe} 为铁心叠压系数；l_s 为定子铁心的轴向长度。对于转子轭，其高度 h_{yr} 可以表示为[6]

$$h_{yr} = \frac{\phi_m}{2k_{Fe}l_r B_{yr}} \tag{11-5}$$

式中，l_r 为转子铁心的轴向长度。

交流感应电机中，定子轭磁通和转子轭磁通近似相等。在永磁同步电机中，由于转子齿和永磁磁极存在漏磁，转子轭磁通略大于定子轭磁通。电机结构尺寸如图 11-2 所示。

轭部磁通密度在极距内是不断变化的，而且具有较强的非线性，故难以计算轭部磁压降。定子轭部磁压降 U_{ys} 可表示为

$$U_{ys} = cH_{ys}\tau_{ys} \tag{11-6}$$

式中，H_{ys} 为定子轭磁场强度；c 是校正系数，受轭部磁场较强的非线性影响；τ_{ys} 表示在定子轭部中间位置的极距长度，可表示为

$$\tau_{ys} = \frac{\pi(D_{so} - h_{ys})}{2P} \tag{11-7}$$

式中，D_{so} 是定子外径；P 为电机极对数。转子轭部磁压降 U_{yr} 可表示为

$$U_{yr} = cH_{yr}\tau_{yr} \tag{11-8}$$

式中，H_{yr} 为转子轭的磁场强度；τ_{yr} 为在转子轭部中间位置的极距长度，可表示为

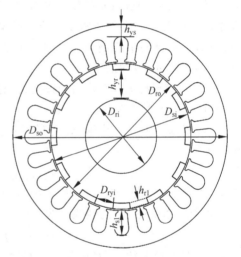

图 11-2 电机结构尺寸

$$\tau_{yr} = \frac{\pi(D_{ryi} - h_{yr})}{2P} \tag{11-9}$$

式中，D_{ryi} 为转子槽底端直径。

8. 电机定子外径和转子内径的计算

当电机气隙长度 δ、定子槽高 h_{s1}、转子槽高 h_{r1}、定子轭高 h_{ys} 和转子轭高 h_{yr} 确定后，可以得到定子外径 D_{so} 为

$$D_{so} = D_{si} + 2(h_{s1} + h_{ys} + h_{ts}) \tag{11-10}$$

式中，h_{ts} 表示定子齿高；D_{si} 是定子内径。转子内径 D_{ri} 为

$$D_{ri} = D_{si} - 2\delta - 2(h_{r1} + h_{yr} + h_{tr}) \tag{11-11}$$

式中，h_{tr} 表示转子齿高。

9. 电机性能计算

在电机性能计算中，需要通过计算电机绕组的等效电阻、电感，得出每相绕组电流，从而

计算出电机效率、温升、转矩等。电机效率与电机损耗密切相关,电机损耗主要有定子和转子导体的电阻损耗、铁心损耗、机械损耗和杂散损耗。这些损耗最终转化为热量,以热量形式向外发散。如果不能及时有效散热,会导致绝缘材料出现老化、损耗增加等问题,从而影响电机性能与使用寿命[8]。

(1) 在 m 相绕组中,电流为 I 时的电阻损耗 P_{Cu} 可表示为

$$P_{Cu} = mI^2R \tag{11-12}$$

式中,R 是一相绕组的交流电阻。通常,因电阻集肤效应导致的损耗可计入杂散损耗。在直流电机中,电刷也会产生损耗,由于电刷电流密度低,电刷损耗较小。但电刷和换向器之间的接触电压会产生较大损耗,计算时需要进行估算。

(2) 铁心损耗 P_{Fe} 可以分为磁滞损耗和涡流损耗,按式(3-40)计算,也可以按下式计算,具体为

$$P_{Fe} = \sum_n k_{Fe,n} P_i \left(\frac{B_n}{B_m}\right)^2 m_{Fe,n} \tag{11-13}$$

式中,$k_{Fe,n}$ 是不同区域 n 的校正系数,校正系数一般通过大量分析同类型电机空载试验数据得到;P_i 是一定磁通密度幅值和频率下单位质量的材料损耗,通常材料供应商会给出数据;B_m 是材料供应商给出的该材料的磁通密度幅值;B_n 是不同区域 n 的磁通密度;$m_{Fe,n}$ 是不同区域 n 的质量。

(3) 杂散损耗 P_f 也称附加损耗,是总损耗与定子转子电阻损耗、铁心损耗和机械损耗的差值,通常占据总损耗的 0.3%~2%。

(4) 机械损耗 P_m 由轴承摩擦损耗、转子风摩损耗构成。通常轴承摩擦损耗 $P_{p,bearing}$ 可表示为

$$P_{p,bearing} = 0.5\Omega\mu F D_{bearing} \tag{11-14}$$

式中,Ω 为轴承支撑轴的旋转角频率;μ 为摩擦系数;F 为轴承载荷;$D_{bearing}$ 为轴承内径。

转子风摩损耗 P_ρ 的经验公式为

$$P_\rho = k_\rho D_{ro}(l_r + 0.6\tau)v_r^2 \tag{11-15}$$

式中,k_ρ 是经验系数;τ 是极距;v_r 是转子表面速度;D_{ro} 是转子外径;l_r 是转子铁心轴向长度。

10. 电机散热设计

散热设计在电机设计中十分重要,电机内的传热及流体精确计算复杂且困难。电机的热量一般通过两类方式传递出去,一是通过空气对流、热传导、热辐射等三种方式散出;二是通过水、油等外界流体直接进行冷却。除此之外,需考虑热量不同分布位置,这涉及三维热扩散等问题,在计算时,需要谨慎使用经验公式。

驱动电机系统的主要冷却方式为液冷,包括水冷和油冷。水冷主要是以"乙二醇+水"作为导热介质,其热容量和导热系数高,冷却效果好,成本低。相比于水,油的绝缘性更好,通常在电机外壳和转子等位置设置冷却通道,通过冷却油进行冷却。综合来看,水冷结构简单,成本低,但冷却效果不及油冷,而油冷成本高,维护不便[9]。

11.2.2 驱动电机设计中的分析方法

设计电动汽车驱动电机时,需要对电机电磁场进行分析,而电机电磁场计算一般归纳为

对偏微分方程的求解,需要结合实际具体问题中的某一特定边界条件才能获得唯一解,常用的电机分析方法有解析法、数值法等。

(1) 解析法。通过设计连续函数,对它求偏导,然后代入求解的偏微分方程中得到恒等式。在初始状态与区域边界条件下,设立的连续函数等于所给出的定解条件。解析法解法复杂,但能获得精确解,可是应用范围较小,一般只适用于比较特殊的边界情况。

(2) 数值法。通过将求解的电磁场区域剖分成多个有限单元,建立起以有限单元上各个节点函数值为未知量的代数方程组,经过求解得到各节点的函数值。数值法使得电磁场求解从经典解析法发展到离散数值求解,主要分为以下几种。

① 有限差分法(finite difference method)。有限差分法以差分原理为基础,用差商代替偏微分方程中的偏导,将求解区域中无限多个点上的函数值计算变成有限多个点上的函数值计算,使电磁场连续场域问题变成离散系统问题,通过离散系统的数值解逼近连续场域的真实解。

② 等效磁路法(simplified magnetic circuit method)。等效磁路法是将抽象的磁场问题等效为具体磁路问题进行求解,通过将电机内部的各个部分等效为一个磁导或者磁导与磁动势的支路,依据电路基本原理与解法进行求解,得出各个部分的磁位,再进一步得出电机的参数与性能。

③ 磁网络法(magnetic network method)。磁网络法是将电机内部磁通密度相对均匀的部分视为一个单元,在各个节点处用等效磁导连接,建立起整个电机的磁导网络模型,再根据电路求解方法解出各个节点的磁位,得到电机的参数与性能。磁网络法结合了等效磁路法和有限元法的优势,省去大量的假设和经验公式,可提高计算精度,减少计算时间,适用于电机初期设计阶段[10]。

④ 有限元法(finite element method,FEM)。有限元法是以变分原理为基础建立的数值计算法,通过用有限的未知量来逼近实际系统中无限的未知量。将整个区域分割成有限个相互独立的子区域,这些子区域称为"单元"或"有限元"。在各个单元中,将求解边界问题的原理应用其中,提取适合的节点作为解析函数的插值数据点,构建微分方程线性公式进行求解,最后将所有小区域的求解结果进行总和得到整个区域的解[11]。有限元法的具体步骤如下。

第一步:确定求解问题的物理性质与几何区域;

第二步:对区域进行网格剖分,一般为三角形单元剖分,形成相互连接的有限个离散域,并在单元中构建插值函数;

第三步:对求解问题施加约束条件,确定状态变量的边界条件;

第四步:对插值函数进行转化,建立线性代数方程组,形成实际问题的总体方程;

第五步:利用直接法、随机法、迭代法等数值方法,求解有限元方程组,得到各单元节点的状态变量近似值。

有限元法是目前使用最为普遍的一种算法,目前可用于电磁场有限元数值计算的软件较多。

11.3 直流电机的基本设计方法

直流电机出现较早,经过一个多世纪的相关研究,其设计方法与程序已经十分成熟。现代化分析方法,比如有限元法、解析法等,能够有效提高设计性能。直流电机的初始设计是利用解析法确定电机的几何形状与尺寸,然后通过有限元法进行电磁性能等分析,最后通过迭代方法进行尺寸与性能调整,达到最终的设计要求。直流电机设计流程如图11-3所示。

下面是直流电机的一般性设计步骤[12,13]。

(1) 直流电机主要尺寸的估算。

以内转子直流电机为例,当直流电机工作在额定状态时,其额定功率(持续功率)可以表示为

$$P_N = \pi D_a^2 l_a A B_\delta n_N \quad (11-16)$$

式中,D_a 为电枢直径;l_a 为电枢位置的铁心长度;n_N 为额定转速。

根据额定功率 P_N 与额定转速 n_N 及电负荷 A 和气隙磁通密度 B_δ,能估算出 $D_a^2 l_a$。$D_a^2 l_a$ 近似地表示转子有效体积,定子有效体积也与之相关。通过确定电枢直径 D_a 和铁心长度 l_a,能估算出直流电机尺寸。

(2) 电机励磁绕组、电枢绕组与电机结构的设计。

直流电机励磁绕组的极对数没有严格限制,采用多磁极数可以减少铁铜等材料用量,但会增加电机铁耗。一般可以简单依据电枢直径 D_a 确定极数,并且可以根据 D_a 估算槽数,如表11-4所示[14]。

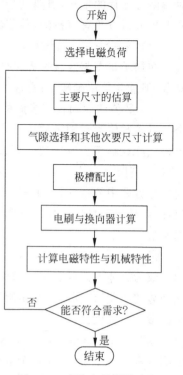

图11-3 直流电机设计流程

表11-4 电枢直径与极对数、槽数关系

电枢直径 D_a/mm	极对数	电枢直径 D_a/mm	槽数
<120	1	<300	≤12
120~600	2	300~4500	≤14
>600	3	>450	≤20

电机电枢总导体数 N_a 为

$$N_a = \frac{2\pi a D_a A}{I_N} \quad (11-17)$$

式中,A 是电负荷;I_N 是电枢额定电流;a 是并联支路对数,取决于电枢绕组类型,单叠绕组的并联支路对数 a 与极对数 P 一致,复叠绕组的并联支路对数 a 是极对数 P 的相数倍,单波绕组的并联支路对数 a 为1,复波绕组的并联支路对数 a 是电机相数。

(3) 直流电机电刷与换向器的设计。

一般叠绕组电刷数量和极数相同,而波绕组需要两个电刷或使用与极数相同的电刷数量。电刷的截面积要确保电流密度为 $10 \sim 15 \text{A/mm}^2$。换向器直径 D_c 一般为 $(0.6 \sim 0.8)D_a$,且满足

$$D_c \leqslant D_a - 2h_{s1} \quad (11-18)$$

式中,h_{s1} 为定子槽高。

换向器的切向速度 v_c 一般小于 35m/s,可表示为

$$v_c = \frac{\pi D_c n_N}{60} \tag{11-19}$$

换向片的数量 N_c 等于有效电枢线圈的数量。因此,换向片跨距 τ_c 可表示为

$$\tau_c = \frac{\pi D_c}{N_c} \tag{11-20}$$

当换向器直径 D_c 小于 200mm 时,跨距 τ_c 应大于 3mm;当换向器直径 D_c 大于 200mm 时,跨距 τ_c 应大于 4.5mm,确保机械强度[14]。

11.4 无刷直流电机的基本设计方法

无刷直流电机和永磁同步电机结构类似,无刷直流电机一般采用集中绕组,能够减少端部绕组长度,降低铜耗。无刷直流电机采用梯形气隙磁通密度分布,磁极多为表贴式永磁体,也可以采用表面嵌入式、内部切向式等磁极结构得到近似于梯形的气隙磁通密度分布。无刷直流电机的设计流程如图 11-4 所示。

下面以内转子无刷直流电机为例,为便于磁路计算,引入计算极弧系数 α_p',它可表示为

$$\alpha_p' = \frac{b_i}{\tau} = \frac{B_{\delta av}}{B_\delta} \tag{11-21}$$

式中,b_i 为计算极弧宽度;τ 为极距,$\tau = \frac{\pi D_{si}}{2p}$,$D_{si}$ 表示定子内径;B_δ 为气隙磁通密度;$B_{\delta av}$ 为气隙平均磁通密度。无刷直流电机的绕组通常设计为集中绕组或整距分布绕组,其主要尺寸关系式可表示为

$$D_{si}^2 l_\delta = \frac{2P_N}{\pi k_{dp} n_N AB_\delta \eta} \tag{11-22}$$

式中,l_δ 是气隙轴向长度;k_{dp} 是电枢绕组因数,可由绕组分布因数、节距因数和斜槽因数计算得到。k_{dp} 越大,绕组产生的谐波越少。

无刷直流电机可根据所需设计要求,经过优化分析,结合散热条件,找出最优电负荷取值,磁负荷的选取由永磁材料的性能和磁路尺寸决定。$D_{si}^2 l_\delta$ 相同的电机,可以有不同的外形,因此引入电机长径比 λ,它可表示为

$$\lambda = \frac{l_\delta}{D_{si}} \tag{11-23}$$

当有效体积不变时,λ 越大,电机外形越细长,λ 越小,电机外形越粗短。由于无刷直流电机的永磁体

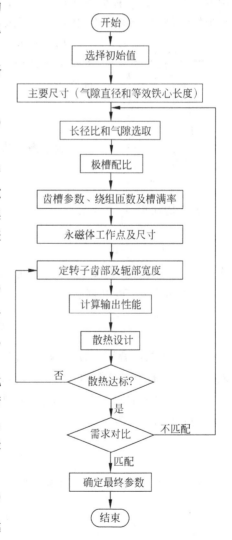

图 11-4 无刷直流电机设计流程

大多为表贴式结构,从而产生梯形波的反电动势,表贴式结构永磁体的磁化方向长度 h_M 可表示为

$$h_M = \frac{K_s K_\delta b_{m0} \mu_r}{\sigma_0 (1-b_{m0})} \delta \tag{11-24}$$

式中,K_s 为电机的饱和系数,其值一般取 1.05~1.3;K_δ 为气隙系数;δ 为气隙长度;σ_0 为空载漏磁系数;b_{m0} 为永磁体的空载工作点;μ_r 为相对磁导率。在保证电机性能的前提下,h_M 数值要尽可能小。

永磁体的外径 D_{mo} 可表示为

$$D_{mo} = D_{si} - 2\delta \tag{11-25}$$

永磁体的内径 D_{mi} 可表示为

$$D_{mi} = D_{mo} - 2h_M \tag{11-26}$$

转子铁心槽型的选择,如槽开口与否、槽和槽口尺寸等,会对电机内部磁场的分布产生影响。槽型一般选择梨形槽(peariform slot)、半梨形槽(semi-peariform slot)等结构,现以梨形槽为例,梨形槽结构如图 11-5 所示[7]。

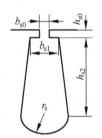

图 11-5 梨形槽结构

槽口宽 b_{s0} 和槽口高 h_{s0} 可以根据实际需求、强度要求结合加工标准来选取。定子齿距 t_1 可用定子槽数 Q 和定子内径 D_{si} 表示,具体为

$$t_1 = \frac{\pi D_{si}}{Q} \tag{11-27}$$

定子槽电流 I_1 可表示为

$$I_1 = \frac{\pi D_{si} A}{Q} \tag{11-28}$$

定子槽面积 A_s 可表示为

$$A_s = \frac{4 I_1}{\pi K_{sf} J_a} \tag{11-29}$$

式中,K_{sf} 为填充系数,即槽满率,一般取 0.6~0.9;J_a 为电流密度。

定子齿宽 b_{t1} 可以表示为

$$b_{t1} = \frac{B_\delta t_1}{K_{Fe} B_{t1}} \tag{11-30}$$

式中,K_{Fe} 为铁心叠压系数,一般取值为 0.92~0.95;B_{t1} 为定子齿部磁通密度,可以通过表 11-1 来进行经验值预估;B_δ 为气隙磁通密度。

通常初步设计时,槽口宽 b_{s0} 取值为 2.0~4.0mm;槽口高 h_{s0} 取值为 0.5~1mm。

槽肩宽 b_{s1} 可表示为

$$b_{s1} = \frac{\pi (D_{si} + 2 h_{s0})}{Q} - b_{t1} \tag{11-31}$$

定子轭部高度 h_{j1} 可表示为

$$h_{j1} = \frac{\tau B_\delta \alpha'_p}{2 B_{j1} K_{Fe}} \tag{11-32}$$

式中,B_{j1} 为定子轭部磁通密度。

定子外径 D_{so} 可表示为

$$D_{so} = D_{si} + 2(h_{j1} + h_{s0} + h_{s2} + r_s) \tag{11-33}$$

此时,预测槽面积可以表示为

$$A_s' = \frac{2r_s + b_{s1}}{2}(h_{s2} - h_{si}) + \frac{\pi r_s^2}{2} \tag{11-34}$$

式中,r_s 是梨形槽圆底半径;h_{si} 是槽楔厚度。通过不断修正式(11-34)中的参数值,使得预测槽面积 A_s' 和槽面积 A_s 的差值满足误差要求,即可确定槽型尺寸。

11.5 永磁同步电机的基本设计方法

永磁同步电机设计时,基于电动汽车驱动电机的特性需求,需确定额定功率 P_N、额定转速 n_N、额定转矩 T_N、额定效率 η、相数 m、额定相电压 u_N、额定频率 f_N 等。基于上述的性能需求,根据具体应用场合对永磁同步电机设计所用的材料进行选取。

在电机结构中,可采用内转子结构或外转子结构,为了更合理地推导尺寸公式,电机主要尺寸的选取主要是气隙直径 D_δ 和轴向等效气隙长度 l_δ 的选取。需要考虑电机放置位置的空间大小,考虑长径比 λ 的选取。基于以上分析,并结合表 11-1 与表 11-2 电磁负荷经验值的选取,永磁同步电机设计流程与无刷直流电机的设计流程一致,如图 11-4 所示。

1. 主要尺寸

根据电机设计流程图,在对电机参数求解之前,可利用电机的功率方程,对部分结构参数与输入输出功率之间的关系进行推导[15],得出电机的输入功率 P_{in} 的表达式为

$$\begin{aligned} P_{in} &= \frac{m}{T}\int_0^T e(t)i(t)\mathrm{d}t \\ &= \frac{m}{T}\int_0^T E_m \sin\left(\frac{2\pi}{T}t\right) I_m \sin\left(\frac{2\pi}{T}t\right) \mathrm{d}t \\ &= \frac{m}{2} E_m I_m \end{aligned} \tag{11-35}$$

式中,T 为反电动势周期;$e(t)$ 和 $i(t)$ 分别为反电动势和相电流的瞬时值;E_m 和 I_m 分别为电枢绕组的反电动势和相电流的幅值,I_m 可以表示为

$$I_m = \sqrt{2} I_{rms} = \sqrt{2} \frac{A\pi D_\delta}{2mN_s} \tag{11-36}$$

式中,D_δ 为气隙直径;I_{rms} 为相电流有效值;N_s 为电枢绕组每相匝数。

额定功率 P_N 与输入功率 P_{in} 之间的关系为

$$P_N = \eta P_{in} = \frac{1}{2}\eta m E_m I_m \tag{11-37}$$

永磁同步电机的永磁体磁链和空载反电动势均呈正弦分布,因此可以将每相永磁磁链 ψ_{pm} 表示为

$$\psi_{pm} = \psi_m \cos(P\theta_r) \tag{11-38}$$

式中,θ_r 为转子位置机械角度;P 为电机极对数;ψ_m 为永磁磁链幅值,可表示为

$$\psi_m = \frac{\sqrt{2} k_{dp} B_\delta D_\delta l_\delta N_s}{p} \tag{11-39}$$

根据磁链和反电动势之间的联系,空载情况下的反电动势 e_m 可表示为

$$e_m = \frac{d\psi_{pm}}{dt} = \frac{d\psi_{pm}}{d\theta_r} \cdot \frac{d\theta_r}{dt} = \frac{d\psi_{pm}}{d\theta_r}\omega_r \tag{11-40}$$

式中,ω_r 为转子机械角速度。

由式(11-38)~式(11-40),可以将空载反电动势表示为

$$e_m = \sqrt{2} N_s k_{dp} B_\delta \omega_r D_\delta l_\delta \sin(p\theta_r) \tag{11-41}$$

那么,空载反电动势幅值 e_{max} 可表示为

$$e_{max} = \sqrt{2} N_s k_{dp} B_\delta \omega_r D_\delta l_\delta \tag{11-42}$$

在忽略端部漏感和电枢绕组等效电阻的情况下,将式(11-36)、式(11-42)代入式(11-37)中,可得出电机的额定输出功率为

$$P_N = \frac{\pi}{2} k_{dp} B_\delta l_\delta D_\delta^2 A \omega_r \eta \tag{11-43}$$

式中,k_{dp} 是电枢绕组因数;电负荷 A 与气隙磁通密度 B_δ 可根据电机对结构、散热性能的要求,利用表 11-1 和表 11-2 选取经验值。

电机的主要尺寸指的是气隙直径 D_δ 和轴向等效气隙长度 l_δ,由式(11-43)可知,存在

$$D_\delta^2 l_\delta \approx \frac{P_N}{\frac{\pi}{2} k_{dp} B_\delta A \omega_r \eta} \tag{11-44}$$

由式(11-44)可知,电机的主要尺寸 D_δ 和 l_δ 与电机电负荷 A、磁负荷 B_δ 密切相关。对于永磁同步电机,电负荷 A 的选取要综合考虑电机性能要求及电机散热条件,磁负荷 B_δ 的选取由永磁材料的性能和磁路尺寸决定。在磁负荷一定的情况下,选取较大的电负荷可以缩小电机的体积,从而降低制造成本,但会造成电机单位表面积上的铜耗增大,影响热稳定性。

为进一步确定电机的尺寸参数,引入电机长径比 λ,它可以表示为

$$\lambda = \frac{l_\delta}{D_\delta} \tag{11-45}$$

长径比 λ 越大,电机越细长,转矩惯量越小;长径比越小,电机越短粗,机械结构强度越大;并且轴向长度与电机的冷却通道设计和电机端部效应有着密切联系,因此,需根据实际需求进行选择。

2. 气隙

永磁同步电机气隙 δ 的大小对电机的空载反电动势、气隙磁通密度、效率、功率因数和转矩等都有着一定的影响,因此选择时需要综合考虑各方面的影响因素。同时,气隙长度过小会造成加工难度的增大,甚至可能造成电机振动和噪声的增大,影响电机的稳定可靠运行。

对于采用了高磁能积和高矫顽力的永磁材料或体积较大的电机,气隙长度可取值稍大;对于使用软磁材料这种矫顽力较小的永磁体,电机气隙长度可以取值较小。后续还可以通过有限元法对气隙长度进行优化设计。

3. 绕组匝数

以内转子电机为例,根据电机气隙长度 δ 和气隙直径 D_δ,能够推导出定子的内径 D_{si}

和转子的外径 D_{ro} 为

$$\begin{cases} D_{si} = D_{\delta} + \delta \\ D_{ro} = D_{\delta} - \delta \end{cases} \tag{11-46}$$

关于槽型和槽面积的选择,可以类似无刷直流电机进行选择或求解。根据槽型结构参数及面积,可对每相串联绕组匝数进行计算,通过槽面积 A_s、槽满率 K_{sf} 和导线线径之间的联系进行推导,可得出每相绕组线圈匝数 N_s 为

$$N_s = \frac{\pi A_s K_{sf}}{4 I_m / J_a} \tag{11-47}$$

4. 永磁体参数

根据永磁体位置的不同,永磁同步电机一般可以分成表贴式、内置式两种。因此,需要根据电机实际情况合理选择不同的永磁体放置方式。永磁体主要参数包括永磁体轴向长度 L_M、永磁体充磁方向长度 h_M 和每极永磁体的总宽度 b_M。

从磁路角度对永磁体尺寸进行分析。为简化计算,将永磁体等效为一个恒磁通源 Φ_r 并联一个恒内磁导 Λ_0 的形式,如图 11-6 所示,具体关系式为[16]

$$\begin{cases} \Phi_m = \Phi_r - \Phi_0 = \Lambda_0 F_c - \Lambda_0 F_m \\ \Lambda_0 = \frac{\mu_r \mu_0 A_m}{h_M} \times 10^{-2} \\ F_c = H_c h_M \times 10^{-2} \end{cases} \tag{11-48}$$

式中,Φ_m 为永磁体向外磁路提供的磁通,单位为 Wb;Φ_0 为永磁体虚拟内漏磁通,单位为 Wb;F_m 为永磁体向外磁路提供的磁动势,单位为 A;F_c 为永磁体磁动势源的计算磁动势,单位为 A;A_m 为永磁体提供的每极磁通的截面积,单位为 cm^2;h_M 为每对极磁路中永磁体磁化方向的长度,单位为 cm;H_c 为磁感应矫顽力,单位为 A/cm。

永磁体向外磁路提供的总磁通 Φ_m 可分为主磁通 Φ_δ 与漏磁通 Φ_σ 两部分。对应的空载外磁路可用一个主磁导 Λ_δ 和漏磁导 Λ_σ 表示,如图 11-7(a)所示。在负载时,主磁路中增加电枢磁动势 F_a,如图 11-7(b)所示。

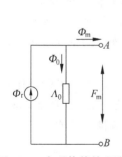

图 11-6 永磁体等效磁路

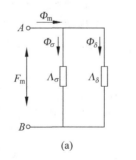

图 11-7 等效外磁路
(a) 空载情况;(b) 负载情况

将图 11-6 与图 11-7(a)、图 11-7(b)合并,得到空载与负载时永磁同步电机总的等效磁路,如图 11-8 所示。设空载时永磁体工作点为 (b_{m0}, h_{m0}),可求出空载时各部分磁通,具体为

$$\begin{cases} \Phi_{m0} = b_{m0} B_r A_m \times 10^{-4} \\ \Phi_{\sigma 0} = h_{m0} \lambda_\sigma B_r A_m \times 10^{-4} \\ \Phi_{\delta 0} = (b_{m0} - h_{m0}\lambda_\sigma) B_r A_m \times 10^{-4} = \dfrac{b_{m0} B_r A_m}{\sigma_0} \times 10^{-4} \end{cases} \tag{11-49}$$

式中，Φ_{m0} 为空载时永磁体提供的总磁通，单位是 Wb；$\Phi_{\sigma 0}$ 为空载时漏磁通，单位是 Wb；$\Phi_{\delta 0}$ 为空载时每极气隙磁通，单位是 Wb；b_{m0} 为空载磁通标幺值；h_{m0} 为空载磁动势标幺值；B_r 为永磁体剩磁，单位是 T；λ_σ 为漏磁导标幺值；σ_0 为空载漏磁系数。设负载时永磁体工作点为 (b_{mN}, h_{mN})，可计算出负载时各部分磁通为

$$\begin{cases} \Phi_{mN} = b_{mN} B_r A_m \times 10^{-4} \\ \Phi_{\sigma N} = h_{mN} \lambda_\sigma B_r A_m \times 10^{-4} \\ \Phi_{\delta N} = (b_{mN} - h_{mN}\lambda_\sigma) B_r A_m \times 10^{-4} \end{cases} \tag{11-50}$$

式中，Φ_{mN} 为负载时永磁体提供的总磁通，单位是 Wb；$\Phi_{\sigma N}$ 为负载时漏磁通，单位是 Wb；$\Phi_{\delta N}$ 为负载时每极气隙磁通，单位是 Wb；b_{mN} 为负载磁通标幺值；h_{mN} 为负载磁动势标幺值。

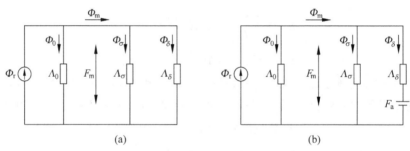

图 11-8 合成磁路
(a) 空载情况；(b) 负载情况

上述永磁体工作点可通过图解法得到，以负载时为例，如图 11-9 所示[6]。合成磁导线 Λ_n 与回复线的交点 N 即为永磁体在负载时的工作点，且在电枢磁动势起增磁、弱磁作用时，合成磁导线分别从原点向右、左移动 F_a/σ_0 的距离。此外，永磁体的体积与其工作点的磁能积 BH 成反比，因此应使永磁体工作在回复线上的最大磁能积点，从而运行于最佳工作点。

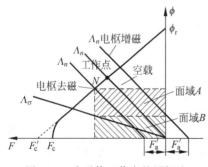

图 11-9 永磁体工作点的图解法

合理选择合成磁导 Λ_n，用最小体积的永磁体在气隙中建立具有最大磁能的磁场，同时合成磁导又与永磁体尺寸、外磁路结构有关。

在选择永磁体轴向长度 L_M 时，一般稍大于或等于电枢铁心长度 l_{ef}，取 $L_M = (1.1 \sim 1.2) l_{ef}$，因此，只需考虑永磁体磁化方向长度和每极永磁体的宽度。永磁体磁化方向长度决定电机的直轴电感，并影响电机的弱磁能力与抗退磁能力。每极永磁体宽度将决定提供气隙磁通的截面积，进而影响电

机的转矩输出。经过一系列推导,内置径向式转子磁路结构永磁体磁化方向长度 h_M 和每极永磁体宽度 b_M 可近似由下式决定。

$$\begin{cases} h_M = \dfrac{K_s K_\delta b_{m0} \delta}{(1-b_{m0})\sigma_0} \\ b_M = \dfrac{2\sigma_0 B_{\delta 1} \tau l_{ef}}{\pi b_{m0} B_r K_\phi L_M} \end{cases} \tag{11-51}$$

式中,K_δ 是气隙系数,与电机转子结构相关,其取值范围一般为 0.7~1.2;$B_{\delta 1}$ 为气隙磁通密度基波幅值;K_ϕ 为电机气隙磁通波形系数。

11.6 交流感应电机的基本设计方法

交流感应电机的设计过程是通过解析法对电机的初始结构尺寸和参数进行设定,然后利用有限元法进行解析迭代,其设计流程如图 11-10 所示。

交流感应电机主要参数计算由两部分组成:一是电机输出额定参数的选取,如交流感应电机额定功率 P_N、额定转速 n_N 等;二是电磁参数的选取,如电负荷 A、磁负荷 B_δ 等。交流感应电机主要尺寸有定子铁心内径 D_{si}、有效铁心长度 l_{ef} 等。

电机定子内径 D_{si} 可以表示为

$$D_{si} = \sqrt{\dfrac{6.1 \times 10^3 \times P' \times 2p}{\alpha_i K_w K_\phi A B_\delta n_N l_{ef}}} \tag{11-52}$$

式中,α_i 为极弧系数;K_w 为绕组分布因数,单层绕组取值约为 0.96,双层绕组取值约为 0.92;P' 为计算功率,在交流感应电机中,通常 P' 可以表示为

$$P' = \dfrac{K_E P_N}{\eta \cos\phi} \tag{11-53}$$

式中,K_E 为额定负载下反电动势与额定电压的比值,其取值范围为 0.85~0.95。

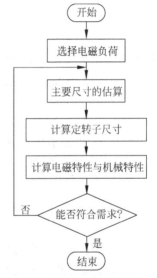

图 11-10 交流感应电机设计流程

电机定子、转子之间的气隙可实现电磁能量传递,因此气隙中能够传递的功率决定了电机的功率。通过设置定子裂比,即定子内径与定子外径比值 D_{si}/D_{so},可估算出定子外径 D_{so} 的值。

转子外径 D_{ro} 的表达式为

$$D_{ro} = D_{si} - 2\delta \tag{11-54}$$

定子齿距 t_1 的表达式为

$$t_1 = \dfrac{\pi D_{si}}{Q} \tag{11-55}$$

此时,定子槽肩宽 b_{s1} 可以估算为

$$b_{s1} = (0.45 \sim 0.62) t_1 \tag{11-56}$$

定子槽高 h_{s1} 可以估算为

$$h_{s1} = (3.5 \sim 5.5) b_{s1} \tag{11-57}$$

同理,转子齿距 t_2 表示为

$$t_2 = \frac{\pi D_{ro}}{Z} \tag{11-58}$$

式中,Z 为转子槽数。

转子槽宽 b_{r1} 可以估算为

$$b_{r1} = (0.45 \sim 0.62) t_2 \tag{11-59}$$

转子槽高 h_{r1} 可以估算为

$$h_{r1} = (3.5 \sim 5.5) b_{r1} \tag{11-60}$$

转子齿宽 b_{t2} 可以估算为

$$b_{t2} = \frac{t_2 B_\delta}{K_{Fe} B_{tr}} \tag{11-61}$$

式中,B_{tr} 为转子齿磁通密度,可根据实际情况,从表 11-1 中选取。转子轭部高度 h_{yr} 可以估算为

$$h_{yr} = \frac{\tau \alpha'_p B_\delta}{2 K_{Fe} B_{yr}} \tag{11-62}$$

式中,B_{yr} 为转子轭部磁通密度。

每相绕组匝数 N_s 可以表示为

$$N_s = \frac{\pi D_{si} A_s}{2 m I_m} \tag{11-63}$$

可以发现,当定子相电流和主要参数不变时,当绕组匝数减少时,电负荷也会随之降低,导致在设计中,气隙磁通密度取值需要增加。

11.7 开关磁阻电机的基本设计方法

开关磁阻电机是双凸极结构,虽然结构简单,但结构多样化,设计方案难以统一,无法采用等效磁路法设计开关磁阻电机,通常参考其他成熟的电机设计方案确定大概结构,再根据经验公式、有限元法分析进行结构调整[17,18]。开关磁阻电机的设计流程如图 11-11 所示。

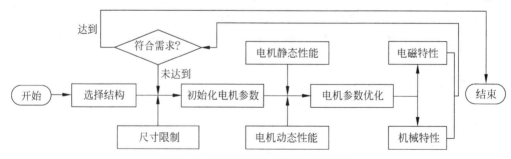

图 11-11 开关磁阻电机设计主要流程

开关磁阻电机主要设计步骤为:

(1) 根据电动汽车需求,选择合适的开关磁阻电机结构。

(2) 根据解析方程或经验公式,对电机的初始结构参数进行计算。

(3) 通过有限元法等分析、优化开关磁阻电机几何尺寸。

在开关磁阻电机拓扑结构中,三相 6/4、四相 8/6 等结构最为常见,开关磁阻电机的相数与定子、转子磁极极数需满足式(8-1)的要求。以三相 12/8 为例,开关磁阻电机主要结构如图 11-12 所示。

开关磁阻电机的主要尺寸与转矩 T 有关,转子外径 D_{ro}、转子铁心长度 l_r 与转矩的关系如下式所示

$$T = K D_{ro}^2 l_r \qquad (11\text{-}64)$$

式中,K 为与电负荷和磁负荷之积成比例的输出系数,而电负荷 A 和磁负荷 B_δ 可以用下述方程表示

$$\begin{cases} A = \dfrac{mNI_m}{\pi D_{ro}} \\ B_\delta = \dfrac{\Phi_\delta}{\tau_2 l_r} \end{cases} \qquad (11\text{-}65)$$

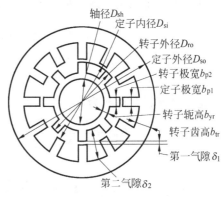

图 11-12 开关磁阻电机主要结构

式中,τ_2 为转子极距;m 为电机相数。

与其他类型电机有所不同,开关磁阻电机主要有两个气隙:通常所指的气隙为第一气隙 δ_1,即为定子、转子凸极重叠时,定子齿下沿到转子齿上沿之间气隙的距离,第一气隙主要影响最大电感值 L_{max},第一气隙越大,L_{max} 越小;第二气隙 δ_2 为定子齿下沿到转子槽上沿间气隙的距离,第二气隙主要影响最小电感值 L_{min},第二气隙越大,L_{min} 越小。

为满足开关磁阻电机的工作原理,定子、转子极弧 β_1、β_2 应大于每相步长角,为使非对齐位置处的电感最小,定子、转子总电弧长度应小于转子极距,即需要满足

$$\begin{cases} \min(\beta_1, \beta_2) \geqslant \dfrac{2\pi}{mN_2} \\ \beta_1 + \beta_2 \leqslant \dfrac{2\pi}{N_2} \end{cases} \qquad (11\text{-}66)$$

以极弧为基础,开关磁阻电机定子极宽 b_{p1} 可以表示为

$$b_{p1} = (D_{ro} + 2\delta_1) \sin \dfrac{\beta_1}{2} \qquad (11\text{-}67)$$

转子极宽 b_{p2} 可以表示为

$$b_{p2} = D_{ro} \sin \dfrac{\beta_2}{2} \qquad (11\text{-}68)$$

定子轭高 h_{ys} 的经验取值为

$$h_{ys} > \dfrac{b_{p1}}{2} \qquad (11\text{-}69)$$

转子轭高 h_{yr} 的经验取值为

$$h_{yr} > \dfrac{b_{p2}}{2} \qquad (11\text{-}70)$$

电机轴径 D_{sh} 表示为

$$D_{sh} = D_{ro} - 2(\delta_2 - \delta_1) - 2h_{yr} \tag{11-71}$$

通常,轴径 D_{sh} 的尺寸由转轴所传递的最大转矩值来确定,当轴径大时能承受足够的侧向振动和扭转刚度,减少横向振动和噪声,D_{sh} 可以表示为

$$D_{sh} = D_r - 2(h_{tr} + h_{yr}) \tag{11-72}$$

式中,h_{tr} 为转子齿高。定子齿高 h_{ts} 可表示为

$$h_{ts} = \frac{1}{2}(D_{so} - D_{ro} - 2\delta_1 - 2h_{ys}) \tag{11-73}$$

转子齿高 h_{tr} 可表示为

$$h_{tr} = \delta_2 - \delta_1 \tag{11-74}$$

定子极间槽口面积为

$$S_W = \frac{1}{2} \frac{\pi}{N} \left[\left(\frac{D_{so}}{2} - h_{ys} \right)^2 - \left(\frac{D_{ro}}{2} + \delta_1 \right)^2 \right] - \frac{1}{2} b_{p1} h_{ts} \tag{11-75}$$

11.8 汽车驱动电机设计示例

11.8.1 电机设计参数

根据某电动汽车对驱动电机的要求,永磁同步电机部分性能指标如表 11-5 所示。

表 11-5 永磁同步电机部分性能指标

技术指标	数值
额定/峰值功率/kW	33/50
额定转速/(r/min)	1200~1540
最高转速/(r/min)	6000
额定线电压/V	240(有效值)
额定/峰值相电流/A	92/180(有效值)
额定/峰值转矩/(N·m)	200/400
效率/%	>92
转矩脉动/%	≤15

根据 11.5 节永磁同步电机的基本设计方法,给出计算过程中需要的参数,参数选择主要依据电机的性能指标与经验数据,并结合其油冷的冷却条件,取值如表 11-6 所示,选定电机长径比,计算出电机外形尺寸、定子槽型、永磁体尺寸等。

表 11-6 计算过程中所需要的参数

参数	数值	参数	数值
长径比	0.53	铁心叠压系数	0.94
气隙长度/mm	0.75	计算极弧系数	0.85
气隙磁通密度/T	1.3	槽满率	0.84
定子齿磁通密度/T	1.9	电负荷/(A/m)	78140
定子轭磁通密度/T	1.4	电流密度/(A/mm^2)	11.26

初步选取电机参数后,利用有限元法对该基本结构进行参数化建模,然后进行进一步优化,当达到最终所需性能时得出最终的参数。确定的电机设计参数结果如表 11-7 所示。

表 11-7 永磁同步电机参数计算结果

参 数 名 称	参数	参 数 名 称	参数
最大转矩/(N·m)	400	定子铁心外径/mm	269
极对数	24	定子铁心内径/mm	162
定子槽数	48	转子外径/mm	160.5
电机长度/mm	86	转子内径/mm	111
绕组类型	三相单层	永磁体形状	V 型
	h_{s0}(mm):1	永磁体轴向长度/mm	86
	h_{s2}(mm):29.5	每极磁体宽度/mm	19
	b_{s0}(mm):2	永磁体磁化方向长度/mm	6.5
	b_{s1}(mm):5.5	永磁体剩磁/T	1.25
	r_s(mm):5	计算矫顽力/(A/m)	12.5×10^5

11.8.2 有限元仿真分析

根据前面得到的电机基本结构参数,借助有限元电磁分析软件,可以建立电机二维模型,对它处于额定工作状态时电磁场及电磁特性进行分析。基本分析过程采用如下步骤:

(1) 建立电机模型,在软件中输入电机的基本结构与参数,选择合适的绕组型式与控制方式,初步建立电机模型。

(2) 定义材料属性,生成仿真文件。根据设计需求,对初步建立的电机模型进行定子、转子、转轴等材料的选取,并生成二维或三维文件。

(3) 网格剖分。可以自行定义或者采用自定义模型进行网格剖分。

(4) 仿真分析。设置仿真条件,对电机模型添加激励,进行仿真分析。

(5) 后处理。查看仿真结果,对电机气隙磁通密度、齿槽转矩等电磁特性进行分析。借助仿真软件进行电机有限元电磁仿真分析的流程如图 11-13 所示。

结合给出的电机基本结构和参数,按照有限元基本分析步骤,在有限元软件中建立的基

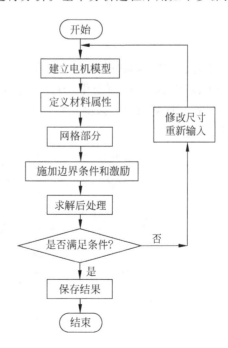

图 11-13 电机有限元电磁仿真分析流程图

本模型如图 11-14 所示,图中各部分用不同颜色表示,并赋予相应的材料。

对电机分别进行稳态和瞬态的分析。如图 11-15 所示为电机网格剖分图,网格剖分越细致,计算精度越高,仿真所需时间越多。图 11-16 为电机空载时的磁力线分布图,可以看出 8 极磁场均匀分布。同时,得出空载气隙磁通密度分布,空载气隙磁通密度幅值在 1.3T 左右,具体如图 11-17 所示。

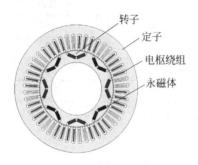  

图 11-14　二维电机基本结构　　图 11-15　网格剖分　　图 11-16　电机空载时磁力线分布

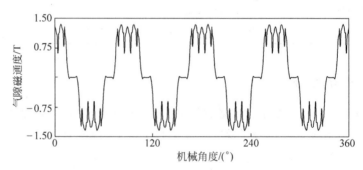

图 11-17　电机空载气隙磁通密度分布

对电机进行瞬态分析时,需要尽可能进行合理的网格剖分,相较于静磁场分析,瞬态分析中电流随时间变化而变化,因此瞬态分析更为复杂。设置电机额定转速为 1540r/min,电机运行一周耗时 50ms,得到空载三相磁链波形如图 11-18 所示,反电动势波形如图 11-19 所示。

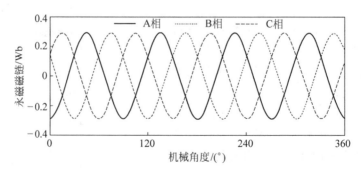

图 11-18　三相磁链波形

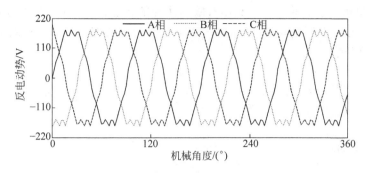

图 11-19 反电动势波形

电磁转矩体现电机的输出性能,经过仿真分析得出的转矩波形如图 11-20 所示。从图中可看出,一个机械周期内最大转矩为 435N·m,最小转矩为 376N·m,平均转矩为 410N·m。图中,转矩脉动主要是由内嵌式永磁同步电机的特殊结构造成的,转矩脉动为 14.4%,满足在 15% 以内的设计需求。

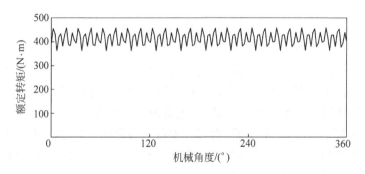

图 11-20 额定转矩波形

齿槽转矩(cogging torque),也称定位力矩,是永磁同步电机不加载时,由永磁体与定子铁心齿槽之间的相互作用产生的转矩,主要是由永磁体与电枢齿之间相互作用力的切向分量引起的。齿槽转矩使转子保持磁阻最小,其正负半轴的波形对称,因此,平均值为零。齿槽转矩对转矩输出影响较小,但会影响转矩脉动,从而影响整车舒适性。电机齿槽转矩仿真波形如图 11-21 所示。

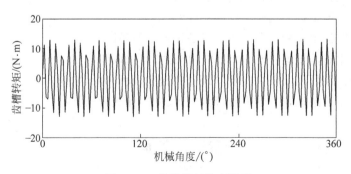

图 11-21 齿槽转矩仿真波形

电机在电动状态下的效率分别利用有限元法和解析法进行求解，两种方式得出的效率近似，基于有限元法得到的电机效率如图11-22所示。从图中可知，电机最高效率达到93%，满足设计需求。

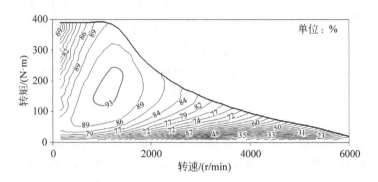

图11-22 基于有限元法得到的电机效率（电动状态）

11.9 本章小结

电动汽车对驱动电机系统提出高密度、高可靠性、低成本等要求。各类电机的设计流程和设计公式大同小异，均是从需求出发，通过对各种电机的特性分析，找出适用的电机类型，并确定需求参数，利用经验值和经验公式，对电机的部分参数进行初次选取，并在该参数下，对电机的输出特性及热特性进行分析，再与技术需求参数进行对比，可利用有限元法或解析法对结构进行参数化建模，利用需求值和计算值进行迭代，优化电机的结构参数。最终，使输出性能匹配需求，即可输出结构参数。

电机设计是一个复杂的过程，包含了电磁学、结构力学、流体力学和热学等知识。本章内容主要展现了电机设计的基本方法和原则，并未涉及电机冷却、力学等设计部分。

思 考 题

11.1 在电机设计时，削弱齿槽转矩的方式有哪些？
11.2 无刷直流电机的结构特点有哪些？
11.3 无刷直流电机和永磁同步电机的设计有何异同？
11.4 设计永磁同步电机时，永磁体工作点如何选取？
11.5 电动汽车用驱动电机需要提高功率密度，设计方面如何实现？
11.6 电磁负荷选择较大数值时，对电机尺寸有什么影响？

参 考 文 献

[1] 王艾萌. 新能源汽车新型电机的设计及弱磁控制[M]. 北京：机械工业出版社，2014.
[2] Pyrhonen J, Jokinen T, Hrabovcova V. Design of Rotating Electrical Machines [M]. 2nd ed. Chichester: John Wiley & Sons, 2014.

[3] Carter F W. Air-gap Induction[J]. Electrical World and Engineer,1901,38(22):884-888.

[4] Matsubara T,Yaguchi H,Takaoka T,et al. Development of New Hybrid System for Compact Class Vehicles[R]. SAE Technical Paper,2009.

[5] Jahns T M. The Expanding Role of PM Machines in Direct-drive Applications[C]//2011 International Conference on Electrical Machines and Systems. IEEE,2011:1-6.

[6] 唐任远. 现代永磁电机理论与设计[M]. 北京:机械工业出版社,2016.

[7] 陈世坤. 电机设计[M]. 北京:机械工业出版社,2004.

[8] Lipo T A. Introduction to AC Machine Design[M]. Hoboken:John Wiley & Sons,2017.

[9] 汤蕴璆,梁艳萍. 电机学[M]. 北京:机械工业出版社,2014.

[10] Cheng M,Chau K T,Chan C C,et al. Nonlinear Varying-Network Magnetic Circuit Analysis for Doubly Salient Permanent-Magnet Motors[J]. IEEE Transactions on Magnetics,2000,36(1):339-348.

[11] Kawase Y,Yamaguchi T,Hayashi Y. Analysis of Cogging Torque of Permanent Magnet Motor by 3-D Finite Element Method[J]. IEEE Transactions on Magnetics,1995,31(3):2044-2047.

[12] 上海工业大学,上海直流电机厂. 直流电机设计[M]. 北京:机械工业出版社,1983.

[13] René Le Doeuff,Mohamed El Hadi Zaïm. Direct Current Machines[M]. Pitman:Rotating Electrical Machines,2013.

[14] Chau K T. Electric Vehicle Machines and Drives:Design,Analysis and Application[M]. Chichester:John Wiley & Sons,2015.

[15] 金小香. 电动车新型自减速永磁复合轮毂电机设计与研究[D]. 南京:东南大学,2013.

[16] Sawa T,Hamada K. Introduction to the Permanent Magnet Motor Market[M]. Berlin:Springer,2000.

[17] Vijayakumar K,Karthikeyan R,Paramasivam S,et al. Switched Reluctance Motor Modeling,Design,Simulation,and Analysis:A Comprehensive Review[J]. IEEE Transactions on Magnetics,2009,44(12):4605-4617.

[18] Miller T J E. Switched Reluctance Motors and Their Control[M]. Oxford:Oxford University Press,1993.

第12章 汽车驱动电机系统的测试与评价

12.1 驱动电机系统测试与评价概述

测试与评价伴随着电动汽车驱动电机系统的整个研发过程和生命周期,测试与评价不仅是对驱动电机系统的性能以及研发质量的验证,也是对驱动电机系统研发和应用过程中的研发方法、研发手段、研发环境、应用条件以及应用环境的检验与反馈。

按照测试与评价对象,电动汽车驱动电机系统测试与评价可以分为两类:一类是在驱动电机系统研发过程中对研发阶段性内容进行的测试与评价。此时驱动电机系统还没有成形,只是对驱动电机系统的部分构件或子系统进行测试与评价,如:对电机控制器数字化控制系统、各类传感器、主电路等性能进行测试与评价。另一类是对研发出来的整机进行测试与评价。这种测试与评价包括样机的功能性检测、产品的型式试验以及产品实际应用过程中的整车试验或极端工况下的性能测试。

按照测试与评价的性质,电动汽车驱动电机系统测试与评价也可以分为两类:一类是科研试验,即根据科学研究的需要制定驱动电机系统试验项目,如:为验证新技术、新材料、新工艺、新结构的可行性进行的试验;为解决驱动电机系统实际运行中存在的问题而进行的试验;为获得新产品原始数据而进行的试验等。另一类是工业试验,即由制造厂商、检测机构对驱动电机系统进行的试验,如型式试验、检查试验(出厂试验或常规试验)[1]等。

根据国家标准 GB/T 18488.1—2015《电动汽车用驱动电机系统 第1部分:技术条件》[2]的规定,驱动电机系统的测试与评价包括以下内容。

(1) 一般性试验项目。

一般性试验项目有驱动电机系统的外观、质量、体积、电机控制器壳体机械强度、液冷系统的密封性能、电机的超速能力、电机绕组冷态直流电阻、驱动电机系统的电气绝缘性能等。其中,驱动电机系统的电气绝缘性能的试验项目包括定子绕组对电机壳体的绝缘电阻、定子绕组对电机内部埋设的温度传感器的绝缘电阻、电机定子绕组匝间冲击耐电压、驱动电机绕组对电机壳体的工频耐电压、驱动电机绕组对电机内部埋设的温度传感器的工频耐电压、电机控制器工频耐电压等。

(2) 输入输出特性试验项目。

输入输出特性试验项目有驱动电机和电机控制器的工作电压范围、驱动电机系统的转矩-转速特性、电机的持续转矩和峰值转矩、电机的持续功率和峰值功率、电机的堵转转矩、电机的最高转速、驱动电机系统最高效率、驱动电机系统的高效工作区、转矩和转速控制精度、转矩和转速响应时间、电机控制器持续工作电流、电机控制器短时工作电流和最大工作电流、驱动电机系统的发电特性等。

(3) 环境适应性试验项目。

环境适应性试验项目有高低温贮存、高低温工作、耐湿热、耐振动、防尘防水、盐雾、电磁兼容性等。

(4)安全性试验项目。

安全性试验项目包括驱动电机系统的安全接地检查、电机控制器的保护功能、电机控制器支撑电容放电时间等。

(5)可靠性试验项目。

(6)温升试验项目。

通常情况下,测试对象可以是驱动电机或电机控制器,也可以是由驱动电机和电机控制器构成的驱动电机系统。由于驱动电机所处的安装环境以及动力系统构成型式的区别,驱动电机系统对外采用的封装或集成方式会有较大差异。尤其是驱动电机系统、车辆动力系统、车辆传动系统之间的集成度越来越高,如:纯电动汽车的驱动电机、电机控制器与变速器的集成,混合动力汽车中的驱动电机、变速器与发动机的集成,电机控制器、车载充电设备、直流-直流变换器、电动空调逆变器等的集成等。高度集成化的发展趋势给驱动电机系统的测试与评价带来了许多挑战,测试环境、测试方案、测试与评价方法需要根据驱动电机系统的实际情况不断进行优化和完善。

驱动电机系统的测试与评价可以在研发机构或生成厂商自建的实验室或试验环境下进行,也可以委托具有测试与评价能力的专业实验室或检测机构进行。一些专业实验室或检测机构,尤其是通过中国合格评定国家认可委员会(China national accreditation service for conformity assessment,CNAS)认可,即通过CNAS认可的专业实验室或检测机构的测试与评价结果有助于增强驱动电机系统的市场竞争力。

测试与评价技术在驱动电机系统科研、生产和实际车载运行中具有十分重要的地位。电动汽车的发展促进了驱动电机系统测试与评价技术的进步,现代信息技术为驱动电机系统的测试与评价提供了许多先进的技术手段,为提高驱动电机系统的测试精度和试验效率提供了可能性。随着先进计算机技术以及高性能、高精度系统在驱动电机系统测试与评价中的应用,可以实现测试数据的快速采集与处理、动态道路公开模拟试验、电机参数与控制参数的自动学习或辨识以及测试过程自动化等。

12.2 驱动电机系统测试标准与评价依据

驱动电机系统测试与评价应依据相关的国家标准、行业标准、地方标准、团体标准或企业标准进行。对一些以认证为目的的测试与评价,其过程更要符合相关标准法规的要求。

表12-1为电动汽车驱动电机系统测试与评价可依据的部分相关国家标准、汽车行业标准和电子行业标准。我国对从事道路机动车辆生产的企业及其生产的在境内使用的道路机动车辆产品实行分类准入管理。电动汽车驱动电机系统的中国强制性认证,即CCC认证(China compulsory certification),所采纳的标准为GB/T 18488.1—2015[2]和GB/T 18488.2—2015[3]。

表12-1 电动汽车驱动电机系统部分相关标准

序号	标准编号	标准名称
1	GB/T 39494—2020	新能源汽车驱动电机用稀土永磁材料表面涂镀层结合力的测定
2	GB/T 38090—2019	电动汽车驱动电机用永磁材料技术要求

续表

序号	标准编号	标准名称
3	GB/T 36282—2018	电动汽车用驱动电机系统电磁兼容性要求和试验方法
4	GB/T 34215—2017	电动汽车驱动电机用冷轧无取向电工钢带（片）
5	GB/T 18488.1—2015	电动汽车用驱动电机系统　第1部分：技术条件
6	GB/T 18488.2—2015	电动汽车用驱动电机系统　第2部分：试验方法
7	GB/T 29307—2012	电动汽车用驱动电机系统可靠性试验方法
8	QC/T 1068—2017	电动汽车用异步驱动电机系统
9	QC/T 1069—2017	电动汽车用永磁同步驱动电机系统
10	QC/T 1088—2017	电动汽车用充放电式电机控制器技术条件
11	QC/T 893—2011	电动汽车用驱动电机系统故障分类及判断
12	QC/T 896—2011	电动汽车用驱动电机系统接口
13	SJ/T 11695—2017	电动汽车电机控制器电源线通用规范
14	SJ/T 11614—2016	电动汽车驱动电机系统用金属化薄膜电容器规范
15	SJ/T 11633—2016	电动汽车电机控制器用高压电容器选型规范

在一些有特殊要求的情况下，测试与评价也可以参照相关国际组织制定的标准或其他国家（地区）制定的标准进行。这些国际组织主要包括国际标准化组织（international standardization organization，ISO）、国际电工技术委员会（international electrotechnical commission，IEC）以及联合国世界车辆法规协调论坛（UN world forum for harmonization of vehicle regulations，UN/WP29）等，其他国家（地区）相关标准制定机构主要有美国汽车工程师学会（society of automotive engineers，SAE）、美国国家标准化学会（American national standards institute，ANSI）、欧洲经济委员会（economic commission of Europe，ECE）、日本汽车工程师学会（society of automotive engineers of Japan，JSAE）、德国电气电工信息技术委员会（German commission for electrical，electronic & information technologies，DKE）等。其中，国际标准化组织的 ISO 21782—2019、国际电工技术委员会的 IEC 60349—2010、欧洲经济委员会的 ECE-R85、日本的 TRIAS 99-017-02、美国的 UL 1004-1 等都可以在驱动电机系统测试和评价中作为参考。

因电动汽车驱动电机多为旋转电机，其测试与评价过程中也可以参照或借鉴与旋转电机技术要求或试验方法相关的标准。

12.3　驱动电机系统测试设备与试验环境

12.3.1　驱动电机系统的硬件在环测试环境

电动汽车驱动电机系统部件经常工作在高电压、大电流、大转矩、高转速环境下，对它们进行测试的过程中，需要有较完善的保护机制。同时，测试所采用的电源与负载的稳定性会对测试结果产生重要影响，并直接影响评价结论。在研发过程中可采用硬件在环（hardware in the loop，HIL）仿真环境对驱动电机系统或其子系统进行测试。

硬件在环是一种半实物实时仿真技术。传统的硬件在环仿真技术是指采用高性能处理器（或称实时系统）运行实时模拟受控对象，并将高性能处理器数字或模拟接口与被测控制系统相连,以此对被测控制系统软硬件进行测试和评价。驱动电机系统的硬件在环仿真是指通过对与驱动电机具有耦合关系的系统或部件的实时模拟,对驱动电机系统或子系统进行测试和评价。这里的"耦合"可以是"电气耦合",也可以是"机械耦合"。通过硬件在环仿真技术,可以方便快速地实现驱动电机系统的功能验证与性能优化,缩短开发周期,降低研发成本。

图 12-1 为驱动电机系统硬件在环仿真结构示意图。驱动电机系统硬件在环仿真可以分为信号级、功率级和系统级,三者之间的对比如表 12-2 所示。

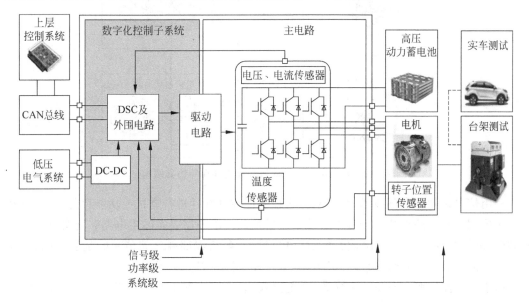

图 12-1 驱动电机系统的硬件在环仿真结构

表 12-2 信号级、功率级和系统级硬件在环仿真对比

项目	信号级	功率级	系统级
测评对象	数字化控制子系统	电机控制器	驱动电机系统
模拟对象	主电路+驱动电机	驱动电机	整车+驾驶员+道路
用途	控制软件测评和硬件基本功能验证	电机控制器性能测评	驱动电机系统性能测评
能量形式	小功率电能	大功率电能	大功率电能+大功率机械能
设备占地	较小,通常为台式设备	一般,通常为柜式(落地式)设备	较大,通常为复杂台架设备
设备成本	较低	较高	较高

1. 驱动电机系统的信号级硬件在环测试环境

图 12-2 所示为驱动电机系统的信号级硬件在环仿真结构示意图。在信号级硬件在环仿真系统中,被测试和评价对象是电机控制器的数字化控制子系统。数字化控制子系统通过数字 I/O、ADC、RDC 接口与实时系统相连接。实时系统根据数字化控制子系统输出的 PWM 信号,基于主电路结构、电机参数与电机数学模型,模拟主电路与驱动电机的特性,并向数字化控制子系统反馈电机绕组电流 i_A、i_B 和 i_C 以及转子位置 θ 和电机温度 t。其中,

i_A、i_B 和 i_C 为模拟绕组电流传感器的输出信号,它们与数字化控制子系统的 ADC 通道相连接;θ 为模拟旋转变压器、旋转编码器或其他类型转子位置传感器的输出信号,与数字化控制子系统的数字 I/O 或 RDC 通道相连接;t 为模拟驱动电机温度传感器输出信号,与数字化控制子系统的 ADC 通道相连接。

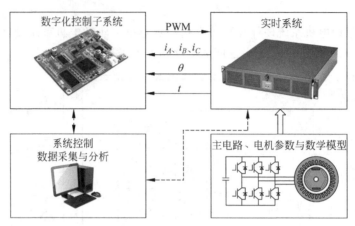

图 12-2　驱动电机系统的信号级硬件在环仿真结构

采用信号级硬件在环技术,可以对电机控制器控制软件进行调试或功能评价,也可以对数字化控制子系统硬件功能与基本性能进行验证。由于不需要实际主电路和真实电机的参与,整个测试与评价过程中不需要接入高电压设备,各组成部件之间传递的是低电压、小功率信号。因此,测试与评价过程比较方便,电气安全性较好。

由于主电路和驱动电机为非实物,主电路模型、电机参数和电机模型易于修改,所以可以比较方便地将信号级硬件在环用于研究在极端工况下驱动电机的控制策略或算法,同时,也易于通过故障注入研究故障状态下的故障辨识与应对措施。

若电机控制器整机已经完成研发,在进行信号级硬件在环仿真时,需要把数字化控制子系统独立出来,使它不再与主电路和驱动电路具有电气连接。因此,信号级硬件在环仿真更适合电机控制器研发过程中的数字化控制子系统性能或功能的测试与评价。

信号级硬件在环仿真的精度严重依赖于主电路与电机模型的精度。考虑到实际主电路的非线性、时延特性、功耗以及电机参数的非线性、时变等特点,同时,较复杂以及精度较高的模型对实时系统的运算和存储能力具有较高的要求,因此信号级硬件在环仿真结果多用于定性分析。

信号级硬件在环仿真不能用于数字化控制子系统的电磁兼容性、环境适应性、热管理、耐久性、功耗等方面的测试和评价。

2. 驱动电机系统的功率级硬件在环测试环境

图 12-3 所示为驱动电机系统的功率级硬件在环仿真结构示意图。在功率级硬件在环仿真系统中,被测试和评价的对象是电机控制器。

电机控制器通过高压输出电气接口、低压电气接口与实时系统连接,由于实时系统是对驱动电机的模拟,所以又称为电机模拟器(machine emulator[4] 或 motor emulator[5])。电机控制器通过高压输入电气接口与高压动力蓄电池相连接,高压动力蓄电池可用可回馈能量的可调双向直流电压或电池模拟装置替代。

第12章 汽车驱动电机系统的测试与评价

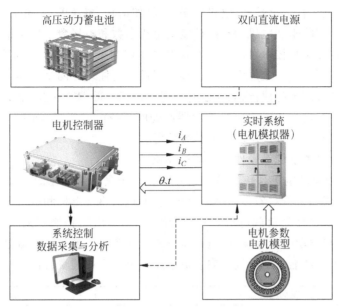

图 12-3 驱动电机系统的功率级硬件在环仿真结构

在功率级硬件在环仿真中,采用电机模拟器等效电机,即电机控制器是实物,而驱动电机是非实物。

电机模拟器的构成与基本工作原理如图 12-4 所示。在电机模拟器中,电力电子主电路通过耦合网络(coupling network)[6]与电机控制器主电路相连,耦合网络由大功率感性元件构成,可以等效为电感与电阻串联的支路。电机模拟器数字化控制子系统,通过对电机模拟器主电路输出电压的控制,使耦合网络各相支路电流(图中 i_A、i_B 和 i_C)和被模拟电机的各相绕组电流一致,从而实现对电机工作状态的模拟。同时,基于被模拟电机的参数和模型,电机模式器可以模拟并输出电机转子位置传感器输出信号(图中 θ)和电机内部温度传感器输出信号(图中 t)。

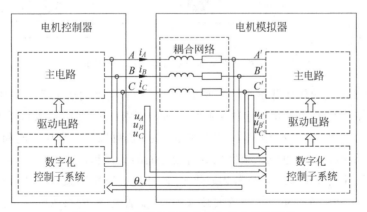

图 12-4 电机模拟器的构成与基本工作原理

采用功率级硬件在环仿真可以实现对电机控制器较为全面的测试与评价,不仅可以实现信号级硬件在环仿真的控制软件调试和测试以及数字化控制子系统的硬件基本功能验证,还可以实现电机控制器效率测试、电机控制器耐久性测试、电机控制器环境适应性测试、电机故障模拟、电机运行工况再现、电机极限工况(如堵转、超速等)等仿真。

电机模拟器对实际驱动电机的模拟精度受电机参数和电机数学模型精度的影响。虽然采用功率级硬件在环仿真技术可以较好地开展电机控制策略和算法的研究,但在对电机控制器测试与评价方面仍有一定局限性。这种局限性主要体现在两个方面:一是无法对电机控制器动态过程进行测试与评价,如无法对电机转矩指令的响应速度、电流环的控制品质进行测试与评价等;二是无法模拟电机控制器所处的复杂电磁环境,如不能模拟电机绕组所在支路分布参数或寄生参数产生的电磁兼容问题。

3. 驱动电机系统的系统级硬件在环测试环境

图 12-5 所示为驱动电机系统的系统级硬件在环仿真结构示意图。在系统级硬件在环仿真系统中,被测试和评价对象是驱动电机系统,即包括驱动电机和电机控制器。驱动电机与动态电力测功机(也称为负载电机)通过机械轴连接;电机控制器通过高压输出电气接口、低压电气接口与驱动电机连接,通过高压输入电气接口与高压动力蓄电池相连接。高压动力蓄电池可用可回馈能量的可调双向直流电压或电池模拟装置替代。

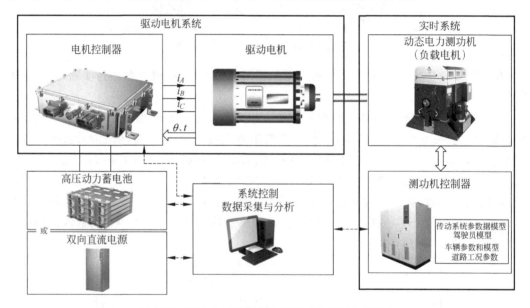

图 12-5 驱动电机系统的系统级硬件在环仿真结构

图 12-5 中系统级硬件在环仿真的实时系统即为动态电力测功机系统,包括动态电力测功机及测功机控制器两大部分。通过在测功机控制器控制软件中输入传动系统参数和模型、驾驶员模型、车辆参数和模型、道路工况参数,测功机可以模拟车用工况和车用环境下驱动电机的负载,从而对驱动电机系统性能进行较全面的测试和评价。

将系统级硬件在环仿真环境与车载散热系统、环境适应性试验系统、电磁兼容性试验暗室等相结合,可以分别对驱动电机系统的热管理、环境适应性、电磁兼容性进行测试与评价。

由于被测驱动电机通过机械轴直接与动态电力测功机相连接,部分极端工况受动态电力测试机机械极限性能限制,同时考虑到测试与评价中的安全性,所以一些极限工况无法在系统级硬件在环仿真环境中得以实现,这是系统级硬件在环仿真的不足。此外,对于用于分布式驱动的多驱动电机系统,实时系统由多套动态电力测功机及其控制器构成,各测功机控制器之间需协同控制,导致系统级硬件在环仿真环境过于复杂且成本较高。

12.3.2 驱动电机系统基本性能试验台架

驱动电机系统基本性能试验台架是驱动电机系统研发以及测试与评价中的必要设备,主要用于对驱动电机系统能量转换特性,如机械特性、能量转换功率、能量转换效率、损耗与热管理、可靠性和耐久性等进行测试与评价。图 12-6 所示为驱动电机系统基本性能试验台架结构与实物图。若图 12-6(a)中负载电机为动态电力测功机,负载电机控制器为测功机控制器,且测功机控制器可以实现传动系统、驾驶员、车辆和道路工况的模拟,则驱动电机系统基本性能试验台架等同于图 12-5 中系统级硬件在环仿真系统。

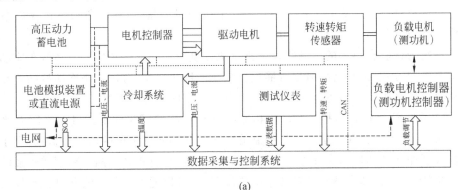

(a)

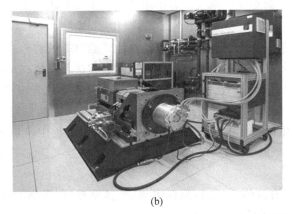

(b)

图 12-6 驱动电机系统基本性能试验台架
(a) 台架结构;(b) 台架实物

图 12-6(a)中,若采用车载高压动力蓄电池作为电机控制器直流侧的电源,则驱动电机系统工作环境更接近车载环境,便于开展蓄电池输出电压、SOC 对驱动电机系统性能影响的研究和测试。由于动力蓄电池存储能量的限制,采用动力蓄电池作为电机控制器直流侧电源时,驱动电机系统不宜较长时间处于较大功率工况。在对驱动电机系统耐久性进行测试时,可以采用电池模拟装置或直流电源替代动力蓄电池。由于驱动电机可工作于电动或发电状态,用于试验台架的直流电源应具有双向能量流动功能。

位于驱动电机与负载电机之间的转速转矩传感器的输出数据是评价驱动电机机械特性或效率特性的重要依据,所以要求该传感器具有较高的精度和较好的数据实时性。若负载电机系统已安装满足测试要求的转速转矩传感器,那么相关数据可以从负载电机控制器获取。相应地,图12-6(a)中的转速转矩传感器可以省略。

负载电机及其控制器可以根据驱动电机系统的测试与评价内容或研发需要进行配置。若只需对驱动电机系统的稳态驱动(电动状态)性能进行测试与评价且转速较低时,负载电机可以选用成本较低的直流测功机或电涡流测功机;若对测试与评价过程的动态响应要求较高且转速较高时,应选用交流电力测功机[7]。此外,也可以选用与被测对象完全相同的驱动电机系统作为负载电机系统,即用两套相同的驱动电机系统形成"对拖"试验系统,当一套系统工作在电动状态时,另外一套系统工作在发电状态,在降低试验台架成本的基础上,可以同时对驱动电机系统的电动状态和发电状态性能进行测试与评价。通常,试验台架要求负载电机的机械特性应能完全覆盖被测驱动电机的机械特性,同时负载电机控制系统的软硬件应比较成熟且易于对负载工况进行调节。

冷却系统为试验台架上的被测驱动电机系统提供冷却和散热环境。电动汽车驱动电机系统冷却均为液冷方式,试验台架应尽可能模拟整车的散热环境,合理控制冷却液的流量和温度。驱动电机和电机控制器可以独立冷却,也可以采用同一冷却系统。

图12-6中的测试仪表是指对驱动电机系统进行性能测试与评价的过程中所需要的测试仪器和表计,如用于驱动电机和电机控制器输出功率和效率测试的功率分析仪、用于与转速转矩传感器相连接的显示表计等。这些测试仪表通常具有较高的测试精度和较强的数据采集和分析能力,往往拥有独立的对外连接传感器,并可以通过通信总线和试验台架的数据采集与控制系统进行数据交互。测试仪表是驱动电机系统基本性能试验台架不可或缺的重要组成部分。

数据采集与控制系统是驱动电机系统基本性能试验台架的核心。数据采集与控制系统通过分布在试验台架各测试点的传感器对关键试验数据进行采集、分析、显示、存储和处理,同时通过通信总线(如CAN总线、GPIB总线等)与动力蓄电池管理系统(BMS)、电机控制器、负载电机控制器、测试仪表等进行通信,实现数据交互。数据采集与控制系统可以对驱动电机系统以及负载电机系统的状态进行控制,并对试验过程中出现的异常情况进行辨识和处理,以保证试验台架的安全性和可靠性。数据采集与控制系统需要采集的数据主要包括以下几个方面。

(1) 电机控制器:直流侧电压、直流侧电流、交流侧电压、交流侧电流、直流侧功率、交流侧功率、主电路电力电子器件温度等;

(2) 驱动电机:电机转速、电机转矩、电机绕组温度等;

(3) 负载电机及其控制器:电机转速、电机转矩、负载电机温度等;

(4) 动力蓄电池:输出直流电压、输出直流电流、荷电状态(state of charge,SOC)、健康状态(state of health,SOH)等;

(5) 冷却系统:冷却液温度、冷却液流量、冷却液压力等;

(6) 转速转矩传感器:电机转速、电机转矩等;

(7) 测试仪表(功率分析仪):电机控制器直流侧电压、电机控制器直流侧电流、电机控制器直流侧功率、电机控制器交流侧电压、电机控制器交流侧电流、电机控制器交流侧功率因数、电机控制器交流侧功率、电机控制器效率、电机转速、电机转矩、电机机械功率、电机效率、驱动电机系统效率等。

对于同一物理量不同来源的数据(如电压、电流、转速、转矩、温度等),应以独立于被测驱动电机系统之外单独设置的电流、电压、转速转矩、温度等传感器或测试仪表的数据为准。在试验之前或在规定的试验周期应对传感器或测试仪表进行检验或校准,以保证测试结果的准确性。

数据采集与控制系统对数据的采集、分析、显示和处理应满足驱动电机系统试验对实时性以及同步性的要求。

在对多电机构成的驱动电机系统(如双电机集中式驱动系统、轮毂电机分布式驱动系统、轮边电机分布式驱动系统等)进行试验时,需要对图12-6所示试验台架进行扩展。对于双电机集中式驱动系统,可模拟实车应用情况通过机械耦合机构将其与负载电机或测功机相连;对于轮边或轮毂分布式驱动系统,试验台架可以采用多负载电机或多测功机形式,此时各负载电机或测功机控制器之间需要协调控制,台架结构较为复杂。

12.3.3 驱动电机系统电磁兼容性试验环境

驱动电机系统是车辆电磁噪声的重要来源,其高功率密度、高开关频率、高功率能量转换等特点导致电磁兼容问题较突出。驱动电机系统电磁兼容性试验环境包括试验场地和试验设备两个方面。

1. 驱动电机系统电磁兼容性试验场地

依据国家标准 GB/T 36282—2018《电动汽车用驱动电机系统电磁兼容性要求和试验方法》[8]的规定,驱动电机系统的电磁兼容性测试包括电磁辐射发射、电磁辐射抗扰度、沿电源线的瞬态传导抗扰度以及静电放电抗扰度等四项内容。

通常情况下,电磁辐射发射可在开阔试验场地或半电波暗室进行;电磁辐射抗扰度测试可在电磁屏蔽室、开阔试验场地或半电波暗室进行;沿电源线的瞬态传导抗扰度和静电放电抗扰度可在电磁屏蔽室或半电波暗室进行。

1) 开阔试验场地

开阔试验场地(open area test site,OATS)是由国际无线电干扰特别委员会(comité international spécial des perturbations radioélectriques,CISPR)规定的频率范围为30~1000MHz辐射发射的测试场地。国家标准 GB/T 6113.104—2016《无线电骚扰和抗扰度测量设备和测量方法规范 第1—4部分:无线电骚扰和抗扰度测量设备 辐射骚扰用测量天线和试验场地》[9]规定了开阔试验场地的特点是具有空旷的水平地势和接地平面,并推荐使用金属接地平面。接地平面可以放在地平面上,也可以放在一定高度的平台上。

图12-7所示为一个典型的开阔试验场地,其长度为60m,宽度为30m,地面覆盖钢板厚度为8mm,95%的地面平整度低于±6mm[10]。

开阔试验场地的最小尺寸应满足3米法测试距离要求。对大型被测对象,测量场地应满足有关标准对场地的要求[11]。

如果试验场地配备了转台,则开阔试验场地可以采用如图12-8(a)所示的椭圆形无障碍区

图12-7 典型的开阔试验场地

域,接收天线和被测试设备(equipment under test,EUT)分别放在椭圆形区域的两个焦点,长轴的长度为测量距离的 2 倍,短轴的长度为测量距离的 $\sqrt{3}$ 倍。若放置在转台上的设备较大,那么就需要扩展无障碍区的周界,以保证从被测试设备周界到障碍物之间的净尺寸满足要求。

如果试验场地没有配备转台,即被测试设备是不动的,那么可以采用如图 12-8(b)所示的圆形无障碍区域。被测试设备周界的径向距离为测试距离的 1.5 倍。此时,测量天线可以在距离被测试设备半径远的位置围绕被测试设备移动。

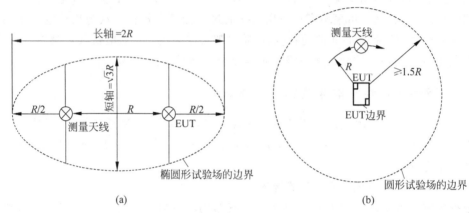

图 12-8　开阔试验场地的无障碍区域
(a) 椭圆形试验场;(b) 圆形试验场

为了避免周围环境中的电磁干扰给测试带来影响,开阔试验场地的电磁环境噪声越小越好,应尽量避开建筑物、电力线、树木等,并远离地下电缆、管道等,通常要求开阔试验场地周围的电磁噪声应该至少比标准规定的辐射发射限值低 6dB。目前城市的电磁环境日益复杂和恶化,一般很难找到符合要求的测试场地。若在偏远的农村或山区建立测试场地,则面临交通运输、配套设施等问题。

在开阔试验场地进行辐射抗扰度测试过程中可能会干扰周围其他设备的正常工作。此外,开阔试验场地测试会受到气候条件的制约。因此开阔试验场地测试具有一定的局限性。

驱动电机系统电磁辐射发射和电磁辐射抗扰度与电机负载或工况有直接的关联性。在开阔试验场地条件下,驱动电机虽然不难加载,但位于试验场地的电源、测功机及其控制器的运行会对测试过程和测试结果产生不良影响。因此,驱动电机系统可以采用较长导线与电源连接或采用较长的机械轴与测功机连接,使电源、测功机及其控制系统远离被测试设备,但这样会降低测试过程的安全性和可靠性,并增加试验成本。

2) 电磁屏蔽室

电磁屏蔽室(electromagnetic shielding enclosure)是指内部不受外界电场、磁场的影响或外部不受其内部电场、磁场影响的一种结构,即可以认为电磁屏蔽室是一个将内部电场、磁场和外部电场、磁场进行隔离的测试场所。

电磁屏蔽室的外形和内部结构如图 12-9 所示。通常,电磁屏蔽室利用了金属材料对电磁波的屏蔽作用,是一个四壁、顶面和地面皆由金属材料制成的六面体房间。电磁屏蔽室分为拼装式和焊接式两种类型。拼装式电磁屏蔽室通过螺栓将成型金属材料模块固定而成,成本较低,便于安装和拆卸;焊接式电磁屏蔽室是将成片金属材料焊接为一个牢固的紧密的整体,具有较高的机械强度。电磁屏蔽室需要进行安全接地。

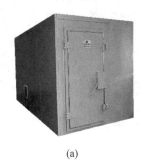
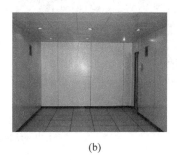

(a)　　　　　　　　　　　　　　(b)

图 12-9　电磁屏蔽室外形与内部结构
(a) 外形;(b) 内部结构

电磁屏蔽室的屏蔽门除应方便人员、设备等进出外,关闭时应不影响电磁屏蔽室的整体屏蔽性能。

进出电磁屏蔽室的所有导线(包括电源线、控制线、信号线等)均需要通过滤波环节(器),滤波环节(器)应尽量靠近接地点,滤波环节(器)的输入线和经过滤波后的输出线通过金属导管铺设。

电磁屏蔽室通常采用单点接地,接地线一般采用高电导率的扁状导体,接地电阻要求小于 4Ω,一般小于 1Ω。

电磁屏蔽室壁面呈电连续性,其内部形成一个谐振腔体,几乎任何形状的电磁屏蔽室都可以产生谐振,对于六面长方体结构的电磁屏蔽室,谐振频率可以按下式计算[12]

$$f_{ijk} = \frac{1}{2\sqrt{\mu_0 \varepsilon_0}} \sqrt{\left(\frac{i}{a}\right)^2 + \left(\frac{j}{b}\right)^2 + \left(\frac{k}{c}\right)^2} \tag{12-1}$$

式中,f_{ijk} 为电磁屏蔽室的谐振频率,单位为 MHz;μ_0 为电磁屏蔽室内部的磁导率;ε_0 为电磁屏蔽室内部的介电常数;a、b 和 c 分别为电磁屏蔽室的长度、宽度和高度,单位为 m;i、j 和 k 可以任意选取为 0、1、2,但 i、j 和 k 中只能有一个选值为 0。由于 i、j 和 k 的选值不确定性,导致同一个电磁屏蔽室存在多个谐振频率点。由于谐振会导致电磁屏蔽室屏蔽效能大大降低,从而导致测量误差较大,因此在测量中应避开这些谐振频率点。

在电磁屏蔽室运行一段时间后,需要进行一定的测试以判断电磁屏蔽室的性能是否满足测试要求,相关测试可以依据 GB/T 12190—2021《电磁屏蔽室屏蔽效能的测量方法》[12] 执行。

3) 半电波暗室

电波暗室(anechoic chamber)是在电磁屏蔽室的基础上,在内壁铺设了吸波材料。电波暗室有全电波暗室和半电波暗室两种结构形式。若在电磁屏蔽室六个面内壁均装有吸波材料,称为全电波暗室(fully anechoic room,FAR);若电磁屏蔽室的四壁、顶面装有吸波材料,而底面为金属面,称为半电波暗室(semi-anechoic room,SAR),具体如图 12-10(a)所示。

半电波暗室主要用于模拟开阔试验场地。半电波暗室外壳的金属材料对背景电磁噪声具有很好的屏蔽作用,内壁五个面的吸波材料可以消除室内电磁波的漫反射。在半电波暗室中进行测试时,接收天线接收的是被测对象辐射电磁波的直达波和标准地面反射波的矢量和[13]。半电波暗室通常会在地面上加装转台,从而便于对被测对象在不同位置的电磁辐

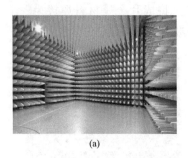
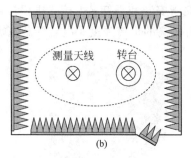

图 12-10 半电波暗室与布置俯视图

(a) 内部结构；(b) 布置俯视图

射发射或电磁辐射抗扰度开展试验，如图 12-10(b) 所示。半电波暗室内部空间尺寸由被测试的驱动电机系统以及执行的试验方法确定。

对于在半电波暗室中被测的驱动电机系统，可以采用测功机作为负载。若测功机可以模拟实际道路工况，则可以在暗室中对驱动电机系统进行全面的电磁兼容性测试。但由于测功机系统属于大功率电气设备，为避免它在工作中对测试结果产生影响，需将其放置于暗室外部，它与驱动电机的连接方式如图 12-11(a) 所示。图 12-11(b) 和图 12-11(c) 分别为实物配置图[14]。

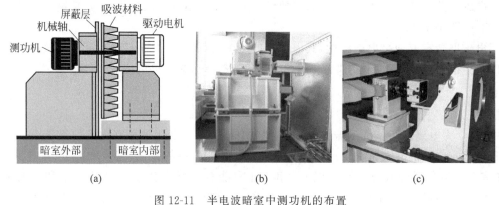

图 12-11 半电波暗室中测功机的布置

(a) 驱动电机与测功机的连接；(b) 暗室外部配置图；(c) 暗室内部配置图

2. 驱动电机系统电磁兼容性试验设备

驱动电机系统电磁兼容性试验中需要的典型试验设备有测量接收机、频谱分析仪、天线、信号发生器、功率放大器、静电放电发生器等。

1）测量接收机

测量接收机是电磁辐射发射试验中的重要设备，用于将传感器（如电流探头、电压探头、接收天线、人工电源网络等）输入的干扰信号中预先设定的频率分量以一定的通频带选择出来，并予以分析、显示和存储。通过改变设定频率，可以得到干扰信号的频率。图 12-12 所示为一种测量接收机的实物图。

2）频谱分析仪

频谱分析仪主要用于信号的频谱分析。频谱分析仪应用扫频测量技术，对信号进行频率动态分析。图 12-13 所示为一种频谱分析仪的实物图。

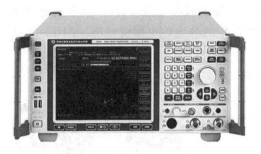

图 12-12　测量接收机实物图

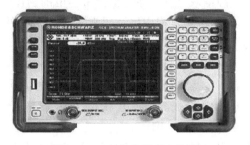

图 12-13　频谱分析仪实物图

3) 天线

天线是电磁辐射发射和电磁辐射抗扰度试验所需要的设备,其作用是接收或发射电磁波,在被测对象周围空间接收和产生一定场强的电磁场。用于驱动电机系统电磁兼容性试验的天线有双锥天线、对数周期天线、喇叭天线等,具体如图 12-14 所示。

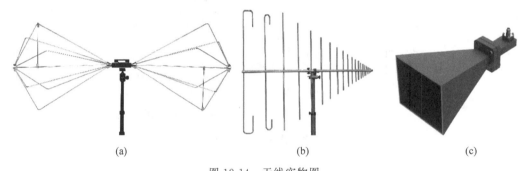

图 12-14　天线实物图

(a) 双锥天线;(b) 对数周期天线;(c) 喇叭天线

4) 信号发生器

信号发生器是电磁辐射抗扰度试验的前端设备,主要用于提供符合测试要求的标准信号。信号发生器的频率范围、谐波分量、调制方式、电平精度等应满足试验要求。图 12-15 所示为一种信号发生器的实物图。

5) 功率放大器

功率放大器是将信号发生器输出的小功率信号进行放大,激励发射天线产生试验所需要电磁场的设备。图 12-16 所示为一种功率放大器的实物图。

图 12-15　信号发生器实物图

图 12-16　功率放大器实物图

6）静电放电发生器

静电放电发生器是模拟带静电的物体放电时产生的放电电压，以此测试驱动电机系统在装配、维修过程中以及司乘人员在车内外可能产生的静电放电耐受性能。图 12-17 所示为一种静电放电发生器的实物图。

根据国家标准 GB/T 17626.2—2018《电磁兼容　试验和测量技术　静电放电抗扰度试验》[15]中的规定，静电放电发生器的原理如图 12-18 所示。图中，R_c 为充电电阻；R_d 为放电电阻，典型值为 330Ω；C_s 为储能电容；C_d 为放电电容；C_s+C_d 典型值为 150pF。

当进行静电放电抗扰度试验时，国家标准 GB/T 17626.2—2018 规定，在 8kV 下的理想接触放电电流波形如图 12-19 所示。

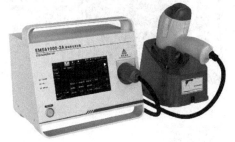

图 12-17　静电放电发生器实物图

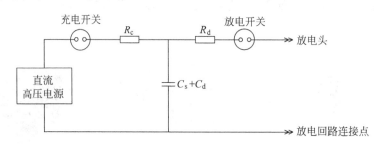

图 12-18　静电放电发生器原理

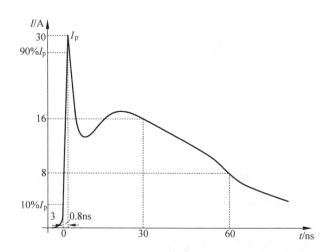

图 12-19　8kV 下理想接触放电电流波形

除上述驱动电机系统电磁兼容性试验中需要的试验设备外，基于试验项目，一般还需要定向耦合器、功率计、大电流注入系统、电压探头、电流探头等设备。

12.3.4　驱动电机系统环境适应性试验环境

驱动电机系统的环境适应性的试验主要包括高低温试验、湿热试验、盐雾试验、振动试验和防尘防水试验等项目。

1. 高低温试验和湿热试验

驱动电机系统的高低温试验和湿热试验通常在高低温湿热试验箱内进行，图12-20所示为一种高低温湿热试验箱的实物图。根据国家标准GB/T 10592—2008《高低温试验箱技术条件》[16]以及GB/T 10586—2006《湿热试验箱技术条件》[17]的规定，对于Ⅰ类湿热试验箱，温度波动度不大于1℃，温度容许偏差为±2℃，相对湿度容许偏差为+2%～-3%。试验箱外壳与保护接地端子应有良好的电气连接并能方便牢固地接线，试验箱应有超温、过电流、缺水等保护及报警装置，试验箱在工作过程中噪声不高于75dB(A)。

2. 盐雾试验

驱动电机系统的盐雾试验通常在盐雾试验箱内进行，图12-21所示为一种盐雾热试验箱的实物图。根据国家标准GB/T 10587—2006《盐雾试验箱技术条件》[18]的规定，对于盐雾试验箱，温度波动度不大于

图12-20　高低温湿热试验箱实物图

1℃，温度容许偏差为±2℃，工作室内的盐雾沉降率为1.0～2.0mL/(h·80cm^2)。同时，试验箱内与盐溶液和盐雾直接接触的材料不应与盐溶液和盐雾起化学反应，不直接接触的部分应耐盐雾腐蚀，盐雾不应直接喷射到驱动电机系统上，箱内顶部和内壁上以及其他部位的冷凝液不应滴落在驱动电机系统上。试验箱应排气良好以防止压力过高，确保盐雾分布均匀。排气孔末端应进行风防护，以避免引起试验箱内产生较强的气流。试验箱外壳与保护接地端子应有良好的电气连接并能方便牢固地接线，试验箱应有超温、过电流等保护及报警装置，试验箱在工作过程中噪声不高于75dB(A)。

3. 振动试验

电动车辆在实际运行时产生的振动对驱动电机系统可靠性产生重要影响。对驱动电机系统耐振动能力的试验通常在振动试验台上进行，图12-22所示为一种振动试验台的实物图。振动试验台可以模拟振动、考察驱动电机系统是否能经受住长时间振动而不改变性能

图12-21　盐雾试验箱实物图

图12-22　振动试验台实物图

或不至于导致机械损坏。振动试验台按工作原理可以分为机械式、电动式、电液式等多种型式[7]。振动试验台应能够测量振动的位移、速度和加速度的方均根值。

4. 防尘防水试验

驱动电机系统的防尘和防水试验环境用于驱动电机及其控制器防护等级的评价。

图 12-23 防护等级的表示方法

驱动电机系统的防尘防水能力用防护（ingress protection,IP）等级表示。防护等级的标志由代码字母"IP"及附加在其后的两位特征数字组成,具体如图 12-23 所示。

第一位特征数字表示的防护等级如表 12-3 所示。第二位特征数字表示的防护等级如表 12-4 所示。

表 12-3 第一位特征数字代表的防护等级

X	防护等级含义
0	—
1	直径 50mm 的球形物体不得完全进入壳内
2	直径 12.5mm 的球形物体不得完全进入壳内
3	直径 2.5mm 的球形物体不得完全进入壳内
4	直径 1.0mm 的球形物体不得完全进入壳内
5	不能完全防止尘埃进入,但进入的灰尘量不得影响设备的正常运行,不得影响安全
6	无灰尘进入

表 12-4 第二位特征数字代表的防护等级

Y	防护等级含义
0	—
1	垂直方向滴水应无有害影响
2	当外壳的各垂直面在 15°倾斜时,垂直滴水应无有害影响
3	当外壳的垂直面在 60°范围内淋水,无有害影响
4	向外壳各方向溅水无有害影响
5	向外壳各方向喷水无有害影响
6	向外壳各个方向强烈喷水无有害影响
7	浸入规定压力的水中经规定时间后,外壳进水量不致达有害程度
8	按制造厂商和用户双方同意的条件持续潜水后,外壳进水量不致达有害程度

依据国家标准 GB/T 18488.1—2015《电动汽车用驱动电机系统 第 1 部分：技术条件》[2] 的规定,驱动电机系统的防尘防水应达到 IP44 或更高等级要求。

防尘试验的试验设备是防尘试验箱,可以模拟沙尘、粉尘环境检验被测试驱动电机系统的防尘能力。防尘试验箱实物图和工作原理如图 12-24[19] 所示。防尘试验箱设有监察窗,透过监察窗可以清晰地观察到被测试的驱动电机或电机控制器的状态。

可以采用如图 12-25[19] 所示的装置进行淋水和溅水试验,该装置包括摆管、摆管支架、试验转台、压力表、阀门等构件,其中,摆管安装在支架上,它上面均匀分布有一定数量、一定尺寸的孔,并在孔处安装喷嘴,图中尺寸单位为 mm。试验过程中,经过流量和压力调整后的水流从喷嘴喷出,冲击被测电机或电机控制器。试验转台可以带动被测电机或电机控制器按一定速度旋转,以保证电机或电机控制器各部分在试验中皆可以被淋溅。

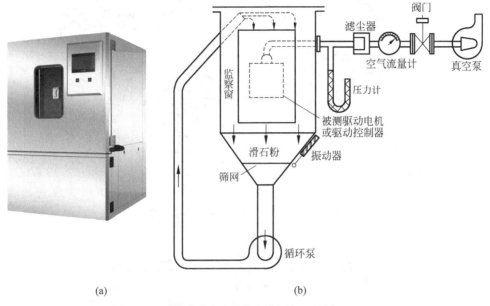

图 12-24 防尘试验箱实物图与工作原理
(a) 实物图;(b) 工作原理

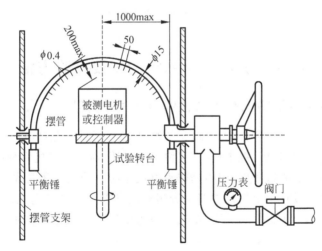

图 12-25 摆管式淋水和溅水试验装置

对于不宜采用图 12-25 所示装置进行试验的驱动电机系统,可以采用如图 12-26 所示的手持式淋水和溅水试验装置,通过阀门可以控制水的流量和压力,图 12-25 和图 12-26 中尺寸单位为 mm。

对防水等级达到 5 级或 6 级的驱动电机或电机控制器进行防水试验时,需采用如图 12-27 所示的标准喷嘴进行试验[19]。图中,当进行防水等级为 5 级的试验时,$D=6.3$mm;当进行防水等级为 6 级的试验时,$D=12.5$mm。

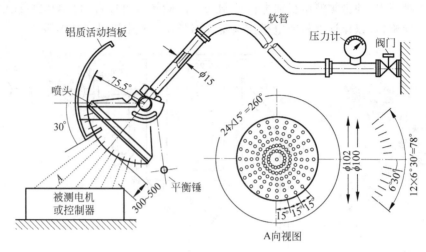

图 12-26 手持式淋水和溅水试验装置

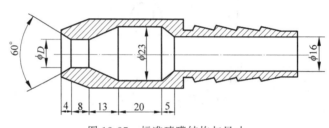

图 12-27 标准喷嘴结构与尺寸

12.4 驱动电机系统的主要试验方法

12.4.1 驱动电机系统输入输出特性的台架试验方法

驱动电机系统输入输出特性试验通常在如图 12-6 所示的驱动电机系统基本性能试验台架上进行。电机控制器直流侧电压，即直流母线电压，对驱动电机系统的输入输出特性具有直接的影响，因此，试验过程中，应根据驱动电机系统直流输入电压范围对电机控制器直流侧电压进行准确的设置。电机控制器直流侧电压可以设置在最高工作电压、最低工作电压、额定工作电压或其他工作电压处，在试验报告中记录的试验条件中应标注该电压具体数值。

对于驱动电机系统机械特性、效率特性等与驱动电机转速有关的试验项目，在驱动电机系统转速范围的测量点数不应少于 10 个，且最低转速点宜不大于最高转速的 10%，相邻转速点之间的间隔不大于最高转速的 10%。转速测试点选取时应包含必要的特征点，如零转速点、额定转速点、最高转速点、持续功率对应的最低转速点等。

转矩测试点的选取：在驱动电机系统电动或发电状态下，在每个转速点上一般取不少于 10 个转矩测试点。对于高速工作状态，在每个转速点上选取的转矩测试点数可以适当减少，但不宜低于 5 个。转矩测试点选取时应包含必要的特征点，如持续转矩点、峰值转矩（或最大转矩）点、持续功率曲线上的点、峰值功率（或最大功率）曲线上的点等。

1. 驱动电机系统机械特性关键特征参数的测量

由图 1-10 可知,驱动电机系统机械特性的关键特征参数包括峰值转矩(最大转矩)、峰值功率(最大功率)、持续转矩(额定转矩)、持续功率(额定功率)、堵转转矩、最高转速、基速等。

1) 持续转矩

持续转矩测量试验过程中,将电机控制器直流母线电压设定为额定电压,驱动电机系统可以工作在电动状态,也可以工作在发电状态。在持续转矩下,驱动电机系统应能够长时间正常工作,并且不超过驱动电机的绝缘等级和规定的温升限值。

2) 持续功率

持续功率 P_r 通常按下式计算获得

$$P_r = \frac{T_r n_r}{9550} \tag{12-2}$$

式中,T_r 为持续转矩,单位为 N·m;n_r 为获得持续转矩时相应的驱动电机转速,单位为 r/min。

3) 峰值转矩

峰值转矩测量试验可以在驱动电机系统实际冷态下进行。试验过程中,将电机控制器直流母线电压设定为额定电压,驱动电机系统可以工作在电动状态,也可以工作在发电状态。

试验和测量时,驱动电机系统应工作在制造厂商提供的电机技术文件规定的峰值转矩、转速和持续时间等条件下,同时记录试验持续时间。试验结束后,驱动电机系统应能够正常工作,并且不超过驱动电机的绝缘等级和规定的温升限值。

如果需要多次进行峰值转矩的测量,宜将驱动电机恢复到实际冷态后,再进行下一次试验测量。如果用户或制造商同意,可以在不降低试验强度的情况下,允许驱动电机没有恢复到冷态时开始新的试验测量。如果这样调整后,试验测量得到的温升值和温度值较大,或者超过了相关的限值要求,则不应做这样的调整,以确保试验结果的准确性。

峰值转矩测量试验持续时间可以按照制造厂商的要求进行,一般建议制造厂商提供驱动电机系统能够持续 1min 或 30s 工作时的峰值转矩作为参考,并进行试验测量。

作为峰值转矩测量试验的一种特殊情况,可以测试驱动电机系统在每个转速工作点的最大转矩,试验过程中,在最大转矩处的试验持续时间可以很短,一般情况下远低于 30s。根据试验数据,绘制驱动电机系统转速-最大转矩曲线。

4) 峰值功率

利用获得的峰值转矩和相应的工作转速,参考持续功率的计算方法即可获得驱动电机系统在相应工作点的峰值功率。试验中,应记录峰值功率持续时间。

5) 堵转转矩

堵转转矩测量试验过程中,将电机控制器直流母线电压设定为额定电压。试验时,应将驱动电机转子堵住,驱动电机系统工作于冷态,通过电机控制器为驱动电机施加所需的堵转转矩,记录堵转转矩和堵转时间。

改变驱动电机定子和转子的相对位置,沿圆周方向等分取 5 个堵转点,分别重复以上试验,每次重复试验前,宜将驱动电机恢复到冷态。每次堵转试验的堵转时间应相同。

取 5 次测量结果中堵转转矩的最小值作为该驱动电机系统的堵转转矩。

6) 最高转速

最高转速测量试验过程中,将电机控制器直流母线电压设定为额定电压,驱动电机系统宜处于热工作状态。测试时,匀速调节驱动电机的转速升至最高工作转速,并施加不低于制造厂商提供的产品技术文件规定的负载,当驱动电机系统工作稳定后,在此状态下的持续工作时间应不少于 3min,每 30s 记录一次驱动电机的输出转速和转矩。

2. 驱动电机系统控制精度和响应时间的测量

稳态控制精度和动态响应时间用于表征驱动电机系统控制品质。稳态控制精度主要指驱动电机系统稳定状态下的转矩控制精度,对于有转速控制模式的驱动电机系统,则还应包括稳定状态下的转速控制精度。动态响应时间则包括转速响应时间和转矩响应时间。

1) 转速控制精度

转速控制精度测量试验过程中,电机控制器直流母线电压宜设定为额定电压,驱动电机系统宜处于空载、热态和电动状态。

对具有转速控制功能的驱动电机系统,在 10%~90% 最高转速范围内,均匀取 10 个不同的转速点作为目标值。

按照某一转速目标值设定电机控制器或上位机软件,驱动电机由静止状态直接旋转加速,并至转速稳定状态,在此过程中不应对电机控制器或上位机软件做任何调整,记录驱动电机稳定后的实际转速,并计算实际转速与目标转速的差值,或者实际转速与目标转速的偏差占目标转速的百分数,此值即为这一转速目标值对应的转速控制精度。对每一个转速目标值均进行以上试验,选取转速控制精度中的最大值作为驱动电机系统的转速控制精度。

2) 转矩控制精度

转矩控制精度测量试验过程中,电机控制器直流母线电压宜设定为额定电压,驱动电机系统宜处于热态和电动状态。

对具有转矩控制功能的驱动电机系统,在设定转速条件下的 10%~90% 峰值转矩范围内,均匀取 10 个不同的转矩点作为目标值。

按照某一转矩目标值设定电机控制器或上位机软件,驱动电机输出由零转矩直接至工作转矩和转速稳定状态,在此过程中不应对电机控制器或上位机软件做任何调整,记录驱动电机系统的实际转矩,并计算实际转矩与目标转矩的差值,或者实际转矩与目标转矩的偏差占目标转矩的百分数,此值即为在特定转速条件下,这一转矩目标值对应的转矩控制精度。对每一个转矩目标值均进行以上试验,选取转矩控制精度中的最大值,即为特定转速条件下驱动电机系统的转矩控制精度。

加载过程中,驱动电机的工作转速会发生变化,转速可以由测功机设定并控制。

3) 转速响应时间

转速响应时间测量试验过程中,电机控制器直流母线电压宜设定为额定电压,驱动电机系统宜处于空载、热态和电动状态。

对具有转速控制功能的驱动电机系统,按照转速期望值设定电机控制器或上位机软件,驱动电机由静止状态直接旋转加速,在此过程中不应对电机控制器或上位机软件做任何调整,记录电机控制器从接收到转速期望指令信息开始至第一次达到规定容差范围的转速期望值所经过的时间。

试验时,应改变驱动电机定子和转子的相对起始位置,沿圆周方向等分取 5 个点,在同一转速期望值下分别重复以上试验,取 5 次测量结果中最长的时间作为驱动电机系统对该转速期望值的转速响应时间。

4) 转矩响应时间

转矩响应时间测量试验过程中,电机控制器直流母线电压宜设定为额定电压,驱动电机系统宜处于堵转、热态和电动状态。

对具有转矩控制功能的驱动电机系统,在堵转状态下,按照转矩期望值设定电机控制器或上位机软件,对电机进行转矩控制,使驱动电机输出转矩从零快速增大,在此过程中不应对电机控制器或上位机软件做任何调整,记录电机控制器从接收到转矩期望指令信息开始至第一次达到规定容差范围的转矩期望值所经过的时间。

试验时,应改变驱动电机定子和转子的相对起始位置,沿圆周方向等分取 5 个点,在同一转矩期望值下分别重复以上试验,取 5 次测量结果中最长的时间作为该驱动电机系统对该转矩期望值的转矩响应时间。

3. 驱动电机系统的效率特性以及高效工作区的测量

电机控制器效率 η_c 分为驱动电机系统电动状态时电机控制器的效率和驱动电机系统发电状态时电机控制器的效率,η_c 应根据电机控制器输入功率和输出功率的比值计算确定,即按下式计算

$$\eta_c = \frac{P_{ci}}{P_{co}} \times 100\% \tag{12-3}$$

式中,P_{ci} 为电机控制器输入功率,单位为 kW;P_{co} 为电机控制器输出功率,单位为 kW。当驱动电机系统处于电动状态时,P_{ci} 为电机控制器直流母线侧输入功率,P_{co} 为电机控制器电机侧输出功率;当驱动电机系统处于发电状态时,P_{ci} 为电机控制器电机侧输入功率,P_{co} 为电机控制器直流母线侧输出功率。

同理,驱动电机效率 η_m 也分为驱动电机系统电动状态时的效率和驱动电机系统发电状态时的效率,η_m 应根据驱动电机输入功率和输出功率的比值确定,即按下式计算

$$\eta_m = \frac{P_{mi}}{P_{mo}} \times 100\% \tag{12-4}$$

式中,P_{mi} 为驱动电机输入功率,单位为 kW;P_{mo} 为驱动电机输出功率,单位为 kW。当驱动电机系统处于电动状态时,P_{mi} 为驱动电机输入电功率,P_{co} 为驱动电机输出机械功率;当驱动电机系统处于发电状态时,P_{mi} 为驱动电机输入机械功率,P_{mo} 为驱动电机输出电功率。

由式(12-3)、式(12-4),可以计算驱动电机系统效率 η_s 为

$$\eta_s = \eta_c \eta_m \tag{12-5}$$

在试验过程中,考虑到测量电机控制器效率、驱动电机效率时存在误差,不推荐采用式(12-5)计算驱动电机系统效率。驱动电机系统处于电动状态下的效率可按下式计算

$$\eta_s = \frac{T_m n_m}{9550 U_{dc} I_{dc}} \times 100\% \tag{12-6}$$

驱动电机系统处于发电状态下的效率可按下式计算

$$\eta_s = \frac{9550 U_{dc} I_{dc}}{T_m n_m} \times 100\% \tag{12-7}$$

式(12-6)和式(12-7)中，T_m 为驱动电机机械转矩，单位为 N·m；n_m 为驱动电机机械转速，单位为 r/min；U_{dc} 为电机控制器直流母线电压平均值，单位为 V；I_{dc} 为电机控制器直流母线电流平均值，单位为 A。

1) 效率特性曲线

驱动电机系统效率曲线，又称效率 MAP(efficiency MAP)，表征在一定电机控制器直流母线电压下，驱动电机系统效率与电机转速、转矩的关系。通常，在转速-转矩平面上，将相同的效率工作点连接在一起，得到的多条"等高"曲线形成了驱动电机系统的效率 MAP。

在对驱动电机系统效率特性进行测试时，被测试驱动电机系统应达到热工作状态，电机控制器的直流母线工作电压为额定电压或指定电压，驱动电机系统可以工作于电动或发电状态。

在驱动电机系统转速转矩的工作范围内，合理选择试验测试点。测试点应尽量分布均匀，同时可以根据制造厂商提供的电机技术文件中的效率分布情况适当调整。在驱动电机系统效率变化较大的区域，可以多设置测试点，以防止缺失重要效率信息。一般要求总的测试点数量不低于 100 个。

在不同的转速点和不同的转矩点进行试验，根据需要记录驱动电机轴端的转速和转矩，以及电机控制器直流母线电压和电流、交流电压和电流等参数，并依据式(12-6)或式(12-7)计算各个试验点的效率。

试验过程中，可以省略一些非关键测试点的测试，这些点的效率值可以通过周边测试点的数据采用插值方法获得。

图 12-28 所示为一驱动电机系统在电机控制器直流母线电压分别为最低工作电压、额定工作电压和最高工作电压时的效率特性，图中同时给出了驱动电机系统的机械特性。

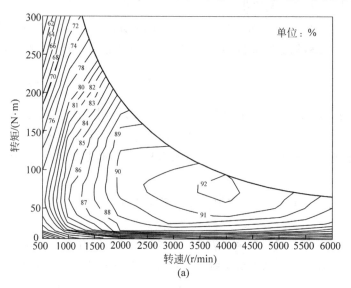

图 12-28 驱动电机系统效率特性

(a) 最低工作电压的效率特性；(b) 额定工作电压的效率特性；(c) 最高工作电压的效率特性

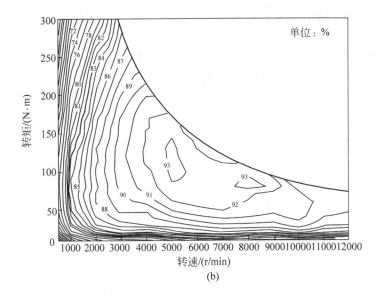

(b)

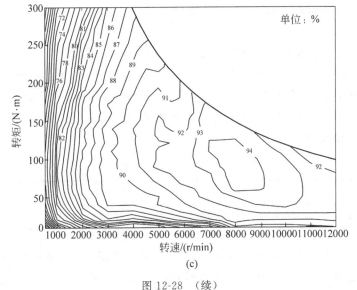

(c)

图 12-28 （续）

2) 高效工作区

依据国家标准 GB/T 18488.1—2015《电动汽车用驱动电机系统 第 1 部分：技术条件》[2] 的规定，驱动电机系统高效工作区定义为在额定电压下，转速-转矩平面上驱动电机系统效率不低于 80% 的工作区域。在实际试验过程中，高效工作区的定义也可由驱动电机系统制造厂商和用户协商确定。

通常，对高效工作区的测算按它占整个驱动电机系统工作区域的比例（百分数）表示，即在如图 12-28 所示的驱动电机系统效率特性中，有

$$R_{\mathrm{h}} = \frac{A_{\mathrm{hi\_eff}}}{A_{\mathrm{total}}} \times 100\% \tag{12-8}$$

式中，R_{h} 为驱动电机系统高效工作区占总工作区比例；A_{total} 为驱动电机系统总工作区面

积;A_{hi_eff}为驱动电机系统高效工作区面积。A_{total}和A_{hi_eff}可以通过试验数据,采用数值拟合和数学插值的方法进行计算。

若试验过程中的测试点较多、测试点分布均匀且科学合理,R_h也可以通过高效测试点数量与总的试验测试点数量的比值计算获得。

3)最高效率

最高效率试验过程中,被测试驱动电机系统应达到热态,电机控制器的直流母线工作电压为额定电压,驱动电机系统可以工作于电动状态或发电状态。

驱动电机系统最高效率的试验方法有两种:一是按照驱动电机系统制造厂商提供的产品技术文件中给出的最高效率工作点进行测试;二是结合驱动电机系统效率特性试验进行,选择所有测试点中效率最高值即视之为最高效率。

12.4.2 驱动电机系统电磁兼容性试验方法

驱动电机系统电磁兼容性试验应依据国家标准 GB/T 36282—2018《电动汽车用驱动电机系统电磁兼容性要求和试验方法》[8]以及其他相关的国家标准进行。

1. 驱动电机系统的电磁辐射发射试验方法

1)宽带电磁辐射发射

驱动电机系统的宽带电磁辐射发射试验主要检测电机控制器中电力电子器件通断时产生的电磁噪声。依据国家标准 GB/T 34660—2017《道路车辆 电磁兼容性要求和试验方法》[20]中对车辆电气/电子部件(electrical/electronic sub-assembly, ESA)的宽带电磁辐射发射的要求,驱动电机系统的宽带电磁辐射发射在 30~1000MHz 频率范围内应满足如表 12-5 所示的限值要求。

表 12-5 宽带电磁辐射发射限值

频率 f/MHz	30~75	75~400	400~1000
场强/(dBμV/m)	$62-25.13\lg(f/30)$	$52+15.13\lg(f/75)$	63

试验过程中要求被测驱动电机系统应处于正常工作状态,且电机转速为额定转速的 50%,转矩为额定转矩的 50%,电机输出机械功率为持续功率的 25%。当电机转速或转矩无法达到以上工作状态时,可以调整转矩或转速使电机输出机械功率为持续功率的 25%,并在试验报告或试验结果中进行标注。

试验在半电波暗室内进行,试验布置如图 12-29 所示,图中尺寸单位为 mm。

通常所有屏蔽的高压部件应低阻抗正常接地。被测试驱动电机系统和负载均应接地。暗室外的高压电源应经由馈通滤波器连接。低压负载模拟器可按照车上的实际接地情况接地。

除非另有指定,否则与接地平面前端平行的低压线束、高压线束的长度应分别为 1500mm±75mm。低压线束和高压线束的长度(包含连接器)应分别为 1700^{+300}_{0}mm,高压线束应与低压线束间隔 100^{+100}_{0}mm。所有线束应放置在无导电性、相对介电常数不大于 1.4 的材料上,距离接地平面上方 50mm±5mm 的位置。

高压正极电源线和高压负极电源线可以是单根的同轴屏蔽线缆,也可以共用同一个屏

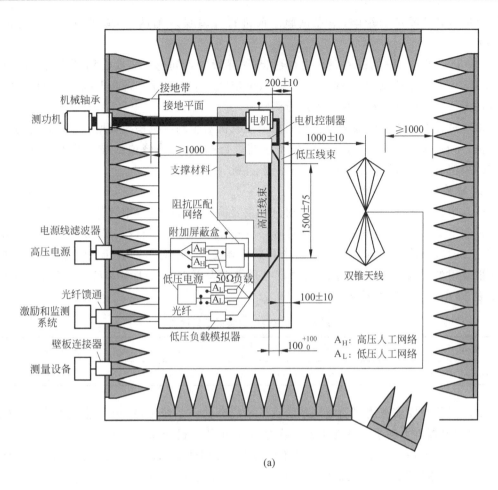

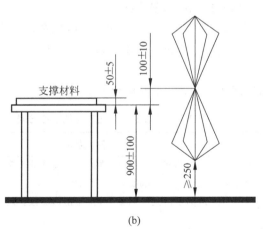

图 12-29　使用双锥天线的宽带电磁辐射发射试验布置图
(a) 水平极化俯视图；(b) 垂直极化侧视图

蔽层。推荐使用实车原装高压线束。电机控制器与电机之间的高压连线同样依此处理。

除非另有指定，否则驱动电机系统壳体应直接连接到接地平面。若驱动电机系统的壳体通过指定阻抗连接到接地平面，则需要在试验报告或试验结果中进行标注。

为避免环境噪声的影响,应在试验之前进行环境噪声测试,环境噪声电平应比限值低 6dB。

在 30~1000MHz 的试验频段内,根据测试频段的不同选择需要的测量天线。在 30~200MHz 频率,应采用双锥天线;在 200~1000MHz,应采用对数周期天线[21]。试验中,应分别在天线垂直极化和水平极化下进行测量。

试验过程中需要采用频谱分析仪或扫描接收机对驱动电机系统辐射出来的电磁能量进行扫描。为加快测试进度,可使用峰值检波器进行扫描,但当峰值扫描的数据超过表 12-5 规定的限值时,使用准峰值检波器扫描并记录测试结果。

2) 窄带电磁辐射发射

驱动电机系统的窄带电磁辐射发射试验主要检测电机控制器中以微处理芯片为核心的低压控制电路以及电力电子器件驱动电路的电磁辐射发射情况。依据国家标准 GB/T 34660—2017《道路车辆 电磁兼容性要求和试验方法》[20]中对车辆电气/电子部件的窄带电磁辐射发射的要求,驱动电机系统的窄带电磁辐射发射在 30~1000MHz 频率范围内应满足如表 12-6 所示的限值要求。

表 12-6 窄带电磁辐射发射限值

频率 f/MHz	30~75	75~400	400~1000
场强/(dBμV/m)	$52-25.13\lg(f/30)$	$42+15.13\lg(f/75)$	53

试验过程中要求被测驱动电机系统高压系统和低压系统上电,但驱动电机处于待机状态,电机控制器电力电子器件处于关断状态,驱动电机无机械功率输出。

试验在半电波暗室内进行,使用频谱分析仪或接收机采用平均值检波方式进行测试[22]。试验布置以及其他测试要求与宽带电磁辐射发射试验相同。

2. 驱动电机系统的电磁抗扰度试验方法

国家标准 GB/T 36282—2018《电动汽车用驱动电机系统电磁兼容性要求和试验方法》中要求的驱动电机电磁抗扰度试验包括电磁辐射抗扰度试验、电源线瞬态传导抗扰度试验和静电放电抗扰度试验。

电磁抗扰度试验期间或之后,驱动电机系统的功能状态分为五类,具体如表 12-7 所示。

表 12-7 驱动电机系统的功能状态分类

类别	功能状态描述
A	驱动电机系统在施加骚扰期间和之后,能执行预先设计的所有功能
B	驱动电机系统在施加骚扰期间,能执行预先设计的所有功能;其中,除存储功能之外,可以有一项或多项的功能指标超出规定的偏差,在停止施加骚扰之后,所有功能自动恢复到正常工作范围内
C	驱动电机系统在施加骚扰期间,不执行预先设计的一项或多项功能,但在停止施加骚扰之后能自动恢复到正常操作状态
D	驱动电机系统在施加骚扰期间,不执行预先设计的一项或多项功能,在停止施加骚扰之后,需要通过简单的"操作或使用"复位动作,才能恢复到正常操作状态
E	驱动电机系统在施加骚扰期间,不执行预先设计的一项或多项功能,且如果不修理或不替换装置或系统,则不能恢复其正常操作状态

1) 驱动电机系统的电磁辐射抗扰度试验

在 20~2000MHz 频率范围内根据不同测试频率范围采用电波暗室(absorber-lined shielded enclosure,ALSE)法和大电流注入(bulk current injection,BCI)法相结合的方法进行驱动电机系统电磁辐射抗扰度试验。其中,在 20~200MHz 的频率范围内,采用大电流注入法进行试验,抗扰度试验强度应不低于 60mA;在 200~2000MHz 频率范围内,采用电波暗室法进行抗扰度试验,抗扰度试验强度应不低于 30V/m。

在电磁辐射干扰情况下,驱动电机系统不应出现性能下降,功能状态应至少满足 B 类要求。在电磁干扰信号施加过程中,驱动电机系统的转速波动应不大于测试转速的±10%,转矩波动应不大于测试转矩的±10%。

所有试验的频率步长不大于表 12-8 中的规定。每个测试点的驻留时间不小于 2s。试验信号在 20~800MHz 的频率范围内采用调幅(AM),调制频率为 1kHz,调制深度为 80%;在 800~2000MHz 的频率范围内采用脉冲调制(PM),脉宽为 577μs,周期为 4600μs。

表 12-8 试验的频率步长

频率/MHz	线性步进/MHz	对数步进/%
20~200	5	5
200~400	10	5
400~1000	20	2
1000~2000	40	2

试验过程中要求被测驱动电机系统应处于正常工作状态,且电机转速为额定转速的 50%,转矩为额定转矩的 50%,电机输出机械功率为持续功率的 25%。当电机转速或转矩无法达到以上工作状态时,可以调整转矩或转速使电机输出机械功率为持续功率的 25%,并在试验报告或试验结果中进行标注。

大电流注入法是使用电流注入探头将骚扰信号直接耦合到电机控制器线束进行抗扰度试验的一种方法。依据 GB/T 33014.4—2016《道路车辆 电气/电子部件对窄带辐射电磁能的抗扰性试验方法 第 4 部分:大电流注入(BCI)法》[23]的规定,采用"替代法"使用电流注入探头将骚扰信号直接感应到电机控制器低压线束上进行抗扰度试验时,电流注入探头应放置在距离电机控制器 150mm、450mm 和 750mm 处分别进行试验,试验布置如图 12-30 所示,图中尺寸单位为 mm。

依据 GB/T 33014.2—2016《道路车辆 电气/电子部件对窄带辐射电磁能的抗扰性试验方法 第 2 部分:电波暗室法》[24]的规定,采用"替代法"建立试验场强,在天线垂直极化情况下进行抗扰度测试,当测试频率在 200MHz~1GHz 时,采用双锥天线进行试验,天线应正对线束的中间位置;当测试频率大于或等于 1GHz 时,采用喇叭天线进行试验,天线应正对电机控制器。具体如图 12-31 所示,图中尺寸单位为 mm。

通常所有屏蔽的高压部件应低阻抗正常接地。被测试驱动电机系统和负载均应接地。暗室外的高压电源应经由馈通滤波器连接。低压负载模拟器可按照车上的实际接地情况接地。

除非另有指定,否则与接地平面前端平行的低压线束、高压线束的长度应分别为

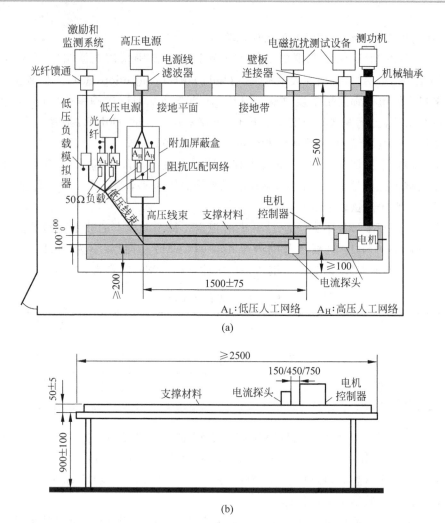

图 12-30 采用大电流注入法的电磁辐射抗扰度试验布置图
(a) 俯视图；(b) 侧视图

$1500\mathrm{mm}\pm75\mathrm{mm}$。低压线束和高压线束的长度（包含连接器）应分别为 $1700^{+300}_{0}\mathrm{mm}$，高压线束应与低压线束间隔 $100^{+100}_{0}\mathrm{mm}$。所有线束应放置在无导电性、相对介电常数不大于 1.4 的材料上，距离接地平面上方 $50\mathrm{mm}\pm5\mathrm{mm}$ 的位置。

高压正极电源线和高压负极电源线可以是单根的同轴屏蔽线缆，也可以共用同一个屏蔽层。推荐使用实车原装高压线束。驱动电机与电机控制器之间的高压连线同样依此处理。

除非另有指定，否则驱动电机系统壳体应直接连接到接地平面。若驱动电机系统的壳体通过指定阻抗连接到接地平面，则需要在试验报告或试验结果中进行标注。

2) 驱动电机系统的电源线瞬态传导抗扰度试验

依照国家标准 GB/T 21437.2—2008《道路车辆 由传导和耦合引起的电骚扰 第 2 部分：沿电源线的电瞬态传导》[26] 的规定进行驱动电机系统的低压电源线瞬态传导抗扰度试验。

第 12 章 汽车驱动电机系统的测试与评价

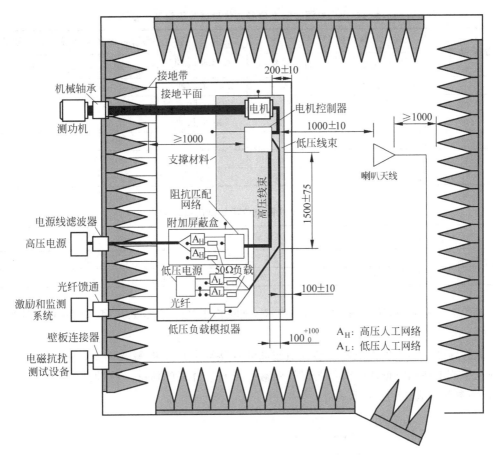

图 12-31 采用电波暗室法的电磁辐射抗扰度试验布置图

试验过程中,驱动电机系统处于待机状态,无机械功率输出,高压和低压正常供电。同时,应对电机控制器进行实时监控,必要时可以采取措施对辅助监控装置进行隔离。

电源线瞬态传导抗扰度试验需要针对电机控制器的 12V 或 24V 低压电源线以及可能连接到低压电源线的其他线束上施加典型的试验脉冲 1、2a、2b、3a、3b、4[25],其中,试验脉冲 4 只适用于采用 12V 或 24V 电源起动发动机的混合动力汽车用驱动电机系统。

电机控制器低压电源线瞬态传导抗扰度试验的等级与功能状态要求应满足表 12-9 中的规定,表中试验等级Ⅲ的具体要求如表 12-10 所示,功能状态定义如表 12-7 所示。

表 12-9 电源线瞬态传导抗扰度试验的等级与功能状态要求

试验脉冲	试验等级	功能状态
1	Ⅲ	C
2a	Ⅲ	B
2b	Ⅲ	C
3a/3b	Ⅲ	A
4	Ⅲ	B

在电源线瞬态传导抗扰度试验期间,周围环境应为 23℃±5℃。试验电压如表 12-11 所示。表中,U_A 为发电机工作时的试验电压;U_B 为电池单独供电时的试验电压。

表 12-10 电源线瞬态传导抗扰度试验等级Ⅲ的要求

试验脉冲	脉冲的 U_s/V		最少脉冲数或试验时间	短脉冲循环时间或脉冲重复时间	
	12V 系统	24V 系统		最小	最大
1	-75	-450	500 个脉冲	0.5s	5s
2a	+37	+37	500 个脉冲	0.2s	5s
2b	+10	+20	500 个脉冲	0.5s	5s
3a	-112	-150	1h	90ms	100ms
3b	+75	+150	1h	90ms	100ms
4	-6	-12	1 个脉冲	—	—

表 12-11 电源线瞬态传导抗扰度试验的电压

试验电压	12V 系统	24V 系统
U_A/V	13.5±0.5	27±1
U_B/V	12±0.2	24±0.4

若产生试验脉冲的信号发生器内阻为 R_i，试验脉冲 1、2a、2b、3a、3b 和 4 的具体描述如下。

(1) 试验脉冲 1

试验脉冲 1 用于模拟电源与感性负载断开连接时所产生的瞬态现象，适用于驱动电机系统在车辆上使用时低压电源线与感性负载保持直接并联的情况。脉冲波形如图 12-32 所示，相关参数如表 12-12 所示。

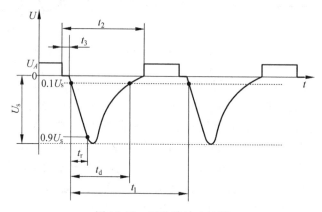

图 12-32 试验脉冲 1 波形

表 12-12 试验脉冲 1 相关参数

参数	12V 系统	24V 系统
U_s/V	-75	-250
R_i/Ω	10	50
t_d/ms	2	1
t_r/μs	$1_{-0.5}^{0}$	$3_{-1.5}^{0}$
t_1/s	0.5~5	
t_2/ms	200	
t_3/μs	<100	

(2) 试验脉冲 2a

试验脉冲 2a 用于模拟由于低压线束电感使与电机控制器并联的装置内电流突然中断引起的瞬态现象。脉冲波形如图 12-33 所示,相关参数如表 12-13 所示。

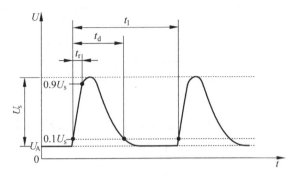

图 12-33 试验脉冲 2a 波形

表 12-13 试验脉冲 2a 相关参数

参　　数	12V 系统	24V 系统
U_s/V	+37	
R_i/Ω	2	
t_d/ms	0.05	
$t_r/\mu s$	$1_{-0.5}^{0}$	
t_1/s	0.2~5	

(3) 试验脉冲 2b

试验脉冲 2b 用于模拟直流电机充当发电机,点火开关断开时的瞬态现象。脉冲波形如图 12-34 所示,相关参数如表 12-14 所示。

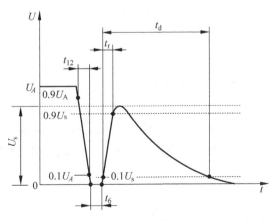

图 12-34 试验脉冲 2b 波形

表 12-14　试验脉冲 2b 相关参数

参　数	12V 系统	24V 系统
U_s/V	+10	+20
R_i/Ω	0	
t_d/s	0.2~2	
t_{12}/ms	1±0.5	
t_r/ms	1±0.5	
t_6/ms	1±0.5	

（4）试验脉冲 3a

试验脉冲 3a 用于模拟由开关过程引起的瞬态现象，这种瞬态现象受线束的分布电感和分布电容的影响。脉冲波形如图 12-35 所示，相关参数如表 12-15 所示。

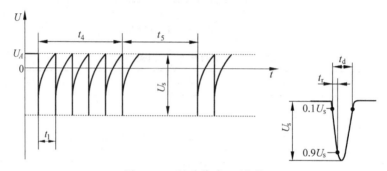

图 12-35　试验脉冲 3a 波形

表 12-15　试验脉冲 3a 相关参数

参　数	12V 系统	24V 系统
U_s/V	-112	-150
R_i/Ω	50	
$t_d/\mu s$	$0.1^{+0.1}_{0}$	
t_r/ns	5±1.5	
$t_1/\mu s$	100	
t_4/ms	10	
t_5/ms	90	

（5）试验脉冲 3b

与试验脉冲 3a 类似，试验脉冲 3b 用于模拟由开关过程引起的瞬态现象，这种瞬态现象受线束的分布电感和分布电容的影响。脉冲波形如图 12-36 所示，相关参数如表 12-16 所示。

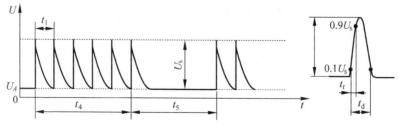

图 12-36　试验脉冲 3b 波形

表 12-16 试验脉冲 3b 相关参数

参 数	12V 系统	24V 系统
U_s/V	+75	+150
R_i/Ω	50	
$t_d/\mu s$	$0.1^{+0.1}_{0}$	
t_r/ns	5 ± 1.5	
$t_1/\mu s$	100	
t_4/ms	10	
t_5/ms	90	

(6) 试验脉冲 4

试验脉冲 4 用于模拟内燃机的起动机电路通电时产生的电源电压的降低,不包括起动时的尖峰电压。脉冲波形如图 12-37 所示,相关参数如表 12-17 所示。

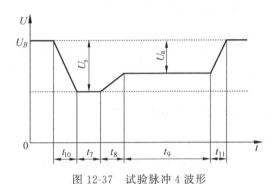

图 12-37 试验脉冲 4 波形

表 12-17 试验脉冲 4 相关参数

参 数	12V 系统	24V 系统
U_s/V	-6	-12
U_a/V	$-2.5\sim-6$ 且 $\|U_a\|\leqslant\|U_s\|$	$-5\sim-12$ 且 $\|U_a\|\leqslant\|U_s\|$
R_i/Ω	$0\sim0.02$	
t_7/ms	$15\sim40$	$50\sim100$
t_8/ms	$\leqslant50$	
t_9/s	$0.5\sim20$	
t_{10}/ms	5	10
t_{11}/ms	$5\sim100$	$10\sim100$

3) 驱动电机系统的静电放电抗扰度试验

静电放电抗扰度试验是模拟驱动电机系统在装配或维修过程中人体对驱动电机系统的直接放电。依据国家标准 GB/T 19951—2019《道路车辆 电气/电子部件对静电放电抗扰性的试验方法》[26] 的规定,试验过程中,在驱动电机系统不通电和仅驱动电机系统低压上电两种情况下分别进行直接接触放电和空气放电试验。直接接触放电是指将试验发生器的电极保持与驱动电机系统接触,通过触发发生器内的放电开关对驱动电机系统进行放电的试验方法;空气放电是指将试验发生器的充电电极靠近驱动电机系统,由作用在驱动电机系统上的电弧进行放电的试验方法。

在驱动电机系统不通电的情况下,应对驱动电机系统搬运时容易触及的凹形连接管脚、壳体、螺母和开口施加放电,对于不宜实施直接放电的凹形连接管脚或连接器中多个密集管脚,应采用截面积为 $0.5\sim2mm^2$、长度不大于 25mm 的绝缘实心金属丝将它们引出。在驱动电机系统低压上电的情况下,除对连接器管脚、针座进行直接放电测试外,还需要对车内司乘人员容易触及的驱动电机系统表面、缝隙等位置进行试验。

各放电试验点在每种电压等级下承受至少 3 次正电压放电和 3 次负电压放电,放电间隔至少为 5s。在每种电压等级下,驱动电机系统的放电试验点先承受一种极性的放电试验,再承受相反极性的放电试验,在每连续 3 次放电期间和放电之后,检查驱动电机系统是否符合如表 12-18 所示的要求,表中功能状态定义如表 12-7 所示。

表 12-18 静电放电抗扰度试验要求

驱动电机系统工作状态	放电类型	试验等级	功能状态
不通电	直接接触放电	±8kV	C
	空气放电	±15kV	C
仅电压供电	直接接触放电	±8kV	A
	空气放电	±15kV	A

12.4.3 驱动电机系统环境适应性试验方法

1. 驱动电机系统的低温试验方法

驱动电机系统的低温试验分为低温贮存试验和低温工作试验。驱动电机系统在进行低温试验时,需将驱动电机和电机控制器正确连接,使驱动电机系统处于非通电状态,对于采用液冷冷却方式的驱动电机系统,冷却系统中不通入冷却液。

1) 低温贮存试验

将驱动电机系统放入低温试验箱(或高低温湿热试验箱)内,将试验箱内温度设置为 -40℃,并保持 2h。

低温贮存 2h 后,在试验箱内温度保持为 -40℃ 的情况下,测量驱动电机定子绕组对机壳的绝缘电阻,要求电阻值应大于 20MΩ;测量驱动电机定子绕组对温度传感器的绝缘电阻,要求电阻值应大于 20MΩ;测量电机控制器动力端子与外壳、信号端子与外壳、动力端子与信号端子之间的绝缘电阻,电阻值应不小于 1MΩ。

2) 低温工作试验

低温贮存 2h 后,将试验箱内温度保持为 -40℃。在试验箱内为驱动电机系统通电,检查驱动电机系统能否正常起动。对于液冷式驱动电机系统,若要求在起动过程中通入冷却液,冷却液的成分、温度和流量应按照制造厂商提供的产品技术文件规定执行。

低温试验结束后,驱动电机系统应在试验箱内经过恢复过程或其他合适过程,并采取合适的步骤按要求去除水滴,并保证不对驱动电机系统产生伤害。若驱动电机系统在标准环境下进行恢复,恢复时间应足够使温度达到稳定,至少 1h。驱动电机系统恢复常态后,将电机控制器直流母线工作电压设定为额定电压,在驱动电机工作于持续转矩、持续功率的条件下,检查系统能否正常工作。

2. 驱动电机系统的高温试验方法

驱动电机系统的高温试验分为高温贮存试验和高温工作试验。

与低温试验相同,驱动电机系统在进行高温试验时,需将驱动电机和电机控制器正确连接,使驱动电机系统处于非通电状态,对于采用液冷冷却方式的驱动电机系统,冷却系统中不通入冷却液。

1) 高温贮存试验

将驱动电机系统放入高温试验箱(或高低温湿热试验箱)内,将试验箱内温度设置为85℃,并保持 2h。

高温贮存 2h 后,在试验箱内温度保持为 85℃的情况下,检查驱动电机轴承内的油脂是否有外溢;测量驱动电机定子绕组对机壳的绝缘电阻,要求电阻值应大于 20MΩ;测量驱动电机定子绕组对温度传感器的绝缘电阻,要求电阻值应大于 20MΩ;测量电机控制器动力端子与外壳、信号端子与外壳、动力端子与信号端子之间的绝缘电阻,电阻值应不小于 1MΩ。

2) 高温工作试验

高温贮存 2h 后,试验箱内温度保持为 85℃。在试验箱内为驱动电机系统通电,检查驱动电机系统能否正常起动。对于液冷式驱动电机系统,若要求在起动过程中通入冷却液,冷却液的成分、温度和流量应按照制造厂商提供的产品技术文件规定执行。将电机控制器直流母线工作电压设定为额定电压,在驱动电机工作于持续转矩、持续功率的条件下,检查系统能否正常工作 2h。

高温工作 2h 后,在试验箱内温度保持为 85℃的情况下,检查驱动电机轴承内的油脂是否有外溢;测量驱动电机定子绕组对机壳的绝缘电阻,要求电阻值应大于 20MΩ;测量驱动电机定子绕组对温度传感器的绝缘电阻,要求电阻值应大于 20MΩ;测量电机控制器动力端子与外壳、信号端子与外壳、动力端子与信号端子之间的绝缘电阻,电阻值应不小于 1MΩ。

高温试验结束后,驱动电机系统应在试验箱内经过恢复过程或其他合适过程,并采取合适的步骤按要求去除水滴,并保证不对驱动电机系统产生伤害。若驱动电机系统在标准环境下进行恢复,恢复时间应足够使温度达到稳定,至少 1h,从而保证驱动电机系统恢复常态。

3. 驱动电机系统的湿热试验方法

将驱动电机系统放入温度为 40℃±2℃、相对湿度为 90%～95%的试验环境条件下(如高低温湿热试验箱内),保持 48h。试验过程中,驱动电机系统处于非通电状态,对于采用液冷冷却方式的驱动电机系统,冷却系统中不通入冷却液。图 12-38 所示为处于湿热试验箱内的驱动电机系统。

48h 的恒定湿热试验后,驱动电机和电机控制器应无明显的外表质量损坏及影响正常工作的锈蚀现象。测量驱动电机定子绕组对机壳的绝缘电阻,要求电阻值应大于 20MΩ;测量驱动电机定子绕组对温度传感器的绝缘电阻,要求电阻值应大于 20MΩ;测量电机控制器动

图 12-38　湿热试验箱中的驱动电机系统

力端子与外壳、信号端子与外壳、动力端子与信号端子之间的绝缘电阻,电阻值应不小于 1MΩ。

试验结束恢复常态后,将电机控制器直流母线工作电压设定为额定电压,在驱动电机工作于持续转矩、持续功率的条件下,检查驱动电机系统能否正常运行。

4. 驱动电机系统的盐雾试验方法

盐雾试验箱的温度应维持在 35℃±2℃,所使用的盐溶液采用 5±1 份高品质的氯化钠溶解在 95 份的蒸馏水或者去离子水中配制而成,盐溶液的 pH 应在 6.5～7.2 范围内。

进行盐雾试验时,驱动电机及电机控制器在盐雾箱内应处于正常安装状态。试验过程中,驱动电机系统处于非通电状态,对于采用液冷冷却方式的驱动电机系统,冷却系统中不通入冷却液。

试验周期不低于 48h。试验后,驱动电机及电机控制器恢复 1~2h 后,将电机控制器直流母线工作电压设定为额定电压,在驱动电机工作于持续转矩、持续功率的条件下,检查系统能否正常运行。

盐雾试验不考核驱动电机及电机控制器的外观。

5. 驱动电机系统的耐振动试验方法

在耐振动试验时,可以将驱动电机系统整体作为试验对象进行试验;也可以将驱动电机和电机控制器分别作为试验对象接受测试。

以驱动电机系统整体为例,在进行耐振动试验时,驱动电机系统被固定在振动试验台上并处于正常安装位置。试验过程中,驱动电机系统处于非通电状态,对于采用液冷冷却方式的驱动电机系统,冷却系统中不通入冷却液。同时,应将与驱动电机、电机控制器连接的软管、插接器或其他附件安装并固定好。

驱动电机系统耐振动的试验方法主要参考国家标准 GB/T 28046.3—2011《道路车辆电气及电子设备的环境条件和试验 第 3 部分:机械负荷》[27]和汽车行业标准 QC/T 413—2002《汽车电气设备基本技术条件》[28]在振动试验台上进行。

驱动电机系统的耐振动试验分为扫频振动试验和随机振动试验。

在扫频振动试验时,驱动电机和电机控制器应能经受 X、Y 和 Z 三个方向的扫频振动试验。若无特殊规定,根据安装部位,驱动电机和电机控制器扫频振动试验的严酷度等级应满足表 12-19 中的规定。表中振幅和加速度适用于 Z 方向,对于 X 和 Y 方向,振幅和加速度可以减小至 50%。振动检验时的 Z 方向规定为:安装在发动机上的被测试对象为与发动机缸孔轴线方向平行的方向;安装在其他部位的被测试对象则为与汽车的垂直方向平行的方向。

表 12-19 扫频振动试验严酷度等级[28]

驱动电机系统安装位置	频率/Hz	振幅/mm	加速度/(m/s²)	扫描频率/(oct/min)	每一方向试验时间/h
发动机上	10～50	2.5	—	1	8
	50～200	0.16	—		
	200～500	—	250		
其他部位	10～25	1.2	—	1	8
	25～500	—	30		

在随机振动试验时，驱动电机和电机控制器应能经受 X、Y 和 Z 三个方向的随机振动试验。具体可参考国家标准 GB/T 28046.3—2011《道路车辆 电气及电子设备的环境条件和试验 第 3 部分：机械负荷》[27] 进行。对于电机控制器，可按 GB/T 28046.3—2011 中 "4.1.2.4 节试验Ⅳ——乘用车弹性体（车身）"的要求进行，每个方向持续 8h，加速度均方根（rms）值为 27.8m/s^2，加速度功率谱密度（power spectral density, PSD）与频率的关系如图 12-39 所示，试验顺序为 $Z \to X \to Y$。对于驱动电机，可按 GB/T 28046.3—2011 中 "4.1.2.2 节试验Ⅱ——乘用车变速器"的要求进行，每个方向持续 22h，加速度均方根（rms）值为 96.6m/s^2，加速度功率谱密度与频率的关系如图 12-40 所示，试验顺序为 $Z \to X \to Y$。

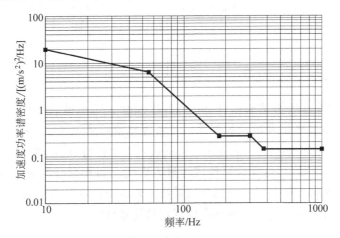

图 12-39 电机控制器随机振动试验的加速度功率谱密度与频率关系

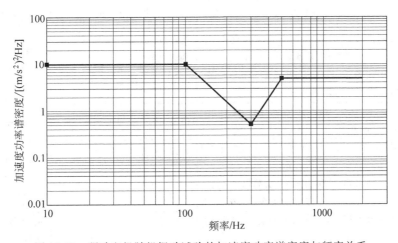

图 12-40 驱动电机随机振动试验的加速度功率谱密度与频率关系

耐振动试验的检测点一般为试验夹具与试验台的结合处，驱动电机和电机控制器经振动试验后，零部件应无损坏，紧固件应无松脱现象；驱动电机系统应能在额定电压、持续转矩、持续功率下正常工作。此外，可以将驱动电机和电机控制器外壳拆开检查，驱动电机内部的电气连接不应出现松动、断开的现象，硅钢片之间不应出现间隙，电机控制器内部不应有焊点脱落、虚焊、固定松动等情况[29]。

6. 驱动电机系统的防尘防水试验方法

驱动电机系统防尘防水试验应重点关注 IP44 及更高防护等级的试验方法。

防尘试验的试验方法与确认方法如表 12-20 所示。

表 12-20 防尘试验与确认方法

防尘特征数字	试 验 方 法（试具和防尘试验箱）	试验用力	确 认 方 法
4	边缘无毛刺的直径为 $1_{0}^{+0.05}$ mm 刚性钢线	1N±0.1N	钢丝不能进入被测对象的壳体
5	图 12-24 所示的防尘试验箱，加或不加负压	—	试验后，灰尘沉积不足以影响设备的正常操作或安全
6	图 12-24 所示的防尘试验箱，加负压	—	试验后壳内无明显的灰尘沉积

防水试验的试验方法与试验条件如表 12-21 所示。防水试验的确认方法为：如果进水，应不足以影响驱动电机及电机控制器的正常操作或破坏安全性；水不积聚在可能导致沿爬电距离引起漏电起痕的绝缘部件上；水不进入带电部件，或不进入不允许在潮湿状态下运行的绕组；水不积聚在电缆头附件或不进入电缆。如外壳有泄水孔，应通过观察证明进水不会积聚，且能排出而不损害驱动电机系统。若外壳没有泄水孔，如发生水积聚现象并危及带电部分时，有关驱动电机系统标准应规定接受条件。

表 12-21 防水试验方法与试验条件

防水特征数字	试验方法	水 流 量	试验持续时间
4	采用图 12-25 所示摆管，与垂直方向±180°范围淋水，最大距离 200mm	每孔(0.07±0.0035)L/min 乘以孔数	10min
4	采用如图 12-26 所示淋水喷嘴，与垂直方向±180°范围淋水	(10±0.5)L/min	$1min/m^2$ 至少 5min
5	采用图 12-27 所示喷嘴，喷嘴直径 6.3mm，距离 2.5~3m	(12.5±0.625)L/min	$1min/m^2$ 至少 3min
6	采用图 12-27 所示喷嘴，喷嘴直径 12.5mm，距离 2.5~3m	(100±5)L/min	$1min/m^2$ 至少 3min
7	使用潜水箱，水面在外壳顶部以上至少 0.15m，外壳底面在水面下至少 1m	—	30min
8	使用潜水箱，水面高度由制造厂商与用户协商	—	由制造厂商与用户协商

12.4.4 驱动电机系统环境的电气安全性试验方法

1. 驱动电机系统绝缘电阻的测量

依据国家标准 GB/T 18488.1—2015《电动汽车用驱动电机系统 第 1 部分：技术条件》[2]的规定，驱动电机定子绕组对机壳或对温度传感器的冷态绝缘电阻值应大于 20MΩ，热态绝缘电阻值应不低于按式(12-9)计算得到的 R，如果 R 低于 0.38MΩ，则定子绕组对温度传感器的绝缘电阻按 0.38MΩ 考核确定。

$$R = \frac{U_{\text{dmax}}}{1000 + \frac{P}{100}} \tag{12-9}$$

式中，R 为热态绝缘电阻，单位为 MΩ；U_{dmax} 为最高工作电压，单位为 V；P 为驱动电机的持续功率，单位为 kW。

电机控制器动力端子与外壳、信号端子与外壳、动力端子与信号端子之间的冷态及热态绝缘电阻均应不小于 1MΩ。

绝缘电阻试验应分别在被测试样品实际冷态或热态（如温升试验或高低温试验或湿热试验后）下进行。常规测试时，如无其他规定，绝缘电阻仅在实际冷态下测量，并记录被测试对象周围介质的温度。若需要在热态下或者冷却回路通有冷却液的情况下测量绝缘电阻，则周围介质温度指试验时被测试样品所在空间的温度或者冷却液的温度。

1) 驱动电机定子绕组对机壳绝缘电阻的测量

如果各绕组的始末端单独引出，则应分别测量各绕组对机壳的绝缘电阻，不参加试验的其他绕组和埋置的检温元件等应与铁心或机壳作电气连接，机壳应接地。

当中性点连在一起而不易分开时，则测量所有连在一起的绕组对机壳的绝缘电阻。

测量结束后，每个回路应对接地的机壳作电气连接使其放电。

2) 驱动电机定子绕组对温度传感器绝缘电阻的测量

如果驱动电机埋置有温度传感器，则应分别测量定子绕组与温度传感器之间的绝缘电阻。

如果各绕组的始末端单独引出，则应分别测量各绕组对温度传感器的绝缘电阻，不参加试验的其他绕组和埋置的其他检温元件等应与铁心或机壳作电气连接，机壳应接地。

当绕组的中性点连在一起而不易分开时，则测量所有连在一起的绕组对温度传感器的绝缘电阻。

测量结束后，每个回路应对接地的机壳作电气连接使其放电。

3) 电机控制器绝缘电阻的测量

试验前，电机控制器与外部供电电源以及负载应分开，不能承受兆欧表高压冲击的电气元件（如半导体器件、电容器等）宜在测量前从电路中拆除或短接。

试验时，分别测量电机控制器动力端子与外壳、电机控制器信号端子与外壳、电机控制器动力端子与电机控制器信号端子之间的绝缘电阻，不参加试验的部分应连接接地。

测量结束后，每个回路应对接地的部分作电气连接使其放电。

2. 驱动电机系统的耐电压试验

驱动电机绕组匝间耐压试验冲击试验电压的波前时间可为 $0.2^{+0.3}_{-0.1}\mu s$ 和 $1.2^{+0.3}_{-0.3}\mu s$，优先推荐 $0.2\mu s$。

通过驱动电机绕组匝间冲击耐压试验测得的参考绕组与被测试绕组的放电波形，应为两条无显著差异的正常衰减振荡波形。

1) 驱动电机绕组匝间冲击耐电压试验

(1) 驱动电机电枢绕组匝间绝缘冲击试验（不包括直流电机的电枢绕组）

驱动电机电枢绕组匝间绝缘冲击试验的电压峰值应不低于按式(12-10)计算（不包括直

流电机的电枢绕组),并按四舍五入原则修约到百数位(百伏)的数值。

$$U_T = 1.7 U_G \tag{12-10}$$

式中,U_T 为电机绕组匝间绝缘冲击试验电压峰值,单位为 V;U_G 为电机绕组对机壳工频耐电压试验值(有效值),单位为 V,按表 12-22 选取。

表 12-22 驱动电机绕组对机壳工频耐电压值

驱动电机或部件	试验电压(有效值)
持续功率小于 1kW 且最高工作电压小于 100V 的驱动电机电枢绕组	500V+2 倍最高工作电压
持续功率不低于 1kW 或最高工作电压不低于 100V 的驱动电机电枢绕组	1000V+2 倍最高工作电压,最低为 1500V
驱动电机的励磁磁场绕组	1000V+2 倍最高工作电压,最低为 1500V

对于具有"Y 型"连接的三相交流电机绕组,任选一个(两相串联)绕组(例如 AC 相)作为基准绕组,另一个(两相串联)绕组(例如 BC 相)作为被测绕组,在 AC 相和 BC 相上交替地施加规定的峰值和波前时间的冲击电压波,比较两个衰减振荡波形之间的差异量。再依次将测试仪器低电位端子转换接至 A 相(或 B 相)端,重复试验一次。

对具有"△型"连接的三相交流电机绕组,任选一个(两相绕组串联与第三相绕组并联)绕组(例如 AC 相)作为基准绕组,另一个(两相绕组串联与第三相绕组并联)绕组(例如 BC 相)作为被测绕组,在 AC 相和 BC 相上交替地(或同时)施加规定的峰值和波前时间的冲击电压波,比较两个衰减振荡波形之间的差异量。再依次将测试仪器低电位端子转换接至 A 相(或 B 相)端,重复试验一次。

(2) 驱动电机励磁绕组匝间绝缘冲击试验

对于驱动电机的励磁绕组,其匝间绝缘冲击试验电压峰值一般不低于式(12-10)的规定,当总匝数为 6 匝及以下时,冲击试验电压峰值为:250×被测绕组的总匝数,单位为 V,最低应为 1000V。

将冲击试验电压直接施加于励磁绕组的引出线之间,与被测绕组相关的未测线圈或绕组的引出线端应短接,并连同铁心接地。

(3) 直流驱动电机电枢绕组匝间绝缘冲击试验

对于最高工作电压为 660V 及以下的直流驱动电机,电枢的换向片片间冲击电压峰值应不低于 350V;对于最高工作电压为 660V 以上的直流驱动电机,电枢的换向片片间冲击电压峰值应不低于 500V。

采用跨距法或片间法进行试验。试验时,将冲击试验电压直接施加于换向器片间,电枢轴应接地。

① 跨距法。跨距内换向片的数目选取应根据绕组类型和试验设备具体确定,一般推荐 5~7 片。为了使每一片间都经受一个相同条件的电压试验,推荐逐片进行试验(可根据均压线的连接方式减少试验次数)。

② 片间法。依次对换向器上一对相邻换向片进行试验。试验时,若未测线圈中产生高的感应电压,则应在被测换向片两侧的换向片上设置接地装置,并良好接触。

2) 驱动电机绕组对机壳的工频耐电压试验

驱动电机绕组应能耐受表 12-22 中规定的耐压限值的工频正弦耐电压试验,且无击穿现象,漏电流限值应符合产品技术文件规定。

试验时,电压应施加于绕组和机壳之间,试验电压的频率为工频,电压波形应尽可能接近正弦波形。此时,不参加试验的其他绕组和埋置的测温元件等均应与铁心或机壳连接,机壳应接地。当电枢绕组各相或各支路始末端单独引出时,应分别进行试验。如果三相绕组的中性点不易分开,三相绕组应同时施加电压。

将按照表 12-22 规定的全值试验电压加载于驱动电机绕组和机壳之间。加载过程中,施加的电压应从不超过试验电压全值的一半开始,然后以不超过全值 5% 的速度均匀地或分段地增加至全值,电压自半值增加至全值的时间应不少于 10s,全值试验电压应持续 1min。

当对批量生产的 5kW(或 kVA)及以下电机进行常规试验时,1min 试验可用约 5s 的试验代替,试验电压值应符合表 12-22 中的要求。也可用 1s 试验代替,但试验电压值应为表 12-22 中要求的 120%。试验完毕,待电压下降到全值的 1/3 以下时,方可断开电源,并对被测绕组进行放电。

试验过程中,如果发现电压或漏电流急剧增加、绝缘冒烟或发出响声等异常现象时,应立即降低电压,断开电源,将被测绕组放电后再对绕组进行检查。

试验过程中,需记录漏电流的大小。

3) 驱动电机绕组对温度传感器的工频耐电压试验

若驱动电机的温度传感器埋置于定子绕组中,则应进行驱动电机绕组对温度传感器的工频耐电压试验。驱动电机绕组对温度传感器应能承受 1500V 的工频耐电压试验,无击穿现象,漏电流应不高于 5mA。

试验时,将 1500V 耐电压全值按照前述"驱动电机绕组对机壳的工频耐电压试验"的试验方法施加于驱动电机绕组与温度传感器之间,驱动电机绕组和其他元件等均应与铁心或机壳连接,机壳应接地。

4) 电机控制器工频耐电压试验

电机控制器动力端子与外壳、动力端子与信号端子之间,应能耐受表 12-23 所规定的试验电压,电机控制器信号端子与外壳之间,应能耐受 500V 的工频耐电压试验。电机控制器动力端子与外壳、动力端子与信号端子、信号端子与外壳间的工频耐电压试验持续时间为 1min,应无击穿现象,漏电流限值应符合产品技术文件规定。对于电机控制器信号地与外壳短接的控制器,只需进行电机控制器动力端子与外壳间的工频耐电压测试。

表 12-23 电机控制器动力端子与外壳间、动力端子与信号端子间工频耐电压限值

最高工作电压 U_{dmax}/V	试验电压(均方根值)/V	最高工作电压 U_{dmax}/V	试验电压(均方根值)/V
$U_{dmax} \leqslant 60$	500	$250 < U_{dmax} \leqslant 500$	2000
$60 < U_{dmax} \leqslant 125$	1000	$500 < U_{dmax}$	$1000 + 2 \times U_{dmax}$
$125 < U_{dmax} \leqslant 250$	1500		

试验过程中,电机控制器的各个动力端子应短接,各个信号端子应短接。根据表 12-23 中的试验电压要求设置试验电压,按照前述"驱动电机绕组对机壳的工频耐电压试验"的试

验方法,在电机控制器动力端子与外壳、控制器信号端子与外壳、控制器动力端子与控制器信号端子之间进行试验。

对于电机控制器信号地与外壳短接的情况,不进行电机控制器信号端子与外壳的耐电压测试。在电机控制器动力端子与外壳,以及电机控制器信号端子与外壳的耐电压试验过程中,不参加试验的其他端子或部件应与外壳连接,外壳接地。

在电机控制器动力端子与控制器信号端子之间的耐电压试验过程中,动力端子和不参加试验的其他元件应与外壳连接,外壳接地。

对有些因电磁场感应等情况而导致高电压进入低压电路的部件(如脉冲变压器、互感器等),可在试验前予以隔离或者拔除。

试验过程中需记录漏电流的大小。

3. 驱动电机系统的安全保护功能试验

1) 接地点与可靠接地

驱动电机系统中能触及的可导电部分与外壳接地点处的电阻应不大于 0.1Ω。接地点应有明显的接地标志。若无特定的接地点,应在有代表性的位置设置接地标志。

测量接地电阻时,仪表端子分别连接至驱动电机系统能触及的可导电部分与外壳接地点,直接进行测量。

2) 电机控制器支撑电容放电时间

当对电机控制器有被动放电要求时,电机控制器支撑电容放电时间应不大于 5min;当对电机控制器有主动放电要求时,电机控制器支撑电容放电时间应不超过 3s。

(1) 被动放电时间试验方法

试验时,直流母线电压应设定为最高工作电压,电压稳定后,立即切断直流供电电源,同时利用电气测量仪表测试电机控制器支撑电容两端的开路电压。试验期间,电机控制器不参与任何工作。记录支撑电容开路电压从切断时刻直至下降到 60V 所经过的时间,该数值即为电机控制器支撑电容的被动放电时间。

(2) 主动放电时间试验方法

试验时,直流母线电压应设定为最高工作电压,电压稳定后,立即切断直流电源,并且电机控制器参与放电过程,利用电气测量仪表测试电机控制器支撑电容两端的开路电压,记录支撑电容开路电压从切断时刻直至下降到 60V 所经过的时间,该数值即为电机控制器支撑电容的主动放电时间。

3) 驱动电机系统的安全保护

驱动电机系统的安全保护功能包括短路保护、过电流保护、过电压保护、欠电压保护和过热保护等。

(1) 短路保护试验方法

对电机控制器的三相输出端子进行短路,输入端子加额定直流电压,将控制器置于工作状态,观察电机控制器是否有自动断开、进入保护状态或出现损坏等问题。接触故障后,控制器是否能正常工作。

(2) 过电流保护试验方法

在图 12-6 所示的驱动电机系统基本性能试验台架上,将负载电机设置在某个固定转速,通过控制驱动电机转矩,观察电机控制器电流增加至超出允许的范围后电机控制器的状况。过电流的情况有时在测试峰值功率过程中出现,部分电机控制器和驱动电机因匹配或控制策略等因素,试验过程中出现了转矩超出允许范围的情况,导致电机控制器输出电流过大,电机控制器进入保护状态,关闭输出。而有的匹配良好和保护设计完善的驱动电机及电机控制器,在转矩增加到一定程度时,或温度达到一定限值或相电流达到一定值后,会先降低功率进行保护,在电流超过某一个更高的值后再关闭输出。相对而言,后者的保护措施更合理,在实际车辆行驶过程中也更安全。

(3) 过电压与欠电压保护试验方法

电池电压过高或者过低时,电机及控制器应能保护不进行工作,避免引起故障或电池过放等危险。测试时,将直流电压分别调至低于或超出控制器的工作电压范围,观察控制器是否能正常工作。

(4) 过热保护试验方法

驱动电机系统在运行过程中,如果温度过高,会烧毁电力电子器件或电机绕组。可以将电机控制器放置于高温试验箱内,箱内温度高于电机控制器保护温度,观察电机控制器温度在超出保护温度后能否停机或采取其他保护措施。驱动电机的过热保护可以通过如图12-6所示驱动电机系统基本性能试验台架进行验证,控制驱动电机处于峰值功率状态,将电机温度迅速升高,观察驱动电机及电机控制器系统是否能保护并停止运行,或者能通过自动降低功率使温度控制在允许的范围。

12.4.5 驱动电机系统可靠性试验方法

驱动电机可靠性可定义为驱动电机系统在规定的条件下和规定的时间内,完成规定功能的能力。在这里,规定的条件一方面包括实际车载环境,如环境温度、湿度、海拔高度、振动强度、负荷大小、电磁环境、安装的机械强度等;另一方面还包括使用条件如使用的电压、电流、功率等。可靠性与技术指标是无法分开的,并且随着时间推移发生变化。

驱动电机系统整体或其中的一部分不能完成预定功能的事件或状态称为故障或失效。驱动电机系统的可靠性越高,发生故障的可能性越小。

不论从整车角度还是从零部件角度看,可靠性和安全性具有很强的关联,二者都是防止"事故"或"故障"的发生。但可靠性着眼于维持系统功能的发挥,关注故障发生以前直到故障发生为止的系统状态;而安全性着眼于避免人员伤亡和财产损失,侧重故障发生后对周围环境的影响。驱动电机系统的可靠性对整车的可靠性以及安全性都会产生直接的影响。如电机控制器内主电路与外壳间绝缘强度的下降,一方面可能引起驱动电机工作异常,无法按照驾驶员意图驱动车辆,这归于可靠性的范畴;另一方面,可能因此产生漏电而导致整车火灾或人身触电事故,这属于安全性的问题。

与驱动电机系统可靠性相关的国家标准为GB/T 29307—2012《电动汽车用驱动电机系统可靠性试验方法》[30],该标准规定了驱动电机系统可靠性台架试验方法;此外,汽车行业标准QC/T 893—2011《电动汽车用驱动电机系统故障分类及判断》[31]规定了驱动电机系统的故障类型和判断方法。

驱动电机系统的故障按危害程度可以分为致命故障、严重故障、一般故障和轻微故障。常见的驱动电机系统故障分类如表12-24所示。

表 12-24 驱动电机系统故障分类

故障级别	常见表现形式	故障特性描述
轻微故障	外壳腐蚀与油漆剥离、安装螺栓松动、可恢复性故障保护、导线固定件松动等	不需要更换零部件,易在短时间排除故障,车辆可以正常运行
一般故障	冷却风机烧损或管路泄露、温度传感器失效、连接缆线磨损、电机绕组过温、电机连接螺栓松动、电机控制连接器松动等	非主要零部件故障,可在短时间排除故障,车辆可以从发生故障地点非正常行驶
严重故障	电机永磁材料性能衰减、转速或转子位置传感器失效、冷却系统失效、电机出现异响、电机安装支座脱落、轴承磨损但未完全失效、绕组温度过高、线束故障、软件性能失调等	驱动电机系统性能发生明显衰退,造成车辆不能正常行驶,但车辆可以从发生故障地点移动到路边
致命故障	定子绕组烧毁或击穿、轴承损坏、断轴或花键等关键机械部件损坏、绝缘失效、过压引起电容击穿、电气短路、电力电子器件烧损或击穿、电压或电流传感器失效等	可导致驱动电机系统不能正常工作,可危及人身安全、影响行车安全,可对周围环境造成严重危害,车辆在故障发生地不能行驶

从失效表现形式可知,致命故障和严重故障主要是由于温度、电气应力和机械应力的影响导致驱动电机系统失效。

可靠性试验按照驱动电机系统所应用的车辆类型进行,转矩负荷循环按照图 12-41 和表 12-25 进行。总计运行时间为 402h。图 12-41 中,T_N 为驱动电机的持续转矩;T_{pp} 为驱动电机的峰值转矩,且若驱动电机系统工作在额定工作电压或最高工作电压时,有

$$T_{pp} = \frac{峰值功率 \times 9550}{n_s} \tag{12-11}$$

图 12-41 驱动电机系统可靠性测试循环示意图

表 12-25 驱动电机系统可靠性测试循环参数

序号	负载转矩		运行时间/min		
			纯电动商用车	纯电动乘用车	混合动力汽车
1	持续转矩 T_N	(t_1)	23.5	22	6.5
2	T_N 过渡到 T_{pp}	(t_2)	0.5	0.5	0.5
3	峰值转矩 T_{pp}	(t_3)	1	0.5	0.5
4	T_{pp} 过渡到 T_N	(t_4)	1	1	0.5

续表

序号	负载转矩	运行时间/min		
		纯电动商用车	纯电动乘用车	混合动力汽车
5	持续回馈转矩$-T_N$ (t_5)	3	5	6.5
6	$-T_N$过渡到T_N (t_6)	1	1	0.5
	单个循环累计时间	30	30	15

若驱动电机系统工作在最低工作电压时,有

$$T_{pp} = \frac{峰值功率 \times 9550}{n_N} \tag{12-12}$$

具体试验顺序为:

(1) 被测驱动电机系统工作于额定工作电压下,试验转速 n_s 保持为额定转速 n_N 的 1.1 倍,即有

$$n_s = 1.1 n_N \tag{12-13}$$

此负荷下循环共计 320h。

(2) 被测驱动电机系统工作于最高工作电压下,试验转速 n_s 不变,保持为额定转速 n_N 的 1.1 倍,此负荷下循环 40h。

(3) 被测驱动电机系统工作于最低工作电压下,试验转速 n_s 为

$$n_s = \frac{最低工作电压}{最高工作电压} \times n_N \tag{12-14}$$

此负荷下循环 40h。

(4) 被测驱动电机系统工作于额定工作电压、最高工作转速和额定功率状态下,持续运行 2h。

试验中,每 1h 适时地记录被测驱动电机的转矩和转速、电机控制器的直流母线电压和电流、电机表面温度以及冷却液的温度和流量,必要时,进一步检查电机控制器功率元件的工作温度。如果电机安装有热敏温度传感器,则一并检查电机绕组的工作温度。

试验中,每 24h 允许停机 1 次,巡视试验设备,并检查紧固件、机械连接件及管路,尤其是软管,检查连接电缆及接口,原则上只检查台架本身。检查冷却液液面高度,检查冷却系统是否存在渗漏等状况,必要时,补充冷却液。停机检查时间最多不超过 0.5h。

试验中,若出现故障,则记录每次停机的原因及操作内容,并排除故障;被中断的负荷循环不计入驱动电机系统可靠性工作时间。如果停机时间超过 1h,则重新开始循环后的 1h 不计入驱动电机系统的可靠性工作时间。

依据 GB/T 29307—2012《电动汽车用驱动电机系统可靠性试验方法》[30]的规定,对驱动电机系统进行可靠性试验,可以从一定程度上发现驱动电机系统设计和制造的缺陷,有利于提高驱动电机系统性能。但需要指出的是,402h 的试验还不能完全达到对驱动电机系统可靠性考核的目的,距离系统耐久老化的时间还显略短;同时,试验中选取的工况与驱动电机系统实际工况也有一定的区别。因此,在做可靠性试验时可以结合实车应用情况,对试验方法进行不断完善,使试验过程更为科学、合理。

12.5 本章小结

驱动电机系统测试与评价所涉及的试验项目较多，对试验环境、试验设备也提出较高的要求。健全的试验环境和高精度、高准确性的试验设备有利于对驱动电机系统进行科学、准确的评价，但由此也会产生较高的试验成本。

本章所论述的试验项目多数在实验室环境进行，试验方法多参考国家标准 GB/T 18488.2—2015。通过实验室的试验工作可以对驱动电机系统做到较为科学、全面和准确的测试与评价，但需要指出的是，驱动电机系统的实车道路试验在驱动电机系统测试与评价中仍发挥着非常重要的作用。

对驱动电机系统任何参数或性能指标的测试都是在一定工作条件下进行的，工作条件的变化有时会对测试结果和结论产生较大的影响。为此，试验前需要对试验条件加以确认，试验过程中应对试验条件加以控制。由于驱动电机系统直流母线电压、电机转速和转矩、电机和电机控制器内部温度等物理量可能在很大范围内变化，驱动电机系统工作点受到多参数约束，因此实际试验中，很难对驱动电机系统所有工作点进行测试，对试验进行合理的设计和采用科学的数据处理方法显得尤为重要。

思 考 题

12.1 驱动电机系统硬件在环仿真可以分为哪三个层次？分别具有什么用途？

12.2 驱动电机系统基本性能试验台架包括哪几个部分？分别具有什么功能？

12.3 驱动电机系统电磁兼容性测试包括哪些试验项目？这些试验项目对试验场地有什么要求？

12.4 驱动电机系统电磁兼容性测试常用的试验设备有哪些？

12.5 驱动电机系统环境适应性试验项目有哪些？

12.6 什么是驱动电机系统的防护等级？如何表示驱动电机系统的防护等级？

12.7 驱动电机系统机械特性的关键特征参数有哪些？如何在试验台架试验中获得这些特征参数？

12.8 如何通过试验台架试验获得驱动电机系统的效率特性？

12.9 如何定义和测算驱动电机系统的高效区？

12.10 驱动电机系统的电磁辐射发射试验包括哪些试验项目？分别具有什么试验目的？

12.11 如何评价驱动电机系统的电磁抗扰度性能？

12.12 驱动电机绕组对外壳的绝缘性能有什么要求？如何测量驱动电机绕组对外壳的绝缘电阻？

12.13 驱动电机控制器的直流支撑电容放电时间有什么要求？

12.14 驱动电机控制器故障按危害程度如何分类？

参 考 文 献

[1] 武建文,李德成.电机现代测试技术[M].2版.北京:机械工业出版社,2015.
[2] 全国汽车标准化技术委员会.GB/T 18488.1—2015 电动汽车用驱动电机系统 第1部分:技术条件[S].北京:中国标准出版社,2015.
[3] 全国汽车标准化技术委员会.GB/T 18488.2—2015 电动汽车用驱动电机系统 第2部分:试验方法[S].北京:中国标准出版社,2015.
[4] Fischer M,Ruthardt J,Ketchedjian V,et al. Four-Level Inverter with Variable Voltage Levels for Hardware-in-the-Loop Emulation of Three-Phase Machines[C]//2020 22nd European Conference on Power Electronics and Applications,2020:1-8.
[5] Cheng C A,Chang C C,Li T S,et al. Initial Rotor Position Startup Process Emulation Based on Electric Motor Emulator[C]. 2020 IEEE 9th International Power Electronics and Motion Control Conference,2020:605-610.
[6] Schmitt A,Richter J,Braun M,et al. Power Hardware-in-the-Loop Emulation of Permanent Magnet Synchronous Machines with Nonlinear Magnetics—Concept & Verification[C]//2016 International Exhibition and Conference for Power Electronics,Intelligent Motion,Renewable Energy and Energy Management,2016:1-8.
[7] 宋强.电动汽车电机系统原理与测试技术[M].北京:机械工业出版社,2016.
[8] 全国汽车标准化技术委员会.GB/T 36282—2018 电动汽车用驱动电机系统电磁兼容性要求和试验方法[S].北京:中国标准出版社,2018.
[9] 全国无线电干扰标准化技术委员会.GB/T 6113.104—2016 无线电骚扰和抗扰度测量设备和测量方法规范 第1—4部分:无线电骚扰和抗扰度测量设备 辐射骚扰用测量天线和试验场地[S].北京:中国标准出版社,2016.
[10] Alexander M J,Salter M J,Gentle D G,et al. Calibration and Use of Antennas,Focusing on Emc Applications[R]. Measurement Good Practice Guide No. 73,Teddington:National Physical Laboratory,2004.
[11] 熊端锋,罗建.控制电机电磁兼容测试与抑制技术[M].北京:机械工业出版社,2019.
[12] 全国无线电干扰标准化技术委员会无线电干扰测量方法和统计方法分会.GB/T 12190—2021 电磁屏蔽室屏蔽效能的测量方法[S].北京:中国标准出版社,2021.
[13] 赵金奎.半电波暗室的技术要求[J].安全与电磁兼容,2005(z1):25-29.
[14] 高大威.汽车电力电子学[M].北京:清华大学出版社,2018.
[15] 全国电磁兼容标准化技术委员会.GB/T 17626.2—2018 电磁兼容 试验和测量技术 静电放电抗扰度试验[S].北京:中国标准出版社,2018.
[16] 全国实验室仪器及设备标准化技术委员会.GB/T 10592—2008 高低温试验箱技术条件[S].北京:中国标准出版社,2008.
[17] 全国实验室仪器及设备标准化技术委员会.GB/T 10586—2006 湿热试验箱技术条件[S].北京:中国标准出版社,2006.
[18] 全国实验室仪器及设备标准化技术委员会.GB/T 10587—2006 盐雾试验箱技术条件[S].北京:中国标准出版社,2006.
[19] 全国旋转电机标准化技术委员会.GB/T 4942—2021 旋转电机整体结构的防护等级(IP代码)—分级[S].北京:中国标准出版社,2021.
[20] 工业和信息化部.GB/T 34660—2017 道路车辆 电磁兼容性要求和试验方法[S].北京:中国标准出版社,2017.
[21] 全国无线电干扰标准化技术委员会.GB/T 18655—2018 车辆、船和内燃机 无线电骚扰特性 用于保

载接收机的限值和测量方法[S].北京:中国标准出版社,2018.

云,陈希琛,丁一夫,等.解析gb/T 36282—2018[J].安全与电磁兼容,2019(5):40-44,57.

全国汽车标准化技术委员会.GB/T 33014.4—2016 道路车辆 电气/电子部件对窄带辐射电磁能的抗扰性试验方法 第4部分:大电流注入(BCI)法[S].北京:中国标准出版社,2016.

[24] 全国汽车标准化技术委员会.GB/T 33014.2—2016 道路车辆 电气/电子部件对窄带辐射电磁能的抗扰性试验方法 第2部分:电波暗室法[S].北京:中国标准出版社,2016.

[25] 全国汽车标准化技术委员会.GB/T 21437.2—2008 道路车辆 由传导和耦合引起的电骚扰 第2部分:沿电源线的电瞬态传导[S].北京:中国标准出版社,2008.

[26] 全国汽车标准化技术委员会.GB/T 19951—2019 道路车辆 电气/电子部件对静电放电抗扰性的试验方法[S].北京:中国标准出版社,2019.

[27] 全国汽车标准化技术委员会.GB/T 28046.3—2011 道路车辆 电气及电子设备的环境条件和试验 第3部分:机械负荷[S].北京:中国标准出版社,2011.

[28] 全国汽车标准化技术委员会.QC/T 413—2002 汽车电气设备基本技术条件[S].北京:经济贸易委员会,2002.

[29] 吴志新,周华,王芳.电动汽车及关键部件测评与开发技术[M].北京:科学出版社,2019.

[30] 全国汽车标准化技术委员会.GB/T 29307—2012 电动汽车用驱动电机系统可靠性试验方法[S].北京:中国标准出版社,2012.

[31] 全国汽车标准化技术委员会.QC/T 893—2011 电动汽车用驱动电机系统故障分类及判断[S].北京:中华人民共和国工业和信息化部,2011.

附录　主要术语索引